"그가 상상하면 모두 현실이 된다!"

Dear Korean readers,

WALTER P ISAACSON

Enjoy!

이 책이 _____ 님께 긍정적인 자극이 되길 바랍니다!

일론 머스크 Elon Musk

일론 머스크 Elon Musk

월터 아이작슨 지음 | 안진환 옮김

21세기북스

추천인의 글

수많은 심리학자들이 한결같이 증명해왔던 사실 중 하나는 바로, 인간은 참으로 끈질기게 미래를 과소 추정한다는 점이다. 게다가 나이 들어갈수록 그 어리석음은 점점 더 커지고 고집스러워진다. 그런데 아주 가끔씩 미래를 호기심 많은 어린아이보다도 더 크게 추정하는 사람들이 나타나곤 한다. 나머지 인류들은 시대가 한참 흐른 후에야 그들이 세상을 바꿨음을 깨닫는다. 때로는 천재로, 때로는 선각자로 부르며 말이다. 500년 전 레오나르도 다빈치도, 50년 전 스티브 잡스도 그랬다. 처음엔 그들 모두 미쳤다는 소리를 들었다. 그럼에도 불구하고 그들은 끊임없이 새로운 미래를 상상했다. 현시대를 살아가고 있는 우리는 또 다른 다빈치를 보고 있는지 모른다. 바로, 일론 머스크다. 그가 그리는 미래는 늘 우리의 상상을 넘어선다. 월터 아이작슨이 오랜 시간 공들여 쓴 이 책에는 우리 안에 잠들어 있는 수많은 잠재력을 다시 깨우는 절호의 기회들이 곳곳에 무수히 숨어 있다. 이 책을 통해 일론 머스크가 상상하는 미래를 엿보길 바란다.

— 김경일 (인지심리학자, 아주대학교 심리학과 교수)

테슬라는 시장을 압도한다. 테슬라는 글로벌 자동차 매출액 15위 수준인데, 1위 도요타의 3배에 달하는 시가총액을 기록 중이다. 테슬라의 시가총액은 글로벌 Top10 자동차 기업의 시가총액을 더한 것보다 크다. 자동차 기업들이 현재를 달릴 때, 테슬라는 미래를 달린다. 그 배경은 무엇일까? 경영자 일론 머스크의 이야기를 통해 그 배경을 찾아볼 수 있다. "움직이지 않으면 아무것도 바뀌지 않는다." 일론 머스크의 경영자적 마인드를 한마디로 정리하자면 경영자라기보다 모험가에 가깝다. 그가 뛰어들면 산업 지형이 변한다. 일론 머스크는 일반적인 사업가와는 생각이 완전히 다르다. 톡톡 튀고 가슴 설레는 영감을 바탕으로 사업을 차리는 혁신적인 '천재'임은 틀림없지만, 사업을 안정적으로 유지하는 모범적인 사업가라고 말하기엔 어렵다. 일론 머스크에게 돈이란 그저 미래를 현재로 끌어오기 위한 수단에 불과하다. 매일 그의 트윗에 따라 주가가 오르내린다. 전 세계인이 그의 행보에 집중할 수밖에 없는 이유는 그의 생각 속에 미래가 담겨 있기 때문이다. 그는 미래의 지속 가능성에 투자하고 인류의 미래를 위해 생각을 전개한다. 이 책은 머스크가 그리는 미래를 보여준다.

— 김광석 (한국경제산업연구원 경제연구실장, 한양대학교 겸임교수)

휴머노이드 로봇을 연구하고 있기에 나는 꽤 가까운 곳에서 일론을 관찰하고 그와 직접 소통해왔다. 책에는 내가 현장에 있었던 이야기도 나온다. 내가 아는 일론은 미쳤다고 생각할 정도로 큰 꿈을 꾸고, 엄청난 추진력으로 일을 밀어붙이는 사람이다. 월터 아이작슨은 아주 날카로운 눈으로 일론을 관찰하고 그의 이야기를 우리에게 상세하고 생생하게 들려준다. 그가 하는 일이 자신의 진정한 믿음인지, 목표를 이루는 과정이 우리가 본받을 만한 것인지는 논쟁의 여지가 있지만, 그는 이 세상과 우리의 미래를 바꾸고 있는 대단한 혁신가임에는 틀림없다. 세상을 바꾸는 사람들은 우리가 배워야 할 그들만의 뭔가가 분명히 있다. 상상을 현실로 만드는 세기의 혁신가 일론의 전기를 읽으며 나또한 설레는 마음으로 지구의 미래를 상상해보게 되었다. 우리가 쉽게 접하는 매체들에서 볼 수 있는 그의 이야기들과는 달리, 일론에 대한 균형 잡힌 시각을 전하는 이 책을꼭 읽어보길 바란다.

— 데니스 홍 (로봇공학자, UCLA 기계항공공학과 교수)

'일론 머스크' 하면 여러분은 어떤 이미지가 가장 먼저 떠오르는가? 전 세계 최고의 부자? 세상을 바꾸는 탁월한 경영자? 허황된 꿈을 꾸는 사기꾼, 몽상가, 허풍쟁이? 독선적이고 변덕스럽고 각종 기행으로 파문을 일으켜 1년 동안 회사 주가를 65퍼센트 떨어뜨린 최악의 CEO? 사람들이 머스크를 보는 시각은 이렇듯 다양하다. 미국 주식시장뿐아니라 테슬라 주식에 투자한 우리나라 서학 개미, 일명 '테슬람'들을 울고 웃게 만드는 애증의 인물. 모두가 알고 있지만 누구도 진정한 그를 알지 못하는 셀럽 중의 셀럽. 세계최고의 혁신기업 테슬라와 스페이스X의 CEO 일론 머스크. 한때 몽상가와 사기꾼 취급을 받던 머스크는 어떻게 미래의 설계자라 불리며 전 세계 최고의 부자가 되었고, 왜최근 엄청난 돌출행동과 발언으로 많은 사람들의 분노와 비판을 한몸에 받게 된 걸까? 그 답이 머스크 공식 전기인 이 책에 있다. 세심한 디테일과 전개, 빨려 들어가는 문체로세계에서 가장 혁신적이면서 복잡하고 논쟁적인 인물을 일화 중심의 단편적인 접근이아닌 종합적이고 깊이 있게 이해할 수 있게 해주는 놀라운 책이기에 그의 진면모를 알고 싶은 모든 분께 자신 있게 일독을 권한다.

— 신재용 (서울대학교 경영학과 교수)

혹시 저 때문에 감정이 상한 사람이 있다면, 그저 이렇게 말하고 싶네요.
저는 전기차를 재창조했고, 지금은 사람들을 로켓선에 태워
화성으로 보내려 하고 있습니다.
그런 제가 차분하고 정상적인 친구일 거라고 생각하셨나요?
— 일론 머스크, 〈새터데이나이트 라이브(SNL)〉 출연 중에(2021년 5월 8일)

자신이 세상을 바꿀 수 있다고 믿을 정도로
미친 사람들이 결국 세상을 바꾼다.
— 스티브 잡스

장대한 퀘스트의 시작

생존 캠프

남아프리카공화국에서 자라던 어린 시절, 일론 머스크는 고통을 이겨내고 살아남는 법을 배웠다.

열두 살이 되던 해, 머스크는 벨트스쿨이라는 야생 생존 캠프에 보내졌다. 그곳에 대해 그는 "소설《파리대왕》에 나오는 것과 유사한 환경에서 예비군들로 구성된 준군사조직이 운영하던 캠프라고 보면 됩니다"라고 말한다. 캠프에 참가한 아이들에게는 각각 소량의 음식과 물이 배급되었고, 서로 싸워서 배급품을 빼앗는 게 허용되었다(아니 사실상 장려되었다). 머스크의 남동생 킴벌 또한 "집단 따돌림이나 괴롭힘이 덕목으로 통하는 곳"이었다고 말한다. 그곳에서 덩치 큰 아이들은 작은 아이들의 얼굴을 가격하면 쉽게 배급품을 빼앗을 수 있다는 사실을 빠르게 습득했다. 당시 체구가 작은데다가 낯선 환경에 적응하지 못했던 머스크는 두 차례나 두들겨 맞았다. 캠프를 나올 때에는 체중이 4.5킬로그램이나 줄었을 정도다.

캠프의 첫 주 마지막 날에 소년들은 두 그룹으로 나뉘어 서로를 공격하라는 지시를 받았다. "너무도 미친 소리라 어안이 벙벙할 정도였지요." 머스크의 회상이다. 그 캠프에서는 몇 년마다 참가 학생이 사망하는 일이 벌어지곤 했다. 캠프의 지도원들은 그런 이야기를 일종의 경고처럼 이용하곤 했다. "작년에 죽은 그 바보 멍청이처럼 굴지 말거라. 나약한 멍청이처럼 굴면 뒈질 수도 있다는 얘기다."

열여섯 번째 생일을 앞두고 머스크는 다시 한번 벨트스쿨에 참가했다. 이전과는 달리 체격이 훨씬 커져 곰 같은 몸집에 키가 183센티미터나 되었고 유도까지 배워둔 상태였다. 덕분에 벨트스쿨도 전처럼 힘들게 느껴지지 않았다. "그 무렵엔 알고 있었지요. 누구라도 나를 괴롭히면, 코를 세게 한 방 때려주면 다시는 괴롭히지 않는다는 사실을 말이에요. 흠씬 두들겨 맞을 수도 있겠지만, 어쨌든 코만 한 방 제대로 갈겨주면 다시 내게 집적대는 일은 없었지요."

1980년대의 남아공은 기관총 난사나 칼부림 사건이 빈번하던 폭력적인 사회였다. 일론과 킴벌이 반아파르트헤이트 음악 콘서트에 가던 도중에는 이런 일도 있었다. 형제가 해당 지역의 기차역에 도착했을 때 머리에 칼이 꽂힌 채 사람이 죽어 있었고, 플랫폼 바닥에는 피가 흥건했다. 피를 밟지 않고는 플랫폼을 벗어날 수 없었고, 저녁 내내 두 사람이 걸을 때마다 피 묻은 운동화 밑창에서 끈적거리는 소리가 났다.

머스크 가족은 집 앞을 뛰어가는 사람은 누구든 공격하도록 훈련받은 독일산 셰퍼드를 길렀다. 일론이 여섯 살이던 어느 날, 집 앞 진입로를 뛰어 내려가자 그가 가장 좋아하던 그 개가 뒤따라 달려와 그의 등을 크게 물어뜯었다. 응급실에서 의사와 간호사들이 상처 난 등의 봉합 수술을 준비할 때, 일론은 그 개에게 벌을 내리지 않겠다고 약속해줄 때까지는 치료를 받지 않겠다고 버텼다. "죽이지 않을 거죠? 그렇죠?" 일론은 묻고 또 물었다. 관계자들은 죽이지 않겠다고 약속했다. 이 이야기를 하면서 머스크는 말을 멈추고 한동안 멍하니 허공을 응시했다. "죽이지 않겠다고 약속을 해놓고서도 그 개를 총으로 쏴 죽여버렸지요."

머스크가 어린 시절 겪은 가장 혹독한 사건은 학교에서 발생했다. 저학년 시절 그는 반에서 가장 어린데다가 체격이 가장 작았으며 눈치도 없는 편이었다. 당연히 공감 능력이 떨어졌던 그는 주변의 환심을 사려는 욕구도, 본능도 없었다. 결과적으로 걸핏하면 못된 친구들에게 얼굴을 맞는 등 괴롭힘을 당했다. "주먹으로 코를 맞아본 적이 없는 사람은 그것이 이후의 삶에 어떤 영향을 끼치는지 전혀 이해하지 못하죠." 머스크의 말이다.

어느 날 아침 조회 시간에 친구들과 장난을 치던 한 학생이 그와 부딪쳤다. 일론은 그를 밀쳤고, 험한 말이 오갔다. 그 소년과 친구들은 쉬는 시간에 일론을 찾아다녔고, 샌드위치를 먹고 있던 일론을 발견했다. 그들은 뒤에서 접근해서는 일론의 머리를 발로 찼고, 비틀거리는 그를 계단 아래로 밀쳤다. "그러고는 형한테 올라타서 주먹으로 두들겨 패고 발로 머리를 찼어요." 당시 옆에서 그 상황을 지켜본 킴벌의 말이다. "놈들이 물러났을 때 형의 얼굴은 알아볼 수도 없을 정도였어요. 눈 주변이 얼마나 부어올랐던지 눈이 거의 보이지 않았으니까요." 일론은 병원에 실려 갔고, 일주일 동안 학교에 가지 못했다. 성인이 되고 나서도 머스크는 여전히 코 내부의 조직을 고정시키기 위해 교정 수술을 받곤 했다.

그러나 그런 상처도 그가 아버지한테 받은 정서적 학대에 비하면 사소한 수준이었다. 오늘날까지도 일론을 괴롭히고 있는 그의 아버지 에롤 머스크는 엔지니어이자 불한당, 카리스마 넘치는 몽상가였다. 학교에서 그 싸움이 있은 후, 아버지는 아들의 얼굴을 묵사발 낸 소년의 편을 들었다. 그 이유를 묻자 에롤은 이렇게 답했다. "그 애 아버지가 얼마 전에 자살한 상황이었어요. 그런 애한테 일론이 바보라고 한 거예요. 일론은 어렸을 때 아무한테나 바보라고 하는 성향이 있었어요. 그러니 내가 어떻게 그 아이를 비난할 수 있었겠어요?"

일론이 퇴원해서 집에 오자 아버지는 그를 질책했다. "거의 1시간을 세워놓고 소리를 지르면서 멍청이에다가 쓸모없는 놈이라고 하더군요." 일론의 회상이다. 그 장황한 비난을 옆에서 지켜봐야 했던 킴벌은 그것이 자신의 인생 최악의 기억이라고 했다. "아버지가 미친 듯이 분통을 터뜨렸어요. 종종 그러긴 했지만 그날은 유독 심했지요. 다친 아들에 대한 연민이나 안타까움 같은 건 조금도 찾아볼 수 없었어요."

더 이상 아버지와 대화를 나누지 않는 일론과 킴벌은 일론이 먼저 폭행을 유발했다는 아버지의 주장은 맥락에도 맞지 않으며, 그 가해자는 결국 그 일로 소년원에 가게 되었다고 말한다. 형제의 말에 따르면, 아버지는 변덕스러운 이야기꾼이라서 때로는 계산적으로 또 때로는 망상에 빠져 상상을 잔뜩 가미한 이야기를 풀어내는 사람이었다. 그들은 아버지가 지킬 박사와 하이드 같은 극단적인 양면성을 지녔다고 말한다. 한순간 다정한 모습을 보이다가도 일순간 돌변해서 1시간 넘게 가차 없이 폭언을 퍼붓곤 했다는 것이다. 그의 장광설은 매번 일론이 얼마나 한심한지 이야기하는 것으로 끝나곤 했다. 일론은 늘 그 자리에 꼼짝 없이 서서는 아버지의 비난을 감내해야 했다. "한마디로 정신적 고문이었지요." 일론은 이렇게 말하고는 꽤 오랜 시간 동안 침묵하다가 목메인 목소리로 덧붙였다. "아버지는 무엇이든 끔찍하게 만들어버리는 법을 확실히 알고 있었어요."

에롤 머스크는 내가 처음 전화했을 때 거의 3시간 동안이나 이야기를 풀어놓았다. 그리고 지금까지 2년여 동안 정기적으로 나에게 전화나 문자로 연락을 해오고 있다. 그는 자신이 자녀들에게 얼마나 잘해주었는지 열심히 설명하면서 자신이 아이들에게 해주었던 멋진 것들의 사진을 보내왔다. 적어도 자신의 사업이 잘되던 시절에는 그랬다는 것이다. 그는 한때 롤스로이스를 굴렸고, 아이들과 함께 황야에 오두막을 지었으며, 잠비아의 한 광산 주인으로부터 에메랄드 원석을 받기도 했다. 그 사업이 망하기 전까지는 말이다.

그러면서 그는 자신이 아이들을 신체적, 감정적으로 강인하게 키우기 위해 아주 엄하게 대했다는 사실도 인정한다. "아이들이 나를 통해 겪었던 것에 비하면 벨트스쿨 캠프는 시시한 경험이었다고 할 수 있지요." 그는 당시 남아공에서는 폭력이 그저 학습 경험의 일부였을 뿐이라고 덧붙였다. "두 명이 한 사람을 양 옆에서 붙들고 다른 한 명은 통나무 같은 걸로 잡혀 있는 사람의 얼굴을 때리는 일이 비일비재했고요, 신입생이나 전학생은 등교 첫날 학교에서 소위 싸움짱이라고 불리는 아이들과 한 판 붙도록 강요되곤 했지요." 그는 자신이 가정에서 "극도로 가혹한 뒷골목식 독재"를 행사했다는 사실을 자랑스럽게 인정했다. 그러고는 애써 또 이렇게 덧붙였다. "일론도 나중에 이와 똑같은 가혹한 독재를 자기 자신과 주변 사람들에게 행사했지요."

"나를 키운 것은 역경이었다."

버락 오바마는 회고록에 다음과 같이 썼다. "예전에 누군가가 말했다. 모든 사람은 아버지의 기대에 부응하거나 아버지의 실수를 만회하려고 애쓰며 산다고. 어쩌면 나의 특정한 결함도 거기서 비롯된 것인지 모른다." 이 말은 오랜 세월 아버지에게 정신적으로 영향을 받았던 일론 머스크에게도 해당할 것이다. 일론은 물리적으로나 심리적으로 아버지를 멀리하려고 수없이 시도했지만 아버지의 영향력에서 벗어나지 못했다. 일론의 기분은 밝음과 어두움, 강렬함과 얼빠짐, 세심함과 무심함을 주기적으로 넘나들었고, 때로는 주변 사람들이 두려워하는 '악마 모드'에 빠져들곤 했다. 그는 아버지와 달리 자신의 아이들을 사랑으로 보살폈지만, 다른 측면들에서 그의 행동방식은 끊임없이 억누를 필요가 있는 모종의 위험성을 내비쳤다. 일론의 어머니는 그것을 "망령"이라고 부르며 "자기 아버지를 닮아가는 것 같아요"라고 말했다. 이것은 전 세계의 신화 중에서 가장 크게 공감을 불러일으키는 서사 중 하나일 것이다. 그렇다면 이 〈스타워즈〉 유형의 영웅이 장대한 퀘스트를 수행하려면 과연 어느 정도까지 다스 베이더가 물려준 악마를 몰아내고 '포스'의 어두운 면과 싸워야 하는 걸까?

"남아공이라는 환경에서 일론과 같은 어린 시절을 보낸 사람이라면, 어떤 면에서는 스스로를 감정적으로 차단할 수밖에 없다고 생각해요." 머스크의 첫 번째 부인이자 그의 현존하는 열 명의 자녀 중 다섯 명을 낳은 저스틴의 말이다. "아버지가 매번 바보 천치, 멍청이라고 부른다면, 자신이 다루기 힘든 감정적 요소를 드러내게 만드는 내면의 어떤 것이든 차단하려는 게 유일한 반응 아니겠어요?" 이 감정 차단 밸브는 그를 냉담하고 무감각하게 만들었지만, 한편으로 기꺼이 위험을 감수하는 혁신자가 되는 데에도 일조했다. 저스틴은 "일론은 두려움을 차단하는 법을 배웠어요. 두려움을 차단한 사람이라면, 기쁨이나 연민 같은 감정도 차단해야 했겠죠"라고 설명을 덧붙였다.

어린 시절에 얻은 외상후 스트레스 장애PTSD로 그는 만족에 대한 혐오감을 갖게 되었다. "난 그저 그가 성공을 음미하거나 꽃길을 향유하는 법을 모른다고 생각해요." 그라임스라는 예명으로 활동하는 가수이자 머스크의 다른 세 자녀의 어머니인 클레어 부셰의 말이다. "그는 어린 시절에 삶은 곧 고통이라는 데 길들여진 것 같아요." 머스크는 이에 동의한다. "나를 키운 것은 역경이었어요. 그래서 견딜 수 있는 고통의 한계점이 높아질 수밖에 없었지요."

그의 인생에서 특히 지옥 같은 시기였던 2008년, 그러니까 스페이스X 로켓의 처음 세 차례 발사가 모두 실패로 돌아가고 테슬라가 파산 위기에 직면했던 당시, 그는 한밤중에 몸부림을 치며 잠에서 깨어 그의 두 번째 부인이 된 탈룰라 라일리에게 아버지가 예전에 입에 담던 끔찍한 말들을 토해내곤 했다. "전에도 그가 그런 말을 하는 것을 들은 적이 있었거든요." 라일리의 말이다. "그런 말이 그가 살아가는 방식에 큰 영향을 미치고 있었던 거죠." 이와 관련된 기억을 묻자, 머스크는 멍하니 허공을 응시하며 자신의 강철 빛 눈동자 뒤로 사라지는 듯 보였다. "내 생각에는 그것이 여전히 그에게 영향을 미치고 있다는 사실을 그가 의식하지 못하고 있었던 것 같아요. 그저 어린 시절에 있었던 일이라고만 여기고 있었으니까요"라고 라일리는 설명했다. "하지만 그는 어린애 같은, 말하자면 발달이 멈춰버린 것 같은 측면을 가지고 있어요. 그의 내면에는 여전히 어린아이가 있는 거죠. 아버지 앞에 서 있는 어린아이가."

이러한 자신의 내면 밖에서 머스크는 때때로 자신을 외계인처럼 보이게 만드는 아우라를 발달시켰다. 그가 화성과 관련하여 가지고 있는 사명감은 마치 고향으로 돌아가고자 하는 열망으로, 인간형 로봇 개발에 대한 열정은 마치 친족을 찾고자 하는 탐색으로 보일 정도다. 그가 어느 날 셔츠를 찢고 배꼽이 없는 배를 드러내며 이 행성 출신이 아님을 입증하더라도 우리는 그렇게 엄청난 충격에는 빠지지 않을 것도 같다. 그러나 그의 어린 시절은 그를 너무나도 인간적으로 만들었다. 강인하지만 연약한 그 소년은 결국 장대한 퀘스트에 착수하기로 결심하게 된다.

그는 열정을 키워 자신의 괴팍함을 은폐했지만, 괴팍함 또한 발달시키는 바람에 열정이 가려지기도 했다. 덩치는 큰데 운동신경이 전혀 없는 사람처럼 몸을 움직이는 데 약간 서툰 그는 무언가 할 일이 있는 곰처럼 성큼성큼 걷곤 했고, 춤을 춰야 하는 자리에서는 로봇에게 배운 것 같은 지그 춤을 추곤 했다. 그러면서 그는 선지자다운 확신으로 인간 의식의 불꽃을 타오르게 하고, 우주를 가늠하며, 지구를 구해야 할 필요성에 대해 설파하곤 했다. 처음에 나는 그런 모든 것이 대부분 역할극이나 조직의 결속을 위한 격려성 연설, 또는 한때 《은하수를 여행하는 히치하이커를 위한 안내서》를 너무 많이 읽은 어른아이가 팟캐스트에서 이야기할 만한 환상에 불과한 것으로 치부했다. 그러나 그의 말을 더욱 빈번히 접하면서 점차 나는 그의 사명감이 그를 이끄는 원동력의 일부라고 믿게 되었다. 다른 기업가들이 세계관을 개발하려고 애쓰는 동안, 그는 우주관을 형성하고 있었던 것이다.

일론 머스크가 물려받은 유산과 혈통은 그의 뇌 배선과 어우러져 때때로 그를 냉담하게도, 충동적이게도 만들었다. 그리고 그것은 또한 리스크에 대한 극도로 높은 수준의 내성으로 이어졌다. 그는 리스크를 냉정하게 계산할 수도 있었고, 열정적으로 수용할 수도 있었다. "일론은 리스크 그 자체를 원합니다." 페이팔PayPal 초창기에 머스크의 파트너로 일했던 피터 틸은 말한다. "그는 리스크를 즐기는 듯합니다. 때로는 정말 리스크에 중독된 것처럼 보이기도 하고요."

머스크는 태풍이 몰려올 때 가장 강력한 생기를 느끼는 그런 사람 중 한 명이다. "나는 폭풍을 위해 태어났어요. 그러니 고요함은 나에게 적합하지 않지요." 미국의 7대 대통령 앤드류 잭슨이 한 말이다. 일론 머스크도 마찬가지다. 그는 일과 연애 양 측면에서 폭풍과 드라마를 끌어당기는 힘, 때로는 갈망을 발달시켰다(그래서 그가 그렇게 부부 또는 연인관계를 유지하는 데 어려움을 겪은 것이리라). 그는 위기나 데드라인, 할 일의 폭증과 같은 상황에서 번성했다. 복잡하고 난해한 도전에 직면하면, 그로 인한 긴장으로 종종 잠을 이루지 못하거나 심지어 토하기도 했다. 그러나 그런 상황은 그에게 활력도 불어넣었다. "형은 드라마를 끄는 자석과 같아요." 킴벌이 말한다. "드라마가 그의 강박이자 삶의 주제입니다."

예전에 내가 스티브 잡스에 관해 취재하던 당시, 그의 파트너였던 스티브 워즈니악은 다음과 같은 질문을 제기하는 것이 중요하다고 말했다. "그가 꼭 그렇게 비열하게, 꼭 그렇게 거칠고 잔인하게, 꼭 그렇게 매번 드라마틱하게 굴었어야 했을까?" 인터뷰 말미에 해당 질문과 관련해 본인은 어떻게 다른지를 묻자, 워즈니악은 만약 자신이 애플을 경영했더라면 그보다는 좀 더 온화하게 처신했을 것이라고 답했다. 직원 모두를 가족처럼 대했을 것이고, 즉결로 해고하거나 그러지도 않았을 것이라고 했다. 그런 후 잠시 멈추었다가 이렇게 덧붙였다. "하지만 만약 내가 애플을 경영했더라면, 매킨토시 같은 것은 결코 만들어내지 못했을 겁니다." 우리는 일론 머스크에 대해서도 유사한 질문을 떠올릴 수 있을 것이다. "만약 그가 괴팍하지 않았다면 과연 우리를 전기차의 미래로, 그리고 화성으로 인도하는 사람이 될 수 있었을까?"

2022년 초, 스페이스X에서 31차례나 로켓을 성공적으로 발사했고, 테슬라의 자동차가 100만 대 가까이 팔렸으며, 머스크가 지구상에서 가장 부유한 사람으로 등극한 기념비적인 한 해를 보내고 새로운 해를 맞으며 머스크는 극적인 상황을 만들어내는 자신의 충동에 대해 유감스럽다는 듯이 말했다. "아무래도 사고방식을 위기 모드에서 다른 것으로 전환해야 할 필요가 있는 것 같아요." 그가 나에게 한 말이다. "대략 지난 14년 동안 위기 모드로 살아왔거든요. 아니 거의 평생을 그랬다고 하는 게 맞겠네요."

그것은 새해 결심이라기보다는 아쉬움을 담은 말이었다. 그런 맹세를 했음에도 그는 세계 최상의 놀이터라 할 수 있는 트위터의 주식을 비밀리에 사들이고 있었다. 그해 4월, 그는 오라클Oracle의 설립자이자 자신의 멘토 역할을 하고 있던 래리 엘리슨의 하와이 저택으로 은밀히 날아갔다. 그의 비공식 여자친구인 배우 나타샤 바셋도 동행했다. 당시 그는 트위터 이사회에 참여할 것을 제안 받은 상태였지만, 하와이에서 주말을 보내면서 그것으로는 충분치 않다고 결론 내렸다. 그의 타고난 천성은 완전한 통제를 원했다. 그래서 그는 적대적 입찰을 통해 트위터를 완전히 인수하기로 결정했다. 그런 후 그는 밴쿠버로 날아가 그라임스를 만났고, 그곳에서 그녀와 함께 새벽 5시까지 새로 출시된 '엘든 링'이라는 (전쟁을 벌여 제국을 건설하는) 게임을 하면서 놀았다. 게임을 마친 후 그는 계획의 방아쇠를 당겨 트위터에 글을 올렸다. "인수 제안을 넣었습니다." 트위터를 인수하겠다는 공식 선언이었다.

지난 세월, 어둠에 갇히거나 위협을 느낄 때마다 머스크에게는 어린 시절 놀이터에서 괴롭힘을 당하던 악몽이 되살아나곤 했다. 그런 그가 이제 놀이터를 소유할 수 있는 기회를 잡게 된 것이다.

차례

1장

모험을 향한 열정

(왼쪽 위) 위니프레드와 조슈아 홀드먼, (왼쪽 아래) 에롤과 메이, 일론, 토스카, 킴벌
(오른쪽) 코라와 월터 머스크

외할아버지와 외할머니

리스크에 끌리는 일론 머스크의 성향은 집안 내력인 셈이다. 그런 면에서 외할아버지 조슈아 홀드먼을 빼닮았기에 하는 말이다. 캐나다 중부 척박한 평원의 한 농장에서 성장한 홀드먼은 자기 주장을 굽힐 줄 모르는 저돌적인 모험가였다. 그는 아이오와에서 카이로프랙틱 요법chiropractic techinque(신경과 근육, 골격 체계의 장애를 진단하고 치료하고 예방하는 수기 치료법-옮긴이)을 배운 후 무스조(캐나다 서남부의 도시-옮긴이) 인근의 고향으로 돌아와 말을 훈련시키고 주민들에게 카이로프랙틱 요법으로 도수치료를 해주며 숙식을 해결했다.

그렇게 일하면서 그는 마침내 자신의 농장을 장만했다. 하지만 1930년대에 대공황을 겪으며 농장을 잃고 말았다. 이후 몇 년 동안 그는 카우보이, 로데오 공연자, 건설 노동자 등으로 일하며 생계를 유지했다. 그런 가운데 변함없이 이어진 한 가지가 있다면, 그것은 바로 모험에 대한 사랑이었다. 그는 결혼을 하고 이혼을 했으며, 화물열차를 타고 다니며 떠돌이 일꾼으로 생활하기도 했고, 외항선을 타고 밀항을 하기도 했다.

농장을 잃은 것을 계기로 포퓰리즘에 대한 신념을 갖게 된 홀드먼은 사회신용당Social Credit Party이라는 정치운동 조직에 들어가 활발히 활동했다. 당시 사회신용당은 시민들에게 현금처럼 쓸 수 있는 신용지폐를 무상으로 배포해야 한다고 주장하던 조직이었다. 그들의 운동은 반유대주의가 가미된 보수적 근본주의 성향을 띠고 있었다. 캐나다 사회신용당의 첫 번째 지도자는 "통치 권력에 참여하는 유대인의 비율이 비정상적으로 높다는 것"을 이유로 들며 "문화적 이상이 왜곡되고 있다"고 비난했다. 홀드먼은 얼마 후 캐나다 사회신용당의 전국위원회 의장 자리에 올랐다.

그는 또한 정부가 정치인이 아닌 기술관료들에 의해 운영되어야 한다는 신념을 표방하던 테크노크라시Technocracy라는 운동에도 참여했다. 이 운동은 당시 캐나다의 제2차 세계대전 참전에 반대를 표명하면서 일시적으로 불법화된 상태였다. 홀드먼은 해당 운동을 지지하는 신문광고를 통해 정부의 금지령에 저항했다.

그러던 어느 시점에 그는 볼룸댄스에 매료되었고, 그렇게 춤을 배우러 다니다가 자신만큼이나 모험을 좋아하는 위니프레드 플렛처라는 여성을 만났다. 그녀는 열여섯 살이 되면서 무스조의 〈타임스헤럴드〉에 일자리를 구했지만, 댄서 겸 영화배우가 되는 것이 꿈이었다. 그녀는 자신의 꿈을 위해 기차를 타고 시카고로 향했고, 얼마 후 뉴욕으로 옮겼다. 무스조로 돌아온 위니프레드는 곧바로 댄스학원을 차렸는데, 바로 그곳에 홀드먼이 춤을 배우겠다고 등록한 것이다. 그가 그녀에게 밖에서 만나 저녁을 먹자고 청했을 때, 그녀는 이렇게 답했다. "나는 우리 학원 회원하고는 데이트하지 않아요." 그러자 그는 학원을 그만두고 다시 그녀에게 데이트를 청했다. 몇 달 후에 그가 물었다. "우리 언제 결혼할까?" 그녀가 답했다. "내일이요."

두 사람은 1948년에 쌍둥이 자매 메이와 케이를 낳았고 그 후로도 두 명의 자녀를 더 두었다. 홀드먼의 성격을 분명하게 알 수 있는 에피소드를 하나 살펴보자. 차를 몰고 여행을 하던 그는 한 농장 옆을 지나다 단발엔진 러스콤Luscombe 비행기를 판매한다는 간판을 보았다. 수중에 그만한 돈이 없었던 그는 농장주를 설득해 자신의 차를 주고 비행기를 구입했다. 이 거래가 특히 충동적이었던 까닭은 홀드먼이 비행기를 조종하는 법을 모른다는 데에 있다. 그는 그곳에서 파일럿을 고용해 집으로 날아왔고, 그에게서 비행기 조종법까지 배웠다.

이후 그 가족은 "날으는 홀드먼 가족"으로 알려졌으며, 그는 카이로프랙틱 업계의 전문지에 "아마도 카이로프랙틱 요법사들의 비행 역사상 가장 주목할 만한 인물일 것"이라고 소개되었다. 이는 정확한 설명일지 몰라도 다소 편협한 찬사가 아닐 수 없었다. 홀드먼 부부는 메이와 케이가 생후 3개월쯤 되던 무렵 좀 더 큰 벨랑카Bellanca 단발엔진 비행기를 장만했고, 그 아기들은 "날으는 쌍둥이"로 통하게 되었다.

독특한 보수적 포퓰리즘의 견해를 가지고 있던 홀드먼은 캐나다 정부가 개인의 삶에 너무 많은 통제권을 행사하고 있으며, 대외적으로는 약한 국가가 되었다고 믿게 되었다. 그래서 1950년, 그는 여전히 백인 아파르트헤이트 정권이 통치하고 있던 남아공으로 이주하기로 결정했다. 그들은 벨랑카를 분해해 대형 상자들에 담은 다음 케이프타운으로 향하는 화물선에 올랐다. 홀드먼은 내륙 지방에서 살기를 원했기에 케이프타운에서 다시, 대부분의 사람들이 아프리칸스어(네덜란드어에서 발달한 언어로, 남아프리카공화국의 공용어 – 옮긴이)가 아닌 영어를 구사하는 요하네스버그를 향해 떠났다. 그러나 홀드먼은 요하네스버그와 인접한 도시인 프리토리아의 상공을 날아가면서 자카란다 나무들이 라벤더 빛깔의 꽃들로 풍성하게 뒤덮인 모습을 보고 이렇게 말했다. "여기가 우리가 정착할 곳이다."

조슈아와 위니프레드가 어렸을 때, '위대한 파리니Great Farini'라고 알려진(적어도 그는 자신을 그렇게 불렀다) 윌리엄 헌트라는 사기꾼 쇼맨이 무스조에 와서 자신이 남아프리카의 칼라하리 사막을 횡단하던 중에 목격했다면서 고대의 '잃어버린 도시'에 대한 이야기를 들려준 적이 있었다. "그 이야기꾼이 외할아버지에게 사진들을 보여주었는데, 당연히 위조한 사진들이었을 텐데도 외할아버지는 그의 말을 철석같이 믿었지요. 잃어버린 도시를 다시 발견하는 것이 자신의 사명이라고 결심까지 했으니까요." 머스크의 말이다. 아프리카 생활을 시작한 홀드먼 부부는 그 전설의 도시를 찾아 매년 한 달씩 칼라하리 사막을 트레킹하곤 했다. 사냥을 해서 식량을 구하고 사자들의 공격을 막아내기 위해 총을 끼고 자면서 말이다.

홀드먼 가족은 가훈을 하나 채택했다. "위험하게 살되 조심하자." 그들은 노르웨이 등지로 장거리 비행을 다니기 시작했고, 케이프타운에서 알제리의 수도 알제까지 1만 2,000마일(약 1만 9,300킬로미터)을 달리는 자동차 경주에 참가해 공동 1위에 오르기도 했으며, 사상 최초로 아프리카에서 호주까지 단발엔진 비행기로 날아가는 데 성공하기도 했다. "연료탱크들을 추가하기 위해 비행기 뒷좌석을 모두 제거해야 했대요"라고 메이는 훗날 그에 대해 회상했다.

조슈아 홀드먼의 리스크 감수 성향은 결국 대가를 치르게 되었다. 그가 비행을 가르치던 훈련생이 전선을 피하지 못하는 바람에 비행기가 뒤집혀 추락하는 사고가 발생했고, 그 사고로 그는 목숨을 잃었다. 그의 외손자 일론 머스크가 세 살 때 일어난 사고였다. "외할아버지는 진정한 모험에는 그에 상응하는 리스크가 따른다는 것을 알고 계셨어요. 그런 리스크가 당신께 활력을 불어넣는 요소였지요." 머스크의 말이다.

홀드먼은 그러한 정신을 쌍둥이 딸 중 한 명에게 각인시켰다. 바로 일론의 어머니 메이였다. "나는 준비만 되어 있다면 어떤 리스크든 감수할 수 있다고 생각해요." 메이의 말이다. 학창 시절 그녀는 과학과 수학을 잘했고, 또한 눈에 띄게 아름다웠다. 큰 키에 파란 눈, 높은 광대뼈와 조각 같은 턱을 가진 그녀는 열다섯 살 때부터 모델로 일하기 시작했고, 토요일 아침이면 백화점 런웨이 쇼에 오르곤 했다. 그 무렵 그녀는 동네에서 역시 눈에 띄게 잘생긴 소년을 만났다. 번지르르하면서도 비신사적인 구석이 엿보였지만 말이다.

에롤 머스크

에롤 머스크는 모험가이자 항상 다음 기회를 노리는 책략가였다. 영국인인 그의 어머니 코라는 열네 살에 학교 공부를 마치고 전투폭격기의 외피를 만드는 공장에서 일하다가 난민선을 타고 남아프리카로 넘어왔다. 그리고 그곳에서 월터 머스크를 만났다. 당시 월터는 이집트에서 가짜 무기와 서치라이트 등을 배치하여 독일군을 속이는 작전을 수립하던 암호해독가이자 정보장교였다. 전쟁이 끝난 후 그는 조용히 안락의자에 앉아 술을 마시고 암호 기술을 이용하여 십자말풀이를 하며 세월을 보내는 것 외에는 거의 아무런 일도 하지 않았다. 그런 그를 참다못한 코라는 두 아들만 데리고 영국으로 돌아갔고, 거기서 뷰익에서 생산한 자동차 한 대를 장만한 후 다시 남아공의 프리토리아로 돌아왔다. "어머니는 내가 아는 가장 강인한 사람이었지요." 에롤의 말이다.

에롤은 공학학위를 취득한 후 호텔이나 쇼핑센터, 공장 등을 짓는 일에 종사했다. 그런 한편, 그는 낡은 자동차나 비행기를 복원하는 작업을 좋아했다.

또한 정치에도 뛰어들어 아파르트헤이트를 지지하는 국민당의 아프리카너(아프리칸스어 사용자) 의원을 물리치고 프리토리아 시의회에서 영어를 구사하는 몇 안 되는 의원 중 한 명이 되었다. 1972년 3월 9일자 〈프리토리아뉴스〉는 '기득권층에 대한 반발'이라는 제목으로 해당 선거를 보도했다.

홀드먼 가족과 마찬가지로 에롤도 비행을 무척 좋아했다. 그는 쌍발엔진 세스나 골든이글Cessna Golden Eagle 한 대를 구입해 TV 방송 제작진 등을 자신이 미개간지에 지어놓은 오두막으로 실어 날랐다. 제대로 된 임자만 만나면 비행기를 팔 생각을 품고 그런 비행을 하던 1986년 어느 날, 그는 잠비아의 한 활주로에 착륙했는데, 그곳에서 만난 파나마계 이탈리아인 기업가가 그의 비행기를 사겠다고 제안했다. 그들이 합의한 거래 조건은 현금 대신 그 기업가가 잠비아에 소유한 세 개의 작은 광산에서 채굴되는 에메랄드의 일부를 에롤에게 지급하는 것이었다.

당시 잠비아는 식민지에서 벗어나 흑인 정부가 들어서 있었지만, 관료제도가 제 기능을 못하는 상태였다. 따라서 그 광산은 정부에 등록된 사업체가 아니었다. "그런 사업을 정부기관에 등록하면 결국 빈털터리가 되고 말았지요. 권력을 장악한 흑인들이 다 뺏어 가던 시절이었으니까요." 에롤의 설명이다. 그는 메이의 가족들을 인종차별주의자라고 비난하며 자신은 그렇지 않다고 주장했다. "나는 흑인에 대해 어떤 반감도 갖고 있지 않아요. 그저 나와 다르다고 생각할 뿐이죠." 그가 전화로 두서없이 장광설을 늘어놓던 가운데 한 말이다.

에롤은 결코 그 광산의 소유지분을 보유한 것이 아니었지만, 에메랄드 원석을 수입해서 요하네스버그에서 가공하는 방향으로 사업을 확장했다. "훔친 원석 꾸러미를 들고 나를 찾아오는 사람들이 늘어났어요." 에롤의 설명이다. "나는 해외로 나가서 보석상들에게 에메랄드를 넘기곤 했지요. 마치 스파이처럼 은밀히 거래를 하곤 했어요. 합법적인 부분이 하나도 없었으니까요." 이 사업으로 그는 약 21만 달러의 수익을 얻었다. 하지만 1980년대에 러시아인들이 실험실에서 인조 에메랄드를 만들어내기 시작하면서 그의 사업은 무너졌고, 그의 에메랄드 관련 수입은 모두 사라졌다.

결혼

에롤 머스크와 메이 홀드먼은 십대 시절에 만나 데이트하기 시작했다. 그들의 관계는 시작부터 드라마 같은 일들의 연속이었다. 에롤은 메이에게 거듭 청혼했지만, 그녀는 그를 신뢰하지 않았다. 에롤이 자신 몰래 바람피운다는 사실을 알았을 때 메이는 너무도 낙심한 나머지 일주일 동안이나 먹지도 못하고 울기만 했다. "그렇게 일주일을 울면서 보내고 나니까 몸무게가 4.5킬로그램이나 빠지더군요." 메이의 회상이다. 그렇게 빠진 체중은 그녀가 지역 미인대회에서 우승하는 데 도움이 되었다. 그녀는 상금으로 현금 150달러와 볼링장 10회 이용권, 그리고 미스남아공 선발대회 결선진출권을 획득했다.

대학을 졸업한 메이는 케이프타운으로 이사하여 영양에 대해 강연하는 일을 했다. 그때 에롤이 그녀를 찾아와 약혼반지를 내밀며 청혼했다. 그는 결혼만 하면 자신의 생활방식을 바꾸고 그녀에게 충실할 것이라고 맹세했다. 메이는 마침 한눈을 팔던 다른 남자친구와 막 헤어졌고 살도 많이 찐 상태였던 터라 (에롤의 청혼을 거부하면) 결혼 상대를 영영 못 만나게 될지도 모른다는 걱정이 들었다. 그렇게 그녀는 그의 청혼을 받아들였다.

결혼식을 치른 그날 밤, 에롤과 메이는 비교적 저렴한 비행기에 올라 유럽으로 신혼여행을 떠났다. 프랑스에서 에롤은 〈플레이보이〉 몇 권을 샀다. 남아공에서는 판매가 금지된 잡지였다. 그는 작은 호텔 침대에 누워 그것들을 감상했고, 그 모습을 본 메이는 화가 솟구치지 않을 수 없었다. 그렇게 시작된 둘의 싸움은 점점 더 격렬해졌다. 신혼여행을 마치고 프리토리아로 돌아온 메이는 결혼생활을 끝낼 방법을 궁리하기 시작했다. 그러나 얼마 지나지 않아 입덧을 하기 시작했다. 니스에서 보낸 신혼여행 둘째 날 밤에 애가 생긴 것이었다. "그와의 결혼은 실수였음이 명백했어요." 메이의 회상이다. "하지만 이제 되돌리는 것도 불가능해졌지요."

2장

트라우마

프리토리아, 1970년대

(왼쪽 위) 일론을 안고 있는 메이, (왼쪽 아래) 일론, 킴벌, 토스카
(오른쪽 위) 학교 가는 일론, (오른쪽 아래) 부러진 이와 얼굴 흉터

외롭고 완강한 아이

1971년 6월 28일 아침 7시 30분, 메이는 몸무게 3.9킬로그램에 머리가 유난히 큰 사내아이를 출산했다.

처음에 부부는 아이의 이름을 '나이스'로 지으려고 했다. 그 아이를 가진 프랑스 소도시의 이름인 니스Nice를 따서 말이다. 그 아이가 나이스 머스크라는 이름으로 삶을 살아야 했다면, 역사는 달라졌을지도 모른다. 적어도 재밌어졌을 것 같기는 하다. 하지만 곧 에롤은 홀드먼 집안 사람들을 기쁘게 할 요량으로 아이의 외가 어른들 이름 중에서 하나를 고르는 데 동의했다. 그렇게 해서 메이의 할아버지 J. 일론 홀드먼의 이름을 따서 아이의 이름을 일론으로 정하고, 메이의 외할머니가 처녀 시절에 쓰던 리브라는 이름을 가운데에 넣었다. 일론 리브 머스크.

에롤은 일론이라는 이름이 마음에 들었다. 성경에 나오는 이름이기 때문이었다. 훗날 그는 그 이름에 대해 자신이 선견지명이 있었다고 주장했다. 그의 말에 따르면, 어렸을 때 로켓 과학자 베르너 폰 브라운이 쓴《화성 프로젝트》라는 공상과학 소설에 관해서 들은 적이 있는데, 그 책에 화성에 건설된 식민지를 이끄는 '일론'이라는 리더가 등장한다는 것이다.

일론은 많이 울고 많이 먹으면서 잠은 별로 자지 않는 아기였다. 우는 아이를 달래는 데 지친 메이는 어느 순간 일론이 울다 지쳐 잠들 때까지 그냥 놔두기로 마음먹었다. 하지만 이웃에서 경찰을 부르는 바람에 마음을 바꾸지 않을 수 없었다. 일론의 기분은 급격하게 바뀌곤 했다. 그의 어머니는 일론이 울지 않을 때는 그렇게 귀여울 수가 없었다고 말한다.

일론이 태어난 이후 2년에 걸쳐 메이는 아이를 두 명 더 낳았다. 바로 일론의 남동생 킴벌과 여동생 토스카다. 메이는 아이들을 애지중지하면서 키우는 엄마가 아니었다. 덕분에 아이들은 마음껏 돌아다닐 수 있었다. 유모는 없이 가정부만 한 명 있었는데, 그녀는 일론이 로켓과 폭약을 가지고 실험을 하면서 놀아도 별다른 신경을 쓰지 않았다. 일론은 자신이 그렇게 어린 시절을 보내고도 열 손가락이 온전한 게 신기할 정도라고 말한다.

그가 세 살 때, 어머니는 아이의 지적 호기심이 풍부한 것을 보고 유아원에 보내기로 결정했다. 원장은 다른 원아들보다 어린 아이들은 사회적인 측면에서 많은 어려움을 겪게 된다고 지적하며 그 결정을 철회하도록 설득했다. 1년 후에 데려오는 게 좋겠다는 얘기였다. 하지만 메이는 "그럴 수 없어요. 아이한테 저 말고도 대화를 나눌 누군가가 필요해요. 애가 너무 똑똑하거든요"라고 말했고 결국 원장의 생각을 꺾었다.

하지만 그것은 실수였다. 일론에게는 친구가 생기지 않았고, 2년차에 들어서면서 그는 선생님 말도 듣지 않기 시작했다. "선생님이 다가와서 야단을 쳐도 나는 선생님을 쳐다보지도, 귀를 기울이지도 않곤 했지요." 일론의 회상이다. 원장은 부모님을 유아원으로 불러 이렇게 말했다. "몇 가지 근거로 볼 때, 아이의 지능 발달이 정상에 비해 뒤떨어지는 것으로 보입니다." 동석한 교사 중 한 명이 아이가 대부분의 시간 동안 정신이 딴 데 팔려 있고 선생님 말을 듣지 않는다고 설명했다. "내내 창밖만 바라보고 있어서 제가 수업에 집중하라고 하니까 '잎사귀들이 이제 갈색으로 바뀌고 있어요'라고 하더군요." 에롤은 일론의 말이 맞지 않느냐고, 잎사귀들이 갈색으로 바뀌고 있지 않느냐고 대꾸했다.

그러한 교착상태는 일론의 청각에 문제가 있을지 모르니 청력검사를 받아보라는 제안에 부모가 동의하면서 일단락되었다. "그들은 내 귀에 문제가 있다고 판단했고, 그래서 나의 인두편도를 제거했지요." 일론의 회상이다. 그렇게 유아원 관계자들의 불만은 가라앉았지만, 그의 멍 때리는 경향과 생각할 때 자기만의 세계로 빠져드는 행태는 전혀 바뀌지 않았다. "어렸을 때부터 무언가에 대해 열심히 생각하기 시작하면, 나의 모든 감각 시스템이 차단되곤 했어요." 일론의 말이다. "다른 것이 보이지도, 들리지도, 느껴지지도 않아요. 뇌가 지금 생각하는 것과 관련해서만 돌아가기 때문에 새로운 정보가 들어설 틈이 없는 거죠." 다른 아이들은 그의 관심을 끌어보려고 그의 눈앞에서 팔짝팔짝 뛰거나 팔을 흔들어대곤 했다. 하지만 아무런 효과가 없었다. "일론이 그런 식으로 멍하니 있을 때에는 그냥 놔두는 것이 상책이에요"라고 그의 어머니는 말한다.

일론은 자신이 바보라고 여기는 사람들에게 공손히 대하는 법이 없었고, 그런 태도는 사람들과의 관계를 더욱 힘들게 만들었다. 그는 "멍청이"라는 말을 빈번히 입에 올렸다. "학교에 다니기 시작하면서 더 외롭고 우울해졌어요." 어머니는 말한다. "킴벌이나 토스카는 입학 첫날부터 친구를 사귀고 집에 데려오곤 했는데, 일론은 집에 친구를 데려온 적이 한 번도 없어요. 친구는 사귀고 싶은데 그 방법을 몰랐던 거예요."

결과적으로 그는 갈수록 외로워졌고, 그로 인한 아픔이 그의 영혼에 각인되었다. 연애문제로 마음이 어수선하던 2017년 일론은 〈롤링스톤〉지와의 인터뷰에서 이렇게 회상했다. "어린 시절에 내가 자주 입 밖으로 꺼내던 말이 있었어요. '결코 혼자 있고 싶지 않아.' 이 말을 자주 했지요. '혼자 있고 싶지 않단 말야.'"

그가 다섯 살이 되던 해 어느 날, 사촌 중 한 명의 생일파티가 열리는 날이었는데 일론은 누군가와 싸운 일로 집에 남아 있으라는 벌을 받았다. 하지만 그는 매우 완강한 아이였고, 그래서 혼자서 걸어서 사촌의 집까지 가겠다고 마음먹었다. 사촌의 집은 프리토리아의 반대편에 있어서 족히 2시간은 걸어가야 했고, 게다가 일론은 너무 어려서 도로 표지판도 읽을 줄 몰랐다. "차를 타고 가본 적이 있어서 어떻게 생긴 길을 따라가면 되는지는 대충 알고 있었어요. 어떻게든 가겠다고 마음을 먹었고, 그래서 그냥 걷기 시작했지요." 일론의 말이다. 그가 가까스로 그곳에 도착했을 때에는 파티가 끝나가고 있었다. 어머니는 그가 길을 따라 걸어오는 것을 보고 소스라치게 놀랐다. 또 벌을 받을까 봐 겁이 난 일론은 길옆의 단풍나무에 올라가 내려오길 거부했다. 킴벌은 나무 아래에서 경이로운 시선으로 형을 올려다본 그 일을 기억한다. "그는 사람의 마음을 뒤흔들 정도의, 때로는 무서울 만큼의 단호한 완강함을 가지고 있었어요. 지금도 여전히 그렇답니다."

여덟 살 때, 일론은 그런 완강한 마음으로 오토바이를 갖는 데 집중했다. 그렇다, 여덟 살이었다. 그는 의자에 앉은 아버지 옆에 서서 나름의 논리를 내세우며 반복적으로 오토바이를 사달라고 졸라댔다. 아버지가 신문을 집어 들며 조용히 하라고 명령하면, 그는 그대로 계속 서 있곤 했다. "흔히 볼 수 없는, 정말로 특이한 장면이었어요." 킴벌이 말한다. "형은 조용히 거기 서 있다가 다시 자신의 주장을 늘어놓고 그러다 또 아버지가 한마디 하면 입을 다물었어요." 이 장면은 수주에 걸쳐 매일 저녁 펼쳐졌다. 아버지는 결국 두 손 들고 일론에게 푸른색과 금색이 어우러진 50cc 야마하 오토바이 한 대를 사주었다.

일론은 또한 다른 사람들이 무엇을 하고 있는지 신경 쓰지 않고 혼자서 멍하니 돌아다니는 경향이 있었다. 일론이 여덟 살 때 가족 전체가 친인척 방문차 리버풀로 여행을 갔는데, 하루는 부모님이 그와 동생을 공원에 데려가 잠시 아이들끼리 놀라고 놔두었다. 한자리에 머물러 있는 것은 천성에 맞지 않던 일론은 거리를 배회하기 시작했다. "한 소년이 울고 있는 나를 발견하고 자기 엄마한테 데려갔지요. 그분은 내게 우유와 비스킷을 준 다음에 경찰을 불렀어요." 일론의 회상이다. 경찰서에서 부모를 다시 만났을 때, 그는 무언가 잘못된 상황이라는 것을 인식하지 못했다.

"그 나이의 나와 동생만 공원에 놔둔 것 자체가 미친 짓이었지요." 그가 말한다. "요즘 부모들은 과잉보호가 문제라고 하지만, 우리 부모님은 그런 것과는 거리가 멀어도 한참 멀었지요." 그리고 적잖은 시간이 흐른 후 나는 솔라루프 설치 현장에서 머스크를 만난 적이 있다. 그는 엑스(x)라는 이름의 두 살배기 아들을 데리고 나왔다. 밤 10시에 가까운 시간이었고, 두 개의 스포트라이트가 비추는 가운데 지게차와 기타 이동 장비들이 큰 그림자를 드리우며 움직이고 있었다. 머스크는 혼자 알아서 놀라는 듯이 엑스를 바닥에 내려놓았고, 그러자 아이는 주저 없이 여기저기를 기웃거리기 시작했다. 엑스가 전선과 케이블 사이를 오가며 요리저리 살피는 동안 머스크는 간간이 눈길을 던질 뿐 말리지 않았다. 마침내 엑스는 스포트라이트에 기어오르기 시작했고, 그러자 머스크가 다가가 그를 들어 안았다. 아이는 제지당한 것이 불만인 듯 몸을 꿈틀거리며 꽤액 소리를 질렀다.

머스크는 나중에 자신이 아스퍼거증후군을 앓고 있다고 밝히고 심지어 농담까지 하곤 했다. 아스퍼거증후군은 자폐 스펙트럼 장애의 한 형태에 대한 일반적인 명칭으로, 사회성과 인간관계, 정서적 연결, 자기 조절 능력 등에 영향을 미칠 수 있다. "어렸을 때 실제로 그런 진단을 받은 적은 한 번도 없거든요." 어머니의 말이다. "하지만 본인이 그렇다고 하니 그 말이 맞겠지요." 그의 그런 상태는 어린 시절의 트라우마로 악화되었다. 그의 절친한 친구 안토니오 그라시아스에 따르면, 성인이 된 이후에도 그는 괴롭힘을 당하거나 위협을 받는다고 느낄 때면 어린 시절에 얻은 외상후 스트레스장애가 뇌에서 감정을 조절하는 부분인 변연계를 완전히 장악해버렸다.

그 결과 그는 사회적 신호를 잘 포착하지 못했다. "나는 사람들이 무언가를 말하면 액면 그대로 받아들이곤 했어요." 그의 말이다. "사람들이 말하는 내용이 항상 진심은 아니라는 것을 오로지 독서를 통해 배웠어요." 그는 공학, 물리학, 코딩과 같은 보다 정확한 주제를 선호했다.

모든 심리적 특성이 그렇듯이 머스크의 특성 역시 복합적이고 개별화되어 있었다. 그는 특히 자녀와 관련해서는 매우 따뜻해질 수 있었고, 혼자 있게 되면 불안감을 심하게 느꼈다. 그러나 그에게는 일상적인 친절이나 따뜻함, 사랑받고 싶은 욕구를 만들어내는 감정 수용기가 없었다. 그는 공감 능력을 타고나지 못했다. 덜 전문적인 용어로 표현하자면, 그는 개자식처럼 굴 수도 있었다.

부모의 이혼

메이와 에롤 부부가 다른 세 커플과 함께 옥토버페스트에 참가해 맥주를 마시며 즐거운 시간을 보내던 어느 저녁, 다른 테이블에 앉은 한 사내가 메이를 향해 휘파람을 불며 섹시하다고 외쳤다. 에롤은 몹시 화를 냈지만, 그 사내를 향해서가 아니었다. 메이의 기억에 따르면, 에롤이 그녀에게 달려들어 때리려고 하는 바람에 친구가 그를 제지해야 했다. 메이는 친정어머니 집으로 피신했다. "갈수록 더 미쳐가고 있었지요." 메이가 훗날 한 얘기다. "애들이 보는 앞에서도 나를 때리곤 했어요. 다섯 살이던 일론은 아빠를 말린답시고 뒷다리를 때리곤 했지요."

에롤은 그런 비난에 대해 "완전한 헛소리"라고 한다. 그는 자신이 메이를 사랑했으며 수년 동안 그녀의 마음을 되돌리기 위해 노력했다고 주장한다. "나는 평생에 걸쳐 여자에게 손찌검을 한 적이 없어요. 내가 데리고 산 여자들 중에 나에게 맞은 사람은 확실히 없다고요." 그는 말한다. "남자가 자신을 학대했다면서 울고 거짓말하는 것은 여자의 무기 중 하나지요. 남자의 무기는 여자가 좋아하는 것을 사주고 수표를 끊어주는 것이고요."

옥토버페스트에서 실랑이가 벌어진 다음 날, 에롤은 메이의 친정으로 찾아와 사과하고 집에 돌아가자고 했다. "다시 한번 손만 대보게." 위니프레드 홀드먼이 말했다. "만약 또 그러면 메이는 이혼하고 나와 함께 살 걸세." 메이는 그이후로 그가 다시 손찌검을 하는 일은 없었지만 언어 폭력은 계속되었다고 말한다. 그가 종종 그녀에게 "지루하고 멍청하고 추하다"라고 했다는 것이다. 둘의 결혼생활은 결코 회복되지 않았다. 에롤은 나중에 그것이 자신의 잘못이었음을 인정했다. "아내가 무척 예뻤지만, 늘 더 예쁘고 더 젊은 여자들이 눈에 띄는 걸 어쩝니까." 그가 말했다. "메이를 정말 사랑하면서도 내가 다 망쳐버린거지요." 둘은 결국 일론이 여덟 살이 되던 해에 이혼했다.

메이는 아이들을 데리고 프리토리아와 요하네스버그 지역에서 남쪽으로 600킬로미터나 떨어진 더반 인근의 해안가 집으로 이사했다. 그곳에서 그녀는 모델 일과 영양사 일을 번갈아 하면서 생계를 꾸렸다. 돈에 쪼들리지 않을 수 없었다. 아이들의 교복이나 학습서를 중고로 사주곤 했다. 때로 아이들은 주말이나 연휴를 이용해 기차를 타고 아버지를 보러 프리토리아에 갔다(대개 토스카는 동행하지 않았다). "아이들을 돌려보낼 때 애들 가방이나 옷 같은 것 하나 안겨서 보내는 적이 없었어요. 그래서 매번 내가 애들 새 옷을 사줘야 했지요." 메이의 말이다. "그는 내가 결국 자기한테 돌아올 거라고 말했죠. 가난에 찌들고애들을 먹이지도 못하게 돼서 말이에요."

메이는 종종 모델 일이나 영양 관련 강연으로 인해 아이들만 집에 남겨둔 채 출장을 가야 했다. "그렇게 일하는 것에 대해 죄책감 같은 건 느끼지 않았어요. 다른 방법이 없었으니까요." 그녀가 말한다. "내 아이들은 스스로 자신을 돌봐야 했지요." 그러한 자유는 아이들에게 자립심을 길러주었다. 아이들이 어떤 문제에 부딪히기라도 하면, 그녀는 상투적으로 대응하곤 했다. "스스로 해결책을 찾아보렴." 킴벌은 이렇게 말한다. "엄마는 다정하거나 포근한 것과 거리가 멀었고, 늘 일만 했어요. 하지만 그것이 우리에겐 선물이나 다름없었지요."

일론은 올빼미형 인간으로 발전해서 새벽까지 밤새워 책을 읽기 일쑤였다. 그는 아침 6시에 어머니 방에 불이 들어오는 게 보이면 침대로 기어들어가 잠을 자곤 했다. 당연히 어머니는 학교 가라고 일론을 깨우는 데 애를 먹곤 했다. 어머니가 집을 비운 날에는 종종 오전 10시가 지나서 수업에 들어가기도 했다. 학교로부터 수차례 전화를 받은 후 에롤은 양육권 소송을 제기했고, 그에 따라 일론의 선생님들과 메이의 모델 에이전트, 그리고 이웃들에게 법원의 소환장이 발부되었다. 그리고 재판이 열리기 직전에 소를 취하했다. 양육권 소송을 제기했다가 취하하는 그의 이런 행태는 이후 몇 년 터울로 수차례 반복되었다. 토스카는 이 일을 떠올리며 눈물을 흘리기 시작했다. "엄마가 소파에 앉아 흐느끼던 모습이 기억나요. 나는 어떻게 해야 할지 몰랐고요. 내가 할 수 있었던 것은 그저 엄마를 안아주는 것뿐이었죠."

메이와 에롤은 각기 가정의 행복보다는 극적인 강렬함에 이끌렸다. 그리고 그런 특성은 아이들에게도 이어졌다. 이혼 후 메이는 다른 폭력적인 남자와 데이트하기 시작했다. 아이들은 그를 몹시 싫어해서 때때로 그의 담배에 작은 폭약을 심어 놓곤 했다. 불을 붙이면 터지라고 말이다. 그 남자는 메이에게 청혼하자마자 다른 여자를 임신시켰다. "내 친구였어요. 함께 모델 일을 했었던 친구." 메이의 말이다.

3장

아버지의 집으로

프리토리아, 1980년대

(왼쪽 위) 거북이를 찌르는 일론과 그 모습을 지켜보는 에롤
(오른쪽 위) 킴벌, 일론과 사촌 피터 리브, 러스 리브
(아래) 팀바바티 사냥금지구역의 오두막

이사

열 살 때, 머스크는 나중에 후회하게 되는 운명적인 결정을 내린다. 아버지 집으로 들어가 함께 살기로 한 것이다. 그는 혼자서 위험한 야간열차에 올라 더반에서 요하네스버그까지 갔다. 역에서 자신을 기다리고 있는 아버지를 발견하자 일론은 "기뻐서 태양처럼 환하게 빛나기" 시작했다. 에롤의 표현이다. "안녕 아빠, 햄버거 먹자!" 그는 소리쳤다. 그날 밤 그는 아버지의 침대에 기어들어가 잠을 잤다.

일론은 왜 아버지와 함께 살기로 결정한 걸까? 내가 이유를 물었을 때 그는 한숨을 내쉰 후 1분 가까이 아무 말도 하지 않았다. "아버지가 너무 외로워 보여서 내가 함께 있어줘야 한다고 느꼈어요." 마침내 그가 대답했다. "아버지가 내게 심리적 속임수를 쓴 거지요." 또한 그는 '나나'라는 애칭으로 불리던 할머니, 즉 에롤의 어머니인 코라를 무척 좋아했다. 코라는 아이 셋이 모두 어머니와 살면서 아버지를 혼자 살게 하는 것은 불공평한 일이라고 일론을 설득했다.

어떤 면에서 그 결정은 그다지 이상할 게 없었다. 일론은 열 살이 되었는데도 여전히 사람들과 어울리는 데 서툴렀고, 친구가 전혀 없었다. 어머니는 아이들에 대한 애정이 넘쳤지만, 과로에 시달렸고 주의가 산만하며 여러 모로 연약했다. 대조적으로 아버지는 거만하고 당당하며 큰 손과 압도적인 존재감을 뿜어내는 덩치 큰 남자였다. 그가 하는 사업은 기복이 있었지만, 그 당시에는 돈벌이가 잘돼서 기세가 등등했다. 금색 컨버터블 롤스로이스 코니시를 굴릴 정도였는데, 그보다 더 중요한 것은 백과사전 두 세트와 많은 책, 다양한 엔지니어링 도구를 가지고 있다는 것이었다.

이런 몇 가지 이유 때문에 어린 소년 일론은 아버지와 함께 살기로 결정했다. "정말 잘못된 생각으로 판명되었지요." 그는 말한다. "아버지가 얼마나 끔찍한 사람인지 아직 몰랐던 거예요." 4년 후 킴벌이 그의 뒤를 따라 아버지에게 왔다. "형 혼자 아버지와 함께 살게 두고 싶지 않았어요." 킴벌의 말이다. "아버지는 형에게 죄책감을 심어주며 자기와 함께 살게 했는데, 그러고 나서 내게도 죄책감을 느끼게 만들었지요."

"왜 일론은 고통을 주는 사람과 함께 살기로 한 걸까요?" 40년이 지난 시점에 메이 머스크가 던진 의문이다. "그는 왜 행복한 가정을 선호하지 않았을까요?" 그런 다음 그녀는 잠시 가만히 생각에 잠겼다. "어쩌면 그게 바로 일론의 성향인지도 모르지요."

아버지와 함께 살게 되면서 일론과 킴벌은 아버지가 프리토리아에서 동쪽으로 약 480킬로미터 떨어진 자연 그대로의 수풀 지대인 팀바바티 사냥금지 구역에 관광객들에게 임대할 수 있는 오두막을 짓는 일을 도왔다. 건설 기간 동안 그들은 사자의 공격에 대비해 브라우닝 소총을 옆에 두고 모닥불 주위에서 잠을 잤다. 강모래로 벽돌을 만들고 지붕은 풀로 덮었다. 엔지니어였던 에롤은 다양한 재료의 특성을 연구하는 것을 좋아했고, 그래서 바닥은 단열효과가 좋은 운모로 깔았다. 물을 찾아다니는 코끼리들이 종종 파이프를 뽑아놓고, 원숭이들이 주기적으로 임시 구조물에 침입해 똥을 싸놓는 바람에 아이들이 해야 할 일이 많았다.

일론은 종종 방문객들의 사냥 길에 따라나서곤 했다. 그가 가진 것은 22구경 소총 한 자루뿐이었지만, 조준경이 훌륭한 덕분에 곧 명사수가 되었다. 심지어 상품으로 걸린 위스키 한 상자를 받기엔 너무 어린 나이였음에도 지역의 스키트 사격대회에서 우승을 했다.

일론이 아홉 살 때, 아버지는 세 남매 모두를 데리고 미국으로 여행을 떠났다. 그들은 렌터카를 빌려 뉴욕을 둘러보고 중서부를 거쳐 플로리다로 내려갔다. 일론은 다른 무엇보다도 모텔의 로비마다 구비된 동전 주입식 비디오 게임에 빠져들었다. "그때까지 경험한 것 중 무엇과도 비교할 수 없을 만큼 흥미로운 놀이였어요." 그는 말했다. "남아공에는 아직 그런 것이 없었으니까요." 여행하는 동안 에롤은 사치스러움과 검소함을 동시에 보여주었다. 차는 고급 선더버드를 빌렸지만 숙소는 저렴한 여관들만 골랐다. "올랜도에 도착했을 때 아버지는 디즈니월드에 가자는 우리의 부탁을 거절했어요. 너무 비싸다는 게 이유였지요." 머스크의 회상이다. "대신 워터파크에 갔던 것 같아요." 종종 그랬듯이, 에롤은 다른 이야기를 풀어놓는다. 디즈니월드에도 갔고 식스플래그스 오버 조지아(대규모 놀이공원)에도 갔으며, 디즈니월드에서 일론이 특히 유령의 집을 좋아했다는 것이다. "나는 여행 내내 아이들에게 강조해서 이야기했어요. '미국이야말로 언젠가 너희들이 와서 살게 될 곳이야'라고 말이에요."

2년 후, 그는 세 자녀를 홍콩에 데려갔다. "당시 아버지가 하던 일은 합법적인 사업과 보따리 장사 같은 것이 뒤섞여 있었어요." 머스크의 회상이다. "그는 우리를 꽤 지저분한 호텔에 남겨두고 50달러 정도만 쥐여준 채 어딜 가서 무슨 일을 보는 건지 이틀 동안 보이지 않았어요." 그들은 호텔에서 TV로 사무라이 영화와 만화를 보면서 시간을 보냈다. 일론과 킴벌은 토스카를 남겨둔 채 거리로 나와 돌아다니다 무료로 비디오 게임을 할 수 있는 전자제품 매장에 들어가 놀기도 했다. "요즘에는 누가 그런 식으로 애들을 방치하면 아동보호국 같은 데에 신고하겠지요. 하지만 그 시절 우리에게는 그저 경이로운 경험이었을 뿐이에요"라고 머스크는 말한다.

사촌들과의 동맹

일론과 킴벌이 프리토리아 교외에서 아버지와 함께 살기 시작하자 메이는 가족이 보다 가깝게 지낼 수 있도록 가까운 요하네스버그로 이사했다. 금요일이면 그녀는 아이들을 데리러 에롤의 집으로 차를 몰고 갔다. 그런 다음 그들은 불굴의 할머니 위니프레드 홀드먼의 집으로 향했다. 할머니는 대개 손주들을 위해 닭고기 스튜를 준비했는데, 아이들은 그것을 죽도록 먹기 싫어해서 결국 메이가 나중에 아이들을 따로 피자집에 데려가곤 했다.

일론과 킴벌은 그런 주말이면 보통 할머니네 옆집에서 밤을 보냈다. 메이의 쌍둥이 자매 케이 리브가 세 아들과 함께 사는 집이었다. 사촌지간인 다섯 명의 소년들, 즉 일론과 킴벌 그리고 피터와 린든과 러스는 모두 모험심이 강하고 때때로 다투기도 잘하는 한 무리의 수사슴 같았다. 케이 이모보다는 어머니인 메이가 아이들을 덜 단속하며 비교적 자유롭게 놔두는 편이라 아이들은 모험을 계획할 때면 메이와 공모하곤 했다. "우리가 요하네스버그에서 열리는 콘서트 같은 행사에 가고 싶다면, 엄마가 이모한테 저녁에 애들을 교회캠프에 데려가겠다고 말해주는 식이었지요." 킴벌의 설명이다. "그러면 엄마가 우리를 태워 기차역에 내려주었고, 우리는 신나게 장난치러 가곤 했지요."

그런 여행은 위험할 수도 있었다. "한번은 기차가 멈추었는데 엄청난 싸움이 벌어지고 있었어요. 한 남자가 칼에 머리를 찔리는 모습이 우리 눈에 들어왔지요." 사촌 피터가 당시의 상황을 설명했다. "우리는 열차 안에서 몸을 웅크리고 숨었어요. 그러자 문이 닫히고 열차가 움직이기 시작했어요." 때로는 갱단이 경쟁 조직원을 찾으러 기차에 올라타서는 기관총을 갈기며 객실을 휘저어 놓기도 했다. 일부 콘서트는 반아파르트헤이트 시위였다. 1985년 10만 명이 운집한 요하네스버그 콘서트가 그런 경우였다. 어디서든 걸핏하면 싸움이 벌어졌다. "우리는 점차 폭력으로부터 도망치려고 하지 않게 되었어요. 폭력을 이겨내고 살아남으려 했지요"라고 킴벌은 말한다. "폭력은 우리에게 두려워하면 안 된다는 것뿐 아니라 미친 짓을 하면 안 된다는 것도 가르쳐주었어요."

일론은 가장 두려움이 없는 아이라는 평판을 얻었다. 사촌들과 함께 영화를 보러 갔을 때 사람들이 시끄럽게 떠들기라도 하면 그가 가서 조용히 하라고 말하곤 했다. 자신보다 훨씬 덩치가 큰 사람들 앞에서도 마찬가지였다. "두려움에 이끌려 결정을 내리지 않는 것, 그에게는 그것이 큰 주제였어요." 피터의 회상이다. "어렸을 때도 분명히 그런 게 있었지요."

그는 또한 사촌들 중에서 가장 경쟁심이 강했다. 한번은 그들이 프리토리아에서 요하네스버그까지 자전거를 타고 갔는데, 일론이 빠르게 페달을 밟으며 한참을 앞서 달렸다. 다른 아이들은 자전거를 세우고 지나가는 픽업트럭을 얻어 탔다. 트럭을 타고 먼저 도착한 아이들과 다시 합류했을 때 일론은 그들에게 화를 내며 주먹을 휘두르기 시작했다. 경주하기로 해놓고 속임수를 썼다는 것이 이유였다.

그런 싸움은 흔한 일이었다. 종종 주변은 전혀 의식하지 않은 채 공공장소에서 싸움을 벌이기도 했다. 일론과 킴벌도 수없이 싸웠고, 그중 한번은 시골 박람회장이 무대였다. "서로 펀치를 주고받고 흙바닥에서 뒤엉켜 구르고 난리도 아니었지요." 피터의 회상이다. "구경꾼들이 기겁을 할 정도여서 내가 사람들을 향해 소리쳐야 했어요. '별 거 아닙니다. 우리는 형제예요, 형제.'" 대개 싸움은 사소한 일로 시작되었지만, 상당히 격렬해지기도 했다. "둘 중 한 명이 이기는 방법은 먼저 상대의 낭심을 때리거나 차는 것이었어요." 킴벌은 말한다. "낭심을 맞으면 일단 움직일 수가 없었기 때문이 싸움이 끝나곤 했지요."

학교에 가다

머스크는 공부를 잘했지만, 슈퍼스타는 아니었다. 아홉 살과 열 살 때, 그는 영어와 수학에서 A를 받았다. "새로운 수학적 개념에 대한 이해가 빠름"이라고 그의 선생님은 기록해두었다. 그러나 성적표의 종합의견란에는 매번 다음과 같은 평가가 기록되어 있다. "몽상에 빠지거나 하지 말아야 할 것을 하느라 학업 속도가 극도로 느림." "무엇이든 끝까지 마무리하는 경우가 거의 없음." "수업 시간에 공상에 빠지지 않도록, 수업에 집중하도록 지도 요망." "글짓기에서 생생한 상상력을 보여주지만, 제시간에 끝내지 못하는 경우가 빈번함." 고등학교에 진학하기 전 그의 평균 성적은 100점 만점에 83점이었다.

공립고등학교에 입학한 일론이 괴롭힘과 구타를 당하자 아버지는 그를 사립학교인 프리토리아 남자고등학교로 전학시켰다. 영국 모델을 기반으로 엄격한 학칙을 시행하고 체벌을 허용하며 채플과 교복 등을 강제하는 학교였다. 그곳에서 일론은 (마지막 해에 100점 만점에 61점을 받은) 아프리칸스어와 (선생님에게 "분발하지 않음"이라는 평가를 받은) 종교 학습을 제외한 모든 과목에서 탁월한 성적을 기록했다. "나는 무의미하다고 생각되는 일에는 그다지 노력을 기울이지 않았어요." 그는 말한다. "차라리 그 시간에 책을 읽거나 비디오 게임을 하는 게 나

일론 머스크

았으니까요." 그는 고3 학업성취도 평가에서 물리학은 A를 받았지만, 다소 놀랍게도 수학에서는 B를 받는 데 그쳤다.

여가 시간에는 작은 로켓을 만들고 수영장 소독 염소와 브레이크 용액을 섞은 것과 같은 다양한 혼합물로 추진력을 알아보기 위해 실험하는 것을 좋아했다. 또한 마술과 최면술도 배웠는데, 한번은 토스카에게 최면을 걸어 스스로 개라고 믿고 날 베이컨을 먹게 만들기도 했다.

훗날 미국에 와서도 그랬듯이, 그 사촌들은 그 시절부터 다양한 사업 아이디어를 추구했다. 어느 부활절, 그들은 초콜릿 달걀을 만들어 호일에 싼 다음 집집마다 돌아다니며 팔았다. 킴벌은 기발한 상술을 생각해냈다. 가게에서 파는 부활절 달걀보다 싸게 팔지 말고 가격을 좀 더 올리자는 것이었다. "사람들이 가격 때문에 망설이면 '단순히 부활절 달걀을 사는 데서 그치는 게 아니라 미래의 자본가들을 후원하는 것'이라고 말씀을 드렸지요." 킴벌의 설명이다.

독서는 일론에게 심리적 안식처가 되었다. 때때로 그는 오후부터 밤늦은 시간까지 9시간 내내 독서에 몰두하기도 했다. 가족 전체가 누군가의 집에 저녁 초대를 받기라도 하면 일론은 그 집의 서재에 틀어박혀 있곤 했다. 시내에 나간 날에는 거리를 배회하다 결국에는 서점에 들어가서 바닥에 앉아 자기만의 세계로 빠져들곤 했다. 그는 만화책도 깊이 탐닉했다. 하나의 목적에 매진하는 슈퍼히어로들의 열정이 특히 그를 매료시켰다. "다들 항상 세계를 구하려고 하잖아요. 생각해보면 속바지를 겉에 입거나 몸에 딱 붙는 철제 수트를 입은 게 이상하지만, 어쨌든 세상을 구하려고 애쓰잖아요." 일론의 말이다.

일론은 아버지 집에 있는 백과사전 두 세트를 모두 읽었다. 그를 맹목적으로 사랑하는 어머니와 여동생이 보기에는 '천재 소년'이 따로 없었다. 하지만 다른 아이들이 보기엔 짜증나는 괴짜일 뿐이었다. 한번은 사촌 중 한 명이 이렇게 외쳤다. "와, 저 달 좀 봐. 100만 마일은 떨어져 있는 것 같아." 그러자 일론이 대꾸했다. "아냐, 약 23만 9,000마일 떨어져 있어. 궤도에 따라 조금씩 차이가 있지만."

그가 아버지의 사무실에서 발견한 책 중 한 권은 미래에 이루어질 위대한 발명에 대한 내용을 담고 있었다. "학교에서 돌아오면 곧바로 아버지 사무실에 딸린 곁방에 들어가 그 책을 반복해서 읽곤 했지요." 일론의 말이다. 책에 소개된 아이디어 중에는 이온추진기로 발사되는 로켓이 있었는데, 가스 대신 입자를 사용해 추력을 얻는 방식이었다. 어느 늦은 밤, 텍사스 남부에 있는 로켓 기지의 제어실에서 머스크는 진공 상태에서 이온추진기가 어떻게 작동하는지를 포함하여 그 책에 대해 내게 자세히 설명했다. "다른 행성에 가는 것에 대해 처음으로 생각하게 만든 게 바로 그 책이에요." 그가 말했다.

러스, 일론, 킴벌, 피터

4장

공상과학 소설과 비디오 게임

프리토리아, 1980년대

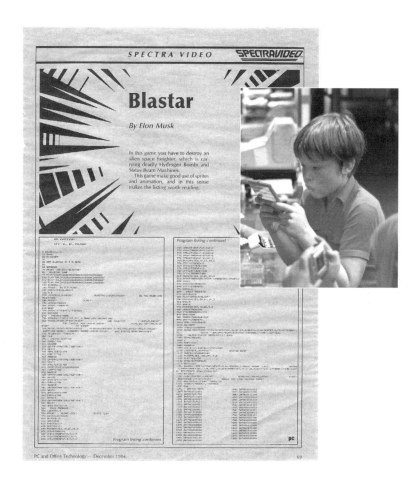

(왼쪽) 일론이 만들어 잡지사에 판 블래스타 게임의 코드 원본
(오른쪽) 비디오 게임에 집중한 일론

실존적 위기

머스크가 어렸을 때 어머니는 자신이 교사로 봉사하던 지역 성공회 교회의 주일학교에 아들을 데려가기 시작했다. 상황은 어머니의 예상대로 흘러가지 않았다. 그녀가 주일학교 학생들에게 성경에 나오는 이야기를 들려주면, 일론이 꼬박꼬박 의문을 제기하곤 했다. "물이 갈라졌다니 그게 무슨 소리예요? 그런 건 불가능하죠." 그녀가 오병이어로 5,000명을 배부르게 한 예수님의 기적에 대해 이야기했을 때에는 무에서 사물이 나올 수 없다고 반박했다. 그는 세례를 받은 터라 성찬식에 참여해야 했지만 그것에 대해서도 의문을 제기했다. "그리스도의 피와 몸을 취하다니, 어린 애로서는 기이하게 느낄 수밖에 없는 얘기 아닌가요?" 일론의 말이다. "그래서 이렇게 말했지요. '도대체 무슨 소리예요? 식인 풍습에 대한 기괴한 은유인가요?'" 메이는 차라리 일요일 아침에 일론에게 집에서 책이나 읽으라고 하는 게 낫겠다고 결정했다.

하느님에 대한 경외심이 더 돈독했던 아버지는 일론에게 우리의 제한된 감각과 머리로는 알 수 없는 것들이 있다고 설명했다. "조종사 중에는 무신론자가 없는 법이지요." 그의 말이다. 일론은 나중에 이렇게 덧붙였다. "시험 시간에는 무신론자가 없는 법이지요." 하지만 일론은 일찍부터 과학이 모든 상황을 설명할 수 있으므로 창조주나 신성을 불러내 삶에 개입시킬 필요가 없다고 믿게 되었다.

청소년기에 접어든 일론은 무언가 빠졌다는 생각에 시달리기 시작했다. 존재에 대한 종교적 설명과 과학적 설명 모두 '우주는 어디에서 왔으며 왜 존재하는가?'와 같은 정말 중요한 질문을 다루지 않았다고 그는 말한다. 물리학은 우주에 대한 모든 것을 가르칠 수 있었지만, 그 존재의 이유는 설명하지 못했다. 그것은 그가 스스로 '청소년기의 실존적 위기'라고 부르는 것으로 이어졌다. "나는 삶과 우주의 의미가 무엇인지 알아내려고 노력하기 시작했어요." 그는 말한다. "그리고 인간의 삶이란 것이 아무런 의미가 없을지도 모른다는 생각에 정말 우울해졌지요."

홀륭한 책벌레들이 그러하듯이, 그는 독서를 통해 이런 의문을 해결했다. 처음에 그는 불안한 청소년의 전형적인 실수를 저질렀다. 니체나 하이데거, 쇼펜하우어와 같은 실존주의 철학자들의 책을 읽은 것이다. 이것은 일론의 혼란을 절망으로 바꾸어놓았다. "십대들에게는 니체를 읽으라고 권하면 안 된다고 생각합니다." 일론은 말한다.

다행스럽게도 그는 지적 능력이 특출하고 게임을 즐기는 아이들의 지혜의 원천인 공상과학 소설들로부터 구원을 받았다. 그는 학교와 지역 도서관의 공상과학 섹션을 죄다 휩쓸고 사서에게 더 많은 책을 주문해달라고 졸랐다.

그가 가장 좋아한 책 중 하나는 로버트 하인라인의 《달은 무자비한 밤의 여왕》이었는데, 이 책의 내용은 달에 범죄자들을 보내서 건설한 식민지에 관한 것이었다. 이 식민지는 자기 인식과 유머 감각을 획득할 수 있는 마이크라는 별명의 슈퍼컴퓨터에 의해 관리되는데, 식민지에서 반란이 일어나 세를 키우자 그 컴퓨터는 자신의 생명을 희생시킨다. 이 책은 훗날 머스크의 삶의 중심에 자리 잡게 되는 문제를 다루고 있다. 인공지능은 과연 인류를 보호하고 이롭게 하는 방식으로 발전할 것인가, 아니면 기계 스스로 의지를 갖게 되며 인간에게 위협이 될 것인가?

이 주제는 그가 가장 좋아하는 책인 아이작 아시모프의 로봇에 관한 소설의 핵심이기도 하다. 아시모프의 이야기들은 인간의 통제를 벗어나지 못하도록 로봇을 설계하는 로봇공학의 법칙을 제시한다. 아시모프는 1985년 소설 《로봇과 제국》의 마지막 장면에서 그런 법칙 중 "로봇은 인류에게 해를 끼칠 수 없으며, 행동하지 않음으로써 인류가 해를 입도록 묵인할 수도 없다"라는 가장 근본적인 원칙에 대해 자세히 설명하면서 '0번째 법칙Zeroth Law'이라고 명명했다. 아시모프의 《파운데이션》 시리즈 속 주인공들은 임박한 암흑기에 직면하여 인간의 의식과 지식을 보존하기 위해 은하계의 먼 지역으로 정착민들을 보낼 계획을 세운다.

30여 년 후 어느 날, 머스크는 랜덤 트윗을 통해 이러한 아이디어가 인간을 우주를 여행하는 종種으로 만들고 인공지능을 활용하여 인간을 이롭게 하려는 그의 탐구에 어떻게 동기를 부여했는지 밝혔다. "《파운데이션》 시리즈와 '0번째 법칙'이 스페이스X 설립의 근본이 되었습니다."

히치하이커를 위한 안내서

머스크의 그런 청소년기에 가장 큰 영향을 미친 공상과학 소설은 더글러스 애덤스의 《은하수를 여행하는 히치하이커를 위한 안내서》였다. 유쾌함과 풍자가 넘치는 이 이야기는 머스크가 나름의 철학을 형성하는 데 도움이 되었고, 그의 진지한 표정에 익살스러운 유머를 더해주었다. "그 책은 내가 실존적 우울증에서 벗어나는 데 실제로 도움이 되었어요. 그 책을 읽는 순간 모든 부분에서 미묘한 방식으로 놀랄 만큼 재미있다고 생각했어요"라고 그는 말한다.

이 소설에는 초공간 고속도로를 건설하는 외계 문명에 의해 지구가 파괴되기 몇 초 전에 지나가는 우주선에 의해 구조되는 아서 덴트라는 인간이 등장한다. 덴트는 자신을 구해준 외계인과 함께 "불가해성을 예술로 바꾼" 머리 두 개 달린 대통령이 통치하는 은하계의 다양한 구석구석을 탐험한다. 은하계의 주민들은 "생명과 우주, 그리고 모든 것에 대한 궁극적인 의문에 대한 답"을 알아내려고 노력하며 슈퍼컴퓨터를 만들지만, 그 컴퓨터는 700만 년 이상이 지난 후 그 질문에 대해 '42'라는 답을 내놓는다. 당황한 외계인들이 어리둥절해하며 법석을 떨자 컴퓨터는 응답한다. "확실히 답이 그렇게 나왔습니다. 솔직히 말해서 문제는 여러분이 질문이 무엇인지 제대로 알지 못한다는 것입니다." 이 교훈은 머스크에게 그대로 각인되었다. "나는 그 책을 통해 의식의 범위를 확장해야 답을 얻을 수 있는 질문을 더 잘 던질 수 있다는 것을 깨달았어요. 우리 의식의 범위를 우주로 확장해야 하는 거지요."

머스크는 《은하수를 여행하는 히치하이커를 위한 안내서》에 이어 비디오 및 탁상용 시뮬레이션 게임에 빠져들었다. 이러한 경험들은 인류가 어떤 고차원적 존재가 고안한 시뮬레이션의 장기말에 불과할지도 모른다는, 감질나면서도 흥미를 부추기는 생각에 대한 평생의 열정으로 그를 이끌었다. 더글러스 애덤스는 이렇게 썼다. "누군가가 우주의 목적과 존재 이유를 정확히 발견하면 우주는 즉시 사라지고 훨씬 더 기괴하고 불가해한 무언가로 대체될 것이라는 이론이 있다. 이 일이 이미 발생한 상태라는 또 다른 이론도 있다."

블래스타

1970년대 후반, '던전앤드래곤'이라는 롤플레잉 게임이 전 세계의 게임광들을 사로잡았다. 일론과 킴벌 그리고 사촌들 역시 테이블에 둘러앉아 캐릭터 시트와 주사위 굴림에 따라 판타지 모험을 떠나는 그 게임에 몰두했다. 플레이어 중 한 명이 액션을 심판하는 던전 마스터 역할을 해야 한다.

대부분은 일론이 던전 마스터 역할을 맡았고, 놀랍게도 그는 상냥하고 온화하게 그 역할을 해냈다. "일론은 어렸을 때부터 다양한 태도와 기분을 가지고 있었어요." 사촌인 피터의 말이다. "그는 믿을 수 없을 정도로 참을성 있게 던전 마스터 역할을 해냈어요. 내 경험으로 보면 그것이 그의 기본 성격은 아니거든요. 하지만 가끔 그런 모습을 보여줄 때는 천사가 따로 없었어요." 그는 동생과 사촌들에게 압력을 가하는 대신, 매우 분석적인 태도로 각 상황에서 그들이 가진 선택권을 설명하곤 했다.

그들은 함께 요하네스버그에서 열린 토너먼트에 참가했는데, 참가한 팀들 중에서 가장 어렸다. 토너먼트의 던전 마스터가 그들에게 임무를 부여했다. 게임에서 누가 악당인지 알아내고 그를 죽여서 여자를 구하는 것이었다. 일론은 던전 마스터를 바라보며 "당신이 악당인 것 같아요"라고 말했다. 그래서 그들은 그를 죽였다. 일론이 옳았고 몇 시간 동안 진행될 예정이던 게임은 일찍 끝났다. 주최 측은 그들이 어떤 식으로든 부정행위를 한 것이 틀림없다고 비난하면서 처음에는 상금을 주지 않으려 했다. 하지만 일론이 이겼다. "그들은 바보였어요." 그는 말한다. "상황이 너무 분명했거든요."

일론은 열한 살이 되던 해에 처음으로 컴퓨터를 보았다. 요하네스버그의 쇼핑몰에서 처음 컴퓨터를 본 그는 몇 분 동안 그 자리에 서서 하염없이 바라보기만 했다. "컴퓨터 잡지를 읽어본 적은 있지만 실제로 컴퓨터를 본 적은 없었지요." 그의 말이다. 오토바이를 갖고 싶었을 때와 마찬가지로 그는 컴퓨터를 사달라고 아버지를 졸랐다. 에롤은 이상하리만큼 컴퓨터 구입에 반대하면서 컴퓨터가 엔지니어링이 아닌 시간을 낭비하는 게임만을 위한 것이라고 주장했다. 그래서 일론은 잡다한 일을 하면서 돈을 모아 초기 개인용 컴퓨터 중 하나인 코모도어 VIC-20Commodore VIC-20을 구입했다. '갤럭시안'이나 '알파 블래스터'와 같이 플레이어가 외계 침략자로부터 지구를 보호하려고 시도하는 게임을 할 수 있는 컴퓨터였다.

컴퓨터를 구입하자 60시간의 레슨이 포함된 BASIC 프로그래밍 학습과정이 함께 제공되었다. "잠도 거의 자지 않고 3일 만에 다 끝냈지요"라고 일론은 그 당시를 기억했다. 몇 달 후 그는 한 대학에서 개인용 컴퓨터에 관한 컨퍼런스가 개최된다는 광고를 보고 그 전단을 가져와 아버지에게 보여주며 참석하고 싶다고 말했다. 이번에도 에롤은 망설였다. 입장료가 약 400달러에 달하는 값비싼 세미나인데다가 아이들을 위한 것도 아니었다. 일론은 그 컨퍼런스에 "반드시 참석해야" 한다면서 아버지 옆에 서서 떠나지 않았다. 이후 며칠 동안 일론은 주머니에서 광고지를 꺼내 들고는 컨퍼런스에 보내달라고 거듭 졸라댔다. 마침내 아버지는 일론이 뒤에 서서 컨퍼런스에 참석하는 조건으로 가격을 할인해달라고 대학 측을 설득했다. 컨퍼런스가 끝날 무렵 일론을 데리러 온 에롤은 아들이 세 명의 교수와 대화를 나누고 있는 모습을 보았다. 교수 중 한 명이 에롤에게 "이 소년에게는 새 컴퓨터가 필요합니다"라고 말했다.

학교의 프로그래밍 기술 시험에서 A를 받은 후 일론은 IBM PC/XT를 손에 넣었고, 독학으로 파스칼과 터보 C++를 사용하여 프로그래밍하는 법을 배웠다. 그리고 열세 살 때 123줄의 BASIC과 간단한 몇 가지 어셈블리 언어를 사용하여 그래픽을 작동시키는 비디오 게임을 만들어 '블래스타'라고 이름 붙였다. 그는 그 코드를 〈피씨 앤드 오피스 테크놀러지〉라는 잡지에 제출했고, 잡지사는 1984년 12월호에 다음과 같은 짧은 설명과 함께 그것을 소개했다. "이 게임에서는 치명적인 수소폭탄과 '스테이터스 빔 머신'을 운반하는 외계 화물선을 파괴해야 합니다." '스테이터스 빔 머신'이 무엇인지는 확실치 않았지만, 그 개념은 멋지게 들렸다. 잡지사는 그에게 500달러를 지불했고, 그는 뒤이어 다른 두 게임도 그 잡지사에 팔았다. 하나는 '동키콩(1981년에 닌텐도에서 발매한 아케이드 게임-옮긴이)'과 유사한 게임이었고, 다른 하나는 룰렛 및 블랙잭 시뮬레이션 게임이었다.

그렇게 비디오 게임에 대한 그의 평생에 걸친 중독이 시작되었다. "일론과 함께 게임을 시작하면 결국 식사 시간이 될 때까지 쉼 없이 해야 해요"라고 사촌인 피터는 말한다. 한번은 다 같이 더반으로 여행을 갔는데, 일론이 쇼핑몰의 게임기를 해킹하는 방법을 알아냈다. 그는 철사를 이용해 시스템을 가동시켰고, 덕분에 그들은 동전을 넣지 않고 몇 시간 동안 게임을 할 수 있었다.

그런 일이 있은 후 일론은 보다 원대한 아이디어를 내놓았다. 사촌들끼리 그들 소유의 비디오 게임 아케이드를 열어 영업을 하자는 것이었다. "우리는 당시 어떤 게임이 가장 인기가 있는지 정확히 알고 있었기에 확실히 성공할 수 있을 것 같았지요." 일론의 말이다. 그는 현금 흐름을 이용하여 게임기들의 임대 자금을 조달할 수 있는 방법을 알아냈다. 그러나 소년들은 시 당국에 허가증을 신청하는 과정에서 신청서에 반드시 18세 이상인 누군가의 서명이 필요하다는 사실을 알게 되었다. 30페이지에 달하는 신청서 양식을 다 채운 킴벌은 에롤에게 부탁할 수는 없다고 판단했다. "아버지는 너무 매정한 사람이었기에 피터와 러스의 아빠, 그러니까 이모부에게 가서 부탁했는데, 벌컥 화부터 내셨어요. 그걸로 사실상 모든 게 수포로 돌아간 거죠." 킴벌의 회상이다.

5장

탈출

남아프리카를 떠나다, 1989년

지킬과 하이드

아버지와 함께 7년을 지내고 열일곱 살이 되면서 일론은 집에서 탈출해야 겠다고 생각했다. 아버지와 함께하는 삶이 갈수록 그를 점점 더 불안하게 만들고 있었다.

에롤은 유쾌하고 재미있는 면도 있었지만, 때때로 어둡게 변하거나 언어적 학대를 가하거나 환상과 음모에 사로잡히곤 했다. "그의 기분은 언제든 순식간에 바뀔 수 있었어요"라고 토스카는 말한다. "모든 것이 훌륭할 때조차도 1초 안에 사악한 모습으로 변해서는 욕설을 퍼붓곤 했지요." 그는 마치 분리성 성격을 가진 것 같았다. 킴벌의 말을 들어보자. "아버지는 잠깐 동안 아주 친절하게 굴다가도 다음 순간 소리를 지르며 몇 시간이나 설교를 늘어놓곤 했지요. 말 그대로 2시간이든 3시간이든 그 자리에 강제로 세워놓고 무가치하고 한심하다는 등 상처를 주는 험악한 말로 우리를 질책하곤 했어요."

그런 까닭에 일론의 사촌들은 그 집에 오는 것을 꺼렸다. "어떤 상황에 말려들지 전혀 알 수가 없었거든요." 사촌 피터의 말이다. "어떤 날은 '새 오토바이 장만했다. 올라타라. 태워줄게' 이런 식으로 나오고, 또 어떤 때는 화를 내며 위협하기도 하고, 젠장, 어떤 때는 화장실을 칫솔로 청소하게 했으니까요." 피터는 나에게 이렇게 말하고는 조금 머뭇거리다가 일론도 가끔 이런 식으로 행동한다고 덧붙였다. "일론은 기분이 좋을 땐 세상에서 가장 멋지고 재미난 사람이에요. 하지만 기분이 나쁠 땐 정말 사악해지죠. 그러면 누구든 눈치를 보면서 조심하지 않을 수 없어요."

어느 날 피터는 그 집에 들렀다가 에롤이 속옷 차림으로 식탁에 앉아서 플라스틱 룰렛 돌림판을 들고 있는 것을 보았다. 그는 마이크로파가 룰렛 게임에 영향을 미칠 수 있는지 알아보고 있는 중이었다. 그는 돌림판을 돌리고 결과를 표시했다. 그런 다음 다시 돌림판을 돌리면서 전자레인지에 넣어 결과를 기록하곤 했다. "말도 안 되는 짓거리였지요." 피터의 말이다. 에롤은 그 게임에서 이길 수 있는 시스템을 찾을 수 있다고 확신했다. 그 시절 에롤은 일론에게 실제 나이인 열여섯 살보다 더 나이 들어 보이도록 옷을 입히고는 프리토리아 카지노로 여러 차례 끌고 갔다. 그곳에서 일론에게 숫자를 기록하도록 한 다음 자신은 베팅 기록 카드 아래에 숨겨놓은 계산기로 열심히 다음에 나올 숫자를 추정했다.

일론은 도서관에 가서 룰렛에 관한 책을 몇 권 읽었고, 심지어 자신의 컴퓨터로 룰렛 시뮬레이션 프로그램을 작성하기도 했다. 그런 다음 아버지의 전략 중 어느 것도 효과가 없을 것이라며 에롤을 설득하려고 애썼다. 그러나 에롤은 자신이 확률에 관한 보다 심오한 진리를 발견했다고 믿었고, 훗날 나에게 그것을 "무작위성이라는 것에 대한 거의 완전한 솔루션"이라고 이야기했다. 내가 그에게 설명을 부탁하자, 그는 이렇게 말했다. "'무작위적인 사건'이나 '우연'이란 것은 없어요. 모든 사건은 망델브로 집합처럼 피보나치 수열을 따르지요. 나는 계속해서 '우연'과 피보나치 수열의 관계를 발견했어요. 이것은 과학 논문의 주제가 되고도 남지요. 만약 내가 그 내용을 발표하면 '우연'에 의존하는 모든 활동이 망가질 거예요. 그래서 내가 그걸 발표하길 주저하는 거예요."

나는 그가 무슨 말을 하는 건지 잘 이해가 되지 않았다. 일론 역시 이해하지 못한 채 "나는 어쩌다 아버지가 특별한 엔지니어에서 마법의 신봉자로 바뀌었는지 모르겠어요. 어쨌든 그는 그렇게 진화했네요"라고 말했다. 에롤은 매우 단호하게 의견을 개진하며 때로 설득력 있게 논리를 폈다. 킴벌 역시 "그는 주변의 진실을 바꾸는 능력이 있어요. 문자 그대로 꾸며낸 이야기를 하면서도 실제로 자신이 만들어낸 거짓 현실을 믿는다니까요"라고 말한다.

아이들이 어렸을 때, 에롤은 종종 아이들 앞에서 미국에서 대통령은 신으로 간주되며 아무도 비판하지 못한다는 것과 같은, 사실과는 전혀 다른 주장을 펼쳐놓곤 했다. 또 어떤 때에는 자신을 영웅이나 희생자로 묘사하는 기발한 이야기를 풀어내기도 했다. 그 모든 것을 너무도 확신에 차서 단언하는 바람에 아이들이 진실에 대한 나름의 견해에 의문을 품게 될 정도였다. "그런 식으로 자라는 것을 상상할 수 있나요?" 킴벌이 물었다. "그것은 정신적 고문이었어요. 당연히 아이들에게 나쁜 영향을 미칠 수밖에요. 그러다 결국은 '진실이란 무엇인가?'라고 자문하게 되죠."

나는 어느 시점에 내가 에롤의 뒤엉킨 거미줄에 걸려들었다는 사실을 깨달았다. 2년 동안 지속적으로 전화와 이메일을 주고받으며 그는 나에게 자신의 자녀와 메이, 그리고 자신의 아이 둘을 낳은 의붓딸 등과의 관계는 물론이고 그들에 대한 자신의 감정에 대해 다양한 이야기를 털어놓았다(이에 대해서는 뒤에서 더 다룰 것이다). 그는 "일론과 킴벌은 내가 어떤 사람이었는지에 대해 그들만의 이야기를 발전시켰지요. 하지만 그것은 사실과는 다릅니다"라고 말했다. 심리적으로 학대를 받았다는 일론과 킴벌의 이야기는 그들이 어머니를 만족시키기 위해 지어낸 것이라고 그는 주장한다. 그러나 내가 앞뒤 맥락을 따지며 압박을 가하자 그는 나에게 그들의 말을 따르라고 말했다. "나는 그들이 나와 다른 이야기를 한다고 해도 개의치 않아요. 그래서 그들이 행복하다면 말이에요. 나는 내 말과 그들의 말 사이에 진실 공방 같은 게 벌어지는 걸 바라지 않아요. 그들이 마음대로 이야기하게 하세요."

아버지에 대한 이야기를 나눌 때 일론은 때때로 다소 거칠고 쓴 웃음을 터뜨렸다. 아버지와 비슷한 웃음이었다. 일론이 사용하는 일부 단어와 그가 응시하는 방식, 빛에서 어둠으로 그리고 다시 빛으로 갑작스럽게 변하는 모습은 그의 가족들에게 그의 내부에서 부글부글 끓고 있는 에롤을 떠올리게 한다. "일론이 나에게 들려준 끔찍한 이야기의 그림자가 자신의 행동방식에서 드러나는 것을 보곤 했어요." 일론의 첫 번째 부인인 저스틴의 말이다. "그것은 우리가 원하든 원치 않든 자신이 성장한 환경의 영향을 받지 않는 것이 얼마나 어려운 일인지를 깨닫게 해주었지요." 이따금 그녀는 감히 "당신이 아버지로 변하고 있어요"와 같은 말을 입에 올렸다. "사실 그것은 그가 어둠 속으로 들어가고 있음을 경고하는 우리의 암호였어요"라고 그녀는 설명한다.

그러나 저스틴은 항상 자녀에게 감정적으로 관심을 기울이는 일론이 아버지와는 근본적으로 다르다고 말한다. "에롤을 보면 정말로 주변에서 나쁜 일이 일어날 것 같은 분위기를 느낄 수 있어요. 반면에 좀비가 창궐하는 대재앙이 발생한다면 일론의 팀에 속하고 싶을 거예요. 일론이라면 좀비를 줄 세우는 방법을 알아낼 것이기 때문이죠. 그는 매우 냉혹할 수 있지만, 결국에는 승리할 방법을 찾아낼 것이라는 믿음을 주는 사람이에요."

그러기 위해서 그는 앞으로 나아가야 했다. 남아공을 떠날 시간이었다.

편도 티켓 한 장

머스크는 어머니와 아버지 모두에게 나름의 논리를 펼치며 미국으로 이민 가자고, 자기와 동생들을 미국에 데려가달라고 조르기 시작했다. 하지만 일론의 아버지와 어머니 모두 이민에는 관심이 없었다. "그래서 '음, 그럼 그냥 나 혼자 가지 뭐'라는 식으로 생각이 정리되었지요." 그의 말이다.

그는 처음에 외할아버지가 미네소타에서 출생했다는 배경을 근거로 미국 시민권을 얻으려 했으나 어머니가 캐나다에서 태어나고 미국 시민권을 주장한 적이 없었다는 이유로 거부당했다. 그래서 그는 우선 캐나다로 가는 것이 좀 더 쉬운 방법이라고 결론 내렸다. 그는 캐나다 영사관에 혼자 가서 여권 신청서를 받아와 자신뿐만 아니라 (아버지를 제외하고) 어머니와 남동생, 여동생의 신청서까지 작성했다. 승인은 1989년 5월 하순에 떨어졌다.

"다음 날 아침에라도 출발하고 싶었지만, 당시에는 항공권을 14일 전에 사면 더 싸게 구매할 수 있었기에 2주를 기다려야 했어요." 일론의 말이다. 1989년 6월 11일, 열여덟 번째 생일을 2주 가량 앞두고 그는 프리토리아 최고의 레스토랑인 신시아즈에서 아버지 및 동생들과 함께 저녁식사를 했고, 아버지는 그를 요하네스버그 공항까지 태워주었다.

일론은 아버지가 자신에게 "몇 달 안에 돌아오게 될 거다. 넌 결코 성공하지 못할 거야"라며 경멸적으로 말했다고 한다.

늘 그렇듯이 에롤은 이 부분에 대해서도 자신이 액션 영웅으로 등장하는 나름의 이야기 버전을 가지고 있다. 그에 따르면, 일론은 고등학교 3학년 때 심각한 우울증에 빠져 있었다. 그의 상태는 1989년 5월 31일 공화국수립기념일에 정점에 달했다. 가족은 퍼레이드를 구경할 준비를 하고 있었지만, 일론은 침대에서 나오기를 거부했다. 아버지는 일론의 방에 들어가 아들이 열심히 사용하는 컴퓨터가 놓인 큰 책상에 기대고 서서 물었다. "미국에 가서 공부하고 싶니?" 일론이 기운을 차리고 일어서며 "네"라고 말했다. 에롤은 "미국에 간다는 건 내 생각이었어요. 그때까지 일론은 미국에 가고 싶다는 말을 한 번도 한적이 없었어요. 그래서 내가 그랬죠. '그러면 내일 미국문화원 담당관을 찾아가서 만나보렴. 아빠 친구야. 우리 로터리클럽 회원이거든'"이라고 주장한다.

아버지의 주장은 자신을 주인공으로 캐스팅하는 정교한 환상 중 하나일 뿐이라고 일론은 말한다. 그리고 에롤의 주장이 거짓임이 입증되었다. 1989년 공화국수립기념일은 일론이 이미 캐나다 여권을 받고 항공권까지 구입한 시점이었다.

6장

캐나다로 향하다

1989년

(왼쪽 위) 서스캐처원의 사촌네 헛간 앞에서
(오른쪽 위) 킴벌과 함께 춤추는 일론, 토론토
(아래) 토론토 집의 실내에서

이민자

아버지가 이따금씩 사업에서 성공을 거둔 덕분에 1989년 머스크가 많은 돈을 가지고, 아마도 주머니를 에메랄드로 가득 채운 채 북미에 도착했다는 낭설이 퍼진 적이 있다. 에롤은 때때로 세간의 그러한 인식을 부추겼다. 그러나 사실 에롤이 지분을 가지고 있던 잠비아의 에메랄드 광산은 일론이 남아공을 떠나기 몇 년 전에 가치가 사라진 상태였다. 일론이 남아프리카를 떠날 때 아버지는 여행자 수표로 2,000달러를 끊어주었고, 어머니는 십대 시절에 미인대회에서 받은 상금으로 개설했던 주식계좌를 현금화하여 2,000달러를 주었다. 그 밖에 그가 몬트리올에 도착했을 때 가지고 있던 것은 한 번도 만난 적이 없는 어머니의 친인척 리스트뿐이었다.

일론은 어머니의 삼촌에게 전화를 걸 생각이었지만, 그는 이미 몬트리올을 떠난 상태였다. 그래서 유스호스텔에 투숙해 다른 다섯 명과 방을 같이 썼다. "나는 사람들이 서로 강탈하고 죽이는 남아공 환경에 익숙한 상태였죠." 그가 말한다. "그래서 모든 사람이 살인자는 아니라는 걸 깨달을 때까지 배낭을 등에 깔고 잠을 잤어요." 그는 동네를 돌아다니며 집 창문에 창살이 없는 것을 보고 경탄했다.

일주일 후 그는 6개월 동안 캐나다 전역을 버스로 여행할 수 있는 100달러 짜리 그레이하운드 디스커버리 패스를 구입했다. 조부모님이 살던 무스조에서 멀지 않은 서스캐처원 주의 한 농장에 같은 또래의 6촌 마크 튜런이 살고 있었기에 그곳으로 향했다. 몬트리올에서 2,700킬로미터 이상 떨어진 곳이었다.

그가 탄 버스는 마을마다 정차했고, 캐나다를 가로지르는 데 며칠이 걸렸다. 한 정류장에서 일론은 점심을 먹으러 내렸다가 버스가 막 떠나려 할 때 뛰어와 간신히 다시 올라탔다. 불행히도 한참을 가다 보니 운전사가 여행자 수표와 옷이 든 그의 여행 가방을 그 정류장에 내려놓은 상태였다. 그에게 남은 것이라고는 어디를 가든지 들고 다니던 책이 든 작은 배낭뿐이었다. 여행자 수표는 현금화하는 데 몇 주가 걸린다고 해서 가방 깊이 넣어둔 터였다. 그렇게 여행자 수표를 현금화하는 데 따른 어려움은 금융결제 시스템에 파괴적 혁신이 필요한 이유를 절감한 초기의 경험이었던 셈이다.

그는 6촌인 마크의 농장 근처 마을에 도착해 주머니에 있던 잔돈으로 전화를 걸었다. "안녕, 남아공에서 온 너의 6촌 일론이야. 지금 여기 버스 정류장에 도착했거든." 그가 말했다.

6촌은 그의 아버지와 함께 나타나서 그를 시즐러 스테이크하우스로 데려갔고, 그들의 밀 농장에 머물게 해주었다. 그곳에서 그는 곡식 통을 청소하고 헛간을 짓는 일을 도왔다. 그리고 그들이 직접 만들어서 초콜릿 아이싱으로 '해피 버스데이 일론'이라고 써준 케이크를 앞에 놓고 열여덟 번째 생일을 축하했다.

그렇게 6주를 보낸 후, 일론은 어머니의 이복형제와 함께 지내기 위해 다시 버스에 올라 수천 킬로미터 떨어진 밴쿠버로 향했다. 밴쿠버의 한 직업소개소를 찾아가서 확인하니, 대부분의 일자리는 시급이 5달러였다. 그러나 시간당 18달러를 받을 수 있는 일자리도 있었다. 제재소의 보일러를 청소하는 일이었다. 그 일은 방호복을 입고 목재펄프가 끓는 방으로 이어지는 작은 터널을 지나가면서 벽에 들러붙은 석회와 찐득찐득한 찌꺼기를 삽으로 제거하는 작업이 주를 이뤘다. "터널 끝에 있는 사람이 찌꺼기를 제때 제거하지 않으면 꼼짝없이 갇혀 내장이 튀어나올 정도로 땀을 흘려야 했지요." 그의 회상이다. "디킨스 스타일의 스팀펑크(19세기 산업혁명 시기 증기기관을 바탕으로 기술이 발전한 가상의 세계를 배경으로 한 대중문화 장르-옮긴이)에 나올 것 같은, 칙칙한 파이프와 핸드 드릴 소리로 가득 찬 악몽 같았어요."

침실 한 개짜리 아파트

일론이 밴쿠버에 머물던 시기에 메이 머스크도 이주를 결정하고 남아공을 떠나는 비행기에 올랐다. 그리고 토스카에게 캐나다에서의 생활이 어떤지 설명하는 편지를 보냈다. 먼저 밴쿠버가 너무 춥고 비가 많이 온다고 썼다. 몬트리올은 흥미로운 도시였지만, 불어를 쓴다는 게 문제였다. 메이는 토론토가 그들이 가야 할 곳이라고 결론지었다. 토스카는 즉시 남아공의 집과 가구를 팔고 토론토로 와 어머니와 합류했다. 일론도 토론토로 옮겼다. 킴벌은 고등학교 마지막 해를 마치기 위해 프리토리아에 남았다.

처음에 그들은 침실이 한 개뿐인 아파트에서 함께 살았다. 토스카와 어머니가 침대를 쓰고 일론은 소파에서 잠을 잤다. 돈이 거의 없었다. 메이는 돈이 떨어진 상태에서 우유를 쏟는 바람에 눈물을 흘렸던 일을 기억한다. 토스카는 햄버거 매장에서 일했고, 일론은 마이크로소프트의 토론토 사무소에 인턴 자리를 구했으며, 메이는 대학과 모델 에이전시에서 근무하면서 다이어트 컨설턴트로도 일했다. "매일 일했고 일주일에 4일씩 야간 근무도 병행했어요"라고 메이는 말했다. "일요일 오후에는 빨래를 하고 장을 보러 집을 나서야 했지요. 집에 있을 시간이 거의 없어서 아이들이 무엇을 하고 있는지도 몰랐어요."

몇 달 만에 그들은 임대료 통제 대상인 침실 세 개짜리 아파트에 들어가 살기에 충분한 돈을 모았다. 벽에는 펠트 벽지가 붙어 있고 바닥에는 꺼림칙한 카펫이 깔려 있는 아파트였다. 메이는 일론에게 벽지를 뜯어내라고 했다. 그들은 처음에는 200달러짜리 교체용 카펫을 사려고 했지만, 곧 킴벌과 사촌 피터가 들어와 같이 살게 되면 바닥에서 잘 것이므로 더 두꺼운 카펫을 깔아야 한다는 토스카의 합리적인 고집에 따라 300달러짜리 카펫으로 결정했다. 두 번째로 돈이 많이 들어간 구매품은 일론의 컴퓨터였다.

일론은 토론토에 친구가 없어서 당연히 사교생활이라고 할 만한 것도 없었고, 그래서 대부분의 시간을 책을 읽거나 컴퓨터 작업을 하면서 보냈다. 반면에 토스카는 나가 노는 데 열광하는 활발한 십대였다. 혼자 있고 싶지 않은 날이면 일론도 "나도 따라 나갈 거다"라고 토스카에게 선언하곤 했다. 그러면 토스카는 "안 돼. 오빠랑 안 나가"라고 응수했다. 하지만 일론이 고집을 부리면 토스카가 단서를 붙여 데리고 나가기도 했다. "대신 나하고 3미터 거리는 유지해야 해." 그는 그녀의 명령에 따랐다. 클럽이나 파티에 갈 때마다 읽을 책을 끼고 토스카와 친구들에게서 몇 발 떨어져 뒤따르곤 했다.

7장

퀸스대학교

온타리오 주 킹스턴, 1990-1991년

(왼쪽) 퀸스대학교 시절, 나베이드 패룩과 함께
(오른쪽) 어머니가 사준 새 양복을 입고

첫 번째 진정한 친구

머스크의 대학 입학시험 점수는 딱히 주목할 만한 게 없었다. 두 번째 SAT 시험에서 언어영역은 800점 만점에 670점, 수리영역은 730점을 받았다. 그는 토론토에서 차로 쉽게 갈 수 있는 워털루대학교와 퀸스대학교로 선택의 범위를 좁혔다.

"워털루는 확실히 공학 측면에서 더 나았지만, 사교적 관점에서 보면 별로 좋아 보이지 않았어요." 그가 말한다. "여학생이 거의 없었거든요." 그는 자신이 컴퓨터과학과 공학을 두 곳의 교수 누구 못지않게 잘 알고 있다고 생각했지만, 사교생활은 완전히 다른 얘기였다. 그는 사회성을 기를 수 있기를 간절히 원했다. "(하지만) 일단의 사내 녀석들하고만 어울리면서 대학 시절을 보내고 싶진 않았어요." 그래서 1990년 가을, 퀸스대학교에 등록했다.

그는 기숙사 중 한 곳의 '국제 층'에 배정되었고, 기숙사에 들어간 첫날 나베이드 패룩라는 학생을 만났다. 일론의 인생에서 첫 번째 진정한 친구가 된 패룩의 아버지는 파키스탄인, 어머니는 캐나다인이었다. 그는 UN 산하 국제기구에서 근무하는 부모님을 따라 나이지리아와 스위스에서 성장했다. 일론과 마찬가지로 패룩 역시 고등학생 시절 친한 친구를 사귀지 못했다. 퀸스에서 만난 두 사람은 컴퓨터와 보드게임, 공상과학 소설에 대한 관심, 소외감을 느낀 전력 등과 같은 공통점을 통해 빠르게 유대감을 형성했다. 패룩은 말한다. "퀸스는 나와 일론이 사회적으로 받아들여지고 자연스럽게 처신할 수 있었던 첫 번째 장소였을 겁니다."

첫해에 머스크는 비즈니스, 경제, 미적분, 컴퓨터 프로그래밍에서 A를 받았고, 회계, 스페인어, 노사관계에서는 B를 받았다. 이듬해 그는 노동자와 경영진 사이의 제반 교섭을 연구하는 노사관계학의 또 다른 과정을 수강했고, 다시 B를 받았다. 그는 나중에 퀸스대학교 동문 잡지와 가진 인터뷰에서 자신이 그 2년 동안 배운 가장 중요한 것은 "공통의 목적을 달성하기 위해 똑똑한 사람들과 협력하고 소크라테스식 문답법을 사용하는 방법"이라고 말했다. 나중에 일론과 함께 근무한 동료들은 그가 노사관계의 다른 기술과 마찬가지로 그 기술 역시 완벽하게 배우지 못했다는 사실을 알아차렸다.

그가 더 많은 관심을 쏟은 부분은 삶의 의미에 대한 심야 철학 토론이었다. "그때까지만 해도 그런 내용으로 대화를 나눌 만한 친구가 없었거든요." 하지만 그와 패룩이 가장 많은 시간을 투자하며 빠져든 부분은 보드게임과 컴퓨터 게임의 세계였다.

전략 게임

"네가 취하려는 조치는 합리적이지 않아." 머스크가 낮고 단조로운 어조로 설명했다. "오히려 스스로에게 해를 가하는 거라고." 그와 패룩은 기숙사에서 친구들과 전략 보드게임인 '디플로머시'를 하고 있었는데, 플레이어 중 한 명이 머스크에 맞서 다른 플레이어와 동맹을 맺으려는 상황이었다. "네가 그러면 나는 동맹들이 네게 등을 돌리도록 너를 응징할 수밖에 없어." 머스크는 설득력 있는 협상과 위협으로 승리하는 성향이 있었다고 패룩은 말한다.

남아공에서 보낸 십대 시절 머스크는 1인칭 슈팅게임과 어드벤처 퀘스트를 포함해 온갖 종류의 비디오 게임을 즐겼지만, 대학에서는 전략 게임 분야에 좀 더 집중하게 되었다. 대개 두 명 이상의 플레이어가 고도의 전략과 자원 관리, 공급망 형성, 전술적 사고 등을 통해 제국을 건설하기 위해 겨루는 게임이었다.

보드게임에서 출발해 나중에 컴퓨터용 게임으로 발전한 전략 게임은 머스크의 삶에서 중심이 되었다. 십대 시절 남아공에서 '고대의 병법'이라는 게임을 즐겨하던 때부터 30년 후 '폴리토피아'에 중독되기까지 그는 승리를 위해 복잡한 계획을 수립하고 자원 관리를 통해 경쟁력을 높이는 것을 즐겼다. 몇 시간 동안 이런 게임에 몰두하는 것이 그가 긴장을 풀고, 친구들과 유대하고, 스트레스를 풀고, 비즈니스를 위한 전략적 사고와 전술적 기술을 연마하는 방법이 되었다.

그가 퀸스대학교에 다니던 시절, 완성도가 탁월한 최초의 컴퓨터 기반 전략 게임인 '시빌리제이션(시드 마이어의 문명)'이 출시되었다. 이 게임에서 플레이어는 자신이 개발할 기술과 건설할 생산 시설을 선택하여 선사시대부터 현재까지의 사회를 건설하기 위해 경쟁했다. 머스크는 책상을 옮겨 침대에 걸터앉고 패룩은 의자에 앉아 대결을 펼쳤다. "우리는 말 그대로 지칠 때까지 몇 시간이고 열정적으로 게임에 몰두했어요." 패룩의 말이다. 그런 후 그들은 광산의 금속과 같은 자원의 지속 가능한 공급원을 개발하는 것이 전략의 핵심인 '워크래프트' 게임으로 옮겨갔다. 그들은 그렇게 몇 시간 동안 게임을 하고 식사를 위해 휴식을 취하곤 했다. 그런 시간이면 일론은 대개 게임에서 자신이 이기리라는 것을 알았던 순간을 패룩에게 설명했다. "내가 그때 전쟁 준비를 철저히 했잖아."

퀸스대학교의 한 강좌에서는 학생들이 팀을 이루어 전략 게임을 통해 사업을 키워나가는 시뮬레이션으로 경쟁하게 했다. 플레이어는 제품 가격과 광고비, 이익 중 연구개발 투입 비율 등의 제반 변수를 결정할 수 있었다. 머스크는 시뮬레이션을 제어하는 로직에 대한 역설계 방법을 알아냈고, 그래서 매번 이길 수 있었다.

금융 산업에 대한 경멸

킴벌 역시 캐나다로 건너와 퀸스대학교에 입학했다. 형제는 함께 생활하게 되면서 특정한 루틴을 만들었다. 그들은 먼저 신문을 읽으면서 가장 흥미로운 인물을 골랐다. 일론은 멘토를 끌어들여 매료하는 것을 좋아하는 열성적인 유형이 아니었기에 비교적 사교적인 킴벌이 그 사람에게 일방적으로 전화를 하는 역할을 맡았다. "전화를 걸어 우리의 취지를 설명하고 상대방이 납득하는 경우, 우리는 대개 그들에게 점심식사 초대를 받곤 했지요." 킴벌의 설명이다.

당시 그들이 선택한 인물 중 한 명이 노바스코샤 은행의 전략기획 책임자인 피터 니콜슨이었다. 니콜슨은 물리학 석사학위와 수학 박사학위를 가지고 있는 엔지니어였다. 킴벌이 그에게 연락을 취하자 그는 흔쾌히 그 형제와 점심을 함께하자고 했다. 어머니는 형제를 이튼즈백화점으로 데려가서 99달러짜리 양복을 사주었다. 그 가격에 셔츠와 넥타이가 공짜로 딸려왔다. 일론과 킴벌, 그리고 니콜슨은 함께 점심을 먹으면서 철학과 물리학, 우주의 본질 등에 대해 토론했다. 니콜슨은 형제에게 여름 일자리를 제안했고, 특히 일론에게는 세 명으로 구성된 자신의 전략기획 팀에서 같이 일해보자고 했다.

당시 49세였던 니콜슨은 일론과 함께 수학 퍼즐과 기묘한 방정식을 푸는 것을 즐겼다. "나는 물리학의 철학적 측면과 그것이 현실에 투영되는 방식에 관심이 많았어요." 니콜슨은 말한다. "그런데 그런 것들에 대해 이야기할 사람이 많지 않았어요." 두 사람은 일론이 열정을 쏟고 있던 우주여행에 대해서도 토론했다.

어느 저녁 일론은 니콜슨의 딸인 크리스티와 함께 파티에 갔다. 크리스티에게 던진 일론의 첫 질문은 "전기자동차에 대해 생각해본 적이 있나요?"였다. 그가 나중에 인정했듯이, 그것은 데이트 상대를 유혹할 때 던질 만한 최고의 대사는 아니었다.

니콜슨의 지시로 머스크가 조사한 주제 중 하나는 남미의 부채 문제였다. 주요 은행들이 브라질과 멕시코 같은 국가에 빌려준 수십억 달러의 대출금은 회수불능 상태에 빠져 있었고, 그러자 1989년 미국의 재무장관 니콜라스 브래디는 이러한 채무를 소위 '브래디 채권Brady bonds'이라는 거래 가능한 유가증권으로 묶었다. 이 채권은 미국 정부가 보증하는 국채와 같았기에 머스크는 항상 달러당 50센트의 가치가 있을 것으로 믿었지만 일부는 20센트에 판매되고 있었다.

머스크는 노바스코샤 은행이 그렇게 싼 가격에 채권을 매입하면 많은 수익을 올릴 수 있다고 생각했고, 채권을 매입할 수 있는지 확인하기 위해 뉴욕 소재의 골드만삭스 트레이딩 데스크에 전화를 걸었다. "그럼요, 채권을 얼마나 구입하길 원하십니까?" 전화를 받은 트레이더가 무뚝뚝하게 응답했다. "500만 달러어치, 가능할까요?" 머스크가 짐짓 깊고 진지한 목소리로 물었다. 트레이더가 전혀 문제될 것이 없다고 말하자 머스크는 재빨리 전화를 끊었다. "나는 이렇게 생각했어요. '잭팟, 실패할 수가 없는 투자다!'" 머스크의 말이다. "나는 니콜슨에게 달려가 이런 내용을 보고했고, 그들이 채권을 구입할 돈을 내줄 것이라고 생각했어요." 그러나 은행은 그 아이디어를 거부했다. CEO는 자사가 이미 남미 부채를 너무 많이 보유하고 있다고 말했다. "우와, 정말 미친 거 아닌가." 머스크는 혼잣말을 했다. "이런 것이 은행들의 사고방식이란 말인가?"

니콜슨은 당시 노바스코샤 은행이 더 효과적인 방법을 사용하여 남미의 부채 상황을 탐색하고 있었다고 말한다. "일론은 은행이 실제보다 훨씬 멍청하다는 인상을 받고 떠났어요. 하지만 그것은 결과적으로 좋은 일이었어요. 왜냐하면 그로 인해 그가 금융산업에 대한 건전한 경멸을 품게 되었고, 결국 나중에 페이팔이 되는 것을 출범시키는 대담함을 갖게 되었으니까요."

머스크는 노바스코샤 은행에서의 경험을 통해 또 다른 교훈도 얻었다. 바로 자신이 다른 사람들을 위해 일하는 것을 좋아하지도 않고, 잘하지도 못한다는 사실이었다. 공손하게 처신하거나 다른 사람들이 자신보다 더 잘 안다고 추정하는 것은 그의 본성이 아니었다.

8장

펜실베이니아대학교

필라델피아, 1992-1994년

(위) 펜실베이니아대학교 시절, 로빈 렌과 함께
(아래) 피터 리브 및 킴벌과 함께, 보스턴

물리학의 기본 원리

머스크는 퀸스에서 보내는 생활이 지루해졌다. 아름다운 학교였지만, 학문적으로 도전의식을 자극하지는 않았다. 그래서 동급생 중 한 명이 펜실베이니아대학교로 편입했을 때 자신도 그렇게 할 수 있는지 알아보기로 했다.

돈이 문제였다. 아버지는 아무 지원도 하지 않았고 어머니는 생계를 위해 세가지 일을 저글링 하듯이 꾸려나가고 있었다. 그러나 펜실베이니아대학교에서 그에게 1만 4,000달러의 장학금과 학자금 대출 패키지를 제안했고, 그래서 1992년 그는 그곳에 3학년으로 편입했다.

그는 아버지처럼 공학에 끌렸기에 물리학을 전공하기로 결정했다. 그가 느낀 엔지니어의 본질은 어떤 문제든 물리학의 가장 근본적인 원리를 파고들어 해결책을 찾는 것이었다. 그는 또한 공동 학위 과정을 밟아 경영학도 전공하기로 했다. "경영학을 공부하지 않으면 경영학을 공부한 누군가의 밑에서 일하게될까 봐 걱정이 되었지요." 그는 말한다. "내 목표는 물리학의 감각으로 제품을 설계 및 제작하는 것, 그리고 경영학을 전공한 보스를 위해 일할 필요가 없게 되는 것이었어요."

그는 정치적이지도 사교적이지도 않았지만 학생회 임원 선거에 출마했다. 그의 선거 공약 중 하나는 이력서를 화려하게 채우기 위해 학생회 활동을 하려는 학생들을 조롱하는 내용이었다. 그의 선거 공약 중 마지막 약속은 다음과 같았다. "만약 내가 이력서에 이 경력을 써 넣는다면, 공공장소에서 물구나무를 서서 이 공약서 50부를 씹어 먹겠습니다."

다행히도 그는 낙선했고, 덕분에 기질적으로 맞지 않는 학생자치회 유형의 학생들과는 어울릴 필요가 없었다. 대신 그는 과학적 힘과 관련된 영리한 농담을 하고 '던전앤드래곤' 게임 및 비디오 게임에 탐닉하며 컴퓨터 코드 작성을 좋아하는 일단의 컴퓨터광 무리에 편안히 섞여들었다.

이 무리에서 그와 가장 가까워진 친구는 펜실베이니아에 오기 전에 모국인 중국에서 물리 올림피아드에 출전해 우승한 로빈 렌이었다. "물리학을 나보다 잘하는 유일한 사람이었어요." 머스크의 말이다. 그들은 물리학 실험실에서 파트너가 되어 극한의 온도에서 다양한 물질이 어떻게 변하는지도 연구했다. 한 실험의 말미에 머스크는 연필 끝에 달린 지우개들을 분리해 극도로 차가운 용액이 담긴 병에 넣은 다음 그 병을 바닥에 내던져 박살냈다. 그는 그렇게 각기 다른 온도에서 각종 물질과 합금이 어떤 특성을 나타내는지 파악하고 시각화하는 데 대한 관심을 키워나갔다.

렌은 머스크가 훗날의 경력 형성과 관계된 세 가지 분야에 집중했다고 회상한다. 중력을 측정하든 중력의 속성을 분석하든 그는 늘 렌과 로켓 제작에 적용되는 물리 법칙에 대해 논의했다. "그는 화성에 갈 수 있는 로켓을 만드는 것에 대해 계속 이야기했습니다." 렌의 말이다. "물론 나는 그가 환상을 품고 있다고 생각했기에 별로 주의를 기울이지 않았지요."

머스크는 전기차에도 집중했다. 그와 렌은 종종 푸드 트럭 중 하나에서 점심을 급히 해결하고 캠퍼스 잔디밭에 앉아 쉬곤 했는데, 그때마다 머스크는 배터리에 관한 학술 논문을 읽곤 했다. 마침 캘리포니아 주에서 2003년까지 차량의 10퍼센트를 전기자동차로 전환할 것을 요구하는 법령이 막 통과된 시점이었다. 머스크는 "내가 그렇게 되도록 만드는 주역이 되고 싶어"라고 말했다.

머스크는 또한 1994년에 접어들며 급격히 확산되기 시작한 태양광 발전이 지속 가능한 에너지로 나아가는 최선의 길이라고 확신하게 되었다. 그의 졸업 논문 제목은 〈태양광의 중요성〉이었다. 기후변화의 위험성뿐만 아니라 화석연료 매장량이 줄어들기 시작할 것이라는 사실도 그에게 동기를 부여했다. 그는 "사회는 곧 재생 가능한 동력원에 집중할 수밖에 없게 될 것이다"라고 썼다. 논문의 마지막 페이지에서는 '미래의 발전소'에 대해 설명하고 있는데, 거기에는 태양 전지판에 햇빛을 집중시켜 생성한 전기를 마이크로파 빔을 통해 지구로 다시 보내는, 거울들이 달린 위성이 포함되었다. 교수는 "느닷없이 제시한 마지막 수치만 제외하면 매우 잘 쓴 흥미로운 논문"이라는 평가와 함께 98점을 주었다.

외로움의 껍데기를 깨고

머스크는 자신이 만들어낸 감정적인 드라마에서 벗어나고자 할 때 보통 세 가지 방법 중 하나를 사용했다. 첫 번째는 그가 퀸스대학교에서 나베이드 패룩과 공유한 방법이다. '시빌리제이션'이나 '폴리토피아' 같은 제국 건설 전략 게임에 집중하는 것이다. 로빈 렌은 머스크의 또 다른 측면을 포착했다. 그것은 《은하수를 여행하는 히치하이커를 위한 안내서》에서 묘사한 "생명과 우주 그리고 모든 것"에 몰두하기를 좋아하는 백과사전 독서광으로서의 측면이었다.

펜실베이니아대학교에서 생활하면서 그는 어린 시절 그를 둘러싼 외로운 껍데기에서 자신을 끌어낸 세 번째 휴식 방법을 개발했다. 파티에 대한 특정한 취향이 바로 그것이다. 그의 파트너이자 조력자는 재미 추구에 열중하는 사교적 성격의 아데오 레시였다. 큰 키에 큰 머리, 호탕한 웃음과 매력적인 개성을 뽐내던 레시는 나이트클럽을 좋아하는 맨해튼 출신의 이탈리아계 미국인이었다. 엉뚱한 성격의 그는 〈그린타임스〉라는 환경 신문을 창간했고, '혁명'이라는 자신만의 전공을 창조해 〈그린타임스〉 사본들을 졸업논문으로 삼으려 하기도 했다.

머스크와 마찬가지로 레시도 편입생이었기에 신입생 기숙사에 배치되었는데, 그곳에는 오후 10시 이후로는 파티와 방문객을 금지하는 규칙이 있었다. 규칙을 따르는 것을 좋아하지 않았던 두 사람은 웨스트 필라델피아의 미완성 주택개발지에 있는 집을 한 채 빌렸다.

뉴욕 클럽들의 '죽돌이'였던 레시는 대규모 월례파티를 열 계획을 세웠다. 그들은 빛을 차단하기 위해 창문을 가리고 검은색 조명과 축광 포스터로 집을 장식했다. 어느 순간 머스크는 레시가 자신의 책상을 야광 색상으로 래커 칠을 해서는 못을 박아 벽에 걸어둔 것을 발견했다. 레시는 그것이 일종의 설치 예술이라고 했다. 머스크는 책상을 다시 내려놓고는 선언했다. "안 돼, 이것은 책상이라고!" 고물 집적소에서 말 머리 형태의 금속 조각품을 발견한 그들은 그것을 가져와 안에 붉은색 전구를 넣었다. 그러자 말의 눈에서 붉은 광선이 뿜어나오는 듯 보였다. 한 층에는 밴드, 다른 층에는 DJ를 배치했고, 곳곳에 테이블을 놓아두고는 그 위에 맥주와 젤로샷도 올려놓았다. 입장료 5달러를 받기 위해 문 앞을 지키는 사람도 있었다. 어떤 날 밤에는 500명이나 끌어 모았고, 한 달 치 집세를 쉽게 마련할 수 있었다.

그곳을 방문한 메이는 놀라 쓰러질 뻔했다. "집 안을 치우고 나니 대용량 쓰레기봉투 여덟 개가 꽉 찼어요." 메이가 말한다. "애들이 고마워할 거라고 생각했는데, 청소를 한 줄도 모르더라고요." 그날 밤 파티에서 그들은 메이에게 현관문 근처 일론의 침실에서 코트를 보관하고 돈을 지키도록 했다. 그녀는 누구라도 현금 상자를 훔치려 들면 무기로 사용할 요량으로 손에 가위를 하나 들고 있었다. 그러고는 일론의 매트리스를 외벽 옆으로 옮겨놓았다. "음악이 어찌나 요란하던지 집이 흔들리고 튀는 통에 천장이 무너질지도 모른다는 생각이 들었어요. 그래서 그나마 안전할 것이라는 생각에 주로 가장자리에 서 있었지요."

일론은 파티의 분위기를 좋아했지만, 결코 파티에 완전히 몰입하지는 않았다. "나는 그런 날이면 온전한 정신을 유지했어요. 레시는 술에 취해 인사불성이 되곤 했고, 그러면 내가 그의 문을 두드리며 '이봐, 정신 차리고 파티를 관리해야지'라고 외쳤지요. 결국 내가 모든 상황을 지켜보고 챙겨야 했어요." 일론의 말이다.

레시는 나중에 일론이 약간 무심한 것처럼 보인다는 사실에 놀랐다. "그는 파티에 참석하는 것을 즐겼지만, 완전히 파티에 빠지지는 않았어요. 그가 진정으로 탐닉한 것은 오로지 비디오 게임이었지요." 레시가 보기에, 일론은 그 많은 파티에 참석하면서도 인간의 사교적인 행동을 배우려는 다른 행성의 관찰자처럼 근본적으로 소외감을 느끼며 물러나 있었다. "일론이 조금 더 행복해지는 방법을 알았으면 좋겠어요"라고 레시는 말했다.

9장

서부로

실리콘밸리, 1994–1995년

1994년 7월

여름방학 인턴

　1990년대 아이비리그의 야심 찬 학생들은 대개 두 지역 중 한 곳으로 이끌렸다. 월스트리트 은행 및 법조계의 황금빛 세계를 좇아 동부로 향하거나, 실리콘밸리의 기술 유토피아주의 및 기업가적 열정이 넘치는 서부로 향했다. 펜실베이니아 대학생이던 머스크는 월스트리트로부터 높은 보수의 인턴십을 제안 받았지만 금융 분야에는 흥미를 느끼지 못했다. 그는 은행가나 변호사가 사회에 기여하는 바가 크지 않다고 생각했다. 게다가 경영학 강의실에서 만난 학생들도 마음에 들지 않았다. 그보다 그는 실리콘밸리에 끌렸다. 1990년대는 어떤 환상에든 '닷컴'을 붙이면 샌드힐로드의 벤처캐피털리스트들이 포르쉐에 올라 굉음을 울리고 수표를 흔들며 찾아오길 기다릴 수 있는, 합리적인 풍요로움이 넘쳐나던 시절이었다.

　머스크는 펜실베이니아대학교 3학년에서 4학년으로 올라가던 1994년 여름, 두 곳의 인턴십 자리를 얻어 전기차와 우주, 비디오 게임에 대한 자신의 열정을 마음껏 충족시킬 수 있는 기회를 누렸다.

　주간에는 20명으로 구성된 피나클연구소Pinnacle Research Institute에서 일했는데, 국방부와 적당한 규모의 계약을 맺고 연구소 설립자가 개발한 '슈퍼 커패시터supercapacitor'를 연구하는 곳이었다. 커패시터는 순간적으로 발생한 전하를 모았다가 빠르게 흘려보낼 수 있는 저장장치로, 피나클연구소는 전기차와 우주 기반 무기에 에너지를 공급할 수 있을 만큼 강력한 커패시터를 만들 수 있다고 믿었다. 머스크는 여름이 끝날 무렵 펜실베이니아대학교의 한 강좌에 제출한 논문에 이렇게 썼다. "울트라 커패시터는 단순한 점진적 개선이 아니라 근본적으로 새로운 기술이라는 점에 주목하는 것이 중요하다."

　그리고 야간에는 팰로앨토에 위치한 작은 비디오 게임 회사인 로켓사이언스Rocket Science에서 일했다. 어느 날 저녁 그가 회사에 찾아와 여름방학 동안 일하게 해달라고 요청하자, 회사에서는 자체적으로 해결하지 못하고 있던 문제 하나를 그에게 맡겼다. 컴퓨터가 CD-ROM에 저장된 그래픽을 읽으면서 동시에 화면의 아바타를 움직일 수 있도록 멀티태스킹을 수행하게 만드는 문제였다. 머스크는 인터넷 게시판을 통해 다른 해커들에게 DOS를 사용하여 BIOS(컴퓨터의 기본 입출력 시스템-옮긴이)와 조이스틱 리더를 우회하는 방법을 물었다. "선배 엔지니어들 중 누구도 이 문제를 해결하지 못하고 있었는데, 내가 2주 만에 해결했지요." 머스크의 말이다.

깊은 인상을 받은 그들은 머스크에게 정직원으로 일하라고 권했지만, 미국의 취업비자를 받으려면 졸업부터 해야 했다. 그리고 그는 그곳에서 한 가지 사실을 깨달았다. 자신이 비디오 게임을 광적으로 사랑하고 게임을 만들어 돈을 벌 수 있는 기술도 있지만, 그것이 자신의 인생을 보내는 최선의 방법은 아니라는 사실이었다. "나는 세상에 더 많은 영향력을 행사하고 싶었어요." 그의 말이다.

대륙 횡단 여행

1980년대의 한 가지 안타까운 트렌드는 자동차와 컴퓨터가 철저히 폐쇄된 기기로 변모했다는 점이다. 1970년대 후반 스티브 워즈니악이 설계한 애플 II는 내부를 열고 만지작거리는 것이 가능했지만, 1984년 스티브 잡스가 만든 매킨토시는 그렇게 하는 것이 거의 불가능했다. 마찬가지로 1970년대와 그 이전의 아이들은 자동차 보닛 아래를 뒤지고 카뷰레터를 만지작거리고 점화플러그를 교체하고 엔진 성능을 강화하면서 자랐다. 그들은 자동차의 밸브들과 엔진오일에 대한 손끝 감각을 가지고 있었다. 이러한 실습 정신과 자가 조립 사고방식은 라디오와 텔레비전에도 적용되어 원한다면 진공관을, 이후에는 트랜지스터를 교체하며 회로기판의 작동원리를 파악할 수 있었다.

전자기기들이 완전히 봉합된 상태로 판매되는 추세가 이어지면서 1990년대에 성인이 된 대부분의 기술자들은 하드웨어보다 소프트웨어에 더 많은 관심을 가졌다. 납땜인두의 달콤한 냄새는 몰랐지만 코드를 작성해 회로를 작동하는 법을 잘 알고 있었다. 머스크는 달랐다. 그는 소프트웨어뿐만 아니라 하드웨어도 좋아했다. 코드 작성에 뛰어났을 뿐 아니라 배터리 셀과 커패시터, 밸브와 연소실, 연료펌프와 팬벨트 같은 물리적 구성요소에 대한 감각도 탁월했다.

특히 머스크는 자동차를 만지작거리길 좋아했다. 당시 그는 20년 된 BMW 300i를 가지고 있었는데, 토요일이면 차의 성능을 강화하는 데 필요한 부품을 구하기 위해 필라델피아의 폐차장들을 뒤지곤 했다. 머스크의 차에는 4단 변속기가 장착되어 있었지만, BMW에서 5단 변속기를 만들기 시작하자 머스크는 직접 자신의 차를 업그레이드하기로 결심했고, 동네 정비소에서 리프트를 빌려와 몇 개의 끼움쇠를 설치하고 약간의 연마 작업을 거쳐 4단 기어 차에 5단 변속기를 장착할 수 있었다. "그랬더니 차가 정말 기똥차게 잘 나가더군요." 그의 회상이다.

일론과 킴벌은 1994년 여름방학 인턴십이 끝났을 때, 팰로앨토에서 필라델피아까지 그 차를 몰고 돌아왔다. "우리 둘 다 대학생활이 지겨웠던 터라 서둘러 돌아가고 싶지 않았지요. 그래서 3주 동안 차를 타고 여기저기를 돌아다니며 여행을 했어요." 킴벌의 회상이다. 차는 계속 고장이 났다. 콜로라도스프링스에서 차가 고장이 났을 때는 인근 정비소로 차를 가져갈 수 있었는데, 그렇게 수리하고 나선 길에서 다시 고장이 났다. 그들은 차를 화물차 휴게소에 옮겨놓고 직접 수리하기로 했다. 머스크는 전문정비공이 했던 모든 작업을 그대로 되짚어가며 차를 고치는 데 성공했다.

머스크는 그 차로 당시 학교에서 만나 사귀던 제니퍼 권과 여행을 떠나기도 했다. 1994년 크리스마스 연휴 동안 두 사람은 필라델피아에서 킴벌이 재학 중이던 퀸스대학교로 차를 몰고 간 다음, 그곳에서 다시 어머니를 만나러 토론토로 향했다. 머스크는 토론토에서 제니퍼에게 부드러운 초록색 에메랄드가 박힌 작은 금목걸이를 선물했다. 제니퍼는 25년 후 이 목걸이를 온라인 경매에 내놓으며 이렇게 말했다. "일론의 어머니는 침실에 있는 케이스에 그런 목걸이를 여러 개 보관하고 있었습니다. 일론이 남아공에 있는 아버지의 에메랄드 광산에서 나온 것이라고 말하며 케이스에서 하나를 꺼내 내게 주었습니다." 사실 오래전에 파산한 그 광산은 남아공에 있는 것도 아니었고 아버지의 소유도 아니었지만, 당시 머스크는 그런 인상을 주는 것에 전혀 개의치 않았다.

1995년 봄에 대학을 졸업한 머스크는 실리콘밸리로 또 한 번 대륙 횡단 여행을 떠나기로 결심했다. 그는 로빈 렌에게 수동변속기 차량의 운전법을 가르친 후 여행길에 대동했다. 둘은 도중에 막 개장한 덴버공항에 들렀다. 머스크가 그곳의 수하물 처리 시스템을 보고 싶어 했기 때문이다. "머스크는 당시 사람의 개입 없이 짐을 처리하는 로봇 기계의 설계 방식에 매혹된 상태였어요." 렌의 기억이다. 하지만 그 시스템은 엉망진창이었다. 그때 머스크는 훗날 고도로 자동화한 테슬라 공장을 건설할 때 되새기게 될 교훈을 얻었다. "당시 덴버공항의 실수는 너무 지나치게 자동화했다는 거예요. 시스템을 자동화하면서 그 복잡성을 과소평가한 것이지요"라고 머스크는 말한다.

인터넷의 물결

머스크는 여름이 끝날 무렵 스탠퍼드대학원에 진학하여 재료과학을 공부할 계획을 세웠다. 여전히 커패시터에 매료된 그는 그것으로 전기자동차에 전력을 공급할 수 있는 방법을 연구하고 싶었다. "첨단 칩 제조 장비를 활용하여 자동차의 주행거리를 늘리기에 충분한 에너지 밀도를 가진 고체 소자 울트라커패시터를 만들어볼 생각이었어요." 그는 말한다. 하지만 등록기간이 가까워지면서 걱정이 들기 시작했다. "스탠퍼드에서 몇 년을 보내고 박사학위까지 받았는데 그 커패시터가 실현 불가능한 것으로 밝혀지면 어떻게 해야 할 것인가, 하는 걱정이 들었어요. 사실 대부분의 박사학위는 무의미해요. 실제로 그 부류 가운데 세상에 진정한 변화를 가져오는 사람은 거의 없잖아요." 머스크의 말이다.

그 무렵 그는 마치 '만트라'처럼 되새기고 되새길 인생의 비전을 마음속에 품고 있었다. "인류에게 진정으로 영향을 미칠 수 있는 것이 무엇인지 생각했어요. 그리고 세 가지를 떠올렸지요. 인터넷, 지속 가능한 에너지, 우주여행." 1995년 여름, 머스크는 그중 첫 번째인 인터넷이 그가 대학원을 마칠 때까지 기다려주지 않을 거라는 사실을 깨달았다. 얼마 전 웹이 상업용으로 개방되었으며, 8월 초에 브라우저 스타트업 넷스케이프Netscape가 IPO를 단행해 하루만에 시가총액 29억 달러의 기업으로 날아오른 상황이었다.

머스크는 사실 펜실베이니아대학교 졸업반 시절에 구상한 인터넷 기업에 대한 아이디어를 하나 갖고 있었다. 뉴욕 및 뉴잉글랜드 지역 전신전화 회사인 나이넥스NYNEX의 한 임원이 학교 강연회에 와서 옐로페이지(미국의 업종별 전화번호부-옮긴이)의 온라인 버전 출시 계획에 대해 밝혔을 때 떠올린 아이디어였다. '빅옐로Big Yellow'라는 이름의 그 온라인 버전은 인터랙티브 기능을 갖추어 사용자들이 자신의 필요에 따라 정보를 맞춤화할 수 있다는 것이 그 임원의 설명이었다. 하지만 머스크는 나이넥스가 진정한 인터랙티브의 구현 방법을 전혀 모른다고 생각했다(결과적으로 그것은 올바른 판단이었다). 그는 킴벌에게 "우리가 직접 만드는 게 어떨까?"라고 제안했다. 킴벌은 사업체 목록과 지도 데이터를 결합할 수 있는 코드를 작성하기 시작했고, 거기에 '버추얼 시티내비게이터Virtual City Navigator'라는 이름을 붙였다.

스탠퍼드대학원 등록 마감일 직전, 머스크는 노바스코샤 은행의 피터 니콜슨에게 조언을 구하기 위해 토론토로 갔다. 버추얼 시티내비게이터에 대한 아이디어를 계속 추구해야 할까요, 아니면 박사과정을 시작하는 게 나을까요? 스탠퍼드에서 박사학위를 받은 니콜슨은 애매하게 둘러말하지 않았다. "인터넷 혁명 같은 것은 일생에 단 한 번 올까 말까 한 기회라네. 물 들어올 때 노 저으라는 말이 있지 않은가." 니콜슨은 머스크와 함께 온타리오 호숫가를 따라 걸으며 말했다. "대학원은 나중에라도 뜻만 있으면 얼마든지 갈 수 있지." 머스크는 팰로앨토로 돌아와 렌에게 결심을 굳혔다고 말했다. "다른 모든 것은 보류하기로 했어. 지금은 인터넷의 물결에 올라탈 때야."

하지만 그는 사실 자신의 베팅에 보험을 들었다. 스탠퍼드에 정식 등록하고 즉시 휴학을 신청한 것이다. "실은 제가 최초로 인터넷 지도와 전화번호부를 갖춘 소프트웨어를 개발했습니다." 머스크는 재료과학과 담당교수인 빌 닉스에게 이렇게 말했다. "아마 실패할 겁니다. 실패하는 경우 다시 돌아오고 싶습니다." 닉스는 머스크가 학업을 연기하는 것은 문제 될 게 없다고 말했다. 그러면서 그는, 그렇지만 머스크가 다시 돌아오지 않을 것이라고 예측했다.

1995년 5월

10장

집투

팰로앨토, 1995-1999년

(위) 메이 및 킴벌과 집투의 매각을 축하하며
(아래) 배달된 맥라렌을 감상하는 저스틴과 일론

지도 퀘스트

 최고의 혁신 중 일부는 이전 두 가지 혁신이 결합되어 나타난다. 웹이 기하급수적으로 성장하기 시작하던 1995년 초, 일론과 킴벌이 구상한 아이디어는 간단했다. 사업체 전화번호부를 검색 가능하도록 온라인에 올리고, 사용자에게 길을 알려주는 지도 소프트웨어와 결합하는 것뿐이었다. 모든 사람이 이 아이디어의 잠재력을 알아본 것은 아니었다. 킴벌이 토론토의 옐로페이지를 발행하는 〈토론토 스타〉 신문사에서 회의를 했을 때의 일이다. 사장이 두꺼운 전화번호부 한 권을 집어 들어 킴벌에게 던지면서 물었다. "정말로 그 전화번호부를 대체할 수 있을 거라고 생각하나?"

 형제는 팰로앨토에서 책상 두 개와 매트리스를 놓을 수 있는 작은 사무실을 빌렸다. 처음 6개월 동안은 사무실에서 잠을 자고 YMCA에서 샤워를 했다. 훗날 셰프이자 레스토랑 경영자가 된 킴벌이 직접 구비한 전기 코일로 가끔 요리를 하기도 했다. 하지만 주로 잭 인 더 박스(패스트푸드 체인점-옮긴이)에서 식사를 했는데, 가격이 저렴하고 24시간 영업하며 한 블록 거리에 있었기 때문이다. 킴벌은 "아직도 모든 메뉴를 하나하나 읊을 수 있을 정도예요. 머릿속에 완전히 각인되었거든요"라고 말한다. 일론은 데리야끼 덮밥의 애호가가 되었다.

 몇 달 후, 그들은 가구가 비치되지 않은 아파트를 빌렸고, 그 상태 그대로 거주했다. "달랑 매트리스 두 개만 들여놓은 채 여기저기 코코아퍼프 시리얼 상자들만 잔뜩 널려 있었어요." 토스카의 말이다. 그 집을 얻은 후에도 일론은 사무실에서 밤늦게까지 코딩 작업에 매달리다가 지쳐서 그냥 책상 밑에서 잠을 자는 날이 많았다. "베개도 없고 침낭도 없었습니다. 어떻게 그런 상태로 잘 수 있었는지 모르겠습니다." 초기 직원인 짐 앰브러스의 말이다. "때때로 오전에 고객 미팅이 잡혀 있기도 했는데, 그런 날이면 집에 가서 샤워하고 나오라고 채근해야 했습니다."

 나베이드 패룩도 그 일에 합류하기 위해 토론토에서 달려왔지만, 곧 머스크와 싸우게 되었다. 그의 아내 나이앰은 "머스크와 우정을 지키고 싶다면 이 일은 그만두는 게 맞아요"라고 남편에게 말했다. 그래서 패룩은 6주 만에 일을 그만두었다. "그와 함께 일하거나 그의 친구가 되거나 둘 중 하나를 택해야지, 둘 다 할 수는 없다는 것을 알았어요. 후자가 더 즐거워 보였지요."

아직은 아들들과 그다지 소원하지 않았던 에롤 머스크가 남아공에서 팰로 앨토로 날아와 현금 2만 8,000달러와 함께 500달러에 산 낡아빠진 자동차까지 건네주었다. 토론토에 살고 있던 어머니 메이는 음식과 옷을 들고 더 자주 찾아왔다. 그녀는 두 아들에게 1만 달러를 주고 자신의 신용카드까지 한 장 남겨놓았다. 아들들이 아직 신용카드를 만들지 못하는 상태였기 때문이다.

이들은 지도 데이터베이스를 보유한 나브텍Navteq을 방문하면서 첫 번째 휴식을 취했다. 나브텍은 머스크 형제가 수익을 창출할 때까지 무료로 라이선스를 제공하는 데 동의했다. 일론은 지도와 해당 지역의 사업체 목록을 병합하는 프로그램을 만들었다. "커서를 이용해 지도를 확대하고 움직일 수 있었어요." 킴벌이 말한다. "오늘날에는 그런 기능이 아주 당연한 것이지만, 당시에는 정말 경탄할 만했지요. 아마 형과 내가 인터넷에서 그 기능이 작동하는 것을 본 최초의 인간일 거예요." 형제는 '원하는 곳으로 힘차게 나아가라Zip to where you want to go'는 의미로 회사 이름을 집투ZIP2라고 지었다.

일론은 자신이 개발한 '인터랙티브 네트워크 명부 서비스'에 대한 특허를 출원해 승인받았다. 그가 받은 특허는 "이 발명은 사업체 명부와 지도 데이터베이스를 통합하는 네트워크 액세스 서비스를 제공한다"라고 명시하고 있다.

잠재적 투자자와 첫 미팅을 하던 날, 형제는 아버지가 사준 차가 고장 난 상태라 버스를 타고 샌드힐로드까지 가야 했다. 하지만 회사에 대한 소문이 퍼지자 이런저런 벤처캐피털에서 찾아오겠다는 연락이 오기 시작했다. 그들은 컴퓨터 랙으로 사용하기 위한 큰 타워형 프레임을 사서 그들의 작은 컴퓨터 중 하나를 그 안에 넣었다. 그들이 거대한 서버를 보유하고 있다는 인상을 방문객들에게 주기 위해서였다. 그리고 〈몬티 파이튼〉(영국의 코미디 영화)에 나오는 허구의 의료장치 이름을 따서 거기에 '머신 댓 고즈 핑The Machine That Goes Ping'이라는 이름을 붙였다. "투자자들이 올 때마다 그 타워를 보여줬어요. 투자자들이 우리가 엄청 대단한 일을 하는 것으로 생각하는 것 같아 웃곤 했지요."
킴벌의 말이다.

벤처캐피털리스트와의 미팅 준비를 돕기 위해 어머니 메이가 토론토에서 날아왔고, 프레젠테이션 자료를 출력하느라 킨코스에서 밤을 새우기도 했다. "컬러 출력 비용이 장당 1달러였는데, 감당하기 벅찬 수준이었어요." 메이는 말한다. "모두 지칠 대로 지쳤는데 일론만 예외인 것 같았어요. 일론은 늘 밤늦은 시간까지 코딩에 열중하곤 했어요." 1996년 초 잠재 투자자들로부터 첫 번째 투자 제안이 들어왔을 때, 메이는 자축의 의미로 멋진 레스토랑에 아이들을 데려갔다. "내 신용카드를 사용하는 것은 이번이 마지막이 될 거다." 계산을 하면서 그녀는 이렇게 말했다.

실제로 그렇게 됐다. 곧이어 모어 데이비도우 벤처스Mohr Davidow Ventures 로부터 회사에 300만 달러를 투자하겠다는 제안이 들어와 모두의 입이 벌어졌다. 월요일로 예정되어 있는 최종 프레젠테이션을 앞두고 킴벌은 주말에 시간을 내 고장 난 어머니의 컴퓨터를 고쳐주러 급히 토론토에 다녀오기로 했다. "사랑하는 엄마를 위해서라면 뭐든 할 수 있었지요." 킴벌의 설명이다. 일요일에 그는 샌프란시스코로 돌아오기 위해 공항에서 수속을 밟고 있었는데, 미국의 국경 세관원들이 그의 수하물을 살펴보다가 회사의 프레젠테이션 자료와 명함, 그리고 기타 서류를 발견했다. 미국 취업비자가 없었던 그는 비행기 탑승을 저지당했다. 킴벌은 친구에게 공항으로 차를 가져오라고 연락했다. 친구의 차를 타고 국경을 넘어가기로 한 것이다. 육로 국경에 도착한 그들은 경계심이 덜한 그곳의 관리에게 〈데이비드 레터맨 쇼〉를 보러 가는 길이라고 말했다. 킴벌은 버팔로에서 샌프란시스코행 야간 비행기에 가까스로 올라탔고, 프레젠테이션 시간에 맞춰 도착할 수 있었다.

모어 데이비도우는 그들의 프레젠테이션을 마음에 들어 했고, 투자를 최종 확정했다. 투자사는 아울러 머스크 형제가 취업비자를 받을 수 있도록 이민 변호사를 붙여주었고, 형제에게 자동차 구입비로 각각 3만 달러씩 제공했다. 일론은 1967년식 재규어 E타입을 구입했다. 남아공에서의 어린 시절, 최고의 컨버터블에 관한 책에서 그 차의 사진을 보며 부자가 되면 꼭 그 차를 갖겠다고 다짐했던 터였다. "상상할 수 있는 가장 아름다운 차였지만 최소 일주일에 한 번씩은 고장이 나곤 했지요." 일론의 말이다.

벤처캐피털리스트들은 곧 그들이 자주 하는 일, 즉 젊은 창업자들을 대신해 회사를 경영할 경력 있는 지휘관을 영입하는 일에 착수했다. 애플의 스티브 잡스, 구글의 래리 페이지 및 세르게이 브린도 겪은 일이었다. 오디오 장비 회사에서 사업 개발을 담당했던 리치 소킨이 집투의 CEO로 임명되었다. 일론은 CTO(최고기술책임자) 자리로 밀려났다. 처음에 그는 제품 개발에 집중할 수 있다는 점에서 이러한 변화가 자신에게 적합하다고 생각했다. 하지만 그는 교훈을 얻었다. "반드시 내가 CEO가 되어야 한다고 생각하진 않았어요. 하지만 곧 CEO가 아니면 진정한 최고기술책임자도, 최고제품책임자도 될 수 없다는 사실을 체득했지요."

변화와 함께 새로운 전략이 수립되었다. 사업체와 고객에게 직접·제품을 마케팅하는 대신 대형 신문사에 소프트웨어를 판매하여 그들이 자체적으로 지역별 사업체 명부를 구축하도록 만드는 데 주력하자는 전략이었다. 신문사에는 이미 상품광고와 구인광고 등을 판매하기 위해 기업의 문을 두드리는 영업 인력이 있었기에 이 전략은 타당한 것이었다. 미디어 기업 나이트리더Knight-Ridder와 퓰리처Pulitzer, 허스트Hearst, 그리고 〈뉴욕타임스〉 등이 계약서에 사인했다. 그리고 나이트리더와 〈뉴욕타임스〉의 경영진 몇 명이 집투 이사회에 합류했다. 〈에디터 앤드 퍼블리셔〉라는 잡지는 "신문계의 새로운 슈퍼히어로로 집투"라는 제목의 커버스토리를 실으며 그 회사가 "개별 신문사들이 대규모 도시 가이드형 명부를 신속히 탑재할 수 있는 새로운 소프트웨어 구조"를 개발했다고 소개했다.

1997년에 이르자 140개 신문사가 1,000달러에서 1만 달러에 이르는 라이선스 비용을 지불하고 집투를 이용하게 되었다. 킴벌에게 전화번호부를 던졌던 〈토론토 스타〉의 사장은 킴벌에게 전화해 사과하면서 집투가 자사의 파트너가 되어줄 수 있는지 물었다. 킴벌은 흔쾌히 승낙했다.

하드코어

경력 초기부터 머스크는 일과 삶의 균형, 즉 워라밸이라는 개념을 경멸하는 까다로운 경영자였다. 집투와 이후의 모든 회사에서 그는 휴가도 없이 하루 종일, 그리고 종종 밤늦게까지 쉴 새 없이 자신을 몰아붙였고, 다른 직원들도 그런 식으로 일하기를 기대했다. 그의 유일한 관용은 격렬한 비디오 게임에 몰두할 수 있는 휴식시간을 허용하는 것뿐이었다. 집투 팀은 전국 규모의 퀘이크 대회에서 준우승을 차지하기도 했다. 일론의 말에 따르면, 1등을 할 수도 있었는데 팀원 중 한 명이 컴퓨터를 너무 세게 눌러서 망가뜨리는 바람에 2등에 머문 것이었다.

머스크는 때때로 다른 엔지니어들의 퇴근 이후 그들이 작업하던 코드를 가져와 다시 작성하기도 했다. 공감 유전자가 약했던 머스크는 공개적으로 누군가를 바로잡는 것, 즉 그의 표현을 빌리자면 "멍청한 코드를 고쳐주는 것"이 사랑받는 길이 아니라는 사실을 깨닫지 못했을 뿐만 아니라 그런 부분에는 신경도 쓰지 않았다. 그는 스포츠 팀의 주장이나 친구들의 리더가 되어본 적이 없었고, 동지애에 대한 본능도 부족했다. 스티브 잡스와 마찬가지로, 그 역시 함께 일하는 사람들이 불가능하다고 생각한 위업을 달성하도록 몰아붙이는 것이라면, 그것이 그들에게 불쾌감이나 위협감을 주는 것에 대해서는 조금도 개의치 않았다. "여러분의 일은 팀원들이 여러분을 사랑하게 만드는 것이 아닙니다." 수년 후 그가 스페이스X의 임원회의에서 한 말이다. "실제로 그것은 비생산적입니다."

그는 킴벌에게 가장 엄격했다. "나는 형을 정말 사랑하고, 사랑하고, 사랑하지만, 형과 함께 일하는 것은 무척 힘들었지요." 킴벌의 말이다. 두 사람은 서로 다른 의견 때문에 종종 사무실 바닥을 구르며 싸우기도 했다. 주요 전략을 놓고 싸웠고, 사소한 일을 가지고도 싸웠으며, 집투라는 이름 때문에도 싸웠다 (킴벌과 마케팅 회사가 생각해낸 그 이름을 일론은 무척 싫어했다). "남아공에서 자랐기에 우리는 싸움을 당연한 것으로 여겼어요. 그냥 문화의 일부였지요." 일론의 말이다. 임원실이 따로 없이 칸막이로만 구분된 사무실이었기에 모두가 두 사람의 싸움을 지켜봐야 했다. 최악의 싸움 중 하나는 둘이 뒤엉킨 채 바닥을 구르며 몸싸움을 벌이던 중 일론이 킴벌의 얼굴을 주먹으로 때리려 했고, 그러자 킴벌이 일론의 손을 물어뜯었을 때였다. 일론은 살점이 떨어져 나가는 바람에 응급실에 가서 봉합시술을 받고 파상풍 주사까지 맞아야 했다. "우리는 극심한 스트레스를 받으면 주위의 아무도 눈에 들어오지 않았지요." 킴벌의 말이다. 그는 나중에 집투에 대해 일론이 옳았음을 인정했다. "정말 형편없는 이름이었어요."

진정한 제품 개발자들은 상황을 혼란스럽게 만드는 중간 유통업자를 거치지 않고 소비자에게 직접 판매해야 한다는 강박에 사로잡힌다. 머스크도 그런 인물이었다. 그는 신문업계의 브랜드 없는 공급업체로 전락하는 것과 다름없는 집투의 전략에 좌절감을 느꼈다. 머스크는 말한다. "당시 우리는 신문사들에 종속되는 길을 걸었어요. 그들이 투자자이자 고객이었고, 이사회에까지 영향을 미치고 있었으니까요." 머스크는 '시티닷컴city.com'이라는 도메인을 사서 다시 소비자들이 특별히 찾는 사이트로 만들어 야후나 AOL 등과 경쟁하고 싶었다.

투자자들 역시 전략에 대해 다시 생각해보고 있었다. 1998년 가을 무렵, 도시 가이드와 인터넷 디렉토리가 우후죽순처럼 생겨났지만 수익을 내는 곳은 없었다. 그래서 CEO 리치 소킨은 함께 성공의 길을 걷게 되길 바라며 그중 하나인 시티서치CitySearch와 합병하기로 결정했다. 하지만 시티서치의 CEO를 만났을 때, 머스크는 상대방으로부터 불안과 불편만 느끼고 말았다. 일론은 킴벌과 일부 엔지니어들의 도움을 토대로 반란을 일으켜 합병을 무산시켰다. 아울러 그는 자신을 다시 CEO로 임명해줄 것을 요구했다. 하지만 이사회는 그를 의장직에서 물러나게 하면서 그의 역할을 축소해버렸다.

머스크는 〈인크 매거진〉과의 인터뷰에서 다음과 같이 말했다 "벤처캐피털이나 전문경영인들과 함께해서는 결코 멋진 일이 일어나지 않지요. 그들에게는 창의력이나 통찰력이 없거든요." 모어 데이비도우의 파트너 중 한 명인 데릭 프루디안이 임시 CEO로 임명되어 회사를 매각하는 임무를 맡게 되었다. 그는 머스크에게 이렇게 말했다. "이것은 당신의 첫 번째 회사입니다. 인수자를 찾아서 돈을 손에 넣으면 앞으로 두 번째, 세 번째, 네 번째 회사를 만들 수 있을 겁니다."

백만장자가 되다

일론과 킴벌이 집투를 출범한 지 4년이 채 지나지 않은 1999년 1월, 프루디안이 그들을 사무실로 불러 컴팩 컴퓨터Compaq Computer가 현금 3억 700만 달러를 제시했다는 소식을 전했다. 당시 컴팩 컴퓨터는 자사의 알타비스타 검색엔진에 활력을 불어넣을 방법을 모색하던 중이었다. 형제는 12퍼센트의 소유 지분을 60 대 40의 비율로 나누었고, 그리하여 스물일곱 살의 일론은 2,200만 달러, 킴벌은 1,500만 달러를 손에 쥐고 발을 빼게 되었다. 일론은 수표가 자신의 아파트에 도착했을 때 깜짝 놀랐다. "은행계좌 잔고가 5,000달러에서 2,200만 5,000달러로 불어났으니 말이에요." 일론의 말이다.

머스크 형제는 수익금 가운데서 아버지에게 30만 달러를, 어머니에게 100만 달러를 드렸다. 일론은 50평짜리 콘도를 구입하고 당시 가장 빠른 양산차인 맥라렌 F1 스포츠카를 100만 달러에 구입하는 등 나름대로 궁극의 사치를 부렸다. 그는 그의 집에서 차가 배달되는 모습을 촬영하게 해달라는 CNN의 요청을 받아들였다. "불과 3년 전만 해도 YMCA에서 샤워를 하고 사무실 바닥에서 잠을 자던 제가 이제 100만 달러짜리 차를 갖게 되었습니다." 머스크는 트럭에서 차가 내려지는 동안 이렇게 말한 후 거리를 이리저리 껑충껑충 뛰어다녔다.

충동적으로 자신의 욕구를 분출한 이후, 그는 새롭게 발견한 자신의 부에 대한 취향을 경솔하게 과시하는 것이 꼴사나운 짓임을 깨달았다. "어떤 사람들은 이 차를 구입한 것을 보고 건방진 제국주의자의 전형적인 행동방식으로 해석할 수도 있습니다. 제 가치관이 변했을지 모르지만, 저는 제 가치관이 변했다는 것을 의식적으로 자각하지 못하고 있습니다."

과연 그가 변한 걸까? 새롭게 얻은 부로 그는 자신의 욕망과 충동에 거의 제약을 받지 않게 되었지만, 그런 상황은 항상 보기 좋은 것은 아니었다. 하지만 그의 진지하고 사명감 넘치는 강렬함은 조금도 변함이 없었다.

작가 마이클 그로스는 실리콘밸리에서 티나 브라운의 번지르르한 잡지인 〈토크〉에 새로 부자가 된 테크노브랏techno-brat, 즉 기술 열풍을 타고 벼락부자가 된 젊은 리더들에 대한 기사를 쓰고 있었다. "날카롭게 비판해도 될 만한 허세 가득 찬 주인공을 찾고 있었습니다." 그로스는 몇 년 후 이렇게 회상했다. "하지만 2000년에 만난 머스크는 삶의 환희가 넘치는, 너무 호감 가는 인물이라 비판할 수가 없었지요. 그는 지금과 마찬가지로 주변의 기대에 대해 무관심하고 무심했지만, 편하고 개방적이며 매력적이고 재미난 인물이었어요."

친구 없이 자란 아이에게 명성은 유혹 그 자체로 다가왔다. "〈롤링스톤〉지의 표지를 장식하고 싶습니다." 그가 CNN에 한 말이다. 하지만 그는 부富와의 갈등도 제대로 인식하고 있었다. 그는 계속해서 이렇게 말했다. "바하마의 섬 중 하나를 사서 제 개인 영지로 만들 수도 있지만, 저는 새로운 회사를 설립하고 키우는 데 더 관심이 많습니다. 상금을 다 쓰지 않고 거의 전부 새로운 게임에 다시 투자할 생각입니다."

11장

저스틴과의 만남

팰로앨토, 1990년대

(위) 저스틴과 일론, 그리고 메이
(아래) 결혼식 가족사진, 일론 옆에 나란히 선 메이와 에롤

로맨스 드라마

머스크는 100만 달러짜리 맥라렌의 운전석에 편안히 자리 잡으며 그 장면을 촬영하던 CNN 기자에게 이렇게 말했다. "진정한 보상은 회사를 만들었다는 만족감입니다." 그 순간 그의 여자친구인 아름답고 호리호리한 젊은 여성이 팔로 그를 감싸 안았다. "맞아요, 맞아요, 하지만 차도 만족스럽죠." 그녀가 속삭였다. "그렇지? 솔직해지자고." 머스크는 다소 당황스러운 듯 아래를 내려다보며 휴대전화의 메시지를 확인했다.

그녀의 이름은 저스틴 윌슨이었지만, 퀸스대학교에서 일론을 처음 만났을 때에는 제니퍼라는 보다 평범한 이름을 사용하고 있었다. 머스크와 마찬가지로 어릴 적부터 책벌레였지만, 공상과학 소설보다는 다크 판타지 소설을 좋아했다. 제니퍼는 토론토 북동쪽의 작은 강가 마을에서 성장하면서 작가가 되기를 꿈꿨다. 풍성하게 늘어뜨린 머리카락과 신비로운 미소를 지닌 그녀는 언젠가 자신이 쓰고자 했던 로맨스 소설 속 등장인물처럼 화사하면서도 관능적인 매력을 동시에 지니고 있었다.

둘은 퀸스대학교에서 그녀는 신입생, 일론은 2학년일 때 처음 만났다. 파티에서 그녀를 본 일론은 그녀에게 밖에서 따로 만나 아이스크림을 먹고 제안했다. 그녀는 다음 주 화요일에 함께 아이스크림을 먹으러 가자고 했지만, 그가 그녀의 기숙사 방에 찾아왔을 때 자리를 비우고 없었다. "제니퍼가 가장 좋아하는 아이스크림이 뭐예요?" 일론이 그녀의 친구에게 물었다. 바닐라 초콜릿칩 아이스크림을 가장 좋아한다는 답을 들은 그는 바닐라 초콜릿칩 아이스크림콘을 사서 캠퍼스를 돌아다니다가 학생센터에서 스페인어를 공부하고 있는 그녀를 발견했다. "이 맛을 가장 좋아할 거라고 생각해요." 그가 그녀에게 녹아서 뚝뚝 떨어지는 아이스크림콘을 건네며 말했다.

"그는 거절을 받아들이는 사람이 아니에요." 그녀의 말이다.

당시 저스틴은 턱에 소울 패치(아랫입술 바로 아래 일정 부분 남겨놓은 턱수염─옮긴이)를 한, 훨씬 더 멋져 보이는 남자와 관계를 정리하는 중이었다. "나는 그 소울 패치가 곧 그 인간이 재수 없는 얼간이라는 결정적 증거라고 생각했지요. 그래서 그녀에게 나와 데이트하자고 설득했어요." 머스크의 말이다. 그는 그녀에게 이렇게 말했다. "당신은 영혼에 불을 담고 있는 사람이에요. 나는 당신에게서 나를 봅니다."

그녀는 그의 포부에 깊은 인상을 받았다. "다른 야심가들과 달리 그는 돈을 버는 것에 대해 이야기한 적이 없었어요." 그녀는 말한다. "그는 자신이 부자 아니면 빈털터리가 될 거라고 생각했어요. 그 중간 수준에 대해선 전혀 고려하지 않은 거죠. 그가 관심을 기울인 것은 자신이 해결하고 싶은 문제들이었어요." 데이트 승낙을 얻어내는 것이든 전기자동차를 만드는 것이든, 원하는 바를 이루고자 하는 그의 불굴의 의지가 그녀를 매료시켰다. "미친 소리처럼 들릴 때조차도 그가 그렇게 믿으니까 그를 믿게 되더라고요."

둘은 머스크가 펜실베이니아로 떠나기 전까지 그저 간간이 데이트를 했지만, 물리적으로 거리가 멀어진 후에도 연락은 계속 주고받았다. 머스크는 때때로 그녀에게 장미꽃을 보내기도 했다. 저스틴은 일본에서 1년 동안 강사로 일했고, 그러면서 제니퍼라는 이름을 버렸다. "너무 흔한데다가 특히 치어리더 중에 제니퍼가 많았기" 때문이었다. 캐나다로 돌아온 그녀는 언니에게 말했다. "일론이 다시 전화하면 그때는 응할 것 같아. 내가 무언가 놓친 게 있는 거 같아." 머스크는 집투와 관련해 〈뉴욕타임스〉와 인터뷰를 하기 위해 뉴욕을 방문했을 때 저스틴에게 전화를 했다. 그는 그녀에게 자신이 있는 곳으로 와달라고 했다. 거기서 함께 보낸 주말이 너무 좋았기에 그는 그녀에게 같이 캘리포니아로 가자고 했고, 그녀는 그의 요청을 따랐다.

집투가 아직 매각되지 않은 시점이었기에 두 사람은 팰로앨토의 아파트에서 두 명의 동거인 그리고 팝스타 데이비드 보위의 이름을 따서 보위라고 부르던 온순하지 않은 닥스훈트 한 마리와 함께 살았다. 대부분의 시간 동안 그녀는 침실에 틀어박혀 글을 썼고, 사람들과 어울리길 꺼리는 비사교적인 행태를 보였다. "저스틴이 얼마나 사람들에게 무뚝뚝하게 굴고 심술을 부리는지 친구들이 우리 집에 머물길 싫어할 정도였어요." 머스크의 말이다. 킴벌은 그런 그녀를 참아내는 데 어려움을 겪었다. "사람이 자기 자신에 대해서나 다른 사람과의 관계에 대해 자신이 없으면, 그렇게 아주 못되게 굴 수 있다는 생각이 들었지요." 킴벌의 말이다. 일론이 어머니에게 저스틴에 대해 어떻게 생각하느냐고 물었을 때 어머니는 퉁명스럽게 답했다. "결점을 보완할 만한 장점이란 게 전혀 보이지 않는 애다."

하지만 흥분과 불안, 날카로움이 없는 원만한 관계를 좋아하지 않는 머스크는 그녀에게 완전히 매료되었다. 저스틴에 따르면, 어느 날 저녁식사 자리에서 머스크가 그녀에게 아이를 몇 명이나 낳고 싶은지 물었다. "한두 명." 그녀는 곧이어 덧붙였다. "유모를 고용할 여유가 된다면 네 명 정도 낳고 싶지만."

"그게 바로 너와 나의 차이점이야." 머스크가 말했다. "유모는 당연히 있을 거라고 생각해야 하는 거라고." 그러고는 아기를 어르듯 팔을 흔들었다. 그는 이미 아이를 갖는 것에 대해 강한 신념을 가지고 있었다.

얼마 지나지 않아 그는 집투를 팔고 맥라렌을 샀다. 갑자기 유모를 둘 수 있는 여유가 생긴 것이다. 그녀는 불안한 눈빛으로 그가 자기를 버리고 아름다운 모델을 찾아 떠날지도 모른다고 농담했다. 하지만 머스크는 집 앞 인도에서 한 무릎을 꿇은 후 반지를 꺼내 들고 그녀에게 청혼했다. 로맨스 소설에나 나올 법한 청혼이었다.

두 사람 모두 극적인 상황에서 활력을 얻었고, 싸우면서 번성했다. "나를 그렇게 사랑하면서도 내가 무언가 잘못하고 있다고 지적하는 데 주저함이 없었어요." 그녀는 말한다. "그러면 나도 맞서 싸웠죠. 나는 그에게 무엇이든 말해도 된다는 걸 알게 되었죠. 무슨 말을 해도 그는 전혀 당황하지 않았거든요." 어느 날 친구 한 명과 맥도날드에 간 두 사람은 그곳에서 큰 소리로 싸우기 시작했다. "그 친구는 몹시 당황했지만, 일론과 나는 공공장소에서 크게 다투는 데 익숙했어요. 그에게는 전투적인 요소가 있어요. 그와 관계를 유지하면서 다투지 않는 것은 불가능하다고 할 수 있죠."

파리 여행 중 두 사람은 클뤼니박물관의 〈여인과 유니콘〉 태피스트리를 보러 갔다. 저스틴은 자신이 감동한 부분에 대해 설명하기 시작했고, 유니콘을 그리스도와 같은 인물로 보는 관점을 포함하여 영적인 해석까지 늘어놓았다. 머스크는 그 말을 듣고는 "멍청한 소리"라고 했고, 두 사람은 기독교의 상징주의에 대해 격렬하게 논쟁하기 시작했다. "그는 화를 잔뜩 내며 내가 잘 알지도 못하는 내용을 지껄인다면서 미친 바보라고 소리쳤어요. 마치 자신의 아버지가 자기한테 했다고 말했던 행동을 똑같이 나에게 하는 것 같았어요."

결혼식

"형이 저스틴과 결혼하겠다고 말했을 때 나는 당연히 말리지 않을 수 없었어요. '하지 마, 절대 안 돼, 그녀는 형과 맞지 않는 사람이야.'" 킴벌의 말이다. 일론이 저스틴을 처음 만났던 파티에 함께 있던 패룩도 그를 말리려고 애썼다. 하지만 일론은 저스틴과 그 혼란스러움 모두를 사랑했다. 결혼식은 2000년 1월의 한 주말에 카리브 해의 세인트마틴 섬에서 하기로 했다.

일론은 변호사가 작성한 혼전계약서를 들고 결혼식 전날 비행기로 섬에 도착했다. 그와 저스틴은 그 금요일 저녁에 차를 몰고 공증인을 찾아 섬을 돌아다녔지만, 적합한 공증인을 찾지 못했다. 저스틴은 집에 돌아가서 계약서에 서명하겠다고 약속했지만(결국 2주 후에 서명을 했다), 두 사람의 그런 대화는 많은 긴장을 불러일으켰다. "일론은 계약서에 서명도 하지 않고 결혼하는 것에 몹시 신경이 쓰이는 것 같았어요." 저스틴의 말이다. 결국 싸움이 벌어졌고, 저스틴은 차에서 내려 걸어서 친구들에게 가버렸다. 그날 밤 두 사람은 다시 빌라에서 만났지만, 싸움은 계속 이어졌다. "개방형 빌라여서 우리 모두 두 사람이 싸우는 소리를 들을 수 있었어요. 뭘 어떻게 해야 할지 몰랐지요." 패룩의 말이다. 그러다 어느 순간 일론이 성큼성큼 걸어 나와 어머니에게 결혼식이 취소되었다고 말했다. 어머니는 안심했다. "그래, 이제 네가 비참해질 일은 없을 거다." 어머니가 그에게 말했다. 하지만 그는 곧 마음을 바꾸고 저스틴에게 돌아갔다.

둘 사이의 긴장은 다음 날에도 지속되었다. 킴벌과 패룩은 일론에게 재빠르게 공항에 데려다줄 테니 여기서 탈출하라고 설득했다. 그들이 재촉할수록 일론은 더욱 고집스럽게 나왔다. "아냐, 결혼할 거야." 그는 선언했다.

호텔 수영장에서 열린 결혼식은 겉보기에는 즐거워 보였다. 민소매 흰색 드레스를 입고 흰 꽃으로 장식된 티아라를 쓴 저스틴은 환하게 빛났고, 맞춤 턱시도를 입은 머스크는 말쑥하고 활기 차 보였다. 메이와 에롤도 참석하여 사진 촬영 때 함께 포즈를 취하기도 했다. 저녁식사 후 모두 콩가라인(일종의 기차놀이 춤)을 추었고, 주인공인 일론과 저스틴은 첫 번째 춤을 추었다. 그는 두 팔로 그녀의 허리를 안았고, 그녀는 그의 목에 두 팔을 걸었다. 그들은 웃으며 키스했다. 그렇게 춤을 추면서 그가 그녀에게 속삭였다. "이 관계에서 알파는 나야."

결혼식에서 친구들과 함께

12장

엑스닷컴

팰로앨토, 1999-2000년

페이팔의 공동창업자 피터 틸과 함께

올인원 은행

1999년 초 사촌인 피터 리브가 방문했을 때, 머스크는 은행 시스템에 관한 책들을 탐독하고 있었다. "다음에 무엇을 하는 게 좋을지 고민하고 있었지요." 머스크의 설명이다. 머스크는 노바스코샤 은행에서의 경험을 통해 은행업계에 파괴적 혁신의 시점이 무르익었다는 확신을 갖게 되었고, 그의 판단은 옳았다. 그리하여 1999년 3월, 그는 노바스코샤 은행에서 사귄 친구 해리스 프리커와 함께 엑스닷컴x.com을 설립했다.

머스크는 CNN과의 인터뷰에서 언급한 대로 백만장자로 여유롭게 살아가는 방안과 자신의 칩을 테이블 위에 올리고 새로운 기업에 투자하는 방안을 놓고 선택해야 했다. 그가 선택한 균형 있는 결정은 엑스닷컴에 1,200만 달러를 투자하고 세금을 낸 다음 약 400만 달러를 자신을 위해 사용하는 것이었다.

머스크가 구상한 엑스닷컴의 콘셉트는 원대했다. 뱅킹과 디지털 구매, 당좌 예금, 신용카드, 투자, 대출 등 모든 금융 서비스를 제공하는 원스톱 온라인 은행을 만드는 것이었다. 거래는 결제가 완료될 때까지 기다릴 필요 없이 즉시 처리되는 방식이었다. 머스크는 돈이 데이터베이스에 입력되는 항목에 불과하다는 통찰을 바탕으로, 모든 거래를 실시간으로 안전하게 기록하는 방법을 고안하고 싶었다. "소비자가 시스템에서 돈을 인출하는 모든 이유를 해결해준다면, 모든 돈이 모이게 될 것이고, 그렇게 되면 수조 달러 규모의 회사가 될 수 있을 거라고 생각했어요." 머스크의 설명이다.

그의 친구들 중 일부는 온라인 은행에 포르노사이트처럼 들리는 이름을 붙이면 신뢰감이 형성될 수 있겠느냐며 우려했다. 하지만 머스크는 엑스닷컴이라는 이름이 마음에 들었다. 집투 같은 너무 기발한 이름과 달리 단순하고 기억하기 쉬우며 입력하기 쉬운 이름이었기 때문이다. 덕분에 머스크는 당대의 가장 멋진 이메일 주소 중 하나였던 'e@x.com' 같은 이메일 주소를 사용할 수 있었다. 'X'는 회사명부터 아이들의 이름까지 그가 모든 이름을 지을 때 자주 사용하는 글자가 되었다.

머스크의 경영 스타일은 집투 시절과 달라지지 않았고, 이후로도 변하지 않았다. 밤늦게까지 코딩에 몰두하고 낮에는 무례함과 무관심으로 일관하는 그의 모습에 공동창업자 프릭커와 몇 안 되던 동료직원들은 그에게 CEO자리에서 물러날 것을 요구했다. 그러자 머스크는 매우 자기성찰적인 이메일을 보내기도 했다. "나는 천성적으로 강박신경증이 있어요." 그가 프릭커에게 보낸 이메일의 내용이다. "나에게 중요한 것은 승리하는 겁니다. 작은 승리가 아니라 큰 승리를 하는 것입니다. 그 이유는 아무도 알 수 없지만 … 아마도 매우 불안한 정신분석학적 블랙홀 때문이거나 신경회로에 문제가 있기 때문일 거예요."

어쨌든 지배지분을 보유하고 있었기에 머스크가 승리했고, 프릭커는 직원 대부분과 함께 회사를 떠났다. 그러한 혼란 속에서도 머스크는 영향력 있는 세쿼이아 캐피털Sequoia Capital의 대표 마이클 모리츠를 부추겨 엑스닷컴에 대규모 투자를 하게 했다. 이후 모리츠는 바클레이 은행Barclay's Bank 및 콜로라도의 한 지방은행과 파트너 계약을 체결하도록 해주어 엑스닷컴이 뮤추얼펀드를 발행하고 공식 은행 인가를 받고 미국연방예금보험공사FDIC의 보험에 가입할 수 있도록 도움을 주었다. 그렇게 스물여덟 살의 나이에 머스크는 스타트업계의 유명인사가 되었다. 〈살롱〉지는 '일론 머스크, 실리콘밸리의 차세대 대세'라는 제목의 기사에서 그를 "오늘날 실리콘밸리의 잇가이It guy(최고 인기남)"라고 칭했다.

당시 머스크의 경영 전술 중 하나는 미쳤다고 할 만큼 촉박한 마감기한을 정하고 이를 지키도록 동료들을 몰아붙이는 것이었다. 1999년 가을, 그는 추수감사절 주말에 엑스닷컴을 대중에 공개하겠다고 발표했다. 이 미친 마감기한의 발표를 놓고 한 엔지니어는 "이기적인 행동"이라고 말했다. 이후 추수감사절까지 몇 주 동안 머스크는 매일 본인은 물론이고 주변 사람들도 불안하게 만드는 초조한 광기에 사로잡힌 채 사무실을 배회했고, 밤에는 대개 퇴근하지 않고 책상 밑에서 잠을 잤다. 그의 이런 행동은 추수감사절 당일까지 이어졌다. 추수감사절 새벽 2시에 퇴근한 엔지니어 중 한 명은 오전 11시에 다시 회사로 와달라는 머스크의 전화를 받았다. 다른 엔지니어가 밤새 일한 탓에 "더 이상 추진력을 완전하게 발휘하지 못하고 있어요"라고 했다. 그의 이런 행동은 극적인 효과와 분노를 불러일으켰지만, 성공도 가져왔다. 그 주말에 제품이 출시되자 모든 임직원이 근처 ATM으로 몰려가 머스크가 엑스닷컴의 직불카드를 기계에 넣는 장면을 지켜봤다. '차르륵' 소리에 이어 현금이 밀려 나왔고 팀원들은 축하파티를 열었다.

머스크가 경험이 있는 사람의 지휘를 받을 필요가 있다고 생각한 모리츠는 그를 설득해서 다음 달에 CEO에서 물러나 인튜이트Intuit의 대표를 역임한 빌 해리스에게 CEO를 맡기게 했다. 그렇게 집투에서 벌어진 일이 반복되었고, 머스크는 CPO(최고제품책임자) 겸 이사회 의장으로 남은 채 광적인 격렬함을 유지했다. 어느 날 투자자와의 미팅이 끝나자 머스크는 자신이 오락실용 비디오 게임을 설치해놓은 카페테리아로 내려갔다. "우리 몇 명이 거기서 머스크와 함께 '스트리트 파이터' 게임을 했는데, 그는 정말 땀이 뻘뻘 나도록 열심히 하더군요. 에너지와 강렬함으로 똘똘 뭉친 사람임을 알 수 있었어요." 회사의 CFO(최고재무책임자)였던 로로프 보타의 기억이다.

머스크는 친구를 가입시키는 사용자에게 포상금을 지급하는 등 바이럴 마케팅 기법을 개발했으며, 엑스닷컴을 온라인 은행이자 소셜 네트워크로 발전시키겠다는 비전을 품었다. 스티브 잡스와 마찬가지로 그 역시 유저 인터페이스 화면을 디자인할 때 열정적으로 단순함을 추구했다. "계좌를 개설하기 위해 키를 누르는 횟수를 최소화하기 위해 유저 인터페이스를 개선했지요." 그의 말이다. 기존에는 사회보장번호와 집 주소를 입력하는 등 긴 양식을 작성해야 했다. "그게 왜 필요하죠?" 머스크는 계속 물었다. "삭제!" 사소하지만 중요한 혁신 중 하나는 고객이 사용자의 이름을 입력할 필요 없이 이메일 주소로 로그인할 수 있게 했다는 점이다.

성장의 원동력 중 하나는 별것 아니라고 생각했던, 이메일로 송금할 수 있는 기능이었다. 이 기능은 특히 낯선 이에게 구매 대금을 쉽게 지불할 수 있는 방법을 찾는 이베이와 같은 많은 경매사이트에서 큰 인기를 끌었다.

합병 협상

신규 가입 고객의 이름을 모니터링하던 중, 머스크는 이름 하나에 시선이 머물렀다. 바로 피터 틸이었다. 그는 엑스닷컴과 같은 건물에 있다가 지금은 거리 아래쪽으로 사무실을 옮긴 컨피니티Confinity라는 회사의 창업자 중 한 명이었다. 틸과 그의 주요 공동창업자 맥스 레브친은 모두 머스크만큼이나 열정적이었지만, 비교적 절제된 태도를 견지하는 사람들이었다. 엑스닷컴과 마찬가지로 컨피니티도 개인 간 결제 서비스를 제공했는데, 컨피니티의 시스템은 페이팔PayPal이라고 불렸다.

2000년 초 인터넷 거품이 꺼질 조짐이 보이기 시작하던 무렵, 엑스닷컴과 페이팔은 신규 고객을 유치하기 위해 치열한 경쟁을 벌이고 있었다. "고객이 가입하고 친구를 추천하도록 유도하기 위해 양사 모두 엄청난 보너스를 지급하는 미친 경쟁을 벌이고 있었지요." 틸의 설명이다. 나중에 머스크는 이렇게 표현했다. "어느 쪽이 먼저 돈이 바닥나는지 끝까지 가보자는 경쟁이었어요."

머스크는 비디오 게임에 쏟던 열정으로 경쟁에 임했다. 반면에 틸은 냉정하게 계산하고 리스크를 완화하는 편을 좋아했다. 두 사람 모두 네트워크 효과(먼저 규모를 키우는 회사가 더욱 빠르게 성장하는 현상)로 인해 어느 한 회사만 살아남는다는 사실을 곧 깨달았다. 따라서 '모탈 컴뱃' 게임식의 경쟁으로 치닫는 것보다는 합병하는 것이 합리적이라고 생각하게 되었다.

머스크와 신임 CEO 빌 해리스는 팰로앨토에 있는 그리스 레스토랑 에비아의 별실에서 틸과 레브친을 만났다. 양측은 각자의 고객 보유 현황을 적은 메모를 교환했는데, 머스크는 거기에 평소처럼 나름의 과장을 섞어 넣었다. 틸은 머스크에게 잠재적 합병조건을 어떻게 구상하고 있는지 물었다. 머스크는 "합병된 회사의 90퍼센트는 우리가 소유하고 10퍼센트는 당신들이 소유하는 것"이라고 대답했다. 레브친은 머스크의 말을 어떻게 받아들여야 할지 알 수 없었다. 진담인가? 두 회사의 고객 기반은 거의 비슷했다. 레브친은 말한다. "머스크는 농담하는 게 아니라는 듯 매우 진지한 표정을 짓고 있었지만, 그 이면에 무언가 아이러니한 구석이 있는 것 같았어요." 머스크는 나중에 레브친의 말을 인정하며 말했다. "사실 우리는 게임을 하고 있었던 거예요."

점심을 먹고 나오며 레브친은 틸에게 이렇게 말했다. "이 거래는 절대 성사될 수 없을 것 같네요. 그냥 우리끼리 다음 행보를 밟기로 하죠." 하지만 틸은 사람을 읽는 데 더 능숙했다. 그래서 레브친에게 말했다. "이제 막 시작했을 뿐이에요. 머스크 같은 친구는 인내심을 갖고 상대해야 해요."

밀고당기는 협상 과정은 2000년 1월 내내 계속되었고, 머스크는 저스틴과의 신혼여행을 연기해야 했다. 엑스닷컴의 주요 투자자였던 마이클 모리츠는 샌드힐로드에 있는 자신의 사무실에서 양측이 만나도록 주선했다. 틸은 머스크의 맥라렌을 함께 타고 샌드힐로드로 향했다.

"그래서, 이 차의 특별한 장점은 무엇인가요?" 틸이 물었다.

"한번 보시죠." 머스크는 그렇게 답하곤 추월차선으로 들어가 가속페달을 있는 힘껏 밟았다.

갑자기 뒷차축이 부러졌고 차가 빙글빙글 돌다가 갓길 경사면에 부딪힌 후 비행접시처럼 공중을 날았다. 차체 일부가 찢어졌다. 평소 자유주의를 실천하던 틸은 안전벨트를 매고 있지 않았지만, 다친 데 없이 빠져나왔다. 그는 지나가던 차를 얻어 타고 샌드힐로드의 세쿼이아 사무실까지 갈 수 있었다.

머스크도 다치지 않았고, 차를 견인시키기 위해 30분 정도 그 자리에 머물렀다가 세쿼이아로 왔다. 그는 해리스에게 무슨 일이 있었는지 말하지 않고 회의에 참석했다. 나중에 머스크는 웃으며 말했다. "적어도 내가 위험을 두려워하지 않는 사람이라는 것을 틸에게 보여준 거죠." 틸은 동의한다. "맞아요, 그가 좀 미친 사람이라는 걸 깨달았죠."

머스크는 여전히 합병에 반대했다. 두 회사 모두 이베이의 전자결제를 위해 등록한 약 20만 명의 고객을 보유하고 있었지만, 그는 좀 더 광범위한 은행 서비스를 제공하는 엑스닷컴이 더 가치 있는 회사라고 믿었다. 그래서 그는 해리스와 갈등을 빚었고, 해리스는 만약 머스크가 합병 협상을 무산시키려 들면 사임하겠다고 위협하기에 이르렀다. "해리스가 그만두면 재앙이 닥칠 수 있는 상황이었어요. 인터넷 시장이 위축되고 있던 터라 더 많은 자금을 조달하기 위해 애쓰고 있었거든요." 머스크의 말이다.

머스크가 틸과 레브친과 다시 한번 점심식사를 하며 유대감을 형성하는 시간을 가지면서 상황은 달라졌다. 이번에 그들은 팰로앨토에 있는, 하얀 식탁보가 인상적인 이탈리아 레스토랑 일포르나이오에서 만났다. 음식을 기다리는 시간이 길어지자 해리스가 주방으로 뛰어들어가 어떤 요리부터 나올 수 있는지 살폈다. 머스크와 틸, 레브친은 서로를 바라보며 의미심장한 눈빛을 나누었다. 레브친은 말한다. "해리스는 극도로 외향적인 사업개발자 유형이었어요. 마치 가슴에 S자를 새긴 슈퍼맨처럼 행동했지요. 반면에 우리 셋은 뭐랄까, 비사교적인 괴짜들 같았다고나 할까요. 우리는 절대로 해리스처럼 나서서 설치진 않을 사람들이라는 점에서 유대감을 느꼈습니다."

양측은 엑스닷컴이 합병회사의 지분 55퍼센트를 갖는 조건에 합의했지만, 머스크가 곧이어 레브친에게 도둑질을 하고 있다고 비난하는 바람에 상황이 크게 꼬여버렸다. 격분한 레브친은 없던 일로 하자고 위협했다. 해리스는 레브친의 집으로 차를 몰고 가 빨래 개는 것을 도와주며 그를 진정시켰다. 계약 조건은 다시 한번 수정되어 기본적으로 50대 50으로 합병하되, 엑스닷컴이 존속 법인으로 남는 것으로 합의되었다. 2000년 3월, 거래가 성사되었고 최대 주주였던 머스크가 의장으로 취임했다. 몇 주 후, 그는 레브친과 함께 해리스를 몰아내고 CEO 자리도 되찾았다. 어른들의 지휘는 더 이상 환영받지 못했다.

페이팔

두 회사의 전자결제 시스템이 통합되어 페이팔이라는 브랜드로 출시되었다. 이것이 회사의 주요 상품이 되었고 계속해서 빠르게 성장했다. 하지만 틈새 상품을 만드는 것은 머스크의 본성이 아니었다. 그는 산업 전체를 재편하고 싶었다. 그래서 그는 은행업계 전체를 뒤집어놓을 소셜 네트워크를 만들겠다는 원래의 목표에 다시 집중했다. "우리는 큰 목표를 겨냥할 것인지 작은 목표에 만족할 것인지 결정해야 합니다." 그는 직원들에게 말했다. 일부에서는 머스크의 프레임워크에 결함이 있다고 생각했다. "당시 우리는 이베이에서 엄청난 인기를 끌며 큰 영향력을 행사하고 있었지요. 틸과 레브친은 우리가 전적으로 거기에 집중하여 마스터 판매자 서비스가 되어야 한다고 생각했습니다." 그곳의 초기 직원으로 나중에 링크드인LinkedIn을 공동 창업한 리드 호프먼의 설명이다.

머스크는 엑스닷컴이 회사명이어야 하고 페이팔은 그저 회사에 속한 하나의 브랜드명이어야 한다고 주장했다. 심지어 결제 시스템의 이름을 엑스-페이팔X-PayPal로 바꾸려고도 했다. 많은 사람이 반대했고, 특히 레브친의 반발이 심했다. 페이팔은 돈을 받을 수 있도록 도와주는 좋은 친구pal와 같은, 이미 신뢰도가 높은 브랜드명이 되었다는 이유에서였다. 포커스 그룹에 따르면, 반대로 엑스닷컴이라는 이름은 신뢰가 가지도 않고 점잖은 자리에서 거론하기도 꺼려지는 음침한 사이트를 떠올리게 했다. 하지만 머스크는 흔들리지 않았고 지금까지도 그 생각에는 변함이 없다. "틈새 결제 시스템으로만 활용하고 싶다면 페이팔이 더 낫지요." 그는 말한다. "하지만 전 세계 금융 시스템을 장악하고 싶다면 엑스가 더 나은 이름이에요."

머스크와 마이클 모리츠는 뉴욕 시장으로서 임기가 끝나가던 루돌프 줄리아니를 정치적 해결사로 영입할 수 있는지, 그래서 본격적인 은행 역할을 수행하려면 거쳐야 하는 복잡한 정책적 과정을 원활하게 밟을 수 있는지 알아보기 위해 뉴욕으로 향했다. 하지만 그들은 줄리아니의 사무실에 들어서자마자 그 계획이 성공하지 못할 것임을 직감했다. 모리츠의 말을 들어보자. "마치 조폭 소굴에 들어선 것 같았어요. 깡패 같은 심복들이 그를 둘러싸고 있었거든요. 그는 실리콘밸리에 대해 전혀 모르면서도 부하들과 함께 자신들의 주머니를 채우는 데만 열중했지요." 그들은 회사의 지분 10퍼센트를 요구했고, 그것으로 만남은 끝이 났다. 돌아 나오는 길에서 머스크가 모리츠에게 말했다. "이 사람은 다른 행성에 살고 있군요."

머스크는 엔지니어링 부서를 따로 두지 않는 쪽으로 조직을 재편했다. 대신 엔지니어들이 제품 관리자들과 팀을 이루어 근무하는 방식을 도입했다. 이 철학은 테슬라와 스페이스X, 그리고 트위터까지 그대로 이어졌다. 제품 디자인과 엔지니어링을 분리하는 것은 기능 장애로 가는 지름길이었다. 디자이너는 자신이 고안한 제품이 엔지니어링으로 구현하기 어려운 경우 즉각적으로 고통을 느껴야 했다. 또한 제품 관리자가 아닌 엔지니어가 팀을 이끌어야 한다는 결론을 내렸는데, 이 방법은 로켓을 만드는 데에는 효과적이었지만 트위터에는 적합하지 않았다.

아이러니 써클

피터 틸은 회사에 적극적으로 관여하지 않은 채 컨피니티의 공동설립자로 우크라이나 태생의 조용하고 예리한 소프트웨어 마법사인 맥스 레브친에게 CTO로서 머스크와 균형을 맞추는 역할을 맡겼다. 레브친과 머스크는 곧 기본 운영체제로 마이크로소프트 윈도를 사용하느냐 유닉스를 사용하느냐 하는 기술적인 것 같지만 사실은 신학적인 문제를 놓고 충돌했다. 머스크는 빌 게이츠를 존경하고 윈도 NT를 좋아했으며 마이크로소프트가 더 신뢰할 수 있는 파트너가 될 것이라고 생각했다. 하지만 윈도 NT가 불안정하고 버그가 많으며 멋지지 않다고 느끼던 레브친과 그의 팀은 경악을 금치 못했다. 그들은 솔라리스와 오픈소스 리눅스를 비롯한 다양한 종류의 유닉스 계열 운영체제를 선호했다.

어느 날 자정이 훨씬 지난 한밤중에 레브친이 회의실에서 혼자 작업하고 있었는데, 머스크가 논쟁을 계속할 준비를 하고서는 회의실에 들어왔다. 머스크는 "결국에는 내 방식대로 가게 될 거요. 나는 이 영화가 어떻게 끝날지 알고 있어요"라고 말했다.

"아니요, 틀렸어요." 레브친이 단조로운 어조로 답했다. "마이크로소프트에서 작동할 일은 없을 거예요."

"있잖아요, 그 문제를 놓고 나랑 팔씨름을 해보는 게 어때요?" 머스크가 말했다.

레브친은 그것이 소프트웨어 코딩에 대한 의견 불일치를 해결하는 가장 어리석은 방법이라고 생각했다. 게다가 머스크는 레브친보다 몸집이 거의 2배나 컸다. 하지만 야근으로 지치고 정신이 멍한 상태였던 그는 팔씨름을 하는 데 동의했다. 그는 온몸을 던져 팔씨름에 임했지만 곧바로 패배했다. 레브친은 머스크에게 말했다. "분명히 말하지만, 나는 당신의 체중을 기술적인 의사결정을 위한 고려사항에 포함시키지 않을 겁니다."

머스크는 웃으며 답했다. "예, 잘 알겠습니다." 하지만 결국 머스크는 자신의 의견을 관철시켰다. 그는 1년의 시간을 투자해 자신의 엔지니어 팀에게 레브친이 컨피니티를 위해 만들어놓은 유닉스 코딩을 다시 작성하게 했다. "새로운 기능을 개발하는 대신 그놈의 기술적인 탭댄스를 추느라 1년을 허비한 것이지요." 레브친의 말이다. 또한 재코딩 작업에 몰두하느라 회사의 서비스를 오염시키는 사기 행위의 증가에 적절히 대응할 수 없었다. "우리가 계속 성공할 수 있었던 유일한 이유는 그 시기에 펀딩에 성공한 다른 회사가 없었기 때문입니다."

레브친은 머스크를 어떻게 이해하면 좋을지 고민이 됐다. 그의 팔씨름 제안은 진담이었을까? 바보 같은 유머와 게임 플레이로 간간이 중단되곤 하는 일련의 광적인 격렬함은 계산된 것일까, 아니면 그저 발광일 뿐인가? 레브친은 말한다. "그가 하는 모든 일에는 아이러니가 있어요. 그는 11까지 올라가지만 4 이하로는 내려가지 않는 아이러니 설정 상태에서 움직입니다." 머스크의 힘 중 하나는 다른 사람들을 자신의 아이러니 서클로 끌어들여 자기들만 아는 농담을 공유할 수 있게 하는 것이다. "그는 자신의 아이러니 화염방사기를 켜고 일론 클럽의 회원이라는 배타적인 의식을 만들어내죠."

하지만 레브친에게는 그런 방식이 잘 먹히지 않았다. 그는 진지함이라는 자신의 방패로 머스크의 아이러니 화염방사기를 막아내고 있었다. 그는 머스크의 과장을 탐지하는 데 탁월한 레이더를 보유했다. 합병 과정에서 머스크는 엑스닷컴의 사용자가 2배 가까이 많다고 계속 주장했고, 레브친은 엔지니어들에게 확인하여 실제 사용자 수를 알아내곤 했다. "머스크는 단순히 과장하는 데서 그치는 게 아니라 없는 얘기를 지어내기도 했어요." 레브친의 말이다. 그의 아버지가 종종 보여주던 행태였다.

하지만 레브친은 그에 반하는 사례를 접하면서 경탄하기도 했다. 머스크가 박학다식으로 그를 놀라게 했을 때가 대표적인 경우다. 어느 날 레브친과 그의 엔지니어들은 사용 중인 오라클 데이터베이스와 관련한 어려운 문제로 씨름하고 있었다. 다른 일로 그 방에 들어선 머스크는 자신의 전문 분야는 오라클이 아닌 윈도였지만, 대화의 맥락을 즉시 파악하고 정확한 기술적인 답변을 내놓은 후 확인을 기다리지도 않고 방을 나갔다. 레브친과 그의 팀은 오라클 매뉴얼로 돌아가 머스크가 설명한 내용을 찾아보았다. "하나씩 하나씩 들여다보며 우리 모두 '젠장, 머스크 말이 맞네'라고 했지요." 레브친의 회상이다. "머스크는 말도 안 되는 소리를 지껄이기도 하지만, 때로는 다른 사람의 전문 분야에 대해 그보다 훨씬 더 많이 알고 있어 사람들을 놀라게 하곤 하죠. 나는 그가 사람들에게 동기를 부여하는 방법 중 상당 부분이 바로 때때로 드러내는 그런 예리함에 있다고 생각합니다. 그를 헛소리꾼이나 바보로 잘못 알고 있던 사람들이 전혀 기대하지 않고 있다가 그런 면모에 세게 한 방 맞은 기분이 드는 거지요."

13장

쿠데타

페이팔, 2000년 9월

(위) 페이팔 마피아. (왼쪽에서부터) 루크 노섹, 켄 하워리, 데이비드 색스, 피터 틸,
케이스 로프, 리드 호프먼, 맥스 레브친, 로로프 보타
(왼쪽 아래) 맥스 레브친, (오른쪽 아래) 마이클 모리츠

해임

2000년 늦여름, 레브친은 갈수록 머스크를 상대하기가 버거워졌다. 그는 사기 행위의 증가로 회사가 파산의 위기로 내몰릴 수도 있으니 조치가 필요하다는 내용을 담은 장문의 메모를 머스크에게 거듭 보냈지만(그중 하나에는 "사기는 사랑이다"라는 반어적 제목을 달았다), 돌아오는 것은 야무진 묵살뿐이었다. 레브친이 자동화된 사기, 즉 사이버 범죄자가 개인의 자료를 자동으로 훔쳐 이용하는 프로그램으로 자행하는 사기를 방지하기 위해 캡차CAPTCHA 기술, 즉 사람과 컴퓨터를 구별하기 위한 '자동 계정 생성 방지' 기술을 최초로 상용화했을 때에도 머스크는 거의 관심을 보이지 않았다. "그의 그런 반응은 내게 극도로 우울한 영향을 미쳤지요." 레브친의 말이다. 그는 여자친구에게 전화를 걸어 "다 끝난 것 같아"라고 말했다.

팰로앨토의 한 호텔에서 열린 컨퍼런스에 참석한 어느 날, 레브친은 로비에 함께 있던 동료 몇 명에게 퇴사 의사를 밝혔다. 동료들은 머스크에게 맞서 싸울 것을 촉구했다. 그들 역시 유사한 좌절감을 느끼던 터였다. 레브친과 절친한 피터 틸과 루크 노섹은 비밀리에 연구조사를 의뢰해 페이팔 브랜드가 엑스닷컴보다 훨씬 더 가치가 있다는 결론을 끌어냈고, 머스크는 분노하여 회사 웹사이트 대부분에서 페이팔 브랜드를 삭제하라고 지시했다. 9월 초, 이들 세 명에 리드 호프먼과 데이비드 색스가 합세하여 머스크를 권좌에서 몰아낼 때가 되었다고 입을 모았다.

머스크는 8개월 전에 저스틴과 결혼했지만, 여전히 신혼여행을 갈 시간을 내지 못하고 있었다. 운명적이게도 그는 동료들이 그를 퇴진시킬 음모를 꾸미고 있던 9월에 신혼여행을 가기로 결정했다. 그는 올림픽 행사에도 참석할 겸 호주로 떠났는데, 런던과 싱가포르에 들러서 잠재 투자자들을 만나는 일정도 포함되었다.

머스크가 출국하자마자 레브친은 틸에게 전화를 걸어 한시적으로라도 CEO로 복귀할 의향이 있는지 물었다. 틸이 승낙하자 반란군은 손을 맞잡고 이사회에 맞서기로 합의하는 한편, 다른 직원들에게도 자신들의 대의를 지지하는 탄원서에 서명하게 했다.

이렇게 세를 규합하고 무장한 틸과 레브친은 동지들을 대동하고 샌드힐로드의 세쿼이아 캐피털 사무실로 달려가 마이클 모리츠에게 자신들의 주장을 전달했다. 모리츠는 머스크 퇴진을 요구하는 근거와 탄원서가 담긴 폴더를 훑어본 후 소프트웨어와 사기 문제에 대해 몇 가지 질문을 던졌다. 그는 변화가 필요하다는 데 동의하지만 틸이 "한시적으로" CEO를 맡는 경우에만 지지할 것이라고 말했다. 회사가 노련한 CEO를 영입하는 절차를 시작해야 한다는 조건을 내건 것이다. 반란 모의자들은 그에 동의하고 승리를 축하하기 위해 그 동네 다이브 바(값싼 술을 파는 허름한 술집-옮긴이)인 안토니오스 넛하우스로 향했다.

머스크는 호주에서 회사로 전화를 하던 중 이상 징후를 감지하기 시작했다. 평소와 다름없이 명령을 내렸는데, 통상 주눅 든 채 수용하기 바빴던 부하들이 반발하기 시작했다. 머스크는 출국한 지 나흘 만에 그 이유를 파악했다. 한 직원이 머스크의 리더십을 찬양하고 음모 모의자들을 비난하는 내용으로 이사회에 보낸 이메일이 그에게도 전달된 것이다. 머스크는 기습당했다는 느낌이 들었다. 그는 즉시 이메일 답신을 보냈다. "이 모든 일이 저를 너무 슬프게 해서 무슨 말을 어떻게 해야 할지조차 모르겠습니다. 저는 질투로 손에 넣은 현금 거의 모두를 투자하고 결혼생활까지 위태롭게 만들며 실로 마지막 기력까지 쥐어짜낸 모든 노력을 쏟아왔는데, 대응할 기회조차 주어지지 않은 채 악행으로 비난받는 입장이 되었습니다."

머스크는 모리츠에게 전화를 걸어 결정을 번복하게 만들려고 했다. "그는 그 쿠데타를 '극악무도한 짓거리'라고 묘사했어요." 세련된 문학적 감성을 지닌 모리츠의 말이다. "사람들이 흔히 쓰는 표현이 아니라 기억에 남았지요. 머스크는 그 일을 극악무도한 범죄로 규정했어요." 모리츠가 결정을 철회할 의사를 보이지 않자 머스크는 최대한 빠른 비행기 표를 사서(당시 그와 저스틴이 구할 수 있는 좌석은 이코노미뿐이었다) 집으로 향했다. 엑스닷컴 사무실로 돌아온 머스크는 충성스러운 직원들 몇몇과 쿠데타를 막을 방법을 찾기 위해 머리를 맞댔다. 밤늦게까지 이어진 회의가 끝난 후, 그는 사무실에 있는 비디오 게임 콘솔 앞에 혼자 앉아 '스트리트 파이터' 게임을 했다. 라운드에 라운드를 거듭하며 쉬지도 않고 끊임없이.

틸은 임원들에게 머스크의 전화를 받지 말라고 경고했다. 그가 특유의 설득력을 발휘하거나 위협을 가할 수 있었기 때문이다. 하지만 COO(최고운영책임자)를 맡고 있던 리드 호프먼은 머스크와 대화를 하는 게 마땅하다고 생각했다. 곰 같은 몸집과 쾌활한 성격의 기업가인 호프먼은 머스크의 술책을 잘 알고 있었다. "머스크는 현실을 왜곡해서 자신의 비전으로 사람들을 끌어들이는 능력을 지니고 있어요." 그의 말이다. 그럼에도 그는 머스크와 점심식사를 하기로 결정했다.

점심식사는 머스크가 호프먼을 설득하고 회유하는 가운데 3시간 동안이나 이어졌다. "나는 내 모든 돈을 이 회사에 투자한 사람이잖아요, 이 회사를 운영할 권리가 있다고요." 그는 또한 전자결제에만 집중하는 전략에 반대하는 논거를 펼쳤다. "지금은 진정한 디지털 은행을 만들기 위한 시작 단계에 불과해요." 클레이턴 크리스턴슨의 저서 《혁신가의 딜레마》를 읽은 적 있던 머스크는 고착화된 은행 산업에 파괴적 혁신을 가져올 수 있다면서 호프먼을 설득하려 애썼다.

호프먼은 동의하지 않았다. "나는 그에게 슈퍼뱅크에 대한 그의 비전이 독이 될 수 있다고 생각한다고 말했지요. 당시 우리는 이베이의 결제 서비스에 집중해야 할 상황이었기 때문이에요." 그러자 머스크는 태도를 바꿔 호프먼에게 자기 대신 CEO를 맡아달라고 설득하기 시작했다. 점심 자리를 그만 끝내고 싶었던 호프먼은 생각해보겠다고 답했지만, 곧 관심이 없는 쪽으로 결정했다. 그는 틸에 대한 충성심이 강했다.

이사회에서 투표를 통해 머스크의 해임을 결정했을 때, 머스크는 지금까지 그의 격렬한 투쟁을 지켜본 사람들을 놀라게 할 만큼 차분하고 품위 있게 대응했다. 그는 직원들에게 보낸 이메일에 이렇게 썼다. "엑스닷컴을 다음 단계로 끌어올릴 경험 많은 CEO를 영입할 때가 되었다고 결정했습니다. 그 작업이 완료되면 3~4개월 정도 안식 기간을 갖고 몇 가지 아이디어를 검토해본 다음 새로운 회사를 설립할 계획입니다."

머스크는 길거리 싸움꾼이었음에도 의외로 패배에 현실적으로 대처할 수 있는 능력이 있었다. 나중에 옐프Yelp를 창업하는 머스크의 추종자 제러미 스토플먼이 이사회 결정에 대한 항의의 표시로 자신과 다른 몇몇이 사직해야 하는 거 아니냐고 물었을 때, 머스크는 아니라고 답했다. "회사는 나의 아기였고, 솔로몬 이야기에 나오는 어머니처럼 나는 회사가 살아남을 수 있도록 기꺼이 포기할 수 있었어요." 머스크는 말한다. "나는 틸 및 레브친과의 관계를 회복하기 위해 열심히 노력하기로 결심했어요."

남은 한 가지 갈등의 요인은 머스크가 자신의 이메일에도 밝힌 것처럼 "회사의 홍보를 담당하고 싶다"는 바람이었다. 셀럽 병에 걸린 그는 대중에 회사를 알리는 얼굴이 되고 싶었다. 모리츠의 사무실에서 긴장감이 팽배한 가운데 진행된 회의에서 그가 틸에게 말해다. "내가 명실공히 이 회사 최고의 대변인이잖아요." 틸이 그 제안을 거절하자 머스크는 분통을 터뜨리며 소리쳤다. "나는 무엇보다 내 명예가 실추되는 것을 원치 않아요. 내게는 나의 명예가 이 회사보다 더 소중하다고요." 틸은 왜 이것이 명예의 문제인지 도저히 이해할 수 없었다. "정말 매우 드라마틱한 인물이었지요." 틸의 회상이다. "실리콘밸리에는 보통 그렇게 영웅적인, 거의 웅대한 분위기를 깔면서 이야기하는 사람이 많지 않거든요." 머스크는 최대주주이자 이사회 멤버로 남았지만, 틸은 그가 회사를 대변하는 것을 허락하지 않았다.

미친 도박

머스크는 3년 만에 두 번째로 회사에서 쫓겨났다. 그는 사람들과 잘 어울리지 못하는 선지자였다. 페이팔의 동료들이 머스크의 가차 없고 거친 스타일에 더하여 놀랐던 것은 리스크를 감수하려는 그의 의지, 심지어 욕망이었다. "기업가는 사실 리스크를 감수하는 사람이 아니지요." 로로프 보타는 말한다. "기업가는 리스크를 완화하는 사람이에요. 리스크를 감수하면서 번창하려 하지도 않고 리스크를 증폭시키려 하지도 않죠. 대신 통제 가능한 변수를 파악해서 리스크를 최소화하려고 노력하지요." 하지만 머스크는 그렇지 않았다. "그는 리스크를 증폭시키고 우리가 물러설 수도 없게 배를 불태워버리는 데 몰두했어요." 보타가 보기에 머스크의 맥라렌 사고는 그런 성향을 상징적으로 보여주는 것이었다. 가속페달을 있는 대로 밟고 얼마나 빨리 달리는지 보려다 난 사고였기 때문이다.

이것이 항상 리스크를 제한하는 데 집중하던 틸과 머스크가 근본적으로 다른 점이었다. 한번은 틸과 호프먼이 페이팔에서의 경험을 담은 책을 집필할 계획을 세웠다. 그들은 머스크에 관한 장의 제목을 "'리스크'라는 단어의 의미를 이해하지 못한 남자"로 잡기로 했다. 하지만 그의 리스크 중독은 불가능해 보이는 일을 하도록 사람들을 이끈다는 면에서는 유용할 수도 있었다. 호프먼은 말한다. "머스크는 놀랍도록 성공적으로 사람들이 사막을 가로질러 행진하게 만들곤 하지요. 그는 모든 칩을 테이블 위에 올려놓을 수 있을 정도의 확신을 가지고 움직입니다."

이는 단순한 비유가 아니었다. 수년 후 레브친은 한 독신 친구의 아파트에서 머스크 등과 함께 어울렸다. 몇몇 사람들은 판돈을 크게 걸고 텍사스 홀덤이라는 포커 게임을 하고 있었다. 머스크는 카드 플레이어가 아니었음에도 테이블로 다가갔다. "카드를 외우고 확률을 계산하는 데 능한 컴퓨터광들과 타짜 수준의 꾼들이 모여 있었지요." 레브친의 설명이다. "일론은 모든 판에서 올인을 걸었고, 당연히 졌지요. 그러자 칩을 더 사서 더블 다운을 하고, 계속 그런 식으로 플레이했어요. 그렇게 여러 판에서 돈을 잃은 후에 마침내 올인을 걸고 이겼지요. 그랬더니 '좋아, 여기까지'라고 하면서 일어서더군요." 칩을 테이블에서 거두지 않고 계속 리스크를 감수하는 것, 그것은 그의 인생의 주제가 되었다.

그리고 그것은 그에게 좋은 전략인 것으로 드러났다. 틸은 말한다. "그가 이어서 설립한 두 회사, 스페이스X와 테슬라를 보세요. 실리콘밸리의 통념에 따르면 이 두 회사는 모두 엄청나게 미친 도박이었지요. 하지만 모두가 불가능하다고 생각하던 두 개의 미친 회사가 성공한다면, 사람들은 무슨 생각이 들까요? '일론은 리스크와 관련해 다른 사람들이 알지 못하는 무언가를 이해하고 있는 게 틀림없어.' 이렇게 생각하지 않을까요?"

페이팔은 2002년 초 IPO를 단행했고, 그해 7월에 15억 달러에 이베이에 인수되었다. 머스크의 투자회수액은 약 2억 5,000만 달러에 달했다. 얼마 후 머스크는 숙적이었던 레브친에게 전화를 걸어 회사 주차장에서 만나자고 제안했다. 작지만 강단 있던 레브친은 머스크가 언젠가 자신에게 주먹을 날릴지도 모른다는 막연한 두려움을 간간이 품었던 터라 농담 반 진담 반으로 물었다. "학교 뒤편에서 주먹다짐 한 판 벌이자, 뭐 그런 건 아니겠죠?" 하지만 머스크는 진실로 그렇게라도 하고 싶은 마음이었다. 그는 슬픈 표정으로 주차장 연석에 앉아 레브친에게 물었다. "왜 나를 배신했어요?"

레브친은 "솔직히 그게 옳은 일이라고 믿었죠"라고 대답했다. "당신은 완전히 틀렸고, 회사는 곧 망할 것 같았고, 다른 선택의 여지가 없다고 생각했어요." 머스크는 고개를 끄덕였다. 몇 달 후 두 사람은 팰로앨토에서 저녁식사를 했다. 머스크가 그에게 말했다. "지난 일에 연연하기엔 인생이 너무 짧아요. 앞으로 나아가는 게 중요하죠." 머스크는 피터 틸, 데이비드 색스 등 여타의 쿠데타 지도자들과도 식사를 하며 같은 말을 했다.

"처음에는 무척 화가 났어요." 머스크는 2022년 여름 나에게 이렇게 말했다. "머릿속에 암살에 대한 생각을 떠올릴 정도였다니까요. 하지만 결국 그때 쿠데타가 일어난 게 잘된 일이었음을 깨달았어요. 그렇지 않았다면 나는 여전히 페이팔에서 노예처럼 일하고 있었을 테죠." 그러고는 잠시 말을 멈추고 살짝 웃음을 터뜨렸다. "물론 내가 계속 남아 있었다면 페이팔은 1조 달러 규모의 회사가 되었을 거예요."

참고로 덧붙일 게 있다. 이 대화를 나누던 당시 머스크는 트위터 인수를 한참 진행 중이었다. 그의 스타십 로켓의 시험 발사가 준비되고 있던 하이베이 앞을 걸어가면서 머스크는 엑스닷컴의 원대한 비전에 대한 주제로 돌아왔다. "트위터가 그렇게 될 수 있어요. 소셜 네트워크에 결제 플랫폼을 결합하면 내가 엑스닷컴으로 이루려고 했던 것을 성취할 수 있어요."

말라리아

머스크는 페이팔 CEO 자리에서 축출된 후 처음으로 일주일간 쉬면서 진정한 휴가를 보낼 수 있었다. 또한 그것이 마지막 휴가가 될 터였다. 그는 휴가를 즐기는 사람이 아니었다.

그는 저스틴, 킴벌과 함께 브라질의 리우로 향했다. 그곳에 브라질 여성과 결혼한 후 리우로 이주한 사촌 러스 리브가 살고 있었다. 거기서 그들은 다시 다른 친척의 결혼식에 참석하기 위해 남아공으로 향했다. 일론 머스크로선 11년 전 열일곱 살 나이에 떠난 이후 처음으로 남아공에 돌아가는 것이었다.

저스틴은 일론의 아버지와, 나나라고 불리는 할머니를 대하는 데 어려움을 겪었다. 리우에 있을 때 다리에 도마뱀붙이 모양의 헤나 문신을 새겼는데 아직 지워지지 않은 상태였다. 나나는 저스틴도 있는 자리에서 일론에게 그녀가 '이세벨' 같다고 했다. 성적으로 난잡하거나 남자를 통제하려 드는 여성의 대명사로 통하는 성경 속 이름이었다. "어떤 여성이 다른 여성을 '이세벨'이라고 부르는 것을 처음 들었어요." 저스틴은 말한다. "도마뱀붙이 문신이 일조하지 않았나 싶어요." 그들은 가능한 한 빨리 프리토리아에서 빠져나와 고급 조수보호구역에서 사파리를 즐겼다.

2001년 1월 팰로앨토로 돌아온 머스크는 어지럼증을 느끼기 시작했다. 귀가 울리고 오한이 반복적으로 밀려왔다. 머스크는 스탠퍼드병원 응급실에 갔고, 그곳에서 구토를 시작했다. 요추천자 검사 결과 백혈구 수치가 높게 나왔고, 의사는 바이러스성 뇌수막염이라는 진단을 내렸다. 통상 심각한 질병으로 분류되지 않았기에 의사들은 그에게 수분을 보충한 후 집으로 돌려보냈다.

그 후 며칠 동안 그는 점점 상태가 나빠졌고, 어느 시점에 이르자 서 있기도 힘들 정도로 쇠약해졌다. 그래서 그는 택시를 불러 동네 의원에 갔다. 의사가 맥박을 재려고 했지만, 맥박조차 느껴지지 않을 정도였다. 의원의 여의사는 구급차를 불러 그를 레드우드시티에 있는 세쿼이아 병원으로 보냈다. 전염병 전문의 한 명이 우연히 머스크의 병상 앞을 지나가다가 그가 뇌수막염이 아니라 말라리아에 걸렸다는 사실을 알아차렸다. 그가 걸린 것은 그중에서도 가장 위험한 열대열말라리아로 밝혀졌고, 천만다행히도 아직 늦지 않은 시점이었다. 머스크처럼 증상이 심한 환자들은 하루 정도만 늦어도 기생충을 치료할 수 없는 상태가 되어버리는 경우도 있었다. 머스크는 집중치료실로 옮겨졌고, 의사들은 정맥 내 주입을 위해 가슴에 바늘을 찔러 넣은 다음 독시사이클린을 대량으로 투여했다.

엑스닷컴의 인사책임자가 건강보험 문제를 해결하기 위해 머스크가 입원 중인 병원에 찾아왔다. "사실상 사망까지 몇 시간 정도밖에 남지 않은 상황입니다." 이 임원은 틸과 레브친에게 이런 내용의 이메일을 보냈다. "담당의가 이전에 두 건의 열대열말라리아를 치료한 적이 있는데, 두 환자 모두 사망했다고 합니다." 틸은 머스크가 회사를 대표하여 1억 달러짜리 중심인물 생명보험에 가입했다는 사실을 알게 된 후 인사책임자와 끔찍한 대화를 나눴다고 회상한다. "그가 죽으면 우리의 모든 재정 문제가 해결되는 상황이었거든요." 그렇게 큰 규모의 보험에 가입한 것 역시 통이 큰 머스크의 성격을 보여주는 전형적인 사례였다. "머스크가 살아나서 다행이었고, 점차 모든 것이 회사에 이롭게 전개되어 1억 달러 생명보험 같은 게 필요하지 않게 되었지요." 틸의 말이다.

머스크는 열흘 동안 집중치료를 받았고, 완전히 회복되기까지 약 5개월이 더 소요되었다. 그는 죽을 뻔한 경험에서 두 가지 교훈을 얻었다. "휴가는 나를 죽일 수도 있다는 것과 남아공은 여전히 나를 파괴하려 든다는 것, 그렇게 두 가지였지요."

14장

화성 탐사 계획

스페이스X, 2001년

(위) 비행기 조종 훈련을 받으며
(아래) 아데오 레시

비행

페이팔에서 축출된 후 머스크는 아버지와 할아버지가 그랬던 것처럼 단발 엔진 터보프롭을 구입해 비행을 배우기로 결심했다. 조종사 면허를 취득하기 위해서는 50시간의 교육과정을 이수해야 했는데, 머스크는 2주 동안 벼락치기로 이 과정을 이수했다. "나는 무엇에든 매우 치열하게 달려드는 편이에요." 그의 말이다. 그는 유시계 비행 규칙 테스트Visual Flight Rules Test는 쉽게 통과했지만, 첫 번째 계기 비행 규칙 테스트Instrument Flight Rules Test는 통과하지 못했다. "후드를 써야 해서 밖을 볼 수 없었어요. 계기판도 절반쯤 가려져 있었죠. 이런 상태에서 엔진 하나를 끈 후 비행기를 착륙시키라고 하더군요. 그래서 지시대로 착륙시켰는데, 교관이 '충분치 않습니다. 실패입니다'라고 하더군요." 두 번째 시험에서 그는 합격했다.

그렇게 면허를 취득한 후 그는 체코슬로바키아에서 제작된 구소련제 군용기인 아에로 L-39 알바트로스를 구입했다. 지나칠 정도로 과감한 결정이었다. "소련에서 전투기 조종사 훈련용으로 사용하던 기종이라 곡예비행까지 가능했어요. 하지만 나조차도 조금 위험하다는 생각이 들더군요." 그는 트레이너와 함께 네바다 상공에서 저고도 비행을 하기도 했다. "영화 〈탑건〉에 나오는 장면, 딱 그대로였어요. 산의 윤곽을 따라 지상에서 수백 피트를 넘어가지 않도록 비행해야 했죠. 산의 측면을 따라 수직으로 올라갔다가 기체를 거꾸로 뒤집어 비행하기도 했어요."

비행은 그의 저돌적이고 무모한 유전자에 호소력을 발휘했다. 또한 공기역학을 체감하고 마음속에 그려보는 데에도 도움이 되었다. "단순히 베르누이의 원리만 적용되는 게 아니에요." 그는 날개가 비행기를 어떻게 들어 올리는지 설명하기 시작했다. L-39 알바트로스와 다른 비행기로 약 500시간의 비행을 기록한 후, 그는 약간 지루함을 느꼈다. 물론 그렇다고 해서 비행에 완전히 매력을 잃은 것은 아니었다.

화성학회

말라리아에서 회복된 직후인 2001년 노동절 주말, 머스크는 펜실베이니아 대학교에 다니던 시절의 파티광 친구 아데오 레시를 만나러 햄프턴에 있는 그의 집으로 찾아갔다. 함께 시간을 보낸 후 롱아일랜드고속도로를 타고 맨해튼으로 돌아오는 길에 머스크는 앞으로 무엇을 할 것인지에 대해 레시와 이야기를 나눴다. "난 항상 우주에서 무언가를 하고 싶었어." 머스크가 레시에게 이렇게 말하며 덧붙였다 "하지만 개인이 할 수 있는 일은 없다고 생각해." 물론 로켓 제작비용은 개인이 감당하기에는 너무 큰 금액이었다.

하지만 정말 그게 문제였을까? 기본적인 물리적 요건은 정확히 무엇이었을까? 머스크는 필요한 모든 것은 금속과 연료뿐이라고 생각했다. 실제로 금속과 연료를 구입하는 데는 많은 비용이 들지 않았다. "미드타운 터널에 도착했을 무렵, 우리는 가능하다는 결론을 내렸지요." 레시의 기억이다.

그날 저녁 호텔에 도착한 머스크는 NASA 웹사이트에 로그인하여 그들의 화성 탐사 계획에 대해 읽었다. "나는 그 일이 머지않아 실현될 거라고 생각하고 있었어요. 1969년에 달에 갔으니 이제 당연히 화성에 갈 준비를 하고 있을 거라고 여긴 거죠." 머스크의 말이다. 화성 탐사에 관한 일정이 보이지 않자 그는 사이트를 더욱 샅샅이 뒤지기 시작했다. 그리고 결국 NASA에 화성에 대한 계획이 없다는 사실을 깨닫고는 충격을 받았다.

그는 더 많은 정보를 얻기 위해 구글을 검색하다가 우연히 '화성학회Mars Society'라는 단체가 실리콘밸리에서 주최하는 만찬에 대한 공고를 보게 되었다. "이거 멋질 것 같은데! 같이 가보자." 그는 저스틴에게 이렇게 말하고 즉시 500달러짜리 티켓 두 장을 구입했다. 그러고는 5,000달러짜리 수표를 끊어서 보냈고, 이 수표는 그 단체의 회장인 로버트 주브린의 관심을 끌었다. 주브린은 머스크와 저스틴을 우주전쟁 스릴러 영화 〈에이리언〉과 〈터미네이터〉 그리고 블록버스터 〈타이타닉〉을 연출한 영화감독 제임스 캐머런과 함께 자신의 테이블에 앉혔다. 저스틴은 캐머런 옆에 앉았다. "나는 캐머런 감독의 열렬한 팬이었기에 짜릿한 흥분에 휩싸였지만, 그는 주로 일론과 대화를 나눴어요. 화성에 대해서, 그리고 왜 인류는 다른 행성을 식민지화하지 않으면 파멸의 길을 걸을 수밖에 없는지 등에 대해서 말이에요."

머스크는 이제 인터넷 은행이나 디지털 옐로페이지를 출시하는 것보다 훨씬 고차원적인 새로운 사명을 갖게 되었다. 그는 팰로앨토 공공도서관에 가서 로켓공학에 관한 책을 읽고 전문가들에게 전화를 걸어 그들의 손때 묻은 엔진 매뉴얼을 빌려달라고 부탁하기 시작했다.

라스베이거스에서 열린 페이팔 출신 임원 모임에서 그는 수영장 옆 카바나에 앉아 너덜너덜한 러시아제 로켓 엔진 매뉴얼을 읽었다. 예전 동료 중 한 명인 마크 울웨이가 다음에 무엇을 할 계획인지 묻자 머스크가 답했다. "화성에 식민지를 건설할 계획이에요. 인류를 다행성 문명으로 만드는 게 내 평생의 사명이지요." 울웨이의 반응은 놀라울 게 없었다. "이봐요, 당신은 정말 제정신이 아니에요."

또 다른 페이팔 베테랑인 리드 호프먼도 비슷한 반응을 보였다. 화성에 로켓을 보내겠다는 머스크의 계획을 듣고 호프먼은 의아해했다. "그런 게 사업이 되나요?" 나중에 호프먼은 머스크의 생각은 달랐다는 것을 깨달았다. "내가 간과했던 것은 일론은 사명으로 일을 시작해서 나중에는 그것을 재정적으로 성공시키는 방법까지 찾아낸다는 점이었어요. 바로 그런 면이 그를 경외감이 들 정도의 강력한 존재로 만드는 것이지요."

화성 탐사의 이유

여기서 잠깐 기술 스타트업 두 곳의 수장 자리에서 쫓겨난 전력이 있는 서른 살의 기업가가 화성에 갈 수 있는 로켓을 만들기로 결정한 것이 과연 얼마나 무모한 행동이었는지 짚어볼 필요가 있을 것 같다. 휴가를 싫어하고 로켓과 공상과학 소설《은하수를 여행하는 히치하이커를 위한 안내서》를 어린아이처럼 좋아하는 것 외에 무엇이 그를 움직이게 했을까? 당시 당황스러워하던 친구들에게, 그리고 이후 꾸준히 이어진 다양한 대화 자리에서 그는 세 가지 이유를 들어 설명했다.

먼저 그는 기술 발전이 필연적이지 않다는 사실이 놀랍고 두려웠다. 아예 멈출 수도 있었고, 심지어 후퇴할 수도 있었다. 미국은 달에 갔다. 하지만 어느 시점엔가 우주왕복선 임무가 중단되면서 그 분야의 발달도 멈춰버렸다. "우리 아이들에게 달에 간 것이 우리가 할 수 있는 최선이었다고, 그래서 그만두었다고 말하고 싶습니까?" 그는 묻는다. 고대 이집트인들은 피라미드를 건설하는 방법을 습득했지만, 이후 그 지식은 사라졌다. 로마에 일어났던 일도 마찬가지다. 그들은 수로와 여타의 경이로운 구조물을 건설했지만, 암흑의 시대를 거치면서 대부분 소실되었다. 미국에서도 그런 일이 벌어지고 있는 게 아닐까? "사람들은 기술이 자동적으로 발전한다고 생각하지만, 그것은 착각입니다." 그는 몇 년 후 TED 강연에서 이렇게 말했다. "기술은 많은 사람들이 그것을 개선하기 위해 아주 열심히 노력하는 경우에만 발전할 수 있습니다."

또 다른 동기는 다른 행성을 식민지화하는 것이 취약한 지구에 무슨 일이 일어났을 때 인류 문명 및 의식의 보존을 보장하는 데 도움이 될 것이라는 생각이었다. 언젠가는 소행성 충돌이나 기후변화, 핵전쟁 등으로 인해 지구가 파괴될 수도 있지 않은가. 그는 이탈리아계 미국인 물리학자 엔리코 페르미의 이름을 딴 '페르미의 역설'에 매료되었다. 페르미의 역설은 그가 우주의 외계 생명체에 대한 토론회에서 "하지만 모두 어디에 있는가?"라고 물었던 일화에서 비롯되었다. 수학적으로는 다른 문명이 존재한다는 것이 논리적으로 보였지만, 증거가 부족하기 때문에 지구의 인간만이 의식을 가지고 있는 유일한 종種일지도 모른다는 불편한 가능성이 제기되었다. "우리가 여기 지구에서 언제 꺼질지 모르는 섬세한 의식의 촛불을 보유하고 있으며, 그것이 의식의 유일한 사례일 수 있습니다. 따라서 그것을 보존하는 것이 중요합니다"라고 머스크는 말한다. "우리가 다른 행성으로 갈 수만 있다면 소행성에 충돌하거나 그밖에 다른 재난으로 문명이 파괴될 수 있는 하나의 행성에 갇혀 있을 때보다 인간 의식의 수명이 훨씬 더 길어지지 않겠습니까!"

세 번째 동기는 보다 고무적이었다. 그것은 모험가 집안의 유산과 십대 시절 개척자 정신이 뿌리내린 나라로 이주하기로 마음먹은 결심에서 비롯된 것이었다. "미국은 말 그대로 인간의 탐험정신이 응축된 곳입니다"라고 그는 말한다. "이곳은 모험가들의 땅입니다." 그는 그런 정신을 미국에 되살려야 하며, 그러기 위한 가장 좋은 방법이 화성 식민지 개척에 착수하는 것이라고 느꼈다. "화성에 기지를 구축하는 것은 엄청나게 어려운 일이며, 미국의 개척과정에서 그랬던 것처럼 사람들이 죽을 수도 있습니다. 그러나 그것은 엄청나게 고무적인 일이 될 것이며, 우리는 그렇게 세상에 고무적인 일이 있게 해야 합니다." 그는 인간의 삶이 단순히 문제를 해결하는 데서 그쳐서는 안 된다고 느꼈다. 그것은 또한 위대한 꿈을 추구하는 것이어야 했다. "그것이 우리를 아침에 일어나게 하는 원동력입니다."

머스크는 다른 행성으로의 여행이 인류의 역사에서 중대한 진전 중 하나가 될 것이라고 믿었다. "단세포 생명체, 다세포 생명체, 식물과 동물의 분화, 바다에서 육지로 뻗어나간 생명체, 포유류, 의식 등 정말 커다란 이정표는 몇 가지에 불과합니다." 그는 말한다. "이러한 규모로 보면 다음 번 중요한 단계는 분명합니다. 생명체를 다행성 종種으로 만드는 것입니다." 자신의 노력이 신기원과 같은 중요한 의미를 지닌다고 보는 머스크의 능력은 사람들을 흥분하게 하지만 약간의 불안함도 느껴진다. 레브친이 풍자적으로 말했듯이 "일론의 가장 큰 능력 중 하나는 자신의 비전을 하늘이 내린 명령처럼 전달하는 능력"이었다.

화성 오아시스

머스크는 로켓 회사를 창업하려면 록히드Lockheed와 보잉Boeing을 비롯한 대부분의 항공우주 기업들이 운집한 로스앤젤레스로 이주하는 것이 최선이라고 결정했다. "로켓 회사의 성공 확률은 상당히 낮았고, 항공우주공학 분야의 인재가 모여 있는 남캘리포니아로 들어가지 않으면 그 확률은 더욱 낮아질 수밖에 없었지요." 그는 남캘리포니아로 이사하는 이유를 저스틴에게 설명하지 않았다. 그래서 저스틴은 그가 로스앤젤레스에 넘쳐나는 셀럽들의 매력에 끌려 그런 결정을 내렸다고 생각했다. 두 사람의 결혼 덕분에 그는 미국 시민권자가 될 자격을 얻었고, 그래서 2002년 초 로스앤젤레스 카운티 박람회장에서 열린 선서식에 참석해 3,500명의 다른 이민자들과 함께 시민권을 획득했다.

머스크는 로스앤젤레스 공항 근처의 한 호텔에서 로켓 엔지니어들과 모임을 갖기 시작했다. "처음에는 직접 로켓 회사를 설립하는 것보다 대중에게 영감을 불어넣고 더 많은 NASA 기금이 확보될 수 있도록 돕는 자선사업가로서의 사명을 수행하는 게 낫지 않을까 하는 생각도 했었지요."

그의 첫 번째 계획은 화성에 쥐를 보내기 위한 소형 로켓을 만드는 것이었다. "하지만 작은 우주선에서 쥐들이 서서히 죽어가는 희비극적인 영상이나 얻고 말게 될까 봐 걱정이 되었지요." 그건 확실히 좋지 않을 것 같았다. "그래서 '화성에 작은 온실을 보내자'는 결론에 도달했어요." 그 온실이 화성에 내려진 후 그 붉은 행성에서 자라는 녹색 식물의 사진이 전송된다면 대중의 관심과 흥미가 높아져 화성 탐사에 대한 요구 또한 커질 것이라는 생각이었다. 머스크는 이 아이디어에 '화성 오아시스Mars Oasis'라는 이름을 붙였고, 3,000만 달러 미만의 비용으로 실현할 수 있을 것으로 예상했다.

그에게는 그만한 돈이 있었다. 가장 큰 도전 과제는 화성에 온실을 보낼 수 있는 저렴한 로켓을 구하는 일이었다. 알아보니 로켓을 싸게 구할 수 있는 곳이 있었다. 아니 그렇게 생각했다. 머스크는 화성협회 관계자로부터 미국-러시아 미사일 해체 프로그램에 참여했던 짐 캔트렐이라는 로켓 엔지니어에 대해 들었다. 아데오 레시와 함께 롱아일랜드고속도로를 달리고 한 달 후, 머스크는 캔트렐에게 전화를 걸었다.

캔트렐은 유타 주에서 컨버터블의 뚜껑을 연 채 운전하고 있었다. "그래서 내가 알아들을 수 있던 내용은 이안 머스크인가 뭔가라는 사람이 자신이 인터넷 백만장자인데 나와 이야기를 나누고 싶어 한다는 것 정도였습니다." 나중에 그가 〈에스콰이어〉지에 밝힌 내용이다. 캔트렐이 집에 돌아와 다시 그에게 전화하자 머스크는 자신의 비전을 설명했다. "나는 인류가 다행성 종족이 되는 것에 대한 사람들의 관점을 바꾸고 싶습니다. 이번 주말에 만날 수 있을까요?" 캔트렐은 러시아 당국과의 거래관계로 인해 비밀스런 생활을 하고 있었기에 총이 없는 안전한 장소에서 이 의문의 인물을 만나고 싶었다. 그래서 솔트레이크시티 공항의 델타항공 클럽에서 만나자고 제안했다. 머스크는 레시와 함께 약속 장소에 나가 러시아에 가서 로켓이나 발사 슬롯을 구매할 수 있는지 알아보려는 그들의 계획을 제시했다.

15장

로켓맨

스페이스X, 2002년

(위) 아데오 레시와 함께 로켓 설비 앞에서
(아래) 모스크바에서 러시아 사람들과 저녁식사를 하며

협상 결렬

모스크바의 칙칙한 식당 뒷방에 소량의 음식과 보드카 더블샷으로 이루어진 점심식사가 나왔다. 머스크는 그날 아침 아데오 레시, 짐 캔트렐과 함께 화성 탐사를 위한 중고 러시아 로켓을 구매하기 위해 그곳에 도착했고, 중간 기착지인 파리에서 밤늦게까지 파티를 벌인 탓에 몹시 지친 상태였다. 원래 술을 잘 마시는 사람이 아니었기에 적응이 잘 되지 않았다. "내가 먹은 음식의 무게와 보드카의 무게를 계산해보니 얼추 비슷하더군요." 그의 회상이다. 우정을 위한 건배를 수차례 나눈 후 러시아인들은 미국인들에게 화성 그림 배경에 손님 각각의 이미지가 새겨진 라벨이 붙은 보드카를 한 병씩 선물로 주었다. 손으로 머리를 부여잡고 버티던 머스크는 결국 곯아떨어지며 머리를 테이블에 부딪쳤다. "러시아 사람들에게 멋진 인상을 남기진 못한 것 같아요." 머스크의 말이다.

그날 저녁, 다소 정신을 차린 머스크와 동료들은 역시 모스크바에서 해체된 미사일을 판매한다고 주장하는 또 다른 그룹을 만났다. 그 만남도 똑같이 기이하게 흘러갔다. 러시아 책임자는 앞니가 하나 없어 큰 소리로 말할 때마다 침이 머스크의 방향으로 날아들곤 했다. 어느 시점에서 머스크가 인간을 다행성 종으로 만들 필요성에 대해 이야기하기 시작하자 러시아인이 눈에 띄게 화를 냈다. "이 로켓은 자본가들이 엉터리 임무를 수행하기 위해 화성에 가는 데 사용하라고 만든 게 아니오." 그는 외쳤다. "수석 엔지니어가 누구죠?" 머스크는 자신이 수석 엔지니어라고 했다. 캔트렐에 따르면, 그 순간 러시아인이 그들에게 침을 뱉었다.

"방금 우리에게 침을 뱉은 건가요?" 머스크가 캔트렐을 쳐다보며 물었다. 캔트렐은 "맞아요, 그랬어요. 이건 경멸의 표시 같은데요"라고 답했다.

이런 우스꽝스러운 상황에도 불구하고 머스크와 캔트렐은 2002년 초 다시 러시아를 방문하기로 결정했다. 이번에는 레시가 빠지고 저스틴이 동행했다. 팀에 새로 합류한 항공우주 엔지니어 마이크 그리핀도 함께 갔는데, 그는 나중에 NASA의 국장 자리에 올랐다.

머스크는 이번 방문에서 오래된 미사일인 드네프르 로켓 두 대를 구입하는 데 집중했다. 협상을 하면 할수록 가격은 더 높아졌다. 마침내 그는 두 대의 드네프르에 1,800만 달러를 지불하는 데 합의했다고 생각했다. 하지만 그들은 아니라고 말하며 한 대당 1,800만 달러라고 우겼다. "말도 안 되는 소리 그만하라는 식으로 대꾸했지요." 머스크의 말이다. 그러자 러시아인들은 한 대당 2,100만 달러로 가격을 올리겠다고 응수했다. "그들이 머스크를 조롱한 셈이지요." 캔트렐의 회상이다. "그들은 사실상 '꼬마야, 그만한 돈이 없니?'라는 식으로 나왔어요."

러시아인들과의 미팅이 성과 없이 끝난 것은 다행스러운 일이었다. 머스크가 더 크게 생각하게 되는 계기로 작용했기 때문이다. 그는 중고 로켓을 이용해 화성에 시범용 온실을 설치하려 애쓰는 대신 훨씬 더 대담한 모험을 구상하기 시작했다. 그것은 우리 시대에서 가장 대담한 모험으로, 개인적으로 로켓을 제작해 인공위성과 인간을 궤도에 올리고 궁극적으로 화성과 그 너머로 보내자는 계획이었다. "나는 화가 많이 났지만, 원래 그런 식으로 화가 나면 문제를 다시 구성하려고 노력하는 스타일이지요."

로켓의 바보 지수

머스크는 러시아인들이 받아내려 했던 터무니없는 가격을 곱씹으면서 제1원리 First Principles(다른 경험적 데이터를 필요로 하지 않는 '자명한 진리'-옮긴이)에 입각한 사고를 동원해 그 상황에 대한 기본 물리학을 파고들었고 거기서부터 차근차근 쌓아 올려나갔다. 그리고 이를 통해 완제품이 기본 재료비보다 얼마나 더 비싼지 계산하는 '바보 지수 idiot index'를 개발했다. 제품의 '바보 지수'가 높으면 보다 효율적인 제조기술을 고안하여 비용을 크게 줄일 수 있다는 것을 의미했다.

로켓은 '바보 지수'가 극도로 높았다. 머스크는 로켓에 들어가는 탄소섬유와 금속, 연료 및 기타 재료의 원가를 계산하기 시작했다. 기존의 방법을 사용한 완제품의 제작비용은 머스크가 계산한 원가보다 최소 50배 이상 비쌌다.

인류가 화성에 가려면 로켓 기술이 획기적으로 개선되어야 했다. 중고 로켓, 특히 러시아의 오래된 로켓에 의존해서는 기술을 발전시킬 수 없었다.

그래서 집으로 돌아오는 비행기에서 그는 노트북을 꺼내 중형 로켓을 만드는 데 들어가는 모든 재료와 비용을 세세히 나열하며 스프레드시트를 만들기 시작했다. 뒷자리에 앉은 캔트렐과 그리핀은 술을 주문하며 웃었다. "우리의 저 천재백치께서는 대체 지금 뭘 하고 있는 걸까요?" 그리핀이 캔트렐에게 물었다. 머스크가 몸을 돌려 "이것 좀 봐요, 여러분"이라고 말하며 자신이 만든 스프레드시트를 보여주었다. "이런 로켓을 우리가 직접 만들 수 있을 것 같아요." 캔트렐은 숫자를 살피며 혼잣말로 중얼거렸다. "헐, 내 책을 다 빌려가더니만 결국 이러려고 그랬군." 그리고는 승무원에게 술을 한 잔 더 달라고 했다.

스페이스X

머스크가 자신의 로켓 회사를 창업하기로 결심하자, 친구들은 그런 상황에서 진정한 친구들이 취하기 마련인 행동에 나섰다. 끼어들어 말리기 시작한 것이다.

"워워, 친구, '러시아 놈들한테 엿 먹었다'는 사실을 '로켓 발사 회사를 만들어야 한다'는 것으로 연결시킬 필요는 없잖아." 아데오 레시가 머스크에게 말했다. 레시는 로켓 폭발 영상 수십 개를 엮어 하이라이트 릴을 만든 후 친구들에게 로스앤젤레스로 오라고 연락했다. 그렇게 모인 친구들은 생각을 바꾸라고 머스크를 설득하기 시작했다. "친구들은 로켓 폭발 장면을 모은 릴을 내게 보여줬어요. 그런 식으로 돈을 몽땅 날리게 될 거라는 생각을 내게 심어주려한 거지요." 머스크의 말이다.

리스크에 대한 논쟁은 머스크의 결심을 강화하는 데 도움이 되었을 뿐이다. 그는 리스크를 좋아했다. "실패할 확률이 높다고 나를 설득하려고? 소용없어. 나는 이미 거기에 가 있거든." 그가 레시에게 말했다. "가장 가능성이 높은 결과는 내가 모든 돈을 잃는 것이겠지. 하지만 대안이 따로 있나? 우주탐사에 아무런 진전이 없는 것밖에 더 있어? 그렇다면 시도는 해봐야지. 그렇지 않으면 인류는 영원히 지구에 갇히게 될 테니까 말이야."

그것은 인류의 진보에 자신이 얼마나 필수불가결한 존재인지에 대한 꽤나 거창한 평가, 즉 하늘에서 그에게 내린 명령이라는 평가였다. 하지만 머스크의 가장 우스꽝스러운 주장 중 많은 것들이 그렇듯, 그 속에는 진실의 일면이 담겨 있었다. "나는 인류가 우주를 여행하는 문명이 되어 별들 사이를 누빌 수 있다는 희망을 지키고 싶었어요." 머스크의 말이다. "그리고 새로운 회사가 설립되어 혁명적인 로켓을 창조하지 않는 한 그럴 가능성이 없었지요."

머스크의 우주를 향한 모험은 화성 탐사에 대한 관심을 불러일으키기 위한 비영리 활동으로 시작되었지만, 이제 거기에 자신의 커리어를 장식할 동기가 더해졌다. 그는 원대한 아이디어에 의해 추진되는 대담한 일을 할 터였다. 그러나 그는 또한 그것이 지속될 수 있도록 실용적이고 수익성이 있기를 원했다. 그것은 곧 로켓들을 이용해 상업용 위성과 각국 정부의 공공위성을 발사하는 것을 의미했다.

그는 비용이 너무 많이 들지 않는 작은 로켓에서 시작하기로 결정했다. "우리는 멍청한 일을 하겠지만, 멍청한 일을 대규모로 하지는 말자고요." 그가 캔트렐에게 말했다. 머스크는 록히드와 보잉처럼 대형 탑재체를 쏘아 올리는 대신, 마이크로프로세서의 발전으로 가능해진 소형 위성을 위한 저렴한 로켓을 만들기로 했다. 그는 한 가지 핵심 지표, 즉 탑재체 1파운드당 궤도에 올리는 비용을 줄이는 데 집중했다. 비용 대비 추진력을 극대화하는 것을 목표로 잡으면서 머스크는 엔진의 추력을 높이고 로켓의 질량을 줄이며 재사용이 가능하도록 만드는 데 집착하게 되었다.

그는 모스크바에 동행했던 두 명의 엔지니어를 영입하려고 했다. 하지만 마이크 그리핀은 로스앤젤레스로 이주하길 원치 않았다. 워싱턴 DC에 본사를 둔, CIA가 투자한 벤처기업 인큐텔In-Q-Tel에서 근무하고 있었을 뿐 아니라 과학정책 분야에서 유망한 장래를 내다보고 있었기 때문이다. 실제로 조지 W. 부시 대통령은 2005년에 그를 NASA의 국장으로 임명했다. 짐 캔트렐은 입사를 고려했지만, 그의 과도한 고용 보장 요구를 머스크가 받아들이지 않았다. 결국 머스크가 자동적으로 회사의 수석 엔지니어가 되었다.

2002년 5월, 머스크는 영리법인 스페이스 익스플로레이션 테크놀로지스 Space Exploration Technologies를 설립했다. 처음에 그는 첫 글자를 따서 SET라고 회사를 칭했다. 몇 달 후 그는 자신이 가장 좋아하는 글자를 강조하는 동시에 보다 기억하기 쉽게 할 요량으로 사명을 스페이스X로 변경했다. 초기 프레젠테이션에서 머스크는 2003년 9월까지 첫 로켓을 발사하고 2010년까지 화성에 무인 탐사선을 보내는 것이 목표라고 밝혔다. 이렇게 그는 자신이 페이팔에서 확립한 전통, 즉 자신의 무모한 개념을 완전히 미친 것에서 단지 매우 늦어지는 것으로 바꿔주는 비현실적인 타임라인을 설정하는 전통을 이어나갔다.

16장

아버지와 아들

로스앤젤레스, 2002년

에롤, 킴벌, 일론

첫 아이의 죽음

2002년 5월, 일론이 스페이스X를 출범시키던 바로 그 무렵 저스틴은 첫 번째 아이를 출산했다. 아이는 네바다 주에서 열린 연례 버닝맨 축제에 부부가 참가했을 때 잉태되었다는 이유로 네바다라는 이름을 얻었다. 네바다가 생후 10주가 되었을 때, 온 가족이 사촌의 결혼식에 참석하기 위해 로스앤젤레스 남쪽에 있는 라구나비치에 갔다. 피로연 도중 호텔 매니저가 머스크 부부를 찾으러 들어와서는 아기에게 무슨 일이 생겼다고 말했다.

그들이 방으로 돌아왔을 때, 구급대원들은 이미 네바다에게 삽관을 하고 산소를 공급하고 있었다. 유모는 아기가 아기 침대에서 누운 자세로 자고 있었는데 어느 순간 호흡이 멈췄다고 설명했다. 원인은 선진국 영아 사망의 주요원인인 (원인 불명의) 영아돌연사증후군으로 추정되었다. 저스틴은 나중에 이렇게 말했다. "구급대원이 아기의 호흡을 되살려놓긴 했지만, 산소 결핍이 너무 오래 지속된 탓에 뇌사 상태가 되었어요."

킴벌은 일론과 저스틴, 아기와 함께 병원으로 향했다. 네바다는 뇌사 판정을 받은 상태로 3일 동안 생명유지장치를 달고 생을 유지했다. 마침내 호흡기를 끄기로 결정했을 때, 일론은 아기의 마지막 심장 박동을 느꼈고 저스틴은 아기를 품에 안고 죽음의 떨림을 느꼈다. 일론은 주체할 수 없이 흐느꼈다. "마치 늑대처럼 울었어요." 그의 어머니는 말한다. "늑대처럼…."

일론이 도저히 집으로 돌아가지 못하겠다고 해서 킴벌은 부부가 베벌리윌셔 호텔에 머물도록 조처했다. 호텔 지배인은 그들에게 프레지덴셜 스위트를 내주었다. 일론은 그에게 호텔로 가져왔던 네바다의 옷과 장난감을 치워달라고 부탁했다. 일론이 가까스로 집에 가서 한때 아들의 방이었던 곳을 보기까지 3주가 걸렸다.

일론은 슬픔을 조용히 감내했다. 퀸스대학교에서 사귄 친구 나베이드 패룩은 그가 집에 돌아오자마자 로스앤젤레스로 날아와 곁을 지켰다. 패룩은 말한다. "저스틴과 나는 그간의 일에 대한 대화에 일론을 끌어들이려 했지만, 그는 그 일에 대해 이야기하고 싶어 하지 않았지요." 그래서 그들은 대신 영화를 보고 비디오 게임을 하며 시간을 보냈다. 오랜 침묵의 시간이 흐른 후 패룩이 물었다. "기분은 어때? 잘 견디고 있는 거지?" 하지만 일론은 그런 대화 자체를 완전히 차단했다. "그의 표정을 읽을 수 있을 정도로 오랫동안 그를 알고 지내온 사이였기에 그가 그 일에 대해 이야기하지 않기로 결심했다는 것을 알 수 있었어요." 패룩의 말이다.

반대로 저스틴은 자신의 감정에 매우 솔직했다. "남편은 내가 네바다의 죽음에 대한 감정을 표출하는 것을 달가워하지 않았어요." 그녀는 말한다. "그는 내가 감정을 숨김없이 털어놓으면서 감정적으로 자기를 조종하려 한다고 말하기도 했어요." 저스틴은 그가 그렇게 감정을 억압하는 것이 어린 시절에 발달된 방어기제 때문이라고 생각한다. "그는 어두운 상황에 처하면 감정을 차단해버려요. 그에게는 그것이 생존을 위한 방법인 것 같아요."

악화된 아버지와의 관계

네바다가 태어났을 때 일론은 손자를 보러 오라고 남아공의 아버지를 초대했다. 그렇게 머스크는 남아공을 떠난 지 13년 만에 아버지와 화해하거나 적어도 악령을 쫓아낼 기회를 얻게 되었다. "형은 아버지의 첫 아들로서 아버지에게 증명해야 할 무언가가 있었던 게 아닌가 싶어요." 킴벌의 말이다.

에롤은 새 아내와 (둘 사이의) 어린 자녀 두 명, 그리고 아내가 이전 결혼에서 낳은 세 명의 아이들까지 모두 데리고 로스앤젤레스로 향했다. 물론 일곱 장의 비행기 티켓 값은 모두 일론이 지불했다. 요하네스버그에서 출발한 비행의 첫 번째 구간을 마치고 노스캐롤라이나 주 랠리에 도착했을 때, 에롤은 델타항공 담당자로부터 호출을 받았다. "나쁜 소식이 있습니다." 담당자가 말했다. "아드님께서 손자 네바다가 사망했다는 소식을 전해달라고 하셨습니다." 일론은 그 내용을 직접 말할 자신이 없었기에 항공사 담당자에게 대신 전해달라고 부탁한 것이다.

에롤이 전화를 받자 킴벌은 상황을 설명하며 말했다. "아버지, 오시면 안 돼요." 킴벌은 아버지에게 발길을 돌려 남아공으로 돌아가라고 설득했지만, 에롤은 거부했다. "아니다, 이미 미국에 도착했으니 로스앤젤레스에 가봐야 되겠다."

에롤은 베벌리윌셔 호텔 펜트하우스의 규모를 보고 놀랐던 기억을 떠올렸다. "아마도 그때까지 내가 본 호텔 방 중 가장 놀랍지 않았나 싶어요." 일론은 넋이 나간 듯 보였지만, 복잡한 심정으로 애정에 목말라 있기도 했다. 그는 거칠고 거만한 성격의 아버지가 그런 나약한 모습의 자신을 보는 것이 불편했지만, 아버지가 떠나기를 원하지도 않았다. 결국 그는 아버지와 그의 새 가족이 로스앤젤레스에 머물 것을 종용하기에 이르렀다. "남아공으로 돌아가지 않으셨으면 좋겠어요." 그가 말했다. "제가 여기에 집을 사드릴게요."

킴벌은 깜짝 놀랐다. "아냐, 아냐, 좋은 생각이 아니야." 그가 일론에게 말했다. "형은 아버지가 얼마나 음흉한 인간인지 벌써 잊었어? 그러지 마, 형. 이건 자학이나 마찬가지라고." 하지만 동생이 설득하려고 애쓸수록 일론은 더욱 슬퍼졌다. 수년 후, 킴벌은 어떤 갈망이 형에게 그런 동기를 부여했는지 다시 한번 되짚었다. "아들이 죽는 것을 지켜본 일이 아버지가 곁에 있기를 원하도록 이끈 게 분명해요." 그가 내게 말했다.

일론은 에롤과 그의 가족을 위해 말리부에 집 한 채를 마련하고 시중에 나온 가장 큰 랜드로버 차 한 대까지 사주었다. 뿐만 아니라 아이들이 좋은 학교에 다니도록 주선한 후 날마다 자신의 차로 학교에 태워다주기도 했다. 하지만 상황은 금세 이상해졌다. 일론은 당시 쉰여섯 살이던 아버지가 열다섯 살의 의붓딸 자나에게 불편할 정도로 세심한 관심을 기울이는 상황이 우려되기 시작했다.

일론은 아비지의 부적절한 처신과 관련해 분노하는 한편, 아버지의 의붓자식들에 대해 깊은 동정심과 애틋한 유대감을 갖게 되었다. 그는 아이들이 어떤 삶을 살아야 하는지 잘 알고 있었다. 그래서 아버지에게 말리부에서 차로

45분 정도 떨어진 해안에 정박할 수 있는 요트를 사주겠다고 제안했다. 그곳에서 혼자 살면서 주말에만 가족을 보러 오라는 조건이었다. 그것은 이상한 아이디어였을 뿐만 아니라 나쁜 아이디어이기도 했다. 결국 이후에 모든 상황은 더 이상해지고 말았다. 남편보다 열아홉 살이나 어린 에롤의 아내는 일론에게 의지하며 일론의 말만 듣기 시작했다. 에롤은 말한다. "아내는 이제 내가 아니라 일론을 자신의 삶을 책임지는 사람으로 보았지요. 상황이 그렇게 흐르다 보니 문제가 더 심각해졌다오."

어느 날 에롤이 보트에 올라 있을 때 일론으로부터 메시지 한 통이 날아왔다. "상황이 좋아지기는커녕 엉망이 되고 있으니" 에롤에게 남아공으로 돌아가라는 내용이었다. 에롤은 그렇게 했다. 몇 달 후, 그의 아내와 아이들도 남아공으로 돌아갔다. "아버지를 더 나은 방향으로 바꾸기 위해서 협박도 하고 보상도 하고 논쟁도 벌이고 별의별 시도를 다 했지요." 일론이 나중에 한 말이다. "그런데 그는…" 머스크는 오랜 시간 말을 잇지 못했다. "말도 안 되게도, 더 나빠졌어요." 인적 네트워크는 디지털 네트워크보다 복잡하기 마련이다.

17장

도약

스페이스X, 2002년

톰 뮬러

로켓 엔진 제작

아이다호의 시골 지역에서 자란 톰 뮬러는 어린 시절 모형 로켓을 만들어 노는 것을 좋아했다. "로켓 키트를 수십 개나 만들었죠. 물론 로켓은 매번 추락하거나 폭발해버렸기에 오래 갖고 있지는 못했어요."

그의 고향인 인구 2,500명의 세인트메리스는 캐나다 국경에서 남쪽으로 약 160킬로미터 떨어진 벌목 마을이었다. 뮬러의 아버지는 벌목공으로 일했다. "어렸을 때 늘 용접기나 여타 도구를 들고 통나무 트럭에서 일하던 아버지를 돕곤 했어요. 그렇게 무엇이든 직접 해보면서 어떤 게 효과가 있고 어떤 게 효과가 없는지에 대한 감을 키웠지요."

군더더기 없는 근육질 체격에 움푹 팬 턱과 새까만 머리카락을 가진 뮬러는 장래의 벌목공다운 거친 인상을 풍겼다. 하지만 내면은 머스크 못지않은 학구파였다. 그는 시간만 나면 지역 도서관에 가서 공상과학 소설을 탐독했다. 중학생 시절 교내 프로젝트 과제로 귀뚜라미를 모형 로켓 안에 넣고 뒤뜰에서 쏘아 올려 가속도가 귀뚜라미에게 어떤 영향을 미치는지 실험하기도 했는데, 이 실험은 그에게 의도치 않았던 교훈만 안겨주었다. 낙하산은 펴지지 않았고 로켓은 땅에 곤두박질쳤으며 귀뚜라미들은 죽었다.

한동안 그는 우편 주문으로 로켓 키트를 구입하기도 했지만, 어느 시점부터는 처음부터 직접 로켓을 만들기 시작했다. 열네 살 때 그는 아버지의 용접 토치를 일종의 엔진으로 개조했다. "거기에 물을 주입하고 그것이 성능에 어떤 영향을 미치는지 확인하고 싶었어요. 그런데 정말 신기하게도 물을 추가하니까 추진력이 더 강해지더군요." 그는 이 프로젝트로 지역 과학경진대회에서 2등상을 수상하여 로스앤젤레스에서 열리는 국제 결선에 출전할 수 있는 자격을 얻었다. 비행기를 타본 것은 그때가 처음이었다. "우승 근처에도 못 미쳤어요. 로봇이니 뭐니 수준 높은 작품들이 많이 출전했는데, 다들 아버지들이 만들어준 것 같았어요. 적어도 나는 직접 프로젝트에 임했다는 사실로 위안을 삼았지요."

그는 아이다호대학교에 진학해 여름방학과 주말을 벌목공으로 보내며 학업을 마쳤다. 졸업 후 그는 항공우주 분야에서 일하기 위해 로스앤젤레스로 이주했다. 성적은 그다지 훌륭하지 않았지만, 열정이 전염력을 발휘할 정도로 남달라 TRW에 취직할 수 있었다. TRW는 닐 암스트롱과 버즈 올드린을 달에 보낸 로켓 엔진을 제작한 회사였다. 뮬러는 주말이면 모하비 사막에 가서 1943년에 설립된 로켓 애호가 클럽인 리액션 리서치 소사이어티Reaction Research Society의 동료 회원들과 함께 자체 제작한 대형 로켓을 테스트하곤 했다. 그곳에서 그는 동료 회원인 존 가비와 손을 잡고 무게가 80파운드나 되는 아마추어 작품으로는 세계에서 가장 강력한 로켓 엔진을 제작하기 시작했다.

2002년 1월의 어느 일요일, 창고를 빌려 그 아마추어 엔진의 제작에 열중하던 중 가비가 뮬러에게 일론 머스크라는 인터넷 백만장자가 그를 만나고 싶어한다고 말했다. 머스크가 저스틴과 함께 도착했을 때, 뮬러는 줄에 매단 80파운드짜리 엔진을 어깨로 떠받친 채 프레임에 고정하기 위해 볼트를 조이고 있었다. 머스크는 다짜고짜 그에게 질문을 퍼붓기 시작했다. "그게 추력은 얼마나 되나요?" 뮬러는 1만 3,000파운드라고 답했다. "더 큰 것도 만들어본 적이 있나요?" 뮬러는 얼마 전부터 TRW에서 65만 파운드의 추력을 가진 TR-106의 제작에 참여하고 있다고 설명했다. "추진 연료로는 무엇을 쓰나요?" 머스크가 또 물었다. 뮬러는 머스크의 속사포 질문에 집중하기 위해 마침내 볼트 결합 작업을 일시 중단했다.

머스크는 뮬러에게 TRW의 TR-106만큼 큰 엔진을 혼자서 만들 수 있는지 물었다. 뮬러는 자신이 인젝터와 점화기를 직접 설계했고, 펌프 시스템을 잘 알고 있으며, 나머지는 팀과 함께 해결할 수 있다고 답했다. 머스크는 물었다. "비용이 얼마나 들까요?" 뮬러는 TRW가 1,200만 달러를 들여 그것을 제작하고 있다고 답했다. 머스크는 방금 전에 던진 질문을 재차 반복했다. "비용이 얼마나 들까요?" "오, 이런, 그거 참 답하기 어려운 문제이긴 합니다." 대화가 너무 빨리 구체적인 사안으로 진행되어서 속으로 놀라고 있던 뮬러 역시 그 부분은 재고해볼 필요가 있다고 판단했다.

그때 긴 가죽 코트를 걸치고 있던 저스틴이 머스크를 쿡 찌르며 이제 갈 시간이 되었다고 말을 건넸다. 머스크는 뮬러에게 다음 일요일에 만날 수 있는지 물었다. 뮬러는 주저했다. "마침 슈퍼볼 일요일이었고, 나는 와이드스크린 TV를 막 구입했기에 친구들과 함께 경기를 보고 싶었어요." 하지만 그는 거부해봤자 소용이 없을 것 같은 느낌이 들었고, 그래서 찾아오겠다는 머스크의 제안을 받아들였다.

"우리가 발사체 제작에 대해 얼마나 몰두해서 이야기를 나누었던지 마치 한 편의 연극을 보는 것 같았지요." 뮬러의 기억이다. 그들은 그 자리에서 다른 엔지니어 몇 명과 함께 최초의 스페이스X 로켓에 대한 계획을 개략적으로 세우기까지 했다. 발사체의 1단은 액체산소와 등유를 사용하는 엔진으로 추진하기로 결정했다. "제가 그 작업을 쉽게 할 수 있는 방법을 알고 있습니다." 뮬러가 말했다. 머스크는 상단에는 과산화수소를 사용하자고 제안했지만, 뮬러는 그것은 다루기 어려울 것이라고 생각했다. 그래서 사산화질소를 제안했지만, 머스크는 그것이 너무 비싸다고 생각했다. 결국 두 사람은 2단에도 액체산소와 등유를 사용하기로 합의했다. 슈퍼볼은 잊었다. 로켓이 더 흥미로웠다.

머스크는 뮬러에게 로켓의 엔진 설계를 담당하는 추진 책임자 자리를 제안했고, TRW의 리스크 회피적인 문화에 불만을 품고 있던 뮬러는 일단 아내와 상의했다. 아내는 "이 일을 하지 않으면 당신은 자책하게 될 거예요"라고 말했다. 그렇게 뮬러는 스페이스X의 첫 번째 주요 영입자가 되었다.

뮬러가 고집한 한 가지 조건은 머스크가 그의 2년 치 보수를 조건부 날인 증서로 보장해주는 것이었다. 그는 인터넷 백만장자가 아니었기에 벤처가 실패할 경우 보수를 받지 못하게 될 가능성을 감수하고 싶지 않았다. 머스크는 동의했다. 하지만 이 일로 머스크는 뮬러를 스페이스X의 공동창업자가 아닌 직원으로 여기게 되었다. 이것은 머스크가 페이팔 시절에도 중요하게 여겼고, 테슬라를 창업하면서도 마찬가지로 중시할 투자와 관련된 문제였다. 그는 회사에 투자할 의사가 없다면 창업자 자격이 없다고 생각했다. "2년 치 월급을 조건부 날인 증서로 예치해달라면서 자신을 공동창업자라고 생각해서는 안 되는 거지요." 머스크는 말한다. "공동창업자가 되려면 영감과 땀, 리스크가 어느 정도 조합이 되어야 하는 겁니다."

점화

뮬러와 다른 엔지니어 몇 명을 영입할 수 있게 되자 본사와 공장이 필요해졌다. 머스크는 말한다. "호텔 회의실을 빌려 모이곤 하던 상황이었지요. 그래서 내가 대부분의 항공우주 회사가 있는 동네를 둘러보기 시작했어요. 그러다 LA 공항 인근에 위치한 오래된 창고를 발견했죠."(스페이스X 본사 및 그와 인접한 테슬라 디자인 스튜디오는 엄밀히 말하면 공항 인근의 로스앤젤레스카운티에 속한 소도시인 호손에 있지만, 여기서는 편의상 그 위치를 로스앤젤레스라고 칭할 것이다.)

공장을 설계할 때 머스크는 디자인과 엔지니어링, 제조 팀이 모두 함께 모여 있어야 한다는 자신의 철학을 따랐다. "조립라인에 있는 사람들이 즉각적으로 디자이너나 엔지니어를 붙잡아 세우고 '대체 왜 이런 식으로 만든 거요?'라고 따질 수 있어야 하는 거예요." 머스크가 뮬러에게 설명했다. "가스레인지 위에 자기 손을 올려 놓으면 뜨거워지자마자 바로 떼어내지만, 다른 사람의 손이 올라가 있으면 무언가 조치를 하는 데 시간이 더 오래 걸리기 마련이지요."

팀이 성장함에 따라 머스크는 자신의 리스크에 대한 내성과 의도적인 현실 왜곡 논리를 자신의 팀에도 불어넣었다. "부정적으로 생각하거나 무언가를 할 수 없다는 태도를 보이면 다음 회의에 초대받지 못했지요." 뮬러의 회상이다. "그는 그저 어떻게든 일을 해낼 사람들을 원했어요." 이는 사람들이 불가능하다고 생각하는 일을 해내도록 유도하는 좋은 방법이었다. 하지만 그것은 나쁜 소식을 전하거나 결정에 의문을 제기하길 두려워하는 사람들에게 둘러싸이기에도 좋은 방법이었다.

머스크와 젊은 엔지니어들은 종종 밤늦게까지 일한 후 데스크톱 컴퓨터에 '퀘이크3 아레나' 같은 멀티플레이어 슈팅 게임을 띄워놓고 휴대전화로 상의

하면서 새벽 3시까지 데스매치에 몰두하곤 했다. 머스크의 게임 속 별명은 랜덤나인Random9이었고, (당연히) 가장 공격적이었다. "우리는 미친 사람처럼 서로에게 소리치고 고함을 질러대곤 했습니다." 한 직원의 말이다. "그리고 우리 중 일론이 가장 활발하게 참여했다고 할 수 있습니다." 대개 승리의 개가는 머스크의 차지로 돌아갔다. "그는 놀랍도록 그런 게임을 잘했어요." 또 다른 직원의 말이다. "반응이 엄청나게 빠른데다가 모든 트릭은 물론이고 상대에게 몰래 다가가는 방법까지 꿰뚫고 있었죠."

머스크는 제작 중인 로켓의 이름을 〈스타워즈〉에 나오는 우주선의 이름을 따서 팰컨 1호로 지었다. 엔진 이름은 뮬러에게 맡겼다. 뮬러는 단순한 문자와 숫자가 아닌 멋진 이름을 원했다. 협력업체 중 한 곳의 직원이 매사냥꾼이었는데, 그녀가 매과의 각기 다른 종별 이름을 하나하나 열거했다. 뮬러는 1단 엔진은 '멀린Merlin', 2단 엔진은 '케스트렐Kestrel'이라는 이름을 골라 붙였다(멀린은 쇠황조롱이를, 케스트렐은 황조롱이를 의미한다-옮긴이).

18장

로켓 제조 규칙

스페이스X, 2002-2003년

텍사스 맥그리거의 테스트 스탠드

모든 비용에 의문을 제기하라

머스크는 비용 절감에 예리하게 초점을 맞추었다. 단순히 자신의 돈이 걸려 있기 때문만은 아니었다. (그것도 하나의 요인이긴 했지만) 화성 식민지 개척이라는 궁극적인 목표를 달성하기 위해서는 무엇보다도 비용 효율성이 중요했기 때문이다. 그는 항공우주 분야의 공급업체들이 자동차업계의 유사한 부품보다 10배나 높은 가격을 책정하는 것에 이의를 제기했다.

비용에 대한 그의 집중과 타고난 통제 본능은 공급업체에서 부품을 구매하던 당시 로켓이나 자동차업계의 표준관행에서 벗어나 가능한 한 많은 부품을 자체적으로 제조하고자 하는 열망으로 이어졌다. "한번은 스페이스X에 밸브 하나가 필요했는데 공급업체에서 25만 달러가 든다고 하더군요." 뮬러의 회상이다. 머스크는 말도 안 되는 소리라며 직접 만들어야 한다고 뮬러에게 말했다. 그들은 몇 달 만에 훨씬 적은 비용으로 밸브를 만들 수 있게 되었다. 또 다른 공급업체는 상부 엔진의 노즐을 회전시키는 작동기에 12만 달러를 제시했다. 머스크는 차고 문 개폐기보다 더 복잡할 게 없는 간단한 장치라면서 엔지니어 중 한 명에게 5,000달러에 만들라고 지시했다. 뮬러 밑에서 일하던 젊은 엔지니어 중 한 명인 제러미 홀먼은 세차 시스템에서 액체를 혼합하는 데 사용되는 밸브를 로켓 연료와 함께 작동하도록 개조할 수 있다는 사실을 발견했다.

한 공급업체가 연료탱크 위에 장착하는 알루미늄 돔을 납품한 후, 다음 회분의 가격을 인상했다. "말하자면 페인트공이 합의된 가격에 집의 절반을 칠한 후 나머지 절반을 칠하는 데 그 3배를 요구하는 셈이었지요." 스페이스X에서 머스크의 가장 가까운 동료가 된 마크 준코사는 말한다. "이제 일론은 그다지 흥분하지도 않았어요." 머스크는 모스크바에서 경험한 로켓 장사치들 얘기를 하면서 그것이 "러시아 놈들 행태" 같다고 말했다. 그러면서 준코사에게 "우리가 직접 만들어봅시다"라고 했다. 그들은 돔을 만들기 위해 조립시설에 새로운 부분을 추가했다. 몇 년 후, 스페이스X는 로켓 구성품의 70퍼센트를 자체 제작하게 되었다.

스페이스X에서 첫 멀린 엔진을 생산하기 시작했을 때, 머스크는 뮬러에게 엔진의 무게가 얼마나 되는지 물었다. 뮬러는 약 1,000파운드라고 답했다. 머스크는 테슬라 모델 S 엔진의 무게가 약 4,000파운드이고 제작비는 약 3만 달러라고 말했다. "테슬라 엔진이 당신이 만든 엔진보다 4배나 무거운데, 왜 돈은 당신 엔진에 그렇게 염병할 정도로 더 많이 들어가는 거요?"

한 가지 이유는 로켓 부품은 군과 NASA에서 요구하는 수백 가지 사양과 요구사항을 준수해야 했기 때문이다. 대형 항공우주 회사에서 엔지니어들은 그런 요구사항을 마치 교리라도 되는 것처럼 충실히 따랐다. 하지만 머스크는 그 반대로 움직였다. 엔지니어들에게 모든 사양에 의문을 제기하라고 했다. 이것은 나중에 '그 알고리즘'이라고 불리는 다섯 가지 체크리스트의 첫 번째 단계가 되었고, 그가 제품을 개발할 때 빈번히 입에 올리는 '만트라'가 되었다. 엔지니어 중 한 명이 무언가를 해야 하는 이유로 '요구사항'을 언급할 때마다 머스크는 "누가 그 요구사항을 만들었나요?"라며 그를 질타했다. '군대'나 '법무당국'이라고 답하는 것만으로는 충분하지 않았다. 머스크는 해당 요구사항을 만든 실제 인물의 이름까지 대라고 우겼다. "엔진이나 연료탱크의 인증을 받는 방법에 대해 이야기하면 머스크는 '왜 그렇게 해야 하나요?'라고 묻곤 했어요." 보잉 출신으로 스페이스X의 발사 및 테스트 담당 부사장이 된 팀 부자는 말한다. "그러면 우리는 '국방규격표준에 그렇게 해야 한다고 명시되어 있습니다'라고 대답하곤 했지요. 그러면 그는 '누가 그렇게 명시했죠? 왜 그게 합리적이죠?'라고 되묻곤 했어요." 그는 모든 요구사항을 권장사항으로 취급하라고 반복해서 지시했다. 변경할 수 없는 유일한 것은 물리 법칙에 의해 결정된 것들뿐이었다.

광적인 긴박감을 유지하라

멀린 엔진을 개발할 때, 뮬러는 버전 중 하나를 완성하기 위해 공격적인 일정을 제시했다. 하지만 머스크가 보기엔 충분히 공격적이지 않았다. "도대체 왜 이렇게 오래 걸리는 거요? 이건 말도 안 돼. 반으로 줄이세요."

뮬러는 난색을 표했다. "이미 반으로 줄인 일정을 그렇게 다시 반으로 줄일 수는 없습니다." 머스크는 그를 차갑게 쳐다보며 회의가 끝난 뒤에 남으라고 말했다. 둘만 남았을 때 그는 뮬러에게 계속 엔진 책임자로 남고 싶은지 물었다. 뮬러가 그렇다고 말하자 머스크는 "그럼 내가 뭔가를 요구하면, 염병할, 그냥 그렇게 해주시오"라고 했다.

뮬러는 이에 동의하고 임의로 일정을 반으로 줄였다. "그리고 어떻게 됐을까요?" 뮬러가 물었다. "결국 원래 일정에 잡혀 있던 시간을 거의 다 들인 후에야 완성이 되었지요." 머스크의 미친 스케줄은 때때로 불가능을 가능으로 만들기도 했지만, 매번 그러지는 못했다. 뮬러는 말한다. "머스크에게는 절대 안 된다고 말하면 안 된다는 것을 배웠지요. 그냥 해보겠다고 말하고 나중에 잘 안 되면 그 이유를 설명하면 되는 겁니다."

머스크는 딱히 그럴 필요가 없는 경우에도 비현실적인 일정을 고집했다. 예를 들면, 그는 아직 제작되지도 않은 로켓 엔진에 사용할 테스트 스탠드를 몇 주 내에 세우라고 지시했다. "광적인 긴박감이 우리의 운영원칙입니다." 그는 반복해서 선언했다. 긴박감은 그 자체로 효과가 있어서 엔지니어들이 제1원리에 입각한 사고를 하게 만들었다. 하지만 뮬러가 지적했듯이, 그것은 또한 정신적으로 유해한 측면이 있었다. "사람들이 해낼 수도 있겠다고 생각하는 선에서 공격적인 일정을 정하면 사람들은 더 많은 노력을 기울이려고 할 겁니다. 하지만 물리적으로 불가능한 일정을 제시하면 어떻게 되겠습니까? 엔지니어들이 바보가 아니잖아요. 사기만 떨어지게 되죠. 그것이 일론의 가장 큰 약점입니다."

스티브 잡스도 이와 유사한 행태를 보였다. 그의 동료들은 이를 '현실 왜곡장'이라고 불렀다. 그는 비현실적인 기한을 설정하고 사람들이 난색을 표하면 눈도 깜빡이지 않고 그들을 응시하며 "두려워하지 마시오, 할 수 있어요"라고 말하곤 했다. 이런 방식은 직원들의 사기를 떨어뜨리기도 했지만, 결국 다른 회사에서는 하지 못하는 일을 해내게 만들기도 했다. "일론이 제시한 일정이나 비용 목표는 대부분 완전히 달성하진 못했지만, 그래도 우리가 모든 동종 업체보다 앞서 나갔지요." 뮬러는 인정한다. "우리는 역사상 가장 저렴한 비용으로 가장 멋진 로켓을 개발하면서 우리가 이룬 성과에 매우 만족하곤 했어요. 보스는 우리한테 늘 만족하진 않았지만 말이에요."

실패를 통해 배워라

머스크는 설계에 반복적 접근방식을 취했다. 로켓과 엔진의 프로토타입을 빠르게 만들어 테스트하고, 날려버리고, 수정하고, 다시 시도하는 식으로 마침내 제대로 된 게 나올 때까지 반복했다. 빠르게 움직이고, 날려버리고, 반복하라! 뮬러는 말한다. "중요한 것은 문제를 얼마나 잘 피하느냐가 아니거든요. 어떤 문제가 있는지 얼마나 빨리 파악해서 해결하느냐가 진정으로 중요한 겁니다."

예를 들면, 새로운 버전의 엔진을 여러 다양한 조건에서 몇 시간 동안 시험 발사해야 하는지에 대한 일련의 국방규격 표준이 있었다. "지루하기 짝이 없는 데다가 비용도 많이 드는 접근방식이었지요." 팀 부자의 설명이다. "일론은 그저 엔진 하나를 만들어서 테스트 스탠드에서 불을 붙여보라고 했어요. 그래서 작동하면 로켓에 장착해 날려보자는 거였지요." 스페이스X는 민간기업이었고, 머스크는 기꺼이 규칙을 어기는 성향이었기에 그렇게 원하는 대로 리스크를 감수할 수 있었다. 부자와 뮬러는 엔진이 고장 날 때까지 밀어붙여 한계가 어디까지인지 파악하곤 했다.

반복적 설계에 대한 이러한 신념은 곧 스페이스X에 언제든 이용할 수 있는 자유로운 테스트 장소가 필요하다는 것을 의미했다. 처음에는 모하비 항공우주 공항을 고려했지만, 카운티 위원회에서 2002년 말 스페이스X가 낸 사용 신청에 대해 계속 결정을 미뤘다. 뮬러는 머스크에게 말했다. "모하비에서 벗어나야 해요. 캘리포니아에서는 어려울 것 같아요."

머스크는 그해 12월 로켓 테스트 프로그램으로 유명한 퍼듀대학교에서 강연을 했는데, 뮬러와 부자도 동행했다. 그곳에서 그들은 파산한 수많은 민간 로켓회사 중 하나인 빌 에어로스페이스Beal Aerospace에서 일했던 한 엔지니어를 만났다. 그는 텍사스 주 맥그리거 외곽, 웨이코 동쪽으로 약 40킬로미터 떨어진 곳에 있는 빌 에어로스페이스의 버려진 테스트장에 대해 설명하며 여전히 그 지역에 살고 있던 예전 직원의 휴대전화 번호를 알려주었다.

머스크는 그날 바로 자신의 비행기로 그곳에 가보기로 결정했다. 가는 길에 그들은 조 앨런이라는 그 직원에게 전화를 걸었다. 앨런은 텍사스주립기술대학 교정에서 그들의 전화를 받았다. 그는 실직한 후 거기서 컴퓨터 코딩을 공부하고 있었다. 앨런은 머스크나 스페이스X에 대해 들어본 적이 없었지만, 옛 테스트장의 삼각대 아래에서 그들을 만나보기로 했다. 머스크의 제트기로 사막에 도착했을 때, 그들은 쉽게 그 삼각대를 찾을 수 있었다. 높이가 33미터나 되는 삼각대 밑에 앨런이 낡고 오래된 쉐보레 픽업트럭을 세워놓고 서 있었다.

"대박!" 뮬러가 현장을 둘러보며 부자를 향해 중얼거렸다. "우리가 필요로 하는 거의 모든 것이 여기 있네요." 무성한 잔디 위로 테스트 스탠드와 급수 시스템, 로켓 발사 관제소가 갖춰져 있었다. 부자는 이 시설을 얼마나 잘 활용할 수 있을지에 대해 열변을 토해내기 시작했다. 머스크는 그를 옆으로 끌어당겼다. "이 모든 것이 얼마나 훌륭한지 그만 말해요. 더 비싸게 만들고 있잖아요." 머스크는 결국 그 자리에서 앨런을 고용했고, 맥그리거 부지와 버려진 장비를 연간 고작 4만 5,000달러에 임차할 수 있었다.

그렇게 해서 뮬러와 부자가 이끄는 불굴의 로켓 엔지니어 소대가 텍사스 사막의 콘크리트와 방울뱀이 산재한 척박한 부지에서 가끔씩 머스크의 시찰을 받으며 엔진을 점화하여 '예정에 없던 빠른 분해'라는 이름의 폭발을 일으키는 버디 무비가 시작되었다.

멀린의 첫 시험 가동은 2003년 3월 11일 뮬러의 생일날 밤에 이루어졌다. 등유와 액체산소를 엔진의 연소실에 주입하여 단 0.5초 동안 연소시켰고, 그것으로 메커니즘이 제대로 작동한다는 것을 확인할 수 있었다. 그들은 머스크가 어떤 우주 컨퍼런스에서 연설하고 선물로 받아온 1,000달러짜리 레미 마틴 코냑 한 병으로 성공을 축하했다. 머스크의 수행비서 메리 베스 브라운이 축하할 만한 일이 생겼을 때 쓰라고 뮬러에게 준 코냑이었다. 그들은 종이컵으로 그것을 나눠 마셨다.

있는 것으로 즉석 처리하라

뮬러와 그의 팀은 하루 12시간씩 맥그리거에서 엔진을 테스트하고 아웃백 스테이크하우스에서 저녁을 해결한 후 머스크와 심야 전화 회의를 하곤 했다. 그때마다 머스크는 기술적인 질문을 쏟아냈는데, 엔지니어가 답을 모를 때면 종종 통제된 상태에서 타오르는 엔진처럼 분노를 폭발시키곤 했다. 그러면 엔지니어들은 밤늦게까지 머리를 맞대고 개선점을 찾지 않을 수 없었다. 머스크는 자신의 리스크 내성을 바탕으로 엔지니어들에게 현장에서 임시변통의 해결책을 찾도록 압박했다. 엔지니어들은 뮬러가 텍사스로 가져온 공작기계를 사용하여 그 자리에서 무엇이든 만들어 문제를 해결하려 애쓰곤 했다.

어느 날 밤 번개가 테스트 스탠드를 강타하여 연료탱크의 가압 시스템을 망가뜨렸다. 그 결과 탱크의 차단막 중 하나가 부풀어오르고 찢어졌다. 일반적인 항공우주 회사라면 수개월에 걸쳐 탱크 교체 작업을 했을 것이다. 하지만 머스크는 "아니, 그냥 고치면 돼요. 망치 몇 개를 들고 올라가서 두드려 펴고 용접으로 때운 후 계속 진행하는 겁니다"라고 말했다. 부자는 말도 안 되는 소리라고 생각했지만 보스의 명령을 따르는 게 낫다는 사실을 터득한 상태였다. 그래서 그들은 테스트 스탠드로 나가서 돌출 부위를 두드려 폈다. 머스크는 직접 감독하기 위해 자신의 비행기를 타고 3시간을 날아왔다. "머스크가 나타나자마자 우리는 탱크에 가스를 넣으며 테스트하기 시작했는데, 탱크가 견뎌내더군요." 부자는 말한다. "일론은 어떤 상황에서 무슨 문제가 발생하더라도 해결책을 찾을 수 있다는 믿음을 주는 사람입니다. 덕분에 우리는 많은 것을 배웠지요. 그리고 실제로 재미도 있었고요." 또한 그 덕분에 스페이스X는 초기 로켓을 테스트하는 데 몇 달을 절약할 수 있었다.

물론 항상 성공하는 것은 아니었다. 머스크는 2003년 말 엔진 연소실 내부의 열 확산 소재에 균열이 발생했을 때도 마찬가지로 색다른 접근방식을 시도했다. "처음에 하나, 이어서 또 하나, 또 하나, 그렇게 우리가 만든 최초의 연소실 세 개에 균열이 생겼어요." 뮬러의 회상이다. "말 그대로 재앙이었지요."

나쁜 소식을 듣자 머스크는 뮬러에게 고칠 방법을 찾으라고 지시했다. "그냥 버릴 수는 없어요."

뮬러는 "고칠 방법이 없습니다"라고 대답했다.

머스크를 격분하게 만드는 종류의 발언이었다. 그는 뮬러에게 비행기를 보낼 테니 그 세 개의 연소실을 싣고 로스앤젤레스의 스페이스X 공장으로 날아오라고 지시했다. 그의 아이디어는 에폭시 접착제를 균열에 스며들도록 도포해 문제를 해결하자는 것이었다. 뮬러가 말도 안 되는 미친 아이디어라고 말했고, 둘 사이에는 고성이 오갔다. 그러다 마침내 뮬러가 물러섰다. 그는 팀원들에게 말했다. "그가 결정권자니까."

연소실이 공장에 도착했을 때 머스크는 마침 크리스마스 파티에 참석하기로 되어 있던 터라 고급 가죽 부츠를 신고 있었다. 그는 파티에 가지 못했다. 대신 그는 밤새 에폭시 도포 작업을 도왔다. 멋진 부츠가 엉망이 되도록.

도박은 실패로 돌아갔다. 압력을 가하자마자 에폭시가 떨어져나갔다. 연소실을 다시 설계해야 했고 발사 일정은 4개월 뒤로 미뤄졌다. 하지만 혁신적인 아이디어를 추구하며 기꺼이 공장에서 밤을 새는 머스크를 보면서 엔지니어들은 두려움 없이 색다른 해결책을 시도해볼 수 있다는 생각에 고무되었다.

그렇게 패턴이 형성되었다. 새로운 아이디어를 시도하고 기꺼이 날려버려라. 그 지역의 주민들은 폭발에 익숙해졌다. 하지만 소들은 그렇지 않았다. 마치 서부시대 때 마차 주위를 돌던 개척자들처럼, 폭발이 발생하면 소들은 어린 송아지들을 보호하기 위해 중앙에 몰아놓고 그 주위를 원을 그리며 달렸다. 맥그리거의 엔지니어들은 이를 관찰하기 위해 이른바 '카우 캠cow cam'을 설치했다.

19장

워싱턴으로 가다

스페이스X, 2002-2003년

권 숏웰

인재 영입

머스크는 개인 생활에서든 직장 생활에서든 사람들과 자연스럽게 파트너 관계를 맺지 못한다. 집투와 페이팔에서 그는 동료들에게 영감을 주고, 겁을 주고, 때로는 괴롭힐 수도 있다는 것을 보여주었다. 하지만 동료애는 그의 능력 밖의 일이었고, 존중은 그의 천성이 아니었다. 그는 권력을 공유하는 것을 좋아하지 않았다.

몇 안 되는 예외 중 하나가 2002년 스페이스X에 입사하여 결국 사장 자리에 오른 귄 숏웰과의 관계다. 그녀는 로스앤젤레스에 있는 스페이스X 본사에서 머스크 바로 옆 칸막이에 앉아 20년 넘게 머스크와 함께 일하고 있다. 그 누구보다 오랫동안 머스크와 함께 일한 셈이다.

직설적이고 날카로운 말투와 대담한 성격을 가진 그녀는 무례한 선을 넘지 않는 입담에 고교 농구선수이자 치어리더 캡틴 출신다운 유쾌한 자신감까지 겸비했다. 느긋하면서도 자기 주장이 강한 숏웰은 머스크의 눈치 보는 일 없이 솔직하게 말할 수 있고, 보모처럼 굴지 않으면서도 그의 지나친 행태에 반박할 수 있다. 그녀는 머스크를 동료처럼 대하면서도 그가 창업자이자 상사라는 사실을 잊지 않고 그에 걸맞게 존중한다.

어린 시절 이름은 귄 롤리였던 그녀는 시카고 북쪽 교외 마을에서 자랐다. 고등학교 2학년 때 어머니와 함께 여성공학자협회Society of Women Engineers의 좌담회에 갔다가 건설 사업체를 운영하던 멋진 옷차림의 여성 기계 엔지니어에게 매료되었다. "나도 저 여자처럼 되고 싶어." 이런 마음이 든 그녀는 인근 노스웨스턴대학교의 공학부에 지원하기로 결심했다. "노스웨스턴대학교를 선택한 것은 과외활동이 풍부했기 때문입니다." 그녀는 나중에 그곳 학생들 앞에 서서 이렇게 말했다. "(세상 물정을 모르고 따분한) '너드'라는 꼬리표가 붙을까 봐 두려웠어요. 하지만 지금은 너드가 된 것이 정말 자랑스럽습니다."

1986년 시카고의 IBM 지사로 면접을 보러 가던 중, 그녀는 걸음을 멈추고 매장 창문 너머로 TV 화면을 지켜보았다. TV에서는 고등학교 교사이자 우주비행사인 크리스타 매콜리프 등을 태운 우주왕복선 챌린저호의 발사 장면을 중계하고 있었다. 고무적인 영감을 줄 것으로 기대되던 그 순간은 이륙 1분 만에 챌린저호가 폭발하면서 공포로 바뀌었다. 숏웰은 너무 큰 충격을 받은 나머지 면접을 제대로 치르지 못했다. "면접 자리에서 멍청한 풋내기 같은 소리만 늘어놓았던 것 같아요." 결국 그녀는 디트로이트의 크라이슬러Chrysler에 입사하여 경력을 쌓다가 다시 캘리포니아로 이주하여 스페이스X 인근에 위치한 스타트업 컨설팅 회사인 마이크로코즘Microcosm Inc.의 우주 시스템 영업 책임자가 되었다.

마이크로코즘에서 그녀는 한스 쾨니스만이라는 모험심이 강하고 거친 얼굴을 한 독일인 엔지니어와 함께 일했다. 쾨니스만은 모하비 사막에서 열리던 로켓 발사 애호가들의 주말 모임에서 머스크를 만난 이후, 집으로 찾아와 채용 의사를 밝힌 머스크의 제안을 받아들여 2002년 5월에 스페이스X의 네 번째 직원이 되었다.

이를 축하하기 위해 숏웰은 동네에서 가장 좋아하는 점심식사 장소인 밝은 노란색의 오스트리아 레스토랑 셰프하네스로 쾨니스만을 데려갔다. 그런 다음 그녀는 쾨니스만을 몇 블록 아래 떨어진 스페이스X에 내려주었다. "잠깐 들어왔다 가요." 그가 그녀에게 말했다. "일론과 인사나 나눌 겸."

숏웰은 부품을 자체 제작하는 등 로켓 비용을 절감하기 위한 머스크의 여러 아이디어에 깊은 인상을 받았다. "그는 세세한 부분까지 잘 알고 있었어요." 그녀의 말이다. 하지만 그녀는 그 팀이 서비스를 어떻게 판매해야 하는지에 대해서는 잘 모른다고 생각했다. "판매 담당자가 잠재 고객과 의논하는 일이나 한다면 루저나 다름없지요." 그녀가 머스크에게 퉁명스럽게 말했다.

다음 날 숏웰은 머스크의 비서로부터 전화를 받았다. 머스크가 사업개발 담당 부사장 자리를 맡아주기를 원한다며 그 문제에 대해 이야기를 나누고 싶어 한다는 내용이었다. 당시 숏웰은 두 자녀를 둔 상태에서 이혼 절차를 밟고 있었으며 마흔을 눈앞에 두고 있었기에 변덕스러운 백만장자가 운영하는 위험한 스타트업에 합류한다는 것이 그다지 내키지 않았다. 하지만 그녀는 3주에 걸쳐 고민에 고민을 거듭한 후 스페이스X가 경화증에 걸린 로켓 산업을 혁신적으로 변화시킬 잠재력을 가지고 있다는 결론을 내렸다. "그동안 정말 바보처럼 굴어서 미안해요." 그녀가 그에게 말했다. "그 일을 맡을게요." 그렇게 그녀는 스페이스X의 일곱 번째 직원이 되었다.

숏웰은 머스크를 대할 때 도움이 되는 특별한 통찰력을 가지고 있다. 남편이 아스퍼거증후군이라는 자폐 스펙트럼 장애를 앓고 있기 때문이다. "일론처럼 아스퍼거증후군을 가진 사람들은 사회적 단서를 잘 포착하지 못하고 자신의 말이 다른 사람에게 미칠 영향을 자연스럽게 인식하지 못합니다." 그녀는 말한다. "일론은 다른 사람의 성격을 잘 이해하지만, 느낌으로 그러는 게 아니라 공부해서 이해하는 겁니다."

아스퍼거증후군을 가진 사람은 공감 능력이 부족해 보일 수 있다. "일론은 멍청이가 아니지만 가끔은 아주 멍청한 말을 하기도 합니다." 그녀는 말한다. "그는 자신이 하는 말이 상대에게 미칠 영향에 대해 생각하지 않을 뿐입니다. 그는 그저 임무를 완수하고 싶을 뿐인 거죠." 그녀는 그를 변화시키려 하지 않는다. 그저 그로 인해 다치는 이들을 위로하고 달래려고 할 뿐이다. "내 일의 일부는 상처받은 사람들을 돌보는 것입니다."

그녀가 엔지니어라는 사실도 도움이 된다. "그의 수준에는 못 미치지만, 그렇다고 바보는 아니거든요. 그가 하는 말을 잘 이해할 수 있지요." 그녀는 말한다. "나는 열심히 듣고, 진지하게 받아들이고, 그의 의도를 읽고, 그가 원하는 바를 충족시키려 노력합니다. 그가 하는 말이 처음에는 미친 소리처럼 들리더라도 말이에요." 그녀가 내게 "그가 종종 옳다"라고 주장했을 때, 아첨하는 게 아닌가 하는 생각도 들었지만, 실제로 그녀는 아첨꾼이 아니다. 그녀는 머스크에게 자신의 생각을 있는 그대로 말하며 그렇게 하지 않는 사람들을 마땅치 않게 여긴다. "일은 열심히 하지만 일론 앞에서는 겁쟁이가 되는 사람들이에요." 그녀가 몇 명의 이름을 거론하며 한 말이다.

NASA와의 계약

2003년, 숏웰이 스페이스X에 입사하고 몇 달 후, 머스크는 그녀를 대동하고 워싱턴으로 향했다. 그들의 목표는 새로운 유형의 소형 전술통신위성인 TACSAT의 발사 계약을 국방부로부터 따내는 것이었다. TACSAT는 지상군 지휘관이 이미지와 여타 데이터를 신속하게 얻을 수 있도록 돕는 위성이었다.

국방부 근처의 중국 식당에 가서 식사를 하던 중에 머스크의 이가 부러졌다. 당황한 머스크는 계속 입을 손으로 가렸고, 그녀는 그런 그를 보고 웃기 시작했다. "머스크가 부러진 이를 숨기려고 애쓰는 모습이 정말 재밌었어요." 그들은 야간 진료를 하는 치과를 찾아가 부러진 이에 임시로 치관을 씌었다. 두 사람은 다음 날 아침 국방부 회의에 참석할 수 있었고, 그곳에서 350만 달러에 스페이스X의 첫 번째 계약을 체결했다.

2003년 12월, 머스크는 스페이스X에 대한 대중의 관심을 높이기 위해 팰컨 1호 로켓을 워싱턴으로 가져가 국립항공우주박물관 밖에서 공개하는 행사를 열었다. 스페이스X는 로스앤젤레스에서 7층 높이의 로켓을 운반하기 위해 밝은 파란색 받침대를 갖춘 특수 트레일러를 제작했다. 머스크는 행사에 쓸 로켓의 프로토타입을 준비하기 위해 미친 데드라인을 정해놓고 생산에 박차를 가하도록 지시했다. 회사의 많은 엔지니어들에게 이것은 본래 업무에 방해만 되는 엄청난 소동처럼 보였지만, NASA의 국장인 숀 오키프는 경찰의 호위를 받으며 인디펜던스 애비뉴를 행진하는 로켓을 보고 깊은 인상을 받았다. 그는 이 톡톡 튀는 스타트업을 평가해보기 위해 임원 중 한 명인 리엄 사스필드를 캘리포니아로 파견했다. 사스필드는 "스페이스X는 훌륭한 제품과 탄탄한 잠재력을 보여주고 있습니다. 이 벤처에 NASA가 투자하는 것은 충분히 타당하다고 할 수 있습니다"라고 보고했다.

사스필드는 국제우주정거장의 도킹 시스템에서부터 엔진 과열의 원인에 이르기까지 고도의 기술적인 문제에 대한 정보를 얻고자 하는 머스크의 열망에 감탄했다. 두 사람은 이러한 문제들과 여타의 사안을 놓고 계속 이메일을 주고

받았다. 그러나 2004년 2월, NASA가 경쟁 입찰을 거치지 않고 2억 2,700만 달러 규모의 계약을 스페이스X와 경쟁관계에 있던 민간 로켓기업 키슬러 에어로스페이스Kistler Aerospace와 체결하면서 관계가 악화되었다. 이것은 국제우주정거장에 보급품을 공급할 수 있는 로켓에 대한 계약이었는데, 머스크는 스페이스X도 수행할 수 있는 과업이라는 생각이 들었다(그리고 결과적으로 그의 생각이 옳았던 것으로 드러났다).

사스필드는 머스크에게 정직하게 설명하는 실수를 저질렀다. 그는 이메일에 키슬러 에어로스페이스가 "재정 상태가 불안정"하고 NASA가 그 회사의 파산을 원하지 않은 까닭에 수의계약을 체결해준 것이라고 썼다. 그러면서 사스필드는 스페이스X에서 입찰할 수 있는 다른 계약들이 준비될 것이라고 머스크에게 확언했다. 이것은 평소 NASA가 해야 할 일은 기업을 지원하는 것이 아니라 혁신을 촉진하는 것이라고 주장하던 머스크를 격분시켰다.

머스크는 2004년 5월 NASA 본사에서 관계자들을 만나 숏웰의 조언을 무시하고 키슬러와의 계약에 대해 소송을 제기하기로 결정했다. "그러면 우리가 NASA와는 앞으로 영영 함께 일할 수 없게 될지도 모른다고 모두들 내게 말했지요." 머스크는 말한다. "하지만 그들이 한 일은 잘못되고 부패한 짓이었기에 소송을 제기했어요." 머스크는 심지어 그 계약이 키슬러의 파산을 막기 위한 것이라고 설명한 사스필드의 호의적인 이메일을 소장에 첨부함으로써 NASA 내 자신의 가장 강력한 지지자였던 사스필드를 곤란한 상황으로 몰아넣었다.

결국 분쟁은 스페이스X의 승리로 끝났고, NASA는 해당 프로젝트를 경쟁 입찰에 부치라는 명령을 받았다. 스페이스X는 이 프로젝트의 상당 부분을 수주할 수 있었다. 머스크는 〈워싱턴포스트〉의 크리스천 데이븐포트와 가진 인터뷰에서 이렇게 말했다. "엄청난 이변이었죠. 말 그대로 승산이 1할밖에 되지 않던 약자가 이긴 거니까요. 모두를 놀라게 했어요."

비용 효율적인 로켓

이 승리는 스페이스X뿐만 아니라 미국의 우주 프로그램에도 중요한 의미를 안겼다. NASA와 국방부가 일반적으로 채택하던 원가가산 방식의 계약에 대한 대안을 촉진했기 때문이다. 원가가산 방식의 계약 시스템에서는 정부가 새로운 로켓이나 엔진, 인공위성 제작과 같은 프로젝트에 대한 통제권을 갖고 원하는 세부사양을 제시했다. 그런 다음 보잉이나 록히드마틴과 같은 대기업과 계약을 체결하고 모든 비용에 보장 수익을 더해서 지급했다. 이 방식은 제2차 세계대전 중 정부가 무기 개발을 완전히 통제하는 동시에 도급업체가 전쟁으로 돈벌이를 한다는 인식을 방지하기 위한 표준으로 자리 잡았다.

워싱턴을 방문한 머스크는 상원위원회에서 증언을 하면서 다른 방식을 도입하라고 압박했다. 원가가산 방식의 문제점은 혁신을 저해하는 것이라고, 그는 주장했다. 프로젝트가 예산을 초과하면 도급업체는 더 많은 돈을 받게 되는 방식이었다. 원가가산 방식의 계약자들로 구성된 아늑한 클럽에는 리스크를 감수하거나 창의력을 발휘하거나 빠르게 작업하거나 비용을 절감할 동기가 거의 없었다. "보잉과 록히드마틴은 원가가산 방식이라는 횡재가 계속되길 바라지요." 그는 말한다. "그런 시스템으로는 화성에 갈 수 없어요. 저들에게는 결코 완수 단계에 이르러서는 안 될 동기가 있지요. 원가가산 방식의 계약을 끝내지 않으면, 정부는 영원히 피만 빨리는 거예요."

스페이스X는 정부 탑재체를 궤도에 쏘아 올리는 것과 같은 임무에 민간기업이 입찰하는 대안을 개척했다. 이 회사는 자체 자본을 투여하는 리스크를 감수하면서 특정한 이정표에 도달하는 경우에만 대금을 지급받았다. 이러한 성과 기반 고정가격 계약을 통해 이 민간기업은 광범위한 범위 내에서 로켓의 설계 및 제작방식을 통제할 수 있었다. 비용 효율적인 로켓을 제작하여 성공하면 많은 돈을 벌 수 있었고, 실패하면 많은 돈을 잃을 수 있었다. "낭비가 아닌 성과에 보상하는 방식이지요." 머스크의 말이다.

20장

창업자들

테슬라, 2003-2004년

(위) JB 스트로벨, 눈에 띄는 얼굴 흉터
(아래) 마틴 에버하드와 마크 타페닝

세상을 바꿀 수 있는 제품

JB로 알려진 제프리 브라이언 스트로벨은 위스콘신에서 자라던 어린 시절 옥수수를 주식으로 삼고 얼룩다람쥐의 미소를 얼굴에 달고 살던 용모 단정한 소년이었다. 일찍부터 자동차광으로 통하던 그는 열세 살 때 골프 카트의 모터를 개조했고 전기자동차의 매력에 푹 빠져들었다. 그는 화학도 좋아했다. 고교 시절 집 지하실에서 과산화수소로 모종의 실험을 하다가 폭발이 발생하는 바람에 천사 같던 얼굴에 영구적인 흉터가 생겼다.

스탠퍼드대학교에서 에너지시스템을 공부하는 동안 스트로벨은 뉴올리언스 태생의 활기차고 장난기 많은 기업가이자 휴스 에어크래프트Hughes Aircraft의 정지위성인 신콤Syncom을 설계한 해롤드 로젠의 인턴으로 일했다. 당시 로젠과 그의 동생 벤은 전기 생성 플라이휠을 장착한 하이브리드 자동차를 개발하고 있었다. 스트로벨은 그보다 더 간단한 방법을 시도했다. 그는 오래된 포르쉐를 기존의 납산 배터리로 구동하는 순수 전기자동차로 개조했다. 이 차는 머리가 뒤로 휙 젖혀질 정도로 엄청난 가속력을 자랑했지만 주행거리는 50킬로미터에 불과했다.

로젠의 전기자동차 회사가 실패한 후 스트로벨은 로스앤젤레스로 이주했다. 2003년 늦여름의 어느 밤, 그는 태양광 패널로 구동되는 자동차로 시카고에서 로스앤젤레스까지 주행을 막 마친 스탠퍼드대학교 태양광 자동차 팀의 지치고 냄새나는 학생 여섯 명을 집으로 초대했다.

그들은 밤새도록 이야기를 나누었는데, 어느 순간 화제가 노트북에 사용되는 리튬이온 배터리 쪽으로 넘어갔다. 리튬이온 배터리는 많은 전력을 담을 수 있는데다가 여러 개를 연결할 수 있었다. "천 개, 만 개를 묶을 수 있다면 어떨까?" 스트로벨이 물었다. 그들은 이리저리 계산해본 끝에 경차에 0.5톤의 배터리를 장착하면 미 대륙을 횡단할 수도 있을 것이라는 결론을 내렸다. 새벽이 밝아오자 그들은 리튬이온 전지 몇 개를 들고 뒷마당으로 나가 망치로 두드려 폭발시켰다. 그것은 미래를 축하하는 행사였다. 그들은 결의를 맺었다. "우리가 이 일을 해내자." 스트로벨은 말했다.

안타깝게도 아무도 스트로벨에게 관심을 가지고 자금을 지원하지 않았다. 그가 일론 머스크를 만나기 전까지는.

2003년 10월, 스트로벨은 스탠퍼드대학교에서 열린 세미나에 참석했는데, 그 전 해에 스페이스X를 창업한 머스크가 연사로 나섰다. 머스크는 "자유로운 기업 정신이 주도하는" 기업가적 우주 활동의 필요성을 역설했다. 스트로벨은 세미나가 끝날 무렵 앞쪽으로 밀치고 나가 머스크에게 해롤드 로젠과의 만남을 주선하겠다고 제안했다. "로젠은 우주산업계의 전설이었지요. 그래서 스페이스X 공장에 방문하도록 그들을 초대했어요." 머스크의 말이다.

공장 견학은 훈훈하게 흘러가지 않았다. 당시 일흔일곱 살이던 로젠은 머스크의 설계에서 이런저런 부분이 실패할 것이라고 지적하면서 유쾌하고 자신감 넘치는 태도를 취했다. 근처의 해산물 레스토랑에 점심을 먹으러 갔을 때, 머스크는 인터넷 서비스를 제공하는 전기 드론을 만들겠다는 로젠의 최근 아이디어를 '멍청하다'고 비난하며 응수했다. "일론은 즉각적으로 자신의 견해를 형성하는 사람이지요." 스트로벨의 말이다. 머스크는 그날의 지적인 스파링이 흥미로웠다고 기억한다. "로젠과 스트로벨은 매우 흥미로운 사람들이었기에 훌륭한 대화를 나누었지요. 그 아이디어는 바보 같았지만 말이에요."

대화를 계속 이어가고 싶었던 스트로벨은 리튬이온 배터리를 이용하여 전기자동차를 만들겠다는 자신의 아이디어로 주제를 바꿨다. "펀딩에 나서줄 사람을 물색하던 상황이라 꽤나 얼굴 두껍게 처신하고 있었지요." 스트로벨의 말이다. 스트로벨이 그 배터리의 성능이 얼마나 좋아졌는지 설명하자 머스크는 놀라움을 표했다. 머스크는 그에게 이렇게 말했다. "나도 사실 한때 스탠퍼드대학원에 들어가 고밀도 에너지 저장에 대해 연구하려고 했었어요. 세상에 가장 큰 영향을 미칠 수 있는 것이 무엇일까 고민하던 시절에 전기자동차와 함께 에너지 저장을 목록의 상위에 올려놓았거든요." 머스크는 스트로벨의 계산을 되짚어보며 눈을 빛냈다. "나도 동참할게요." 머스크는 이렇게 말하며 1만 달러의 자금을 제공하겠다고 약속했다.

스트로벨은 머스크에게 당시 자신과 동일한 아이디어를 추구하던 소규모 회사 AC 프로펄션AC Propulsion의 공동창업자 톰 게이지와 앨런 코코니를 만나 이야기를 나눠볼 것을 제안했다. 그들은 유리섬유 소재로 '티제로tzero'라는 이름의 프로토타입을 만들어놓은 상태였다. 스트로벨은 그들에게 전화를 걸어 머스크에게 티제로의 시승 기회를 제공하라고 했다. 구글의 공동창업자 세르게이 브린도 그들에게 머스크를 만나보라고 제안했다. 2004년 1월, 게이지는 머스크에게 이메일을 보냈다. "세르게이 브린과 JB 스트로벨이 알려줘서 연락드립니다. 당신이 우리의 티제로 스포츠카를 운전하는 데 관심이 있을 것이라고 하더군요. 지난 월요일에 바이퍼(미국 닷지가 제작한 스포츠카-옮긴이)와 대결했는데, 1/8마일 트랙에서 다섯 번 경주해서 네 번을 이겼습니다. 나머지 한 번은 130킬로그램 나가는 카메라맨을 태우고 달려서 진 겁니다. 가져가서 보여드리고 싶은데, 시간을 내주실 수 있는지요?"

머스크는 바로 답장을 보냈다. "물론이죠. 정말 보고 싶네요. 하지만 (아직은) 내 맥라렌을 이길 수 있을 것 같지는 않네요."

"흠, 맥라렌이라면… 우리의 자랑거리가 하나 더 추가될 것 같군요. 2월 4일에 가져가도록 하겠습니다." 게이지의 답장이었다.

머스크는 문짝과 지붕이 없는 거친 프로토타입이었음에도 티제로를 보고실로 깜짝 놀랐다. "이걸 실제 제품으로 만들어야 합니다." 그가 게이지에게 말했다. "정말 세상을 바꿀 수 있는 제품입니다." 하지만 게이지는 더 싸고, 더 박스형에 가깝고, 상대적으로 느린 자동차를 만드는 것부터 시작하길 원했다. 머스크가 보기에는 터무니없는 생각이었다. 전기자동차의 초기 버전은 어떤 것이든 제작비용이 대당 최소 7만 달러 이상 들 것이 분명했기 때문이다. "쓰레기처럼 보이는 차에 그만한 돈을 지불할 사람은 아무도 없을 겁니다." 그는 주장했다. 자동차 회사를 시작하는 방법은 먼저 고가의 자동차를 만든 다음 나중에 대중적인 모델로 전환하는 것이었다. "게이지와 코코니는 뭐랄까, 사리분별력은 떨어지는 발명가들이었어요." 머스크는 이렇게 말하며 웃음을 터뜨렸다. "상식은 그들의 강점에 속하지 않았지요."

이후 몇 주에 걸쳐 머스크는 그들에게 멋진 로드스터roadster를 만들라고 졸라댔다. "모두가 전기차가 형편없다고 생각하는데, 그렇지 않다는 것을 보여줄 수 있습니다." 머스크는 거의 애원하다시피 했지만, 게이지는 계속 버텼다. "좋아요, 여러분이 티제로의 상용화를 원하지 않는다면 내가 해도 괜찮겠습니까?" 머스크가 물었다.

게이지가 동의했다. 그리고 운명적인 제안도 하나 했다. 그와 비슷한 생각을 가진, 길 아래쪽의 자동차광 한 쌍과 파트너 관계를 맺으라는 것이었다. 그렇게 해서 머스크는 결국 AC 프로펄션을 상대로 비슷한 경험을 거친 다른 두 사람을 만나 이미 테슬라모터스로 이름이 등록된 회사를 중심으로 자체 소유의 자동차 기업을 출범시키게 된다.

테슬라모터스의 탄생

호리호리한 체구와 마른 얼굴에 다혈질 성격을 가진 실리콘밸리의 기업가 마틴 에버하드는 2001년 이혼의 아픔을 극복하고 있을 때 '중년의 위기를 겪는 다른 남자들처럼 스포츠카를 사야겠다'고 결심했다. 그는 킨들의 이전 모델로 전자책 시장에서 처음 인기를 끌었던 로켓이북Rocket eBook을 출시하며 회사를 창업한 이후 성공적으로 매각했기 때문에 좋은 차를 살 여유가 있었다. 하지만 그는 휘발유를 태우는 자동차는 갖고 싶지 않았다. "그 무렵 기후변화를 직접적으로 체감하기 시작했어요." 그는 말한다. "게다가 우리나라가 석유 때문에 중동에서 계속 전쟁을 벌이고 있다고 느꼈거든요."

꼼꼼한 그는 다양한 유형의 자동차의 에너지 효율을 계산하는 스프레드시트를 만들었다. 그리고 미가공 연료부터 시작하여 휘발유, 디젤, 천연가스, 수소, 전기 등 다양한 에너지원을 비교했다. "연료가 채굴되는 시점에서부터 자동차에 동력을 공급하는 시점까지 각 단계마다 정확한 수학을 통해 뽑아봤습니다."

그는 전기자동차가 석탄으로 전기를 생산하는 지역에서조차도 환경에 가장 적합하다는 사실을 발견했다. 그래서 그는 전기차를 구입하기로 결정했다. 하지만 캘리포니아 주 당국이 자동차 회사에서 일정 비율로 무공해 차량을 제공해야 한다고 정한 법령을 막 폐지한 상황이었고, 제너럴모터스는 EV1의 생산을 중단한 상태였다. "정말 충격적이었어요." 에버하드의 말이다.

그리고 얼마 후 그는 톰 게이지와 AC 프로펄션이 만든 프로토타입에 대한 기사를 읽었다. 그 프로토타입을 본 에버하드는 게이지에게 납산 배터리를 리튬이온으로 바꾼다면 회사에 15만 달러를 투자하겠다고 말했다. 그 결과 2003년 9월, 3.6초 만에 정지 상태에서 시속 60마일(약 96킬로미터)까지 가속할 수 있고 주행거리가 300마일(약 480킬로미터)에 달하는 프로토타입 티제로가 제작되기에 이르렀다.

에버하드는 게이지와 AC 프로펄션의 다른 직원들에게 자동차 생산을 시작하거나 최소한 자신이 탈 한 대는 만들어달라고 설득하려 애썼다. 하지만 그들은 그렇게 하지 않았다. "그들은 똑똑한 사람들이었지만 실제로 자동차를 만들 능력은 없다는 것을 곧 깨달았지요." 에버하드는 말한다. "그때 직접 자동차 회사를 설립해야겠다고 결심했습니다." 그는 그들과 AC 프로펄션의 전기모터와 구동렬, 전자기술 등에 대한 라이선스 계약을 체결했다.

그리고 로켓이북에서 파트너로 일하던 소프트웨어 엔지니어이자 친구인 마크 타페닝을 영입했다. 이들은 고급 오픈바디의 2인승 로드스터로 시작하여 나중에 대중 시장용 자동차를 만들 계획을 세웠다. 에버하드는 말한다. "사람들이 전기차에 대해 갖고 있던 통념을 완전히 바꿀 수 있는 스포티한 로드스터를 만들고 싶었어요. 그런 다음 그것을 이용해 브랜드를 구축하자는 계획이었어요."

하지만 브랜드 이름은 뭐라고 해야 할까? 어느 날 밤, 디즈니랜드에서 저녁 데이트를 하던 중 그는 낭만적인 것과는 다소 거리가 멀게도 계속 새 회사의 이름을 무엇으로 하면 좋을지에 대해서만 생각했다. 그러다 결국, 자동차에 유도전동기induction motor라는 장치를 사용할 예정이니까 그 장치의 발명가인 니콜라 테슬라의 이름을 따서 회사 이름을 지으면 좋겠다는 생각을 떠올렸다. 다음 날 그는 타페닝과 커피를 마시며 그의 의견을 물었다. 타페닝은 잽싸게 노트북을 꺼내 온라인에 접속한 후 이름을 등록했다. 그리고 2003년 7월에 법인을 설립했다.

다섯 명의 공동창업자

에버하드는 한 가지 중요한 문제에 봉착했다. 아이디어와 이름은 확보했지만, 자금 조달이 되지 않았다. 그러던 2004년 3월, 그는 톰 게이지로부터 한 통의 전화를 받았다. 두 사람은 서로 투자자 유치를 놓고 경쟁하지 않기로 합의한 상태였다. 머스크가 AC 프로펄션에 투자하지 않을 것이 분명해지자 게이지는 그를 에버하드에게 넘기기로 마음먹었다. "난 머스크와 거래하는 걸 포기했어요. 그에게 전화를 걸어보세요."

에버하드와 타페닝은 이전에 머스크를 만난 적이 있었다. 2001년 화성학회 컨퍼런스에 머스크의 연설을 들으러 갔을 때였다. "연설이 끝났을 때 그에게 다가가 마치 열혈 팬처럼 인사나 나누자고 붙잡아놓곤 이런저런 이야기를 늘어놓은 적이 있었지요." 에버하드의 회상이다.

그는 머스크에게 미팅을 요청하는 이메일을 보내며 그 만남을 언급했다. "특히 투자에 관심이 있으시다면, 테슬라모터스에 대해 이야기를 나눠보고 싶습니다." 그가 이메일에 쓴 내용이다. "AC 프로펄션의 티제로 자동차를 운전해보신 것으로 알고 있습니다. 그렇다면 고성능 전기차를 만들 수 있다는 것도 이미 알고 계실 겁니다. 우리는 그런 차를 수익성 있게 만들 수 있다는 확신을 드리고 싶습니다."

그날 저녁 머스크의 답장이 날아왔다. "좋습니다."

에버하드는 그 주에 동료인 이안 라이트와 함께 팰로앨토에서 로스앤젤레스로 내려왔다. 스페이스X에 있는 머스크의 칸막이 방에서 진행된 그 만남은

30분으로 예정되었지만, 머스크는 계속해서 질문을 쏟아냈고 간간이 칸막이 너머의 비서에게 다음 회의를 취소하라고 소리쳤다. 그들은 2시간에 걸쳐 구동력과 모터에서부터 사업 계획에 이르기까지 모든 세부사항을 논의하면서 초강력 전기자동차에 대한 비전을 공유했다. 미팅이 끝날 무렵 머스크는 투자하겠다고 말했다. 스페이스X 건물 밖으로 나온 에버하드와 라이트는 하이파이브를 나누었다. 얼마 후 타페닝까지 참석한 후속 회의를 마치면서 그들은 머스크가 640만 달러를 투자하여 초기 자금 조달 라운드를 이끌고 이사회 의장을 맡는 것에 합의했다.

타페닝은 머스크가 사업의 잠재력보다는 사명의 중요성에 초점을 맞추고 있다는 사실에 놀랐다. "그는 지속 가능한 미래를 위해 자동차의 동력을 전기화해야 한다는 결론에 이미 확실히 도달해 있는 상태였습니다." 머스크는 몇 가지 요청사항을 밝혔다. 첫 번째는 아내 저스틴이 쌍둥이를 임신 중이었고 일주일 후 제왕절개 수술이 예정되어 있으므로 서류 작업을 빨리 마쳐야 한다는 것이었다. 또한 그는 에버하드에게 스트로벨과 연락을 취하라고 부탁했다. 머스크는 스트로벨의 회사와 에버하드의 회사 둘 다에 투자하는 것이었기에 그 두 사람이 함께 일해야 한다고 생각했다.

에버하드나 그의 신생 회사인 테슬라에 대해 들어본 적이 없던 스트로벨은 자전거를 타고 찾아갔다가 회의적인 느낌을 안고 돌아왔다. 하지만 머스크는 그에게 전화를 걸어 팀에 합류하라고 촉구했다. 머스크가 그에게 말했다. "그러지 마시고, 이 일을 해야 해요. 완벽하게 들어맞는 조합이 될 겁니다."

이렇게 해서 세계에서 가장 가치 있고 혁신적인 자동차 회사로 발전하게 될 모체의 조각들이 합쳐졌다. 에버하드가 CEO, 타페닝이 사장, 스트로벨이 CTO, 이안 라이트가 COO, 머스크가 이사회 의장이자 주요 투자자였다. 몇 년 후, 이들은 수차례의 격렬한 논쟁과 한 차례의 소송 끝에 다섯 명 모두 공동 창업자로 불릴 자격이 있다는 데 동의했다.

21장

로드스터의 탄생

테슬라, 2004-2006년

아널드 슈워제네거 주지사를 태우고 로드스터 시제품 시승에 나선 스트로벨

첫 시승

머스크가 테슬라에 관해 내린 가장 중요한 결정 중 하나, 즉 테슬라를 성공시키며 자동차 산업에 지대한 영향을 끼치는 결정적인 각인은 독립 공급업체들의 수백여 부품으로 자동차를 조립하는 대신 가능한 한 핵심 부품을 자체적으로 생산한다는 것이었다. 테슬라는 수직 통합 방식으로 품질과 비용, 공급망 등 자사의 모든 운명을 스스로 통제하는 길을 택했다. 좋은 자동차를 만드는 것도 중요했지만, 그보다 더 중요한 것은 배터리에서 차체까지 자동차를 대량생산할 수 있는 제조공정과 공장을 확립하는 것이었다.

하지만 회사가 처음부터 그렇게 돌아간 것은 아니었다. 오히려 정반대였다.

로켓이북을 판매하던 시절 에버하드와 타페닝은 제조공정을 아웃소싱했다. 마찬가지로 그들은 테슬라의 첫 번째 자동차 로드스터를 제작할 때도 외부 공급업체들이 만든 부품으로 조립하기로 결정했다. 이후 테슬라를 괴롭히게 될 이 결정에서 에버하드는 배터리는 아시아에서, 차체는 영국에서, 구동렬은 AC 프로펄션에서, 변속기는 디트로이트나 독일에서 공급받는 방식을 취했다.

이는 당시 자동차 업계의 일반적인 트렌드와 일치하는 것이었다. 헨리 포드와 여타 선구자들이 해당 산업을 태동시키던 초기에는 자동차 제조업체들이 대부분의 작업을 자체적으로 수행했다. 하지만 1970년대에 접어들며 자동차 제조업체들은 부품 제조 부문을 분사하고 공급업체에 대한 의존도를 높이기 시작했다. 그렇게 1970년부터 2010년까지 차량에 대한 자동차 제조업체들의 지적자산 보유율은 90퍼센트에서 약 50퍼센트 수준으로 떨어졌다. 이는 곧 여기저기 널리 흩어진 공급망에 대한 의존도가 높아졌다는 의미였다. 차체와 섀시 제작을 아웃소싱하기로 결정한 후 에버하드와 타페닝은 로스앤젤레스 오토쇼 행사장으로 달려갔다. 그들은 영국의 스포츠카 전문 제조업체인 로터스 Lotus의 부스에 들어가 다짜고짜 임원 중 한 명을 구석으로 몰아세웠다. "예의 바른 영국인이던 그는 우리에게 나가달라고 말할 방도를 찾지 못한 채 코너로 몰렸지요." 에버하드의 회상이다. "우리가 말을 마치자 그는 우리를 영국으로 초대할 정도로 강한 흥미를 느꼈어요." 결국 그들은 로터스로부터 엘리스 로드스터의 차체를 약간 개조한 버전을 공급받는 계약을 체결했다. 테슬라는 거기에 AC 프로펄션의 전기엔진과 구동렬을 장착하게 되는 것이었다.

2005년 1월경, 테슬라의 엔지니어와 정비공 열여덟 명은 본격적인 생산에 들어가기 전에 시제품 및 시운전용으로 제작하는 테스트뮬을 수작업으로 조립했다. "로터스 엘리스에 배터리와 AC 프로펄션의 구동렬을 장착하기 위해 여기저기 째고 자르고 때우는 많은 작업이 수반되었지요." 머스크는 말한다. "하지만 적어도 진짜 차처럼 생긴 테스트뮬을 만들 수 있었어요. 티제로와 달리 실제로 문과 지붕이 있는 차였지요."

첫 시승에 나선 스트로벨이 가속페달을 밟자마자 녀석이 깜짝 놀란 말처럼 앞으로 쏜살같이 질주해 엔지니어들마저 놀라게 했다. 다음은 에버하드의 차례였는데, 그는 운전대를 잡으며 눈물을 흘렸다. 자신의 차례가 되어 운전대를 잡은 머스크는 쌩쌩 차를 몰며 매우 빠르면서도 조용한 가속에 감탄했고, 회사에 900만 달러를 더 투자하는 데 동의했다.

누구의 회사인가?

스타트업, 특히 창업자와 투자자가 여럿인 스타트업의 한 가지 문제는 누가 대장이 되어야 하는가 하는 것이다. 때때로 알파 남성이 패권을 잡는다. 스티브 잡스가 스티브 워즈니악을 주류에서 몰아낸 경우나 빌 게이츠가 폴 앨런을 소외시킨 경우가 대표적 사례다. 때로는 상황이 훨씬 복잡해진다. 특히 서로 다른 플레이어가 자신이 회사의 창업자라고 생각할 때 그렇다.

에버하드와 머스크는 둘 다 자신을 테슬라의 주요 창업자라고 생각했다. 에버하드의 생각으로는 아이디어를 떠올리고, 친구인 타페닝을 영입하고, 회사를 등록하고, 이름을 정하고, 투자자를 찾아 나선 본인이 창업자로 대우받아야 마땅했다. "일론은 스스로 수석 아키텍트니 뭐니 온갖 호칭을 갖다 붙였지만, 사실은 그렇지 않았지요." 에버하드는 말한다. "그는 그저 이사회 멤버이자 투자자일 뿐이었어요." 하지만 머스크가 생각하기에는 자신이 에버하드와 스트로벨을 연결해주고 회사 설립에 필요한 자금을 제공한 장본인이었다. "내가 에버하드와 라이트, 타페닝을 만났을 때 그들은 지적자산도 없었고, 직원도 없었고, 말 그대로 아무것도 가지고 있지 않았어요. 그들이 가진 것이라곤 껍데기뿐인 유령 회사였지요."

처음에는 이런 관점의 차이가 큰 문제가 되지 않았다. 머스크는 말한다. "나는 스페이스X를 운영하고 있었기에 테슬라까지 책임지고 싶다는 생각은 전혀 없었어요." 그는 적어도 처음에는 자신이 이사회 의장을 맡고 에버하드가 CEO가 되는 것에 불만이 없었다. 그러나 지분의 대부분을 소유한 사람으로서 머스크는 궁극적인 권한을 보유했고, 그런 권한의 행사를 미루는 것은 그의 본성이 아니었다. 특히 그는 갈수록 엔지니어링 관련 결정에 더 많이 개입하기 시작했다. 그렇게 테슬라의 리더 팀은 생래적으로 불안정한 분자가 되었다.

머스크와 에버하드는 처음 1년 동안은 서로 잘 지냈다. 에버하드는 실리콘밸리 소재의 본사에서 테슬라의 일상적인 경영을 담당했다. 머스크는 대부분의 시간을 로스앤젤레스에서 보냈으며 한 달에 한 번 정도 이사회 회의나 설계 검토 등을 위해 방문했다. 그가 회의에서 던지는 질문은 주로 배터리 팩이나 모터, 소재 등의 세부사항을 파고드는 기술적 사안이었다. 그는 평소 이메일을 잘 보내지 않는 편이었지만, 초창기의 어느 날 밤 함께 모종의 문제를 해결한 후 에버하드에게 다음과 같은 내용의 이메일을 보냈다. "세상에 훌륭한 제품 개발자는 극소수인데, 당신이 그중 한 명인 것 같습니다." 두 사람은 일과 시간에 수시로 대화를 나누었고 밤에는 이메일을 주고받았으며 가끔 사교 모임도 가졌다. 에버하드는 말한다. "우리는 결코 술친구가 아니었지만, 가끔씩 서로의 집에 놀러 가거나 밖에서 만나 식사를 하곤 했지요."

안타깝게도 두 사람은 서로 너무 닮은 탓에 그런 버디 무비가 지속될 수는 없었다. 두 사람 모두 성마르고 저돌적이며 디테일에 집착하는 엔지니어로, 자신이 바보라고 생각하는 사람을 잔인하게 무시할 수 있었다. 문제는 에버하드가 창업 팀의 일원이었던 이안 라이트와 불화를 겪으면서 대두되었다. 서로의 의견 차이가 너무 극심해지자 둘은 각각 머스크에게 상대방을 해고해야 한다고 설득하기에 이르렀다. 그것은 곧 머스크가 최종 결정권을 가지고 있다는 사실에 대한 에버하드의 암묵적 인정이었다. 머스크의 말을 들어보자. "에버하드와 라이트가 계속 내게 왜 상대방이 악마이고 어째서 쫓아내야 하는지 얘기했어요. 그러면서 '일론, 당신이 선택을 해야 해요'라고 말했지요."

머스크는 스트로벨에게 전화를 걸어 조언을 구했다. "좋아요. 여기서 누구를 선택해야 하나요?" 그가 물었다. 스트로벨은 두 사람 모두 좋은 선택이 아니라고 대답했지만, 머스크가 거듭 의견을 강요하자 "에버하드가 그나마 덜 사악한 것 같아요"라고 조언했다. 머스크는 결국 라이트를 해고했지만, 그런 상황을 겪으면서 에버하드에 대한 의구심이 더욱 깊어졌다. 또한 이 일은 머스크가 테슬라 경영에 더욱 적극적으로 관여하는 계기가 되었다.

혁신적 디자인

테슬라에 더 많은 관심을 기울이기 시작하면서 머스크는 디자인 및 엔지니어링 결정에 관여하는 것을 자제할 수 없었다. 그는 2주마다 로스앤젤레스에서 날아와 검토회의를 주재하고, 모델을 검사하고, 개선사항을 제안했다. 하지만 머스크가 누구인가? 그는 자신의 아이디어를 단순한 제안으로 여기지 않았다. 그는 자신의 아이디어가 실행되지 않으면 발끈하곤 했다. 그리고 이런 상황은 곧 문제를 일으켰다. 회사의 애초 사업 계획은 큰 변화 없이 로터스의 차체에 여타 공급업체의 부품을 꿰맞추는 데 치중하는 것이었기 때문이다. 타페닝은 말한다. "적어도 일론이 적극적으로 개입하기 전까지는 가능한 한 최소한의 수정만 가하는 게 우리의 계획이었거든요."

에버하드는 머스크의 제안 대부분을 거부하려 애썼다. 그의 제안이 자동차를 개선하는 데 도움이 될 때조차도 그랬다. 비용이 증가하고 시간이 지연

될 수 있다는 것을 알았기 때문이다. 하지만 머스크는 테슬라를 도약시킬 수 있는 유일한 방법은 고객이 감탄할 만한 로드스터를 출시하는 것뿐이라고 주장했다. 그는 에버하드에게 말했다. "첫 번째 자동차를 출시할 기회는 단 한 번뿐이므로 최대한 좋은 차를 만들려고 노력해야 해요." 어느 날 검토회의를 진행하던 머스크의 얼굴이 어두워졌다. 그는 싸늘한 시선으로 좌중을 둘러보며 차가 싸구려 같고 볼품없다고 선언했다. "형편없어 보이는 차를 만들어놓고 10만 달러 정도에 내다팔 수는 없었지요." 그가 나중에 한 말이다.

자신의 전문 분야가 산업 디자인이 아닌 컴퓨터 소프트웨어였음에도, 머스크는 로드스터의 미학에 많은 시간을 투자하기 시작했다. "자동차를 디자인해 본 적이 없었기 때문에 모든 훌륭한 자동차를 연구하고 무엇이 특별한지 이해하려고 노력했어요." 머스크의 말이다. "모든 디테일을 놓고 고민했지요." 그는 나중에 패서디나에 위치한 아트센터 디자인대학으로부터 로드스터에 기여한 공로를 인정받았다고 자랑스러워한다.

로드스터 디자인에서 머스크가 주도한 주요 개선 사항 중 하나는 로드스터의 문을 더 크게 만들어야 한다고 주장한 것이었다. "시제품에 타려면 난쟁이 산악인이나 몸 비틀기의 달인이 되어야 했어요. 웃음거리가 될 게 뻔한 말도 안 되는 상황이었지요." 키가 188센티미터인 머스크는 다소 큰 엉덩이부터 좌석에 붙인 후 마치 갓난아기처럼 다리를 접어 차 안으로 끌어들여야 했다. "데이트하기 위해 여자를 태우러 갔는데, 여자가 차에 타는 데 어려움을 겪고 우스꽝스런 자세로 탈 수밖에 없다면 어떻게 되겠어요?" 그가 물었다. 그래서 그는 문틀의 아랫부분을 3인치 더 낮추라고 지시했다. 그렇게 섀시를 재설계한 결과 테슬라는 로터스가 보유한 충돌 테스트 인증을 사용할 수 없었고, 그로인해 생산 비용에 200만 달러가 추가되었다. 머스크의 많은 수정사항과 마찬가지로 옳으면서도 비용이 많이 드는 일이었다.

머스크는 또한 좌석을 더 넓게 만들라고 주문했다. 에버하드는 말한다. "원래의 아이디어는 로터스가 사용했던 것과 동일한 좌석 구조를 사용하는 것이었어요. 그렇게 하지 않으면 모든 테스트를 다시 거쳐야 했으니까요. 하지만 일론은 자기 와이프의 엉덩이를 감당하기에는 시트가 너무 좁다고 느꼈어요. 나는 엉덩이가 마른 편이라 좁은 좌석이 더 좋은데…."

머스크는 또한 커버나 쉴드가 없는 로터스의 기존 헤드라이트가 볼품없다고 생각했다. 머스크는 말한다. "차에 벌레 눈이 달린 것처럼 보였거든요. 헤드라이트는 자동차의 눈과 같아서 아름다워야 하지요." 그렇게 변경하면 제작비용에 50만 달러가 더 추가될 것이라는 얘기가 나왔다. 하지만 그는 단호했다. "사람들이 왜 스포츠카를 구입할까요? 아름답기 때문에 구입하는 겁니다." 그는 팀원들에게 그렇게 말했다. "따라서 이것은 작은 문제가 아닙니다."

머스크는 또한 로터스가 사용하던 유리섬유 복합소재 대신 더 강한 탄소섬유로 로드스터 차체를 만들어야 한다고 결정했다. 덕분에 도장 비용이 더 많이 들었지만, 차체는 더 가벼우면서도 견고한 느낌을 주었다. 그러는 가운데 머스크는 스페이스X에서 배운 기술을 테슬라에 적용할 수 있었고, 그 반대의 경우도 마찬가지였다. 에버하드가 탄소섬유의 비용 때문에 반발하자 머스크는 그에게 이메일을 보냈다. "이봐요, 스페이스X에 있는 것과 같은 소프트 오븐을 갖추면 연간 최소 500대 분량의 차체 패널을 만들 수 있어요! 누군가가 이것이 어렵다고 말한다면 그건 터무니없는 거짓말이에요. 집에 있는 오븐으로도 고품질의 복합소재를 만들 수 있다고요."

그 어떤 사소한 디테일도 머스크의 간섭을 피할 수 없었다. 로드스터 시제품에는 걸쇠를 딸깍거리며 여는 일반적인 문손잡이가 달려 있었다. 머스크는 간단한 터치로 작동하는 전동식 손잡이로 바꿔야 한다고 고집했다. "테슬라 로드스터를 구매하는 사람은 일반적인 래치든 전동식 래치든 문손잡이를 보고 구매하는 게 아니에요. 전동식으로 간다고 해서 추가되는 판매량은 한 대도 없을 겁니다." 에버하드는 이렇게 주장했다. 이는 머스크의 디자인 변경에 대해 그가 제기한 주장 대부분과 같은 맥락이었다. 결국 머스크의 의견이 관철되었고, 전동식 문손잡이는 테슬라의 마법을 정의하는 데 도움이 되는 멋진 기능이 되었다. 하지만 에버하드가 경고했듯이 비용은 또 추가되었다.

디자인 프로세스가 거의 끝나갈 무렵, 머스크가 대시보드가 볼품없다는 결론을 내리자 에버하드는 결국 절망에 빠졌다. 머스크는 에버하드에게 보낸 이메일에 이렇게 썼다. "이것은 중대한 문제인데, 당신이 그렇게 인식하지 않는다면 깊이 우려하지 않을 수 없군요." 에버하드는 그 문제를 나중에 처리하자고 애원하며 머스크의 뜻을 꺾으려 했다. "상당한 추가 비용과 일정상의 차질 없이 생산 개시 전에 이 문제를 해결할 수 있는 길이 전혀 보이지 않습니다." 에버하드의 이메일 답장 내용이다. "나는 지금도 그저 2007년 어느 시점에라도 과연 차를 생산할 수 있을지 걱정하느라 밤잠을 설치고 있습니다. … 내 자신과 팀의 정신 건강을 위해 대시보드에 대해 생각하느라 많은 시간을 소비하진 않을 겁니다." 그 이전에는 물론이고 이후로도 많은 사람들이 머스크에게 이와 비슷한 호소를 했지만, 성공한 사람은 거의 없었다. 이 사례에서는 머스크가 마침내 물러섰다. 결국 대시보드 개선은 첫 번째 자동차가 생산에 들어간 이후로 미뤄졌다. 그러나 그것은 머스크와 에버하드의 관계에는 도움이 되지 않았다.

테슬라는 많은 요소를 수정함으로써 충돌 테스트를 통과한 로터스 엘리스 차체를 그대로 쓰면 얻을 수 있는 원가 우위를 상실했고, 더불어 공급망도 더욱 복잡해졌다. 로터스의 기존 공급업체에만 의존할 수 없었던 테슬라는 탄소 섬유 패널에서부터 헤드라이트에 이르기까지 수백 가지 부품의 새로운 공급처를 찾아야 했다. "내가 로터스 사람들을 미치게 만들었지요." 머스크가 말한다. "그들은 내가 왜 이 차의 사소한 측면 하나하나에까지 그토록 집착하는지 계속 물어봤어요. 그때마다 내가 답했지요. '아름답게 만들어야 하기 때문입니다.'"

자본 조달을 위한 노력

머스크가 기울인 노력은 차를 더 아름답게 만들었을지 모르지만, 회사의 현금도 빠르게 소진시켰다. 게다가 그는 회사가 더 빨리 움직일 수 있도록 더 많은 인력을 고용할 것을 에버하드에게 거듭 촉구했다. 2006년 5월 무렵 직원 수가 70명에 이르렀고, 투자자들로부터 자금을 조달하기 위한 또 한 번의 라운드에 들어가야 할 상황이 되었다.

타페닝은 재무분야가 아닌 컴퓨터 소프트웨어 전문가였지만 회사의 CFO 역할을 하고 있었다. 그는 이사회 회의에서 머스크에게 자금이 부족하다고 말해야 하는, 누구도 원하지 않는 임무를 맡았다. "원래 계획했던 것보다 더 빨리 그런 일이 벌어졌는데, 그 주된 이유는 일론의 뜻대로 채용에 박차를 가했기 때문이었지요." 타페닝의 회상이다. "그 이야기를 듣고 일론은 미친 듯이 화를 냈습니다."

일론의 장광설이 펼쳐지는 동안, 이사회에 참석해 있던 일론의 동생 킴벌이 가방에 손을 뻗어 자료를 꺼낸 후 지난 다섯 차례의 회의에 제출된 예산 프레젠테이션을 살펴봤다. "잠깐만요." 그가 조용히 끼어들어 말했다. "의장님이 밀어붙인, 예산에 없던 여섯 명의 신규채용 비용을 제외하면 사실상 목표에 부합하는 수준으로 진행되고 있는 겁니다." 머스크는 잠시 멈춰서 스프레드시트를 살펴본 후 그 지적에 수긍했다. "좋아요. 자금을 더 조달할 방법을 찾아야 할 것 같군요." 머스크가 말했다. 타페닝은 킴벌을 안아주고 싶은 마음이 들었다고 말한다.

당시 실리콘밸리에는 스타트업으로 백만장자가 된 젊은 기업가들과 기술 전문가들이 파티를 즐기며 긴밀한 유대를 쌓는 커뮤니티가 있었고, 머스크는 그 모임의 스타 중 한 명으로 부상한 상태였다. 그는 안토니오 그라시아스, 세르게이 브린, 래리 페이지, 제프 스콜, 닉 프리츠커, 스티브 저벳슨 등 몇몇 친구들에게 투자를 요청했다. 하지만 이사회 멤버들은 그에게 네트워크를 넓혀 팰로앨토의 샌드힐로드를 금빛으로 빛나게 하는 주요 벤처캐피털 회사 중 한 곳에서 자금을 조달할 것을 권유했다. 그러면 돈뿐만 아니라 테슬라에 대한 타당성 인증까지 얻어낼 수 있을 터였다.

먼저 그는 (그 옛날 비디오 게임의 개척 기업인) 아타리와 애플, 구글 등에 대한 초기 투자로 실리콘밸리의 제왕이 된 세쿼이아 캐피털에 접근했다. 이 회사는 풍자적 재치와 문학적 소양을 갖춘 웨일스 태생의 전직 저널리스트로서 머스크와 틸이 페이팔의 격동기를 성공적으로 헤쳐 나가도록 도움을 주었던 마이클 모리츠가 운영하고 있었다.

머스크는 그를 실물 크기의 로터스 시제품에 태우고 드라이브를 했다. "운전대를 잡은 일론 옆에 앉아, 서스펜션도 없는 그 작은 차가 눈 깜빡이는 것보다 더 짧은 시간에 0에서 60마일까지 치달리는 것을 몸으로 느끼는 것은 정말 살 떨리는 경험이었지요." 모리츠는 말한다. "이보다 더 무서운 일이 어디 있을까 싶었어요." 모리츠는 정신을 추스른 후 머스크에게 전화를 걸어 투자하지 않겠다고 말했다. "그 차는 정말 멋지지만 도요타와 경쟁할 수는 없다는 판단이네. 한마디로 '미션 임파서블'이지." 몇 년 후 모리츠는 '일론의 투지가 지닌 힘을 제대로 알아보지 못했다'고 인정했다.

그래서 머스크는 앨런 샐즈먼과 짐 마버가 이끄는 밴티지포인트 캐피털VantagePoint Capital에 손을 내밀었다. 이 회사는 2006년 5월에 마감된 4,000만 달러 규모의 자금 조달 라운드에서 주요 투자자가 되었다. 샐즈먼은 말한다. "경영에 내포된 에버하드와 머스크라는 이중성이 걱정되었지만, 그것이 바로 이 짐승의 본성이라는 것을 깨달았지요."

그 이중성은 자금 조달 라운드를 발표하는 보도자료에는 분명하게 드러나지 않았다. 머스크는 자신이 회사의 창업자 중 한 명으로 명시되지 않은 그 보도자료를 사전에 보지 못했다. "테슬라모터스는 2003년 6월 마틴 에버하드와 마크 타페닝에 의해 설립되었습니다." 보도자료는 그렇게 천명했다. 에버하드는 머스크가 투자자가 되어준 것에 대해 정중히 감사를 표한 것으로 인용되었다. "우리는 모든 자금 조달 라운드에 적극적으로 참여하고 이사회에서 리더십을 발휘하는 등 미스터 머스크가 테슬라모터스에 대하여 보여준 지속적인 신뢰를 자랑스럽게 여깁니다."

창업자 논쟁

CEO에서 축출된 후에도 페이팔의 대변인으로 남기를 원했던 일화에서 알 수 있듯, 머스크는 대중의 관심을 어색해하면서도 열정적으로 갈망했다. 그는 리 아이아코카나 리처드 브랜슨처럼 방송에 나가 제품을 홍보하는 사람이 되지도 않았고, TV 인터뷰라면 물불을 가리지 않고 달려드는 '나방'이 되지도 않았다. 가끔 컨퍼런스에 참석하거나 잡지의 인물 소개 기사를 위해 가만히 포즈를 취하기도 했지만, 그는 트위터에 자신의 생각을 털어놓거나 팟캐스트로 사람들을 즐겁게 해주는 것이 더 편하다고 느꼈다. 밈 활용의 대가인 그는 소셜 미디어에서 논란을 불러일으키고 논쟁을 벌여 공짜로 홍보하는 방법에 대한 영리한 본능을 보유했지만, 사소한 일을 놓고 수년간 고민할 수도 있었다.

한 가지 변함없는 것은 세간의 인정을 받는 것에 대한 그의 민감함이었으며, 누군가 자신이 물려받은 부 때문에 성공했다고 그릇되게 암시하거나 자신이 설립에 도움을 준 회사의 창업자로 불릴 자격이 없다고 주장하면 피가 끓어오르곤 했다. 페이팔에서 벌어졌던 그 일이 이제 테슬라에서도 벌어지고 있었다(두 사건 모두 소송으로 이어졌다는 공통점도 있다).

2006년 에버하드는 어느 정도 유명인사가 되어 이를 향유하고 있었다. 빈번한 텔레비전 인터뷰와 컨퍼런스 자리에서 그는 테슬라의 창립자로 묘사되었고, 같은 해에 (스마트폰의 전신인) 개인용 정보단말기 블랙베리의 광고에 출연하여 "최초의 전기 스포츠카를 만든" 인물로 소개되기도 했다.

그해 5월 테슬라의 자금 조달 라운드에 대한 보도자료에 에버하드와 타페닝만 회사의 창업자로 언급된 이후, 머스크는 자신의 역할이 다시는 축소 평가되지 않도록 만들기 위해 강력하게 움직였다. 그는 에버하드가 고용한 홍보 책임자 제시카 스위처와 사전 협의 없이 각종 인터뷰에 응하기 시작했다. 그녀는 머스크가 회사의 전략에 대해 공표하는 것이 문제가 된다고 생각했다. 어느 날 차를 타고 가던 중 그녀는 에버하드에게 "왜 일론이 이런 인터뷰를 하는 거죠?"라고 물었다. "대표님이 CEO이잖아요?"

에버하드는 "그가 하고 싶어서 하는 것"이라며 이렇게 덧붙였다. "나는 그와 논쟁을 벌이고 싶지 않아."

로드스터의 공개

2006년 7월, 테슬라가 로드스터의 시제품을 공개할 준비를 할 때 문제가 불거졌다. 팀은 검은색과 빨간색 로드스터를 수작업으로 제작했는데, 각각 시속 60마일까지 약 4초 만에 도달할 수 있는 성능을 갖추었다. 아직 머스크가 싫어하는 좁은 시트와 못생긴 대시보드는 바뀌지 않았지만, 그 외에는 테슬라가 생산에 돌입하기 위해 계획한 수준에 꽤 근접해 있었다.

스티브 잡스가 극적인 발표 행사를 통해 보여주었듯이, 신제품 출시에서 중요한 요소는 그것을 욕망의 대상으로 바꾸는 화제를 창출하는 것이다. 특히 골프 카트 이미지를 극복해야 하는 전기자동차의 경우 더욱 그런 것이 필요했다. 스위처는 산타모니카 공항에 유명인사들을 초대해 파티를 열고 시제품을 시승하게 하자는 계획을 세웠다.

에버하드와 스위처는 머스크에게 계획을 보여주기 위해 로스앤젤레스로 날아갔다. "상황이 정말 안 좋게 흘러갔습니다." 그녀는 회상한다. "그는 케이터링에 얼마를 지출할 계획인지를 포함해서 모든 세부사항을 꼼꼼히 따져 물었어요. 제가 반박하자 머스크는 온몸을 홱 젖히면서 일어나 방을 나갔습니다." 에버하드는 이렇게 표현한다. "그는 그녀의 아이디어 곳곳에 똥을 싸질러놓더니 나에게 그녀를 해고하라고 말했지요."

머스크는 직접 그 행사의 기획을 맡았다. 그는 게스트 명단을 검토하고 메뉴를 선정했으며 냅킨의 비용과 디자인까지 자신의 승인을 받도록 했다. 캘리포니아 주지사 아널드 슈워제네거를 포함하여 당대의 유명 인사들과 다수의 기자들이 행사에 참석했다. 주지사는 스트로벨이 모는 차에 동승하는 방식으로 시승에 참여했다.

에버하드와 머스크 둘 다 차례로 연단에 올랐다. 에버하드는 자신감 넘치고 세련된 어조로 연설했다. "누구는 빠른 차가 좋다고 합니다. 또 누구는 전기자동차가 좋다고 합니다. 하지만 두 가지를 모두 갖춘 차를 만드는 것이 전기자동차를 대중화하는 방법입니다." 머스크는 어색한 표정으로 망설이듯 말을 반복하고 약간 더듬는 자신의 버릇을 드러냈다. 하지만 그의 매끄럽지 못한 모습은 오히려 기자들을 사로잡았다. "오늘까지 모든 전기차는 실로 형편없었습니다." 그는 이렇게 천명하며 로드스터를 구입하는 것은 곧 테슬라가 대중적인 차량을 만들 수 있도록 자금을 지원하는 것이라고 역설했다. "테슬라 경영진은 고액 연봉을 받지 않습니다. 우리는 배당금도 지급하지 않습니다. 모든 잉여 현금 흐름은 전적으로 비용을 낮추고 더 저렴한 전기자동차를 만들기 위한 기술 개발에 투입될 것입니다."

이 행사는 언론의 뜨거운 관심을 받았다. 〈워싱턴포스트〉는 "이것은 아버지 세대의 전기차가 아니다"라고 극찬했다. "스포츠카처럼 생긴 그 10만 달러짜리 차량은 프리우스보다는 페라리에 더 가깝고, 그래놀라보다는 테스토스테론과 더 관련이 깊다."

하지만 한 가지 문제가 있었다. 거의 모든 공이 에버하드에게 돌아갔다. "그는 배터리로 구동되는 날렵한 고성능 기계를 만들기 시작했다." 〈와이어드〉는 화려한 삽화를 곁들인 기사를 통해 에버하드에 대한 칭찬을 늘어놓았다. "존 드로리안(제너럴모터스 최고의 엔지니어로 이후에 드로리안 모터 컴퍼니를 설립한 인물-옮긴이)과 프레스턴 터커(미국의 사업가이자 자동차 설계가-옮긴이)의 전기를 읽고 자동차 회사를 설립하는 것이 미친 생각임을 깨달았음에도 그는 결국 그렇게 했다." 머스크는 에버하드가 영입할 수 있었던 많은 투자자 중 단지 한 명으로 언급되었다.

머스크는 스위처의 해고로 불운하게도 홍보 일까지 떠맡게 된 테슬라의 부사장에게 신랄한 이메일을 보냈다. "내 역할이 계속 단순한 '초기 투자자'로만 묘사되고 있는데, 이것은 터무니없는 일이오. 마치 에버하드를 '초기 직원'이라고 하는 것과 마찬가지란 말이오. 나는 헤드라이트부터 스타일링, 문손잡이,

트렁크에 이르기까지 차 자체에 영향을 미친 사람이오. 그리고 전기 운송수단에 대한 나의 강렬한 관심은 테슬라보다 10년이나 앞서 있소. 에버하드가 전면에 나서고 중앙에 서는 게 마땅하다고 생각하오만, 그렇다고 내 역할을 지금까지 그렇게 묘사하는 것은 나에 대한 엄청난 모욕임을 알아야 하오." 그는 여기에 "온당한 범위 내에서 모든 주요 매체와 이야기를 나누고 싶소"라고 덧붙였다.

다음 날, 〈뉴욕타임스〉는 머스크에 대한 언급조차 없는 '4초 만에 시속 0에서 60마일까지'라는 제목으로 테슬라에 대한 찬사를 게재했다. 설상가상으로 이 기사에서 에버하드는 테슬라의 의장으로 묘사되었고, 유일하게 실린 사진은 그가 타페닝과 함께 서 있는 모습이었다. "〈뉴욕타임스〉 기사를 보고 엄청난 모욕감과 당혹감을 느꼈습니다." 머스크는 에버하드에게, 그리고 회사가 고용한 홍보 대행업체인 PCGC에 이렇게 이메일을 보냈다. "내가 언급조차 되지 않았을 뿐 아니라 마틴이 실제로 이사회 의장으로 소개되었습니다. 이런 일이 또 다시 발생한다면 테슬라와 PCGC의 관계는 즉시 종결되는 것으로 아시길 바랍니다."

머스크는 자신의 중심적인 역할을 강조하기 위해 테슬라의 웹사이트에 회사의 전략을 설명하는 짧은 에세이를 게시했다. "테슬라모터스의 비밀 마스터 플랜(우리끼리만 압시다)"이라는 건방진 제목의 이 글은 다음과 같이 선언했다.

테슬라모터스의 가장 중요한 목적(그리고 내가 이 회사에 자금을 지원하는 이유)은 채굴 및 연소 중심의 탄화수소 경제에서 태양광 전기 경제로의 전환을 촉진하는 것입니다. … 이를 실현하는 데 핵심적인 것은 타협 없는 전기자동차이며, 그것이 바로 테슬라 로드스터가 포르쉐나 페라리와 같은 가솔린 스포츠카를 정면 대결에서 이길 수 있도록 설계된 이유입니다. … 혹자는 이것이 실제로 세상에 도움이 되는지 의문을 품을지도 모릅니다. 우리에게 정말 또 다른 고성능 스포츠카가 필요할까? 실제로 전 세계 탄소배출량에 변화를 가져올 수 있을까? 글쎄요, 대답은 '아니요'와 '그다지'가 되겠지요. 하지만 이는 요점을 놓치는 것입니다. 위에서 암시한 비밀 마스터플랜을 이해하지 못하는 것이기에 그렇습니다. 거의 모든 신기술은 최적화되기 전까지, 특히 초기에는 높은 단가가 발생하며, 이는 전기자동차의 경우에도 마찬가지입니다. 테슬라의 전략은 고객이 프리미엄을 지불할 준비가 되어 있는 고가 시장에 진입한 다음, 후속 모델을 출시할 때마다 최대한 빨리 단가를 낮추고 판매량을 늘리는 것입니다.

또한 머스크는 슈퍼히어로 영화 〈아이언맨〉을 찍고 있던 배우 로버트 다우니 주니어와 감독 존 패브로를 스페이스X 공장을 둘러보도록 초대함으로써 자신의 인지도를 치솟게 만들었다. 머스크는 이후 그 영화의 주인공, 즉 직접 설계한 기계화 갑옷을 입고 아이언맨으로 변신하는 유명 기업가 겸 엔지니어 토니 스타크의 현실 속 사례로 통하게 되었다. 다우니는 나중에 이렇게 말했다. "나는 그렇게 쉽게 감동이나 충격을 먹는 사람이 아닌데, 그 시설과 그 인물은 실로 놀라웠습니다." 다우니는 스타크의 작업장으로 설정한 세트장에 테슬라 로드스터를 배치해달라고 요청했다. 머스크는 나중에 〈아이언맨 2〉에 직접 잠깐 등장하기도 했다.

2006년에 공개된 로드스터의 시제품은 머스크가 목표했던 첫 번째 단계, 즉 전기차는 골프 카트와 같은 박스형 버전이 될 수밖에 없다는 환상을 깨뜨리는 것에 성공했다. 슈워제네거 주지사는 10만 달러의 대금을 선불로 내놓았고, 배우 조지 클루니도 뒤를 따랐다. 머스크의 로스앤젤레스 이웃으로 〈걸스 곤 와일드〉라는 TV 시리즈를 제작한 조 프랜시스는 장갑 트럭에 현금 10만 달러를 실어 보냈다. 자동차를 좋아하던 스티브 잡스는 당시 이사회 멤버 중 한 명이자 제이 크루의 CEO였던 미키 드렉슬러에게 로드스터의 사진을 보여주며 이렇게 말했다. "엔지니어링을 이렇게 멋지게 창출한다는 것은 정말 아름다운 일이지요."

제너럴모터스는 얼마 전 전기자동차의 형편없는 버전인 EV1을 단종한 상태였고, 영화 제작자 크리스 페인은 〈누가 전기자동차를 죽였는가?〉라는 제목의 신랄한 다큐멘터리를 내놓은 상황이었다. 이제 머스크와 에버하드와 테슬라의 용감한 팀이 미래를 되살릴 태세를 갖추었다.

어느 날 저녁, 에버하드는 자신의 로드스터를 몰고 실리콘밸리를 돌아다니고 있었다. 신호등 앞에 멈춰선 순간, 액세서리로 도배된 아우디를 몰고 있던 한 젊은 애가 옆에 차를 세우고는 엔진을 부르릉거리며 스피드 경주 도전 신호를 보냈다. 신호가 바뀌자 에버하드는 그 애가 먼지를 뒤집어쓰게 만들었다. 다음 두 신호등에서도 같은 일이 벌어졌다. 마침내 아이는 창문을 내리고 에버하드에게 차종이 뭐냐고 물었다. 에버하드는 대답했다. "전기차야. 그 차로는 이길 방도가 없지."

22장

콰절레인

스페이스X, 2005-2006년

(왼쪽 위) 한스 쾨니스만 (오른쪽 위) 오멜렉 섬
(아래) 오멜렉 섬의 발사대

태평양 한가운데의 발사대

머스크는 가능한 가장 편리한 장소 중 한 곳에서 스페이스X의 로켓을 발사할 계획을 세웠다. 캘리포니아 샌타바버라 인근 해안가에 위치한 10만 에이커 규모의 반덴버그공군기지가 바로 그 후보지였다. 로스앤젤레스의 스페이스X 본사와 공장에서 북쪽으로 약 160마일(약 260킬로미터) 떨어진 위치였기에 로켓과 여타 장비를 비교적 수월하게 옮길 수 있었다.

문제는 이 기지가 규칙과 요구사항을 신성시하는 공군에 의해 운영된다는 점이었다. 모든 규칙에 의문을 제기하고 그렇지 않다는 것이 입증되기 전까지는 모든 요구사항을 어리석은 것으로 간주하는 문화를 주입하고 있던 머스크와는 어울릴 수 없는 상대였다.

"공군과 우리는 그렇게 서로 맞지 않는 부분이 많았습니다." 당시 스페이스X의 수석 발사 엔지니어였던 한스 쾨니스만은 말한다. "그들의 요구사항 가운데 어떤 것들은 하도 어처구니가 없어서 일론과 내가 웃다가 숨이 막힐 정도였습니다." 쾨니스만은 잠시 생각에 잠기더니 덧붙였다. "아마 그들도 우리를 그렇게 비웃었을 겁니다."

설상가상으로 당시 반덴버그는 10억 달러 규모의 극비 첩보위성을 발사하기 위해 군에서 사용할 예정이었다. 2005년 봄, 스페이스X의 팰컨 1호가 준비되고 있을 무렵 미 공군은 첩보위성이 안전하게 발사될 때까지 스페이스X는 반덴버그의 발사대를 사용할 수 없다고 선언했다. 아울러 그들은 사용 가능한 시점을 판단할 수 있는 일정표도 제공할 수 없다고 덧붙였다.

스페이스X는 자사가 들인 비용이나 추가적으로 발생하는 비용을 어느 누구에게도 전가할 수 없었다. 원가가산 방식으로 계약한 것이 아니었기에 위성을 발사하거나 특정 지점에 인도할 때만 대금을 지급받을 수 있었다. 반면에 록히드는 일정이 지연될 때마다 이익을 얻었다. 2005년 5월 공군 관료들과의 전화 회의에서 스페이스X가 조만간 발사 허가를 받아낼 길이 없음을 깨달은 머스크는 팀 부자에게 전화를 걸어 짐을 싸라고 지시했다. 로켓을 다른 장소로 옮기기로 한 것이다. 다행히 사용 가능한 장소가 하나 있었다. 하지만 반덴버그와 같은 제약이 없는 만큼 반덴버그와 같은 편리도 누릴 수 없는 곳이었다.

권 숏웰은 2003년 말레이시아와 통신위성을 발사하는 600만 달러 규모의 계약을 체결한 바 있었다. 문제는 그 위성이 너무 무거워서 지구 표면의 상대적으로 빠른 자전 덕분에 위성 발사에 필요한 추가 추진력을 얻을 수 있는 적도 근처에서 쏘아 올려야 한다는 것이었다.

숏웰은 쾨니스만을 스페이스X의 칸막이 방으로 불러서는 세계전도를 펼쳐 놓고 적도를 따라 서쪽으로 손가락을 움직였다. 태평양의 반을 가로지를 때까지 아무것도 보이지 않다가 마셜제도가 나타났다. 로스앤젤레스에서 약 4,800마일(약 7,700킬로미터) 떨어져 있으며 국제 날짜선 근처라는 것 외에는 별다른 특징이 없었다. 한때 미국 영토로 핵무기 및 미사일 시험장으로 사용되던 마셜제도는 독립 공화국이 되었지만, 여전히 미국과 밀접한 관계를 유지하며 미국의 군사기지를 두고 있었다. 마셜제도 중 하나가 바로 산호와 모래로 이루어진 작은 섬들로 구성된 콰절레인 환초였다.

콰즈라는 약칭으로 불리는 콰절레인 섬은 환초에서 가장 큰 섬으로, 기숙사 같은 낡은 호텔과 공항처럼 보이려고 애쓰는 간이 활주로가 있는 미군 기지가 자리했다. 일주일에 세 차례 호놀룰루에서 출발하는 항공편이 있었는데, 경유 대기시간까지 고려하면 로스앤젤레스에서 콰즈까지 가는 데는 20시간 가까이 걸렸다.

콰즈에 대한 조사에 들어간 숏웰은 앨라배마 주 헌츠빌에 본부를 둔 미 육군 우주미사일방어사령부에서 콰즈의 군사시설을 운영한다는 사실을 알게 되었다. 그곳의 책임자는 팀 망고 소령이었는데, 머스크는 그 이름을 듣고 웃음을 터뜨렸다. "마치 드라마 〈캐치-22〉에 나오는 장면 같았거든요." 그는 말한다. "미 국방부의 누군가가 열대 섬의 기지를 운영할 책임자로 누구를 뽑을지 살피다가 이름을 보고 망고 소령으로 결정한 것 같잖아요."

머스크는 느닷없이 망고 소령에게 전화를 걸어 자신이 페이팔의 창업자였으며 로켓 발사 사업에 뛰어들었다고 설명했다. 망고 소령은 몇 분간 이야기를 듣다가 전화를 끊었다. "웬 미친놈이 전화했다고 생각했습니다." 망고 소령은 훗날 웹진 〈아스테크니카〉의 에릭 버거에게 그렇게 말했다. 하지만 전화를 끊은 망고 소령은 구글에서 머스크를 검색해봤다. 100만 달러짜리 맥라렌 옆에 서 있는 머스크의 사진과 그가 스페이스X라는 회사를 설립했다는 내용을 보고 그가 진짜임을 깨달았다. 망고 소령은 스페이스X 웹사이트에 접속해서 회사 전화번호를 찾아 전화를 걸었다. 남아공 억양이 약간 묻어나던 그 사람이 전화를 받았다. "아니 근데, 아까 내 전화를 그냥 끊으신 건가요?" 머스크가 물었다.

망고 소령은 로스앤젤레스로 방문해달라는 머스크의 초대에 응했다. 머스크의 칸막이 방에서 잠시 이야기를 나눈 후, 머스크는 망고 소령에게 근사한 레스토랑에 가서 저녁식사를 대접하겠다고 했다. 그는 공직윤리 담당관에게 확인 전화를 해서 밥값은 본인이 부담해야 한다는 답변을 들었다. 그래서 둘은 방향을 바꿔 애플비스로 갔다. 머스크와 그의 팀원 몇 명은 한 달 후 망고 소령과 그의 팀원들을 만나러 헌츠빌로 날아갔다. 이번에는 머리 부분까지 통째로 튀긴 메기튀김이 주 메뉴인 길가 식당에서 이전보다는 나은 저녁식사를 했다. 머스크는 메기튀김과 약간의 허시퍼피스(주로 미국 남부 지방에서 먹는 옥수수 가루로 만든 작은 튀김 과자-옮긴이)를 주문했다. 그는 망고 소령과 거래를 성사시키고 싶었다.

망고 소령도 마찬가지였다. 콰즈에 있는 그의 기지는 다른 많은 기지와 마찬가지로 운영예산의 절반을 상업 계약으로 충당했기에 서둘러 그런 계약을 체결하도록 종용받는 상황이었다. 머스크는 말한다. "망고 소령은 우리를 위해 레드카펫을 깔아주고 있었고, 반덴버그 기지의 공군은 냉담하게 어깨를 돌리는 상황이었지요." 로스앤젤레스로 돌아오는 비행기에서 머스크는 팀원들에게 "콰즈로 갑시다"라고 말했다. 몇 주 후, 그들은 머스크의 제트기를 타고 외딴 환초로 날아가 개방형 휴이 헬리콥터에 올라 둘러본 후 발사 장소를 그곳으로 옮기기로 최종 결정했다.

낙원의 이면

몇 년 후 머스크는 콰즈로 발사 장소를 옮긴 것이 실수였음을 인정했다. 반데버그가 이용 가능해질 때까지 기다렸어야 했다. 하지만 그러려면 인내가 필요했고, 그것은 머스크에게 결여된 덕목이었다. "물류와 염분 섞인 공기를 처리하는 것이 얼마나 힘든 일인지 몰랐어요." 머스크는 말한다. "우리는 때로 자신의 발등을 찍기도 합니다. 접근하기가 그토록 어려운 열대 섬에서 발사하기로 결정함으로써 스스로 성공 확률을 떨어뜨린 셈이지요." 그러고는 웃는다. 상처가 다 아문 지금, 콰즈는 기억할 만한 모험으로 남았을 뿐이다. 수석 발사 엔지니어 쾨니스만은 "콰즈에서 보낸 4년은 우리를 단련하고, 유대감을 형성하게 하고, 팀으로 일하는 법을 가르쳐주었지요"라고 설명한다.

강인한 스페이스X의 엔지니어들이 콰즈의 막사로 이주했다. 발사 지점은 그곳에서 30여 킬로미터 떨어진, 환초에 속한 더 작은 섬인 오멜렉에 위치했다. 폭 200미터 정도의 무인도인 오멜렉까지 가기 위해서는 쌍동선에 올라 45분 동안 이동해야 했는데, 이른 아침 햇볕에 티셔츠를 입고 있어도 화상을 입을 수 있었다. 스페이스X 팀은 그곳에 트레일러 두 개를 합쳐 사무실을 설치하고 콘크리트를 타설해 발사대를 만들었다.

몇 달 후, 직원 몇몇은 매일 아침저녁으로 석호를 건너는 것보다 오멜렉에서 잠을 자는 것이 더 편하다고 판단했다. 그들은 트레일러에 매트리스와 작은 냉장고를 들여놓고 그릴까지 설치했다. 유쾌한 성격에 염소수염을 기른, 튀르키예 출신의 스페이스X 엔지니어 빌렌트 알탄은 이 그릴로 쇠고기 요구르트 굴라시(고기와 야채로 만드는 헝가리식 스튜 요리-옮긴이)를 만드는 한 가지 방법을 완성했다. 분위기는 〈길리건의 섬〉(1960년대에 방영된 시트콤-옮긴이)과 〈서바이버〉(미국 CBS에서 방영된 리얼리티 프로그램-옮긴이)가 뒤섞인 느낌이었지만, 차이점이 있다면 로켓 발사대가 있다는 것이었다. 그들은 새로 파견된 직원이 그곳에서 하룻밤을 묵으면 '아웃스웨트Outsweat, 아웃드링크Outdrink, 아웃런치Outlaunch'라는 문구가 박힌 티셔츠를 선물로 주었다.

머스크의 강요로 직원들은 가능한 한 비용을 절약할 수 있는 여러 방법들을 고안했다. 그중 하나가 격납고와 발사대 사이 150야드(약 137미터) 길이의 길을 포장하는 대신 선택한 방법으로, 그들은 바퀴가 달린 받침대를 만들어 로켓을 올린 후 합판 조각들을 바닥에 깔고 받침대를 몇 미터 굴린 다음 다시 합판 조각들을 앞으로 옮긴 후에 받침대를 굴리는 방식으로 로켓을 옮겼다.

이 직원들은 얼마나 투박하고 또 얼마나 보잉 스타일과 달랐을까? 2006년 초 그들은 로켓은 발사하지 않은 채 엔진만 잠시 점화하는 고정 점화 테스트를 하기로 했다. 하지만 테스트를 시작한 순간 2단계까지 충분한 전력이 도달하지 않는다는 사실을 발견했다. 굴라시를 만들던 엔지니어 알탄이 설계한 전원박스에 장착된 커패시터가 발사 팀이 사용하기로 결정한 충전 전압을 감당할 수 없는 것으로 드러난 것이다. 알탄은 겁에 질리지 않을 수 없었다. 육군이 허가한 고정 점화 테스트 기간이 나흘 후면 끝나기 때문이었다. 그는 서둘러 대체품을 찾아 나섰다.

적절한 커패시터들을 미네소타 소재의 한 전자제품 공급업체에서 구할 수 있었기에 텍사스의 인턴이 그곳으로 급파되었다. 그 사이에 알탄은 오멜렉의 로켓에서 전원박스를 분리한 후 보트를 타고 콰즈로 이동해 공항 밖 콘크리트 바닥에서 잠을 자며 호놀룰루행 새벽 비행기를 기다렸다. 로스앤젤레스에 도착한 그는 마중 나온 아내의 차에 올라 스페이스X 본사로 이동했다. 그곳에서 그는 새 커패시터들을 들고 미네소타에서 날아온 인턴을 만났다. 그는 문제가 된 전원박스의 커패시터들을 교체한 다음 그것을 테스트하는 데 걸리는 2시간 동안 옷을 갈아입으러 서둘러 집에 다녀왔다. 그리고 그는 머스크와 함께 머스크의 제트기에 올라 콰즈로 향했다. 인턴도 고생한 데 대한 보상으로 비행기에 태웠다. 알탄은 (그 시점까지 40시간의 대부분 동안 깨어 있었기에) 비행기에서 잠을 자고 싶었지만 머스크는 회로의 온갖 세부사항에 대해 질문을 퍼부었다. 헬리콥터를 타고 콰즈 활주로에서 오멜렉으로 이동한 알탄은 수리한 전원박스를 로켓에 장착했다. 이번에는 제대로 작동했다. 3초간의 고정 발사 테스트는 성공적이었고, 그에 따라 팰컨 1호의 첫 번째 완전 발사 일정이 몇 주 후로 잡혔다.

23장

발사 실패

콰즈, 2006-2007년

(위) 굴라시를 요리하는 빌렌트 알탄
(아래) 콰절레인에서 포즈를 취한 한스 쾨니스만과 크리스 톰슨, 앤 치너리

첫 번째 발사

"오토바이 타러 갈래?" 아침 6시에 일어난 킴벌이 같이 일어난 일론에게 물었다. 그들은 발사 예정일인 2006년 3월 24일에 맞춰 콰즈에 와 있는 상태였다. 머스크는 자신이 4년 전부터 꿈꿔왔던 팰컨 1호 로켓이 역사를 새로 쓰게 되기를 바랐다.

"아냐, 관제센터에 가봐야 해." 일론이 답했다.

킴벌은 말렸다. "발사시간은 아직 한참 멀었잖아, 시원하게 한 바퀴 달리자. 스트레스 해소에 도움이 될 거야."

일론은 고개를 끄덕였고, 두 사람은 일출을 감상할 수 있는 절벽을 향해 맹렬한 속도로 내달렸다. 절벽에 선 일론은 한참 동안 말없이 먼 곳을 응시하다가 관제실로 향했다. 반바지와 검은색 티셔츠를 입은 그는 정부에서 지급한 나무 책상들 사이를 헤치고 나갔다. 머스크는 스트레스를 받으면 종종 미래로 후퇴하곤 한다. 임박한 주요 이벤트에 집중하고 있는 엔지니어들에게 화성 착륙 계획이나 운전대가 없는 로봇택시, 컴퓨터에 연결할 수 있는 이식형 두뇌 칩 등 몇 년 후에나 가능한 일들에 대한 세부적인 질문을 던져 그들을 놀라게 하는 것이 그런 행태의 대표적인 사례. 테슬라에서는 로드스터 생산이 위기에 처했을 때 팀원들에게 자신이 구상하고 있는 다음 번 자동차의 부품 현황에 대한 퀴즈를 내기도 했다.

콰즈에서 팰컨 1호의 첫 발사 카운트다운이 마지막 1시간 이내로 접어들자 머스크는 엔지니어들에게 밀린 엔진 다섯 개를 장착할 미래의 로켓인 팰컨 5호에 필요한 부품에 대해 질문했다. 연료탱크에 사용할 새로운 유형의 알루미늄 합금을 주문했나요? 그가 자신의 계기반 앞에 앉아 카운트다운을 감독하고 있던 크리스 톰슨에게 물었다. 스페이스X의 첫 엔지니어 중 한 명인 톰슨이 "아니오"라고 답하자 머스크는 화를 냈다. 톰슨은 나중에 에릭 버거와의 인터뷰에서 이렇게 말했다. "카운트다운이 한창 진행 중인 긴박한 상황에서 머스크는 재료에 대한 깊고도 공격적인 대화를 나누고 싶어 했습니다. 우리가 지금 로켓을 발사하려고 하고 있고, 내가 발사 지휘자로서 기본적으로 우리가 실행할 모든 명령을 소리쳐 내려야 할 책임이 있다는 사실을 인식하지 못하고 있는 게 아닌가 싶어 정말 어안이 벙벙했습니다. 정말 어처구니가 없었지요."

발사 순간에 이르러서야 머스크는 다시 그 순간에 집중했다. 팰컨 1호가 발사대에서 이륙하고 관제실의 엔지니어들이 불끈 쥔 주먹을 공중으로 치켜 올리자 머스크는 로켓의 2단에서 아래쪽을 비추고 있는 카메라의 비디오 피드를 응시했다. 발사 후 20초가 되자 그 카메라 화면은 아래쪽 저 멀리 오멜렉의 깨끗한 해변과 청록색 바닷물을 보여주었다. "발사되었어요!" 킴벌이 말했다. "정말 발사됐어요!"

그리고 5초가 더 흐른 후, 들어오는 데이터를 보고 있던 톰 뮬러가 문제를 발견했다. "오, 젠장." 그가 말했다. "추진력이 떨어지고 있어요." 쾨니스만은 엔진 바깥쪽에서 불꽃이 깜빡이는 것을 보았다. "오, 젠장." 그가 뮬러를 따라 외쳤다. "불이 붙었어, 누출이야."

순간 머스크는 로켓이 산소가 희박한 높이로 충분히 솟아올라 불꽃이 꺼지길 바랐다. 그러나 로켓은 추락하기 시작했다. 비디오 피드에서 오멜렉이 가까이 다가오더니 더 이상 화면에 아무것도 비치지 않았다. 그리고 불타는 파편들이 바다로 떨어졌다. "위장이 뒤틀렸지요." 머스크의 말이다. 1시간 후, 머스크는 뮬러, 쾨니스만, 부자, 톰슨 등 수석 팀원들과 함께 잔해를 둘러보기 위해 육군 헬리콥터에 올랐다.

그날 밤 모두가 쾨즈의 야외 바에 모여 조용히 맥주를 마셨다. 몇몇 엔지니어는 눈물을 흘렸다. 머스크는 돌처럼 굳은 얼굴과 먼 곳을 응시하는 눈빛으로 조용히 생각에 잠겼다. 그러고는 아주 부드럽게 입을 열었다. "처음 시작할 때 우리 모두는 첫 번째 임무에서 실패할 수 있다는 것을 알고 있었습니다. 우리는 다른 로켓을 만들어 다시 시도할 것입니다."

머스크와 스페이스X 팀원들은 다음 날 현지 자원봉사자들과 함께 오멜렉 해변을 걷거나 작은 보트를 타고 해안을 훑으며 파편들을 수거했다. "우리는 파편들을 수거해 격납고에 모아놓은 후 무엇이 잘못되었는지 알아내려고 조

각들을 맞춰나갔습니다." 쾨니스만은 말한다. 집투의 매각 이후 셰프 훈련을
받은 열정적인 미식가 킴벌은 그날 저녁 고기 스튜와 카넬리니 콩 통조림에 빵
과 토마토, 마늘, 멸치로 만든 샐러드를 곁들인 야외 식사를 준비해 모두를 격
려했다.

머스크와 수석 엔지니어들은 비행기를 타고 로스앤젤레스로 돌아오는 길
에 녹화 영상을 틀어놓고 분석에 들어갔다. 뮬러가 멀린 엔진에서 화염이 발생
한 순간을 가리켰다. 연료 누출이 원인인 것이 분명했다. 머스크는 잠시 끙끙
앓더니 뮬러를 향해 소리쳤다. "얼마나 많은 사람들이 당신을 해고해야 한다
고 내게 말했는지 알아요?"

"그냥 해고하지 그래요?" 뮬러가 받아쳤다.

"근데 내가 염병할 당신을 해고했소? 염병할 당신은 아직 여기 있잖소." 머
스크가 대꾸했다. 그런 다음 머스크는 긴장을 풀려는 듯 코믹 액션 풍자 영화
〈팀 아메리카: 세계 경찰〉을 틀었다. 그렇게 어둠을 실없는 유머로 바꾸는 것은
머스크에게 흔한 일이었다.

그날 늦게 그는 성명을 발표했다. "스페이스X는 장기적인 시각으로 이 일에
임하고 있습니다. 그 어떤 어려움이 닥쳐도 우리는 이 일을 해낼 것입니다."

머스크는 책임의식을 고취하기 위해 하나의 규칙을 강조한다. 모든 부품과
모든 프로세스, 모든 사양에 담당자 이름을 붙여야 한다는 것이다. 같은 맥락
에서 그는 무언가 잘못되는 경우 신속하게 그 책임을 물을 개인을 찾기도 한
다. 첫 번째 발사 실패의 경우, 연료 라인을 고정하는 작은 B 너트에서 누출이
발생한 것이 분명해졌다. 머스크는 뮬러가 처음 고용한 직원 중 한 명인 제러미
홀먼이라는 엔지니어를 지목했다. 그가 발사 전날 밤 밸브에 접근하기 위해 그
너트를 분리했다가 다시 부착했기 때문이다. 며칠 후 공개 심포지엄에서 머스
크는 "가장 경험 많은 기술자 중 한 명"이 실수를 했다고 설명했고, 내부자들
은 그가 홀먼을 지칭하고 있다는 것을 알았다.

당시 홀먼은 쾨즈에 남아 2주 일정으로 잔해에 대한 분석 작업을 하고 있었

다. 그는 호놀룰루에서 로스앤젤레스까지 오는 비행기 안에서 그 실패에 관한 신문기사를 읽다가 머스크가 자신을 비난한 것을 보고 충격을 받았다. 홀먼은 비행기에서 내리자마자 공항에서 약 3킬로미터 떨어진 스페이스X 본사로 차를 몰고 달려가 머스크의 칸막이 방으로 들이닥쳤다. 고성이 오갔고, 숏웰과 뮬러가 달려와 상황을 진정시키려고 노력했다. 홀먼은 회사에서 머스크의 발언을 공식 철회하는 발표를 해줄 것을 원했고, 뮬러는 그렇게 해달라고 압박했다. 하지만 머스크는 물러서지 않고 말했다. "내가 여기 CEO예요. 내가 언론을 다루는 사람이라고요. 그러니 관여할 생각 마시오."

홀먼은 머스크와 직접 대면하지 않고 일할 수만 있다면 회사에 남겠다고 뮬러에게 말했다. 그리고 1년 후 스페이스X를 떠났다. 머스크는 그 사건을 기억하지 못한다고 말하면서 홀먼이 그렇게 탁월한 엔지니어는 아니었다고 덧붙였다. 뮬러는 동의하지 않으며 "우리는 훌륭한 직원을 잃었습니다"라고 말했다.

알고 보니 홀먼의 잘못이 아니었다. 연료 라인의 잔해가 발견되었을 때 B 너트의 일부가 여전히 부착되어 있었는데, 부식되어 반으로 갈라진 상태였다. 염분이 가득한 콰즈의 바다 공기가 원인이었다.

두 번째 시도

첫 번째 발사가 실패한 후 스페이스X는 더욱 신중해졌다. 팀은 로켓의 수백 가지 구성요소 각각에 대한 세부사항을 면밀히 테스트하고 기록하기 시작했다. 이번에는 머스크도 모든 사람에게 광속으로 움직이라고도, 조심성은 개나 줘버리라고도 하지 않았다.

그렇다고 그가 가능한 모든 리스크를 제거하려고 애쓴 것은 아니었다. 그렇게 하면 스페이스X 로켓 역시 원가가산 계약으로 가격을 잔뜩 부풀린 업체들의 로켓처럼 비용이 많이 들고 늦어질 게 분명했다. 그래서 머스크는 모든 구성요소와 그 원자재 가격, (납품을 받는 경우) 공급업체에 지불하는 비용, 그리고 그 비용을 절감할 책임이 있는 엔지니어의 이름까지 포함된 차트를 작성하도록 했다. 회의에서 그는 때때로 프레젠테이션을 하는 엔지니어보다 자신이 관련 수치를 더 잘 알고 있음을 보여주곤 했는데, 이는 당연히 당사자에게 결코 유쾌한 경험이 아니었다. 검토회의는 험악하게 흘러가곤 했다. 하지만 비용은 줄어들었다.

이 모든 것은 계산된 리스크를 감수하는 것을 의미했다. 예를 들어, 머스크는 팰컨 1호의 첫 번째 비행을 부식시켜 실패로 이끈 B 너트에 값싸고 가벼운 알루미늄을 사용하도록 승인한 장본인이었다.

또 다른 예는 슬로싱sloshing(액체의 출렁거림)이라고 알려진 현상과 관련이 있다. 로켓이 상승할 때 탱크에 남아 있는 연료가 출렁거릴 수 있는데, 이를 방지하려면 탱크 내벽에 단단한 금속고리들을 부착해야 한다. 엔지니어들은 팰컨 1호의 1단에는 이 작업을 했지만, 2단에 그렇게 질량을 추가하는 것은 더 큰 문제를 야기할 수 있었다. 2단은 궤도까지 밀어 올려야 하기 때문에 질량을 추가하는 데 더 큰 부담이 따랐다.

쾨니스만의 팀은 슬로싱에 따른 리스크를 테스트하기 위해 다양한 컴퓨터 시뮬레이션을 실행했다. 극히 일부 시뮬레이션 모델에서만 그것이 문제가 되는 것으로 나타났다. 연구팀이 작성한 상위 열다섯 가지 리스크 목록에서 첫 번째는 로켓 쉘에 사용하는 얇은 소재가 비행 중에 휘어질 가능성이었다. 2단 연료탱크의 슬로싱 리스크는 열한 번째를 차지했다. 머스크는 쾨니스만을 비롯한 다른 엔지니어들과 함께 목록을 검토한 후, 슬로싱을 포함한 일부 리스크를 수용하기로 결정했다. 이러한 리스크의 대부분은 시뮬레이션만으로 그 발생 가능성을 판단할 수 없었다. 슬로싱 리스크는 실제 비행을 통해 테스트해야 했다.

그 테스트는 2007년 3월에 이루어졌다. 1년 전과 마찬가지로 발사는 순조롭게 시작되었다. 카운트다운이 제로에 도달하자 멀린 엔진이 점화되었고 팰컨 1호가 우주를 향해 힘차게 솟구쳐 올랐다. 이번에는 머스크가 로스앤젤레스에 있는 스페이스X 본사의 관제실에서 지켜보고 있었다. "예스, 예스! 우리가 해냈어요!" 뮬러가 외치며 머스크를 껴안았다. 2단 로켓이 예정대로 분리되자 머스크는 입술을 깨문 후 미소를 짓기 시작했다.

"축하합시다." 머스크가 말했다. "그 영상은 두고두고 다시 볼 거예요."

5분 동안, 샴페인 두어 병을 따기에 충분한 그 시간 동안 승리의 환희가 흘러넘쳤다. 그러다 갑자기 뮬러가 영상에서 무언가를 발견했다. 2단 로켓이 흔들리기 시작한 것이다. 데이터 피드는 그의 두려움을 확인시켜주었다. "곧바로 슬러싱 때문이라는 것을 알았습니다." 그는 말한다.

비디오에서는 지구가 마치 빨래 건조기 안에서 구르는 것처럼 보였지만, 실제로는 2단 로켓이 불안정하게 흔들리면서 회전하고 있는 것이었다. 한 엔지니어가 "중심 잡아, 잡아"라고 외쳤지만, 상황은 이미 절망으로 치닫고 있었다. 발사 11분이 표시되는 것과 동시에 영상이 끊겼다. 2단 로켓과 탑재체는 180마일 상공에서 지구로 추락하고 있었다. 로켓은 우주공간에는 도달했지만 궤도 진입에는 실패했다. 리스크 목록의 열한 번째 항목을 감수하기로 한 것, 즉 슬러싱 방지 고리를 장착하지 않기로 한 결정이 그들을 다시 물어뜯었다. 머스크는 쾨니스만을 바라보며 말했다. "이제부터 우리의 리스크 목록은 열 가지가 아닌 열한 가지 항목이 될 것이오."

24장

스와트 팀

테슬라, 2006-2008년

안토니오 그라시아스와 팀 왓킨스

악화되는 재정

자동차를 설계하는 것은 쉬운 일이라고 머스크는 종종 말한다. 어려운 부분은 그것을 제조하는 일이라는 뜻이다. 2006년 7월 로드스터의 시제품이 공개된 후 그 어려운 부분이 시작되었다.

로드스터의 제조비 목표는 원래 한 대당 약 5만 달러였다. 하지만 머스크의 요구로 디자인이 계속 변경되었고, 적합한 변속기 시스템을 찾는 데에도 큰 문제가 따랐다. 2006년 11월경 그 비용이 8만 3,000달러로 불어났다.

이에 머스크는 이사회 의장으로서는 이례적인 행동을 취했다. CEO인 에버하드에게 알리지도 않고 섀시 공급업체인 로터스를 방문하기 위해 영국으로 날아간 것이다. 한 로터스 임원은 에버하드에게 다음과 같이 이메일을 보냈다. "머스크가 테슬라의 생산 시기를 놓고 로터스의 견해를 밝히라고 요구하는 꽤나 어색한 상황이 펼쳐졌습니다."

머스크는 영국에서 잔뜩 잔소리를 들었다. 로터스 팀은 테슬라의 급변하는 디자인 사양을 처리하느라 2007년 말까지 로드스터의 차체 생산을 시작할 방법이 없다고 말했다. 예정보다 최소 8개월 이상 늦어지는 것이었다. 그들은 그동안 발생한 800여 가지 문제의 목록을 머스크에게 제시했다.

그중 하나가 테슬라의 맞춤형 탄소섬유 패널, 펜더, 도어를 공급하기로 계약한 영국 회사와 관련된 문제였다. 그날은 금요일이었는데, 머스크는 충동적으로 그 공급업체를 방문하기로 결정했다. "진흙탕을 헤치면서 그 회사 건물에 걸어가 보니 로터스 직원들의 말이 맞더라고요. 차체 세공작업이 제대로 이뤄지지 않고 있었어요. 완전히 엉망인 상황이었지요." 머스크의 말이다.

2007년 7월 말에는 재정 상황이 더욱 악화되었다. 1차 생산에 필요한 자재 비용은 한 대당 11만 달러로 추정되었고, 회사는 몇 주 안에 현금이 바닥날 것으로 예상되었다. 머스크가 스와트 팀을 불러들이기로 결정한 것이 바로 그 시점이었다.

효율적인 공정

안토니오 그라시아스는 열두 살 때 크리스마스 선물로 애플 컴퓨터를 사달라고 했다. 컴퓨터 자체를 말하는 게 아니었다. 그는 이미 애플 II의 초기 버전을 가지고 있었다. 그가 원한 것은 애플 컴퓨터 회사의 주식이었다. 미시간 주 그랜드래피즈에서 작은 란제리 가게를 운영하던 그의 어머니는 스페인어밖에 할 줄 몰랐지만, 어찌어찌해서 300달러에 애플 컴퓨터의 주식 10주를 그에게 사주었다. 그는 여전히 그 주식을 보유하고 있다. 현재 그 가치는 약 49만 달러에 이른다.

조지타운대학교 재학 시절 그는 여러 가지 사업을 시도했는데, 그중 하나가 콘돔을 대량으로 매입해서 러시아에 있는 친구에게 배송해 그곳에서 팔도록 하는 것이었다. 하지만 이 사업은 생각대로 잘 풀리지 않았고, 결국 그의 기숙사 방에 엄청난 양의 콘돔 재고가 쌓이게 되었다. 그는 성냥갑에 콘돔을 담은 후 성냥갑 양면에 유료 광고를 붙여 술집과 사교클럽 등에서 무료로 배포했다.

대학 졸업 후 그는 뉴욕의 골드만삭스에 취직했지만, 다시 시카고대학교 로스쿨에 진학하기 위해 그만두었다. 대부분의 법학대학원생, 특히 시카고대학교와 같은 곳의 법학대학원생은 학업이 너무 버거워 한눈 팔 여유가 없다고 생각하지만, 그라시아스는 지루함을 느꼈다. 그는 부업으로 소규모 기업을 인수하는 벤처펀드를 출범시켰다. 그중 특히 유망해 보이는 회사가 있었는데, 바로 캘리포니아 소재의 전기도금 전문업체였다. 하지만 살펴보니 그 회사의 상태는 엉망이었다. 그라시아스는 캘리포니아로 출퇴근하며 공장의 문제를 해결하기 위해 노력했고, 로스쿨 친구인 데이비드 색스가 그를 대신해 강의를 필기해주었다(안토니오 그라시아스와 데이비드 색스, 이 두 사람의 이름을 기억해두기 바란다. 트위터 이야기에서 다시 등장한다).

그라시아스는 그 공장의 근로자 대부분과 마찬가지로 스페인어를 구사했기에 그들에게서 그곳의 문제가 무엇인지 배울 수 있었다. "회사에 투자하는 경우 모든 시간을 작업 현장에서 보내야 한다는 것을 깨달았습니다." 그의 말이다. 그가 작업 속도를 높일 수 있는 방법을 묻자, 한 직원이 니켈을 담그는 통을 더 작게 만들면 도금 속도가 빨라질 것이라고 설명했다. 이 아이디어와 다른 직원들의 아이디어가 성공을 거두면서 공장은 흑자를 내기 시작했고, 그라시아스는 문제가 있는 회사를 더 많이 인수하기 시작했다.

그는 이 벤처사업을 통해 한 가지 큰 교훈을 얻었다. "성공을 이끌어내는 것은 제품이 아닙니다. 제품을 효율적으로 만드는 능력입니다. 기계를 만드는 기계를 구축하는 것이 핵심입니다. 다시 말해, 공장을 어떻게 설계하느냐가 중요한 겁니다." 머스크가 나름대로 정립한 기본원칙과 같은 생각이었다.

데이비드 색스는 로스쿨 졸업 후 머스크와 함께 페이팔의 공동창업자가 되었다. 그라시아스는 투자자로 참여했고, 그렇게 그는 머스크와 더불어 2002년 5월 색스의 서른 번째 생일을 축하하기 위해 라스베이거스에 모인 신규 백만장자 클럽에 속하게 되었다.

파티 참석자 중 여섯 명이 리무진에 올라 이동하던 중 스탠퍼드 출신 친구 한 명이 뒷좌석에 구토를 했다. 리무진이 목적지인 호텔에 도착하자 다른 사람들은 대부분 서둘러 호텔로 들어갔다. "일론과 나는 서로를 바라보며 이 불쌍한 운전기사가 혼자서 차의 구토물을 치우게 할 순 없다고 생각했습니다." 그라시아스의 회상이다. 그래서 그들은 운전기사와 함께 차에 올라 근처의 세븐일레븐 편의점으로 향했다. 거기서 종이타월과 스프레이 클리너를 산 그들은 차 안을 깨끗이 청소했다. "일론은 아스퍼거증후군을 앓고 있어서 때로 감정이 무딘 것처럼 비치기도 합니다만, 그렇다고 전혀 남을 배려할 줄 모르는 친구는 아닙니다." 그라시아스의 말이다.

그라시아스와 그의 벤처캐피털 회사인 밸러매니지먼트Valor Management는 테슬라의 초기 펀딩 라운드에 네 차례에 참여했으며, 그라시아스는 2007년 5월에 이사회에도 합류했다. 바로 그 무렵 머스크는 로드스터의 생산 문제가 얼마나 심각한지 가늠하고 있었고, 그라시아스에게 무엇이 문제인지 파악해달라고 부탁했다. 그라시아스는 도움을 얻기 위해 공장 파악의 귀재로 통하던 괴짜 파트너를 찾아갔다.

24시간 가동하는 공장

전기도금 회사를 되살린 후 그라시아스는 스위스에 작은 공장을 둔 회사를 포함해 비슷한 회사를 몇 개 인수했다. 공장을 시찰하기 위해 스위스로 날아 갔을 때, 하나로 묶은 머리에 청바지와 검은색 티셔츠를 입고 검은색 패니팩을 허리에 두른 팀 왓킨스라는 영국인 로봇공학 엔지니어가 공항에 마중 나왔다. 왓킨스는 새로운 임무를 맡을 때마다 현지 체인점에 가서 티셔츠와 청바지를 10벌씩 사서 그곳에 머무는 동안 도마뱀이 허물을 벗듯이 한 벌씩 갈아입고 헌 옷은 버리곤 했다.

여유롭게 저녁을 먹은 후 왓킨스는 공장을 보러 가자고 제안했다. 그라시아 스는 그곳이 야간 근무조 운용 허가를 받지 못한 공장임을 알고 있었기 때문에 왓킨스와 공장 관리자가 그를 차에 태워 산업단지의 뒷골목으로 데려갔을 때 경계심을 갖지 않을 수 없었다. "순간적으로 저들이 강도로 돌변하는 건 아 닌가 하는 생각이 들었습니다." 그라시아스의 말이다. 극적인 효과를 연출하 는 것을 좋아하는 왓킨스는 공장의 뒷문을 활짝 열어젖혔다. 불이 꺼져 있어 칠흑같이 어두웠지만, 고속 형타기가 돌아가는 소리가 들렸다. 왓킨스가 불을 켜자 그라시아스는 작업자가 한 명도 없는 가운데 기계 혼자 윙윙거리며 돌아 가고 있다는 사실을 알 수 있었다.

스위스의 규정에 따르면 어떤 공장이든 근로자 근무 시간을 하루 16시간 이 상 운용할 수 없었다. 그래서 왓킨스는 두 근무조가 8시간씩 교대로 근무하는 사이사이에 기계가 스스로 작동하는 4시간을 끼워 넣어 공장이 24시간 가동 되도록 만들었다. 그는 프로세스의 모든 부분에서 사람의 개입이 필요한 시점 을 예측하는 공식을 고안해냈다. "그렇게 해서 매일 16시간의 노동으로 24시 간의 생산량을 확보할 수 있었습니다." 왓킨스의 말이다. 그라시아스는 왓킨 스를 회사의 파트너로 영입했고, 이후 두 사람은 제조회사에 뛰어들어 그 회 사를 더 효율적으로 만드는 방법에 대한 비전을 공유하면서 함께 방을 쓰기도 하는 등 소울메이트가 되었다. 그리고 2007년, 두 사람은 머스크와 테슬라를 위해 다시 그 작업에 착수했다.

지구를 한 바퀴 돈 배터리 팩

첫 번째 과제는 탄소섬유 패널과 펜더, 도어를 공급하는 영국 업체와 관련
된 문제를 해결하는 것이었다. 머스크가 이 회사를 방문한 이후 그곳의 경영
진과 몇 차례 열띤 대화가 오갔다. 몇 달 후, 그들은 전화를 걸어 포기하겠다는
의사를 밝혔다. 머스크의 요구를 감당할 수 없어 계약을 해지한다는 것이었다.

머스크는 이 소식을 듣자마자 시카고에 있는 왓킨스에게 전화를 걸었다.
"내가 비행기를 타고 시카고로 데리러 갈 테니 같이 가서 이 문제를 좀 해결합
시다." 그들은 영국에서 기계 몇 대를 비행기에 싣고 프랑스로 날아갔다. 프랑
스에 위치한 소티라 콤퍼짓Sotira Composites이라는 회사가 그 작업을 맡겠다고
했기 때문이다. 머스크는 프랑스 노동자들이 자신만큼 헌신적인 자세로 임하
지 않을 것이 걱정되어 그들에게 격려의 말을 건넸다. "지금은 어떤 일이 있어
도 여러분들이 파업을 하거나 휴가를 가면 안 되는 시기입니다. 만약에 그런
일이 발생하면 테슬라는 죽습니다." 사실상 간청이었다. 루아르밸리의 한 샤토
에서 저녁식사를 한 후, 그는 왓킨스를 남겨두고 돌아왔다. 왓킨스는 그곳에서
며칠 더 지내며 프랑스인들에게 탄소섬유를 다루는 방법과 생산라인을 효율
적으로 만드는 방법을 가르쳐야 했다.

차체 패널과 관련해 문제가 발생하자 머스크는 공급망의 다른 부분에 대해
서도 걱정하게 되었고, 그래서 왓킨스에게 전체 시스템을 점검하고 정리해달
라고 요청했다. 왓킨스가 확인한 전체 그림은 악몽 그 자체였다. 프로세스의
출발지는 리튬이온 배터리의 셀을 만드는 일본이었다. 그들은 70개의 셀을 붙
여 벽돌 형태로 만든 다음 그것을 태국의 정글에 있는, 한때 바비큐 그릴을 만
들던 임시공장으로 배송했다. 그곳에서 이 전지는 냉각장치 역할을 하는 튜브
망을 갖춘 배터리 팩으로 조립되었다. 이 배터리 팩은 비행기로 운송할 수 없

었기에 배에 실려 영국의 한 항구로 보내졌고, 거기서 다시 차에 실려 로터스 공장으로 옮겨진 다음 로드스터 섀시에 조립되었다. 차체 패널은 프랑스의 새로운 공급업체에서 로터스로 운송되었다. 그리하여 배터리가 장착된 차체는 배에 실려 대서양을 건너고 파나마 운하를 가로질러 팰로앨토 인근의 테슬라 조립시설로 운송되었다. 그러면 그곳에서 최종 조립 팀이 AC 프로펄션의 모터와 구동렬 등을 장착하고 마감 작업을 하여 차를 완성했다. 배터리 셀은 이렇게 세계를 한 바퀴 돌아 고객의 자동차에 장착되었다.

이는 물류의 악몽뿐만 아니라 현금 흐름 문제도 야기했다. 여정의 초기에 각 셀의 가격은 1.50달러였다. 9,000개의 셀로 이루어진 완성된 배터리 팩의 가격은 인건비를 포함하여 1만 5,000달러에 달했다. 테슬라는 이 비용을 선불로 지불해야 했지만, 이 팩이 세계를 돌아 자동차에 탑재되어 소비자에게 판매되기까지 9개월이 걸렸다. 긴 공급 프로세스를 거치는 다른 부품들도 마찬가지로 현금을 소모했다. 아웃소싱은 이렇게 비용 절감에는 도움이 되었지만, 현금 흐름에 타격을 줄 수 있었다.

머스크의 개입으로 자동차의 디자인이 너무 복잡해졌다는 점도 문제를 더욱 악화시켰다. 머스크는 나중에 이렇게 인정했다. "그냥 완전히, 어리석음으로 불타오르는 쓰레기통 같았지요." 섀시는 40퍼센트 더 무거워졌고 배터리 팩에 맞게 다시 설계되어야 했다. 그리고 이 때문에 로터스가 수행한 충돌 테스트가 쓸모없어져 모든 과정을 다시 밟아야 했다. "돌이켜보면 로터스 엘리스를 개조하는 대신 백지상태에서 시작하는 것이 훨씬 더 현명한 방법이었어요." 머스크의 말이다. 구동렬의 경우에도 AC 프로펄션의 기술 중 양산차에 적용할 수 있는 부분은 거의 없는 것으로 드러났다. "6일을 헛되이 보내고 일요일을 맞이한 것과 같았지요." 머스크의 말이다.

에버하드와 함께 이 문제를 해결하기 위해 테슬라의 캘리포니아 본사에 도착한 왓킨스는 로드스터 생산에 대한 자재 명세서가 없다는 사실에 충격을 받았다. 다시 말하자면, 자동차에 들어가는 모든 부품과 각 부품에 대해 테슬라가 지불하는 비용 등에 대한 종합적인 기록이 없었다. 에버하드는 그런 정보를 관리하기 위해 SAP 시스템으로 전환하려고 했지만, 그것을 담당할 CFO가 없어서 그렇게 됐다고 설명했다. 왓킨스는 그에게 말했다. "자재 명세서 없이는 제품을 생산할 수 없습니다. 자동차에 얼마나 많은 부품이 들어가는데 … 이런저런 소소한 문제들에 치이고 치이다 죽게 된다고요."

왓킨스가 실제 비용을 파악한 결과, 상황은 가장 비관적인 예상보다 더 좋지 않았다. 조립라인에서 출고되는 초기 로드스터는 간접비를 포함해 최소 14만 달러의 비용이 들 것이며 생산량이 증가한다고 해도 12만 달러 한참 밑으로 떨어지진 않았다. 10만 달러에 차를 팔아도 크게 손해를 보는 것이었다.

왓킨스와 그라시아스는 머스크에게 이 암울한 결과를 보고했다. 현금을 빨아들이는 공급망과 제조비용으로 인해 회사가 자동차의 대량판매에 들어서기도 전에 고객이 선불로 낸 로드스터 예약금을 포함하여 모든 돈을 날릴 수 있다는 내용이었다. "낭패의 탄식이 절로 터져 나올 수밖에 없는 상황이었지요." 왓킨스의 회상이다.

그라시아스는 나중에 머스크를 옆으로 불러왔다. "이래서는 가망이 없어요." 그가 말했다. "에버하드는 숫자에 진정한 관심을 기울이지 않고 있어요."

25장

테슬라를 장악하다

테슬라, 2007-2008년

마틴 에버하드와 로드스터

에버하드의 축출

머스크가 영국으로 비밀리에 여행을 떠난 사실을 알게 된 직후 에버하드는 머스크에게 팰로앨토에서 저녁식사를 함께하자고 했다. "나를 대신할 수 있는 사람을 찾아보기로 하자고요." 그가 말했다. 나중에 머스크는 그를 매정하게 대했지만 그날 저녁에는 그를 지지하는 마음이었다. "이 회사의 창업자로서 당신이 해낸 일의 중요성은 그 누구도 가볍게 여길 수 없을 거예요." 머스크는 말했다. 다음 날 열린 이사회에서 에버하드는 물러나겠다는 자신의 계획에 대해 설명했고, 모두가 찬성했다.

후임자 선정 과정은 더디게 진행되었는데, 그 주된 이유는 머스크가 후보자 중 누구에게도 만족하지 못했기 때문이다. "테슬라의 문제점이 너무 많아서 괜찮은 CEO를 찾는 것이 거의 불가능했어요." 머스크는 말한다. "불이 난 집을 사겠다는 사람을 찾는 것은 어려운 일이지요." 2007년 7월, 그들은 후임 CEO 물색을 별로 서두르지 않고 있었다. 바로 그 무렵 그라시아스와 왓킨스가 보고서를 제출했고, 머스크의 분위기가 바뀌었다.

2007년 8월 초에 머스크는 테슬라 이사회 회의를 소집했다. 그는 에버하드에게 "자동차 제작비용이 얼마가 될 것으로 추정하고 있나요?"라고 물었다. 머스크가 이런 식의 질문 공세에 들어가면 회의가 즐겁게 마무리될 가능성이 희박했다. 에버하드는 정확한 대답을 내놓지 못했고, 머스크는 그가 거짓말을 하고 있다고 확신했다. 머스크는 '거짓말'이라는 단어를 자주 사용했는데, 그 의미가 다소 막연한 경우가 많았다. "그는 내게 거짓말을 했고, 비용은 문제가 되지 않을 것이라고 말했어요." 머스크의 말이다.

"그건 중상모략이에요." 내가 머스크의 비난을 거론하며 생각을 묻자, 에버하드는 이렇게 반응했다. "나는 누구에게든 거짓말을 하지 않았어요. 내가 무슨 이유로 거짓말을 하겠어요? 결국엔 다 드러나게 될 사안인데." 그의 목소리는 분노로 높아졌지만 고통과 슬픔도 묻어났다. 그는 15년이 지난 지금도 왜 머스크가 여전히 자신을 폄하하는 데 열을 올리는지 이해할 수 없다. "세계에서 가장 부유한 사람이 자신에게 손조차 댈 수 없는 사람을 때리고 있는 거잖아요." 원래의 파트너 마크 타페닝은 비용을 잘못 계산한 것은 인정하지만, 거짓말을 했다는 머스크의 주장과 관련해서는 에버하드를 옹호했다. "확실히 고의가 아니었어요. 우리는 우리가 가지고 있던 가격 정보를 토대로 비용을 추정했을 뿐이에요. 거짓말을 한 게 아니었다고요."

이사회가 있고 며칠 후, 에버하드가 로스앤젤레스에서 열리는 컨퍼런스에 참석하러 가던 중에 전화벨이 울렸다. 머스크의 전화였다. 머스크는 그에게 즉시 CEO 자리에서 그를 축출하겠다고 통보했다. "마치 옆머리를 벽돌로 세게 강타당한 것 같았어요. 날아오는 걸 보지 못한 벽돌에 말이에요." 에버하드의 회상이다. 사실 그는 그런 상황을 예상했어야 했다. (본인이 새 CEO를 찾자고 제안하긴 했지만) 그는 새 CEO를 찾기도 전에 갑자기 쫓겨날 줄은 전혀 예상하지 못했다. "그들은 나를 빼놓고 회의를 열어 해임을 결정했어요." 그는 몇몇 이사회 멤버들에게 연락을 시도했지만 아무도 그의 전화를 받지 않았다. 머스크는 말한다. "에버하드가 이사회에 영입했던 멤버들을 포함해 모두가 그가 떠나야 한다는 데 동의한 만장일치 의결이었어요." 타페닝도 곧 이사회를 떠났다.

에버하드는 '테슬라 창립자 블로그Tesla Founders Blog'라는 작은 웹사이트를 개설하여 머스크에 대한 불만을 토로하며 회사가 "아직 뛰고 있을지도 모르는 심장의 어떤 부분이든 뿌리 뽑고 파괴하려 든다"라고 비난했다. 이사회 멤버들은 그에게 어조를 낮추라고 요청했지만 효과가 없었다. 그러자 테슬라의 변호사가 스톡옵션을 철회하겠다고 협박했고 얼마 후 실제로 그렇게 했다. 세상에는 머스크의 의식에서 악마로 분류되는 사람들이 있다. 그들은 그를 자극하고, 어둡게 만들고, 차가운 분노를 불러일으킨다. 그런 사람들 중 첫 번째는 그의 아버지다. 그리고 다소 이상하지만 세간에 이름도 잘 알려지지 않은 마틴 에버하드가 두 번째다. 머스크는 "에버하드와 관계를 맺은 것은 내 경력에서 최악의 실수였다"라고 말한다.

2008년 여름 테슬라의 생산 문제가 심각해지자 머스크는 에버하드에게 맹렬한 비난을 퍼부었고, 에버하드는 명예훼손 혐의로 머스크를 고소하며 대응했다. "머스크가 역사 다시 쓰기에 착수했습니다." 소장의 첫 구절이다. 에버하드는 여전히 자신이 거짓말을 했다는 머스크의 비난에 발끈한다. "대체 뭐냐고요? 타페닝과 내가 시작한 회사 덕분에 자기는 세계에서 가장 부유한 사람이 되었잖아요. 그것으로 이미 충분한 거 아닌가요?"

2009년, 두 사람은 마침내 더 이상 서로를 비방하지 않으며 차후로 두 사람은 JB 스트로벨, 마크 타페닝, 이안 라이트와 더불어 테슬라의 공동창업자로 불리는 데 동의한다는 불안한 법적 합의에 도달했다. 또한 에버하드는 예전의 약속에 따라 로드스터 한 대를 받게 되었다. 그런 다음 그들은 각자, 서로 믿지 못하는 상대방에 대해 멋진 성명을 발표했다.

비방금지 조항에도 불구하고 머스크는 몇 달에 한 번씩 분노를 터뜨리는 것을 멈출 수 없었다. 2019년에는 이렇게 트윗을 날렸다. "에버하드에도 불구하고 테슬라는 살아남았지만, 그는 끊임없이 자신의 공을 인정받으려 하고 바보들은 그것을 인정하네요." 이듬해에는 "그는 말 그대로 내가 함께 일한 사람 중 최악이다"라고 천명했다. 그리고 2021년 말에는 또 이렇게 올렸다. "에버하드가 말한 테슬라의 창업 스토리는 명백히 거짓입니다. 그를 만나지 않았더라면 얼마나 좋았을까 생각합니다."

테슬라의 CEO가 되다

머스크는 그때쯤이면 자신이 CEO와 권력을 나누는 데 능숙하지 않다는 사실을 깨달았어야 마땅했다. 하지만 그는 여전히 테슬라의 CEO가 되는 것을 거부했다. 16년 후 그는 스스로 다섯 개의 주요 기업의 최고경영자 자리에 오르게 되지만, 2007년에는 거의 모든 다른 CEO들처럼 하나의 회사, 자신의 경우에는 스페이스X에 충실해야 한다고 생각했다. 그래서 그는 테슬라의 투자자인 마이클 마크스를 임시 CEO로 영입했다.

마크스는 이전에 전자제품위탁생산EMS 회사인 플렉스트로닉스Flextronics의

CEO였는데, 머스크도 선호하던 수직 통합이라는 전략을 밀어붙여 그 회사를 수익성이 높은 업계 리더로 성장시킨 전력이 있었다. 그의 회사는 프로세스의 여러 단계를 엔드투엔드end-to-end 방식으로 제어했다.

머스크와 마크스는 처음에는 잘 지냈다. 부자가 되고 나서도 카우치 서핑 couch surfing(여행을 할 때 남의 집 카우치를 이용하는 무료 숙박 행위)을 즐기는 특이한 습성을 가지고 있던 머스크는 실리콘밸리를 방문할 때면 마크스의 집에 머물곤 했다. "와인을 마시며 잡담을 나누곤 했지요." 마크스의 말이다. 하지만 마크스는 그저 머스크가 바라는 바를 수행하는 데서 그치지 않고 자신이 회사를 잘 이끌어나갈 수 있다고 믿는 실수를 저질렀다.

첫 번째 충돌은 머스크가 현실과는 맞지 않는 일정에 집착한 나머지 조만간 자동차 제작에 사용될 가능성이 전혀 없는 자재들을 주문하고 비용까지 지불하고 있다고 마크스가 결론을 내리면서 발생했다. "왜 이 모든 자재를 들여오는 걸까요?" 마크스가 취임 초기에 한 회의에서 이렇게 물었다. 한 관리자가 "일론이 계속 1월에 자동차를 출하할 것이라고 주장하기 때문입니다"라고 대답했다. 이러한 부품에 지급되는 금액 때문에 테슬라의 금고에서 현금이 새어나가고 있다고 판단한 마크스는 대부분의 주문을 취소하기 시작했다.

마크스는 또한 사람들을 대하는 머스크의 가혹한 방식에 대해서도 반발했다. 천성적으로 친절한 마크스는 청소부부터 경영진에 이르기까지 모든 직원을 정중히 존중하는 태도로 대하는 것으로 유명했다. 마크스는 머스크가 아내 저스틴의 소설 대부분을 읽지도 않았다는 사실에 놀랐다며 이렇게 덧붙인다. "일론은 그다지 좋은 사람이 아니었고 사람들을 잘 대하지도 않았습니다." 이는 단순히 덕목의 문제가 아니라 문제점을 파악하는 머스크의 능력에 영향을 미치는 문제였다. "내가 머스크에게 말했지요. 당신이 그렇게 사람들을 위협하면 그들은 당신에게 진실을 말하지 않게 될 거라고. 그는 사람들을 계속 괴롭힐 수도 있었고 잔인하게 굴 수도 있었으니까요." 마크스의 말이다.

마크스는 머스크의 두뇌 배선, 즉 그의 타고난 성격과 (자칭) 아스퍼거증후군 환자라는 것의 결합이 그의 행동방식 중 일부를 설명하거나 심지어 변명할 수 있는지에 대해 여전히 고심하고 있다. 그것이 개인의 감수성보다 사명이 더 중요한 회사의 운영에는 어떤 면에서 도움이 될 수도 있을까? "그는 그 스펙트럼의 어딘가에 있죠. 그래서 솔직히 사람들과는 어떤 관계도 잘 맺지 못하는 것 같습니다." 마크스는 말한다.

머스크는 반대쪽 극단으로 치닫는 것 역시 리더를 쇠약하게 만들 수 있다고 반박한다. 그는 모든 사람의 친구가 되고자 하면 기업 전체의 성공보다 눈앞에 있는 개인의 감정에 지나치게 신경 쓰게 되고, 그런 접근방식은 훨씬 더 많은 사람에게 상처를 입힐 수 있다고 마크스에게 말했다. "마크스는 그 누구도 해고하지 못했을 거예요." 머스크는 말한다. "나는 마크스에게 강조하곤 했지요. 사람들에게 열심히 일하라고 말해야 한다고 말이에요, 열심히 일하지 않으면 그들에게 어떤 변화도 일어나지 않는다고 말입니다."

전략의 차이도 드러났다. 마크스는 테슬라가 로드스터 조립을 위해 경험 많은 자동차 제조업체와 협력관계를 맺어야 한다고 결정했다. 이는 머스크의 기본적인 성향에 정면으로 반하는 결정이었다. 머스크는 한쪽 끝에서 원자재가 들어가고 다른 쪽 끝에서 자동차가 나오는 기가팩토리Gigafactory, 즉 초대형 생산기지의 건설을 꿈꿨다.

테슬라 조립을 아웃소싱하자는 마크스의 제안을 놓고 토론하는 동안 머스크는 점점 더 화가 치솟았고, 자신의 반응을 자제할 자연스러운 필터를 찾지 못했다. "내가 들어본 것 중 가장 멍청한 소리입니다." 그는 몇 차례 회의에서 그렇게 말했다. 스티브 잡스가 자주 하던 말이었다. 빌 게이츠나 제프 베조스도 마찬가지였다. 그들의 잔인한 솔직함은 주변 사람들을 불안하게 만들거나 심지어 불쾌하게 할 수도 있었다. 솔직한 대화를 이끌어내기보다는 오히려 위축시킬 수도 있었다. 하지만 때로 그것은 생각이 불분명한 사람들과 함께하는 것을 원치 않는 사람들, 즉 스티브 잡스가 칭한 'A급 플레이어들'의 팀을 창출하는 데에는 효과적이었다.

마크스는 나름대로 재주가 많은데다가 자부심도 강한 사람이었기에 머스크의 행동을 참고 봐줄 수가 없었다. "그는 나를 어린애 취급했지만 나는 어린

애가 아니에요." 그는 말한다. "나이도 내가 더 많을 뿐 아니라 250억 달러 규모의 회사를 경영한 경험도 있었지요." 그는 곧 회사를 떠났다.

마크스는 제조공정의 모든 측면을 통제함으로써 얻는 이익과 관련하여 머스크의 판단이 옳았음을 인정한다. 그러면서 그는 또한 머스크에 대한 핵심적인 질문, 즉 그를 성공으로 이끈 '올인' 방식의 추진력과 그의 나쁜 행동방식이 분리될 수 있는지 여부를 놓고도 고민한다. "나는 그를 스티브 잡스와 같은 범주의 사람이라고 여기게 됐는데요. 그러니까 어떤 사람들은 그냥 개자식이지만, 그들은 또한 너무 대단한 것을 성취해서 그냥 물러앉아 '그게 패키지인 것 같아'라고 말할 수밖에 없게 되는 것과 같은 거죠." 내가 머스크가 이뤄낸 것이 그의 행동방식에 대한 변명이 될 수 있다고 생각하는 것이냐고 묻자, 마크스는 이렇게 답했다. "만약 이런 종류의 성취를 위해 세상 사람들이 지불해야 하는 대가가 진짜 개자식을 리더로 삼아야 하는 것이라면, 그것은 그럴 만한 가치가 있을 수도 있겠지요. 어쨌든 나는 그렇게 생각하게 되었어요." 그러고는 잠시 생각에 잠겼다가 덧붙였다. "하지만 나는 그렇게 되고 싶지는 않아요."

마크스가 떠난 후 머스크는 보다 냉정하고 강인한 느낌의 CEO를 영입했다. 전투 경험이 있는 이스라엘 낙하산부대 장교 출신으로 반도체 분야에서 기업가로 성공한 제브 드로리였다. 머스크는 말한다. "실제로 테슬라의 CEO가 되는 데 흔쾌히 동의한 유일한 사람이었어요. 두려워해야 할 것이 많았던 탓에 아무것도 두려워하지 않는 인물이었지요." 하지만 드로리는 자동차 제작에 대해 아는 것이 없었다. 몇 달 후, 스트로벨이 이끄는 고위임원 대표단은 더 이상 그의 지휘 아래 일하기 어렵다고 말했고, 이사회 멤버인 아이라 에렌프라이스는 머스크에게 직접 지휘권을 잡으라고 앞장서서 설득했다. "내가 운전대를 잡아야 할 때가 된 것 같네요. 둘이 같이 운전대를 잡을 수는 없다는 점 이해해주길 바랍니다." 머스크가 드로리에게 말했다. 드로리는 우아하게 물러났고, 머스크는 2008년 10월에 테슬라의 공식 CEO가 됨으로써 약 1년 사이에 네 번째로 그 직함을 보유한 인물이 되었다.

26장

이혼

2008년

저스틴

아들 네바다의 죽음 이후 저스틴과 일론은 가능한 한 빨리 다시 아이를 갖으려 했다. 그들은 체외수정 클리닉에 다니기 시작했고, 2004년 쌍둥이인 그리핀과 자비에를 낳았다. 2년 후 그들은 다시 체외수정으로 세쌍둥이 카이, 색슨, 데미안을 낳았다.

실리콘밸리의 작은 아파트에서 룸메이트 세 명, 온순하지 않은 닥스훈트 소형견과 함께 결혼생활을 시작했던 부부는 이제 로스앤젤레스 벨에어 언덕 구역의 170평 저택에서 톡톡 튀는 아들 다섯 명, 유모와 가정부로 구성된 직원 다섯 명, 여전히 길들여지지 않은 닥스훈트 한 마리와 함께 살게 되었다.

사납고 거친 성격에도 불구하고 두 사람 사이에 다정함이 넘쳐나던 순간들도 있었다. 부부는 서로의 허리를 감싸 안고 팰로앨토 근처의 서점 케플러스 북스까지 걸어가서 책을 구입한 후 카페로 자리를 옮겨 커피를 마시며 책을 읽곤 했다. "그 얘기를 하자면 목이 메여요." 저스틴은 말한다. "완전한, 거의 완전한 만족감을 느끼던 순간들이었지요."

머스크는 사교적인 면에서는 여전히 어색하게 굴면서도 셀럽들이 모이는 파티에 가서 새벽까지 어울리는 것을 좋아했다. "함께 블랙타이 정장 차림으로 기금모금 행사에 가서 할리우드 유명 나이트클럽의 최상급 테이블을 차지하고 패리스 힐튼이나 레오나르도 디카프리오 같은 셀럽들과 함께 파티를 즐기곤 했죠." 저스틴은 말한다. "구글의 공동창업자 래리 페이지가 리처드 브랜슨 소유의 카리브해 섬에서 결혼식을 했을 때에는 우리 부부는 존 쿠삭과 그곳의 별장에서 함께 어울리기도 했어요. U2 멤버인 보노는 밀려드는 여성 팬들과 포즈를 취하느라 정신이 없었지요."

하지만 그렇게 함께 시간을 보내면서 그들은 틈만 나면 싸웠다. 그는 폭풍 같은 생활과 스트레스에 중독되어 있었고, 저스틴은 그 소용돌이 속으로 휩쓸려 들어갔다. 최악의 말다툼이 벌어질 때면 저스틴은 머스크를 얼마나 미워하는지 표현했고, 그는 "당신이 내 직원이었다면 해고했을 것"이라고 대응했다. 때때로 그는 그녀를 "멍청이"나 "바보"라고 부르며 오싹할 만큼 아버지와 같은 모습을 보였다. "에롤과 함께 시간을 보내면서 남편이 그런 말을 어디서 배웠는지 알게 되었어요." 저스틴의 말이다.

형과 몸싸움을 하곤 했던 킴벌은 형이 저스틴과 말로 싸우는 모습을 지켜보는 것이 힘들었다. 킴벌은 말한다. "형은 아주 격렬하게 싸웁니다. 그리고 저스틴은 그런 형에게 끝까지 지지 않고 맞받아칠 수 있고요. 그 모습을 보고 있노라면, 세상에, 정말 잔인하다는 생각이 들죠. 결국 나는 저스틴 때문에 몇 년 동안 형과 거리를 두게 되었어요. 도저히 함께할 수 없었지요."

그렇게 늘 긴장감이 감도는 생활이 계속되며 두 사람의 관계도 점차 악화되었다. "기본적으로 파괴적인 것들이 엄청나게 축적되고 있었던 거죠." 저스틴의 말이다. 그녀는 자신이 '트로피 아내'로 바뀌고 있다고 혹은 그렇게 바뀌도록 강요받고 있다고 느꼈다. "내가 잘할 수 있는 역할이 아니었죠." 일론은 그녀에게 머리를 더 밝게 염색하라고 강요했다. "백금발로 하라고." 그가 말했다. 그러나 그녀는 저항했고, 그를 피하기 시작했다. "그는 가진 것이 별로 없던 시절에 나를 만났어요. 그가 점점 더 많은 부와 명성을 얻게 되면서 역학관계가 바뀌었죠." 그녀의 말이다.

직장에서 동료들에게 그러듯이 머스크는 아내 앞에서도 순식간에 밝음에서 어둠으로, 어둠에서 밝음으로 변하는 모습을 보였다. 그는 모욕을 퍼붓다가 잠시 멈추곤 표정을 풀며 즐거운 미소를 짓기도 했고, 엉뚱한 농담을 던지기도 했다. 저스틴은 〈에스콰이어〉의 톰 주노드에게 이렇게 말했다. "곰처럼 의지가 강하고 힘이 센 사람이에요. 그는 재미나게 장난치고 함께 뛰어놀아주기도 하지만, 결국에는 여전히 곰을 상대하고 있음을 깨닫게 하죠."

머스크는 업무 문제에 집중할 때면 초등학교 시절에 그랬던 것처럼 완전한 무반응의 자세를 취하며 특유의 '멍때림' 세계로 들어가곤 했다. 나중에 내가 저스틴에게 2008년에 머스크에게 닥쳤던 스페이스X와 테슬라의 그 모든 재앙에 대해 언급하자 그녀는 울기 시작했다. "그는 그런 일들을 나와 공유하지 않았어요. 말해봤자 별 도움이 안 된다고 생각해서 그런 것은 아니었을 거예요. 그저 주변 세상과 그렇게 늘 전투적인 관계를 유지했던 거죠. 내게 힌트라도 줬어야 하는 거 아닌가요."

그녀가 그에게서 가장 아쉬워했던 것은 공감능력이었다. "그는 여러 면에서 훌륭하고 대단한 사람이에요. 하지만 공감능력이 부족한 것은 매번 나를 멈칫하게 만들었어요." 어느 날 드라이브 중에 그녀는 남편에게 진정한 공감의 개념을 설명하려고 했다. 그는 계속해서 공감을 두뇌적인 어떤 것으로 이해하며 아스퍼거증후군을 앓는 자신이 어떻게 심리적으로 더 기민해지는 법을 스스로 터득했는지 설명했다. "아니야, 공감은 생각이나 분석 또는 상대방을 읽는 것과는 아무 상관이 없는 거야." 그녀가 말했다. "느낌과 관련이 있는 거라고. 상대방을 '느끼는' 거야." 그는 그것이 인간관계에서 중요하다는 것을 인정했지만, 탁월한 성능의 기업을 운영하는 데에는 자신의 두뇌가 더 도움이 된다고 말했다. "남편의 역할을 힘들게 만드는 그의 강한 의지와 정서적 거리감이 어쩌면 기업 운영에서 성공을 이룰 수 있는 원인일지도 모르죠." 저스틴의 인정이다.

머스크는 아내가 심리 치료를 받으라고 하면 짜증을 내곤 했다. 저스틴은 네바다의 죽음 이후 심리치료사를 찾기 시작했고, 그 분야에 깊은 관심을 갖게 되었다. 그래서 일론의 불우한 어린 시절과 그의 두뇌 배선이 스스로 감정을 차단하도록 만든 것이라는 통찰을 얻게 되었다고, 그녀는 말한다. 친밀함은 그에게서 찾기 어려운 부분이었다. "일론처럼 역기능적인 환경에서 성장하거나 그런 방식으로 두뇌 배선이 형성되는 사람에게는 친밀함 대신 강렬함이 자리잡게 되죠." 그녀의 말이다.

정확히 맞는 말은 아니다. 특히 아이들과 함께 있을 때 머스크는 상대를 강렬히 느끼고 정서적으로 굶주린 상태가 될 수 있다. 그는 누구라도 함께 있어주기를 갈망한다. 심지어 예전 여자친구라도 상관없다. 하지만 일상적인 친밀함에서 부족한 부분을 강렬함에서 보충하는 것은 사실이다.

결혼생활에 대한 불만으로 저스틴은 우울증이 심해졌고 분노의 수준도 더 높아졌다. "그녀는 감정의 기복이 있던 상태에서 그냥 매일 화를 내는 상태로 변했어요." 일론의 말이다. 그는 정신과 의사가 그녀에게 처방해준 인지강화제 애더럴을 탓하며 집 안에서 약을 찾아 내다버리곤 했다. 저스틴은 자신이 우울증에 걸렸고 애더럴에 의존하고 있었다는 데 동의한다. "당시 주의력결핍장애 진단을 받았지요. 애더럴은 내게 놀랄 정도로 큰 도움이 되었어요." 그녀는 말한다. "내가 화가 난 이유는 그것 때문이 아니었어요. 일론이 나를 차단했기 때문에 화가 났던 거지요."

2008년 봄, 로켓이 폭발하고 테슬라의 혼란이 가중되던 와중에 저스틴이 교통사고를 당했다. 사고가 있고 얼마 후 그녀는 부부의 침대에서 무릎을 가슴까지 끌어올려 앉은 채 눈물을 흘렸다. 그녀는 일론에게 둘의 관계에 변화가 있어야 한다고 말했다. "수백만 달러의 장관이 펼쳐지는 남편의 인생에서 열외로 취급되는 존재가 되고 싶지 않았어요." 그녀는 말한다. "남편이 수백만 달러를 벌기 전에 그랬던 것처럼 나는 사랑하고 사랑받고 싶었어요."

일론은 상담을 받는 데 동의했지만, 그가 한 달 동안 세 번의 상담을 받고 난 시점에 두 사람은 결혼생활에 종지부를 찍었다. 저스틴은 일론이 최후통첩을 했다는 입장이다. 현재의 생활을 있는 그대로 받아들이지 않으면 이혼소송을 제기하겠다고 말이다. 반면 일론은 저스틴이 이혼하고 싶다고 반복해서 말했기 때문에 결국 자신이 "나는 결혼생활을 계속할 의향이 있지만, 당신이 이렇게 나에게 못되게 굴지 않겠다고 약속해야 해"라고 말했다고 주장한다. 저스틴이 지금 그대로의 상황은 받아들일 수 없다고 분명히 밝히자, 그는 이혼을 신청했다. "어이가 없어 말이 안 나왔지만, 이상하게도 안도감이 밀려왔어요." 저스틴의 회상이다.

27장

새로운 만남

2008년

런던 하이드파크에서 탈룰라 라일리와 함께

2008년 7월, 저스틴과 헤어지기로 결정하고 얼마 후 런던의 왕립항공학회에서 머스크에게 학회에 참석해 연설해달라는 요청이 들어왔다. 로켓에 대한 이야기를 하기에 적절한 시점이 아니었다. 두 차례의 로켓 발사는 폭발로 끝났고 세 번째 시도는 3주 후로 예정되어 있었다. 테슬라의 복합하게 뒤얽힌 생산 과정은 현금을 빨아들이고 있었고, 글로벌 경제 붕괴의 초기 징후가 나타나며 새로운 자금 조달도 어려운 상황이었다. 게다가 저스틴과의 이혼소송으로 테슬라 주식을 통제할 수 있는 그의 능력도 위협받고 있었다. 그럼에도 그는 영국에 갔다.

그는 연설에서 스페이스X와 같은 상업적 우주 벤처가 정부 프로그램보다 더 혁신적이며, 인류가 다른 행성을 식민지로 만들려고 한다면 필연적으로 이런 기업이 존재해야 한다고 주장했다. 그런 다음 그는 (영화 〈007〉 시리즈의 본드카를 제작한 것으로 유명한 영국의 자동차 제조사) 애스턴 마틴Aston Martin의 CEO를 방문했는데, 그는 전기자동차 운동을 폄훼하며 기후변화에 대한 우려를 고려할 가치조차 없는 것이라고 일축했다.

다음 날 머스크는 복통 때문에 깨어났는데, 이는 드문 일이 아니었다. 그는 스트레스를 좋아하는 척할 수 있었지만, 그의 위장은 그러지 못했다. 성공한 기업가인 친구 빌 리와 함께 여행하고 있던 터라, 그 친구가 머스크를 병원으로 데려갔다. 의사가 맹장염도 아니고 그보다 더 심각한 병도 아니라고 진단하자, 리는 스트레스를 풀러 가자며 자신의 친구인 닉 하우스에게 전화했다. 그가 핫한 나이트클럽인 위스키미스트의 소유주였기 때문이다. "일론의 기분을 풀어주려고 했던 거지요." 리의 말이다. 머스크는 계속 호텔로 돌아가려 했지만, 하우스가 지하의 VIP 룸으로 가자고 설득했다. 잠시 후 눈길을 사로잡는 이브닝드레스 차림의 여배우가 들어섰다.

당시 스물두 살이던 탈룰라 라일리는 그림책에 나올 법한, 허트포드셔의 전형적인 영국 마을에서 자랐으며, 머스크를 만났을 때 이미 제인 오스틴의《오만과 편견》을 각색한 작품에서 베넷 가의 다섯 자매 중 셋째인 음치 메리 역을 맡는 등 작지만 연기력을 요하는 배역을 훌륭히 소화해 두각을 나타내고 있었다. 큰 키에 길게 생머리를 늘어뜨린 그 미녀는 기민한 성격에 두뇌가 명석한 것이 머스크의 성향과 매우 흡사했다.

닉 하우스와 또 다른 친구 제임스 패브리컨트의 소개로 그녀는 머스크와 함께 앉게 되었다. "그는 수줍음이 많고 약간 어색해 보였어요." 그녀는 말한다. "그는 로켓에 대해 이야기하고 있었는데 처음에는 그것들이 그의 로켓인 줄 몰랐어요." 어느 순간 그가 "무릎에 손을 올려도 될까요?"라고 물었다. 그녀는 약간 당황했지만 고개를 끄덕이며 동의했다. 자리가 끝날 무렵, 머스크는 그녀에게 이렇게 말했다. "나는 이런 일에 아주 서툴지만, 다시 만나고 싶으니 전화번호를 알려주면 좋겠습니다."

부모님의 집에서 나온 지 얼마 되지 않았던 라일리는 다음 날 아침 부모님께 전화를 걸어 간밤에 만난 남자에 대해 이야기했다. 라일리의 아버지는 딸과 통화를 하면서 구글로 그 남자를 검색해봤다. "그 인간 … 유부남인데다가 아이가 다섯이나 있구나." 아버지가 알려줬다. "아무래도 네가 바람둥이한테 넘어간 것 같다." 분노한 그녀는 친구 패브리컨트에게 전화를 걸었고, 패브리컨트는 그녀를 진정시키면서 머스크가 얼마 전에 아내와 헤어졌다고 확인해주었다.

라일리는 말한다. "결국 우리는 함께 아침을 먹게 되었는데, 마지막에 머스크가 '점심때에도 꼭 만나고 싶어요'라고 했어요. 그래서 그날 점심도 같이 먹었는데 그가 또 '정말 멋졌어요. 저녁도 함께하기로 해요'라고 하더군요." 이후 3일 동안 두 사람은 거의 모든 식사를 함께했고, 장난감 백화점 햄리스에 들러 머스크의 다섯 자녀에게 줄 선물을 같이 고르기도 했다. "둘이 얼마나 깨가 쏟아지던지 … 내내 손을 놓지 않고 다니더라고요." 리의 말이다. 여행이 끝날 무렵, 머스크는 그녀를 로스앤젤레스로 초대했다. 그녀는 그럴 수 없었다. 막 제작이 끝난 영화 〈세인트 트리니안스〉의 홍보를 위해 〈태틀러〉에 실을 사진을 찍으러 시칠리아로 가야 했기 때문이다. 하지만 그곳에서 일을 마친 그녀는 곧바로 로스앤젤레스로 날아갔다.

그녀는 머스크의 집에서 지내는 대신(그것이 부적절하다고 생각했기에) 페닌슐라 호텔에 일주일 동안 묵을 방을 잡았다. 라일리가 돌아갈 때가 되었을 무렵 머스크가 그녀에게 청혼했다. "정말 미안하지만, 반지는 미처 준비하지 못했소." 그녀는 악수로 대신하자고 했고, 두 사람은 그렇게 악수를 했다. "호텔의 옥상 수영장에서 그와 함께 수영하면서 마냥 들뜬 가운데 서로를 알게 된 지 2주 정도밖에 안 되었는데 벌써 약혼을 했다는 사실이 얼마나 신기한지 이야기한 기억이 납니다." 라일리는 그에게 모든 일이 잘 풀릴 것 같은 확신이 든다고 말했다. "우리에게 닥칠 수 있는 최악의 상황이 무엇일까요?" 그녀가 농담처럼 물었다. 머스크는 갑자기 진지한 태도로 "우리 중 한 명이 죽는 거겠지요"라고 답했다. 왠지 그 순간 그녀는 그 말이 매우 로맨틱하다고 느꼈다.

몇 주 후 그녀의 부모가 머스크를 만나기 위해 런던에서 왔을 때, 머스크는 그녀의 아버지에게 결혼을 허락해달라고 청했다. "나는 내 딸을 잘 알고 딸의 판단력을 믿소. 그렇게 하도록 해요." 메이도 로스앤젤레스로 와서 이번만은 아들의 결혼 상대를 흔쾌히 인정해주었다(메이가 아들의 여자를 인정해준 것은 이것이 처음이자 마지막이었다). "그 애는 정말 유쾌하고, 재미있고, 사랑스럽고, 성공적이었어요." 메이는 말한다. "그리고 양친도 정말 친절하고 훌륭한 영국인 부부였지요." 하지만 머스크는 동생 킴벌의 조언에 따라 결혼은 한두 해 지내보고 하는 게 낫겠다고 결정했고, 라일리도 그에 동의했다.

28장

세 번째 발사 실패

콰즈, 2008년 8월 3일

한스 쾨니스만과 팰컨 1호

그 외딴 콰절레인 환초에서 두 번의 발사가 실패한 후, 팰컨 1호 로켓의 세 번째 발사가 스페이스X의 성패를 좌우하리라는 것이 자명해졌다. 적어도 머스크를 포함한 모든 사람이 그렇게 생각했다. 그는 팀원들에게 딱 세 번만 시도할 수 있는 자금이 있다고 말했다. "세 번 안에 성공하지 못하면 죽어도 싸다고 생각했지요." 머스크의 말이다.

두 번째 비행에서 스페이스X는 혹시 로켓이 추락할 경우 귀중한 탑재체까지 잃고 싶지 않았기에 실제 위성을 로켓 위에 올려놓지 않았다. 하지만 세 번째 시도에서 머스크는 성공에 모든 것을 거는 도박을 했다. 이 로켓에는 고가의 180파운드짜리 공군 위성 1기와 NASA의 소형 위성 2기, 그리고 〈스타트렉〉에서 스코티 역을 맡았던 배우 제임스 두핸의 화장한 유골이 실릴 예정이었다.

발사는 순조롭게 진행되었고, 머스크가 지켜보고 있던 로스앤젤레스의 관제실에서는 로켓의 상승과 더불어 환호성이 터져 나왔다. 2분 20초 후, 예정대로 상단 스테이지가 부스터에서 분리되었고, 탑재체가 궤도로 향하는 것으로 보였다. 한 엔지니어가 외쳤다. "역시 삼세번이닷!"

그리고 다시 한번 머스크의 옆자리에 앉은 뮬러의 헉 하는 탄식이 터져 나왔다. 예정대로 지구로 하강하기 시작한 부스터가 1초 만에 잠깐 솟구치더니 상단 스테이지와 부딪혔다. 비디오 피드는 공백이 되었고, 머스크와 그의 팀은 친애하는 스코티의 유해와 함께 하단과 상단 모두 추락하고 있다는 것을 즉시 알아차렸다.

문제는 멀린 엔진의 냉각 시스템을 재설계한 데 있었다. 그로 인해 엔진이 정지한 후에도 약간의 추력이 발생한 것이었다. 뮬러의 팀이 지상에서 새 시스템을 테스트했을 때에는 아무런 문제가 없었다. 해수면 높이에서는 정상적으로 작동했지만, 진공 상태의 우주공간에서 잔여 연료가 연소하며 작은 분출이 발생해 부스터를 1피트 정도 솟구쳐 오르게 한 것이다.

머스크는 자금이 바닥나고 있었고, 테슬라는 적자를 내고 있었으며, 스페이스X는 로켓 세 대를 연달아 추락시킨 상황이었다. 하지만 그는 포기할 준비가 되어 있지 않았다. 대신 그는 말 그대로 파산까지 갈 각오를 했다. 그는 발사 실패 몇 시간 후에 이렇게 발표했다. "스페이스X는 앞으로 나아가는 실행에 있어 결코 걸음을 멈추거나 늦추지 않을 것입니다. 스페이스X가 궤도 진입에 성공할 것이라는 데에는 의문의 여지가 없습니다. 절대 포기하지 않을 것입니다. 절대로."

다음 날 스페이스X 회의실에서 머스크는 쾨니스만, 부자 등 콰즈의 발사 팀과 전화 회의를 진행했다. 그들은 데이터를 검토하고 충돌이 다시 발생하지 않도록 분리 시간을 더 늘릴 수 있는 방법을 찾아냈다. 머스크는 침울한 기분에 젖어들었다. "결혼생활, 스페이스X, 테슬라에서 일어난 일들을 생각해보세요. 내 인생에서 가장 엿 같은 시기였지요." 그는 말한다. "집도 없었어요. 저스틴이 차지했거든요." 발사 팀은 그가 종종 그랬던 것처럼 비난할 사람을 찾아내려 할까 봐 걱정이 되었다. 그들은 차가운 분출에 대비했다.

하지만 그는 로스앤젤레스 공장에 네 번째 로켓을 위한 부품이 있다고 말했다. 가능한 한 빨리 로켓을 만들어서 콰즈로 옮기라고 지시했다. 그리고 현실성이 거의 없는 기한을 제시했다. 6주 후에 네 번째 발사를 하라는 것이었다. "그는 우리에게 그냥 계속 진행하라고 말했고, 나는 놀라서 입을 다물지 못했지요." 쾨니스만의 말이다.

돌연 낙관적인 분위기가 본사 전체에 퍼졌다. 그 당시 인사책임자로 일했던 돌리 싱은 이렇게 말한다. "그의 태도를 보고 우리 대부분은 지옥의 문이라도 선탠오일을 들고 따라 들어갈 마음이 생긴 것 같았어요. 순식간에 사옥의 기운이 절망과 패배의 분위기에서 다들 결의를 다지는 분위기로 바뀌었지요."

머스크와 함께 2차 발사 실패를 지켜봤던 〈와이어드〉의 칼 호프먼 기자가 머스크에게 연락해 어떻게 낙관론을 유지할 수 있는지 물었다. 머스크는 답했다. "낙관론, 비관론, 다 집어치우라고 하쇼. 우리는 해낼 거요. 염병할 신께 맹세컨대, 나는 무슨 일이 있어도 그것을 성공시킬 작정이오."

29장

일촉즉발

테슬라와 스페이스X, 2008년

스페이스X 관제실에서

2008년 2월 1일, 테슬라 본사의 직원들에게 한 통의 이메일이 도착했다. 메일에는 "P1이 지금 도착합니다!"라고 쓰여 있었다. 'P1'은 생산공정을 통과한 첫 번째 로드스터의 코드명이었다. 머스크는 짧은 연설을 마친 후 로드스터에 올라 빅토리 랩victory lap(자동차나 사이클, 빙상, 육상 등의 경주에서 우승자가 트랙을 한 바퀴 정도 더 도는 것 – 옮긴이)의 의미로 팰로앨토를 한 바퀴 돌았다.

모두 수작업으로 완성된 몇 대의 차량을 출시한 것은 작은 승리에 불과했다. 오래전에 파산하여 잊힌 많은 자동차 회사들도 이와 비슷한 과정을 거쳤다. 다음 도전은 자동차를 수익성 있게 생산할 수 있는 제조공정을 갖추는 것이었다. 지난 세기에 파산하지 않고 이를 성공시킨 유일한 미국 자동차 회사는 포드뿐이었다.

테슬라는 과연 그 두 번째 기업이 될 수 있을까? 당시에 그것은 불분명해 보였다. 대공황 이후 가장 심각한 글로벌 경기 침체로 이어질 서브프라임 모기지 사태가 막 시작되고 있었다. 테슬라의 공급망은 통제하기 힘들었고, 회사는 자금이 부족했다. 게다가 스페이스X는 아직 로켓을 궤도에 진입시키지 못했다. 머스크는 말한다. "로드스터를 손에 넣었음에도 내 인생에서 가장 고통스러운 해로 기록될 1년이 시작되고 있었을 뿐이었지요."

머스크는 종종 합법과 위법의 경계선 근처까지 내달렸다. 그는 아직 제작되지 않은 로드스터에 대한 고객들의 예치금을 털어 2008년 상반기를 버텼다. 테슬라 경영진 및 이사회 멤버 일부는 예치금을 운영비로 사용해서는 안 되며 조건부 날인 증서로 보관해야 한다고 생각했지만, 머스크는 "이렇게 하지 않으면 우리는 죽을 거예요"라고 주장했다.

2008년 가을, 상황이 더욱 절박해지자 머스크는 테슬라의 임직원 급여를 충당하기 위해 친구와 가족에게 돈을 빌려달라고 간청했다. 킴벌은 경기 침체로 대부분의 돈을 잃었고 형과 마찬가지로 파산 위기에 몰린 상태였다. 그는 애플 주식으로 보유한 37만 5,000달러는 끝까지 가지고 있었는데, 은행에서 받은 대출금을 갚는 데 쓸 돈이었기 때문이다. 일론은 "그 돈을 테슬라에 넣어줘"라고 말했다. 언제나 형을 지지하던 킴벌은 주식을 팔아 일론의 요구에 따랐다. 콜로라도 캐피털Colorado Capital 의 담당 은행원이 킴벌에게 전화해 화난 목소리로 신용을 망치고 있다고 경고했다. 킴벌은 "미안하지만 어쩔 수 없어요"라고 답했다. 몇 주 후 그 직원에게서 다시 전화가 걸려 왔을 때, 킴벌은 말다툼을 할 준비를 했다. 하지만 그는 콜로라도 캐피털 자체가 막 파산했다는 소식으로 그의 말을 가로막았다. 킴벌은 말한다. "2008년은 그 정도로 끔찍했지요."

머스크의 친구 빌 리가 200만 달러를 투자했고, 구글의 세르게이 브린이 50만 달러를 투자했으며, 심지어 테슬라의 일반 직원들도 수표를 썼다. 머스크는 개인적인 비용 역시 빌려서 충당했는데, 여기에는 자신의 이혼변호사 비용과 (캘리포니아 법에 따라 더 부유한 배우자가 지불해야 하는) 저스틴의 이혼변호사 비용으로 매달 지불해야 하는 17만 달러도 포함되었다. 탈룰라는 머스크의 친구이자 이베이의 초대 사장이었던 제프 스콜에 대해 이렇게 말한다. "제프 스콜에게 신의 축복이 함께하길 바랍니다. 일론이 끝까지 버틸 수 있도록 물심양면으로 도와준 친구예요." 안토니오 그라시아스도 100만 달러를 빌려주며 힘을 보탰다. 심지어 탈룰라의 부모님도 도움을 주겠다고 나섰다. "너무 속상해서 엄마 아빠에게 전화했더니 집을 다시 저당 잡혀서 도와주겠다고 하셨어요." 탈룰라의 회상이다. 머스크는 그 제안을 거절했다. "지금 아무리 가진 것을 몽땅 쏟아붓는 상황이라고 해서 당신 부모님 집까지 위험에 빠뜨릴 순 없어." 그가 그녀에게 말했다.

탈룰라는 매일 밤 머스크가 거칠게 잠꼬대를 중얼거리거나 때로는 팔을 마구 휘두르며 비명을 지르는 모습을 공포에 질려 지켜보았다. "그가 심장마비를 일으킬 수도 있다는 생각이 계속 들었어요." 그녀는 말한다. "머스크는 야경증에 시달렸어요. 자다가 갑자기 비명을 지르고 저를 할퀴기도 하고 그랬어요. 정말 끔찍했어요. 그런 필사적 몸부림을 지켜보면서 저는 정말 겁이 났어요." 때때로 그는 화장실에 가서 구토를 시작했다. "스트레스가 극심해서 속이 뒤집어지는지 화장실로 달려가 비명을 지르며 구역질을 하곤 했어요. 저는 변기 옆에 서서 그의 머리를 잡아주곤 했죠."

머스크는 스트레스에 대한 내성이 강하지만 2008년에는 거의 한계를 넘어설 지경에 이르렀다. "묘책을 찾아 해결책을 내놔야 하고, 또 해결책을 내놔야 하는 그런 상황에서 매일 밤낮으로 일하지 않을 수 없었지요." 머스크는 말한다. 그는 체중이 많이 늘었다가 갑자기 다 빠지고 추가로 더 빠졌다. 자세는 구부정해졌고, 걸을 때는 발가락이 뻣뻣해졌다. 하지만 그럼에도 그는 활력이 솟구쳤고 집중력이 고도로 높아졌다. 교수형 올가미가 눈앞에 아른거리며 정신을 바짝 차리도록 자극했기 때문이다.

머스크의 주변 사람들은 모두 반드시 한 가지 결정을 내려야 한다고 생각했다. 2008년이 막바지로 치달을 무렵, 머스크는 스페이스X와 테슬라 중 하나를 선택해야 할 것 같았다. 점점 줄어드는 자원을 한 곳에 집중하면, 그 회사는 살아남을 수 있을 거라는 확신이 들었다. 자원을 계속 분산시키면 둘 다 살아남지 못할 가능성이 높았다. 어느 날 그의 열정적인 소울메이트 마크 준코사가 스페이스X의 칸막이 방에 들어섰다. "저기요, 둘 중 하나는 포기하는 쪽으로 가는 게 어때요?" 그가 물었다. "스페이스X에 더 애착이 가면 테슬라는 버리자고요."

"안 돼. 그러면 '전기차는 안 된다'라는 푯말에 또 한 줄이 추가될 것이고, 우리는 지속 가능한 에너지에 도달할 수 없을 거야." 머스크가 답했다. 그렇다고 스페이스X를 포기할 수도 없었다. "그러면 우리는 영영 다행성종이 될 수 없을지도 몰라."

더 많은 사람이 선택을 강요할수록 그는 더욱 저항했다. "나는 감정적으로 두 명의 아이가 있고 식량은 부족한 상황에 놓인 것 같았어요. 두 아이에게 식량을 절반씩 나눠주면 두 아이 모두 죽을 수도 있고, 한 아이에게 음식을 몰아주면 적어도 그 아이는 살아남을 확률이 높아지죠. 하지만 내가 과연 내 아이 중 한 명은 죽게 놔두는 결정을 내릴 수 있을까요? 그래서 나는 둘 다 살리기 위해 모든 것을 바치기로 결심했지요."

30장

네 번째 발사

콰즈, 2008년 8-9월

(위) 엔지니어들과 함께 관제실에서, (왼쪽 아래) 축하 인사를 나누며

(오른쪽 아래) 샴페인을 따르는 쾨니스만, 콰즈

구조에 나선 창업자들

머스크는 예산을 책정해 팰컨 1호의 발사를 세 차례 시도했지만, 모두 궤도에 진입하기 전에 폭발했다. 개인 파산의 위기에 직면하고 테슬라도 재정 위기에 처한 상황에서 네 번째 시도를 위한 자금을 어떻게 조달해야 할지 막막했다. 그때 깜짝 놀랄 만한 그룹이 그를 구하러 나섰다. 8년 전에 그를 CEO 자리에서 쫓아냈던 페이팔의 공동창업자들이었다.

8년 전 머스크는 이례적으로 침착하게 퇴진했고, 이후 피터 틸과 맥스 레브친을 비롯한 쿠데타 지도자들과 우호적인 관계를 유지했다. 스스로 '페이팔 마피아'라고 부르던 이들은 끈끈한 결속력을 자랑하는 그룹이었다. 그들은 안토니오 그라시아스의 로스쿨 재학 시절 노트 필기를 대신해주었던 전 동료 데이비드 색스가 풍자영화 〈땡큐 포 스모킹〉을 제작할 때 자금을 지원하기도 했다. 틸은 다른 두 명의 페이팔 출신인 켄 하워리, 루크 노섹과 팀을 이뤄 인터넷 스타트업에 주로 투자하는 파운더스 펀드Founders Fund를 설립한 상태였다.

틸은 자신이 "청정기술에 대해 절대적으로 회의적"이었던 까닭에 파운더스 펀드는 테슬라에 투자하지 않았다고 말한다. 그러던 중 머스크와 친해진 노섹이 스페이스X에 투자하자고 제안했다. 틸은 그 제안에 대해 논의하기 위해 머스크와 전화 회의를 갖는 데 동의했다. 틸은 말한다. "어느 순간 내가 일론에게 회사의 수석 로켓 엔지니어와 통화할 수 있는지 물었어요. 그랬더니 일론이 '지금 통화하고 있지 않느냐'라고 하더군요." 그 대답이 틸을 안심시키지는 못했지만, 노섹은 투자를 강행할 것을 고집했다. "나는 일론이 하려는 것이 정말 대단한 일이며, 우리도 그 일에 동참해야 한다고 주장했습니다." 노섹의 말이다.

결국 틸은 노섹의 뜻에 따라 파운더스 펀드에서 2,000만 달러를 투자하는 데 동의했다. "사실 페이팔 시절의 묵은 앙금을 깔끔히 털어낼 수 있는 방법이 될 수 있겠다는 생각도 일부 작용했습니다." 틸의 회상이다. 이 투자는 세 번째 발사 시도가 실패로 돌아간 직후인 2008년 8월 3일에 발표되었다. 이 생명줄 덕분에 머스크는 네 번째 발사에 자금을 지원하겠다고 선언할 수 있었다.

머스크는 말한다. "이른 바 카르마(업보)라는 것의 흥미로운 실례가 아닐 수 없었어요. 내가 원로원에서 칼에 찔린 카이사르처럼 페이팔에서 쿠데타 지도자들에게 축출된 후, '너희들, 정말 형편없는 자식들이야'라는 식으로 나갈 수도 있었겠지요. 하지만 난 그러지 않았어요. 그렇게 했다면 2008년에 파운더스 펀드에서 나서줄 리 만무했을 테고, 스페이스X는 망했을 겁니다. 나는 점성술이니 뭐니 그런 걸 믿지 않아요. 하지만 카르마는 실재할 수 있다고 생각해요."

절체절명의 순간

머스크는 2008년 8월 세 번째 발사의 실패 직후, 6주 안에 콰즈에 새 로켓을 보내야 한다는 충격적인 데드라인을 제시하며 팀원들을 독려했다. 이는 머스크 특유의 현실을 왜곡한 계략처럼 보였다. 첫 번째와 두 번째 발사 사이에 12개월이 걸렸고, 두 번째와 세 번째 발사 사이에는 17개월이 걸렸기 때문이다. 하지만 세 번째 실패의 원인을 해결하기 위해 로켓 설계를 근본적으로 변경할 필요가 없었기에 머스크는 6주면 충분히 가능하고 팀에 활력도 불어넣어주리라고 생각했다. 또한 현금이 급격히 소진되는 상황이었기에 다른 선택의 여지도 없었다.

스페이스X는 네 번째 로켓의 부품을 로스앤젤레스 공장에 보관하고 있었는데, (조립한 로켓을) 콰즈까지 해상으로 운송하는 데에만 4주가 걸렸다. 스페이스X의 발사 책임자인 팀 부자는 머스크에게 마감일을 맞출 수 있는 유일한 방법은 공군의 대형수송기 C-17을 전세 내는 것뿐이라고 말했다. 머스크는 "그럼, 그렇게 하세요"라고 대답했다. 그때 부자는 머스크가 자신의 모든 것을 기꺼이 쏟아 붓고 있다는 것을 알 수 있었다.

20명의 스페이스X 직원들은 C-17에 로켓을 싣고 벽을 따라 배열된 점프 시트에 몸을 묶었다. 축제 분위기였다. 일에 미쳐 있던 직원들은 곧 파격적인 기적을 이뤄낼 것이라고 생각했다.

태평양 상공을 비행하던 중 트립 해리스라는 젊은 엔지니어가 기타를 꺼내 연주를 시작했다. 그의 부모는 테네시 출신의 음악 교수였고, 그는 클래식 음악가가 되기 위한 교육을 받았다. 하지만 어느 크리스마스에 그는 〈스타트렉〉을 보고 로켓 과학자가 되기로 결심했다. "결국 음악에서 공학으로 두뇌를 바꾸는 방법을 찾게 되었습니다." 그 전환은 생각만큼 어렵지는 않았다. 퍼듀대학교에서 1학년을 마친 후, 그는 여름방학 인턴십을 구하기 위해 동분서주했지만 계속 면접에서 떨어졌다. 그는 체념하고 동네의 에이스 하드웨어Ace Hardware에서 아르바이트를 했는데, 그러던 어느 날 그의 교수가 스페이스X에서 일하던 친구에게서 인턴이 필요하다는 전화를 받고 그에게 그 소식을 알렸다. 다음날 아침 해리스는 서류 작업을 기다리지도 않고 여자친구를 남겨둔 채 인디애나에서 로스앤젤레스로 차를 몰았다.

하와이에서 연료를 보급받기 위해 수송기가 하강하기 시작했을 때, '펑' 하는 큰 소리가 기체 내부에 울렸다. 그리고 또 한 번 '펑' 소리가 들렸다. "처음 그 소리를 들었을 때 우리는 서로를 바라보며 기이한 일이라고 생각했어요." 해리스는 말한다. "그때 또 한 번 '펑' 하는 소리와 함께 로켓 탱크의 측면이 콜라 캔처럼 구겨지는 것이 눈에 들어왔어요." 비행기가 급강하하면서 내부의 압력이 높아졌고, 탱크의 밸브로 내부 압력을 균등화할 수 있을 만큼 빨리 공기가 들어가지 못해서 벌어진 일이었다.

엔지니어들이 주머니칼을 꺼내 수축포장용 피막을 잘라내고 밸브를 열기 시작하는 등 난장판이 벌어졌다. 뷜렌트 알탄은 하강을 막기 위해 조종석으로 달려갔다. 해리스의 말을 들어보자. "그 덩치 큰 튀르키예 남자가 지금까지 본 중 가장 하얀 피부의 백인 공군조종사들에게 다시 높이 올라가라고 소리쳤습니다." 놀랍게도 그들은 로켓도, 알탄도 바다에 떨어뜨리지 않았다. 대신 그들은 상승하는 데 동의했지만, 알탄에게 연료가 30분 분량밖에 남지 않았다고 경고했다. 즉 10분 안에 다시 하강을 시작해야 한다는 뜻이었다. 엔지니어 중

한 명이 로켓의 1단과 2단 사이의 어두운 공간으로 기어들어가 커다란 가압라인을 찾아 이를 비틀어 열었다. 수송기가 다시 하강을 시작하자 공기가 로켓으로 유입되어 압력이 균등해졌다. 그에 따라 구겨진 금속판도 원래 모양에 가깝게 다시 튀어나오기 시작했다. 하지만 로켓 탱크는 이미 손상된 상태였다. 외관이 움푹 패고 슬러싱 방지고리 중 하나가 이탈한 상태였다.

그들은 로스앤젤레스에 있는 머스크에게 전화를 걸어 무슨 일이 있었는지 설명하고 로켓을 도로 가져가서 손봐야 할 것 같다고 했다. "그곳에 서 있던 우리 모두는 수화기 건너편에서 전해지는 침묵 소리를 느낄 수 있었습니다." 해리스는 말한다. "보스는 잠시 말이 없었습니다. 그러더니 이렇게 나왔습니다. '아니오, 그냥 콰즈로 가져가서 거기서 고치세요.'" 해리스의 회상에 따르면, 수송기가 콰즈에 도착했을 때 그곳에서 로켓을 기다리던 사람들의 첫 반응은 "이런, 우린 끝장났어"였다. 하지만 하루가 지나자 흥분감이 감돌기 시작하며 "하나둘 입을 모아 '해낼 수 있을 거야'라고 말하기 시작했습니다."

부자와 로켓 조립 책임자 크리스 톰슨은 탱크의 슬러싱을 방지하는 새 고리를 비롯해 필요한 장비를 스페이스X 본사에서 챙겨 머스크의 제트기에 싣고 로스앤젤레스에서 콰즈로 날아갔다. 한밤중에 그들이 그곳에 도착했을 때 일단의 엔지니어들이 마치 환자를 살리려는 응급실 의사들처럼 해체된 로켓 주위를 분주히 오가며 작업을 하고 있었다.

스페이스X의 세 차례 실패 이후 머스크는 품질 관리와 리스크 감소 절차를 더욱 강화했다. "이제 우리는 점검 및 문서 작업을 확대해 조금 천천히 움직이는 데 익숙해진 상태였지요." 부자의 말이다. 그는 머스크에게 새로 강화된 절차를 모두 준수하면 로켓을 수리하는 데 5주가 걸릴 것이라고 말했다. 하지만 그 절차를 무시하면 5일이면 수리가 가능하다고 덧붙였다. 머스크의 결정은 예상대로였다. "오케이, 최대한 빨리 진행하시오."

품질 관리에 대한 자신의 기존 명령을 뒤집은 머스크의 결정으로 부자는 두 가지를 알게 되었다. 머스크는 상황이 바뀌면 얼마든지 방향을 바꿀 수 있고, 누구보다 기꺼이 더 많은 위험을 감수할 수 있다는 것이었다. "우리가 알아야 했던 것은 머스크가 무언가를 천명했더라도 시간이 지난 후 '아니네. 다른 방법으로 할 수도 있네'라고 깨달을 수도 있다는 사실이었어요." 부자의 말이다.

콰즈의 뜨거운 태양 아래서 허우적대는 그들을 지켜보는 존재가 있었으니, 길이가 거의 90센티에 달하는, 비정상적으로 큰 코코넛 크랩 한 마리였다. 그들은 그 게의 이름을 일론이라고 지었고, 놈이 지켜보는 가운데 5일이라는 시간 안에 수리를 완료할 수 있었다. "항공우주 업계의 거대 기업들은 상상할 수 없는 일이었습니다." 부자는 말한다. "가끔은 머스크의 미친 데드라인이 말이 되기도 합니다."

"역시 네 번째닷!"

이번 네 번째 발사가 성공하지 못하면 스페이스X는 종말을 맞게 될 것이었으며, 그와 더불어 우주 개척을 민간기업가가 주도할 수 있다는 엉뚱한 개념도 사라질 터였다. 또한 테슬라의 종언이 될 수도 있었다. "테슬라에 대한 새로운 자금 조달도 불가능해질 것이 뻔했지요." 머스크는 말한다. "사람들이 이럴 테니까요. '로켓 사업에 실패한 저 친구 좀 봐, 루저라고 루저.'"

발사는 2008년 9월 28일로 예정되었고, 머스크는 로스앤젤레스에 있는 스페이스X 본사의 지휘차량에서 지켜볼 계획이었다. 긴장을 풀기 위해 킴벌은 그날 아침 아이들을 데리고 디즈니랜드에 가자고 했다. 혼잡한 일요일인데다가 미리 VIP 입장권을 준비하지 못해서 그들은 긴 줄에 서서 기다려야 했다. 다행스럽게도 이 기다림은 일론에게 진정효과를 가져왔다. 그들은 시의적절하게도 스페이스 마운틴 롤러코스터를 탔는데, 사실이 아니라면 진부하게 느껴질 정도로 너무 빤한 은유였다.

디즈니랜드에 갈 때 입었던 베이지색 폴로셔츠와 빛바랜 청바지 차림 그대로 머스크는 오후 4시 발사 창이 열리는 시점에 맞춰 지휘차량에 도착했다. 모니터 중 하나를 통해 쾌즈 발사대에 세워져 있는 팰컨 1호를 확인할 수 있었다. 한 여성의 목소리가 카운트다운을 알리는 동안 관제실에는 정적이 흘렀다.

로켓이 타워를 통과하자마자 환호성이 터져 나왔지만, 머스크는 컴퓨터로 흘러 들어오는 데이터와 로켓에 장착된 카메라의 영상을 보여주는 벽면의 모니터를 조용히 바라보았다. 60초가 지나자 영상에는 엔진에서 나오는 연기가 어두워지는 모습이 보였다. 좋은 신호였다. 로켓이 산소가 희박한 공기층에 도달했다는 뜻이었다. 쾌절레인 환초의 섬들은 점점 멀어져 청록색 바다에 던져진 한 가닥의 진주들처럼 보였다.

2분 후 스테이지가 분리될 시간이었다. 부스터 엔진이 꺼지고, 이번에는 2단 스테이지가 분리되기까지 5초의 지연 시간이 있었다. 세 번째 발사를 망쳤던 충돌을 방지하기 위해서였다. 상단 스테이지가 천천히 분리되자 머스크는 마침내 기쁨의 탄성을 내지를 수 있었다.

상단 스테이지의 케스트렐 엔진은 완벽하게 작동했다. 노즐은 열로 인해 칙칙한 빨간색으로 빛났지만 머스크는 그 소재가 백열 상태로 변하며 견뎌내리라는 것을 알고 있었다. 마침내 이륙 9분 후 케스트렐 엔진은 계획대로 작동을 멈추었고 탑재체가 궤도에 방출되었다. 귀청이 터질 듯한 환호성이 계속되었고, 머스크는 두 팔을 하늘로 치켜들고 연신 주먹질을 해댔다. 옆에 서 있던 킴벌은 펑펑 울기 시작했다.

팰컨 1호는 그렇게 지상에서 발사되어 궤도에 진입한 최초의 민간 제작 로켓이라는 새로운 역사를 기록했다. 머스크와 500여 명(보잉의 비슷한 사업부의 인원은 5만 명이다)에 불과한 소규모 직원들은 처음부터 새로운 시스템을 설계하는 등 모든 제작 과정을 자체적으로 수행했다. 아웃소싱은 거의 없었다. 그리고 자금도 대부분 머스크의 개인 돈으로 충당했다. 스페이스X는 NASA와 여타 고객을 위해 임무를 수행하는 계약을 맺었지만, 임무를 성공했을 때만 대가를 받았다. 보조금이나 원가가산 계약은 아예 없었다.

머스크는 공장에 들어서면서 "정말 더럽게 대단합니다"라고 외쳤다. 그는 구내식당 근처에 모여 환호하는 직원들 앞에서 잠깐 지그 춤을 추었다. "역시 네 번째닷!" 환호성이 다시 높아지자 그는 평소보다 조금 더 말을 더듬기 시작했다. "뭐랄까요, 진이 다 빠져서 말을 하는 것조차 힘들군요." 그는 중얼거렸다. 하지만 이어서 그는 미래에 대한 비전을 발표했다. "이것은 우리가 내딛을 많은 발걸음 중 첫 번째일 뿐입니다. 우리는 내년에 팰컨 9호를 궤도에 올릴 것이고, 드래곤 우주선을 발사할 것이고, 우주왕복선 임무를 이어갈 것입니다. 우리는 많은 과업을 완수할 것이며 심지어 화성에도 갈 겁니다."

머스크는 겉으로는 멀쩡해 보였지만 발사가 진행되는 동안 거의 토할 정도로 속이 뒤틀렸다. 성공 후에도 그는 기쁨을 느끼는 것조차 힘들 지경이었다. "스트레스 호르몬인 코르티솔과 아드레날린 수치가 너무 높았던 탓에 행복감을 느끼기 어려웠어요." 그는 말한다. "죽음에서 벗어난 것 같은 안도감은 있었지만 기쁨은 없었지요. 스트레스를 너무 많이 받은 탓이었어요."

ilovenasa

스페이스X의 성공적인 발사로 우주 탐험에 대한 사업적 시도의 미래가 열렸다. 작가 애슐리 밴스는 이렇게 썼다. "로저 배니스터(영국의 아마추어 육상선수-옮긴이)가 1마일(약 1.6킬로미터)을 4분 내에 주파함으로써 마의 장벽을 깨뜨린 것처럼, 스페이스X는 사람들로 하여금 우주로 가는 것의 한계에 대한 인식을 재조정하게 만들었다."

그것은 또한 NASA의 행보에서도 주요한 변화를 이끌어냈다. 우주왕복선 프로그램의 종료가 임박해 있었고, 그것은 곧 미국이 더는 국제우주정거장에 승무원이나 화물을 보낼 역량을 갖지 못한다는 것을 의미했다. 그래서 NASA는 국제우주정거장 화물 운송 임무를 수행하는 계약에 대한 경쟁입찰을 공표했다. 네 번째 팰컨 1호의 비행이 성공하며 머스크와 숏웰은 2008년 말 휴스턴으로 날아가 NASA 관계자들 앞에서 자신들의 주장을 펼칠 수 있었다.

돌아오는 비행기에서 내린 머스크는 숏웰을 옆으로 불러 활주로에서 대화를 나누었다. "NASA는 내가 스페이스X와 테슬라에 시간을 나눠 쓰는 것에 대해 걱정하고 있소." 그가 말했다. "그래서 내게 파트너가 필요하오." 협력보다는 지휘에 더 능한 그가 쉽게 떠올릴 수 있는 아이디어는 아니었다. 그러면서 그는 그녀에게 제안했다. "스페이스X의 사장을 맡아주겠소?" 자신은 CEO로 남을 테니 책임을 분담하자는 얘기였다. "나는 엔지니어링과 제품 개발에 집중할 테니 당신은 고객관리와 인사, 대관업무, 그리고 재무의 상당 부분에 집중해주면 좋겠소." 그녀는 바로 수락했다. "나는 사람들을 상대하는 것을 좋아하고, 그는 하드웨어와 설계 작업을 좋아하니까 잘된 일이라 할 수 있었지요." 그녀의 설명이다.

12월 22일, 끔찍했던 2008년의 막을 내리는 신호라도 되는 양 머스크의 휴대전화가 울렸다. NASA의 우주비행 책임자 빌 거스턴마이어가 전화한 것이었다(빌은 훗날 스페이스X에 합류하게 된다). 그는 우주정거장을 12회 왕복하는 임무에 대한 16억 달러 규모의 계약이 스페이스X에 돌아갈 것이라는 소식을 전했다. 머스크는 답했다. "사랑합니다, NASA. 당신들 정말 끝내주는군요!" 이후 그는 컴퓨터 로그인 패스워드를 'ilovenasa'로 변경했다.

31장

테슬라의 위기

2008년 12월

리스크에 대한 기이할 정도의 사랑:
자신의 생일파티에서 눈 가리고 칼 던지는 묘기꾼의 과녁 앞에 선 머스크

크리스마스이브의 기적

머스크는 NASA와의 계약 성사를 그리 오래 기뻐할 수 없었다. 사실 불과 몇 분도 가지 않았다. 실제로 그의 스트레스 수준은 전혀 줄어들지 않았다. 스페이스X는 크리스마스 기념 집행유예를 받았을지 모르지만, 테슬라는 2008년 연말에도 여전히 파산을 향해 달려가고 있었다. 크리스마스이브에 자금이 바닥날 예정이었다. 회사든 머스크 개인이든 다음 급여를 지급할 수 있을 만큼의 돈이 은행에 남아 있지 않았다.

머스크는 기존 투자자들에게 2,000만 달러 수준에 불과한 새로운 주식 라운드에 자금을 지원해줄 것을 요청했다. 테슬라가 그저 몇 달 더 버텨나갈 수 있을 정도의 자금이었다. 하지만 계획이 마무리되었다고 생각했을 때 한 투자자가 주저하고 있다는 사실을 알게 되었다. 바로 앨런 샐즈먼이 이끄는 밴티지 포인트 캐피털이었다. 새로운 주식을 발행하려면 기존 투자자 전원에게 동의를 얻어야 했다.

샐즈먼과 머스크는 지난 몇 달 동안 전략을 놓고 이견을 보여왔다. 한번은 테슬라 본사에서 직원들이 들을 수 있을 정도의 고성으로 말다툼을 벌이기도 했다. 샐즈먼은 테슬라가 크라이슬러 같은 다른 자동차 기업에 배터리 팩을 공급하는 업체가 되기를 원했다. 샐즈먼은 "그것이 테슬라의 성장에 도움이 될 것"이라고 말했다. 머스크는 말도 안 된다고 생각했다. 그는 말한다. "샐즈먼은 우리 배를 기존 자동차 회사라는 거함에 묶어야 한다고 주장하고 있었지요. 나는 그 거함이 말 그대로 가라앉고 있다고 생각했고요." 샐즈먼은 테슬라가 자동차는 제작도 되지 않은 상태에서 로드스터 고객들의 예치금을 소진하는 것이 걱정스러웠다. "사람들이 말 그대로 예치금을 넣은 거지 회사 자금을 지원하기 위해 무담보 대출을 해준 게 아니잖아요. 도덕적으로 잘못된 행태였지요." 샐즈먼의 말이다. 머스크는 외부 변호사를 구해 그것이 합법적이라는 의견을 내게 했다. 샐즈먼은 또한 머스크의 행동방식에 혐오감을 느꼈다. "그는 사람들을 거칠게 대하고 불필요하게 냉담하게 처신했어요. 그런 행태가 그의

DNA의 일부였지요. 나와는 잘 맞지 않았어요."

샐즈먼은 킴벌도 참여하고 있던 비공식이사회의 전화 회의에서 머스크를 CEO에서 해임하기 위한 사전 작업을 계획했다. "이 사악한 바보들이 형에게 하려는 짓거리에 격분하지 않을 수 없었어요." 킴벌은 말한다. "그래서 내가 소리치기 시작했지요. '말도 안 돼, 말도 안 돼, 이러면 안 돼요. 당신들 바보요 뭐요?'" 그라시아스도 듣고 있었다. "아무렴, 우리가 일론의 뒤를 지킬 것이오." 그가 말했다. 킴벌은 형에게 전화했고, 일론 본인이 나서서 이사회 투표를 막을 수 있었다. 그는 화도 내지 않고 평온한 집중력을 발휘하며 의견을 피력했다.

샐즈먼과 그의 파트너들은 머스크에게 그들의 사무실로 와서 테슬라가 앞으로 필요로 하는 자금에 대해 자세히 설명할 것을 요구했다. "비유를 하자면 이런 상황이었어요. 그는 심장 절개 수술을 하려는 참이었고, 우리는 그가 혈액형이 다른 피를 쓰지 않게 하려고 애쓰고 있었던 거지요." 샐즈먼은 말한다. "한 사람이 과도한 통제권을 행사하고 있는데, 그가 많은 스트레스에 시달리고 있다면, 그건 위험한 상황이에요."

머스크는 화가 났다. "당장 자금 조달 라운드를 진행하지 않으면 다음 급여를 지급하지 못한다고요." 그가 샐즈먼에게 말했다. 하지만 샐즈먼은 다음 주에 만나서 결정하자고 고집했다. 그러면서 약속시간을 오전 7시로 정했고, 그 때문에 머스크는 더욱 화가 치솟았다. "나는 전형적인 올빼미형 인간인데, 완전히 엿 먹이려고 작정을 했다는 생각이 들었지요." 머스크는 말한다. "샐즈먼이 내게 그런 짓을 한 이유는 그가 머저리이기 때문이에요." 머스크는 샐즈먼이 자신의 눈을 똑바로 응시하며 거절할 수 있는 기회를 즐기고 있다고 느꼈고, 실제로 상황은 그렇게 전개되었다.

페이팔의 파트너들과 화해한 사례에서 알 수 있듯이, 머스크는 얼마든지 너그러워질 수 있는 사람이다. 그러나 그의 화를 돋우는, 거의 비이성적으로 화나게 만드는 사람들이 몇 명 있다. 마틴 에버하드가 그중 한 명이다. 그리고 앨런 샐즈먼이 그 목록에 추가되었다. 머스크는 그가 의도적으로 테슬라를 파산으로 몰아가고 있다고 생각했다. "그는 정말 무례한 얼간이예요." 머스크는 말한다. "나의 이 '얼간이'라는 표현은 그를 경멸하려는 게 아니라 그에 대해 설명하려는 겁니다."

샐즈먼은 머스크의 주장을 차분하게 부인하며 그의 모욕에 대해서도 개의치 않는 것처럼 보인다. "우리는 회사를 장악하거나 파산으로 몰아넣을 생각이 전혀 없었어요." 그는 말한다. "터무니없는 소리지요. 우리의 역할은 단순히 회사를 지원하고 자본이 현명하게 사용되도록 돕는 겁니다." 머스크의 인신공격성 발언에도 불구하고 그는 오히려 머스크에 대해 어느 정도 존경을 표한다. "그는 회사를 뒷받침하는 독보적인 원동력이었지요. 회사가 잘된 것은 그의 공로라고 생각해요. 경의를 표합니다."

새로운 유상증자에 대한 샐즈먼의 거부권을 피하기 위해 머스크는 더 많은 주식을 발행하는 대신 더 많은 부채를 떠안는 방식으로 자금 조달을 재구성하기 위해 분주히 움직였다. 그 계획의 성사 여부를 결정할 전화 회의가, 스페이스X에서 NASA의 계약을 따낸 이틀 후인 크리스마스이브에 열렸다. 당시 머스크는 탈룰라와 함께 콜로라도 주 볼더에 있는 킴벌의 집에 가 있었다. "저는 바닥에서 아이들에게 줄 선물을 포장하고 있었고, 일론은 침대에 걸터앉아 전화기를 부여잡고 문제를 해결하기 위해 미친 듯이 애쓰고 있었어요." 탈룰라의 회상이다. "저는 크리스마스를 매우 중요하게 여기기 때문에 아이들이 그런 상황에 대해 걱정하지 않게 하는 것이 최우선 과제였지요. 그래서 계속 이런 식으로 말했어요. '크리스마스니까 모종의 기적이 일어날 거야.'"

그리고 기적이 일어났다. 밴티지포인트 캐피털은 결국 전화 회의에 참여한 다른 투자자들과 마찬가지로 머스크의 계획을 지지했다. 머스크는 눈물을 흘렸다. "다른 방향으로 진행되었다면 테슬라는 끝장이 났을 거예요." 머스크는 말한다. "그리고 전기자동차에 대한 꿈도 수년 동안 사라졌을 겁니다." 당시 미국의 주요 자동차 회사들은 모두 전기자동차 생산을 중단한 상태였다.

다임러의 투자

지난 몇 년 동안 테슬라에 쏟아진 비판 중 하나는 회사가 2009년에 정부로부터 '구제금융' 내지는 '보조금'을 받았다는 것이었다. 사실 테슬라는 흔히 '구제금융'이라고 일컬어지는 재무부의 부실자산구제프로그램TARP으로부터 자금을 지원받지 않았다. 이 프로그램으로 제너럴모터스와 크라이슬러는 파산 구조조정을 진행하는 동안 정부로부터 184억 달러를 지원받았다. 하지만 테슬라는 TARP나 경기부양 패키지 자금을 신청하지 않았다.

테슬라는 2009년 6월에 이자를 부담하는 4억 6,500만 달러를 대출받았는데, 이는 에너지부의 프로그램에 따른 것이었다. 에너지부의 첨단기술 차량 제조 대출 프로그램은 전기자동차나 고연비 자동차를 만드는 기업에 자금을 빌려주는 제도였다. 포드와 닛산, 피스커 오토모티브Fisker Automotive도 대출을 받았다.

테슬라에 대한 에너지부의 대출은 즉각적인 현금 투입이 아니었다. 제너럴모터스와 크라이슬러에 대한 구제금융과 달리 대출금은 실제로 지출된 실비와 연계되었다. "돈을 쓴 다음에 정부에 청구서를 제출하는 방식이었지요." 머스크의 설명이다. 그런 까닭에 2010년 초에 이르러서야 첫 번째 수표를 받을 수 있었다. 3년 후 테슬라는 1,200만 달러의 이자와 함께 대출금을 전액 상환했다. 닛산은 2017년에 상환했고, 피스커는 파산했으며, 포드는 2023년 현재 여전히 이 돈을 빚진 상태다.

테슬라에 더 큰 도움이 된 것은 다임러 크라이슬러였다. 2008년 10월, 테슬라와 스페이스X의 위기가 가중되던 시기에 머스크는 슈투트가르트에 있는 다임러 크라이슬러의 본사로 날아갔다. 다임러의 경영진은 그에게 전기자동차 개발에 관심이 있으며 2009년 1월 중에 팀을 꾸려 미국을 방문할 계획이라고 말했다. 그때 테슬라도 찾아갈 테니 다임러 스마트 자동차의 전기 버전에 대한 제안서를 준비해달라는 것이 그들의 요청이었다.

독일에서 돌아오자마자 머스크는 스트로벨에게 다임러 팀이 도착할 때까지 전기 스마트카의 시제품을 서둘러 만들어야 한다고 말했다. 그들은 가솔린 스마트카를 구할 수 있는 멕시코로 직원을 파견했다. 그는 그곳에서 스마트카 한 대를 구입해 캘리포니아로 몰고 왔고, 그들은 그 차에 로드스터의 전기모터와 배터리 팩을 장착했다.

2009년 1월 테슬라를 찾은 다임러 간부들은 이름도 들어본 적 없는데다가 자금도 부족한 작은 회사와 만나는 것에 짜증이 난 듯한 분위기였다. "그들이 매우 퉁명스럽고 무뚝뚝하게 굴며 한시라도 빨리 그곳에서 벗어나고 싶어 했던 것이 기억납니다." 머스크는 말한다. "그들은 변변찮은 파워포인트 프레젠테이션이나 보게 될 거라고 생각했지요." 그런 분위기에서 머스크가 그들에게 차를 한번 직접 몰아보겠느냐고 물었다. "무슨 뜻이죠?" 다임러의 팀원 중 한 명이 물었다. 머스크는 시승용 모델을 한 대 만들어놨다고 설명했다.

그들은 주차장으로 갔고, 다임러 간부들은 시제품에 올랐다. 차는 순식간에 앞으로 돌진하며 약 4초 만에 시속 60마일에 도달했다. 그들은 깜짝 놀랐다. "그 스마트카가 그야말로 쏜살같이 튀어나갔거든요. 마치 앞바퀴를 들고 뒷바퀴로만 달릴 수도 있을 것 같았지요." 머스크의 말이다. 그 결과 다임러는 테슬라로부터 스마트 자동차용 배터리 팩과 구동렬을 납품받는 계약을 체결했는데, 이는 샐즈먼이 제안했던 아이디어와 크게 다르지 않았다. 머스크는 다임러에 테슬라에 대한 투자도 고려해달라고 요청했다. 2009년 5월, 에너지부의 대출 승인이 아직 떨어지지 않은 시점에 다임러는 테슬라와 5,000만 달러의 주식 지분을 인수하기로 합의했다. 머스크는 말한다. "당시 다임러가 테슬라에 투자하지 않았다면 우리는 분명 끝장났을 겁니다."

32장

모델 S

테슬라, 2009년

(왼쪽) 드루 배글리노
(오른쪽) 프란츠 폰 홀츠하우젠과 자리를 함께한 머스크

대량생산을 위한 프로젝트

2008년 크리스마스 시즌의 자금 조달 라운드, 다임러의 투자, 정부 대출 등에 힘입은 머스크는 성공할 경우 테슬라를 전기자동차 시대를 선도하는 진정한 자동차 회사로 탈바꿈시켜줄 프로젝트를 진행할 수 있게 되었다. 바로 약 6만 달러 수준의 일반적인 4도어 세단을 대량생산한다는 프로젝트였다. 그 차는 이후 모델 S로 알려진다.

머스크는 로드스터 디자인에 많은 시간을 투자하며 공을 들였지만, 4도어 세단의 디자인을 도울 때에는 훨씬 더 많은 어려움을 겪었다. "스포츠카의 경우, 선과 비율이 슈퍼모델의 그것과 흡사해서 보기 좋게 만드는 것이 비교적 쉬워요. 하지만 세단의 비율은 만족스럽게 만들기가 훨씬 어렵지요." 머스크의 말이다.

테슬라는 처음에 BMW Z8과 애스턴마틴 DB9의 감각적인 스타일을 뽑아낸 바 있던 덴마크에서 태어나 남부 캘리포니아에서 성장한 디자이너 헨릭 피스커와 계약을 맺었다. 하지만 머스크는 그의 아이디어에 깊은 인상을 받지 못했다. 그는 피스커의 스케치 중 하나에 대해 "바퀴 달린 달걀처럼 보이네요"라고 말하며 다음과 같이 덧붙였다. "지붕을 낮추세요."

피스커는 머스크에게 문제를 설명하려고 했다. 배터리 팩이 차 바닥을 들어올리기 때문에 머리와 천장 사이에 충분한 공간을 확보하려면 지붕을 부풀려야 했다. 피스커는 화이트보드로 가서 머스크가 마음에 들어 하는 애스턴마틴 디자인을 스케치했다. 낮고 넓은 모습이었다. 하지만 모델 S는 배터리의 위치 때문에 그와 같은 날렵한 비율로 만들 수 없었다. "조르지오 아르마니의 패션쇼에 갔다고 상상해보세요." 피스커가 설명했다. "키 182센티미터에 몸무게 45킬로그램인 모델이 드레스를 입고 들어옵니다. 키 153센티미터에 몸무게는 68킬로인 아내와 함께 패션쇼에 참석한 어떤 친구가 아르마니에게 '내 아내를 위해 저 드레스를 만들어주세요'라고 말합니다. 과연 똑같이 멋진 느낌이 날까요?"

머스크는 헤드라이트의 모양과 후드의 라인을 포함해 수십 가지의 변경을 지시했다. 자신을 예술가라고 생각하던 피스커는 머스크에게 그중 일부에 대해 바꾸고 싶지 않은 이유를 설명했다. 머스크는 "당신이 바꾸고 싶은지 여부는 상관없소"라고 대꾸했다. "나는 지금 당신에게 그것들을 바꾸라고 명령하고 있는 거니까." 피스커는 짐짓 피곤하다는 표정으로 엷은 미소를 흘리며 머스크에 대해 느꼈던 혼란스러운 강렬함을 회상했다. "나는 머스크 스타일이 아닙니다. 나는 꽤나 느긋한 편이지요." 9개월 후 머스크는 그와의 계약을 해지했다.

격납고 옆에 세운 디자인 스튜디오

프란츠 폰 홀츠하우젠은 코네티컷에서 태어나 남부 캘리포니아에서 살았지만 이름에서처럼 유럽풍이 느껴지는 아우라를 풍긴다. 동물성 소재를 사용하지 않은 테크닉레더Technik-Leather 재킷과 타이트한 청바지를 즐겨 입으며, 늘 자신감과 정중한 겸손이 동시에 묻어나는 반쯤 웃는 표정을 짓고 있다. 디자인 학교를 졸업한 후 여기저기 옮겨 다니며 일하던 그는 폭스바겐과 제너럴모터스를 거쳐 2008년 무렵에는 캘리포니아의 마즈다 자동차에서 일하고 있었는데, 지루한 프로젝트를 반복적으로 수행하는 '헹궈서 다시 쓰는 사이클'에 갇혀 있었다.

그가 열정을 쏟던 일 중 하나가 고카트 동호회 활동이었는데, 2008년 여름 샌타모니카 대로에 테슬라의 첫 번째 쇼룸을 여는 작업을 하던 동료 라이더가 그의 이름을 머스크에게 알려주었다. 피스커와의 계약을 해지한 머스크는 테슬라에 사내 디자인 스튜디오를 만들 사람을 물색하던 중이었다. 폰 홀츠하우젠은 머스크의 전화를 받고 바로 그날 오후에 찾아가기로 했다. 머스크는 그에게 스페이스X를 둘러보게 했고, 그는 깜짝 놀라지 않을 수 없었다. "헐, 우주로 로켓을 쏘아 올린다고요? 자동차는 이것과 비교하면 식은 죽 먹기지요." 폰 홀츠하우젠은 경탄을 토해냈다.

두 사람은 그날 저녁 샌타모니카 쇼룸의 오프닝 파티에서 대화를 이어갔다. 다른 파티 참석자들과 떨어져 있는 회의실에서 머스크는 피스커가 작업한 모델 S의 사진을 보여주었다. "정말 형편없군요. 내가 아주 멋진 것을 만들어드릴 수 있어요." 폰 홀츠하우젠이 자신했다. 머스크는 웃기 시작했다. "좋아요, 해봅시다." 그는 그 자리에서 폰 홀츠하우젠을 고용했다. 두 사람은 결국 스티브 잡스와 조너선 아이브 같은 팀이 되었고, 머스크는 그와 업무적으로나 개인적으로나 몇 안 되는, 극적이지 않고 평온한 관계를 맺게 되었다.

머스크는 디자인 스튜디오를 실리콘밸리의 테슬라 본사가 아닌 로스앤젤레스의 스페이스X 공장에 있는 자신의 칸막이 방 근처에 두고 싶었지만, 당장 거기에 투여할 자금이 없었다. 그래서 그는 폰 홀츠하우젠에게 로켓 공장 뒤쪽, 노즈콘(로켓·항공기 등의 원추형 앞부분-옮긴이)을 조립하는 장소 근처의 구석 공간을 내어주며 팀원들의 프라이버시를 위해 텐트를 쳐주었다.

테슬라에 합류한 다음 날, 폰 홀츠하우젠은 슷웰과 함께 스페이스X 공장의 구내식당 옆에 서서 2008년 8월 콰즈의 그 세 번째 발사 시도를 모니터를 통해 지켜보았다. 그 발사는 상하단의 분리 직후 부스터가 약간 요동치며 상단 스테이지와 부딪히면서 실패로 돌아갔다. 그 순간 폰 홀츠하우젠은 자신이 마즈다의 안락한 직장을 떠나 리스크와 드라마에 중독된 미치광이 천재와 일하게 되었다는 사실을 깨달았다. 스페이스X와 테슬라 모두 파산으로 치닫는 것처럼 보였다. 그는 말한다. "아마겟돈이 닥쳐오고 있었지요. 그래서 그 시절, 우리가 꿈꾸는 이 멋진 자동차를 보여줄 수 있을 때까지 과연 살아남을지나 모르겠다는 생각이 종종 들곤 했어요."

폰 홀츠하우젠은 동료 겸 조수가 필요했기에 수년 동안 알고 지내던 자동차 업계의 친구 데이비드 모리스에게 손을 내밀었다. 어린 시절을 런던 북부에서 보낸 모리스는 쾌활한 영국식 억양을 쓰는 점토 모형 전문가이자 엔지니어였다. "하지만 데이브, 자네는 이 조직이 얼마나 빠듯한 자원으로 고군분투하고 있는지 짐작도 못 할 거야. 마치 개러지 밴드garage band 같다니까. 어쩌면 곧 파산할지도 몰라." 그러나 폰 홀츠하우젠이 그를 불러 로켓 공장에서 디자인 스튜디오까지 구경시켜주자 모리스는 완전히 매료되었다. '로켓 사업에 이렇게 본격적으로, 이렇게 철저하게 임하는 사람이 자동차를 만들고 싶어 하는 것이라면, 나도 참여하고 싶다.' 모리스는 그렇게 생각했다.

머스크는 결국 스페이스X 공장 옆에 있던 낡은 항공기 격납고를 구입하여 폰 홀츠하우젠에게 스튜디오를 마련해주었다. 머스크는 거의 매일 그곳에 들러 그와 이야기를 나누었고, 매주 금요일에 한두 시간씩 진행되던 디자인 집중 검토 세션에도 빠지지 않고 참여했다. 점차 새로운 모델 S의 모양새가 잡혀갔다. 몇 달 동안 스케치와 사양명세서를 보여주다가 폰 홀츠하우젠은 머스크가 3D 모형에 가장 편안하게 반응한다는 사실을 깨달았다. 그래서 모리스 및 조각가 두 명과 협력하여 실물 크기의 모형을 만들고 지속적으로 업데이트했다. 머스크가 방문하는 금요일 오후가 되면, 그들은 모형을 스튜디오 밖의 햇볕이 잘 드는 야외 주차장으로 밀고 나가 머스크의 반응을 살피곤 했다.

배터리 팩

모델 S가 통통해 보이지 않게 하기 위해 머스크는 배터리 팩을 최대한 얇게 만들어야 했다. 두 개의 좌석 뒤에 박스형 배터리 팩을 장착한 로드스터와 달리, 4도어 차량인 모델 S는 바닥 아래에 배터리 팩을 장착하길 원했기 때문이다. 배터리 팩을 아래쪽에 두면 차를 다루기도 더 쉬웠고 전복될 가능성도 거의 없었다. 머스크는 말한다. "버블 카가 되지 않도록 하면서 차체의 높이도 충분히 확보하기 위해 배터리 팩을 밀리미터 단위로 줄여나가는 데 많은 시간을 투자했지요."

그가 배터리 책임자로 임명한 인물은 최근에 스탠퍼드대학교를 졸업한 드루 배글리노라는 젊은 친구였다. 보통의 엔지니어들과 달리 성격이 밝고 웃음이 많은 배글리노는 수년 후 테슬라의 최고위직에 오르지만, 머스크와의 첫 만남에서 그 경력이 거의 끝날 뻔했다. "우리의 주행 거리 목표에 도달하려면 배터리 셀이 몇 개나 필요한가?" 머스크가 그에게 물었다. 배글리노와 나머지 구동렬 팀원들은 몇 주 동안 그 문제에 매달려 분석에 분석을 거듭한 터였다. "우리는 수십 개의 모델을 돌려보면서 공기역학은 얼마나 좋게 만들 수 있는지, 구동렬은 얼마나 효율적이게 할 수 있는지, 각 셀의 에너지 밀도는 얼마나 높일 수 있는지 등을 살펴봤습니다." 배글리노의 말이다. 그렇게 해서 그들이 도출한 답은 배터리 팩에 약 8,400개의 셀이 필요하다는 것이었다.

머스크는 "안 돼! 7,200셀로 가"라고 답했다.

배글리노는 불가능하다고 생각했지만, 입이 열리기 전에 스스로를 다잡았다. 그는 머스크가 도전을 받으면 화를 낸다는 이야기를 익히 들어 알고 있었다. 그럼에도 그는 이후 여러 차례 머스크의 화염방사기 같은 공격을 받아내는 입장이 되었다. "그는 정말 가혹했습니다." 배글리노는 회상한다. "그는 사실을 전하는 메신저에게 도전하는 것을 좋아하는데, 그게 늘 최선의 방법은 아닙니다. 그런 그가 저를 공격하기 시작했습니다."

배글리노는 직속상사인 테슬라의 공동창업자 스트로벨에게 자신이 얼마나 충격을 받았는지 말했다. "다시는 일론이 참석하는 회의에 들어가고 싶지 않습니다." 그런 회의를 여러 번 겪어본 스트로벨은 그런 것이 "훌륭한" 회의라고 평가해 그를 놀라게 했다. "바로 그런 종류의 피드백이 우리에게 필요한 거야." 스트로벨이 말했다. "그의 요구를 처리하는 법을 배우기만 하면 돼. 그의 목표가 무엇인지 파악하고 계속해서 정보를 제공하라고. 그것이 그가 최상의 결과를 얻어내는 방법이지."

배터리 셀의 경우, 배글리노는 결국 놀라움을 금치 못하게 되었다. "7,200개라는 목표가 정말 미치도록 놀라웠던 부분은 우리가 실제로 7,200셀에 도달했다는 점입니다." 그는 말한다. "직감으로 계산했을 텐데, 정확히 짚어낸 것입니다."

셀 수를 줄인 후 머스크는 배터리 팩을 얼마나 낮게 배치할 수 있는지에 집중했다. 배터리 팩을 바닥 팬에 넣는다는 것은 돌부리나 파편 따위에 뚫리지 않도록 보호해야 한다는 것을 의미했다. 배터리 아래에 두꺼운 판을 깔아야 한다고 생각하는 신중한 팀원들과 머스크 사이에 여러 차례 의견 충돌이 벌어졌다. 때때로 회의는 고성이 오가는 싸움으로 이어지기도 했다. 스트로벨은 말한다. "일론이 인신공격을 퍼붓기 시작하면 당연히 엔지니어들도 흥분하지 않을 수 없었지요. 엔지니어들은 안전하지 않은 일을 하라고 요구받는다고 느꼈어요." 엔지니어들이 머스크의 의견에 완강하게 버티는 것은 마치 황소 앞에서 붉은 망토를 흔드는 것처럼 그를 흥분시켰다. "일론은 경쟁심이 아주 강한 사람인지라, 그에게 도전하면 그것은 곧 회의가 지옥으로 갈 수 있다는 뜻이 되지요."

머스크는 모델 S의 수석 엔지니어로 로터스와 랜드로버의 차체 작업을 담당했던 영국 신사 피터 롤린슨을 고용했다. 두 사람은 함께 단순히 배터리 팩을 차 바닥 아래에 배치하는 것 이상의 방법을 고안해냈다. 자동차 제작방식의 설계를 바꿔 배터리 팩이 자동차 구조의 일부가 될 수 있도록 조정한 것이다.

이는 자동차의 모양을 스케치하는 디자이너와 자동차의 제작방식을 결정하는 엔지니어가 함께 일하면서 협력해야 한다는 머스크의 방침이 효력을 발휘한 사례이다. "내가 일했던 다른 회사에서는 디자이너가 아이디어를 낸 후 다른 건물이나 다른 나라에 있는 엔지니어에게 보내는 이른바 '던지기'식 사고방식이 지배적이었습니다." 폰 홀츠하우젠은 말한다. 머스크는 엔지니어와 디자이너가 같은 공간에서 일하게 했다. "엔지니어처럼 생각하는 디자이너와 디자이너처럼 생각하는 엔지니어를 창출하겠다는 비전이 있었던 겁니다." 폰 홀츠하우젠의 말이다.

이것은 스티브 잡스와 조너선 아이브가 애플에 주입한 원칙, 즉 디자인이 단순한 미학에 그쳐서는 안 된다는 원칙과 진정한 산업 디자인은 제품의 외관과 엔지니어링을 연결해야 한다는 원칙을 따른 결과다. 잡스는 이렇게 설명한 바 있다. "대부분의 사람들에게 디자인은 겉모습을 의미합니다. 이보다 더 디자인의 의미에서 멀어질 수 있는 개념은 없습니다. 디자인은 인간이 만든 창조물의 근본적인 영혼이며, 결국 그 영혼이 겉모습으로 표출되는 것입니다."

친근한 디자인

애플의 디자인 스튜디오에서 나온 또 하나의 원칙이 있었다. 1998년 조너선 아이브는 캔디 컬러의 친근한 아이맥을 구상할 때 오목한 손잡이를 포함시켰다. 당시 아이맥은 들고 다니도록 의도된 것이 아닌 데스크톱 컴퓨터였기 때문에 그 손잡이는 그다지 기능적이지 않았다. 하지만 그것은 친근함의 신호였다. "이 손잡이가 있으면 관계를 맺게 해줍니다." 아이브는 설명했다. "접근하기 쉽게 느껴지기 때문입니다. 만져도 된다고 허락하는 느낌을 주는 겁니다."

마찬가지로 폰 홀츠하우젠은 운전자가 키를 들고 다가가면, 도어 표면에 수평으로 붙어 있다가 반갑게 악수를 건네는 것처럼 불이 들어오며 튀어나오는 도어 핸들을 스케치했다. 이 방식으로 무슨 대단한 기능이 추가되는 것은 아니었다. 기능 면에서는 일반적인 돌출형 도어 핸들과 별 다를 게 없었다. 하지만 머스크는 즉시 이 아이디어를 받아들였다. 그것이 친근함이라는 기분 좋은 신호를 보낼 수 있었기 때문이다. "손잡이가 사용자의 접근을 감지하고 불을 켜며 튀어나와 반갑게 맞이한다? 마법과 같은 일이지요." 머스크의 말이다.

엔지니어와 제작팀은 이 아이디어를 거부했다. 다양한 날씨 조건에서 수만 번 작동해야 하는 그 메커니즘을 설치할 공간이 문 안쪽에 거의 없었기 때문이다. 엔지니어 중 한 명이 머스크에게 그가 가장 좋아하는 단어 중 하나를 되던졌다. "바보." 하지만 머스크는 조금도 물러서지 않았다. "이 문제로 더 이상 나와 싸울 생각 마시오." 그가 명령했다. 결국 그것은 소유자와 정서적 유대를 맺어주는, 테슬라 자동차의 시그니처 기능이 되었다.

머스크는 규제에 저항하는 성향을 지니고 있다. 그는 다른 사람의 규칙을 따르는 것을 좋아하지 않았다. 모델 S의 완성이 가까워지던 어느 날, 차에 올라 탄 그가 조수석 쪽 바이저를 내렸다. "이게 대체 뭐야?" 그가 정부 규정에 따라 의무적으로 부착해야 하는 경고 라벨을 가리키며 물었다. 거기에는 에어백에 대한 주의사항과 어린이가 조수석에 탑승했을 때 에어백을 비활성화하는 방법이 적혀 있었다. 모리스는 정부의 요구에 따라 부착한 것이라고 설명했다. "제거하시오." 머스크가 명령했다. "사람들은 바보가 아니에요. 이런 스티커는 바보 같은 거예요."

테슬라는 해당 규정을 피해 가기 위해 조수석에 어린이가 탑승한 것을 감지하면 에어백이 펼쳐지지 않도록 하는 시스템을 설계했다. 하지만 이는 정부 당국을 만족시키지 못했고, 머스크는 물러서지 않았다. 이후 수년 동안 테슬라는 미 연방 교통안전위원회와 계속 갈등을 빚었고, 위원회는 경고 스티커가 없는 테슬라 차량에 대해 간헐적으로 리콜 통지를 공표했다.

머스크는 모델 S에 운전자가 손가락 끝으로 조작하는 대형 터치스크린을 장착하기를 원했다. 그는 폰 홀츠하우젠과 머리를 맞대고 화면의 크기와 모양, 위치에 대한 아이디어를 구상했다. 그렇게 둘이 몇 시간을 투자해 뽑아낸 결과물은 이후 자동차 업계의 판도를 바꾸는 게임체인저가 되었다. 이제 운전자는 조명과 온도, 좌석 위치, 서스펜션 레벨 등 글러브박스를 여는 것(모종의 이유로 정부 규정에 따라 물리적 버튼이 있어야 한다)을 제외한 차 안의 거의 모든 것을 보다 쉽게 제어할 수 있었다. 또한 비디오 게임과 조수석의 방귀 소리, 다양한 경적 소리, 인터페이스에 숨겨진 부활절 농담 등 갖가지 재미 요소가 추가되었다.

가장 중요한 것은 자동차를 단순한 하드웨어가 아닌 하나의 소프트웨어로 간주함으로써 지속적으로 업그레이드할 수 있다는 점이었다. 다시 말해, 새로운 기능을 무선으로 '배송'해줄 수 있었다. 머스크는 말한다. "수년에 걸쳐 더 빠르게 가속하는 것을 포함해 수많은 기능을 추가해줄 수 있다는 사실에 우리도 놀랐지요. 차를 굴리는 동안에 처음 구입했을 때보다 성능이 더 좋아지는 거니까요."

33장

우주의 민영화

스페이스X, 2009-2010년

2010년 케이프커내버럴에서 오바마 대통령과 함께

팰컨 9호와 40번 발사대

스페이스X가 NASA로부터 국제 우주정거장에 화물을 보내는 계약을 따내자마자 중대한 도전 과제가 대두되었다. 팰컨 1호로 그 임무를 완수하는 것은 어림도 없는 일이었기 때문이다. 그보다 훨씬 더 강력한 로켓이 필요했다.

머스크는 처음에 다음 로켓에는 엔진이 한 개가 아닌 다섯 개가 장착될 것이고, 그에 따라 팰컨 5호라고 부를 계획이었다. 그리고 거기에는 보다 강력한 엔진이 필요했다. 하지만 톰 뮬러는 새 엔진을 만드는 데 너무 오랜 시간이 걸릴 것이 걱정되었고, 그래서 머스크에게 "원래의 멀린 엔진 아홉 개를 장착한 로켓"이라는 수정된 아이디어를 받아들이도록 설득했다. 그렇게 해서 10년 이상 스페이스X의 주력 로켓으로 활약하는 팰컨 9호가 탄생했다. 157피트 높이의 이 로켓은 팰컨 1호보다 높이가 2배 이상이었고, 힘은 10배 더 강력했으며, 무게는 12배나 더 나갔다.

새로운 로켓 외에도 로켓 꼭대기에 장착되어 화물(또는 우주비행사)을 싣고 궤도에 진입한 후 우주정거장과 도킹해서 임무를 수행하고 지구로 귀환할 수 있는 모듈인 우주캡슐이 필요했다. 머스크는 아무런 사전 준비도 되어 있지 않은 상태에서 토요일 아침마다 엔지니어들과 정례회의를 갖고 우주캡슐을 하나 설계해냈다. 그리고 포크송 〈퍼프 더 매직 드래곤〉에서 힌트를 얻어 그것에 '드래곤'이라는 이름을 붙였다.

그리고 마지막으로 그 새로운 로켓을 정기적으로 발사할 수 있는 장소가 필요했다. 콰즈 기지가 아닌 다른 곳을 찾아야 했다. 대형의 팰컨 9호를 배에 싣고 태평양의 절반을 건너는 것은 너무 벅찬 일이었다. 결국 스페이스X는 플로리다 대서양 연안의 14만 4,000에이커에 걸쳐 700개에 가까운 건물과 발사대 및 발사 단지를 갖춘 케이프커내버럴의 케네디우주센터 중 일부를 사용하는 계약을 체결했다. 스페이스X는 1960년대부터 공군의 타이탄 로켓 발사에 사용되던 40번 발사대를 임차했다.

스페이스X가 계약한 발사 단지를 재건하기 위해 머스크는 록히드와 보잉의 합작투자사인 유나이티드 론치 얼라이언스United Launch Alliance에서 일하던 브라이언 모스델이라는 엔지니어를 영입하고자 했다. 머스크와의 면접은 당황스러울 수 있다. 그는 면접을 하며 다른 일을 하기도 하고, 멍하니 응시하고, 때로는 1분 이상 아무 말 없이 가만히 있기도 한다(지원자에게는 침묵을 채우기 위해 계속 이야기를 하지 말고 그냥 앉아 있으라는 사전 경고가 주어진다). 하지만 그가 갑자기 흥미를 느껴 지원자를 진정으로 파악하고 싶을 때는 상세한 기술 토론을 시작한다. 질소 대신 헬륨을 사용한 과학적 이유는 무엇인가? 펌프 샤프트 실링과 래버린스 퍼지를 수행하는 가장 좋은 방법은 무엇인가? 머스크는 말한다. "나는 몇 가지 질문만으로 사람의 업무 수행 능력을 평가할 수 있는 좋은 신경망을 가지고 있지요." 모스델은 그 일을 맡게 되었다.

모스델은 정기적으로 머스크의 재촉을 받으면서 말 그대로 스페이스X의 전형적인 재활용 방식으로 해당 지역을 재건했다. 그와 그의 상사인 팀 부자는 값싸게 용도를 바꿔 쓸 수 있는 부품을 찾아 주변을 샅샅이 뒤졌다. 부자는 케이프커내버럴의 한 도로를 운전하던 중 낡은 액체산소 탱크를 발견했다. "그래서 담당 장성에게 그것을 구입할 수 있는지 물었고, 150만 달러짜리 압력 용기를 폐품 재활용으로 해결할 수 있었습니다. 그것은 아직도 40번 발사대에 붙어 있습니다."

머스크는 또한 요구사항에 의문을 제기하여 비용을 절감했다. 그가 왜 팰컨 9호를 들어 올릴 크레인 한 쌍을 만드는 데 200만 달러나 드는지 물었을 때, 팀원들은 공군에서 부과하는 모든 안전규정을 이유로 들었다. 대부분이 한물간 구식 규정이었고, 모스델은 군을 설득하여 그것들을 개정할 수 있었다. 결국 크레인 비용은 30만 달러밖에 들지 않았다.

수십 년 동안 계속되던 원가가산 방식의 계약은 항공우주 분야를 무기력하게 만들었다. 로켓의 밸브는 자동차에 들어가는 비슷한 밸브보다 30배나 더 비쌌다. 그런 까닭에 머스크는 팀원들에게 항공우주 관련 기업이 아닌 곳에서 부품을 조달하도록 끊임없이 압박했다. NASA가 우주정거장에서 사용하는 래치는 개당 1,500달러에 달했다. 하지만 스페이스X의 한 엔지니어는 화장실

칸막이에 사용되는 걸쇠를 개조하여 30달러짜리 잠금장치를 만들 수 있었다. 한 엔지니어가 머스크의 칸막이로 찾아와 팰컨 9호의 화물용 격실의 공냉시스템이 300만 달러가 넘는다고 말하자, 그는 옆 칸막이에 있는 숏웰에게 소리쳐 집의 에어컨 시스템이 얼마인지 물어보았다. 그녀는 약 6,000달러라고 대답했다. 스페이스X 팀은 상업용 에어컨들의 펌프를 개조해서 로켓 꼭대기에서 작동하게 만들었다.

모스델은 록히드와 보잉의 합작투자사에서 일할 때 델타4 로켓을 위해 케이프의 발사대 단지를 재건했었다. 그가 팰컨 9호를 위해 구축한 유사한 발사 단지는 그 10분의 1의 비용밖에 들지 않았다. 스페이스X는 우주 개척을 민영화하고 있었을 뿐만 아니라 비용 구조도 뒤엎고 있었다.

오바마와의 만남

"우주왕복선 프로그램을 연장해야 한다고들 하던데, 맞는 말입니까?" 버락 오바마는 2008년 9월 자신의 우주 문제 담당 선거고문인 로리 가버에게 이렇게 물었다.

"아닙니다. 민간 부문에 맡겨야 합니다." 가버가 답했다. 위험한 조언이었다. 당시 스페이스X는 위성을 궤도에 올리는 데 세 번이나 실패했고, 마지막이 될지도 모르는 시도를 앞두고 있었다.

NASA의 베테랑인 가버는 로켓 제작에 대한 미국의 접근방식이 바뀌어야 한다고 민주당 대통령 후보를 설득하려 애썼다. NASA는 우주왕복선 프로그램을 폐지하고 이를 '컨스텔레이션Constellation'이라는 새로운 로켓 프로그램으로 대체할 계획을 세우고 있었다. 컨스텔레이션 프로그램의 운영은 전통적인 방식을 따랐다. NASA에서 록히드-보잉 유나이티드 론치 얼라이언스와 원가 가산 계약을 체결해 대부분의 구성요소를 제작하게 하는 방식이었다. 하지만 해당 프로그램의 예상 비용은 2배 이상으로 증가했고, 개발 완료는 요원해지기만 했다. 가버는 오바마에게 그 프로그램의 개발을 무산시키고 대신 스페이스X와 같은 민간기업에 우주비행사를 우주로 보낼 수 있는 로켓을 개발하도록 장려할 것을 권고했다.

그렇게 그녀는 머스크와 마찬가지로 그해 9월 콰즈에서 진행될 팰컨 1호의 네 번째 발사 시도에 많은 것을 걸었다. 그 발사가 성공하자 그녀는 오바마의 고위 참모들로부터 축하 전화를 받았고, 오바마는 대통령에 당선된 후 그녀를 NASA의 부국장으로 임명했다.

하지만 오바마는 해병대 조종사 출신으로 NASA의 우주비행사로 활약했으며 상업 부분과의 협력과 관련해 가버와 다른 생각을 가지고 있던 찰리 볼든을 그녀의 상사로 선택했다. 볼든은 말한다. "나는 주변의 많은 사람들과 달리 NASA의 예산은 물론이고 유인 우주비행을 위한 모든 것을 일론 머스크와 스페이스X에 넘겨야 한다고 생각하는 몽상가가 아니었습니다." 가버의 입장에서는 불행한 일이 아닐 수 없었다.

그녀는 또한 자신의 지역구(즉 출신 주)에 보잉 시설이 있는 의원들 그리고 공화당원임에도 정부 조직이 운영해야 한다고 생각되는 것을 민간기업이 장악하는 것에 반대하는 의원들과도 싸워야 했다. 가버는 말한다. "업계와 정부의 고위 관계자들이 스페이스X와 일론을 조롱하는 것을 즐기는 분위기였어요. 일론이 그들보다 젊고 부유한데다가 실리콘밸리의 파괴적이고 혁신적인 사고방식으로 무장하고 전통산업을 존중하지 않는다는 사실이 문제였지요."

2009년 말 가버는 논쟁에서 승리했다. 오바마는 과학 담당 자문위원과 예산 책임자로부터 "예산이 초과되고, 예정보다 늦어지고, 계획에서 벗어나고, 실행이 불가능하다"는 보고를 받은 후 NASA의 컨스텔레이션 프로그램을 중단시켰다. 존경받는 우주비행사 닐 암스트롱을 비롯한 NASA 전통주의자들은 이 결정을 맹렬히 비난했다. 앨라배마 주의 상원의원 리처드 셸비는 "대통령이 제안한 NASA 예산안은 미국 유인 우주비행의 미래를 죽음으로 인도하는 서곡"이라고 성토했으며, 7년 전 머스크와 함께 러시아를 방문했던 전임 NASA 국장 마이클 그리핀은 "사실상 미국이 유인 우주비행에서 중요한 역할을 수행하지 않기로 결정한 것"이라고 주장했다. 이들의 생각은 결국 잘못된 것으로 드러났다. 이후 10년 동안 미국은 (주로 스페이스X에 의존하여) 다른 어떤 나라보다 더 많은 우주비행사와 위성 그리고 화물을 우주로 보내게 된다.

오바마는 2010년 4월 케이프커내버럴을 방문해 스페이스X와 같은 민간기업에 의존한다고 해서 미국이 우주탐사를 포기하는 것은 아니라는 논지를 설파하기로 결정했다. 그는 연단에 올라 이렇게 말했다. "어떤 사람들은 이런 식으로 민간 부문과 협력하는 것이 실현 가능하지 않다거나 현명한 조치가 아니라고 말합니다. 나는 그런 의견에 동의하지 않습니다. 우리는 우선 우주선 자체가 아닌 우주 운송 서비스를 구매함으로써 엄격한 안전기준을 계속 충족시킬 수 있습니다. 우리는 또한 스타트업에서 기존의 업계 리더에 이르는 기업들이 대기권 밖으로 사람과 물자를 운반하는 새로운 수단을 설계하고 제작하고 출시하기 위해 경쟁하도록 도움으로써 혁신의 속도를 가속화할 것입니다."

백악관은 대통령이 연설을 마친 후 발사대 중 한 곳으로 이동해 로켓 앞에서 사진 촬영을 하는 것으로 일정을 준비했다. 보도된 바에 따르면, 대통령은 유나이티드 론치 얼라이언스에서 사용하는 발사대에 가기를 원했지만, 당시 그곳은 비밀 정보위성을 발사할 준비를 하고 있었기 때문에 성사되지 않았다. 가버는 그것이 사실과 다르다고 말한다. "백악관의 우리 모두가 스페이스X의 발사대에 가고 싶어 했고, 그래서 그러기로 사전 합의된 내용이었어요."

존 F. 케네디가 사람을 달에 보내겠다고 공언한 해에 태어난 젊은 대통령이 리스크를 무릅쓰는 기업가와 나란히 걸어가 환하게 빛나는 팰컨 9호 주위를 돌면서 자연스럽게 대화를 나누었다. 텔레비전으로 중계된 그 모습은 오바마와 머스크 모두에게 말할 수 없이 귀중한 장면이었다. 머스크는 오바마가 마음에 들었다. "나는 그가 온건하면서도 기꺼이 변화를 감행하는 인물이라는 생각이 들었어요." 머스크의 말이다. 그는 오바마가 자신이 어떤 인물인지 가늠해보려 한다는 인상을 받았다. "내가 과연 믿을 만한 사람인지 아니면 약간 미친놈인지 파악하고자 했던 것 같아요."

34장

팰컨 9호의 성공

케이프커내버럴, 2010년

팰컨 9호의 성공적 발사에 건배를 외치는 마크 준코사 (중앙)

궤도에 진입하다

머스크가 자신이 '약간 미친놈'이 아니라는 것, 혹은 적어도 신뢰는 할 수 있는 사람이라는 것을 증명할 수 있는 기회가 두 달 후인 2010년 6월에 찾아왔다. 팰컨 9호가 최초의 무인 시험 비행으로 궤도 진입을 시도하는 일정이 6월로 잡힌 것이다. 팰컨 1호는 세 번의 실패 끝에 성공했는데, 팰컨 9호는 훨씬 더 크고 복잡했다. 머스크는 첫 번째 시도에서 성공할 가능성이 낮다고 생각했지만, 대통령이 이러한 상업적 발사에 의존하는 것을 미국의 정책으로 삼는다고 공표한 터라 사방에서 많은 압력이 밀려왔다. 〈월스트리트저널〉은 이렇게 썼다. "이 시도가 극적인 실패로 귀결되면, 스페이스X와 (어쩌면) 다른 두 경쟁사에서 NASA의 퇴역하는 우주왕복선을 대체할 상업용 우주선을 개발하도록 수십억 달러를 지원하기 위해 의회를 설득하려는 백악관의 이미 휘청거리는 캠페인이 더욱 힘을 잃을 것이다."

폭풍우가 몰아쳐 로켓이 흠뻑 물에 젖었고, 그로 인해 성공 가능성이 더욱 희박해졌다. "안테나가 젖어서 원격측정신호가 제대로 잡히질 않았어요." 부자의 회상이다. 그들은 발사대에서 로켓을 내렸고, 머스크는 부자와 함께 피해 상황을 점검하기 위해 밖으로 나왔다. 쾨즈의 굴라시 요리 영웅인 알탄이 사다리를 타고 올라가 안테나를 살펴보고 너무 젖어 작동이 불가능하다는 것을 확인했다. 스페이스X의 전형적인 수리법이 즉각적으로 실행되었다. 직원들이 헤어드라이를 가져다주었고, 알탄은 그것을 안테나에 대고 습기가 사라질 때까지 흔들어댔다. "내일 쏴 올리기에 충분하다고 생각하오?" 머스크가 물었다. 알탄은 "괜찮을 겁니다"라고 대답했다. 머스크는 한동안 조용히 그를 바라보며 그의 답변을 평가한 후 "좋아, 가봅시다"라고 말했다.

다음 날 아침, 무선 주파수 점검 결과는 여전히 완벽하지 않았다. "패턴이 바르게 나오질 않았어요." 부자의 말이다. 그래서 그는 머스크에게 한 번 더 일정을 연기해야 할지도 모르겠다고 말했다. 머스크는 데이터를 살펴봤다. 늘 그렇듯이 그는 다른 사람들보다 더 많은 리스크를 기꺼이 감수했다. "이 정도면 충분하오." 그가 말했다. "발사합시다." 부자도 동의했다. "일론과 일할 때 알아야 할 중요한 것은 리스크에 대해 보고하고 엔지니어링 데이터를 보여주기만 하면 된다는 겁니다. 그러면 그가 빠르게 판단을 내릴 것이고, 책임도 내 어깨에서 그의 어깨로 넘어가는 겁니다." 부자의 말이다.

발사는 완벽하게 성공했다. 코코아비치 부두에서 열린 밤샘 파티에 참석한 머스크는 득의만면한 팀원들 앞에서 그 성공을 "대통령이 제안한 것에 대한 정당성을 입증한 것"이라고 평했다. 그것은 또한 스페이스X에 대한 입증이기도 했다. 창업한 지 8년도 채 되지 않았고 파산 위기에서 벗어난 지 2년도 되지 않아 세계에서 가장 성공적인 민간 로켓회사가 되었다.

그리고 귀환

다음 대규모 테스트는 2010년 말로 일정이 잡혔다. 이번에는 스페이스X가 무인캡슐을 궤도에 진입시킬 수 있을 뿐만 아니라 지구로 안전하게 귀환시킬 수도 있다는 것을 보여줄 차례였다. 그 어떤 민간기업도 해낸 적 없는 일이었다. 실제로 미국, 러시아, 중국 등 3개국 정부만 그것에 성공한 바 있었다.

머스크는 다시 한번 무모하다 싶을 정도로 자신의 프로그램과 NASA의 프로그램을 구분 짓는 리스크를 기꺼이 감수하는 의지를 보였다. 12월 발사 예정일 전날, 최종 발사대 검사에서 로켓의 2단 엔진 스커트에서 두 개의 작은 균열이 발견되었다. 가버는 말한다. "상황을 지켜보던 NASA의 모든 직원은 발사가 몇 주 동안 중단될 것이라고 생각했습니다. 일반적인 해결 방법은 엔진 전체를 교체하는 것이었으니까요."

"스커트만 자르면 어떨까요?" 머스크가 팀원들에게 물었다. "말 그대로 치마 밑단만 빙 둘러서 잘라내면 어떻겠냐고요?" 다시 말해, 두 개의 균열이 발생한 아래의 작은 부분을 균등하게 잘라내자는 것이었다. 한 엔지니어는 스커트가 짧아지면 엔진의 추력이 약간 떨어질 것이라고 경고했다. 하지만 머스크는 그래도 임무를 수행하기에 충분할 것이라고 계산했다. 결정을 내리는 데 채 1시간도 걸리지 않았다. 그들은 대형 전단기를 사용하여 스커트 밑단을 다듬었고, 다음 날 예정대로 그 중대한 임무를 띤 로켓을 발사했다. "NASA는 스페이스X의 결정을 받아들이고 믿을 수 없다는 표정으로 지켜볼 수밖에 없었습니다." 가버의 회상이다.

로켓은 머스크의 예상대로 드래곤 캡슐을 궤도에 올려놓는 데 성공했다. 캡슐은 이어서 주어진 기동을 수행하고 지구로 돌아오기 위해 제동 로켓을 점화한 후 대기권에 들어와 낙하산을 펼치며 캘리포니아 앞바다에 부드럽게 안착했다.

멋진 순간이었지만 머스크의 머릿속에서는 냉철한 깨달음이 일었다. 머큐리 프로젝트(1958년부터 1963년까지 진행된 미국의 첫 유인 우주 계획-옮긴이)는 자신이나 오바마가 태어나기도 전인 50년 전에 비슷한 업적을 달성한 바 있었다. 미국은 이제 막 과거의 자신을 따라잡고 있었을 뿐이었다.

스페이스X는 NASA보다 더 민첩할 수 있다는 사실을 반복해서 증명했다. 예를 들어보자. 2013년 3월 우주정거장으로 가는 임무를 수행하던 중 드래곤 캡슐의 엔진에 있는 밸브 중 하나가 열리지 않았다. 스페이스X 팀은 캡슐이 추락하기 전에 임무를 중단시키고 안전하게 귀환시키는 방법을 찾기 위해 고심하기 시작했다. 그러던 중 위험한 아이디어 하나가 떠올랐다. 밸브 앞의 압력을 매우 높은 수준까지 올린 다음 갑자기 압력을 해제하면 밸브가 숨을 토해내듯 열릴지도 모른다는 아이디어였다. 머스크는 나중에 〈워싱턴포스트〉의 크리스천 데이븐포트에게 이렇게 말했다. "하임리히 응급처치법을 우주선에 적용한 셈이라고나 할까요."

관제실에 있던 NASA의 고위 관리 두 명은 뒤에 물러서서 젊은 스페이스X 엔지니어들이 계획을 도모하고 실행에 옮기는 모습을 지켜보았다. 스페이스X의 소프트웨어 엔지니어 중 한 명이 캡슐에 압력을 높이도록 지시하는 코드를 작성했고, 그들은 마치 테슬라 자동차의 소프트웨어 업데이트 방식처럼 이를 전송했다.

콰, 펑! 성공했다. 밸브가 열렸다. 드래곤은 우주정거장과 도킹한 후 무사히 귀환했다.

이런 일들은 스페이스X에 훨씬 더 장대하고 위험한 다음 도전의 길을 열어 주었다. 가버의 조언에 따라 오바마 행정부는 우주왕복선이 퇴역하고 나면 민간기업, 특히 스페이스X에 의존해 화물뿐만 아니라 사람을 궤도로 쏘아 올리기로 결정했다. 머스크는 이에 대비했다. 그는 이미 스페이스X 엔지니어들에게 드래곤 캡슐에 화물 운송에는 필요하지 않은 요소인 창문을 만들라고 지시했다.

35장

재혼

2010년 9월

켄터키 더비에서 탈룰라와 함께

힘든 길이라도

머스크는 2008년 여름 탈룰라 라일리를 만나고 몇 주 후에 청혼했지만, 두 사람은 약 2년 정도 기다렸다가 결혼한다는 데 동의했다.

머스크의 감정 설정은 냉담함에서 애정 갈망, 쾌활함 등으로 넘나드는데, 그중 쾌활함은 사랑에 빠졌을 때 가장 뚜렷하게 드러난다. 탈룰라는 2009년 7월, 2년 전에 출연했던 여자 기숙학교 코미디물의 속편인 〈세인트 트리니안스 2〉에 출연하기 위해 영국으로 돌아갔고, 촬영 첫날 어린 시절을 보냈던 런던 북부의 집 근처 저택에서 머스크로부터 장미 500송이를 선물로 받았다. "머스크는 화가 나면 화를 내고, 즐거우면 즐거워하고, 열정은 거의 어린아이처럼 드러내요." 그녀는 말한다. "때론 매우 차가울 수 있지만, 대부분의 사람들이 따라가지 못할 만큼 순수하게 상황이나 사물을 느낍니다."

라일리가 가장 놀랐던 부분은 머스크의 '어른 속 아이' 같은 성향이었다. 기분이 좋을 때는 이 어린아이 같은 내면의 자아가 광적인 방식으로 발현하기도 한다. "영화관에 가서 유치한 영화에 꽂히기라도 하면 입을 살짝 벌리고 웃으며 화면을 뚫어져라 쳐다보다가 결국 바닥에 엎드려 배를 움켜쥐고 뒹굴기도 한다니까요."

하지만 그녀는 그 어른 속 아이가 더 어두운 방식으로 표출될 수 있다는 사실도 알아챘다. 두 사람이 만나기 시작할 무렵 그는 밤늦게까지 라일리에게 아버지에 대해 이야기하곤 했다. "어느 날은 그러다가 그가 울기 시작했는데, 정말 고통스러운 것 같았어요." 그녀의 말이다.

탈룰라와 그런 대화를 나누는 동안 머스크는 때때로 무아지경에 빠져 아버지가 했던 말들을 되뇌곤 했다. "그가 그런 이야기를 할 때는 거의 의식이 없었고 저와 같은 방에 있는 것 같지도 않았어요." 그녀의 회상이다. 에롤이 일론을 꾸짖을 때 사용했던 말들을 들으면서 그녀는 그것들이 잔인할 뿐만 아니라 일론이 화가 났을 때 쓰는 말과 같아서 충격을 받았다.

영국 시골의 전원마을에서 성장한 조용하고 예의 바른 여성인 탈룰라는 머스크와의 결혼생활이 쉽지 않을 것임을 알고 있었다. 머스크는 짜릿하고 매혹적이었지만, 그와 동시에 음울하고 다층적으로 복잡했다. 그는 그녀에게 "나와 함께하는 것은 어려울 수 있어. 힘든 길이 될 거야"라고 말했다.

그녀는 그 길을 가보기로 했다. 어느 날 그녀가 그에게 말했다. "힘든 길이라도 같이 갈 수 있어요."

두 사람은 2010년 9월 스코틀랜드 고원지대에 있는, 13세기에 지어진 도녹 대성당에서 결혼식을 올렸다. "일론은 신자도 아니면서 크리스천인 저를 배려해 성당에서 결혼식을 올리는 데 흔쾌히 응해주었어요." 탈룰라의 말이다. 그녀는 '베라왕의 공주 드레스'를 입었고, 머스크에게 모자와 지팡이를 선물하여 같이 본 영화 속의 프레드 애스테어(미국의 무용가 겸 배우-옮긴이)처럼 춤을 출수 있도록 했다(그녀의 권유로 프레드 애스테어의 영화들을 본 머스크는 그의 팬이 되었다). 맞춤 턱시도를 입은 다섯 명의 아들이 반지 전달 및 기타 역할을 나눠 맡기로 했지만, 자폐증이 있는 색슨이 퇴장하고 다른 아들들은 서로 싸우는 데 정신이 팔려 실제로 통로 끝까지 걸어간 아이는 그리핀뿐이었다. 하지만 그런 소동이 재미를 더했다고 라일리는 회상한다.

식후 파티는 성당과 마찬가지로 13세기에 지어진 인근의 스키보 성에서 열렸다. 며칠 전 라일리가 머스크에게 파티에 무엇을 준비해놓으면 좋을지 물었을 때 머스크는 짐짓 과장된 어조로 "호버크래프트(수륙양용 차량)와 장어를 준비해주세요"라고 대답했다. 이는 〈몬티 파이튼〉의 한 에피스드에서 존 클리즈가 오류투성이의 영어회화 책에 의존해 영어를 쓰는 헝가리 사람을 연기하며 상점 주인에게 "내 호버크래프트에 장어가 가득합니다"라고 말하는 장면을 패러디한 대답이었다(실제로는 내가 여기에 묘사한 것보다 더 웃기는 장면이다). "잉글랜드에서 스코틀랜드로 장어를 운반하려면 허가가 필요하기 때문에 쉽지 않은 일이었어요. 하지만 결국 우리는 실제로 수륙양용의 소형 호버크래프트와 장어를 마련해놓을 수 있었습니다." 라일리의 말이다. 뿐만 아니라 장갑차까지 한 대 불러 놔서 머스크와 그의 친구들이 그것을 타고 폐차 세 대를 찌부러뜨리기도 했다. "우리 모두 다시 어린 소년이 된 것처럼 놀았습니다." 나베이드 패룩의 말이다.

오리엔트 익스프레스에서 파티를

라일리는 창의적인 파티를 여는 것을 좋아했고, 머스크는 사교에 서툴렀음에도(어쩌면 그 때문인지도 모르지만) 파티에 대한 묘한 열정을 보유했다. 그는 (사실 대부분의 시기가 그랬지만) 특히 긴장감이 고조되는 시기에 파티를 통해 긴장을 풀 수 있었다. "그래서 저는 그를 즐겁게 해주기 위해 매우 연극적인 파티를 열곤 했어요." 라일리의 말이다.

가장 호화로운 파티는 결혼 후 채 1년이 되지 않은 2011년 6월 그의 마흔 번째 생일파티였다. 부부는 파리에서 베니스까지 가는 오리엔트 익스프레스의 객차를 빌려 친구 30여 명을 초대했다.

그들은 방돔 광장 근처에 있는 호화롭기 짝이 없는 코스테스 호텔에서 만났다. 일행 중 몇 명은 일론과 킴벌에 이끌려 고급 레스토랑에 갔고, 호텔로 돌아오는 길에 재미 삼아 자전거를 빌려 시내를 돌기로 뜻을 모았다. 그들은 새벽 2시까지 자전거를 탄 다음 호텔 지배인에게 돈을 찔러주며 바의 영업시간을 연장해달라고 부탁했다. 1시간 동안 술을 마신 후 그들은 다시 자전거에 올랐고, 르 마니피크라는 지하 라운지에 도착해 새벽 5시까지 머물렀다.

그들은 다음 날 오후 3시가 되어서야 일어났다. 기차 시간에 딱 맞춰 일어난 것이다. 턱시도를 차려입은 그들은 오리엔트 익스프레스에서 캐비어와 샴페인을 곁들인 공식 만찬을 즐긴 후 '태양의 서커스'와 비슷하지만 더 에로틱한, 아방가르드 음악과 에어리얼 아트, 불 쇼 등을 선보이는 스팀펑크 공연단 루슨트 도시에 익스피어리언스Lucent Dossier Experience의 프라이빗 엔터테인먼트를 즐겼다. "사람들이 천장에 매달려서 곡예를 펼쳤는데, 오리엔트 익스프레스의 전통적인 객차에서 그런 장면을 보니까 좀 기괴하다는 느낌이 들더군요." 킴벌의 말이다. 라일리는 둘만 있을 때면 가끔 일론에게 영화 〈벅시 말론〉에 나온 〈내 이름은 탈룰라)라는 노래를 불러주곤 했다. 머스크는 생일의 한 가지 소원이 라일리가 그 노래를 파티장에서 불러주는 것이라고 말했다. "원래 노래를 잘 못하는 편이기에 몹시 불편한 제안이었지만, 그를 위해 노래를 불렀어요." 그녀의 말이다.

머스크는 안정적이고 탄탄한 관계를 맺은 적이 많지 않았고, 안정적이고 탄탄한 시기를 보낸 적도 많지 않았다. 의심할 여지없이 이 두 가지는 서로 관련이 있었다. 그런 몇 안 되는 관계 중 하나가 라일리와의 관계였다. 또한 2008년의 만남부터 2016년 두 번째 이혼에 이르기까지 라일리와 함께한 시간은 그의 인생에서 가장 오랜 기간 비교적 안정적으로 보낸 시기였다. 그가 폭풍과 드라마보다 안정을 더 좋아했다면 그녀는 그에게 완벽한 배우자였을 것이다.

36장

프리몬트의 공장

테슬라, 2010-2013년

(위) 그리핀, 탈룰라, 자비에와 함께 나스닥의 개장을 축하하며
(아래) 테슬라 프리몬트 공장에서 마쿠스 브라운리와 함께

"엿 먹어라, 석유!"

1980년대의 세계화 신드롬으로 촉발되고 비용 절감형 CEO와 행동주의 투자자들이 가차 없이 추진한 전략에 따라 미국 기업들은 국내 공장을 폐쇄하고 제조공정을 해외로 이전했다. 이러한 트렌드는 테슬라가 막 출범하던 2000년대 초반에 더욱 가속화되었다. 2000년부터 2010년까지 미국은 제조업 일자리의 3분의 1을 잃었다. 미국 기업들은 그렇게 공장을 해외로 보내면서 인건비를 절감했지만, 제품을 개선하는 방법에 대한 일상적인 감각은 상실했다.

머스크는 이러한 트렌드에 반기를 들었는데, 제조공정을 철저히 통제하고 싶은 것이 주된 이유였다. 그는 자동차를 만드는 공장, 즉 '기계를 만드는 기계'를 설계하는 것이 자동차 자체를 설계하는 것만큼이나 중요하다고 믿었다. 테슬라의 그러한 설계-제조 피드백 루프는 일상적으로 혁신을 꾀할 수 있는 경쟁 우위를 안겨주었다.

오라클의 창업자 래리 엘리슨은 애플과 테슬라 단 두 기업의 이사회에만 참여했으며, 잡스 그리고 머스크와 절친한 친구가 되었다. 그는 두 사람 모두 강박장애의 바람직한 사례에 해당한다고 말한다. "강박장애는 그들의 성공 요인 중 하나이지요. 문제가 해결될 때까지 강박적으로 매달려 해결책을 찾아내곤 했기에 하는 말이에요." 차이가 있다면, 머스크는 잡스와 달리 그러한 집착을 제품의 설계 및 디자인뿐 아니라 근본적인 과학과 공학, 제조에도 적용했다는 점이다. 엘리슨은 말한다. "잡스는 개념과 소프트웨어만 제대로 잡아나가면서 제조는 아웃소싱에 의존했지만, 머스크는 제조와 재료는 물론이고 거대한 공장까지 직접 떠맡았지요." 잡스는 매일 애플의 디자인 스튜디오를 둘러보는 것을 좋아했지만 중국에 있는 공장은 한 번도 방문하지 않았다. 반면 머스크는 디자인 스튜디오를 돌아다니는 것보다 조립라인을 둘러보는 데 더 많은 시간을 투자했다. "자동차 설계에 따르는 두뇌의 부담은 공장 설계에 따르는 그것에 비하면 새 발의 피라고 할 수 있지요." 머스크의 말이다.

머스크의 접근방식은 2010년 5월 도요타가 캘리포니아 프리몬트에 있는,

한때 제너럴모터스와 함께 사용했던 공장을 매물로 내놓으면서 본격적으로 구현되었다. 프리몬트는 실리콘밸리 외곽의 소도시로, 팰로앨토의 테슬라 본사에서 차로 30분 거리였다. 머스크는 도요타의 도요타 아키오 회장을 로스앤젤레스 자택으로 초대해 로드스터에 태운 후 주변을 한 바퀴 돌았다. 머스크는 그렇게 해서 한때 10억 달러를 호가했던 그 폐공장을 4,200만 달러에 인수할 수 있었다. 또한 도요타는 테슬라에 5,000만 달러를 투자하기로 했다.

그 공장을 재설계하면서 머스크는 엔지니어들의 칸막이를 조립라인 가장자리에 배치하여 설계 요소 중 하나로 인해 지체가 발생할 때마다 엔지니어들이 깜박이는 불빛을 보고 불평 소리를 들을 수 있게 했다. 머스크는 종종 엔지니어들을 불러 모아 함께 조립라인을 둘러보곤 했다. 그는 자신의 책상을 사방이 뚫린 한가운데에 놓았고, 책상 밑에는 베개를 두어 필요한 경우 거기서 잠을 잘 수도 있었다.

테슬라가 공장을 인수한 다음 달, 머스크는 1956년 포드 이후 미국 자동차 제조업체로는 처음으로 IPO를 단행할 수 있었다. 그는 탈룰라 및 두 아들과 함께 뉴욕을 찾아 타임스퀘어에 있는 나스닥 증권거래소에서 개장 종을 울렸다. 시장이 마감될 무렵 전체 시장은 하락했지만, 테슬라의 주가는 40퍼센트 이상 상승하여 회사에 2억 6,600만 달러의 자금을 조달해주었다. 그날 저녁 머스크는 다시 서부로 날아가 프리몬트 공장으로 향했고, 그곳에서 간결하면서도 함축적인 건배사를 토해냈다. "엿 먹어라, 석유!" 2008년 말 파산 위기에까지 몰렸던 테슬라는 이렇게 불과 18개월 후 미국에서 가장 인기 있는 신생 기업이 되었다.

'올해의 차'로 선정되다

2012년 6월 첫 번째 모델 S 자동차가 프리몬트 조립라인에서 굴러 나오던 날, 캘리포니아 주지사 제리 브라운을 비롯한 수백 명의 사람들이 축하하기 위해 찾아왔다. 많은 근로자가 성조기를 흔들었다. 일부는 눈물도 흘렸다. 과거 파산에 몰려 모든 직원을 해고했던 공장은 이제 2,000명의 직원이 근무하며 전기자동차의 미래를 선도하는 곳이 되었다.

하지만 며칠 후 생산라인에서 자신의 모델 S를 인도받은 머스크는 기뻐하지 않았다. 보다 정확하게 말하자면 그는 그것이 형편없다고 선언했다. 그는 디자인 스튜디오에 있던 폰 홀츠하우젠에게 집으로 와달라고 했고, 2시간 동안 함께 차량을 살펴보았다. "맙소사, 이게 우리가 할 수 있는 최선일까요?" 머스크가 물었다. "패널 틈새 마감이 엉망이고 페인트 품질도 엉망이에요. 왜 우리는 메르세데스나 BMW 수준의 생산 품질을 갖지 못하는 걸까요?"

머스크는 화가 나면 주저 없이 방아쇠를 당긴다. 그는 생산 품질 책임자를 연달아 세 차례 경질했다. 그해 8월 어느 날, 폰 홀츠하우젠은 머스크의 비행기에 올라 함께 모처로 이동하던 중 자신이 어떻게 하면 도움이 될 수 있을지 머스크에게 물었다. 그가 보다 신중하게 생각하고 던졌어야 했던 제안이었다. 머스크는 그에게 프리몬트로 가서 1년 동안 생산 품질 책임자 자리를 맡아달라고 부탁했다.

폰 홀츠하우젠은 디자인 스튜디오 부책임자 데이브 모리스와 함께 프리몬트로 자리를 옮겼고, 둘은 때때로 새벽 2시까지 공장의 조립라인을 살폈다. 디자이너에게는 흥미로운 경험이 아닐 수 없었다. 폰 홀츠하우젠은 말한다. "드로잉 보드에서 창출한 모든 것이 다른 쪽 끝인 조립라인에 어떠한 영향을 미치는지 배울 수 있었습니다." 머스크는 일주일에 이틀 내지 사흘 밤을 그들과 함께했다. 그는 근본 원인에 집중했다. 설계의 어떤 부분이 생산라인에 문제를 일으키는 것인가?

머스크가 가장 좋아하는 단어이자 개념 중 하나는 '매우 열정적이며 적극적인'이라는 의미로 쓰는 '하드코어hardcore'였다. 그는 집투를 창업할 때 자신이 원하는 직장 문화를 설명하기 위해 이 단어를 사용했고, 거의 30년 후 트위터의 육성 문화를 뒤엎을 때도 이 단어를 사용했다. 모델 S의 생산라인이 늘어날 무렵, 그는 직원들에게 "울트라 하드코어"라는 제목의 전형적인 이메일을 발송해 자신의 신조를 설명했다. "여러분 대부분이 이전에 경험한 그 어떤 것보다 더 높은 수준의 업무 강도에 대비해주시기 바랍니다. 산업을 혁신하는 것은 마음이 연약한 사람들의 일이 아닙니다."

그들이 기울인 노력은 모델 S가 2012년 말 〈모터트렌드〉 매거진의 '올해의 차'로 선정되면서 진가를 인정받았다. 헤드라인은 다음과 같았다. '테슬라 모델 S, 충격적인 승자: 미국이 여전히 (위대한) 물건을 만들 수 있다는 확실한 증거.' 리뷰 역시 너무 멋져서 심지어 머스크도 놀라서 입이 벌어졌다. "이 차는 스포츠카처럼 민첩하고 날렵하고 즉각 반응하면서, 롤스로이스처럼 부드럽게 움직이고, 쉐보레의 이쿼녹스만큼 넉넉하며, 도요타의 프리우스보다 효율적이다. 고급 호텔의 발렛파킹 직원에게는 마치 파리 캣워크의 슈퍼모델이 다가오는 것처럼 느껴질 것이다." 이 기사는 "모델 S가 상징하는 놀라운 변곡점"을 언급하며 끝을 맺었는데, 이 상이 전기자동차에 수여된 것은 이번이 처음이었다.

파나소닉과의 거래

2013년에 머스크가 제안한 아이디어는 참으로 대담했다. 전 세계 모든 배터리 공장의 생산량을 합친 것보다 더 많은 생산량을 자랑하는 거대 배터리 공장을 미국에 건설하자는 것이었다. "엉뚱하기 짝이 없는 아이디어였지요." 테슬라의 공동창업자 중 한 명이었던 배터리 전문가 JB 스트로벨은 말한다. "공상과학 소설에서나 나올 법한 이야기 같았어요."

하지만 머스크에게 이것은 제1원리의 문제였다. 모델 S는 전 세계 전기차 배터리의 약 10퍼센트를 사용하고 있었다. 테슬라가 구상 중인 새로운 모델, 즉 모델 X라는 SUV와 모델 3가 될 대중시장용 세단에는 그 10배에 달하는 배터리가 필요했다. 스트로벨의 말을 들어보자. "그렇게 처음에는 과시용 제안처럼 보이던 문제가 '와, 이거 사실은 뭔가 독특한 일을 할 수 있는 기회다'라고 말할 수 있는, 다소 비현실적이만 그래도 재미나고 익살스러운 브레인스토밍의 기회가 되었습니다."

한 가지 문제가 있었다고 스트로벨은 회상한다. "배터리 공장을 어떻게 지어야 할지 전혀 몰랐지요."

그래서 머스크와 스트로벨은 테슬라의 배터리 공급업체인 파나소닉과 파트너십을 맺기로 결정했다. 그들은 파나소닉이 배터리 셀을 만들고 테슬라가 이를 자동차용 배터리 팩으로 만드는 시설을 함께 건설하는 방식에 잠정 합의했다. 1,000만 평방피트(약 28만 평) 규모의 공장 건설에 50억 달러가 소요될 것으로 예상되었고, 파나소닉이 그중 20억 달러를 부담하는 쪽으로 얘기가 진행되었다. 하지만 파나소닉의 최고경영진은 주저했다. 그런 유형의 파트너십을 맺어본 적이 없었고, 머스크가 (당연히) 쉽게 어울릴 수 있는 사람으로 보이지 않았기 때문이다.

파나소닉을 자극하기 위해 머스크와 스트로벨은 한 가지 위장 전술을 연출했다. 그들은 네바다 주 리노 인근의 한 부지에 조명을 설치하고 불도저를 불러 당장 공사에 들어갈 준비를 갖추었다. 그런 다음 스트로벨은 파나소닉의 담당자를 전망대로 초대해 작업을 지켜보게 했다. 메시지는 분명했다. 테슬라가 공장 건설에 박차를 가하고 있다는 것이었다. 파나소닉은 뒷짐 지고 지켜보다 뒤처지고 말 것인가?

전술이 먹혀들었다. 머스크와 스트로벨은 파나소닉의 젊은 신임 사장 쓰가 가즈히로에게서 일본으로 방문해달라는 초대를 받았다. "함께 기가팩토리를 만들겠다는 그의 진정한 약속을 받아내야 하는 중차대한 미팅이었습니다." 스트로벨의 말이다.

저녁식사는 일본의 전통적인 좌식 테이블 레스토랑에서 일식 코스 요리로 진행되었다. 스트로벨은 머스크가 과연 어떻게 처신할지 걱정이 되었다. "일론은 비즈니스 미팅 자리에서 지옥의 유황불처럼 끓어오를 수도 있고 전혀 예측 불가능하게 움직일 수도 있는 사람입니다. 하지만 내가 직접 목격한 바에 따르면, 필요한 경우 그 반대 방향으로 스위치를 올리고 갑자기 믿을 수 없을 정도로 효과적이고 카리스마 넘치며 감성 지능이 높은 비즈니스맨이 될 수도 있었지요." 파나소닉 측과의 만찬에서는 그 매력적인 머스크가 등장했다. 그는 세상을 전기자동차의 시대로 바꾸겠다는 자신의 비전과 두 회사가 그 임무에 함께 매진해야 하는 이유를 설명했다. 스트로벨은 말한다. "흔히 보던 머스크의 모습과 달랐기에 약간의 충격과 더불어 감명까지 받았습니다. 정신없이 서둘러서 도통 무슨 말을 하고 무슨 행동을 하려는지 짐작하기 어렵게 만들던 사람이 갑자기 모든 것을 차근차근 매듭짓고 있었거든요."

만찬 자리에서 쓰가는 기가팩토리의 40퍼센트 지분을 보유하는 파트너가 되는 데 동의했다. 파나소닉이 그 거래를 맺기로 결정한 이유를 묻자 쓰가는 이렇게 답했다. "우리는 너무 보수적입니다. 우리는 95년 된 회사입니다. 우리는 변화해야 합니다. 머스크의 사고방식을 일부 활용해야 합니다."

37장

머스크 vs. 베조스

스페이스X, 2013-2014년

2004년 첫 만남에서 저녁식사를 함께하는 머스크와 베조스

우주를 둘러싼 경쟁

명랑한 웃음과 소년 같은 열정을 지닌 아마존의 억만장자 제프 베조스는 활기차면서도 체계적인 재능으로 자신의 열정을 추구한다. 머스크와 마찬가지로 그도 어린 시절 공상과학 소설에 빠져 동네 도서관에서 아이작 아시모프와 로버트 하인라인의 책들을 탐독했다.

1969년 7월, 다섯 살이던 그는 닐 암스트롱이 달을 걷는 장면으로 마무리된 아폴로 11호 임무에 대한 텔레비전 보도를 시청했다. 그는 그것이 자신의 인생에 영향을 미친 "중대한 순간"이었다고 말한다. 훗날 그는 대서양에서 아폴로 11호의 로켓 엔진을 회수하는 일련의 과업에 자금을 댔고, 그렇게 수거한 엔진을 워싱턴 DC에 있는 자신의 집 거실 한쪽에 설치했다.

우주에 대한 그의 열정은 그를 〈스타트렉〉의 모든 에피소드를 훤히 꿰고 있는 열혈 팬이 되도록 이끌었다. 고교 졸업식에서 졸업생 대표로 연단에 선 그는 태양계의 여타 행성들을 식민지화하고 우주 호텔을 건설하고 제조업을 할 수 있는 다른 곳을 찾아 지구를 구하는 방법에 대한 내용으로 연설을 채웠다. "마지막 개척지인 우주, 그곳에서 만납시다!" 그는 연설을 그렇게 마무리했다.

2000년, 아마존을 세계 최고의 온라인 소매업체로 키운 베조스는 다른 목적의 회사를 조용히 설립해 인류가 유래한 그 연푸른 행성을 기리는 의미로 '블루오리진Blue Origin'이라 이름 지었다. 머스크와 마찬가지로 그 역시 재사용 가능한 로켓을 만든다는 아이디어에 집중했다. "1960년과 2000년의 상황은 어떻게 다를까요?" 그는 말한다. "달라진 점은 컴퓨터 센서, 카메라, 소프트웨어 등이 존재한다는 사실이에요. 1960년에는 실현 불가능했던 수직 착륙이 이제는 기술로 해결할 수 있는 문제가 되었다는 얘기지요."

베조스는 머스크와 마찬가지로 장사꾼이 아닌 선교사의 자세로 우주탐사에 착수했다. 돈을 벌고자 한다면 그보다 더 쉬운 방법들이 많았다. 그는 인류 문명이 곧 지구라는 작은 행성의 자원을 고갈시킬 것이라고 생각했다. 그러면 우리는 선택의 기로에 서게 될 터였다. 성장의 정지를 받아들일 것인지, 아니면 지구 너머로 확장할 것인지. "정체는 자유와 양립할 수 없다고 생각해요." 그는 말한다. "이 문제를 해결할 수 있는 방법은 딱 한 가지, 즉 태양계로 나가는 것이지요."

두 사람은 2004년 스페이스X에 와서 한번 둘러보라는 머스크의 초대에 베조스가 응하면서 처음 만났다. 그후 베조스는 머스크가 보낸 다소 퉁명스러운 이메일을 받고 놀랐다. 그가 자신을 시애틀의 블루오리진 공장에 초대하는 것으로 화답하지 않은 것에 대해 불만을 표하는 내용이었다. 베조스는 곧바로 머스크를 초대하는 답장을 보냈다. 머스크는 저스틴과 함께 날아가 블루오리진을 둘러본 후 베조스 및 그의 아내 맥켄지와 함께 저녁식사를 했다. 머스크는 평소처럼 강렬하게 조언을 쏟아냈다. 그는 베조스가 한 가지 특정한 아이디어와 관련해 잘못된 길을 가고 있다고 경고했다. "있잖아요, 우리도 그거 시도해봤는데, 정말 멍청한 짓으로 드러났어요. 그래서 말씀드리는 거예요. 우리가 했던 그 멍청한 짓을 하지 마시라고." 베조스는 아직 로켓 발사에 성공하지도 못한 머스크가 너무 자신만만하게 군다는 느낌이 들었던 것으로 기억한다. 이듬해 머스크는 베조스에게 아마존 직원들을 시켜서 저스틴의 새 책에 대한 서점 리뷰를 올려달라고 부탁했다. 악마와 인간이 섞인 잡종들이 등장하는 도시 공포 스릴러였다. 베조스는 자신이 아마존 직원들에게 서점 리뷰를 올리라고 지시하는 경우는 없다고 설명한 후 대신 고객 리뷰는 자신이 직접 하나 올리겠다고 말했다. 머스크는 퉁명스러운 답장을 보냈지만, 베조스는 어쨌든 개인 리뷰 한 편을 멋지게 작성해 올렸다.

민간 우주 탐험의 개척자들

2011년부터 스페이스X는 인간을 국제 우주정거장으로 데려갈 수 있는 로켓을 개발하는 일련의 계약을 NASA로부터 따냈다. NASA 우주왕복선의 퇴역으로 스페이스X가 그 막중한 임무를 맡게 된 것이다. 이 임무를 완수하려면 케이프커내버럴의 40번 발사대 외에 추가적인 시설이 필요했고, 머스크는 그곳에서 가장 유명한 발사시설인 39A번 발사대를 임차하는 쪽으로 가닥을 잡았다.

39A번 발사대는 과거 미국이 펼치던 우주시대 드림의 중심 무대로서, "10, 9, 8…" 카운트다운을 숨죽이고 지켜보던 텔레비전 세대의 기억에 아로새겨진 곳이었다. 베조스가 어렸을 때 본 닐 암스트롱의 달 탐사 임무도 1969년 39A 번 발사대에서 시작되었고, 1972년의 마지막 유인 달 탐사 임무의 출발지도 그곳이었다. 1981년 첫 번째 우주왕복선 임무와 2011년 마지막 우주왕복선 임무도 마찬가지였다.

하지만 2013년 우주왕복선 프로그램의 중단으로 반세기에 걸쳐 펼쳐진 미국의 우주에 대한 열망은 회환과 탄식 속에서 종언을 고했고, 39A 발사시설은 화염 도랑을 뚫고 나온 덩굴로 덮이며 녹이 슬어가고 있었다. NASA는 이 시설을 하루라도 빨리 임대하고 싶었다. NASA가 보기에 확실한 고객이 한 명 있었으니, 바로 머스크였다. 머스크는 이미 인근 40번 발사대에서 팰컨 9호 로켓으로 화물 수송 임무를 수행하고 있었고, 오바마 대통령까지 방문하지 않았던가. 하지만 이 임대가 입찰에 부쳐졌을 때, 강력한 경쟁자가 등장했다. 감정적 이유와 실용적 이유 양면에서 응찰하는 것이 유리하다고 판단한 제프 베조스였다.

NASA가 결국 스페이스X와 임대차 계약을 체결하자 베조스는 소송을 제기했다. 머스크는 "이쑤시개 하나도 궤도에 올려놓지 못한" 블루오리진이 이계약에 이의를 제기하는 것은 어처구니없는 일이라며 분노했다. 그는 베조스의 로켓이 우주의 가장자리까지만 튀어 올랐다가 다시 떨어질 수 있을 뿐이라며 조롱했다. 지구의 중력을 깨고 궤도에 진입하는 데 필요한 훨씬 더 큰 추진력은 부족하다는 얘기였다. "만약 그들이 향후 5년 내에 어떻게든, 우주정거장과 도킹할 수 있는 NASA의 인간 등급 기준에 적합한 우주선을 갖고 나온다면, 다시 말해서 39A번 발사대를 이용할 자격이 있는 로켓을 갖춘다면, 우리는 기꺼이 그들의 니즈를 수용할 것입니다." 머스크가 말했다. "솔직히 말해서 발사대의 화염 방출 덕트에서 춤추는 유니콘들이나 보게 될 가능성이 높다고 생각하지만 말입니다."

공상과학계 거물들의 전투는 그렇게 본격화되었다. 스페이스X의 한 직원은 풍선 형태의 장난감 유니콘 수십 개를 사서 발사대의 화염 방출 덕트에 넣고 사진을 찍어 올렸다.

결국 베조스는 근처의 발사시설이자 화성과 금성 탐사의 발원지였던, 케이프커내버럴의 36번 발사대를 임차했다. 그와 더불어 아이 같은 억만장자들의 경쟁도 계속 이어졌다. 이 신성한 발사대들의 이양은 상징적으로나 실질적으로나 존 F. 케네디가 치켜들었던 우주 탐험의 횃불이 정부에서 민간 부문으로, 한때는 장엄했지만 지금은 경화증에 걸린 NASA에서 새로운 유형의 개척자들에게로 넘어간 것을 의미했다.

재사용 가능한 로켓

머스크와 베조스는 모두 우주여행을 실현할 수 있는 재사용 가능한 로켓에 대한 비전을 보유했다. 베조스는 로켓이 지구에 연착륙할 수 있도록 인도하는 센서와 소프트웨어를 개발하는 데 집중했다. 하지만 이는 도전의 일부에 불과했다. 더 큰 어려움은 그 모든 기능을 로켓에 탑재하면서 궤도에 진입할 수 있을 만큼 충분히 가볍게, 그리고 엔진의 추력도 충분하도록 만드는 것이었다. 머스크는 이 물리학 문제에 강박적으로 집중했다. 그는 종종 우리 지구인들이 유머 감각을 지닌 영리한 지배자들이 만든 게임 같은 시뮬레이션 속에서 살고 있다고 농담처럼 말하곤 했다. 그들이 화성과 달의 중력은 궤도 진입이 용이할 정도로 약하게 만들어놓고 지구의 중력은 궤도 진입이 거의 불가능할 정도로 재조정하는 심술을 부린 것 같다는 것이 그의 상상 속 추론이었다.

머스크는 배낭의 내용물을 축소하려는 등산가처럼 로켓의 무게를 줄이는 데 집착했다. 부품을 제거하고 더 가벼운 소재를 사용하고 용접을 더 간단하게 하는 식으로 무게를 조금이라도 줄이면, 필요한 연료도 줄어들고 엔진이 들어 올려야 하는 질량까지 줄어드는 등 승수효과를 누릴 수 있었다. 머스크는 스페이스X의 조립라인을 둘러볼 때면 각 스테이션마다 잠시 멈춰 서서 조용히 응시하다가 팀원들에게 특정 부품을 제거하거나 깎아내라고 지시하곤 했다. 그는 관계자들을 만날 때마다 거의 매번 "완전히 재사용 가능한 로켓의 유무야말로 단일행성 문명과 다행성 문명을 가르는 절대적 기준"이라는 메시지를 광적으로 강조했다.

머스크는 2014년 뉴욕에서 열린, 100년 역사를 자랑하는 '탐험가 클럽'의 연례 블랙타이 만찬에 참석해 대통령상 수상 연설을 하면서도 이 메시지를 전했다. 그 행사에는 제프 베조스도 참석했는데, 닐 암스트롱이 승선했던 아폴로 11호의 엔진을 회수한 그의 팀에 수여된 공로상을 수상하기 위해서였다. 만찬에는 전갈, 구더기 덮인 딸기, 새콤달콤한 우신, 염소 눈알 마티니, 통째로 저며 놓은 악어 등 지나치게 모험적인 사람들의 입맛을 사로잡기 위해 고안된 요리들이 포함되었다.

머스크는 스페이스X의 성공적인 로켓 발사들을 보여주는 영상과 함께 소개되었다. "처음 세 번의 발사는 포함하지 않으신 배려에 우선 감사드립니다." 머스크는 그렇게 입을 열었다. "앞으로 언젠가는 NG 모음 영상도 생기겠지요." 그런 다음 그는 완전히 재사용 가능한 로켓의 필요성에 대한 설교에 들어갔다. "그것이 있어야 우리는 화성에 생명체가 발을 내딛게 할 수 있습니다. 우리가 준비 중인 다음 번 발사에서는 사상 처음으로 로켓에 착륙용 다리가 장착될 것입니다." 재사용 가능한 로켓의 발전으로 사람을 화성에 데려가는 비용도 언젠가는 50만 달러 수준으로 낮아질 것이라고 했다. 그는 대부분의 사람들은 그 여행에 나서지 않을 것임을 인정하면서 다음과 같이 덧붙였다. "하지만 지금 여기 계신 분들은 기꺼이 나서지 않을까 생각합니다."

베조스는 박수를 보냈다. 하지만 그 즈음 그는 조용히 누구도 예상치 못한 공격을 준비하고 있었다. 그와 블루오리진은 당시 '우주 발사체의 해상 착륙'이라는 표제로 미국 특허를 출원한 상태였고, 위의 행사 몇 주 후에 승인을 받았다. 10페이지 분량의 출원서에는 "해상 플랫폼에 부스터 스테이지 및/또는 여타의 부분을 착륙시키고 회수하는 방법"이 설명되어 있었다. 머스크는 격노했다. 그는 바다에 뜬 배에 착륙시키는 아이디어는 "지난 반세기 동안 논의되어 온 것"이라고 말했다. "가상의 영화에도 나오고, 다양한 제안서에도 등장하고, 선행 기술이 그다지 많은 사안인데, 미친 거 아닌가요? 사람들이 반세기 동안 논의해온 내용에 대해 특허를 받으려는 것은 분명히 말도 안 되는 짓거리입니다."

이듬해 스페이스X가 소송을 제기한 후 베조스는 특허를 취소하는 데 동의했다. 하지만 이 분쟁은 두 로켓 기업가 간의 경쟁을 더욱 격화시켰다.

38장

팰컨의 착륙

스페이스X, 2014-2015년

착륙한 부스터를 살피는 머스크

블루오리진과의 경쟁

재사용 가능한 로켓을 개발하려는 머스크의 노력은 '그래스호퍼Grasshopper' 라는 실험적인 팰컨 9호의 프로토타입의 구축으로 이어졌다. 이 로켓은 착륙용 다리와 조종 가능한 그리드핀grid fin(격자 모양 날개)을 갖추었고, 텍사스 주 맥그리거의 스페이스X 테스트 시설에서 약 3,000피트(약 914미터) 상공까지 올랐다가 천천히 내려올 수 있었다. 이러한 진전에 흥분한 머스크는 2014년 8월 스페이스X의 이사진을 그곳으로 초대하여 눈앞에 구현되는 미래를 보게 했다.

그날은 머스크의 사실상의 참모장 역할을 수행하기 위해 입사한 하버드대학교 출신의 모험 추구자인 샘 텔러가 출근한 지 이틀째 되는 날이었다. 잘 다듬은 수염과 활짝 웃는 미소, 날카로운 눈빛이 돋보이는 그는 자신의 보스에게서는 찾아볼 수 없는 감정 수용 능력과 사람들을 기쁘게 하려는 열의를 갖추고 있었다. 대학 시절 학부 유머 잡지인 〈하버드 램푼〉의 비즈니스 매니저를 맡은 바 있던 그는 머스크의 유머와 광적인 강렬함을 활용하는 방법을 잘 알았다(머스크 밑에서 일하게 된 직후 〈하버드 램푼〉의 성에서 열린 파티에 머스크를 데려가기도 했다).

맥그리거 테스트 시설에서 열린 회의에서 스페이스X 이사진은 회사가 개발 중인 우주복 디자인에 대해 논의했다. 그들이 사람을 우주로 보내려면 아직 수년은 더 필요한 시점이었는데 말이다. 텔러는 나중에 경이롭다는 듯이 이렇게 말했다. "그들은 빙 둘러앉아 화성에 건설할 도시에 대한 계획과 그곳에서 사람들이 입을 옷에 대해 진지하게 논의했습니다. 모두들 그것이 완전히 정상적인 대화인 것처럼 이야기하고 있었습니다."

이사회의 주요 이벤트는 팰컨 9호의 착륙 테스트를 지켜보는 것이었다. 태양이 작열하고 거대한 귀뚜라미들이 떼 지어 몰려다니는 텍사스 사막의 8월 어느 날이었다. 이사회 멤버들은 작은 텐트 아래에 옹기종기 모여 서 있었다. 로켓은 약 3,000피트 상공까지 상승하여 재진입 로켓을 작동한 후 발사대 위를 선회한 다음 직립으로 착륙할 예정이었다. 하지만 그렇게 되지 않았다. 이륙 직후 엔진 세 개 중 하나가 고장이 나 로켓이 폭발했다.

잠시 침묵이 흐른 후, 머스크는 다시 모험가 모드로 되돌아갔다. 그는 현장 관리자에게 밴을 가져오라고 했다. 연기가 피어오르는 잔해로 가보자는 것이었다. "안 돼요. 너무 위험합니다." 관리자가 말했다.

"우린 가볼 겁니다." 머스크가 말했다. "만약 폭발하면 불타는 잔해 사이로 걸어 나오면 되겠지요. 근데 그런 일이 얼마나 자주 생길까요?"

모두들 긴장이 묻어나는 웃음을 흘리며 뒤를 따랐다. 마치 리들리 스콧 감독의 영화에 나오는 세트장 같았다. 땅에 분화구가 파였고 덤불들이 불타고 있었으며 여기저기 그을린 금속 조각들이 너부러져 있었다. 스티브 저벳슨은 머스크에게 기념품으로 몇 조각을 가져가도 되는지 물었다. 머스크는 "물론이죠"라고 말하며 자기 것도 몇 개 골랐다. 안토니오 그라시아스는 인생에서 가장 좋은 교훈은 실패에서 나온다는 말로 모두를 격려하려 애썼다. "선택할 수 있다면 난 성공에서 배우는 쪽을 택할 것이오." 머스크가 응수했다.

스페이스X의 이 사고는 결과적으로 업계 전반에서 연달아 터질 악재의 서막이 되었다. 얼마 후 오비탈사이언스Orbital Science에서 만든 로켓이 우주정거장으로 화물을 운반하는 임무를 수행하던 중 폭발했다. 이어서 러시아의 화물 수송 임무도 실패로 돌아갔다. 우주정거장의 우주비행사들은 식량과 보급품이 고갈될 위험에 처했다. 그렇게 머스크의 마흔네 번째 생일인 2015년 6월 28일로 예정된 스페이스X 팰컨 9호의 화물 수송 임무에 많은 것이 걸리게 되었다.

하지만 이륙 2분 후 헬륨 탱크를 지탱하는 2단 스테이지의 버팀대가 찌그러지면서 로켓이 폭발해버리고 말았다. 7년간의 성공적인 발사 끝에 팰컨 9호의 첫 실패가 기록되었다.

그 사이 베조스는 약간의 진전을 이루고 있었다. 2015년 11월 그가 발사한 로켓이 우주 공간의 시작이라고 여겨지는 고도, 즉 약 62마일(약 100킬로미터) 상공까지 올라갔다 내려오는 11분간의 비행에 성공했다. GPS 시스템과 조향 날

개의 인도에 따라 로켓은 대기권으로 돌아왔고, 부스터 엔진을 재점화하여 하강 속도를 늦췄다. 착륙용 다리를 펼친 로켓은 지상 바로 위를 맴돌며 좌표를 조정한 후 부드럽게 착륙했다.

베조스는 다음 날 기자회견을 통해 이 성공을 발표했다. "로켓의 완전한 재사용은 이 분야의 판도를 뒤바꿀 것입니다." 그가 말했다. 그러고는 생애 처음으로 트윗을 날렸다. "가장 희귀한 것, 중고 로켓. 제어된 착륙은 쉽지 않지만 제대로 하면 쉬워 보일 수 있습니다."

머스크는 짜증이 났다. 그는 베조스의 성공이 궤도에 탑재체를 올리고 돌아온 진정한 성배가 아니라 궤도에 이르지 못한 준궤도 비행에 불과하다고 생각했다. 그래서 머스크는 트위터에 응수 차원의 글을 올렸다. "@JeffBezos 뭐 그렇게 '아주 희귀한' 것은 아님. 스페이스X의 그래스호퍼 로켓이 3년 전에 여섯 번의 준궤도 비행을 수행했고, 여전히 건재합니다."

사실 그래스호퍼는 약 3,000피트(약 1킬로미터) 상공까지만 비행했는데, 이는 블루오리진의 로켓이 올라간 높이의 100분의 1에 불과했다. 하지만 머스크의 구분은 틀리지 않았다. 우주의 가장자리까지 올라갔다가 내려올 수 있는 로켓은 우주 관광객에게는 재미있을지 모르지만, 인공위성을 쏘아 올리고 국제 우주정거장에 도달하는 등의 임무를 수행하는 것은 차원이 다른 문제였다. 그런 임무에는 팰컨 9호와 같은 강력한 성능을 갖춘 로켓이 필요했다. 그런 로켓을 착륙시키고 재사용한다면 중요도 측면에서 확실히 다른 수준의 위업이 될 터였다.

"팰컨이 착륙했습니다!"

머스크에게 그 기회가 찾아온 것은 베조스의 준궤도 비행이 있고 불과 4주 후인 2015년 12월 21일이었다.

중력을 정복하기 위한 끈질긴 탐구 끝에 머스크는 팰컨 9호를 재설계했다.

새 버전은 액체산소 연료를 화씨 영하 350도까지 과냉각하여 밀도를 높임으로써 더 많이 로켓에 탑재할 수 있었다. 늘 그렇듯이 그는 로켓의 크기나 질량을 많이 늘리지 않으면서도 더 많은 동력을 로켓에 탑재할 수 있는 모든 방법을 찾고 있었다. 마크 준코사는 말한다. "일론은 연료를 점점 더 낮은 온도로 냉각해서 효율을 조금이라도 더 높이라고 계속 우리를 채근해댔습니다. 기발한 아이디어이긴 했지만 우리로서는 정말 골치 아픈 일이 아닐 수 없었지요." 준코사는 밸브에 문제가 생기거나 누출 문제가 발생할 수도 있다며 몇 차례 반발했지만 머스크는 굽히지 않았다. "여기에 제1원리가 작동하지 않을 이유는 없소. 엄청나게 어렵다는 것은 알지만, 어떻게든 밀어붙여서 해내야 하오."

"카운트다운이 시작되니까 얼마나 초조해지던지, 정말 미칠 지경이었습니다." 준코사의 말이다. 비디오 피드를 지켜보던 그의 눈에 갑자기 걱정스러운 장면이 들어왔다. 1단 스테이지와 2단 스테이지 사이의 요부凹部에서 소량의 액체가 방울방울 맺혔다. 액체질소라면 괜찮지만 과냉각된 탱크에서 새어나온 액체산소라면 문제가 될 수 있었다. 준코사는 어느 쪽인지 알 수 없었다. "정말 무서웠습니다. 만약 내 회사였다면 당장 중단시켰을 겁니다." 준코사의 회상이다

"중지시켜야 하지 않을까요?" 준코사가 머스크에게 물었다. 카운트다운이 마지막 1분으로 줄어들고 있었다.

머스크는 잠시 생각에 잠겼다. 스테이지의 연결부에 약간의 액체산소가 있다면 얼마나 위험할까? 위험하긴 하겠지만 아주 작은 위험일 뿐이다. "젠장" 그가 말했다. "그냥 갑시다!"

몇 년 후 준코사는 머스크가 그 결정을 내리는 순간을 영상으로 다시 보았다. "나는 당시 일론이 재빠르게 복잡한 계산을 한 후에 어떻게 해야 할지 결정했다고 생각했는데, 영상으로 보니까 그냥 어깨를 으쓱한 후 지시를 하더군요. 그는 물리학이라는 것에 대해 그 정도의 직관력을 가지고 있습니다."

머스크의 판단이 옳았다. 발사는 문제없이 진행되었다.

그런 다음 부스터가 되돌아와 39A 발사대에서 약 1마일 떨어진 곳에 마련해놓은 착륙대에 안전하게 착륙하는지 지켜보기 위한 10분간의 기다림이 이어졌다. 2단이 분리된 직후 부스터는 자세 제어 엔진을 점화해 다시 케이프 쪽으로 선회해 떨어지다가 바닥을 아래쪽으로 향한 채 하강 속도를 둔화시켰다. 이후 부스터는 GPS와 센서가 인도하고 그리드핀이 조종을 돕는 가운데 착륙대를 향해 서서히 내려왔다(잠시 이 모든 것이 얼마나 놀라운지 생각해보길 바란다).

머스크는 관제실에서 뛰쳐나와 고속도로를 가로질러 가서는 어둠을 응시하며 로켓이 다시 나타나는 모습을 지켜보았다. "어서 내려와, 어서, 천천히." 그는 양손을 허리에 대고 고속도로 옆에 서서 이렇게 속삭였다. 그러던 어느 순간, 어디선가 '쾅' 하는 소리가 울려왔다. "젠장." 그는 몸을 돌리고 낙담한 표정으로 다시 고속도로를 가로질러 관제실로 향했다.

하지만 관제실 안에서는 커다란 환호성이 터져 나오고 있었다. 모니터에는 로켓이 다리를 펼치고 착륙대에 똑바로 안착한 모습이 보였고, 발사 아나운서는 닐 암스트롱이 달에서 했던 말을 차용한 멘트를 날렸다. "팰컨이 착륙했습니다!" 사실 머스크가 들은 그 큰 소리는 로켓이 대기권 상층으로 재진입할 때 발생한 음속폭음이었다.

비행 엔지니어 중 한 명이 소식을 알리려 관제실 밖으로 뛰어나왔다. "착륙대에 서 있어요!" 그녀가 외쳤다. 머스크는 몸을 돌려 착륙대를 향해 나름의 잰걸음으로 발걸음을 옮겼다. "완전 대박이다." 그는 계속 혼잣말을 했다. "완전 대박이야."

그날 밤, 그들은 모두 피시립스라는 해변가에 있는 바로 몰려가 파티를 열었다. 머스크는 맥주잔을 들어 올렸다. "방금 우리는 세계에서 가장 크고 위대한 로켓을 발사하고 착륙시켰습니다!" 100여 명의 직원들과 놀란 구경꾼들에게 그렇게 외쳤다. 군중들이 "USA, USA"를 연호하자 머스크는 주먹을 하늘로 치켜 올리며 위아래로 펄쩍펄쩍 뛰었다.

"@SpaceX 팰컨 준궤도 부스터 스테이지의 착륙을 축하합니다." 베조스는 트위터에 이렇게 쓴 후 "클럽에 들어온 걸 환영해요!"라고 덧붙였다. 정중한 축하로 포장했지만 사실 날카로운 잽을 날린 것이다. 스페이스X가 착륙시킨 부스터가 "준궤도" 비행을 마치고 돌아왔으므로 이제야 "블루오리진이 착륙시킨 부스터와 같은 클럽"에 속할 수 있게 됐다는 주장이었다. 엄밀히 말하면 그의 주장은 옳았다. 스페이스X의 부스터 자체는 궤도에 진입하지 않았으며, 탑재체를 부양해 궤도에 진입시켰을 뿐이다. 하지만 머스크는 격노했다. 탑재체를 궤도에 올려놓을 수 있는 능력 자체가 스페이스X 로켓을 다른 급에 올려놓는 것이라고 믿었기 때문이다.

39장

두 번째 이혼

2012-2015년

(왼쪽 위) 스모 선수와 스모 한 판, (오른쪽 위) 탈룰라와 함께
(아래) 나베이드 패룩과 함께

탈룰라 라일리는 2010년 머스크와 결혼한 후 캘리포니아로 이주하여 연기 활동을 거의 포기한 채 살았다. 외동딸인 그녀는 어려서부터 아이를 많이 갖기를 꿈꿨고, 그녀가 그린 그림에는 늘 금발의 소년들이 있었다. "일론을 만났을 때 그에게는 다섯 명의 아들이 있었는데, 첫째와 둘째가 마치 제 상상 속에서 튀어나온 것 같은 아주 멋진 금발 머리의 쌍둥이였어요." 하지만 일론과의 관계가 여전히 조심스러웠던 그녀는 두 사람의 아이는 갖지 않기로 결정했다.

그녀는 스코틀랜드에서 결혼식 뒤풀이를 준비했을 때, 그리고 머스크의 마흔 번째 생일을 맞아 오리엔트 익스프레스 객차를 전세 냈을 때 그랬던 것처럼 머스크를 위한 파티를 계속 기획하고 연출했다. 그녀가 준비한 머스크의 마흔한 번째 생일파티는 영국 시골의 대저택에서 열렸다. 그녀는 그곳을 빌려 프레드 애스테어와 진저 로저스가 처음으로 호흡을 맞춘 1933년도 영화 〈플라잉 다운 투 리우〉의 절정인 비행기 날개 위에서 춤을 추는 마지막 장면을 바탕으로 '비행기 날개 위 댄스'를 파티의 테마로 잡았다. 그녀는 브라이틀링 윙워커스(세계적인 민간 에어쇼 팀)를 고용해 게스트들에게 쌍엽기 날개 위에서 걷는 법을 가르치게 했다.

하지만 머스크는 대부분의 행사에 불참하고 대신 방에서 전화로 테슬라와 스페이스X의 여러 가지 문제를 처리하면서 시간을 보냈다. 그는 일에 집중하는 것을 좋아했다. 때때로 그는 나머지 삶을 불쾌한 방해물로 취급했다. "일터에서 보내는 시간이 너무 많았기에 어떤 관계도 유지하기가 매우 어려웠어요." 그는 인정한다. "스페이스X와 테슬라가 모두 힘겨운 시기를 겪고 있었고, 두 군데 일을 동시에 하는 것은 거의 불가능에 가까웠지요. 그래서 항상 일에만 매달릴 수밖에 없었어요."

메이는 탈룰라를 측은히 여겼다. "그 애가 나를 저녁식사에 초대하면 일론은 늦게까지 일한다는 이유로 나타나지 않곤 했지요. 그 애는 그를 정말 사랑했지만 당연히 그런 대우를 받는 것에 지칠 수밖에 없었겠지요."

그의 정신이 온통 일에 팔려 있을 때(대부분의 시간이 그랬다) 탈룰라는 그에게 어떻게 다가가야 할지 몰랐다. 그는 항상 어떤 문제를 놓고 사투를 벌이는 것처럼 보였는데, 이는 펍이나 교회에서 만나는 사람 모두가 친절했던 그녀의 고향인 영국 시골마을의 삶과는 너무나 대조적이었다. "이런 삶은 내가 원하는 게 아니라고 느꼈어요." 그녀는 말한다. "저는 로스앤젤레스가 싫었고 영국이 몹시 그리웠어요."

그래서 2012년, 그녀는 이혼 소송을 제기하고 변호사가 합의안을 마련하는 동안 샌타모니카의 한 아파트로 이사했다. 하지만 4개월 후 두 사람이 합의서에 서명하기 위해 법정에서 만났을 때 이야기는 영화 같은 반전을 맞이했다. "그곳에서 판사 앞에 서서 일론을 쳐다봤더니 그가 '대체 우리가 지금 뭐 하고 있는 거지'라는 식으로 물었고, 우리는 키스를 하기 시작했어요." 탈룰라의 말이다. "판사는 우리가 미쳤다고 생각했을 거예요." 머스크는 그녀에게 집으로 돌아오라고, 아이들이 보고 싶어 한다고 말했다. "애들이 당신이 어디 있는지 계속 물어봐." 결국 그녀는 집으로 돌아갔다.

이혼 절차는 끝까지 밟았지만, 그녀는 결국 일론과 다시 동거하게 되었다. 이를 축하하기 위해 두 사람은 다섯 아이들과 함께 새 모델 S에 올라 여행을 떠났다. 머스크는 그녀가 〈에스콰이어〉지의 필자 톰 주노드와 점심식사를 함께 하도록 주선하기도 했다. 탈룰라는 주노드에게 자신의 주된 임무는 머스크가 '킹 크레이지king-crazy'로 가지 않도록 막는 것이라고 말했다. "'킹 크레이지'라는 말 처음 들어보시죠?" 탈룰라가 물었다. "사람들이 '왕'이 되면 '미쳐버린다'는 뜻이에요."

2013년 6월, 머스크의 마흔두 번째 생일을 맞아 탈룰라는 뉴욕시 바로 북쪽의 태리타운에 있는, 중세 유럽의 성을 모방해 지은 저택을 빌려 친구 40명을 초대했다. 이번 생일의 테마는 일본식 스팀펑크였기에 머스크를 비롯한 남성들은 모두 사무라이 복장을 했다. 그들은 윌리엄 길버트(영국의 작사가)와 아서 설리번(영국의 작곡가)이 합작한 코믹 오페라 〈더 미카도〉를 약간 각색한 연극을 펼쳤는데, 머스크가 일본 천황 역할을 맡았다. 다음은 칼 던지기 묘기 쇼였다. 리스크를 회피하는 법이 없고 심지어 불필요한 리스크도 피하지 않는 머스크는 사타구니 바로 밑에 분홍색 풍선을 끼고, 눈을 가린 채 칼을 던지는 묘기꾼의 과녁 앞에 섰다.

절정은 스모 선수들의 경기 시범이었다. 마지막에 몸무게 350파운드(약 159 킬로그램)의 스모 챔피언이 한 판 붙자며 머스크를 링으로 초대했다. "나를 가볍게 제압할 수 있다고 생각하는 것 같아서 유도의 던지기 기술을 시도하기 위해 전력을 다해 맞붙었지요." 머스크는 말한다. "내가 과연 이 친구를 던질 수 있을까, 한번 알아보자 결심하고 용을 썼는데 실제로 넘어가더군요. 하지만 그 과정에서 목 아래쪽의 디스크 하나가 터져버렸어요."

그 이후로 머스크는 목에서 등까지 극심한 통증에 시달렸고, 결국 C5-C6 추간판을 복구하기 위한 수술을 세 차례나 받아야 했다. 테슬라 또는 스페이스X 공장에서 회의할 때 가끔 그는 목 밑에 얼음주머니를 받치고 바닥에 한동안 누워 있기도 했다. 테리타운 파티가 끝나고 몇 주 후인 2013년 7월, 그와 탈룰라는 다시 결혼하기로 결정했다. 이번에는 그들의 다이닝룸에서 조촐하게 식을 치렀다. 하지만 모든 동화가 '이후로 계속 행복하게 살았습니다'로 끝나는 것은 아니다. 머스크의 일에 대한 집착은 계속해서 두 사람의 관계를 괴롭혔다. "똑같은 일이 다시 반복되었고, 저는 영국으로 돌아가고 싶었어요." 탈룰라의 말이다. 그녀는 강에서 진주 홍합을 불법 채취하기로 결심한 불운한 범죄자의 이야기를 다룬 코미디 영화 〈스코티시 머슬〉의 각본, 감독 및 주연을 맡으며 영화 경력을 재개했다. 그녀가 영화 촬영에 열중하고 있을 때 머스크와 아이들이 찾아왔다. 그녀는 머스크에게 영국에 계속 머물고 싶다고, 다시 이혼하고 싶다고 말했다.

몇 번의 망설임과 화해 끝에 그녀는 2015년 9월 30세 생일을 맞아 최종 결정을 내렸다. 로스앤젤레스에서 HBO 시리즈 〈웨스트월드〉의 촬영을 마친 후 그녀는 영원히 영국으로 돌아갔다. 하지만 그에게 한 가지 약속은 했다. 샬럿 브론테의 소설 《제인 에어》에 나오는 음울한 남편을 언급하며 "당신은 나의 로체스터 씨예요"라고 그녀가 말했다. "만약 손필드 홀이 불타서 당신의 눈이 멀게 되면 내가 와서 당신을 돌봐줄게요."

40장

인공지능

오픈AI, 2012-2015년

샘 올트먼과 함께

스페이스X에 투자한 페이팔의 공동창업자 피터 틸은 매년 자신의 파운더스 펀드가 자금을 투자한 기업의 리더들과 함께 컨퍼런스를 개최한다. 2012년 모임에서 신경과학자이자 비디오 게임 설계자, 인공지능 연구자인 데미스 허사비스를 만난 머스크는 경쟁심을 숨기고 정중한 태도를 보였다. 네 살 때부터 체스 신동으로 통했던 허사비스는 체스, 포커, 마스터마인드 게임, 백개먼 등의 종목으로 구성되는 국제 마인드 스포츠 올림피아드에서 다섯 차례나 챔피언에 올랐다.

그의 모던한 런던 사무실에는 앨런 튜링이 1950년에 발표해 후세대에 중대한 영향을 미친 논문인 〈컴퓨팅 기계와 지능〉의 원본이 보관되어 있다. 이 논문에서 튜링은 인간을 오늘날의 챗GPT와 유사한 기계와 경쟁시키는 '이미테이션 게임imitation game'을 제안했다. 그는 이 실험에서 인간과 기계의 반응이 구별되지 않는 경우 기계도 "생각할 수 있다"라고 말하는 것이 타당할 수 있다고 썼다. 튜링의 주장에 영향을 받은 허사비스는 인공일반지능을 구현할 수 있는 컴퓨터 기반 신경망을 설계하는 딥마인드DeepMind라는 회사를 공동 창업했다. 다시 말해서 인간처럼 생각하는 방법을 배울 수 있는 기계를 만들고자 한 것이다.

"일론과 나는 만나자마자 서로 죽이 잘 맞았고, 얼마 후에 나는 그의 로켓 공장을 방문했습니다." 허사비스의 말이다. 조립라인이 훤히 내다보이는 구내식당에 앉아 머스크는 자신이 화성에 갈 수 있는 로켓을 만들려는 이유가 세계대전이나 소행성 충돌 등으로 문명의 붕괴 위기가 닥치는 경우 인간의 의식을 보존할 수 있는 방법이 될 수 있기 때문이라고 설명했다. 귀를 기울이던 허사비스는 또 하나의 잠재적 위협으로 인공지능을 거론했다. 기계가 초지능을 갖게 되어 유한하고 미력한 인간을 뛰어넘을 수도 있고, 심지어는 인간을 폐기 처분하기로 결정할 수도 있다는 것이었다. 머스크는 거의 1분 동안 조용히 생각에 잠겨 그 가능성을 가늠해보았다. 그런 무아지경의 시간 동안 여러 다양한 요인이 수년에 걸쳐 어떻게 작용하게 될지에 관한 시각적 시뮬레이션을 실행한다고 그는 말한다. 머스크는 AI의 위험성에 대한 허사비스의 우려가 옳을

지도 모른다고 판단했고, 딥마인드가 하는 일을 모니터링하기 위한 방편으로 거기에 500만 달러를 투자했다.

허사비스와 대화를 나누고 몇 주 후, 머스크는 구글의 래리 페이지에게 딥마인드가 어떤 일을 하고 있는지 설명했다. 두 사람은 10년 이상 알고 지낸 사이였으며, 머스크는 종종 페이지의 팰로앨토 자택에 머물곤 했다. 인공지능의 잠재적 위험성은 둘이 밤늦게까지 대화하는 날이면 머스크가 거의 강박적으로 제기하는 주제가 되었다. 페이지는 이를 무시했다.

2013년 나파밸리에서 열린 머스크의 생일파티에서 두 사람은 루크 노섹과 리드 호프먼을 비롯한 다른 손님들 앞에서 열띤 토론을 벌였다. 머스크는 우리가 안전장치를 마련하지 않으면 인공지능 시스템이 인간을 대체하여 우리 종을 무의미하게 만들거나 심지어 멸종시킬 수도 있다고 주장했다.

페이지는 반발했다. 언젠가 기계가 지능 수준, 심지어 의식 수준에서까지 인간을 능가하게 된들 그게 무슨 문제가 되느냐는 것이 그의 반론이었다. 진화의 다음 단계일 뿐이지 않느냐는 것이었다.

머스크는 인간의 의식은 우주의 소중한 불꽃이며, 그러므로 우리는 그것이 꺼지지 않게 해야 한다고 반박했다. 페이지는 그런 정서 자체가 의미 없는 것이라고 생각했다. 의식이 기계에 복제될 수 있다면, 그 역시 인간의 의식만큼 소중해지는 것이 아닌가? 그렇게 여기지 말아야 할 이유가 대체 무엇인가? 언젠가는 우리가 스스로의 의식을 기계에 업로드할 수 있게 될지도 모르는 것 아닌가? 그는 머스크가 자신의 종만 편향적으로 우월시하는 '종차별주의자'라고 비난했다. 머스크는 "음, 맞아요. 나는 친인간적이오"라고 답했다. "나는 정말로 인류를 좋아한다오, 친구."

이런 까닭에 머스크는 2013년 말 페이지와 구글이 딥마인드를 인수할 계획이라는 소식을 들었을 때 경악하지 않을 수 없었다. 머스크와 그의 친구 루크 노섹은 그 거래를 막기 위해 자금을 모아보기로 했다. 로스앤젤레스의 한 파티에서 그들은 위층 옷 방으로 가서 허사비스와 1시간 동안 스카이프로 영상 통화를 했다. 머스크는 허사비스에게 말했다. "AI의 미래를 페이지가 통제하게 해서는 안 된다는 말이오."

그들의 노력은 실패로 돌아갔고, 2014년 1월 구글의 딥마인드 인수가 발표되었다. 페이지는 세간의 우려를 의식한 듯 처음에는 머스크도 위원으로 참여하는 '안전위원회'를 구성하는 데 동의했다. 첫 번째이자 유일한 회의는 스페이스X에서 열렸다. 구글의 페이지와 허사비스, 에릭 슈미트 회장, 그리고 리드 호프먼 등 몇몇 사람들이 자리를 함께했다. "일론이 내린 결론은 위원회가 기본적으로 허튼 수작이라는 것이었습니다." 당시 그의 참모장 역할을 하던 샘 텔러는 말한다. "구글 사람들은 AI의 안전에 초점을 맞추거나 그들의 힘을 제한하는 어떤 일도 할 의향이 없었습니다."

머스크는 그 위험성을 공개적으로 경고하기 시작했다. 그는 2014년 MIT에서 열린 심포지엄에서 이렇게 말했다. "우리가 직면한 가장 큰 실존적 위협은 아마도 인공지능일 것입니다." 그해 아마존이 챗봇 디지털 비서인 알렉사를 발표하고 구글도 비슷한 제품을 내놓자 머스크는 이들 시스템이 인간보다 더 똑똑해지면 어떤 일이 벌어질지에 대해 경고하기 시작했다. 이들이 인간을 뛰어넘어 우리를 애완동물 취급하기 시작할 수도 있었다. "내가 집 고양이가 된다는 생각, 받아들일 수 있습니까?" 그는 말했다. 문제를 예방하는 가장 좋은 방법은 AI가 인간과 긴밀하게 보조를 맞추고 파트너 관계를 유지하도록 강제하는 것이었다. "인공지능이 인간의 의지와 분리될 때 위험해지는 겁니다."

그래서 머스크는 틸 및 호프먼을 비롯한 옛 페이팔 마피아들과 몇 차례 저녁식사 모임을 하며 구글에 대응하고 AI의 안전을 도모할 수 있는 방안에 대해 토론하기 시작했다. 심지어 그는 오바마 대통령에게 연락을 취했고, 대통령은 2015년 5월에 일대일 면담 자리를 갖는 데 동의했다. 머스크는 인공지능의 위험성을 설명하고 규제 조치를 취해야 한다고 제안했다. "오바마 대통령은 내 말을 잘 이해했지요." 머스크는 말한다. "하지만 그가 진정 유의미한 수준으로 무언가를 할 것 같은 느낌은 들지 않더군요."

머스크는 이어서 소프트웨어 기업가이자 스포츠카 애호가이며 생존주의자인 샘 올트먼을 만났다. 세련된 겉모습 뒤에 머스크와 같은 강렬함을 보유한 인물이었다. 몇 년 전에 머스크를 만난 적이 있었던 올트먼은 스페이스X를 방문해 머스크와 함께 공장을 둘러보며 3시간 동안 대화를 나눴다. 올트먼은 말한다. "엔지니어 중 일부가 일론이 오는 것을 보고 황급히 흩어지거나 시선을 피하는 모습이 재미있었습니다. 일론을 두려워하는 것 같았어요. 하지만 그가 로켓의 작은 부품 하나하나까지 얼마나 자세히 이해하고 있던지, 참 인상적이었습니다."

팰로앨토에서 가진 조촐한 저녁식사 자리에서 올트먼과 머스크는 비영리 인공지능연구소를 공동 설립하기로 결정하고, 이름은 오픈AI OpenAI 로 정했다. 이 연구소의 방침은 소프트웨어를 오픈소스로 공개하고 인공지능 분야에서 점점 확대되는 구글의 지배력에 대항하기 위해 노력하는 것이었다. 틸과 호프먼은 머스크의 기금 마련에 동참했다. "우리는 어느 한 개인이나 기업이 통제하지 않는 리눅스 버전의 AI 같은 것을 만들고 싶었지요." 머스크는 말한다. "AI가 인류에게 도움이 되는 안전한 방식으로 발전하도록 그 가망성을 높이는 것이 목표였어요."

그들의 저녁식사 자리에서는 한 가지 중요한 의문사항도 논의되었다. 대기업들이 통제하는 소수의 AI 시스템과 독립적인 다수의 시스템 중 어느 쪽이 더 안전할 것인가? 그들은 서로 견제하며 균형을 이루는 경쟁적인 다수의 시스템이 더 낫다는 결론을 내렸다. 사람들이 집단적으로 협력하여 악의적인 행위자를 막는 것처럼, 다수의 독립적인 AI 봇들이 모여 나쁜 봇을 막게 될 터였다. 머스크는 이것이 바로 많은 사람이 오픈AI의 소스 코드를 기반으로 시스템을 구축할 수 있도록 완전히 개방해야 하는 이유라고 생각했다. "AI의 오용에 대한 최선의 방어책은 가능한 한 많은 사람이 AI를 사용할 수 있게 하는 것이라고 생각합니다." 당시에 그가 〈와이어드〉의 스티븐 레비와의 인터뷰에서 한 말이다.

머스크와 올트먼이 상세하게 논의한 한 가지 목표는 이른바 'AI 정렬AI alignment'이라는 것이었는데, 이 개념은 2023년 오픈AI가 챗GPT라는 챗봇을 출시한 후 뜨거운 화제로 떠올랐다. 이것의 목표는 아이작 아시모프가 자신의 소설 속 로봇이 인류를 해치지 않도록 규칙을 정한 것처럼 AI 시스템을 설계자의 의도나 관심사에 맞게 조정할 수 있도록 하는 것, 즉 인간의 목표와 가치에 부합하도록 정렬하는 것이다. 영화 〈2001 스페이스 오디세이〉에 나온 '할'을 생각해보라. 미쳐 날뛰며 자신을 창조한 인간들과 맞서 싸우던 그 인공지능 컴퓨터 말이다. 인공지능 시스템을 인간의 이익에 부합하도록 만들기 위해 우리는 어떤 안전장치를 설치할 수 있는가? 그리고 그러한 이익이 무엇인지 결정할 권한은 우리 중 누가 가져야 하는가?

머스크는 봇을 인간과 긴밀하게 결합시키는 것이 AI 정렬을 보장하는 한 가지 방법이라고 생각했다. 봇은 제멋대로 굴며 스스로의 목표와 의도를 발전시킬 수 있는 시스템이 아니라 개인 의지의 연장선이 되어야 한다는 것이었다. 이것이 바로 인간의 뇌를 컴퓨터에 직접 연결할 수 있는 칩을 개발하기 위해 그가 창업하는 회사인 뉴럴링크Neuralink의 설립 근거 중 하나였다.

또한 그는 인공지능 분야의 성공은 봇이 학습할 수 있는 방대한 양의 실제 데이터에 대한 액세스에 달려 있다는 사실을 깨달았다. 그는 당시 다양한 상황에 대처하는 운전자의 모습을 매일 수백만 프레임의 비디오로 수집하던 테슬라가 그러한 데이터의 보고寶庫 중 하나라는 사실을 깨달았다. "아마도 테슬라가 전 세계 그 어떤 회사보다 더 많은 실제 데이터를 보유하게 될 겁니다." 당시 그가 한 말이다. 나중에 그가 깨닫게 된 또 다른 데이터의 보고는 2023년 기준 매일 5억 개의 게시물을 처리하고 있던 트위터였다.

머스크가 올트먼과 가진 일련의 저녁식사 자리에 함께한 인물 가운데는 구글의 연구 엔지니어인 일리야 수츠케버도 있었다. 그들은 190만 달러의 연봉과 입사 보너스를 제시하며 그를 새 연구소의 수석 과학자로 끌어들였다. 페이지는 격노했다. 자신의 집에서 묵어가곤 하던 오랜 친구가 경쟁 연구소를 차린 것도 모자라 구글의 최고 과학자까지 빼돌린 것이었다. 2015년 말 오픈AI의 출시 이후 두 사람은 다시는 말을 섞지 않았다. "래리는 배신감을 느꼈고 일리야를 몰래 채용한 것에 대해 정말 크게 화를 냈으며 이후로 나와 어울리기를 거부했어요." 머스크는 말한다. "그래서 나도 이렇게 나갔지요. '래리, 당신이 AI 안전에 대해 그렇게까지 무신경하지만 않았어도 이렇게 대항 세력을 모을 필요조차 없었을 거 아니오.'"

인공지능에 대한 머스크의 관심은 다양한 관련 프로젝트의 출범으로 이어졌다. 인간의 뇌에 마이크로칩을 심는 것을 목표로 하는 뉴럴링크, 인간을 닮은 로봇인 옵티머스, 수백만 개의 영상으로 인공신경망을 훈련시켜 인간의 뇌를 시뮬레이션할 수 있는 슈퍼컴퓨터 도조 등이 여기에 포함된다. 그는 또한 테슬라 자동차의 자율주행 기능을 개발하는 데 집착하게 되었다. 처음에는 이러한 노력들이 다소 독립적으로 진행되었지만, 결국 머스크는 인공일반지능이라는 목표를 추구하기 위해 엑스닷에이아이xAI라는 새로운 챗봇 회사를 설립해 그 모든 것을 하나로 통합하기에 이른다.

자신의 회사에 인공지능 역량을 구축하겠다는 머스크의 결심은 2018년 오픈AI와 결별하는 원인이 되었다. 그는 구글에 뒤처지고 있다는 생각에 오픈AI를 테슬라에 통합해야 한다고 올트먼을 설득하려 애썼지만, 오픈AI 팀은 이를 거부했다. 올트먼은 연구소의 사장으로 취임하여 주식으로 자금을 조달할 수 있는 영리 부서를 신설했다.

그래서 머스크는 테슬라 오토파일럿을 개발할 라이벌 AI 팀을 구축해 독자적으로 치고 나가기로 결정했다. 네바다와 프리몬트의 생산량을 급증시켜야 하는 문제를 해결하느라 정신이 없는 와중에도 그는 오픈AI에서 딥러닝 및 컴퓨터 비전 전문가 안드레이 카파시를 빼내와 테슬라의 인공지능 프로젝트를 이끌게 했다. "우리는 테슬라가 AI 회사가 될 것이며 같은 인재를 두고 우리와 경쟁하게 될 것이라는 사실을 깨달았습니다." 올트먼은 말한다. "우리 팀원 중 일부는 화를 냈지만 나는 무슨 일이 일어나고 있는지 완전히 이해가 되었습니다." 올트먼은 2023년 머스크 밑에서 일하다 지친 카파시를 다시 데려오면서 상황을 반전시켰다.

41장

오토파일럿

테슬라, 2014-2016년

프란츠 폰 홀츠하우젠과 로보택시의 초기 모형

목표와 실현 가능성 사이에서

사이가 좋던 시절, 머스크는 테슬라와 구글이 협력하여 자동차의 자율주행 시스템, 즉 오토파일럿 시스템을 구축할 가능성을 놓고 래리 페이지와 논의한 적이 있었다. 그러나 인공지능과 구글의 딥마인드 인수를 둘러싼 둘 사이의 갈등으로 인해 머스크는 테슬라에서 독자적으로 시스템을 구축하는 계획에 박차를 가하게 되었다.

결국 웨이모Waymo라고 명명된 구글의 오토파일럿 프로그램은 '빛 감지 및 거리 측정Light Detection And Ranging'의 약어로 라이다LiDAR로 알려진 레이저 레이더 장치를 사용했다. 머스크는 자율주행 시스템에는 카메라로 얻는 시각 데이터만 사용해야 한다고 고집하며 라이다 및 여타 레이더와 유사한 기기의 사용을 거부했다. 인간은 시각 데이터만으로 운전을 하므로 기계도 그렇게 할 수 있어야 한다는 제1원리에 입각한 주장이었다. 비용 문제도 있었다. 언제나 그렇듯이 머스크는 제품의 설계뿐만 아니라 대량생산 방법에도 초점을 맞추었다. 그는 2013년 이렇게 말했다. "구글의 접근방식에 따르는 문제는 센서 시스템이 너무 비싸다는 것입니다. 광학 시스템을 갖추는 것, 즉 기본적으로 보는 것만으로 무슨 일이 일어나고 있는지 파악할 수 있는 소프트웨어가 탑재된 카메라들을 갖추는 것이 더 낫습니다."

이후 10년에 걸쳐 머스크는 엔지니어들과 줄다리기를 벌이게 되는데, 그들 중 다수가 테슬라의 자율주행 차량에 특정 형태의 레이더를 포함시키길 원했기 때문이다. 카네기멜론대학교를 졸업한 후 2014년 테슬라의 오토파일럿 팀에 합류한 뭄바이 출신의 재기 넘치는 젊은 엔지니어 다발 슈로프는 자신이 참석한 초기의 회의 중 하나를 이렇게 기억한다. "당시 우리는 차량에 레이더 하드웨어를 장착하고 있었기 때문에 그것을 사용하는 것이 안전 측면에서 가장 좋다고 일론에게 말했습니다. 그는 그 레이더를 계속 두는 데에는 동의했지만, 결국에는 우리가 카메라에만 의존할 수 있어야 한다고 생각하는 게 분명해 보였습니다."

2015년, 머스크는 매주 몇 시간씩을 할애해 오토파일럿 팀과 함께 작업했다. 로스앤젤레스 벨에어 인근의 자택에서 공항 근처의 스페이스X 본사로 차를 몰고 와 오토파일럿 시스템에 발생한 문제를 논의하는 식이었다. 테슬라의 수석 부사장 중 한 명인 드루 배글리노는 말한다. "모든 회의가 '왜 차가 집에서 회사까지 스스로 운전할 수 없을까요?'라고 일론이 투덜거리는 것으로 시작되곤 했습니다."

그로 인해 테슬라 팀은 때때로 섣부른 현장 테스트에 나서서 갈팡질팡 헤매야 했다. 405번 주간고속도로에는 차선 표시가 희미해 항상 머스크 팀에 문제를 안기는 커브 길이 있었다. 그곳에만 이르면 오토파일럿이 차선을 벗어나서 마주 오는 차량과 부딪힐 뻔하곤 했다. 그럴 때면 머스크는 화를 내며 사무실로 돌아왔다. 그는 "뭐든 프로그래밍 해서 이 문제를 바로잡아야 할 것 아니오?"라고 계속 채근했다. 팀이 오토파일럿 소프트웨어를 개선하기 위해 애쓰던 시기에 몇 달에 걸쳐 이런 일이 반복되었다.

샘 텔러와 몇몇 사람들은 절박한 나머지 담당 교통당국에 고속도로의 해당 구간의 차선을 다시 칠해달라고 요청하는 좀 더 간단한 해결책을 생각해냈다. 하지만 아무런 응답도 받지 못하자 이들은 더 대담한 계획을 세웠다. 직접 차선 도색 기계를 빌려 새벽 3시에 나가서 1시간 동안 고속도로 구간을 폐쇄하고 차선을 다시 칠하기로 결정한 것이다. 차선 도색 기계를 구하기 위해 수소문하던 중 마침내 한 엔지니어가 머스크의 팬인 교통당국의 한 직원과 연락이 닿았다. 그는 자신과 교통당국 직원 몇 명에게 스페이스X를 견학할 수 있게 해주면 차선을 다시 칠하도록 조치하겠다고 했다. 텔러는 그들에게 스페이스X 투어를 제공하고 사진 찍는 데 포즈도 취해주었다. 이후 고속도로 차선은 다시 칠해졌고, 머스크의 오토파일럿은 그 커브 길을 잘 처리하게 되었다.

배글리노는 카메라 비전을 보완하기 위해 레이더를 계속 사용하길 원했던 테슬라 엔지니어 중 한 명이었다. "일론의 목표와 실현 가능성 사이에는 사실 큰 차이가 있었습니다." 배글리노는 말한다. "그는 그 난제를 충분히 인식하지 못했던 것뿐입니다." 어느 시점에 배글리노의 팀은 사거리 정지신호에 선 것과 같은 상황에서 오토파일럿 시스템이 수행해야 할 거리 인식에 대한 분석을 수행했다. 자동차가 안전하게 건널 수 있는 시점을 알기 위해 왼쪽과 오른쪽을 얼마나 멀리까지 볼 수 있어야 할까? "센서가 해야 할 일이 있음을 입증하기 위해 일론과 이에 관한 대화를 나누려고 노력했습니다." 배글리노는 말한다. "그런데 정말 진도가 안 나가는 힘든 대화였습니다. 그가 계속 사람은 눈이 두 개만 있어도 자동차를 운전할 수 있다는 사실로 되돌아왔기 때문입니다. 하지만 그 눈은 목에 부착되어 있고 목은 움직일 수 있으며 사람들은 시선을 사방 어디에든 둘 수 있지 않습니까?"

머스크는 일단은 물러섰다. 그는 새로운 모델 S에 여덟 개의 카메라뿐만 아니라 열두 개의 초음파 센서, 그리고 비와 안개 속에서도 볼 수 있는 전방 레이더를 장착하는 데 수긍했다. "이 시스템은 인간의 감각을 훨씬 뛰어넘는 파장으로 모든 방향을 동시에 봄으로써 운전자는 볼 수 없는 관점으로 세상을 보여드립니다." 2016년 테슬라 웹사이트는 이렇게 발표했다. 이렇게 양보하긴 했어도 머스크가 카메라 전용 시스템의 개발을 포기하지 않으리라는 것은 분명했다.

치명적인 사고

머스크는 자율주행차라는 아이디어를 추진하면서 테슬라 차량의 오토파일럿 기능을 고집스럽게, 그리고 반복적으로 과장했다. 이는 위험한 태도가 아닐 수 없었다. 그로 인해 일부 운전자들이 별다른 주의를 기울이지 않고도 테슬라를 탈 수 있다고 생각하게 되었기 때문이다. 머스크가 2016년 그 원대한 약속을 공표하고 있을 때조차도 테슬라의 카메라 공급업체 중 하나인 모빌아이는 테슬라와의 거래를 포기하는 결정을 내렸다. 테슬라가 "안전 측면에서 한계를 뛰어넘을 것을 요구하고 있었기 때문"이라고 모빌아이의 회장은 밝혔다.

오토파일럿이 없을 때와 마찬가지로, 오토파일럿과 관련된 치명적인 사고가 발생하는 것은 피할 수 없는 일이었다. 머스크는 이 시스템이 사고를 예방했는지 여부가 아니라 사고를 줄였는지 여부를 기준으로 평가해야 한다고 주장했다. 논리적이긴 했지만, 오토파일럿 시스템으로 인한 사망자 한 명이 운전자의 실수로 인한 사망자 100명보다 훨씬 더 큰 공포를 불러일으킬 수 있다는 정서적 현실을 도외시한 입장이었다.

미국에서 오토파일럿과 관련된 사망사고의 첫 번째 사례는 2016년 5월에 발생했다. 플로리다에서 테슬라의 자동차가 사거리 맞은편에서 좌회전하던 트랙터 트레일러 트럭의 측면을 그대로 들이받는 바람에 운전자가 사망했다. 테슬라는 "오토파일럿이나 운전자 모두 밝은 하늘을 배경으로 나타난 트랙터 트레일러의 흰색 측면을 인지하지 못해 브레이크가 가동되지 않았다"라는 내용의 성명을 발표했다. 조사관들은 사고 당시 운전자가 대시보드 위에 놓인 컴퓨터로 〈해리 포터〉를 보고 있었다는 증거를 찾아냈다. 미국 국가교통안전위원회는 "운전자가 테슬라 자동차에 대한 완전한 통제를 유지하지 않은 것이 사고의 원인"이라고 밝혔다. 테슬라가 오토파일럿의 역량을 부풀려 선전했고, 그래서 운전자가 세심한 주의를 기울일 필요가 없다고 추정했을 가능성이 높았다. 그해 초 중국에서도 오토파일럿 모드에서 발생한 것으로 추정되는 테슬라 차량의 치명적인 사고에 대한 보도가 있었다.

플로리다에서 일어난 사고 소식은 머스크가 16년 만에 남아공을 다시 방문하던 중 전해졌다. 그는 즉시 미국으로 날아왔지만 공개적인 성명을 발표하진 않았다. 그의 판단을 좌우하는 것은 인간 감정에 대한 직감이라기보다는 엔지니어의 사고방식이었다. 그는 매년 130만 명이 넘는 교통사고 사망자가 발생하는 상황에서 테슬라의 오토파일럿으로 인한 한두 건의 사망사고가 왜 큰 반향을 일으키는지 이해할 수 없었다. 아무도 오토파일럿이 예방한 사고와 구한 생명은 집계하지 않았다. 또한 오토파일럿과 함께하는 운전이 그렇지 않은 운전보다 더 안전한지 여부를 평가하는 기관도 없었다.

2016년 10월, 머스크는 기자들과 가진 전화 회견에서 두 건의 사망사고에 관한 내용이 첫 질문으로 나오자 버럭 화를 냈다. 사람들이 자율주행 시스템을 사용하지 않도록 설득하거나 규제당국이 이를 승인하지 않도록 촉구하는 식으로 기사를 쓴다면, "그렇다면 당신들은 사람들을 죽이는 짓을 하는 것"이라고 그는 말했다. 그러고는 잠시 멈췄다가 빽 내질렀다. "다음 질문."

약속, 약속, 약속

머스크의 원대한 비전은, 때로 지평선 너머로 자꾸만 사라지는 신기루와 유사했지만, 사람의 개입 없이 스스로 운전하는 완전 자율주행 자동차를 만들겠다는 것이었다. 그는 그것이 우리의 일상을 변화시킬 뿐만 아니라 테슬라를 세계에서 가장 가치 있는 회사로 만들 것이라고 믿었다. 고속도로뿐만 아니라 보행자와 자전거, 복잡한 교차로가 산재한 도심 도로에서도 '완전 자율주행'이 작동하게 될 것이라고 머스크는 약속했다.

화성 여행 등 여타의 임무에 대한 집착에서와 마찬가지로, 그는 일정과 관련해 나중에 터무니없었던 것으로 드러나는 예측을 했다. 2016년 10월 기자들과의 전화 회견에서 그는 이듬해 말쯤에는 테슬라 차량으로 로스앤젤레스에서 뉴욕까지 "핸들을 한 번도 터치할 필요 없이" 운전할 수 있게 될 것이라고 선언했다. "차를 다시 불러오고 싶을 땐 휴대전화로 '차량 호출' 버튼을 터치하기만 하면 됩니다." 그는 말했다. "지구 반대편에서 불러도 결국은 여러분을 찾아올 것입니다."

이는 재미있는 공상 정도로 치부될 수도 있었지만, 테슬라의 엔지니어들은 그저 웃어넘길 수 없었다. 머스크가 테슬라의 모델 3와 모델 Y를 개발하는 엔지니어들에게 운전대와 가속페달, 제동페달이 없는 버전을 설계하도록 닦달하기 시작했기 때문이다. 폰 홀츠하우젠은 그에 따르는 척했다. 2016년 말부터 머스크는 디자인 스튜디오에 들어설 때마다 로보택시Robotaxi의 사진과 실제 모형을 볼 수 있었다. "일론은 모델 Y가 생산에 들어갈 때쯤이면 완전한 자율주행이 가능한, 더할 나위 없는 로보택시가 될 것으로 확신했습니다." 폰 홀츠하우젠의 회상이다.

거의 매년 머스크는 완전 자율주행이 불과 1년 정도밖에 남지 않았다고 예측하곤 했다. "언제쯤이면 실제로 귀사의 자동차를 타고 말 그대로 운전대에서 손을 떼고 잠들었다가 깨어보니 도착해 있는 경험을 할 수 있게 될까요?" 2017년 5월 TED 강연에서 크리스 앤더슨이 물었다. 머스크는 "앞으로 2년 정도 남았습니다"라고 대답했다. 2018년 말 코드 컨퍼런스Code Conference에 참석해 IT 전문 저널리스트 커라 스위셔와 진행한 인터뷰에서 그는 테슬라가 "내년에 그것을 할 수 있을 것"이라고 말했다. 2019년 초 그는 더욱 세게 나갔다. "올해 완전 자율주행 기능을 완성할 수 있을 것 같습니다." 이렇게 ARK인베스트ARK Invest와 진행한 팟캐스트에서 선언한 것이다. "저는 확신합니다. 의문부호를 붙일 일이 아닙니다."

폰 홀츠하우젠은 2022년 말 다음과 같이 말했다. "만약 그가 한 걸음 물러서서 시간이 오래 걸릴 것임을 인정한다면, 아무도 그 일에 그다지 큰 관심을 기울이지 않을 것이고 우리 역시 자율주행 차량 설계에 총력을 기울이지 않게 될 겁니다." 그해 애널리스트들과 가진 실적 발표회에서 머스크는 그 프로세스가 2016년에 자신이 예상한 것보다 더 어려웠다고 인정했다. "궁극적으로 나온 결론은 완전 자율주행 문제를 해결하려면 현실판 인공지능부터 구현해야 한다는 것입니다."

42장

솔라시티

테슬라 에너지, 2004-2016년

린든과 피터 리브

태양광 패널 사업

"새로운 사업을 시작하고 싶어." 2004년 늦여름, 네바다 사막에서 매년 개최되는 예술 및 기술 축제인 버닝맨에 참가하기 위해 RV를 타고 가던 중 사촌 린든 리브가 머스크에게 말했다. "인류에 도움도 되고 기후변화에도 대처할 수 있는, 그런 것이면 좋을 것 같은데…"

"태양광 사업을 해." 머스크가 대답했다.

린든은 그 대답이 마치 "내게 떨어진 진군 명령"처럼 느껴졌다고 회상한다. 그는 형 피터와 함께 회사를 설립하는 작업에 들어갔는데, 바로 솔라시티 SolarCity로 불리게 될 회사였다. "초기 자금의 대부분을 일론이 제공했습니다." 피터는 회상한다. "그는 우리에게 한 가지 분명한 지침을 내렸는데, 가능한 한 빨리 영향력을 발휘할 수 있는 규모를 갖추라는 것이었습니다."

머스크의 세 사촌인 러스, 피터, 린든은 어머니 메이의 쌍둥이 자매인 케이 이모의 세 아들로, 일론 및 킴벌과 함께 자전거를 타며 놀러 다니고, 서로 싸우고, 같이 돈 벌 궁리를 하며 어린 시절을 보냈다. 그들도 일론과 마찬가지로 남아공을 떠날 수 있는 상황이 되자마자 사업가의 꿈을 이루기 위해 미국으로 향했다. 피터는 일가친척 모두가 "리스크는 일종의 연료"라는 격언을 따랐다고 말한다.

막내인 린든은 특히 집념이 강했다. 린든은 끈기를 테스트하는 최고의 스포츠라 할 수 있는 수중 하키에 열정적이었는데, 남아공 대표팀의 일원으로 미국에 왔을 정도였다. 린든은 일론의 아파트에 머물며 실리콘밸리의 분위기에 흠뻑 빠져들었고, 형들을 설득해 함께 컴퓨터 서비스회사를 설립했다. 이들은 스케이트보드를 타고 샌타크루즈 일대를 돌아다니며 컴퓨터 설치나 수리 주문을 처리하곤 했다. 결국 그들은 많은 작업을 자동화하는 자체 소프트웨어를 개발했고, 이를 통해 회사를 델컴퓨터에 매각할 수 있었다.

일론이 태양광 패널 사업에 뛰어들 것을 제안한 후, 린든과 피터는 태양광 패널을 구매하는 사람이 왜 그렇게 적은지 알아내려고 노력했다. 답은 간단했다. "우리는 끔찍한 소비자 경험과 높은 초기 비용이 큰 장벽이라는 것을 깨달았습니다." 피터의 말이다. 그래서 그들은 프로세스를 간소화할 계획을 마련했다. 고객이 무료 전화번호로 문의를 하면 영업팀이 위성 이미지를 통해 지붕의 크기와 햇빛 수용 규모를 측정한 후 비용과 (전기, 가스 등) 유틸리티 절감액, 금융 지원 조건 등을 명시한 계약서를 작성해 제안하는 방식이었다. 고객이 동의하면 회사는 녹색 유니폼을 입은 팀을 파견하여 패널을 설치하고 정부 지원금을 신청하면 되는 것이었다. 목표는 전국적인 소비자 브랜드를 창출하는 것이었다. 머스크는 이 회사의 출범을 위해 1,000만 달러를 투자했다. 테슬라가 로드스터를 공개하기 직전인 2006년 7월 4일, 그들은 머스크를 이사회 의장에 앉히고 솔라시티의 닻을 올렸다.

솔라시티 인수

솔라시티는 한동안 꽤 잘나갔다. 2015년에는 유틸리티 회사가 설치하지 않은 모든 태양광 패널 설치의 4분의 1을 차지했다. 하지만 비즈니스 모델을 찾는 데 어려움을 겪었다. 처음에는 선불금을 전혀 받지 않고 고객에게 태양광 패널을 임대했다. 이로 인해 회사의 부채가 늘어났고, 2014년 주당 85달러로 최고치를 기록했던 주가는 2016년 중반 주당 약 20달러로 하락했다.

머스크는 회사의 관행, 특히 수당으로 보상을 받는 공격적인 영업직원들에 의존하는 방식에 점점 더 불만을 갖게 되었다. 머스크는 말한다. "(실적을 올려야 수당을 받는 구조다 보니) 그들의 영업 전술이 가가호호 방문하며 식도 세트처럼 형편없는 물건을 떠넘기듯 파는 수법과 비슷해졌지요." 머스크의 본능은 언제나 그 정반대였다. 그는 영업과 마케팅에 많은 노력을 기울이지 않았고, 그 대신에 훌륭한 제품을 만들면 판매는 저절로 따라온다고 믿었다.

머스크는 사촌들을 괴롭히기 시작했다. "여기가 판매회사인가, 아니면 제품회사인가?" 그는 계속 물었다. 사촌들은 제품에 대한 그의 집착을 이해할 수 없었다. 피터의 말을 들어보자. "우리는 시장 점유율을 올리는 데 총력을 기울이고 있었는데, 일론은 미적인 부분에 대해 의문을 제기하고 클럽의 모양 같은 것을 지적하며 추하다고 화를 내곤 했습니다." 머스크는 너무 실망해서 한번은 의장직을 내려놓겠다고 위협하기도 했다. 킴벌은 그러지 말라고 그를 설득했다. 머스크는 대신 2016년 2월 사촌들에게 전화를 걸어 테슬라가 솔라시티를 인수하는 쪽으로 가는 게 좋겠다고 말했다.

네바다에 배터리 공장을 설립한 후 테슬라는 파워월Powerwall이라는 일반 냉장고 크기의 가정용 배터리를 만들기 시작했다. 솔라시티가 설치하는 것과 같은 태양광 패널에 연결할 수 있는 배터리였다. 이 개념은 머스크가 많은 기업 리더들이 저지르는 실수, 즉 사업을 너무 좁게 정의하는 실수를 피하는 데 도움이 되었다. 2015년 4월 파워월을 발표하면서 그는 "테슬라는 단순한 자동차 회사가 아닙니다. 에너지 혁신 기업입니다"라고 말했다.

가정용 배터리와 차고의 테슬라 자동차에 연결된 태양광 패널 지붕을 통해 사람들은 대형 유틸리티 기업과 석유회사에 대한 의존에서 벗어날 수 있었다. 이들을 결합하면 테슬라는 기후변화에 대응하는 측면에서 전 세계 그 어떤 기업(나아가 그 어떤 독립체)보다 더 많은 일을 할 수 있을 터였다. 하지만 머스크의 이러한 에너지 통합 구상에는 한 가지 문제가 있었다. 바로 사촌의 태양광 사업이 테슬라의 일부가 아니라는 점이었다. 테슬라가 솔라시티를 인수하면 가정용 에너지 사업을 통합하고 사촌이 창업한 기업을 살린다는 두 가지 목적을 동시에 이룰 수 있었다.

처음에는 테슬라 이사회가 주저했는데, 이는 이례적인 일이었다. 그들은 통상 머스크의 뜻을 공손히 따랐다. 하지만 이번 제안은 머스크의 사촌들과 머스크의 솔라시티 투자금에 대한 구제금융처럼 보였다. 더욱이 테슬라가 자체의 생산 문제로 어려움을 겪고 있던 시점이었다. 하지만 이사회는 결국 4개월 후 솔라시티의 재무 상태가 악화된 시점에 이 아이디어를 승인했다. 테슬라는 머스크가 최대 주주인 솔라시티의 주식을 매입하기 위해 다소 높은 25퍼센트의 프리미엄을 제시했다. 머스크는 일부 이사회의 투표는 스스로 기피했지만, 솔라시티에서 사촌들과 비공개로 진행된 수차례의 회의에는 꼬박꼬박 참여했다.

2016년 6월 이 거래를 발표하며 머스크는 "법적으로도 도덕적으로도 옳은, 당연한 결정"이었다고 천명했다. 이번 인수가 자신이 2006년에 작성한 테슬라에 대한 원래의 '마스터플랜'에 부합하는 것이라는 논지였다. "테슬라모터스의 가장 중요한 목적은 탄화수소를 채굴하여 태우는 경제에서 태양광 전기 경제로의 전환을 촉진하는 것입니다."

이는 또한 모든 노력을 엔드투엔드 방식으로 통제하려는 머스크의 본능에도 부합했다. "일론은 태양광과 배터리를 결합해야 한다는 사실을 우리에게 일깨워주었습니다." 사촌 피터는 말한다. "우리는 정말 통합된 제품을 제공하고 싶었지만 엔지니어들이 서로 다른 두 회사에 근무하고 있는 상황에서는 그렇게 하는 것이 어려웠습니다."

이 거래는 테슬라 및 솔라시티와 '이해관계가 없는' 주주의 85퍼센트로부터 승인을 받았다(머스크는 이해당사자로서 투표권을 행사할 수 없었다). 그럼에도 일부 테슬라 주주들은 소송을 제기했다. 이들은 "일론이 자신과 친인척의 창업 투자금을 구제하기 위해 굴종적인 테슬라 이사들로 하여금 명백히 불공정한 가격으로 파산한 솔라시티의 인수를 승인하게 했다"라고 주장했다. 2022년 델라웨어 주 형평법 법원은 머스크의 손을 들어주며 "해당 인수는 수년간 시장과 주주들에게 전기차 제조업체에서 대체 에너지 회사로 확장할 의사가 있음을 분명히 밝혀온 기업이 취한 중요한 전진이었다"라고 명시했다.

"이런 건 똥이라고!"

테슬라와의 합병 여부를 확정하는 주주 투표 직전인 2016년 8월, 머스크는 솔라시티 투자자들과의 전화 회담에서 업계를 변화시킬 새로운 제품에 대해 암시했다. "일반 지붕보다 훨씬 더 멋져 보이는 지붕을 제공할 수 있다면 어떻게 될까요? 일반 지붕보다 내구성도 훨씬 강하고요. 판도가 달라질 겁니다."

그와 그의 사촌들이 연구하던 아이디어는 일반 지붕 위에 설치하는 태양광 패널이 아닌 "태양광 지붕"이었다. 이 지붕은 태양전지가 내장된 타일로 만들어지는 것이었다. 태양광 타일은 기존 지붕을 대체할 수도 있었고 그 위에 덧씌울 수도 있었다. 어느 쪽이든 지붕에 다수의 태양광 패널을 줄줄이 얹어놓은 모습이 아니라 지붕 그 자체로 보일 게 분명했다.

이 태양광 지붕 프로젝트는 머스크와 사촌들 사이에 엄청난 마찰을 일으켰다. 2016년 8월 머스크가 솔라시티 투자자들에게 신제품을 소개할 무렵, 피터 리브는 솔라시티가 고객의 지붕에 설치한 버전을 검토해보도록 머스크를 초대했다. 그 버전은 타일이 아닌 금속판에 태양전지를 내장한 돌출이음 금속 지붕이었다.

머스크가 차를 몰고 갔을 때 피터와 열다섯 명의 사람들이 그 집 앞에 서 있었다. "하지만 종종 그랬듯이 일론은 늦게 나타나서 차에 앉아 휴대전화만 들여다보았고, 우리 모두는 초조하게 그가 내리기를 기다렸습니다." 피터의 회상이다. 마침내 차에서 내린 그는 화가 난 표정이 역력했다. 머스크가 입을 열어 설명했다. "이런 건 똥이라고! 완전 엿 같은 똥이야. 끔찍하다고. 도대체 무슨 생각을 한 거야?" 피터는 설치 가능한 제품을 만드는 것이 단시간에 취할 수 있었던 최선이었다고 설명했다. 즉 미적인 측면에서는 타협할 수밖에 없었다는 얘기였다. 머스크는 금속 지붕이 아닌 태양광 타일에 집중하라고 지시했다.

밤낮을 가리지 않고 작업한 끝에 리브 형제와 솔라시티 팀은 태양광 타일을 올린 모형 지붕을 제작할 수 있었고, 머스크는 10월에 그것의 공개 행사를 갖자고 했다. 공개 행사 장소는 유니버설 스튜디오 할리우드 부지로 잡혔으며, 그곳에서 몇 개의 태양광 지붕 옵션이 TV 시리즈 〈위기의 주부들〉에 사용되었던 주택 세트 위에 설치되었다. 프랑스식 슬레이트 지붕과 토스카나식 반통형 타일 지붕, 머스크가 싫어하는 금속 지붕 등 네 가지 종류가 준비되었다. 행사 이틀 전에 그곳을 방문한 머스크는 금속 지붕을 보고 폭발했다. "이 제품이 진짜 싫다고 했잖아. 대체 그 말의 어떤 부분이 이해가 안 되는 거지?" 엔지니어 중 한 명이 자기 생각에는 보기에도 괜찮고 설치도 가장 쉽다고 말하며 반발했다. 머스크는 피터를 옆으로 불러 "이 친구는 팀에 있으면 안 될 것 같아"라고 말했고, 피터는 그 엔지니어를 해고하고 공개 행사 전에 금속 지붕을 철거했다.

이 프레젠테이션을 참관하러 200명에 달하는 사람들이 유니버설 스튜디오를 찾았다. 머스크는 이산화탄소 수치의 상승과 기후변화의 위협에 대해 이야기하는 것으로 시작했다. "일론, 우리를 구해줘요!"라고 누군가 외쳤고, 머스크는 때를 맞춰 그의 뒤쪽을 가리켰다. "보세요. 저기 보이는 저 집들이 모두 태양광 주택입니다. 알아채셨나요?"

각각의 차고 안에는 테슬라 자동차와 함께 업그레이드된 버전의 테슬라 파워월이 설치되어 있었다. 태양광 타일이 생성한 전기가 파워월과 자동차 배터리에 저장되는 것이었다. "이것이 바로 통합된 미래입니다." 머스크가 말했다. "우리는 에너지 방정식 전체를 풀 수 있습니다."

원대한 비전이었지만, 사적인 대가도 따랐다. 이후 채 1년도 지나지 않아 피터와 린든 둘 다 회사를 떠났다.

43장

보링컴퍼니

2016년

도시 터널 건설

2016년 말 홍콩으로 출장 간 머스크는 회의로 꽉 찬 하루를 보냈고, 늘 그렇듯 재충전을 하거나 휴대전화를 확인하거나 멍 때릴 수 있는 몇 분의 휴식 시간을 필요로 했다. 머스크가 그렇게 멍하니 허공을 바라보고 있을 때 테슬라의 영업 및 마케팅 담당 사장인 존 맥닐이 다가와 그를 무아지경에서 깨웠다. 한동안 맥닐을 쳐다보기만 하던 머스크는 마침내 이렇게 물었다. "도시는 3D로 건설되는데 도로는 2D로만 건설된다는 사실에 대해 생각해본 적이 있소?" 맥닐은 어리둥절한 표정을 지었다. 머스크는 "도시 아래에 터널을 건설하면 3D로 도로를 만들 수 있지요"라고 설명했다. 그는 스페이스X의 신뢰할 수 있는 엔지니어 스티브 데이비스에게 전화를 걸었다. 캘리포니아는 새벽 2시였지만, 데이비스는 빠르고 저렴하게 터널을 건설할 수 있는 방법을 연구하는 데 동의했다.

"오케이. 3시간 후에 다시 전화하겠소." 머스크가 말했다.

머스크가 다시 전화하자 데이비스는 표준 터널링 기계를 사용하여 콘크리트로 보강할 필요 없이 직경 40피트(약 12미터)짜리 원형 구멍을 뚫을 수 있는 몇 가지 아이디어를 제시했다. "그 기계의 가격이 얼마인가요?" 머스크가 물었다. 데이비스는 500만 달러라고 답했다. 머스크는 자신이 돌아가기 전까지 두 대를 사놓으라고 말했다.

며칠 후 로스앤젤레스에 돌아온 머스크는 도로에서 교통체증에 갇혔다. 그는 트윗을 날리기 시작했다. 먼저 "교통체증 때문에 미칠 지경입니다"라고 썼다. "터널 뚫는 기계를 만들어서 땅을 파기 시작할 계획입니다." 그는 그 회사의 이름을 '터널저러스Tunnels R Us', '아메리칸 튜브스 앤드 터널스American Tubes & Tunnels' 등 여러 가지로 생각해보았다. 그러던 중 그는 〈몬티 파이튼〉식 유머 감각에 들어맞는 이름을 떠올렸다. 1시간 후 그는 트위터에 이렇게 올렸다. "회사 이름은 '보링컴퍼니Boring Company'가 될 것입니다. 보링(뚫기), 그것이 바로 우리가 하는 일이니까요."

머스크는 사실 그 몇 년 전에 훨씬 더 대담한 아이디어를 구상했는데, 바로 공압식 튜브를 구축해서 전자기적으로 가속되는 유선형 동체에 사람들을 실어 도시와 도시 사이를 초음속에 가까운 속도로 이동시키는 것이었다. 그는 이것을 하이퍼루프Hyperloop라고 칭했다. 그는 이례적으로 자제력을 발휘하여 직접 제작하는 대신 학생들을 대상으로 설계 공모전을 개최하기로 했다. 그리고 학생들이 아이디어를 시연할 수 있도록 1마일 길이의 진공 챔버 튜브를 스페이스X 본사 옆에 구축했다. 첫 번째 하이퍼루프 학생 경연대회는 2017년 1월 일요일로 잡혔고, 멀리 네덜란드와 독일 등지의 학생들을 포함해 다수의 출전 팀이 실험용 동체를 선보일 예정이었다.

에릭 가세티 시장과 다수의 관계자들이 참석하기로 되어 있었기에 머스크는 터널을 뚫겠다는 자신의 아이디어를 발표할 좋은 기회라고 판단했다. 금요일 아침 회의에서 그는 하이퍼루프 실험 튜브 옆의 부지에 터널을 파기 시작하는 데 얼마나 걸릴지 물었다. 2주 정도 걸린다는 답변이 나왔다. "오늘 당장 시작하세요." 그가 명령했다. "일단 일요일까지 최대한 큰 구멍을 파놓으세요." 그의 비서 엘리사 버터필드는 즉시 테슬라 직원들에게 차들을 부지 밖으로 옮기라며 재촉했고, 3시간 만에 데이비스가 구입한 두 대의 터널링 기계가 그곳에서 땅을 파기 시작했다. 일요일이 되자 터널의 시작 부분으로 이어지는 50피트 너비의 거대한 구멍이 생겨났다.

머스크는 1억 달러의 사비를 투자해 보링컴퍼니를 출범시켰고, 이후 2년 동안 틈만 나면 스페이스X 앞의 길을 건너가 진행상황을 확인했다. 어떻게 하면 더 빨리 움직일 수 있을까? 장애물은 무엇인가? 차량의 터널 통과 방식을 설계하던 시카고 출신의 젊은 엔지니어 조 쿤은 말한다. "그는 틈만 나면 우리에게 단계를 삭제하고 단순화하는 것의 중요성을 일깨웠습니다." 예를 들면, 그들은 터널링 기계를 내려놓기 위해 터널 시작 부분에 수직 통로를 뚫는 작업을 하고 있었다. 머스크는 그것을 보고 "내 마당에 있는 땅다람쥐는 그런 식으로 들어가지 않아요"라고 말했다. 결국 그들은 터널링 기계를 다시 설계하여 간단히 코를 아래로 박고 땅속으로 파고 들어가도록 만들었다.

2018년 12월 말 1마일 길이의 프로토타입 터널이 거의 완성된 어느 날 밤, 머스크는 두 아들과 그라임스라는 이름의 가수로 활동하고 있는 여자친구 클레어 부셰를 데리고 현장을 찾아왔다. 그들은 맞춤형 바퀴가 달린 테슬라에 올라탄 다음 대형 엘리베이터를 타고 40피트 아래 터널로 내려갔다. "최대한 빨리 가라고!" 그가 운전하던 쿤에게 말했다. 그라임스는 다소 항의하는 투로 천천히 가자고 했다. 머스크는 엔지니어 모드로 돌아가 "종 방향 충돌 확률이 극히 낮은" 이유를 설명했다. 쿤은 차를 총알같이 몰기 시작했다. 머스크는 "와우, 완전 끝내준다!"라며 기뻐 날뛰었다. "이게 모든 것을 바꿀 거야."

그것은 모든 것을 바꾸지 못했다. 오히려 그것은 머스크의 아이디어 중 과장된 사례로 남게 되었다. 보링컴퍼니는 2021년에 라스베이거스에 1.7마일(약 2.74킬로미터) 길이의 터널을 완공해 테슬라 자동차로 공항에서 컨벤션센터까지 승객을 수송하기 시작했다. 그리고 다른 도시들과 유사한 프로젝트를 진행하기 위한 협상을 벌여나갔는데, 2023년 현재 어느 프로젝트도 개시되지 않고 있다.

44장

험난한 관계들

2016-2017년

(위 왼쪽) 앰버 허드와 함께, (위 오른쪽) 머스크의 뺨에 키스 마크를 남긴 허드
(아래 왼쪽) 에롤 머스크, (아래 오른쪽) 도널드 트럼프와 함께한 회의

트럼프와의 만남

머스크는 어느 쪽으로든 강한 정치적 성향을 드러내진 않았다. 다른 많은 기술 전문가들과 마찬가지로 그는 사회적 현안에 대해서 진보적 태도를 취했지만, 규제와 정치적 올바름political correctness(소수자에 대한 배려에 치중하는 정치 행태-옮긴이)에 대해서는 자유주의적 저항심을 품었다. 그는 버락 오바마와 힐러리 클린턴의 대선 캠페인에 기여했으며, 2016년 대선에서는 도널드 트럼프를 비판했다. "그가 미국에 대한 평판에 좋은 영향을 미치는, 그런 종류의 성격을 가진 것 같지 않습니다." 그는 CNBC에 그렇게 말했다.

그러나 트럼프가 당선된 후 머스크는 트럼프가 분개한 우익이 아닌 독립적인 이탈자의 자세로 통치에 임할 것이라는 조심스러운 낙관론을 갖게 되었다. "선거운동 기간 동안 트럼프가 했던 말도 안 되는 소리들은 그저 퍼포먼스에 불과했을지도 모른다, 정권을 잡았으니 이제는 보다 합리적인 입장을 취할 것이다, 이렇게 생각했지요." 머스크의 말이다. 그래서 트럼프 지지자인 친구 피터 틸이 2016년 12월 뉴욕에서 열리는 대통령 당선인과 기술기업 CEO들의 상견례에 참석할 것을 종용했을 때, 머스크는 그렇게 하기로 했다.

미팅 당일 아침, 머스크는 〈뉴욕타임스〉와 〈월스트리트저널〉의 편집국을 차례로 방문한 후 교통상황이 좋지 않았기에 뉴욕 지하철 렉싱턴애비뉴 선을 타고 트럼프타워로 향했다. 상견례 자리에는 머스크와 틸을 비롯해 구글의 래리 페이지, 마이크로소프트의 사티아 나델라, 아마존의 제프 베조스, 애플의 팀 쿡 등 20여 명의 기술기업 CEO들이 참석했다.

공식 미팅이 끝난 후 머스크는 트럼프와의 비공개 면담을 위해 자리를 지켰다. 트럼프는 친구가 테슬라를 선물했지만 한 번도 운전해본 적이 없다고 말했다. 머스크는 당황했지만 아무 말도 하지 않았다. 이어서 트럼프는 "진정으로 NASA를 다시 움직이게 만들고 싶다"라고 공표했다. 이에 머스크는 더욱 당황했다. 그는 트럼프에게 화성에 인간을 보내는 것과 같은 큰 목표를 세워야 하며, 그것을 달성하기 위해서는 기업들 간의 경쟁을 부추겨야 한다고 촉구했다.

트럼프는 화성에 사람을 보낸다는 아이디어에 놀란 것 같으면서도 "NASA를 다시 가동하고 싶다"라고 되풀이했다. 머스크는 면담이 이상하게 흐른다고 생각했지만, 곧 트럼프가 우호적이라는 것을 알게 되었다. 머스크는 그 자리가 파한 후 이렇게 말했다. "그가 다소 제정신이 아닌 것처럼 보이지만 결국 괜찮은 지도자로 판명날 겁니다."

나중에 트럼프는 CNBC의 조 커넌과 가진 인터뷰에서 머스크에게 깊은 인상을 받았다고 말했다. "그는 로켓을 좋아하고 로켓 관련 일도 아주 잘해요." 그런 후 트럼프는 특유의 횡설수설에 빠져들었다. "엔진이 날개도 없이, 아무것도 없이 내려와서 착륙하는 것을 처음 봤는데, '저런 건 본 적이 없어'라는 말이 절로 나왔지요. 그는 우리의 위대한 천재 중 한 명이고, 그래서 그에 대해서 걱정이 되었어요. 우리는 우리의 천재성을 보호해야 해요. 토머스 에디슨을 보호해야 하고, 전구와 바퀴를 처음 생각해낸 그런 모든 사람들을 보호해야 하는 거지요."

정관계 인맥이 두터운 머스크의 홍보 컨설턴트 줄리아나 글로버는 머스크 일행이 트럼프타워에 머무는 동안 마이크 펜스 부통령 당선인, 마이클 플린 국가안보보좌관, K.T. 맥파랜드 부보좌관 등 다른 인사들과의 미팅도 주선해주었다. 머스크에게 깊은 인상을 남긴 유일한 인물은 공화당 원로정치인 뉴트 깅리치였는데, 그는 우주탐사에 남다른 관심을 보이며 민간기업들이 우주탐사 임무를 놓고 경쟁하게 해야 한다는 그의 열정을 공유하고 있었다.

트럼프가 대통령으로 취임한 첫날, 머스크는 백악관에서 열린 대통령 주최 대기업 CEO 원탁회의에 참석했고, 2주 후 비슷한 회의에 참석하기 위해 다시 백악관을 찾았다. 그는 대통령으로서의 트럼프가 후보 시절과 다르지 않다는 결론을 내렸다. 그의 광대짓이 단순한 연기가 아니었던 것이다. "트럼프는 세계 최고의 헛소리꾼 중 한 명인 것 같아요." 머스크는 말한다. "우리 아버지와 유사한 인물이지요. 헛소리는 때때로 정상적인 뇌 활동을 방해할 수 있어요. 트럼프는 일종의 사기꾼 연기를 하고 있다고 간주하는 경우에만 그 행동방식이 어느 정도 이해가 되는 인물이지요." 트럼프 대통령이 기후변화 위기에 대응하기 위한 국제협약인 파리협정에서 미국을 탈퇴시키자 머스크는 대통령자문위원회에서 사임했다.

앰버 허드

머스크는 가정의 평온을 지키는 덕목을 체득하며 성장하지 못했다. 그의 연애관계의 대부분은 심리적 혼란을 가져왔다. 그중 가장 고통스러웠던 것이 여배우 앰버 허드와의 관계였다. 그녀는 그를 1년 이상 지속된 어두운 소용돌이에 빠뜨렸고, 오늘날까지 그를 괴롭히는 깊은 고통을 남겨주었다. "잔혹한 관계였지요." 머스크의 말이다.

두 사람의 관계는 2012년 궤도를 도는 우주정거장에 인간 사회를 조성하려는 발명가가 등장하는 코믹 액션 영화 〈마세티 킬즈〉에서 그녀가 주연을 맡은 후 시작되었다. 머스크는 영화사에서 자문 제의가 들어왔을 때 그녀를 만나보고 싶은 마음에 선뜻 동의했지만, 1년이 지나서야 그녀가 스페이스X를 둘러보고 싶다고 연락해 만남이 이루어졌다. "제가 그래도 섹시한 여배우로 통하면서도 머리 좋은 괴짜에 속했던 것으로 생각해요." 그녀가 농담조로 한 말이다. 머스크는 그녀를 테슬라 자동차에 태워 드라이브를 했고, 그녀는 그가 로켓 엔지니어치고는 매력적으로 생겼다고 느꼈다.

이후 그녀가 그를 다시 본 것은 2016년 5월 뉴욕 메트로폴리탄 박물관의 갈라 행사(박물관의 의상연구소가 개최하는 기금 조성 행사-옮긴이)에서 레드카펫을 걷기 위해 줄을 섰을 때였다. 당시 서른 살이던 허드는 조니 뎁과 치열하고 격정적인 이혼 소송에 들어가기 직전이었다. 그녀와 머스크는 만찬장에서 이야기를 나눴고, 둘의 대화는 뒤풀이 자리까지 이어졌다. 뎁과의 휘청거리는 관계에 지쳐 있던 그녀는 머스크가 한줄기 신선한 바람으로 느껴졌다.

몇 주 후, 그녀가 마이애미에서 일하고 있을 때 머스크가 방문했다. 두 사람은 머스크가 마이애미비치의 델라노 호텔에 빌려놓은 수영장 딸린 빌라에 머물렸고, 머스크는 그녀와 그녀의 여동생을 비행기에 태워 팰컨 9호의 발사가 예정되어 있던 케이프커내버럴로 데려갔다. 그녀는 그와의 그런 데이트가 그때까지 경험한 것 중 가장 흥미롭다고 생각했다.

그해 6월 그의 생일을 맞아 그녀는 자신이 일하던 이탈리아에서 테슬라의 프리몬트 공장으로 날아와 그를 깜짝 놀라게 하기로 결심했다. 공장에 가까워지자 그녀는 길가에 차를 세우고 들꽃을 한 움큼 꺾었다. 그리고 머스크의 보안 팀과 협력하여 테슬라 차량 뒤에 숨어 있다가 그가 다가오자 꽃을 들고 튀어나왔다.

2017년 4월 허드가 공주 겸 전사로서 세상을 구하는 슈퍼히어로의 연인을 연기하는 〈아쿠아맨〉을 촬영하러 호주에 가 있을 때 머스크가 찾아가면서 두 사람의 관계는 더욱 깊어졌다. 두 사람은 손을 잡고 야생동물보호구역을 산책하면서 나무 꼭대기와 꼭대기를 연결해놓은 로프 코스도 건넜고, 그런 후 허드는 머스크의 볼에 키스 마크를 남겼다. 그는 허드가 비디오 게임 '오버워치'에서 자신이 가장 좋아하는 캐릭터인 메르시를 떠올리게 한다고 말했고, 그녀는 두 달의 시간을 들여 머리부터 발끝까지 똑같게 머시의 의상을 디자인해서 제작 의뢰했다. 그를 위한 역할극을 수행하기 위해서였다.

하지만 그녀의 이런 장난기는 머스크의 마음을 사로잡는 유형의 혼란을 수반했다. 머스크의 동생과 친구들은 저스틴에 대해 가졌던 혐오를 무색하게 만드는 수준으로 그녀를 미워했다. "그녀는 너무 독성이 강했어요. 악몽 그 자체였어요." 킴벌의 말이다. 머스크의 참모장 샘 텔러는 그녀를 만화 속 악당에 비유한다. 〈배트맨〉에 나오는 조커 같았습니다. 그녀는 혼돈 외에는 목표나 목적이 없었습니다. 모든 것을 불안정하게 만드는 것을 즐기는 사람입니다." 그녀와 머스크는 밤새도록 싸우는 일이 많았고, 그런 날이면 머스크는 오후가 되어서야 일어나곤 했다.

두 사람은 2017년 7월에 헤어졌지만, 얼마 지나지 않아 다시 만나 5개월 동안 또 한 번의 격동의 시간을 보냈다. 마침내 둘의 관계에 종지부가 찍힌 것은 그해 12월 킴벌과 그의 아내, 그리고 아이들 몇 명과 함께 리우데자네이루로 여행을 다녀오고 나서였다. 호텔에 도착하자마자 일론과 앰버는 또다시 불꽃 튀는 싸움을 벌였다. 앰버는 방에 들어가 문을 걸어 잠그고 자신이 공격당할 까 봐 두렵고 일론이 여권을 가져갔다고 소리를 지르기 시작했다. 보안요원들 과 킴벌의 아내는 모두 그녀가 안전하며 여권은 그녀의 가방에 있고 원하면 언 제든 떠날 수 있고 떠나는 게 마땅하다면서 그녀를 달래려고 노력했다. "그녀 는 정말 훌륭한 배우입니다. 얼마나 연기를 잘하는지 그녀가 작정하고 나오면 사람들은 '와, 진실을 말하고 있나 보다'라고 생각할 수밖에 없어요. 문제는 그 게 거짓이라는 거죠." 킴벌이 말한다. "그녀가 자신만의 현실을 만들어내는 방 식은 우리 아버지를 떠올리게 합니다."

앰버는 두 사람이 말다툼을 벌였고 자신이 다소 호들갑을 떨었다고 인정한 다. 하지만 그녀는 새해 전야였던 그날 저녁에 화해했다고 말한다. 두 사람은 파티에 참석해 리우데자네이루가 내려다보이는 발코니에서 새해맞이 종소리 를 축하했다. 허드는 가슴이 깊게 파인 흰색의 린넨 드레스를 입었고, 머스크 는 흰색의 린넨 셔츠를 입고 단추를 몇 개 풀었다. 그 자리에는 킴벌 부부와 사 촌 러스 부부도 함께했다. 두 사람이 화해했다는 자신의 말을 입증하기 위해 그녀는 내게 그날 밤의 사진과 동영상을 보내주었다. 그중 하나를 보면 일론이 그녀에게 새해 복 많이 받으라고 말하며 열정적으로 키스하는 장면이 나온다.

그녀는 머스크가 활력을 유지하기 위해 많은 자극을 필요로 했고, 그래서 드라마 같은 일을 키웠다는 결론에 도달했다. 두 사람이 영원히 헤어진 후에도 불씨는 계속 남아 있었다. "저는 그를 정말 사랑해요." 그녀의 말이다. 그녀는 또한 그를 잘 이해한다. "일론은 불을 사랑해요. 때때로 그 불에 자신이 데기 도 하죠."

일론이 앰버에게 끌린 것은 특정한 패턴의 일부였다. "정말 슬프게도, 형은 자신에게 정말 못되게 구는 여자들과 사랑에 빠지곤 해요." 킴벌은 말한다. "의 심할 여지없이 아름답긴 하지만 매우 어두운 일면을 보유한 여자들이거든요. 형도 그들이 해롭다는 사실을 알고 있습니다."

그렇다면 그는 왜 그런 덫에 스스로 빠져드는 것일까? 내가 이유를 묻자 그는 큰 웃음을 터뜨렸다. "내가 그냥 사랑에 눈이 머는 바보라서 그렇겠지요. 다른 면에서도 종종 바보처럼 굴지만 사랑에 있어서는 특히 심한 거 같아요."

에롤과 자나

일론은 2002년 말 아기 네바다의 사망 직후 에롤과 그의 가족이 방문해 머물렀던 이후로 아버지를 본 적이 없었다. 에롤 가족이 로스앤젤레스에 머물던 동안 일론은 아버지가 당시 열다섯 살이던 의붓딸 자나에게 지나친 애정을 쏟는 것에 불편함을 느꼈고, 그래서 아버지에게 남아공으로 돌아가라고 압박했다.

하지만 2016년 일론과 킴벌은 가족들과 남아공 여행을 가기로 계획했고, 이혼 후 심장질환을 앓고 있던 아버지도 만나기로 결심했다. 일론은 스스로 인정하고 싶은 것보다 많은 몇 가지 면에서 아버지를 닮았는데, 그중 하나가 6월 28일이라는 생일이다. 그래서 그들은 일론의 마흔다섯 번째 생일과 에롤의 일흔 번째 생일에 잠시나마 화해를 시도하기 위해 점심을 같이 하기로 했다.

그들은 당시 에롤이 살고 있던 케이프타운의 한 레스토랑에서 만났다. 당시 그 자리에는 킴벌과 그의 새 아내 크리스티아나, 일론이 가끔 데이트하던 여배우 나타샤 바셋 등이 함께했다. 남아공에 가더라도 애들이 에롤과 마주치는 일은 없게 하라는 저스틴의 신신당부가 있었던 까닭에 아이들은 에롤이 오기 전에 호텔로 돌려보냈다. 그 여행길에 동행한 안토니오 그라시아스가 자신도 먼저 호텔에 가 있는 게 낫지 않겠냐고 일론에게 물었다. "일론이 내 다리에 손을 올리면서 '그냥 좀 있어줘요'라고 말했습니다." 그라시아스의 회상이다. "일론의 손이 떨리는 건 그때 처음 보았습니다." 레스토랑에 들어선 에롤은 나타샤의 미모를 놓고 일론을 큰 소리로 칭찬해 모두를 불편하게 만들었다. "일론과 킴벌은 완전히 입을 다물었어요. 그냥 침묵으로 일관했지요." 크리스티아나의 말이다. 1시간을 그렇게 보낸 후 그들은 갈 시간이 되었다고 말했다.

일론의 애초 계획에는 킴벌과 크리스티아나, 나타샤 그리고 아이들과 함께 어린 시절을 보낸 프리토리아에 가보는 것도 포함되어 있었다. 하지만 아버지와의 만남 이후에 그는 기분이 좋지 않았고, 갑자기 여행을 중단하고 미국으로 돌아가자고 했다. 일행들에게는 테슬라 오토파일럿을 사용하던 플로리다 운전자의 사망사고를 처리하기 위해서 돌아가야 한다고 말했고, 자기 자신에게도 그렇게 하는 것이 옳다고 다독였다.

비록 짧았지만 그 방문과 만남은 아버지와의 관계 개선을 예고하는 것처럼 보였다. 만약 그 분위기가 지속되었다면, 어쩌면 일론이 여전히 자신을 괴롭히던 악령의 일부를 굴복시키는 데 도움이 되었을지도 모른다. 하지만 상황은 그렇게 흘러가지 않았다. 일론이 남아공을 다녀오고 얼마 지나지 않은 2016년 후반, 에롤은 당시 서른 살이던 의붓딸 자나를 임신시켰다. "우리는 외롭고 길 잃은 사람들이었어요." 에롤은 나중에 이렇게 말했다. "하나의 상황이 또 다른 하나의 상황으로 이어졌으니, 하느님의 계획 또는 자연의 계획이었다고 할 수 있지요."

이 사실을 알게 된 일론과 남매들은 소름끼쳐 하며 분노했다. "사실 나는 아버지와 천천히 관계를 개선해나가고 있던 중이었거든요. 그런데 아버지가 자나와 아이를 낳았다는 겁니다. 나는 '이걸로 끝났다. 당신은 아웃이다. 다시는 당신과 말을 섞지 않겠다'라고 말했지요. 그 이후로 그와 연락을 끊고 살고 있어요." 킴벌의 말이다.

2017년 여름, 이 소식을 들은 직후 머스크는 〈롤링스톤〉지 커버스토리로 닐 스트라우스와 인터뷰하는 일정이 잡혔다. 스트라우스는 테슬라의 모델 3에 대한 질문으로 인터뷰를 시작했다. 종종 그렇듯 머스크는 입을 다물고 멍하니 앉아 있었다. 그는 앰버 허드와 아버지에 대해 생각하며 수심에 잠겼다. 그리고 별다른 설명 없이 일어나 자리를 떴다.

그렇게 5분이 넘게 지나자 텔러가 그를 데리러 갔다. 돌아온 머스크는 스트라우스에게 설명했다. "사실 얼마 전에 여자친구와 헤어져서 그래요. 정말 사랑했는데 … 너무 아팠어요." 인터뷰 후반에 그는 아버지에 대한 이야기도 풀어놓았지만, 에롤이 자나와 막 낳은 아이에 대해서는 언급하지 않았다. "정말 끔찍한 인간이었어요." 머스크는 이렇게 말하고 눈물을 흘렸다. "아버지는 신중하게 생각해서 준비한 악행의 계획을 가지고 움직이는 사람이에요. 악행을 계획한다고요. 당신이 생각할 수 있는 거의 모든 범죄를 그는 저질렀습니다. 당신이 생각할 수 있는 거의 모든 악행을 저질렀다고요." 스트라우스는 그의 태도에서 그가 아버지에 대한 구체적인 내용까지 언급하지는 않으리라는 것을 알아차렸다. "머스크는 분명히 무언가를 말하고 싶은 눈치였지만, 끝내 그 말을 꺼내놓지는 않았습니다."

45장

어둠의 시간

2017년

오미드 아프샤르(왼쪽 끝)와 배터리 팩을 검사하며

조울증

앰버 허드와의 이별, 그리고 아버지가 의붓딸로 키운 자나와 아이를 낳았다는 소식에 충격을 받은 머스크는 우울증과 혼미함, 현기증과 조증 사이를 수시로 넘나드는 시기를 겪었다. 종종 기분이 극도로 나빠지곤 했고, 그러면 거의 긴장성 혼수상태에 빠지거나 우울성 마비 증세를 보이기도 했다. 그렇게 한동안 침체되어 있다가는 마치 스위치가 켜진 것처럼 비틀거리며 일어나서는 그 옛날 〈몬티 파이튼〉의 촌극을 재현하듯이 우스꽝스럽게 걸으며 익살스럽게 떠벌이다가 어눌한 웃음을 터뜨리곤 했다. 사업적으로나 감정적으로나 2017년 여름부터 2018년 가을까지는 그의 삶에서 2008년의 위기보다 더 혹독한 시기였다. "그때가 내가 살면서 가장 극심한 고통에 시달렸던 시기였어요." 그는 말한다. "18개월 동안 끊임없이 광기에 시달렸다고 해도 과언이 아니지요. 믿을 수 없을 정도로 힘들었어요."

2017년 말 그가 월스트리트의 애널리스트들과 테슬라의 실적 발표를 위한 어닝 콜을 해야 하는 날이었다. 당시 테슬라의 사장이었던 존 맥닐이 회의실에 가보니 머스크가 불을 끈 채 회의실 바닥에 누워 있었다. 맥닐은 구석에 있던 그의 옆으로 다가가 누웠다. "이봐요, 친구." 맥닐이 말했다. "어닝 콜을 해야 해요."

"난 못 하겠소." 머스크가 말했다.

"해야 해요." 맥닐이 대답했다.

맥닐이 그를 움직이게 하는 데 30분이 걸렸다. "말 그대로 거의 혼수상태인 그를 일으켜 의자에 앉히고, 다른 사람들을 방에 데려다놓고, 그에게 개회 성명을 읽게 한 다음, 다른 사람들에게 대신 말을 하고 질문에 답하게 하면서 상황을 넘겼습니다." 맥닐의 회상이다. 발표가 끝나자 머스크는 말했다. "다시 누워야 되겠어요. 불 좀 꺼주세요. 잠시 혼자 좀 있을게요." 맥닐은 새로운 웹사이트 디자인에 대한 머스크의 승인을 받기 위해 회의실 바닥에 누운 그 옆에 누워야 했던 경우를 포함해 유사한 장면이 대여섯 차례 반복되었다고 말한다.

그 무렵 머스크는 트위터의 한 유저에게서 조울증이 있느냐는 질문을 받았다. 머스크는 "그래요"라고 답했다. 그러면서 의학적으로 그렇게 진단을 받은 적은 없다고 덧붙였다. "나쁜 감정은 나쁜 사건과 연관성이 있는 것이므로 진짜 문제는 내가 하기로 한 것이 잘 안 될 때 너무 흥분하거나 자제력을 잃는 것일 수 있습니다." 어느 날, 머스크가 테슬라에서 예의 그 발작을 마치고 회의실에 앉아 있을 때 맥닐이 그에게 조울증이 있는지 단도직입적으로 물었다. 머스크가 아마 그럴 것이라고 대답하자 맥닐은 의자를 뒤로 밀친 후 머스크의 눈을 가까이 마주보며 이야기했다. "봐요. 우리 친척 중에 조울증을 앓는 사람이 있어요. 그래서 나도 이 문제를 가까이서 경험한 축에 속해요. 치료를 잘 받고 약만 잘 복용하면 원래의 모습으로 돌아갈 수 있어요. 이 세상이 당신을 필요로 한다는 사실을 잊지 말아야 해요." 그것은 건강한 대화였으며, 머스크도 분명히 정신적으로 엉망진창인 상태에서 벗어나고 싶은 것 같았다고 맥닐은 말한다.

하지만 머스크는 병원을 찾지 않았다. 내가 이유를 묻자 머스크는 자신의 정신적 문제를 해결하는 방법은 "고통을 받아들이고 내가 하고 있는 일에 진정으로 신경을 쓰는 것"이라고 말했다.

"생산 지옥에 오신 걸 환영합니다!"

2017년 7월, 모델 3가 (머스크가 설정한 미친 데드라인을 기적적으로 맞춰) 생산되기 시작했을 때 테슬라는 프리몬트 공장에서 시끌벅적한 축하행사를 열었다. 무대에 오르기 전에 머스크는 작은 방에 소수의 기자들을 모아놓고 질문을 받을 예정이었다. 하지만 무언가가 잘못되었다. 그는 하루 종일 기분이 침울했고, 그래서 정신을 차리기 위해 레드불을 두어 잔 들이키고 명상까지 시도했지만 별로 효과가 없었다. 사실 이전에는 한 번도 진지하게 명상을 해본 적이 없었다.

프란츠 폰 홀츠하우젠과 JB 스트로벨은 기운을 북돋는 말로 혼미한 상태의 머스크를 깨우려고 노력했다. 하지만 머스크는 아무런 반응 없이 무표정하며 우울해 보였다. "지난 몇 주 동안 극심한 정서적 고통을 겪었거든요." 그가 나중에 밝힌 내용이다. "정말 극심했어요. 모델 3의 이벤트를 치르면서 그 자리에서 가장 우울한 사람처럼 보일 순 없잖아요. 그래서 내 안의 모든 의지를 쥐어짜내야 했지요." 마침내 그는 마음을 다잡고 기자회견장에 들어갔다. 그는 짜증이 난 것처럼 보이다가 그다음에는 산만해 보였다. "다소 건조하게 말해서 미안합니다." 그가 기자들에게 말했다. "지금 이것저것 생각할 게 좀 많아서요."

이어서 200명의 팬과 직원들 앞에 모습을 드러낼 시간이었다. 그는 좋은 쇼를 보여주려고 노력했다. 적어도 처음에는 그랬다. 그는 무대에 빨간색 모델 3를 몰고 나와 뛰어내린 후 두 팔을 하늘로 치켜 올렸다. "이 회사의 모든 목표는 정말로 훌륭하면서도 저렴한 전기자동차를 만드는 것이었습니다. 마침내 우리는 그 목표를 이뤘습니다."

그러나 그의 연설은 곧 섬뜩한 어조로 바뀌었다. 청중들조차도 그가 즐거운 표정을 지으려 애쓰지만 매우 어두운 지점에 이르렀음을 알 수 있었다. 그는 오늘을 축하하는 대신 앞으로 닥칠 힘든 시기에 대해 경고했다. "앞으로 6개월 내지 9개월 동안 우리가 직면할 가장 큰 도전은 어떻게 엄청난 수의 자동차를 생산해내느냐 하는 것입니다." 그러고는 잠시 말을 멈췄다. "솔직히 우리는 생산 지옥으로 들어가게 될 것입니다." 그러더니 미친 듯이 낄낄거리기 시작했다. "어서 오세요! 환영합니다! 생산 지옥에 오신 걸 환영합니다! 적어도 6개월은 그 지옥에 있게 될 겁니다."

그런 전망이 그의 모든 지옥 같은 드라마와 마찬가지로 그를 어두운 에너지로 가득 채우는 것 같았다. "여러분과 함께 지옥을 통과하는 여정을 함께하기를 기대합니다." 그는 놀란 청중을 향해 계속 말을 이었다. "지옥을 지나고 있다면 계속 가라는 속담이 있듯이, 우리는 계속 가는 겁니다."

그는 실로 지옥에 있었고, 계속 그 지옥 속을 걸어갔다.

기가 네바다 지옥

정서적으로 어두운 시기에 머스크는 광적으로 일에 몰두한다. 그는 모델 3의 출시를 알린 2017년 7월의 그 이벤트 이후에도 그렇게 했다.

머스크는 모델 3를 매주 5,000대씩 뽑아내는 수준으로 생산량을 늘리는 데 집중했다. 그는 회사의 각종 비용과 간접비, 현금 흐름을 계산했다. 그 정도의 생산량이면 테슬라는 살아남을 수 있지만, 그렇지 못하면 자금이 부족해질 것이다! 그는 모든 간부들에게 주문처럼 이 말을 반복적으로 강조했고, 공장에 자동차와 부품의 가장 최근 생산량을 보여주는 모니터를 설치했다.

주당 5,000대의 자동차를 생산한다는 것은 엄청난 도전이었다. 2017년 말 테슬라는 그 절반의 속도로 자동차를 만들어내고 있었다. 머스크는 말 그대로 직접 공장 현장으로 이동하여 올인 방식으로 생산량을 끌어올려야 한다고 결심했다. 그가 자신의 회사들에 요구하는 광적인 강렬함을 정의하게 된 것이 바로 이 전술, 즉 기꺼이 발 벗고 나서는 동료 광신도 간부들과 함께 24시간 연중무휴로 생산 현장에 직접 뛰어드는 전술이었다.

그는 테슬라의 배터리를 만드는 네바다의 기가팩토리에서부터 이 전술을 적용하기 시작했다. 그곳의 생산라인을 설계한 간부는 머스크에게 일주일에 5,000개의 배터리 팩을 만든다는 것은 미친 목표이며, 기껏해야 1,800개를 만들 수 있을 뿐이라고 말했다. 머스크는 "당신 말이 옳다면, 테슬라는 죽은 목숨이오"라고 말했다. "일주일에 5,000대의 자동차를 생산하지 못하면 비용을 감당할 수 없소." 생산라인을 늘리려면 1년은 필요하다고 그 간부가 말했다. 머스크는 그를 내보내고 자신이 좋아하는 열정적 사고방식을 가진 브라이언 다우를 새로운 선장으로 영입했다.

머스크는 공장 현장을 책임지며 열광적인 현장 지휘관 역할을 했다. "광기의 도가니였지요." 그는 말한다. "잠 잘 시간이 네다섯 시간밖에 없으니까 다들 아예 그냥 공장 바닥에 누워 자는 경우가 많았어요. '너덜너덜해진 제정신의 끝자락을 붙잡고 있는 것 같다'고 생각했던 기억이 납니다." 동료들도 이에 동의했다.

머스크는 가장 충성스러운 부하들을 포함한 지원군을 불러들였다. 스페이스X의 엔지니어 마크 준코사, 보링컴퍼니의 대표 스티브 데이비스, 심지어 버클리를 막 졸업하고 테슬라 오토파일럿 팀에 컴퓨터 프로그래머로 합류한 에롤의 남동생의 아들인 제임스 머스크까지 포함되었다. "일론 형으로부터 1시간 안에 반누이스 비행장으로 오라는 전화를 받았습니다." 제임스는 말한다. "그렇게 리노로 날아갔고 결국 4개월 동안 그곳에 머물게 되었습니다."

준코사는 이렇게 말한다. "가서 보니까 수많은 문제가 있었습니다. 셀의 3분의 1이 불량이었고 워크스테이션의 3분의 1이 엉망이었습니다." 그들은 배터리 생산라인의 여러 구역으로 흩어져 작업하면서 각 스테이션을 살펴 작업 속도를 지연시키는 프로세스상의 모든 문제를 해결했다. "너무 지치면 모텔에 가서 4시간 동안 잠을 자고 다시 돌아오곤 했습니다." 준코사의 말이다.

시학을 부전공한 생물의학 엔지니어 오미드 아프샤르는 얼마 전 머스크의 직속 참모로 채용되어 샘 텔러의 팀에 합류한 상태였다. 로스앤젤레스에서 자란 그는 이란 태생의 엔지니어인 아버지처럼 되고 싶은 마음에 초등학교 시절 서류가방을 들고 등교하기도 했다. 그는 의료장비 제조업체에서 몇 년 동안 시설 설치 업무를 담당하다가 테슬라에 입사했고, 이후 머스크와 빠르게 유대를 쌓았다. 둘은 서로 가볍게 말을 더듬으며 대화를 나누었는데, 공학적 사고방식을 은폐하는 그 버릇 때문에 급속히 친해졌을지도 모른다. 그는 테슬라에 입사한 첫날 실리콘밸리의 본사 근처에 아파트를 빌렸지만, 급격한 생산량 증대 노력에 휩쓸리며 이후 3개월 동안 네바다 기가팩토리에서 일하면서 근처에 위치한 하룻밤에 20달러짜리 모텔에서 지냈다. 일주일에 7일, 새벽 5시에 일어나 제조의 달인 팀 왓킨스와 커피 한 잔을 마시고 밤 10시까지 공장에서 일한 후 왓킨스와 와인 한 잔으로 피로를 달래고 잠자리에 드는 것이 그 3개월 동안의 일과였다.

어느 날 머스크는 고가임에도 작업 속도가 더딘 로봇이 유리섬유 조각을 배터리 팩에 붙이는 조립라인에서 속도가 점점 느려지고 있음을 발견했다. 로봇의 흡입 컵이 유리섬유 조각을 계속 떨어뜨리고 그것에 접착제가 너무 많이 발리는 게 문제였다. "내 잘못이었어요. 내가 너무 많이 자동화를 밀어붙인 탓에 그런 오류가 발생한 것이었지요." 머스크의 말이다.

많은 낙담 끝에 머스크는 마침내 기본적인 질문에 도달했다. "도대체 이 유리섬유 조각은 왜 붙여야 하는 거지?" 그는 배터리와 플로어 팬 사이에 유리섬유 조각이 필요한 이유를 그려보려고 애썼다. 엔지니어링 팀은 소음 저감 팀에서 진동을 줄이려는 목적으로 지정한 것이라고 대답했다. 그래서 그는 소음 저감 팀에 전화를 걸었는데, 그들은 엔지니어링 팀이 화재의 위험 줄일 목적으로 지정한 사양이라고 답했다. "마치 〈딜버트〉 만화에 나오는 장면 같았어요." 머스크의 말이다. 머스크는 엔지니어들에게 유리섬유가 없는 경우의 차량 내부와 유리섬유가 들어간 경우의 차량 내부의 소리를 녹음하라고 지시했다. "차이를 구분할 수 있는지 들어보시오." 그가 말했다. 그들은 구분하지 못했다.

"첫 번째 단계는 요구사항에 의문을 제기하는 것입니다." 머스크는 말한다. "모든 요구사항은 다소 잘못되고 멍청한 것이기에 덜 잘못되고 덜 멍청하게 만들어야 합니다. 그런 다음 가급적 제거하는 방향으로 나아가야 하는 거예요."

아주 사소한 세부사항에도 동일한 접근방식을 적용하여 효과를 발휘했다. 예를 들어보자. 네바다의 직원들은 배터리 팩을 완성하면 자동차에 꽂는 단자에 작은 플라스틱 캡을 씌웠다. 배터리 팩이 프리몬트의 조립공장에 도착하면 직원들이 그 플라스틱 캡을 떼어내 폐기했다. 때때로 네바다에서 캡이 다 떨어져서 배터리 팩의 배송이 지연되는 상황도 생겼다. 머스크가 캡이 왜 필요한지 물었을 때, 단자의 핀이 구부러지는 것을 방지하기 위해서라는 답변이 돌아왔다. "누가 그런 요구사항을 지정했나요?" 그가 물었다. 공장 팀은 그것을 알아내기 위해 분주히 움직였지만 이름을 특정하지 못했다. 머스크는 "그럼 삭제하세요"라고 지시했다. 그들은 지시에 따랐고, 캡이 없어도 핀이 구부러지는 문제 따윈 발생하지 않는 것으로 드러났다.

머스크의 부하들 사이에는 소속감이 넘쳐흘렀지만, 그는 때때로 직원들을 차갑고 거칠게 대했다. 어느 토요일 밤 10시, 그는 배터리에 냉각 튜브를 설치하는 로봇 팔에 대한 불만으로 화가 치솟았다. 로봇의 정렬이 어긋나서 공정이 지연되고 있었기 때문이다. 게이지 코핀이라는 젊은 제조 엔지니어가 호출되었다. 그는 머스크를 직접 만날 기회가 생긴 것에 흥분했다. 테슬라에 입사한 지 2년 된 그는 지난 11개월 동안 짐도 제대로 풀지 못한 채 일주일에 7일을 공장에서 살다시피 일하고 있었다. 테슬라는 그의 첫 정규직이었고, 그는 그 일을 사랑했다. 그가 도착하자마자 머스크는 "이봐, 이거 정렬이 맞지 않잖아. 자네가 한 거야?"라고 으르렁거리듯이 말했다. 코핀은 멈칫거리며 머스크에게 정확히 무엇을 지적하는 건지 물었다. 코딩? 설계? 공구 세공? 그는 무엇을 자기가 했냐고 묻는 것인지 알 수 없었다. 머스크는 "염병할 자네가 한 짓이냐고?"라고 계속 다그치기만 했다. 당황하고 겁에 질린 코핀은 계속 더듬거리며 질문의 진의를 알아내려고 애썼다. 그러자 머스크는 더욱 공격적으로 변했다. "자네 바보야, 뭐야? 당장 꺼지고 다시는 돌아오지 마." 몇 분 후 그의 프로젝트 매니저가 그를 따로 불러 머스크가 해고 명령을 내렸다고 말했다. 그는 월요일에 해고 서류를 받았다. "제 매니저는 저보다 일주일 뒤에 해고되었고, 그의 매니저는 그다음 주에 해고되었습니다." 코핀은 말한다. "일론은 적어도 그들의 이름은 알고 있었습니다."

"일론은 화가 나면 사람들을 몰아세우고 힐난했는데, 종종 말단 직원들에게도 그랬습니다." 존 맥닐이 말한다. "코핀의 이야기는 좌절감을 생산적인 방식으로 처리하지 못하는 그의 행동방식의 전형적인 사례에 속합니다." 머스크보다 훨씬 친절하고 온화한 성격의 공동창업자 스트로벨은 머스크의 그런 행동방식에 당혹감을 느끼곤 했다. "돌이켜 보면 대단한 전쟁 이야기처럼 보일지 모르지만, 그 와중에 정말 끔찍한 일들도 많이 벌어졌지요. 그는 우리에게 오랜 시간 친구로 지낸 사람들을 해고하게 만들었어요. 매우 고통스러운 일이 아닐 수 없었지요."

이에 대해 머스크는 스트로벨과 맥닐 같은 사람들은 직원을 해고하는 것을 너무 꺼렸다고 말한다. 그래서 공장의 특정 구역에서 일이 제대로 돌아가지 않았다는 것이다. 워크스테이션 옆에 부품이 쌓이고 생산라인이 더디게 움직이는 데는 다 그런 이유가 있었다고 했다. "직원들에게 친절하게 대하려고 노력하는 것은 사실 일을 잘하고 있는 수십 명의 다른 직원들을 배려하지 않는 처사지요. 내가 문제 지점을 고치지 않으면 열심히 일하는 다른 많은 직원들에게 피해가 되는 겁니다." 머스크의 말이다.

그는 그해 추수감사절에도 아들 몇 명을 데리고 공장에 나와서 시간을 보냈다. 직원들에게 휴일에도 일을 해달라고 요청해놓았기 때문이었다. 공장에서 하루라도 배터리를 만들지 않으면 테슬라가 생산할 수 있는 자동차 수량에 그만큼의 차질이 빚어졌다.

자동화의 함정

1900년대 초 조립라인이 개발된 이래로 대부분의 공장은 두 단계로 설계되었다. 먼저 각 스테이션에서 특정 작업을 수행하는 작업자로 라인을 설정한다. 그런 다음 제반 결함이 파악되고 해결 방안이 도출되면 로봇과 여타의 기계를 점진적으로 도입하여 노동력을 대체해나간다. 하지만 머스크는 그 반대로 움직였다. 그는 현대적인 '드레드노트 전함'과 같은 공장을 꿈꾸며 가능한 모든 작업을 자동화하는 것으로 시작했다. "수많은 로봇이 움직이는 엄청나게 자동화된 생산라인을 구축했습니다." 스트로벨은 말한다. "근데 한 가지 문제가 있었지요. 제대로 돌아가질 않았습니다."

어느 날 밤, 머스크는 오미드 아프샤르, 안토니오 그라시아스, 팀 왓킨스와 함께 네바다 배터리 팩 공장을 돌아보던 중 로봇 팔이 셀을 튜브에 붙이는 워크스테이션에서 지연이 발생하는 것을 발견했다. 기계가 재료를 움켜쥐고 가지런히 정렬하는 데 문제가 있었다. 왓킨스와 그라시아스는 한 테이블로 가서 손으로 직접 해당 공정을 시도했다. 더 안정적으로 할 수 있었다. 그들은 머스크와 함께 기계를 없애는 데 몇 명의 인력이 필요한지 계산했다. 그런 다음 로봇을 대체할 작업자들을 고용했고, 조립라인은 전보다 빠르게 움직였다.

머스크는 자동화의 사도에서 새로운 임무로 시선을 돌려 거기에 전과 같은 열정을 쏟아 부었다. 바로 라인에서 지체되는 부분을 찾아내 자동화를 제거하면 더 빨리 진행할 수 있는지 확인하는 임무였다. "우리는 생산라인에서 로봇을 빼서 주차장에 던져 놓기 시작했습니다." 스트로벨의 말이다. 어느 주말에는 공장 안을 돌며 폐기할 기계에 페인트로 표시하기도 했다. "우리는 그 모든 장비를 신속히 들어내기 위해 건물 측면에 구멍까지 뚫었습니다." 머스크의 말이다. 이 경험은 머스크의 생산 알고리즘의 일부로 자리 잡는 교훈이 되었다. 프로세스를 설계할 때는 항상 모든 요구사항을 검토하고 불필요한 부분을 제거한 후 실행을 통해 점검하고 마지막에 자동화를 도입해야 한다.

2018년 4월이 되자 네바다 공장은 이전보다 훨씬 잘 돌아가기 시작했다. 날씨가 조금 따뜻해지자 머스크는 차를 몰고 모텔을 다녀오느니 공장 옥상에서 잠을 자기로 결정했다. 그의 비서가 텐트 몇 개를 준비했고, 그의 친구인 빌 리와 샘 텔러가 합류했다. 어느 밤 그들은 새벽 1시가 가까워질 때까지 모듈과 팩 조립라인을 점검한 후 옥상으로 올라가 작은 휴대용 화덕에 불을 피우고 둘러앉아 다음 도전에 대해 이야기를 나눴다. 머스크는 프리몬트로 주의를 돌릴 준비가 되어 있었다.

프리몬트 공장의 주피터 회의실에서 로켓 발사와 테슬라 생산 현황을 동시에 지켜보는 머스크

46장

위기의 프리몬트 공장

테슬라, 2018년

프리몬트 공장의 조립라인을 돌고 책상 밑에서 쉬는 머스크

공매도 세력과의 전쟁

2018년 봄 네바다 배터리 공장의 병목 현상이 완화되자 머스크는 팰로앨토에서 샌프란시스코만 건너편 실리콘밸리의 낙후된 변두리에 위치한 프리몬트 자동차 조립공장으로 초점을 옮겼다. 4월 초, 이 공장은 주당 2,000대의 모델 3를 생산하고 있었다. 아무리 공장의 조립라인을 쥐어짜더라도 물리 법칙상 6월 말까지 월스트리트에 약속했던 주당 5,000대의 매직넘버를 달성할 수 있는 방법은 없어 보였다.

머스크는 모든 관리자에게 그 숫자에 이를 수 있을 만큼의 부품과 자재를 주문하라고 지시함으로써 배수진을 쳤다. 대금을 지불해야 하는 부품과 자재가 모두 완성차로 전환되지 못하면 테슬라는 현금 유동성 위기를 겪고 죽음의 소용돌이로 빠져들게 될 터였다. 그리하여 머스크가 '서지surge (급증)'라고 칭하는 그 광란의 비상 강행군이 또 다시 시작되었다.

2018년 초 테슬라 주가는 사상 최고치 근처를 맴돌며 제너럴모터스보다 더 가치가 높은 회사로 인정받고 있었다. 전년도에 제너럴모터스가 1,000만 대를 판매해 120억 달러의 수익을 올렸고, 테슬라는 10만 대를 판매하고 22억 달러의 손실을 냈는데 말이다. 이러한 수치와 머스크의 주당 5,000대 생산 공약에 대한 회의론으로 인해 테슬라 주식은 주가가 하락하면 돈을 버는 공매도 투자자들에게 큰 인기를 끌었다. 2018년 테슬라는 역사상 가장 많이 공매도 대상이 된 주식이 되었다.

머스크는 이에 격분했다. 그는 공매자들을 단순한 회의론자가 아닌 악한이라고 생각했다. "그들은 사업체의 목에 들러붙는 거머리입니다." 공매자들은 공개적으로 테슬라와 머스크를 비방하며 공격했다. 머스크는 자신의 트위터 피드를 스크롤하여 허위 정보를 찾으며 부글부글 속을 끓였다. 허위 정보보다 심각한 것은 사실에 부합하는 정보였다. "그들은 회사 내부 소식통에게서 빼낸 최신 데이터는 물론이고 우리 공장 상공에 띄운 드론을 통해 실시간으로 수치를 파악했어요." 그는 말한다. "그들이 공매도 지상군과 공매도 공군을 조직해서 공격하는 셈이었지요. 그들이 가진 내부 정보의 수준이 얼마나 대단하던지…."

하지만 그것은 결국 그들이 실패하는 원인이 되었다. 공매도 세력은 프리몬트의 두 조립라인에서 얼마나 많은 자동차를 생산할 수 있는지 정확한 수치를 확보했으며, 그 결과 2018년 중반까지 테슬라가 주당 5,000대의 자동차를 생산하는 것은 불가능하다는 결론을 내렸다. 공매도 투자자 중 한 명인 데이비드 아인혼은 이렇게 썼다. "우리는 그 기만이 곧 테슬라 주식을 따라잡을 것이라고 생각합니다. 머스크의 변덕스러운 행동방식은 그 역시 같은 방식으로 상황을 보고 있다는 것을 암시합니다." 그리고 가장 유명한 공매도 투자자 짐 차노스는 공개적으로 테슬라 주식이 기본적으로 가치가 없다고 선언했다.

그 무렵 머스크는 정반대의 베팅을 했다. 테슬라 이사회는 주가가 크게 오르지 않으면 그에게 아무것도 지급하지 않지만, 생산량과 매출, 주가의 비약적인 상승 등 매우 공격적인 목표를 달성하면 1,000억 달러 또는 그 이상을 지급하는, 미국 역사상 가장 대담한 보상 패키지를 승인했다. 과연 머스크는 목표를 달성할 수 있을 것인가? 이에 대한 회의론이 널리 퍼져나갔다. 앤드류 로스 소킨은 〈뉴욕타임스〉에 이렇게 썼다. "머스크는 회사의 시장 가치와 운영 실적에 기반한, 입이 쩍 벌어질 정도로 놀라운 일련의 이정표에 도달할 경우에만 보수를 받게 된다. 그렇지 않으면 그는 아무것도 받지 못할 것이다." 소킨은 "머스크가 어떻게든 테슬라의 시가총액을 6,500억 달러로 끌어올려야만 지급액이 최고치에 이를 텐데, 많은 전문가들은 이 수치가 우스울 정도로 불가능하다고 주장한다"라고 덧붙였다.

적색 행

프리몬트 공장 한가운데에는 '주피터Jupiter'라고 불리는 주 회의실이 있다. 머스크는 이곳을 사무실과 회의 공간, 정신적 고통을 피하는 안식처, 때로는 잠을 자는 장소로 사용했다. 그곳에 설치된 일련의 스크린은 주식 현황판처럼 깜박이고 업데이트되며 공장과 각 워크스테이션의 총생산량을 실시간으로 추적했다.

머스크는 공장을 설계하는 것이 마이크로칩을 설계하는 것과 같다는 사실을 깨달았다. 각 부분에 적절한 밀도와 흐름, 공정을 창출하는 것이 중요했다. 그래서 그는 조립라인의 각 스테이션이 제대로 돌아가고 있는지를 녹색 또는 적색 불로 보여주는 모니터에 가장 많은 관심을 기울였다. 또한 스테이션 자체에도 녹색 및 적색 표시등이 설치되어 있어 머스크는 현장을 걸어 다니다 문제가 있는 지점으로 찾아갈 수 있었다. 그의 팀은 이를 '적색 행'이라고 칭했다.

프리몬트에서의 서지는 2018년 4월 첫째 주에 시작되었다. 4월 첫째 주가 시작되는 월요일에 머스크는 곰처럼 빠른 걸음걸이로 현장을 돌아다니기 시작했고, 어디서든 적색 불이 보이면 그쪽으로 향했다. 무슨 문제인가요? 부품 하나가 누락되었습니다. 누가 그 부품을 담당하죠? 이리 데려오세요. 센서 하나에 계속 오류가 발생합니다. 누가 조정했지요? 콘솔을 열 수 있는 사람을 데려오세요. 설정을 조정할 수 있을까요? 근데 그 빌어먹을 센서는 대체 왜 필요한 거죠?

이 프로세스는 그날 오후에 접어들며 잠시 중단되었다. 스페이스X가 우주 정거장에 화물을 공급하는 중요한 임무를 수행하기 위해 로켓을 발사하는 시간이 다가왔기 때문이다. 머스크는 주피터 회의실로 돌아가 모니터를 통해 그 상황을 지켜보았다. 하지만 그때도 머스크의 시선은 테슬라 라인의 생산량과 병목 현상을 보여주는 화면으로 수시로 옮겨가곤 했다. 샘 텔러는 점심식사로 태국 요리를 테이크아웃으로 조달했고, 머스크는 다시 공장을 돌아다니며 적색 불이 들어오는 곳을 찾았다. 새벽 2시 30분, 그는 야간 근무자들과 함께 랙 위에서 운반되는 자동차 아래에서 볼트가 설치되는 과정을 지켜보고 있었다. 왜 저기에 볼트가 네 개나 필요한 거죠? 누가 그런 규격을 정했나요? 두 개로 할 수 있지 않나요? 해보세요.

2018년 봄과 초여름 내내 그는 네바다에서 그랬던 것처럼 공장 현장을 돌아다니며 즉석에서 결정을 내렸다. "머스크는 완전히 흥분하거나 아니면 화가 난 채로 이 스테이션에서 저 스테이션으로 미친 듯이 돌아다녔습니다." 준코사의 말이다. 머스크는 상황이 좋은 날에는 현장을 돌면서 100개의 지휘 결정을 내린다고 추정했다. "적어도 그중 20퍼센트는 잘못된 결정으로 드러나기 마련이고, 그러면 나중에 다시 수정을 가하는 겁니다." 그가 말했다. "하지만 내가 결정을 내리지 않으면 우리는 죽습니다."

어느 날 테슬라의 고위 임원 라스 모라비는 공장에서 몇 마일 떨어진 팰로 앨토의 본사에서 근무하고 있었다. 오미드 아프샤르로부터 공장으로 빨리 오라는 다급한 전화가 걸려왔다. 공장에 도착한 모라비는 머스크가 차체를 이동시키는 높은 컨베이어 아래에 다리를 꼬고 앉아 있는 것을 발견했다. 이번에도 머스크는 규격으로 지정된 볼트의 개수 때문에 잔뜩 화가 난 상태였다. "왜 여기에 볼트가 여섯 개나 있는 거죠?" 그가 특정 부위를 지적하며 물었다.

"충돌 시 안정성을 확보하기 위해서입니다." 모라비가 대답했다.

머스크는 "아니오, 충돌의 주된 하중은 이 레일을 통해 전달되는 거요"라고 설명했다. 그는 이미 모든 압력 지점이 어디가 될지 그려본 상태였고, 그에 따라 각 지점의 허용오차 수치를 토해내기 시작했다. 모라비는 그 내용을 엔지니어들에게 전달하며 다시 설계하고 테스트하라고 지시했다.

다른 한 스테이션에서는 부분적으로 완성된 차체를 스키드(일종의 짐받이대)에 볼트로 고정하는 작업이 진행되고 있었다. 차체는 그렇게 고정되어 최종 조립공정으로 옮겨졌다. 머스크는 볼트를 조이는 로봇 팔이 너무 느리게 움직인다고 생각했다. "내가 손으로 해도 저것보다는 빠르겠네." 그가 말했다. 그는 작업자들에게 볼트 드라이버의 설정이 어떻게 되어 있는지 확인하라고 말했다. 하지만 아무도 제어 콘솔을 여는 방법을 몰랐다. "오케이, 콘솔을 열 수 있는 사람을 찾을 때까지 내가 그냥 여기 서 있으면 되는 거라 이거지." 그가 말했다. 마침내 로봇의 제어장치에 액세스하는 방법을 아는 기술자가 불려왔다. 머스크는 로봇이 최대 속도의 20퍼센트로 설정되어 있고, 기본 설정으로 볼트를 뒤로 두 번 돌린 후 앞으로 돌려 조이게끔 되어 있다는 사실을 발견했다. "공장의 이런 설정은 늘 바보 같은 구석이 있다니까." 머스크는 그렇게 말하고 재빨리 코드를 다시 작성하여 볼트를 뒤로 돌리는 기능을 삭제했다. 그런 다음 속도를 100퍼센트로 설정했다. 그러자 나삿니가 벗겨지기 시작했고, 그는 다시 속도를 70퍼센트로 돌려놨다. 그러자 로봇 팔이 제대로 작동했고, 차체를 스키드에 볼트로 고정하는 데 걸리는 시간이 절반 이상 단축되었다.

도장 공정의 한 부분인 전착 도장에는 차체를 탱크에 담그는 작업이 포함된다. 차체 일부에 작은 구멍들이 있기 때문에 담금 작업 후 구멍을 막은 도색재를 빼내야 한다. 그런 다음 이 구멍을 부틸 패치라는 합성고무 패치로 막는다. "왜 이걸 붙이는 걸까요?" 머스크가 라인 관리자 중 한 명에게 묻자 그는 차량 구조 부서에서 지정한 것이라고 대답했다. 머스크는 해당 부서의 책임자를 호출했다. "도대체 이게 무슨 용도요? 이것 때문에 전체 라인의 속도가 늦어지고 있는데?" 그가 물었다. 홍수가 나서 물이 차량 바닥보다 높아진 경우 부틸 패치가 바닥이 너무 젖는 것을 방지하는 데 도움이 된다는 설명이 돌아왔다. 머스크는 "말도 안 되는 소리"라고 대꾸했다. "그런 홍수는 10년에 한 번 정도 일어나는 거예요. 그런 일이 발생하면 바닥의 매트는 젖을 수 있는 거고요." 패치 부착 작업은 제거되었다.

안전 센서가 작동하는 경우 생산라인이 종종 멈춰 섰다. 머스크는 안전 센서가 너무 민감해서 실질적인 문제가 없는데도 작동한다고 판단했다. 그는 일부 센서에 대해 종잇조각과 같은 작은 물체가 센서 앞을 지나가도 작업이 중단되는지 테스트했다. 이를 계기로 테슬라 자동차 공장과 스페이스X 로켓 공장 모두에서 센서를 제거하기 위한 십자군 전쟁이 시작되었다. "엔진을 시동하는 데 반드시 필요하거나 엔진이 폭발하기 전에 안전하게 정지시키는 데 꼭 필요한 센서가 아니라면 모두 제거해야 합니다." 그는 스페이스X 엔지니어들에게 보낸 이메일에 이렇게 썼다. "앞으로는 명백히 중요하지 않은 센서(혹은 그 무엇)를 엔진에 설치하는 사람은 누구나 퇴사 권고를 받게 될 것입니다."

일부 관리자들은 반대했다. 그들은 머스크가 생산을 서두르기 위해 안전과 품질을 훼손하고 있다고 느꼈다. 생산품질 담당 수석 책임자는 퇴사했다. 일단의 현직 및 전직 직원들은 CNBC와의 인터뷰에서 "공격적인 모델 3 생산 목표를 달성하기 위해 지름길을 택하라는 압력을 받았다"라고 밝혔다. 그들은 또한 금이 간 플라스틱 브래킷을 전선용 테이프로 감아 쓰는 등의 임시방편적인 수리를 하도록 강요받았다고 말했다. 〈뉴욕타임스〉는 근로자들이 하루에 10시간 근무하라는 압박을 느낀다고 보도했다. 한 근로자는 기자에게 이렇게 말했다. "'지금까지 얼마나 많은 자동차를 만들었나?'라는 식의 압력이 지속적으로 들어옵니다. 계속 만들어내야 한다는 끊임없는 압박감을 느낄 수밖에 없습니다." 이런 불만은 어느 정도 진실을 내포했다. 테슬라의 산업재해율은 업계의 다른 기업에 비해 30퍼센트나 높았다.

로봇의 제거

네바다 배터리 공장의 생산량을 늘리기 위해 노력하는 과정에서 머스크는 인간이 로봇보다 더 잘할 수 있는 작업, 때로는 매우 단순한 작업이 있다는 사실을 알게 되었다. 인간은 눈으로 방을 둘러보고 필요한 도구를 찾을 수 있다. 그런 다음 나름의 방법으로 엄지손가락과 다른 손가락을 이용해 도구를 집어 들고, 그것을 사용할 위치를 눈으로 확인한 다음, 팔을 이용해 도구를 그 위치로 가져간다. 참으로 쉽지 않은가. 하지만 로봇은 아무리 좋은 카메라가 있어도 그렇게 쉽게 움직일 수 없다. 조립라인당 1,200대의 로봇 장치를 갖춘 프리몬트 공장에서 머스크는 네바다에서와 마찬가지로 지나치게 자동화에 치중하는 경우의 위험성을 절감했다.

최종 조립라인의 맨 끝에는 차 창문 주변의 작은 밀폐 부분을 조정하는 로봇 팔이 있었다. 그곳의 작업은 힘들고 더디게 진행되었다. 어느 날, 머스크는 몇 분 동안 그 로봇 앞에 조용히 서 있다가 직접 손으로 그 작업을 시도했다. 인간에게는 쉬운 일이었다. 그는 네바다에서 했던 것과 비슷한 명령을 내렸다.

"72시간 안에 불필요한 기계를 모두 제거하시오."

프리몬트의 로봇 제거 작업은 불평 가득한 반발 속에서 시작되었다. 사람들은 기계로 누리던 많은 기득권을 쉽게 포기하지 않으려 했다. 하지만 그 작업은 곧 모종의 게임처럼 변했다. 머스크는 주황색 스프레이 페인트를 휘두르며 컨베이어 라인을 따라 걷기 시작했다. 그는 엔지니어링 담당 부사장인 닉 칼레이지언이나 여타 직원들에게 "보내요? 남겨요?"라고 물었다. "보내요"라는 대답이 나오면 로봇에 주황색의 X 표시가 되었고, 작업자들은 그것을 라인에서 뜯어냈다. 칼레이지언은 말한다. "그는 곧 어린아이처럼 키득거리며 돌아다녔어요."

머스크는 과도한 자동화에 대한 책임을 졌다. 그는 이를 공개적으로 발표하기도 했다. "테슬라의 과도한 자동화는 실수였습니다." 그는 트위터에 올렸다. "정확히 말하자면 제 실수입니다. 인간을 과소평가했습니다."

자동화를 제거하고 기타 개선 작업을 거친 후, 활기를 되찾은 프리몬트 공장은 2018년 5월 말 모델 3 세단을 주당 3,500대씩 생산하는 수준에 이르렀다. 인상적인 진전이었지만, 머스크가 6월 말로 약속한 주당 5,000대에는 훨씬 못 미쳤다. 스파이와 드론을 동원한 공매도 투자자들은 두 개의 조립라인을 갖춘 공장에서 그 수치를 달성할 방법은 없다고 판단했다. 또한 테슬라가 적어도 1년 동안은 다른 공장을 짓거나, 심지어 허가를 받을 방법도 없다는 것도 알고 있었다. 머스크는 말한다. "그 공매자들은 자신들이 완벽한 정보를 가지고 있다고 생각했고, 온라인에서 모두 '하, 테슬라는 망했다'라고 비웃었지요."

천막으로 만든 공장

머스크는 군사 역사, 특히 전투기 개발 스토리를 좋아한다. 5월 22일 프리몬트 공장에서 열린 회의에서 그는 참석자들에게 제2차 세계대전에 관한 이야기를 들려주었다. 당시 미국 정부가 폭격기 제작을 서둘러야 할 상황에 직면해 캘리포니아에 있는 항공우주 회사의 주차장에 생산라인을 설치했다는 내용이었다. 머스크는 이어서 (얼마 후 테슬라의 자동차 부문 사장으로 승진하게 되는) 제롬 길렌과 이 아이디어에 대해 논의했고, 둘은 테슬라도 비슷한 일을 할 수 있다고 결론 내렸다.

프리몬트의 지역 법규에는 '임시차량 수리시설'이라는 조항이 있었다. 소규모 주유소에서 타이어나 머플러를 교체하기 위한 텐트를 설치할 수 있도록 허용하는 규정이었다. 하지만 규정에는 최대 크기가 명시되어 있지 않았다. "그런 허가를 받고 거대한 텐트를 짓기 시작하면 되는 거예요." 머스크가 길렌에게 말했다. "나중에 벌금을 내게 되더라도, 뭐."

그날 오후에 테슬라 직원들은 공장 뒤편의 오래된 주차장을 덮고 있던 잔해를 치우기 시작했다. 금이 간 콘크리트를 다시 포장할 시간이 없었기 때문에 그들은 단순히 활주로처럼 좁고 길게 조립라인을 설치할 구획만 포장하고 그 주위에 텐트를 세우기 시작했다. 머스크가 손꼽는 시설 건축업자 중 한 명인 로드니 웨스트모어랜드가 공사를 조율하기 위해 날아왔고, 텔러는 아이스크림 트럭 몇 대를 동원해 땡볕에서 일하는 직원들에게 음료와 먹거리를 나눠주었다. 2주 만에 임시 조립라인을 수용할 수 있는 길이 1,000피트(약 305미터), 폭 150피트(약 46미터) 크기의 천막 시설이 완공되었다. 각 스테이션에는 로봇 대신 사람이 배치되었다.

한 가지 문제는 미완성 자동차를 텐트 안으로 옮길 컨베이어 벨트가 없다는 것이었다. 부품을 옮기는 오래된 시스템이 있었지만 차체를 움직일 만큼 강력하지 않았다. "그래서 그 시스템을 약간 기울어지게 설치했어요. 중력 덕분에 자동차를 적절한 속도로 움직일 수 있는 충분한 힘을 갖게 되었지요." 머스크의 말이다.

머스크가 아이디어를 떠올린 지 3주 만인 6월 16일 오후 4시가 조금 지난 시각, 임시 텐트의 새로운 최종 조립라인에서 모델 3 세단이 굴러 나오기 시작했다. 그 얼마 전 〈뉴욕타임스〉의 닐 부데트는 머스크가 일하는 모습을 취재하기 위해 프리몬트를 방문했고, 주차장에 텐트가 설치되는 모습을 볼 수 있었다. 머스크는 그에게 말했다. "기존의 인습적인 사고로 임무 수행이 불가능하다면, 비인습적인 사고를 동원해야지요."

5,000번째 모델 3

2018년 6월 28일, 머스크의 마흔일곱 번째 생일은 그가 약속한 주당 5,000대 자동차 생산량 달성의 마감시한 직전에 찾아왔다. 그는 생일의 대부분의 시간을 주 공장의 도장 부문에서 보냈다. 그는 공정이 지연될 때마다 "왜 뒤로 가지?"라고 물었고, 막히는 지점까지 걸어가 엔지니어가 와서 상황을 해결할 때까지 그곳에 서 있곤 했다.

생일을 축하하기 위해 전화한 앰버 허드와 통화한 직후 그는 휴대전화를 떨어뜨렸고, 고장이 나는 바람에 기분이 상했다. 하지만 텔러는 오후 2시가 지날 무렵 그에게 잠깐 쉴 것을 권하면서 회의실에 준비한 간단한 축하 행사에 그를 데려올 수 있었다. "48세 생일은 시뮬레이션으로 즐깁시다!" 텔러가 사 온 아이스크림 케이크에는 그렇게 쓰여 있었다. 나이프와 포크가 없어서 직원들은 맨손으로 케이크를 잘라 먹었다.

12시간 후, 새벽 2시 30분을 조금 넘긴 시각에 머스크는 마침내 공장 현장을 떠나 회의실로 돌아왔다. 하지만 그곳에서 잠들기까지는 1시간이 더 걸렸다. 그 사이에 그는 모니터를 통해 케이프커내버럴에서 스페이스X 로켓이 발사되는 장면을 지켜보았다. 로켓에는 국제우주정거장에 있는 우주비행사들을 위한, 고카페인의 데스위시 커피 60통을 포함한 보급품과 함께 로봇 비서가 실려 있었다. 발사는 완벽하게 진행되어 스페이스X가 NASA를 위해 수행한 열다섯 번째 화물 수송 임무의 성공을 알렸다.

머스크가 약속한 주당 5,000대 목표 달성의 마감시한인 6월 30일은 토요일이었고, 그날 아침 회의실 소파에서 일어나 모니터를 바라본 머스크는 성공할 것이라는 확신이 들었다. 그는 페인트 라인에서 몇 시간 동안 일한 후, 보호용

토시도 채 벗지 않은 채 공장 밖으로 뛰어나가 비행기에 올랐다. 중세 카탈루냐 스타일의 마을에서 열리는 킴벌의 결혼식에 들러리를 서러 스페인으로 가기 위해서였다.

7월 1일 일요일 오전 1시 53분, 앞 유리창에 '5,000번째'라고 적힌 종이 배너를 단 검은색 모델 3가 공장에서 출고되었다. 머스크는 아이폰으로 그 사진을 받자마자 테슬라 직원 전원에게 메시지를 보냈다. "우리가 해냈습니다!!! 불가능하다고 생각되었던 완전히 새로운 솔루션을 창출했습니다. 텐트 안에서 강렬하게. 어쨌든. 성공했습니다. … 이제야 진짜 자동차 회사가 된 것 같습니다."

머스크의 생산 알고리즘

테슬라에서든 스페이스X에서든 머스크가 주도하는 생산 회의에 참석하는 사람은 그가 주문처럼 되풀이해 읊조리는 '알고리즘'이라는 말을 들을 가능성이 대단히 높다. 그의 알고리즘, 즉 제반 문제 해결의 절차 및 방법은 네바다와 프리몬트 공장에서 생산량을 급격히 증대하는 과정에서 그가 얻은 교훈에 따라 형성된 것이었다. 그의 중역들은 때때로 마치 신부를 따라 기도문을 읊조리듯 입술을 움직여 그 계명들을 입에 담는다. 머스크는 말한다. "내가 고장 난 레코드판처럼 같은 말을 반복한다고들 하지만, 나는 이것만큼은 짜증날 정도로 말하는 것이 도움이 된다고 생각해요." 머스크의 알고리즘에는 다섯 가지 계명이 있다.

1. **모든 요구사항에 의문을 제기한다.** 모든 요구사항에는 그것을 만든 사람의 이름이 나와야 한다. 법무당국이나 안전당국과 같은 부서에서 나온 요구사항은 절대 받아들여서는 안 된다. 해당 요구사항을 만든 실제 인물의 이름을 알아야 한다. 그런 다음 그가 아무리 똑똑하더라도 의문을 제기해야 한다. 똑똑한 사람들의 요구사항은 사람들이 의

문을 제기할 가능성이 적기 때문에 가장 위험하다. 나의 요구사항에도 항상 의문을 제기하라. 그런 후 그 요구사항을 덜 멍청하게 만들어라.

2. **부품이든 프로세스든 가능한 한 최대한 제거하라.** 나중에 다시 추가해야 할 수도 있다. 사실, 10퍼센트 이상 다시 추가하지 않게 된다면 충분히 제거하지 않은 것이다.

3. **단순화하고 최적화하라.** 이는 2단계 이후에 수행해야 할 과정이다. 흔히 저지르는 실수는 존재해서는 안 되는 부품이나 프로세스를 단순화하고 최적화하는 것이다.

4. **속도를 높여 주기를 단축하라.** 어떤 프로세스든 속도를 높일 수 있다. 하지만 이 작업은 앞의 세 단계를 수행한 이후에 수행해야 한다. 테슬라 공장에서 나는 특정 프로세스를 가속화하는 데 많은 시간을 투자한 이후에야 비로소 애초에 제거했어야 했던 것임을 깨닫는 실수를 저질렀다.

5. **자동화하라.** 이는 마지막 단계에 해야 할 작업이다. 네바다와 프리몬트에서 내가 저지른 가장 큰 실수는 모든 단계를 자동화하는 것부터 시작했다는 것이다. 모든 요구사항에 의문을 제기하고, 부품과 프로세스를 제거하고, 버그에 대한 해결책이 나올 때까지 기다렸어야 했다.

이 알고리즘은 때로 몇 가지 부수 사항을 수반한다. 예를 들면 다음과 같다.

- 모든 기술 관리자는 실무 경험을 갖춰야 한다. 예컨대 소프트웨어 팀 관리자는 업무 시간의 20퍼센트 이상을 코딩에 할애해야 하고, 태양광 지붕 관리자는 일정 시간 이상 지붕에 올라가 설치 작업을 해봐야 한다. 그렇지 않으면 말을 타지 못하는 기병대장이나 칼을 쓸 줄 모르는 장군과 같아진다.
- 동지애는 위험하다. 서로가 서로의 일에 이의를 제기하기 어렵게 만든다. 동료를 내다 버리고 싶지 않은 성향도 형성된다. 이는 경계하고 피

해야 할 사항이다.

- 틀려도 괜찮다. 다만 잘못된 것을 옳다고 우겨서는 안 된다.
- 자신이 하고 싶지 않은 일을 팀원에게 부탁하지 마라.
- 해결해야 할 문제가 있을 때마다 경영진을 만나려 하지 마라. 경영진 바로 아래 직급의 간부 또는 당신의 두 직급 위 관리자부터 만나서 해결책을 강구하라.
- 직원을 채용할 때는 올바른 태도를 가진 사람을 찾아야 한다. 기술은 가르칠 수 있지만 태도를 바꾸려면 뇌 이식이 필요하다.
- 광적인 긴박감이 우리의 운영원칙이다.
- 유일한 규칙은 물리 법칙에 따른 것들뿐이다. 그 외의 모든 것은 권장 사항이다.

조립라인에서

47장

불안한 시기

2018년

(위) 태국의 수상과 미니 잠수정을 점검하며
(아래) 소년들이 갇힌 동굴로 들어갈 준비를 하며

소아성애자 논란

2018년 7월 초, 킴벌은 신혼여행을 즐기던 중 일론의 오랜 친구이자 이사회 멤버인 안토니오 그라시아스로부터 한 통의 이메일을 받았다. "미안해요, 친구. 아내와 함께 있고 싶은 마음은 잘 알지만 당장 돌아와주면 좋겠어요. 일론이 멘붕에 빠져 있어요."

생산 밀어붙이기의 성공으로 머스크는 기쁨에 들떠 있어야 마땅했다. 테슬라는 주당 5,000대의 모델 3 자동차를 생산한다는 목표를 달성했고, 해당 분기의 수익도 담보되고 있었다. 스페이스X는 단 한 차례의 실패만 기록하면서 56회의 발사를 성공적으로 마쳤고, 이제 부스터를 정기적으로 착륙시켜 재사용할 수 있게 되었으며, 중국과 미국을 포함한 그 어떤 국가나 기업보다 더 많은 탑재체를 궤도에 올려 보내고 있었다. 머스크가 잠시 멈춰서 성공을 음미할 줄 아는 유형의 사람이었다면, 자신이 세상을 전기자동차와 상업용 우주비행, 재사용 가능한 로켓의 시대로 이끌었다는 사실을 알아차렸을 것이다. 실로 그 하나하나가 대단한 위업이었다.

하지만 머스크에게는 좋은 시절이 곧 불안한 시기다. 그는 네바다 배터리 공장의 한 직원이 폐기되는 폐자재의 양에 관해 누설한 것과 같은 사소한 문제들에 대해 강력한 비난을 쏟아내기 시작했다. 이는 2018년 7월부터 10월까지 지속된 심리적 침체의 시작으로, 머스크는 나날이 격렬한 충동과 폭풍에 대한 갈망에 휩싸였다. "그가 자석처럼 드라마 같은 사건들을 끌어들인다는 사실을 보여준 또 하나의 사례였습니다." 킴벌의 말이다.

새로운 드라마는 테슬라가 주당 5,000대 생산이라는 이정표에 도달한 직후에 시작되었다. 머스크는 트위터를 스크롤하다가 팔로워가 거의 없는 무명의 유저가 올린 메시지를 우연히 발견했다. "안녕하세요, 동굴에 갇힌 태국 소년 열두 명과 코치를 구출할 수 있도록 어떤 식으로든 도와주실 수 있을지요?" 태국의 어린 축구선수들이 동굴을 탐험하던 중 홍수로 그곳에 갇혀 있다는 사연이었다.

머스크는 트윗을 날렸다. "태국 정부가 이 문제에 대해 나름의 조치를 취하고 있을 것으로 생각되지만, 내가 도울 방법이 있다면 기꺼이 돕겠습니다."

이어서 그의 액션 영웅 충동이 발동했다. 머스크는 스페이스X 및 보링컴퍼니의 엔지니어들과 함께 물에 잠긴 동굴로 보내 소년들을 구출하기 위한, 꼬투리 모양의 미니 잠수정을 제작하기 시작했다. 샘 텔러는 친구의 주선으로 주말에 학교 수영장을 빌려 그 장치를 테스트하기로 했고, 머스크는 그것의 사진을 트위터에 올리기 시작했다.

이 이야기는 세계적인 뉴스가 되었고, 일부에서는 머스크가 갈채를 받기 위해 쇼를 한다고 비난했다. 7월 8일 일요일, 아침 일찍 머스크는 태국의 구조팀 리더에게 자신이 만들고 있는 것이 과연 쓸모가 있을지 확인하러 나섰다. "우주선과 우주복을 주로 설계하는 세계 최고의 엔지니어링 팀이 하루 24시간 이 일에 매달려 있습니다. 필요하지 않거나 도움이 되지 않을 것으로 판단되는 경우 알려주시면 감사하겠습니다"라고 이메일을 보냈다. 태국의 구조팀장은 "분명히 계속할 가치가 있습니다"라고 답장했다.

그날 오후 머스크와 일곱 명의 엔지니어는 미니 잠수정과 한 무더기의 장비를 제트기에 싣고 태국으로 향했다. 오후 11시 30분에 태국 북부에 도착한 머스크 일행은 태국 총리의 영접을 받았고, 스페이스X 모자를 착용한 총리는 그들을 숲속의 동굴로 안내했다. 새벽 2시가 조금 지날 무렵 머스크와 그의 보안 요원들 및 엔지니어들은 헤드램프를 쓰고 허리까지 차오르는 물을 헤치며 어두운 동굴 안으로 들어섰다.

그렇게 미니 잠수정을 동굴 현장에 옮겨놓은 후 머스크는 상하이로 날아가 또 다른 테슬라 기가팩토리의 설립 계약서에 서명했다. 그즈음 스쿠버 다이버들을 이용한 구조작전이 효과를 거두면서 머스크의 잠수정까지 나설 필요가 없어졌다. 소년들과 코치는 안전했다. 그 스토리는 그렇게 막을 내리는 듯 보였다. 그런데 태국 구조대원들에게 자문을 해주었던 63세의 영국인 동굴 탐험가 버논 언스워스가 CNN과 인터뷰하면서 머스크의 노력을 "효력을 발휘할 가능성이 전혀 없었던 홍보용 쇼였을 뿐"이라며 경멸조로 폄하했다. 언스워스는 키득거리며 이렇게 덧붙였다. "그 잠수정은 그가 어디에 꽂는 데 쓰면 되는데, 좀 아프긴 할 겁니다."

트롤troll(인터넷 토론방의 악성 메시지 또는 그런 메시지를 보내는 사람−옮긴이)이나 비방자들이 머스크를 모욕하는 것은 거의 매시간 벌어지는 일이지만, 개중에는 때때로 그를 궤도에 오르도록 자극하는 것들도 생긴다. 머스크는 언스워스를 공격하는 일련의 트윗을 쏟아내며 그중 하나를 이렇게 마무리했다. "미안하오, 피도가이pedo guy. 당신이 진정으로 자청한 일이라오." 다른 유저가 머스크에게 언스워스를 "피도파일pedophile(소아성애자)"이라고 칭하는 것이냐고 묻자, 머스크는 "그것이 사실이라는 데에 (내가 서명한) 1달러를 걸겠소"라고 답했다.

테슬라 주가는 3.5퍼센트 하락했다.

머스크가 어떤 증거를 가지고 그런 주장을 펼친 것은 아니었다. 텔러와 그라시아스, 테슬라의 법률고문은 앞다투어 머스크에게 그 발언을 철회하고 사과하고 당분간 트위터를 사용하지 말라고 설득했다. 텔러가 사과문 내용에 대한 제안을 담아 이메일을 보내자 머스크는 다음과 같이 되쐈다. "제안한 접근 방식이 마음에 들지 않아. … 당황한 것처럼 허둥지둥 대지 말아야 해." 하지만 몇 시간 후 텔러와 다른 사람들은 그에게 트윗을 철회하도록 설득할 수 있었다. "내가 쓴 표현은 언스워스 씨가 몇 가지 진실과 다른 말을 하면서 내가 선의로, 다이빙 팀장이 요구한 사양에 따라 제작한 미니 잠수정을 놓고 성행위나 하라는 식으로 발언한 것에 화가 나서 나온 것이었습니다. … 그럼에도 불구하고 저에 대한 그의 행동이 그에 대한 저의 행동을 정당화할 수는 없으므로, 그에 대해 언스워스 씨께 사과드립니다."

머스크가 그렇게 충분히 나빠진 상황을 그대로 내버려두었다면 그 사건은 거기서 끝났을지도 모른다. 하지만 8월에 접어든 어느 날, 그는 언스워스를 소아성애자라고 칭한 것에 대해 비난하는 트위터 유저에게 다음과 같은 반응을 보이며 논란의 불씨를 되살렸다. "그가 나를 고소하지 않은 것이 이상하다고 생각되지 않으세요? 무료 법률 서비스를 제공받았으면서도 말이에요." 트위터에서 그의 열렬한 팬을 자처하는 조나 크라이더는 "일론, 이 드라마에 말려들지 말아요, 그게 저들이 원하는 바예요"라는 충고 글을 올렸다.

그 무렵 언스워스는 린 우드라는 변호사를 고용한 상태였다(린 우드는 나중에 2020년 대선 결과를 뒤집으려는 음모론자로 악명을 떨치는 인물이다). 그는 언스워스를 대리해 명예훼손 소송을 제기할 것이라고 알리는 편지를 보냈다. 온라인 매체 〈버즈피드〉의 라이언 맥은 머스크에게 논평을 요청하는 이메일을 보내왔다. 머스크는 이메일 답변의 서두에 "오프 더 레코드"라는 조건을 달았다. 그러나 〈버즈피드〉는 그 조건에 동의한 바 없었던 터라, 머스크가 다음과 같이 날린 집중 포화를 그대로 보도했다. "태국에 있는 지인들에게 전화해서 실제로 무슨 일이 벌어지고 있는지 알아보라고. 그렇게 알아보고 아동 강간범을 옹호하는 일 따위는 그만두라고 권하고 싶다, 개자식아." 머스크가 이메일에 쓴 것으로 보도된 내용이다. "그는 영국 출신의 늙다리 독신 백인 남성으로, 지난 30~40년 동안 태국을 여행하거나 거기서 살면서 지냈대. 주로 파타야 해변에서 놀다가 당시 12세 정도였던 어린 신부를 맞이하기 위해 치앙라이로 이주해 살림을 차린 인간이지. 사람들이 파타야 해변을 왜 찾는지 알아? 이유는 단한 가지야. 동굴을 보러 가는 것이 아니라 다른 무언가를 위해 가는 것이라고. 치앙라이는 아동 성매매로 유명한 곳이고." 언스워스가 어린 아내와 살았다는 내용은 사실이 아니었으며, 머스크의 이런 혐의 제기는 '피도 가이'라는 표현이 단순한 모욕이었다는 자신의 주장을 뒷받침하는 데 도움이 되지 않았다. 〈버즈피드〉에 보낸 이메일 내용까지 포함된 명예훼손 소송의 재판은 2019년 로스앤젤레스 연방지방법원에서 진행되었다. 증언대에 선 머스크는 그 동굴 탐험가를 소아성애자로 생각하지 않는다고 말하며 사과했다. 배심원단은 머스크에게 법적 책임이 없다고 평결했다.

테슬라의 주요 투자자들은 우려를 표명했다. "그가 이성을 잃은 것 같았습니다." 투자회사 티 로프라이스T. Rowe Price의 조 파스의 말이다. 그는 '피도' 트윗이 올라온 후 머스크에게 전화를 걸었다. "이런 일은 당장 멈춰야 해요." 파스는 이렇게 말하며 그의 행동방식을 그즈음 통제불능 상태로 빠져들던 여배우 린제이 로한의 행동과 비교했다. "당신은 브랜드에 큰 피해를 주고 있어요." 두 사람의 대화는 45분 동안 이어졌고, 머스크는 그의 말에 귀를 기울이는 것 같았다. 하지만 그의 파괴적인 행동방식은 멈춰지지 않았다.

킴벌은 머스크의 혼란이 부분적으로는 엠버 허드와의 결별로 거의 1년 가까이 지속되던 극심한 괴로움으로 인해 촉발된 것이라고 믿었다. "2018년에 형이 보인 혼란스런 행태는 단지 테슬라와만 관련된 문제가 아니었다고 생각합니다." 킴벌의 말이다. "엠버와 관련해 끔찍한 슬픔에 빠져 있었던 것도 원인으로 작용했습니다."

머스크의 친구들은 그 얼마 전부터 그처럼 자제력을 잃고 위기에 빠져드는 경우를 '오픈루프화open-loop化'라고 부르기 시작했다. '오픈루프'는 예컨대 (유도 미사일의 대척되는 개념으로) 총알과 같이 지침이 되는 피드백 메커니즘을 갖지 못하는 물체를 가리키는 용어다. "친구들이 오픈루프가 될 때마다, 다시 말해서 피드백으로 보완하는 기능을 상실하고 결과에 신경 쓰지 않는 것처럼 보일 때 서로 알려줘야 한다는 의미에서 그 말을 쓰기 시작한 겁니다." 킴벌의 말이다. 그래서 킴벌은 소아성애 트윗 사태가 확대되자 일론에게 "오케이, 오픈루프 경고야"라고 말했다. 킴벌은 4년 후 머스크가 트위터를 인수할 때 이 말을 또 쓰게 된다.

비공개기업 전환 논란

7월 말, 머스크는 프리몬트 공장의 주피터 회의실에서 사우디아라비아의 정부 투자펀드 대표단과 만났는데, 그들은 그동안 조용히 테슬라 주식을 5퍼센트 가까이 모았다고 그에게 말했다. 이전 회의에서와 마찬가지로, 머스크와 펀드의 리더 야시르 알루마이얀은 테슬라를 비공개로 전환하는 방안 및 타당성 등을 놓고 논의했다. 머스크는 얼마 전부터 테슬라를 비공개기업으로 전환하는 아이디어에 큰 흥미를 느끼고 있었다. 그는 투기꾼과 공매도 세력에 의해 회사 가치가 결정되는 것이 몹시 싫었고, 증권거래소에서 거래되는 데 따르는 갖가지 규제도 마음에 들지 않았다. 알루마이얀은 "더 들어보고 싶습니다"라며 회사를 비공개로 전환하는 '합리적인' 계획이 나오면 지지하겠다고 말했다. 해당 사안을 머스크의 손에 맡긴다는 뜻이었다.

이틀 후 테슬라 주가는 호실적을 발표하면서 16퍼센트나 급등했다. 주당 5,000대 생산 목표를 달성한 것도 실적에 포함되었다. 머스크는 주가가 계속 오르면 회사가 너무 비싸져서 비공개로 전환하는 것이 불가능해질지 모른다는 걱정이 들었다. 그래서 그날 밤 그는 이사회에 메모를 보냈다. 가능한 한 빨리 회사를 비공개로 전환하고 싶으며 주당 420달러의 가격을 제안한다는 내용이었다. 그가 뽑아본 애초의 계산에서는 419달러라는 가격이 나왔지만, 420four-twenty이라는 숫자가 '마리화나를 피운다'는 의미의 속어라서 마음에 들었다. "419로 가는 것보다 420으로 가는 것이 더 나은 카르마가 될 것 같았어요." 그는 말한다. "하지만 분명히 말씀드리지만, 나는 마리화나를 피우는 사람이 아니에요. 마리화나는 생산성에 도움이 되지 않거든요. 마리화나에 '취한다'는 표현을 쓰는 건 다 나름의 이유가 있는 거죠." 그는 나중에 증권거래위원회SEC에 마리화나와 관련된 농담으로 주당 가격을 결정한 것이 현명한 처사가 아니었음을 인정했다.

이사회는 머스크의 제안을 고려하는 동안 그 어떤 내용도 공개적으로 발표하지 않았다. 하지만 8월 7일 아침, 로스앤젤레스에 있는 개인 비행기 터미널로 향하던 중 그는 운명적인 트윗을 날렸다. "테슬라를 주당 420달러에 비공개로 전환하는 것을 고려 중. 자금은 확보됨."

증권거래소가 거래를 일시적으로 중단하기 전까지 주가는 7퍼센트나 급등했다. 상장기업이 지켜야 할 규칙 중에는 경영진이 시장 변동성을 유발할 수 있는 발표를 하는 경우 그 10분 전까지 증권거래소에 경고해야 한다는 조항이 있다. 머스크는 규칙에 주의를 기울이지 않았다. 증권거래위원회는 즉시 조사에 착수했다.

테슬라의 이사회와 최고경영진은 당황하지 않을 수 없었다. 회사의 투자자 관련 책임자는 머스크의 트윗을 보고 텔러에게 문자를 보내 "합법적인 발표인가요?"라고 물었다. 그라시아스는 머스크에게 전화를 걸어 공식적으로 이사회의 우려를 표명하고 이 문제가 논의될 때까지 트윗을 중단해달라고 요청했다.

머스크는 자신의 트윗이 불러일으킨 소동에도 별다른 동요를 보이지 않았다. 그는 네바다 기가팩토리로 날아가 관리자들에게 '420'이 마리화나에 대한 언급이라고 농담한 후 하루 종일 배터리 조립라인에서 일했다. 그리고 저녁에는 프리몬트 공장으로 날아가 밤늦게까지 회의를 진행했다.

그 무렵 사우디아라비아의 관계자들은 테슬라를 비공개로 전환하는 것에 대한 논의가 "자금 확보"라는 트윗으로 부풀려진 것에 대해 불편한 심기를 드러내고 있었다. 펀드 책임자인 알루마이얀은 〈블룸버그뉴스〉와의 인터뷰에서 머스크와 "협의 중에 있는 사안"이라고 말했다. 이 기사를 본 머스크는 알루마이얀에게 문자를 보냈다. "그것은 우리가 나눈 대화를 반영하지 않은 극도로 빈약한 진술입니다. 당신은 테슬라를 비공개로 전환하는 데 확실히 관심이 있으며 2016년부터 그렇게 하고 싶었다고 말했습니다. 당신은 나를 무시하고 있는 겁니다." 그는 알루마이얀이 보다 강력한 내용의 공개성명을 발표하지 않는다면, "결코 다시는 대화하지 않겠습니다. 결단코"라고 덧붙였다.

알루마이얀은 "손바닥도 마주쳐야 소리가 난다고 하지 않습니까"라고 대답했다. "우리는 아직 아무것도 받아본 게 없습니다. … 충분한 정보가 없는 상태에서 그것을 승인할 수는 없습니다."

머스크는 사우디아라비아 측과의 논의를 중단하겠다고 위협했다. "미안하지만, 우리는 함께 일할 수 없겠군요." 그는 이렇게 알루마이얀에게 말했다.

기관 투자자들의 반발에 직면한 머스크는 8월 23일 성명을 통해 "제가 받은 피드백을 고려하건대, 테슬라의 기존 주주 대부분은 우리가 공개회사로 존재하는 것이 더 낫다고 생각하는 게 분명합니다"라며 회사를 비공개로 전환하겠다는 제안을 철회했다.

후폭풍이 거세게 밀려왔다. CNBC의 짐 크레이머는 방송에서 "이것은 리스크 감수를 선호하는 극단적인 조울성 행동방식의 전형입니다"라고 말했다. "저는 지금 많은 정신과 의사들이 최고 수준의 리스크 감수 성향으로 추정하면서 조사하고 있는 행동방식에 대해 말씀드리는 겁니다. 기업의 CEO가 이래서는 안 된다는 얘기입니다." 칼럼니스트 제임스 스튜어트는 〈뉴욕타임스〉에 이렇게 썼다. "'비공개기업으로 전환'한다는 트윗은 매우 충동적이고, 잠재적으로 부정확하며, 표현이 적절치 못한데다가 깊이 숙고되지도 않았기에 자신과 테슬라, 그리고 주주들에게 끔찍한 결과를 안겨줄 수도 있었다. 따라서 테슬라 이사회는 이제 민감하지만 중요한 질문을 던져야 한다. 그 트윗을 날릴 당시 머스크의 정신상태는 어떠하였는가?"

투자자들을 호도했다는 이유로 제기될 수 있는 연방 소송을 피하기 위해 머스크의 변호사들은 증권거래위원회와 혐의 해소 합의안을 도출했다. 머스크가 테슬라의 CEO직은 유지하되 이사회 의장직에서는 물러나고, 4,000만 달러의 벌금을 납부하며, 이사회에 두 명의 사외이사를 두는 내용이었다. 두고두고 골칫거리가 될 수밖에 없는 단서조항도 있었다. 머스크는 법인 감시단원의 허가를 받지 않고는 중요한 정보에 대해 공개적으로 언급하거나 트윗할 수 없다는 것이었다. 그라시아스와 테슬라의 CFO 디팩 아후자는 머스크가 이러한 조건을 받아들이고 그 논란을 (그리고 어쩌면 몇 달간의 멘붕까지) 잠재울 것을 강력히 촉구했다. 하지만 머스크는 불현듯 합의안을 거부함으로써 이들을 놀라게 했다. 9월 26일 밤, 증권거래위원회는 머스크가 테슬라나 다른 상장기업을 경영하는 것을 영원히 금지시키기 위한 소송을 제기했다.

다음 날 테슬라의 프리몬트 본사 사무실에 앉은 머스크는 생수 한 병을 움켜쥐고 CNBC가 나오는 대형 모니터를 응시했다. "SEC, 테슬라 창업자 겸 CEO 일론 머스크 사기 혐의로 제소"라는 자막이 떠 있었다. 이어서 큰 차트가 화면을 채우며 "테슬라 주가가 폭락했습니다"라는 멘트가 흘러나왔다. 주가는 17퍼센트나 하락했다. 그날 하루 종일 머스크의 변호사는 안토니오, 킴벌, 디팩과 함께 머스크에게 마음을 바꾸고 합의하라고 압박했다. 그는 마지못해 실용적인 노선을 취하는 데 동의하고 증권거래위원회의 합의안을 받아들였다. 주가는 다시 상승했다.

머스크는 자신이 잘못한 것이 없다고 믿었다. 다만 어쩔 수 없이 인정했을 뿐이었다. 그렇게 하지 않으면 테슬라가 파산으로 내몰릴 것이기에 거래를 할 수밖에 없었다고, 그는 말한다. "그건 마치 아이의 머리에 총을 겨누고 선택을 강요하는 것과 같았지요. 증권거래위원회는 불법적으로 내게 양보할 것을 강요한 거예요. 그 개자식들이." 그는 증권거래위원회의 약어인 SEC의 다른 의미에 대해 농담을 던지며 가운데 'E'가 '일론 소유'를 뜻한다고 말했다.

그는 2023년 자신의 트윗으로 인해 손해를 봤다고 주장하며 소송을 제기한 일단의 주주들과의 법정 싸움에서 승소하면서 부분적으로 정당성을 입증 받았다. 배심원단은 만장일치로 그가 주주들의 손실에 대해 법적 책임이 없다고 평결했다. 당시 잘 나가던 변호사 알렉스 스피로는 배심원단에게 "일론 머스크는 끔찍한 트윗 습관을 가진 충동적인 아이일 뿐"이라고 주장했다. 이는 진실이라는 덕목까지 갖춘 효과적인 변호 전략이었다.

48장

후유증

2018년

(위) 조 로건이 진행하는 팟캐스트에 출연한 머스크

(아래) 킴벌

<뉴욕타임스>와의 인터뷰

〈뉴욕타임스〉의 비즈니스 담당 기자 데이비드 겔레스는 2018년 머스크에게 일어난 드라마 같은 일들을 취재하던 많은 기자 중 한 명이었다. 그는 머스크와 함께 일하던 어떤 사람에게 "우리와 이야기하는 것이 그에게 유리합니다"라고 말했다. 8월 16일 목요일 오후 늦은 시각, 겔레스에게 한 통의 전화가 걸려왔다. "무엇을 알고 싶으세요?" 머스크가 그에게 물었다.

"그 트윗을 날릴 때 약을 한 상태였나요?"

머스크는 "아니오"라고 대답했다. 그는 의사에게 처방받은 수면제 암비엔을 필요할 때마다 복용할 뿐이라고 말했다. 이사회 멤버 중 일부는 머스크가 그 약을 남용하고 있다고 걱정했다.

겔레스는 머스크가 기진맥진한 상태임을 알 수 있었다. 그래서 힘든 질문으로 몰아세우는 대신 스스로 속내를 털어놓도록 유도하는 것이 낫겠다고 판단했다. "저기, 컨디션은 좀 어떠세요?" 그가 물었다. "괜찮으세요?"

그렇게 시작된 대화는 1시간 동안 이어졌다.

"사실 그다지 좋지 않아요." 머스크가 말했다. "진심으로 걱정하는 친구들이 여럿 찾아왔지요." 그런 다음 그는 감정에 휩싸여 한참을 멈췄다. "3~4일 동안 공장을 떠나지 않은 적도 있어요. 말 그대로 공장 밖으로 한 걸음도 나가지 않았던 거지요." 그가 다시 말했다. "정말 그렇게 아이들도 보지 못하는 대가를 치르면서 여기까지 온 겁니다."

머스크가 (나중에 미성년 성착취 혐의로 유죄 판결을 받은) 불명예스러운 금융가 제프리 엡스타인과 함께 일했다는 소문이 돈 적이 있었다. 겔레스가 이에 대해 언급하자 머스크는 부인했다. 실제로 머스크는 엡스타인과 아무런 인연도, 연줄도 없었다. 다만 엡스타인의 (아동 성매매를 도운 것으로 알려진) 조력자 기슬레인 맥스웰이 뉴욕 메트로폴리탄 박물관의 갈라 행사장에서 머스크의 뒤에 서서 기자들의 사진 촬영을 방해한 적이 한 번 있었을 뿐이었다.

겔레스는 상황이 나아지고 있는지 물었다. 머스크는 테슬라의 경우 개선되고 있다고 답했다. "하지만 개인적인 고통의 측면에서는 아직도 바닥을 치지 못한 느낌이에요." 그의 목이 메기 시작했다. 그는 평정을 되찾으려는 듯 잠시 말을 멈췄다. 겔레스는 이에 대해 나중에 이렇게 언급했다. "수년 동안 비즈니스 리더들과 무수히 많은 대화를 나눠봤지만, 그런 식으로 자신의 취약함을 드러낸 인물은 한 명도 없었습니다."

"일론 머스크, 테슬라 혼란기의 '극심한' 개인적 희생 토로" 겔레스는 〈뉴욕타임스〉 기사 제목을 이렇게 잡았다. 겔레스와 그의 동료들이 함께 쓴 그 기사에는 인터뷰 도중 머스크의 목이 멘 내용도 실렸다. "머스크는 웃음과 눈물을 번갈아 보였다. 그는 최근 일주일 동안 최대 120시간까지 일하고 있다고 말했다. … [그리고] 말라리아로 병상에 누웠던 2001년 이후 지금까지 일주일 이상 쉰 적이 없다고 한다." 다른 매체들이 이 이야기를 포착해 관련 보도를 쏟아냈다. 블룸버그 통신이 뽑은 헤드라인은 "불안정한 NYT 인터뷰, 테슬라 CEO의 건강에 대한 경보 유발"이었다.

다음 날 아침, 테슬라 주가는 9퍼센트 급락했다.

대마초 한 모금이 가져온 결과

머스크의 위태로운 심리 상태에 대한 이야기가 퍼지자 머스크의 홍보 컨설턴트 줄리아나 글로버는 그에게 장시간의 인터뷰를 통해 이 문제를 정리할 것을 권했다. 글로버가 이메일에 "우리는 당신의 정신상태에 대한 말도 안 되는 추측을 불식시켜야 합니다"라고 썼다. 그녀는 "책임감 있게 회사를 이끌고 유머 감각이 풍부하며 자기인식이 뚜렷한 진면목이 드러날 수 있도록" 길게 이야기를 나누는 형식의 인터뷰를 몇 개 뽑아볼 테니 그중에서 고르라고 했다. 그러면서 경고를 덧붙이는 것도 잊지 않았다. "어떤 경우에도 당신을 모욕한 그 영국인 탐험가의 성적 편향성에 대해 계속 고민하는 듯한 모습을 보여서는 안 됩니다."

제정신이 아닌 것 같다는 세간의 의혹을 잠재우기 위해 머스크가 선택한 매체는 풍부한 지식과 예리한 재치를 자랑하는 비평가 겸 코미디언 조 로건이 진행하는 비디오 스트리밍 팟캐스트였다. 얼티밋 파이팅 챔피언십UFC의 독특한 해설자로도 유명한 조 로건은 (너무 적절하게도) 게스트들과 지뢰밭을 헤쳐나가며 정치적 올바름을 무시하고 논란을 유도하는 것을 좋아하는 인물이었다. 로건은 종종 게스트가 무슨 말이든 하고 싶은 대로 지껄이게 내버려두며 2시간 30분 넘게 진행하는데, 머스크를 게스트로 맞이했을 때도 마찬가지였다. 머스크는 터널을 건설할 때 뱀 모양의 외골격을 만드는 방법을 설명했고, 인공지능의 위협과 인간을 향한 로봇의 복수 가능성, 뉴럴링크가 인간의 마음과 기계 사이에 직접적인 고대역폭 연결을 창출하는 방법 등을 신중하게 숙고했다. 그리고 둘은 인류가 고차원의 외계 지능에 의해 고안된 모종의 비디오 게임 시뮬레이션에서 자신도 모르게 아바타 역할을 수행하고 있을 가능성을 놓고 토론을 벌이기도 했다.

이런 식의 반추가 기관 투자자들에게 그가 기본 현실을 확고하게 파악하고 있음을 납득시키는 완벽한 방법은 아니었을지 모르지만, 적어도 이 인터뷰가 해가 될 것으로는 보이지 않았다. 그런데 그때 로건이 "담배종이에 마리화나를 말아놓은" 큼지막한 대마초 한 대에 불을 붙여 머스크에게 한 모금 피울 것을 권했다.

"주주들 때문에 안 되겠죠?" 로건이 머스크에게 출구를 열어주었다.

"아니, 합법적인 건 맞죠?" 머스크가 답했다. 그들이 있는 곳은 캘리포니아였다.

"완전히 합법적입니다." 로건이 말하며 마리화나 담배를 건네자 머스크는 머뭇거리며 장난스럽게 한 모금 들이마셨다.

잠시 후 문명의 발전에서 천재가 수행하는 역할에 대해 대화를 나누던 머스크가 고개를 돌려 휴대전화를 들여다보았다. "여자친구가 문자 메시지를 보낸 건가요?" 로건이 물었다.

머스크는 고개를 저었다. "친구들로부터 '대체 지금 뭐하는 거냐? 대마초 피우는 거냐?'라는 문자 메시지가 날아들고 있네요."

다음 날 〈월스트리트저널〉의 1면은 그때까지 나온 그 어떤 신문과도 많이 달라 보였다. 멀건 눈빛으로 비뚤어진 미소를 지은 머스크가 왼손에 두툼한 대마초를 들고 머리 주변으로 연기구름을 날리고 있는 매우 큰 사진이 실렸다. 팀 히긴스 기자는 이렇게 썼다. "테슬라의 주가는 자사 임원들이 연이어 퇴진하고 CEO 일론 머스크가 웹 스트리밍 인터뷰 도중 마리화나를 피우는 것처럼 보인 가운데 금요일을 맞아 연중 최저치로 떨어졌다."

머스크는 주법을 위반하지는 않았을지 모르지만, 투자자들을 더욱 불안하게 만들었을 뿐만 아니라 연방 규정을 위반한 것으로 보였고, 그 때문에 NASA의 조사를 받게 되었다. "스페이스X는 NASA의 계약업체였고, 그들은 법을 매우 신봉하는 사람들이었지요." 머스크는 말한다. "그래서 이후 몇 년 동안 무작위로 약물 검사를 받아야 했어요. 다행히도 나는 불법 약물을 정말로 좋아하지 않는 사람이에요."

바보 모드와 악마 모드

머스크는 팟캐스트 출연 차 조 로건의 스튜디오를 찾을 때 진행자에게 줄 선물을 들고 왔다. 바로 보링컴퍼니 로고가 박힌 플라스틱 화염방사기였다. 두 사람은 함께 그 장난감을 가지고 놀며 짧은 프로판 불꽃을 신나게 쏴댔고, 샘 텔러와 스튜디오 스태프들은 이를 피하며 웃었다.

화염방사기는 머스크 자신에 대한 좋은 은유였다. 눈썹을 찌푸리게 만드는 발언을 쏟아내며 즐거워하는 인물 아니던가. 화염방사기 아이디어는 회사가 'Boring Company' 모자를 상품화하여 1만 5,000개를 매진시킨 후 나왔다. "다음은 뭐죠?" 머스크가 물었다. 누군가 장난감 화염방사기를 제안했다. 머스크는 "오마이갓, 해보십시다"라고 반응했다. 그는 영화 〈스타워즈〉를 패러디한 멜 브룩스의 영화 〈스페이스볼〉을 무척 좋아했는데, 거기서 요다처럼 생긴 캐릭터가 해당 영화의 상품을 선전하며 "집에 화염방사기를 가져가세요"라는 대사로 마무리하는 장면이 나온다. 머스크의 아이들은 이 대사를 재밌어했다.

보링컴퍼니를 운영하던 스티브 데이비스는 눈을 녹이고 잡초를 그슬릴 수 있지만 화염방사기로 규제될 만큼 뜨겁지는 않은 비교적 안전한 시제품을 찾아냈다. 그들은 법에 저촉되지 않기 위해 농담조로 '화염방사기 아님'이라는 문구를 넣어 마케팅을 시작했다. 이용약관에는 다음과 같이 기록되어 있다.

집 안에서 사용하지 않는다.

배우자를 겨누지 않는다.

안전하지 않은 방법으로 사용하지 않는다.

가장 좋은 용도는 크렘 브릴레를 만드는 것이다. …

… 이것으로 우리의 문구 생성 능력은 한계에 이르렀다.

이 제품의 가격은 500달러였고(현재 이베이에서는 그 2배에 팔리고 있다), 4일 만에 2만 개가 매진되어 총 1,000만 달러의 매출을 기록했다.

머스크의 바보 모드는 악마 모드의 뒷면에 위치한다. 그는 가장 어두운 곳으로 침잠했을 때에도 종종 분노와 낄낄거리는 웃음 사이를 넘나든다.

그의 유머에는 여러 단계가 있다. 가장 낮은 단계는 똥 이모티콘이나 테슬라 차량에 프로그래밍된 방귀 소리, 기타 배설물 유머에 대한 그의 유치한 애정이다. 테슬라의 콘솔에 "똥구멍 열어"라고 음성 명령을 내리면 차량 후미의 전기 충전 포트가 열린다.

또한 그는 신랄하며 풍자적인 유머 감각도 가지고 있다. 스페이스X의 칸막이벽에 붙인 포스터가 그것을 잘 보여준다. 그 포스터에는 별똥별이 반짝이는 검푸른 하늘을 배경으로 다음과 같은 문구가 적혀 있다. "떨어지는 별을 보고 소원을 빌면 꿈이 이루어진다. 단, 지구로 돌진해 모든 생명을 파괴하는 유성이 아닌 경우에만 그렇다. 그 경우 소원이 무엇이든 그저 죽음을 맞이할 뿐이다. 단, 운석에 맞아 죽는 소원이라면 이룰 수 있다."

그의 유머 감각에 가장 깊이 뿌리 내린 가닥은 더글러스 애덤스의 《은하수를 여행하는 히치하이커를 위한 안내서》를 읽고 또 읽으면서 흡수한, 형이상학적인 과학마니아의 익살스런 기발함이다. 2018년 그 혼란의 와중에 그는 자신의 낡은 선홍색 테슬라 로드스터를 저 깊은 우주로 보내기로, 즉 4년 후 그것을 화성 근처로 데려갈 우주 궤도에 쏘아 올리기로 결심했다. 그는 팰컨 9호 부스터 세 개를 묶어 새로 만든, 27개의 엔진이 장착된 로켓인 팰컨 헤비의 첫 번째 발사에서 그 일을 해냈다. 테슬라에서 생산한 로드스터의 글로브박스에 《은하수를 여행하는 히치하이커를 위한 안내서》 한 권을 넣었고, 대시보드에는 이 소설에 나오는 "당황하지 마세요!"라는 문구가 적힌 표지판을 붙였다.

킴벌과의 갈등

거칠게 자라던 어린 시절과 집투의 파트너 시절, 일론과 킴벌은 종종 격렬하게 싸웠다. 하지만 그 모든 우여곡절의 와중에도 킴벌은 일론의 가장 가까운 동지였으며, 불편한 진실을 직언하면서도 그를 이해하고 그의 곁을 지켜주는 형제였다.

7월에 안토니오 그라시아스가 신혼여행 중이던 그를 소환한 후, 킴벌은 콜로라도에서 출범시켜놓은 자신의 '농장 직송' 레스토랑 체인사업은 제쳐둔 채 거의 풀타임으로 테슬라에서 일했다. 증권거래위원회와의 갈등으로 위기에 처했을 당시 그는 가장 크게 목소리를 높여 일론에게 합의안을 수용할 것을 촉구했다. 그리고 이사회 일각에서 자신을 몰아낼 음모를 꾸미고 있을지도 모른다는 일론의 걱정스러운 연락을 받았을 때에는 즉시 로스앤젤레스로 날아와 형의 곁을 지켰다. 콰즈에서 팰컨의 발사가 실패로 돌아간 이후에 그랬고 다른 몇몇 경우에도 그랬던 것처럼, 일론의 집에서 긴장감 넘치는 회의가 진행되던 그 토요일에 킴벌은 그곳에 모인 사람들을 위해 요리를 해주며 긴장을 풀도록 도왔다. 이번에 그가 준비한 것은 완두콩과 감자 양파 캐서롤을 곁들인 연어 요리였다.

하지만 킴벌은 형에 대한 불만이 쌓여가고 있었고, 특히 증권거래위원회와 합의하도록 설득할 때 외부인들까지 동원했어야 했다는 사실이 못내 서운했다. 10월에 킴벌은 한계에 다다랐다. 그의 레스토랑 그룹이 재정적으로 어려움을 겪고 있었기에 그가 자금 조달에 나서지 않을 수 없었다. "그래서 형에게 전화를 걸어 '사업 자금 조달을 도와줘'라고 말했지요." 자금 조달 라운드는 약 4,000만 달러를 목표로 진행할 예정이었고, 킴벌은 일론에게 1,000만 달러를 대부 형식으로 지원해달라고 부탁했다. 일론은 처음에 동의했다. "일기장에 '일론에 대한 무조건적인 사랑'이라고 적었던 기억이 납니다." 킴벌의 말이다. 하지만 킴벌이 돈을 송금받기 위해 연락했을 때 일론은 마음이 바뀐 상태였다. 일론의 개인 재무관리자인 재러드 버챌이 수치를 검토한 후 킴벌의 비즈니스가 지속 가능하지 않다고 조언했기 때문이다. "그 레스토랑에 투자한다면 돈을 하수구로 흘려보내는 것과 마찬가지였습니다." 버챌이 내게 한 말이다. 그리하여 일론은 킴벌에게 나쁜 소식을 전했다. "재무관리자를 시켜 알아보니까 레스토랑이 버텨나가기 어려운 상황이던데, 폐업하는 게 나을 것 같다."

"방금 뭐라고 했어?" 킴벌이 소리쳤다. "엿 먹어! 엿이나 먹으라고! 이러면 안 돼." 그는 일론에게 테슬라의 재정이 어려워졌을 때 자신이 곁에서 일하며 자금을 지원했었다는 사실을 격렬하게 상기시켰다. 킴벌은 말했다. "그때 테슬라의 재정도 마찬가지였어. 전문가가 살펴봤다면 마땅히 죽여야 할 회사였다고. 그러니까 그런 식으로 풀어선 안 될 문제라고."

결국 일론은 물러섰다. "나는 기본적으로 강압적으로 나갔고, 그는 결국 500만 달러를 투자하기로 했지요." 레스토랑은 살아남았다. 하지만 그럼에도 이 사건으로 인해 둘 사이에는 지우기 힘든 금이 생겼다. "나는 형에게 정말 화가 나서 이후로 말을 걸지 않았어요." 킴벌은 말한다. "형을 잃은 것 같은 기분이었어요. 테슬라에서 그렇게 힘겹게 버티다 보니 형이 달라진 것 같았어요. 그래서 '형과는 끝났어'라는 생각이 들었던 거지요."

6주간의 침묵 끝에 킴벌은 불화를 해소하기 위해 손을 내밀었다. "형을 잃고 싶지 않았기에 다시 일론의 동생으로 돌아가기로 결심했지요." 그는 말한다. "사실 형이 보고 싶었어요." 그래서 일론에게 연락했을 때 그가 어떤 반응을 보였는지 내가 물었다. "아무 일도 없었다는 듯이 반응했어요. 형은 그런 사람이에요."

스트로벨과의 이별

놀랄 것도 없이 머스크의 최고경영진 중 상당수가 2018년의 생산 지옥과 뒤이은 혼란을 견디지 못하고 회사를 떠났다. 테슬라의 영업과 마케팅을 총괄하는 사장이었던 존 맥닐은 머스크가 회의실 바닥에 누워 있을 때를 포함해 정신적 고통을 겪는 동안 그를 돕는 역할을 했다. "나로서는 갈수록 너무 진이 빠지는 일이 되었습니다." 맥닐의 말이다. 그는 2018년 1월 머스크를 찾아가 심리학적인 도움을 받으라고 촉구하며 퇴사 의사를 밝혔다. "당신을 사랑하지만 더는 이 일을 할 수 없어요."

엔지니어링 부문 수석 부사장이었던 더그 필드는 테슬라의 차세대 CEO로 고려되던 인물이었다. 그러나 머스크는 생산 지옥이 시작될 무렵 그에 대한 신뢰를 잃고 제조를 총괄하던 그의 역할을 박탈했다. 그는 애플로 떠난 후 다시 포드로 자리를 옮겼다.

상징적으로든 정서적으로든 가장 중요한 결별은 2003년 저녁식사에서 리튬이온 배터리를 전기자동차에 쓸 수 있다고 적극 추천한 이후 16년 동안 머스크 곁을 지켰던 쾌활한 성격의 공동창업자 JB 스트로벨의 퇴사였다. 2018년 말, 스트로벨은 15년 만에 처음으로 진정한 의미의 긴 휴가를 떠났다. "내 개인적인 행복지수가 낮았고 계속 하락하는 추세였어요." 그의 말이다. 그는 당시 리튬이온 자동차 배터리의 재활용을 목표로 독자적으로 창업한 레드우드 머티리얼즈Redwood Materials라는 부업 성격의 사업에서 훨씬 더 많은 즐거움을 얻고 있었다. 또 다른 요인은 머스크의 그 당시 심리 상태였다. "머스크는 실로 고군분투하고 있었고, 그 때문에 평소보다 조금 더 경박하고 변덕스런 행태를 보였어요." 스트로벨은 말한다. "나는 안타까운 생각이 들어 친구로서 그를 도우려고 노력했지만, 별다른 도움이 되지 못했지요."

머스크는 대개 사람들이 떠나는 것을 감상적으로 받아들이지 않는다. 오히려 '신선한 피'를 좋아하는 터라 나쁘지 않은 변화로 받아들이는 경우가 많다. 그는 스스로 "배부른 태만"이라 일컫는 현상에 더 신경을 쓴다. 회사에서 오랫동안 일해서 돈도 충분하고 별장도 몇 채 갖춘 탓에 더 이상 공장 현장에서 밤새 일하는 등 열정을 불사를 마음이 들지 않는 경우를 말하는 것이다. 하지만 스트로벨의 경우, 머스크는 직업적 신뢰뿐만 아니라 개인적인 애정도 느끼고 있었다. "일론이 내가 떠나는 것을 싫어하는 태도를 보여 조금 놀랐지요." 스트로벨의 회상이다.

2019년 초 두 사람은 여러 차례 대화를 나눴고, 스트로벨은 머스크의 복잡한 감정 기복을 경험할 수 있었다. "머스크는 대개 경고 없이 매우 감정적이고 인간적인 모습에서 말 그대로 그런 모습을 조금도 찾아볼 수 없는 상태로 변할 수 있지요." 스트로벨은 말한다. "때때로 그는 애정과 배려심이 흘러넘치는 모습을 보여요. 충격적일 정도로 그러는데, 그러면 '세상에, 그래, 우리는 함께 그 엄청난 고난을 겪으며 깊은 유대감을 다져온 사랑하는 친구 사이야'라는 생각이 들 수밖에 없죠. 하지만 그 순간 거기에 특유의 멍한 눈빛이 뒤섞이면서, 마치 그가 나를 꿰뚫어보고 있는 것처럼 느껴지고 감정은 전혀 감지되지 않는 겁니다."

결국 두 사람은 2019년 6월 팰로앨토 인근 컴퓨터 역사박물관에서 열리는 테슬라의 연례총회에서 스트로벨의 퇴진을 발표하기로 계획을 세웠다. 장소가 장소인 만큼 16년 전의 꿈에서부터 전기자동차 시대의 (이제 수익성까지 갖춘) 선구자가 되기까지 테슬라의 역사를 되돌아볼 수 있는 좋은 기회가 될 터였다. 그런 다음 스트로벨의 후임자로 입사 12년 경력의 베테랑 드루 배글리노를 소개하기로 했다. 스트로벨과 배글리노는 흐느적거리듯 움직이는 몸짓에서 부끄럼 타는 태도까지 닮은 면이 많았고, 서로에 대한 애정도 깊었다.

행사 직전 대기실에서 머스크는 스트로벨의 퇴사를 발표하는 것에 대해 다시 한번 생각했다. "느낌이 좋지 않아요." 그가 말했다. "오늘은 하지 말아야 할 것 같아요." 스트로벨은 은근히 안도했다. 그 역시 막상 떠날 순간이 다가오자 감당하기 벅찬 감정이 밀려왔던 것이다.

머스크는 프레젠테이션의 첫 부분을 혼자 진행했다. 그는 "정말 대단한 1년 이었습니다"라고 말문을 열었다. 여러 측면에서 사실을 제대로 적시한 표현이었다. 모델 3는 이제 고급 승용차 부문에서 모든 경쟁 모델(가솔린차든 전기차든)보다 더 많이 팔리고 있었으며, 매출 면에서도 미국 내 '모든' 자동차 중 1위를 기록하고 있었다. "10년 전만 해도 아무도 이런 일이 일어날 수 있을 것으로 믿지 않았습니다." 그가 말했다. 이어서 그의 아찔한 유머가 잠시 무대를 채웠다. 그는 테슬라 운전자가 버튼을 누르면 조수석에 누군가 앉을 때 방귀 소리가 나도록 하는 '방귀 앱'에 대해 설명하며 낄낄거리기 시작했다. "아마도 제 최고의 작품일 겁니다."

또한 그는 언제나 그랬듯이 자율주행 테슬라가 곧 출시될 것이라고 약속했다. "올해 말까지 자율주행 기능이 완성될 것으로 예상합니다"라고 말하며 그동안 약속한 출시 예정 연도들에 2019년을 추가했다. "집 차고에서 직장의 주차 공간까지 아무런 개입 없이 이동할 수 있을 것입니다." 한 청중이 마이크를 잡고 자율주행에 대한 머스크의 이전 약속이 실현되지 않았다며 이의를 제기했다. 머스크는 질문자의 말이 옳다는 것을 알기에 웃음부터 흘렸다. "네, 제가 때때로 시간 프레임에 대해 너무 낙관적이기도 합니다." 그가 말했다. "네, 여러분들 모두 이제 그 점을 아실 겁니다. 하지만 제가 낙관적이지 않다면 과연 이 일을 하고 있을까요? 세상에나 마상에나!" 청중은 박수를 보냈다. 그들은 그 농담에 공감했다.

그가 스트로벨과 배글리노를 무대로 초대하자 큰 환호가 터져 나왔다. 테슬라 팬들 사이에서 그들은 사랑받는 스타였다. "배글리노는 회사를 설립한 지 몇 년 되지 않아 우리 팀이 열 명이 채 안 되는 아주 작은 팀이었을 때 합류했고, 그 이후로 제가 회사에서 수행한 거의 모든 주요 이니셔티브에서 제 오른팔 역할을 훌륭히 수행했습니다." 스트로벨이 진심 어린 애정을 담아 말했다. 바로 그 시점에서 스트로벨이 은퇴를 발표한다는 것이 애초의 계획이었다. 대신 스트로벨과 머스크는 그간의 추억을 나누는 기회를 가졌다. 머스크가 말했다. "테슬라의 2003년 시절로 거슬러 올라가면 JB와 제가 해롤드 로젠과 점심을 먹었던 때가 생각납니다. 그날 우리는 정말 유익한 대화를 나눴습니다."

"사실 우리는 이 일이 어떻게 전개될지 정확하게 그려볼 순 없었습니다." 스트로벨이 덧붙였다.

"저는 사실 실패할 확률이 높다고 생각했습니다. 2003년만 해도 사람들은 전기차라면 골프 카트나 떠올리며 모든 면에서 나쁜, 가장 멍청한 물건이라고 생각하고 있었거든요." 머스크가 말했다.

"하지만 우리는 해야 한다고 믿었습니다." 스트로벨이 덧붙였다.

몇 주 후 실적 발표 전화 회견에서 머스크는 스트로벨이 떠난다는 소식을 무심히 알렸다. 하지만 머스크는 스트로벨에 대한 존경심을 버리지 않았다. 2023년, 그는 스트로벨을 테슬라 이사회 멤버로 추대했다.

49장

특이한 만남

2018년

(왼쪽) 무대 의상을 차려 입은 그라임스
(오른쪽) 메트로폴리탄 박물관 갈라 행사장에서

EM+CB

우리가 속한 시뮬레이션의 창조자들, 즉 우리가 현실이라고 믿는 그것을 고안해낸 악당들은 때때로 가장 복잡한 시기에, 혼란스러운 새로운 서브플롯을 만들어내는 반짝이는 새로운 요소를 던져놓곤 한다. 그렇게 2018년 봄, 앰버 허드와의 이별로 감정적 쓰나미에서 허우적대던 머스크의 삶에 그라임스라는 예명의 영리하고 매혹적인 퍼포먼스 아티스트 클레어 부셰가 등장했다. 이 새로운 요소는 이후 머스크가 세 자녀를 더 두고 간간이 가정에 충실하며, 심지어는 고삐 풀린 래퍼와 공개적인 대결까지 벌이는 서브플롯을 창출한다.

밴쿠버에서 태어난 그라임스는 머스크와 사귀기 시작할 무렵 이미 네 장의 앨범을 발표한 상태였다. 공상과학 테마와 밈을 바탕으로 한 그녀의 매혹적인 음악은 드림팝과 일렉트로니카의 요소들을 음향적 질감과 결합한 것이 특징이었다. 그녀는 모험적인 지적 호기심을 보유했기에 더 이상 인간이 통제할 수 없을 정도로 발달한 인공지능이 자신이 권력을 얻는 것을 돕지 않는 인간은 누구든 고문을 하게 되리라고 상정하는 '로코의 바실리스크Roco's Basilisk'라고 알려진 사고실험과 같은 자극적인 아이디어들에 관심을 갖게 되었다. 그녀가 걱정하는 것과 머스크가 우려하는 사안이 일맥상통했던 셈이다. 머스크는 '로코의 바실리스크'와 관련해 말장난을 트윗하고 싶어 구글로 관련 이미지를 검색했고, 그라임스가 2015년 〈피 없는 살〉의 뮤직비디오에 그런 요소를 사용했다는 사실을 알게 되었다. 그라임스와 머스크는 트위터를 통해 대화를 나누게 되었고, 현대적 방식에 따라 다이렉트 메시지와 문자 메시지로 대화를 이어나갔다.

두 사람은 이전에 만난 적이 있었는데, 아이러니하게도 머스크가 앰버 허드와 함께 탄 엘리베이터 안에서였다. "그때 그 엘리베이터에서 만났던 거 기억해요?" 어느 늦은 밤, 머스크와 나, 그녀까지 셋이 만나 대화를 나누던 중 그녀가 머스크에게 물었다. "어휴, 정말 이상했어요."

"특이한 만남이었지." 머스크가 동의했다. "당신이 날 아주 강렬하게 쳐다봤잖아."

"아니요." 그녀가 정정했다. "이상한 눈빛을 보낸 건 당신이었죠."

로코의 바실리스크에 대한 관심으로 트위터를 통해 다시 만난 후, 머스크는 프리몬트 공장으로 그녀를 초대했다. 그는 그곳이 데이트하기에 좋은 장소라고 여겼다. 2018년 3월 말, 주당 5,000대 생산이라는 목표를 향해 정신없이 바쁘게 움직이던 때였다. "우리는 밤새도록 공장 현장을 걸었고, 저는 그가 이런 저런 문제를 해결하려고 애쓰는 모습을 지켜보았어요." 그라임스의 말이다. 다음 날 저녁, 그녀를 태우고 레스토랑에 가면서 그는 차가 얼마나 빨리 속도가 오르는지 보여준 다음 운전대에서 손을 떼고 자신의 눈을 가린 채 그녀에게 오토파일럿을 체험하게 했다. "'오, 이런, 이 남자 미쳤나 봐.' 제 입에서 이런 말이 튀어나왔어요. 그런데 차가 스스로 신호를 보내고 차선을 변경하더군요. 마치 마블 영화의 한 장면처럼 느껴졌어요." 그녀의 말이다. 레스토랑에서 머스크는 벽에 'EM+CB'라고 새겼다.

그녀가 그가 지닌 파워를 간달프의 그것과 비교하자, 머스크는 《반지의 제왕》에 관한 일종의 스피드 퀴즈를 내며 그녀를 테스트했다. 그녀가 진정으로 충실한 팬인지 확인하고 싶었던 것이다. 그녀는 통과했다. "나에게는 중요한 문제였어요." 머스크의 말이다. 그녀는 선물로 자신이 수집한 동물 뼈를 담은 상자를 그에게 주었다. 그 밤에 둘은 함께 댄 칼린의 《하드코어 히스토리》 오디오북과 다른 역사 팟캐스트 등을 들었다. "제가 진지한 관계에 들어갈 수 있는 유일한 방법은 잠자리에 들기 전에 1시간 정도 같이 전쟁사 같은 것을 들을 수 있는 데이트 상대여야 한다는 겁니다." 그녀는 말한다. "일론과 저는 고대 그리스와 나폴레옹, 제1차 세계대전의 군사전략 등과 같은 주제를 놓고 많은 대화를 나눴습니다."

때는 2018년, 머스크가 정신적으로, 그리고 사업적으로 매우 힘겹게 버티던 시기였다. "저기요, 정말 많은 스트레스에 시달리고 있는 것처럼 보여요." 그녀가 그에게 말했다. "내가 음악 장비를 당신 집으로 옮겨놓고 일하면 어떨까요?" 그는 그렇게 해주면 좋겠다고 했다. 그녀가 와서 지내면 덜 외로울 것 같았다. 그녀는 그의 정서적 혼란이 진정될 때까지 몇 주 정도 그와 함께 지내야 겠다고 생각했다. "하지만 폭풍은 멈추지 않았고, 제가 탄 배는 이미 출발한 셈 이었기에 그냥 그곳에 머물렀습니다."

그녀는 그가 전투 모드에 들어가 일하던 시기에 주로 밤 시간을 이용해 공장에 몇 차례 동행했다. "그는 항상 모터에 문제가 있진 않은지, 엔진에 문제가 있진 않은지, 열차폐는 괜찮은지, 액체산소 밸브는 괜찮은지 살피곤 했어요." 그녀의 말이다. 어느 날 함께 저녁식사를 하러 나간 머스크는 갑자기 입을 닫고 생각에 잠겼다. 1~2분 후, 그는 그녀에게 펜이 있냐고 물었다. 그녀는 지갑에서 아이라이너를 꺼냈다. 그는 그것을 가져가다 냅킨에 엔진 열차폐의 개조 아이디어를 그리기 시작했다. "우리가 함께 있어도 그의 머릿속이 다른 곳으로 향할 때가 있다는 것을 깨달았습니다. 물론 대개 일과 관련된 문제로 향하곤 했죠." 그녀의 말이다.

그해 5월, 테슬라 공장의 생산 지옥에서 잠시 빠져나온 머스크는 그라임스와 함께 뉴욕으로 가서 셀럽들이 과장된 패션과 의상으로 호화찬란한 레드카펫 쇼를 펼치는 메트로폴리탄 박물관의 연례 갈라 행사에 참석했다. 그라임스가 착용한 단단한 유리 코르셋과 테슬라 로고를 닮은 스파이크로 만든 목걸이, 중세 펑크풍의 흑백 앙상블 의상은 머스크의 아이디어였다. 그는 심지어 테슬라 디자인 팀의 한 명에게 의상 제작을 돕도록 시키기도 했다. 머스크 자신은 사제복 칼라가 달린 흰색 셔츠와 새로운 시대 질서를 예고하는 라틴어 문구 '오르도 세클로룸ōrdō sēclōrum'이 희미하게 새겨진 새하얀 턱시도 재킷을 입었다.

랩 배틀

그라임스는 머스크가 혼란의 시기를 잘 이겨내도록 돕고 싶었다. 하지만 그녀는 상대를 차분하게 만드는 사람이 아니었다. 그녀를 독특한 아티스트로 만든 강렬함은 산만한 생활방식을 수반했다. 그녀는 주로 밤에 움직이고 낮에는 거의 잠만 잤다. 그녀는 머스크의 집안일을 돌보는 직원들을 까다롭게 대하고 불신했으며, 그의 어머니와도 사이가 좋지 않았다.

머스크는 드라마 같은 사건에 중독되어 있었고, 그라임스는 그런 사건을 자석처럼 끌어당겼다. 서로 짝을 이루는 특성을 보유한 셈이었다. 의도했든 그렇지 않았든 그녀는 드라마를 끌어당겼다. 2018년 8월, 태국 동굴 사건과 테슬라의 비공개 전환으로 혼란이 걷잡을 수 없이 커지고 있을 때 그라임스는 래퍼 아젤리아 뱅크스를 머스크의 집에 초대했다. 함께 음악 작업을 하자는 취지였다. 하지만 그녀는 머스크와 콜로라도 주 볼더에 있는 킴벌에게 함께 가기로 한 사실을 깜박 잊고 뱅크스를 초대한 것이었다. 그라임스는 뱅크스에게 자기가 없는 주말 동안 게스트하우스에 머물러도 된다고 말했다. 그 금요일 아침, 그러니까 그가 테슬라의 비공개 전환에 대한 트윗을 날리고 3일이 지난 아침, 머스크는 일어나 운동을 하고 몇 통의 전화를 한 후 집에 있는 뱅크스를 얼핏 보게 되었다. 그는 다른 일에 집중할 때는 주변에 별다른 주의를 기울이지 않는다. 그는 그녀가 그라임스의 친구라는 것 외에는 누군지 잘 몰랐다.

그라임스가 머스크와 여행하기 위해 녹음 세션을 취소한 것에 화가 난 뱅크스는 팔로워가 많은 자신의 인스타그램에 폭언을 쏟아냈다. "그라임스는 주말 내내 나를 기다리게 해놓고 약에 취한 상태로 트위터를 해서는 안 된다는 것도 모를 정도로 멍청한 남자친구를 애지중지 챙기러 갔네요." 이는 거짓이었지만(머스크는 약을 한 적이 없었다), 당연히 언론뿐만 아니라 증권거래위원회의 관심까지 끌어 모았다. 그라임스와 머스크에 대한 뱅크스의 게시 글은 점점 선을 넘어 미쳐 돌아가기 시작했다.

LOL(너무 웃겨), 일론 머스크는 에스코트를 고용하는 게 낫지. 적어도 에스코트는 그의 사업에 대해 떠벌이지는 않을 테니까. 그는 팝스트 숲속의 마약 중독자에게서 태어난 비열한 인간을 여자친구랍시고 두었어. 그녀는 온 동네를 쏘다니며 모든 사람에게 그에 대한 모든 것을 떠벌이는 데 말이야. 그 모든 게 엠버 허드로 인해 쪼그라든 꼬추를 감추기 위해 멧 갈라에 데려갈 데이트 상대가 필요했기 때문이라네. LOL. … 그는 다운증후군 스펙트럼에 속해. 그래서 뭔가 이상한 면이 있지. 나라면 그를 '외계인'이라고 부르진 않겠어. 돌연변이가 같거든. … 빌어먹을 무지렁이 백인들. 다시는 백인 년이랑 일하지 않을 테야.

〈비즈니스 인사이더〉의 요청으로 전화 인터뷰를 진행하면서 뱅크스는 이 상황을 테슬라를 비공개로 전환하겠다는 머스크의 약속과 연결시켰고, 이는 법적으로 문제를 더욱 악화시켰다. "그 트윗 이후 그가 부엌에서 다리 사이에 꼬리를 말아 넣고 뒤를 봐줄 투자자를 찾아 헤매는 모습을 봤어요." 그녀가 말했다. "스트레스를 받아 얼굴이 벌겋게 달아올라 있었죠."

그때까지만 해도 머스크와 관련된 괴상한 이야기는 오래가지 않았다. 이 이야기는 약 일주일 동안 타블로이드 신문들에서 센세이션을 일으키다가 뱅크스가 사과문을 올린 후 사그라졌다. 그라임스는 이 이야기를 음악의 소재로 삼았고, 2021년 〈100퍼센트 비극〉이라는 제목의 노래를 발표했는데, "내 인생을 파괴하려던 아젤리아 뱅크스를 물리쳐야 했다"는 내용을 담고 있다.

다양한 버전의 머스크

그런 드라마에도 불구하고 그라임스는 머스크에게 좋은 파트너였다. 앰버 허드(그리고 머스크 자신)와 마찬가지로 그녀 역시 혼돈을 지향했지만, 앰버와 달리 그녀의 혼돈은 친절과 심지어 달콤함이 뒷받침하고 있었다. "저의 '던전앤드래곤' 성향은 혼란한 선善에 가깝지만, 앰버의 성향은 혼란한 악惡에 가깝습니다." 그라임스의 말이다. 그녀는 바로 그 점이 머스크가 앰버에게 빠져든 이유라는 것을 깨달았다. "그는 혼란한 악에 끌립니다. 그의 아버지와 그가 자란 환경이 그랬기 때문에 나쁜 대우를 받던 습성에 금세 다시 젖어드는 겁니다.

그는 사랑을 비열하게 굴거나 학대하는 것과 연관시킵니다. 에롤과 엠버가 일맥상통하는 셈이죠."

그녀는 그의 강렬함을 즐겼다. 어느 저녁 둘이 3D 영화 〈알리타: 배틀 엔젤〉을 보러 갔다. 하지만 조금 늦는 바람에 3D 안경이 모두 동난 상태였다. 머스크는 화면이 완전히 흐릿하게 겹쳐 보이는데도 끝까지 그냥 영화를 보겠다고 고집했다. 그라임스가 비디오 게임 '사이버펑크 2077'에서 자신이 연기한 사이보그 팝스타의 목소리 녹음을 하고 있을 때는 그가 200년 된 총을 휘두르며 스튜디오에 나타나 카메오로 출연하게 해달라고 떼를 썼다. "스튜디오 사람들이 진땀을 뻘뻘 흘렸어요." 그라임스의 말이다. 머스크가 덧붙인다. "나는 무장했지만 위험하지는 않다고 말했지요." 결국 그들은 물러섰다. 게임 속 인공두뇌 이식이 그가 뉴럴링크에서 하고 있던 일의 공상과학 버전이었기에 "아주 공감이 갔거든요"라고 그는 말한다.

머스크에 대한 그녀의 기본적인 통찰은 그의 두뇌 배선이 다른 사람들과 다르다는 것이었다. "아스퍼거증후군을 가진 사람을 상대하는 것은 어렵습니다." 그녀는 말한다. "그는 주변의 분위기를 읽는 데 능숙하지 않습니다. 그의 감정 이해력은 보통 사람과 매우 다릅니다." 사람들이 그를 판단할 때 그의 심리적 구성을 염두에 두어야 한다고 그녀는 주장한다. "누군가 우울증이나 불안증을 앓는 경우 우리는 측은히 여깁니다. 하지만 아스퍼거증후군이 있는 사람에 대해서는 그저 '개자식'으로 치부해버리고 말죠."

그녀는 그의 다양한 모드를 탐색하는 법을 배웠다. "그는 수많은 마음과 상당히 뚜렷이 구별되는 다양한 성격을 가지고 있습니다." 그녀는 말한다. "그는 매우 빠른 속도로 그 사이를 오갑니다. 방 안의 공기가 바뀐 것이 느껴진다면, 그것은 갑자기 모든 상황이 그의 다른 상태로 넘어가버렸기 때문인 거죠." 그녀는 그의 각기 다른 성격들이 음악이나 인테리어에 대한 취향도 다르다는 것을 알아차렸다. "제가 가장 좋아하는 버전은 버닝맨 같은 데 가고 카우치에서 자고 통조림 수프를 먹고 차분하게 지내는 일론이에요." 당연히 그녀가 가장 싫어하는 버전은 악마 모드에 빠진 일론이다. "그의 악마 모드는 어두움으로 들어가 머릿속 폭풍 속으로 침잠하는 상태입니다."

어느 저녁, 그들이 나를 포함한 일행과 함께 저녁식사를 하고 있을 때 어두운 구름이 모여들며 머스크의 기분이 바뀌는 모습이 내 눈에 들어왔다. 그라임스는 천천히 그에게서 떨어져 거리를 두었다. "밖에 놀러 나오면 저는 항상 제대로 된 일론과 함께 있는지 확인합니다." 그녀가 나중에 설명했다. "그 머릿속에는 저를 싫어하는 남자들이 있고 저도 그들을 좋아하지 않거든요."

때때로 일론의 버전 중 하나는 다른 버전이 한 일을 기억하지 못하는 것처럼 보이기도 한다. "그가 뇌의 특정 공간에 들어가 있을 땐 누가 무슨 말을 하든 전혀 기억하지 못할 수 있어요." 그라임스는 말한다. "그런 식으로 특정한 무엇에 집중하고 있을 땐 외부적인 자극을 포함해 외부 세계에서 들어오는 어떤 정보도 받아들이지 않아요. 눈앞에 물건을 들이대도 그는 그것을 보지 못합니다." 그가 초등학교에 다닐 때 친구들이 경험한 것과 똑같은 내용이다.

2018년 머스크가 테슬라와 관련해서 감정적 혼란에 빠져 있을 때, 그녀는 그를 진정시키려고 노력했다. 어느 날 밤 그녀는 그에게 "모든 것을 다 엉망이라고 생각할 필요는 없어요"라고 말했다. "모든 일에 항상 흥분할 필요도 없고요." 그러나 그녀는 또한 다른 사람들이 이해하지 못하는 방식으로, 그의 불안감이 성공의 원동력이라는 것을 이해했다. 그녀가 이것까지 이해하는 데에는 조금 더 시간이 걸렸지만, 사실 그의 악마 모드도 마찬가지였다. "그의 악마 모드는 많은 혼란을 야기합니다. 하지만 목표를 달성하게 만들기도 하지요."

50장

테슬라의 중국 공장

테슬라, 2015-2019년

상하이에서 로빈 렌과 함께

중국 공장

　　상하이 태생의 물리학 올림피아드 우승 경력자로서 펜실베이니아대학교 시절 머스크의 물리학 실험실 파트너였던 로빈 렌은 자동차에 대해 잘 알지 못했다. 사실 그가 아는 것의 대부분은 1995년 졸업식을 마치고 머스크와 함께 떠났던 미국 횡단 도로 여행에서 배운 내용이었다. 머스크는 그에게 수동변속 차량 운전법과 고장 난 BMW를 다루는 방법을 가르쳤다. 이후 델컴퓨터 산하의 플래시 드라이브flash drive(USB의 일종) 제조 자회사의 CFO가 된 렌에게는 하등 쓸모가 없는 기술이었다. 그래서 그는 20년 후 머스크가 팰로앨토에서 점심을 같이 하자고 초대한 후 제안한 내용에 깜짝 놀라지 않을 수 없었다.

　　중국에서 자동차를 판매하는 것, 그것이 테슬라의 글로벌 시장 제패라는 야망의 열쇠였지만 상황이 잘 풀리질 않았다. 머스크는 두 명의 중국 관리자를 연이어 해고했고, 한 달 동안 중국에서 120대밖에 판매하지 못한 후에는 중국에서 일하던 간부 팀 전원을 해고할 준비까지 했다. 그는 점심식사 자리에서 렌에게 "어떻게 하면 테슬라의 중국 사업을 바로 잡을 수 있을까?"라고 물었다. 렌은 자동차 산업에 대해선 잘 모른다면서 중국에서 사업하는 방법에 대한 몇 가지 고차원적인 개념만 설명했다. "다음 주에 부총리를 만나러 중국에 갈 거야. 같이 갈 수 있겠어?" 자리를 마치고 일어나면서 머스크가 말했다.

　　렌은 머뭇거렸다. 중국 출장을 막 마치고 돌아온 상태였기 때문이다. 하지만 그는 머스크의 임무에 동참하고 싶은 거부할 수 없는 끌림을 느꼈고, 다음 날 아침 이메일을 보내 갈 준비가 되었다고 말했다. 부총리와의 만남은 화기애애하게 진행되었다. 이어서 그들은 전직 관료와 다른 고문들을 만났는데, 그들은 중국에서 자동차를 성공적으로 판매하려면 테슬라가 중국에서 자동차를 생산해야 한다고 말했다. 중국 법에 따르면, 그렇게 하기 위해서는 중국 기업과 합작회사를 설립해야 했다.

　　머스크는 합작 투자라면 알레르기가 생길 정도로 싫어했다. 그는 통제권을 공유하는 사업가가 아니었다. 그래서 그는 실없는 유머 모드를 발동하여 테슬라는 결혼하고 싶지 않다고 강조했다. "테슬라가 너무 어리거든요"라고 그가 말했다. "이제 겨우 아기잖아요. 근데 어떻게 결혼을 시켜요?" 그는 일어나서 결혼식 통로를 걸어가는 두 유아의 흉내를 낸 다음 특유의 낄낄거리는 웃음을 터뜨렸다. 방에 있던 다른 사람들 모두가 웃었지만, 중국인들은 다소 미적미적 웃었다.

머스크의 제트기를 타고 돌아오면서 렌과 머스크는 대학 시절을 회상하며 물리학에 관한 재미난 사실들을 공유했다. 제트기가 착륙한 후 계단을 내려가며 머스크가 물었다. "테슬라에 들어올래?" 렌은 "응"이라고 대답했다.

렌의 가장 큰 과제는 중국에서 제조업을 할 수 있는 방법을 찾는 것이었다. 머스크의 반대를 무마하고 다른 모든 자동차 회사가 그랬던 것처럼 테슬라도 합작회사를 설립하거나, 아니면 중국의 최고지도자들을 설득하여 30년 동안 중국 제조업의 성장을 규정하던 법을 바꾸도록 해야 했다. 그는 후자가 더 쉽다는 것을 깨달았다. 그는 중국 정부를 상대로 로비를 벌이기 시작했다. 2017년 4월, 머스크가 중국 지도자들을 다시 만나기 위해 중국으로 향했다. "합작회사가 아니더라도 테슬라가 자동차 공장을 짓는 것이 중국에 도움이 되는 이유를 계속 설명했습니다." 렌의 말이다.

중국을 청정에너지 혁신의 중심지로 만들겠다고 시진핑 주석이 천명한 계획의 일환으로 중국은 2018년 초에 마침내 합작 투자 없이도 테슬라가 공장을 건설할 수 있도록 허용하기로 결정했다. 렌과 그의 팀은 협상을 통해 상하이 인근의 200에이커가 넘는 부지를 저금리 대출과 함께 제공받는 거래를 성사시킬 수 있었다.

렌은 2018년 2월 머스크와 해당 거래에 대해 논의하기 위해 미국으로 건너갔다. 안타깝게도 당시 머스크는 네바다 배터리 공장의 생산 지옥에 빠져 있었고, 렌이 붙들고 잠시 대화를 나눌 수도 없을 정도로 정신없이 현장을 돌아다니고 있었다. 둘은 그날 밤늦게 함께 로스앤젤레스로 날아왔지만, 렌이 머스크와 대화할 기회를 얻은 것은 비행기가 로스앤젤레스에 착륙한 직후였다. 렌은 현지 지도와 자금조달 약정, 거래조건 등이 담긴 슬라이드 자료를 보여주기 시작했지만, 머스크는 거기에 시선을 두지 않았다. 대신 거의 1분 동안 비행기 창밖을 응시했다. 그러고는 렌의 눈을 똑바로 바라보았다. "이렇게 하는 게 옳은 일이라고 생각해?" 렌은 어리둥절한 나머지 몇 초간 생각에 잠겼다가 그렇다고 답했다. 머스크는 "좋아, 해보자고"라고 말하곤 비행기에서 내렸다.

중국 지도자들과의 공식 서명식은 2018년 7월 10일에 열렸다. 머스크는 동굴에 갇힌 어린 축구선수들을 구조하기 위해 만든 미니 잠수정을 태국의 허리까지 물이 찬 현장에 전달한 후 바로 상하이로 갔다. 검은색 정장으로 갈아입은 그는 붉은 커튼이 드리워진 연회장에 뻣뻣하게 서서 건배사를 주고받았다. 2019년 10월, 첫 번째 테슬라가 중국 공장에서 생산되었다. 이후 2년도 채 되지 않아 중국 공장이 테슬라 차량의 절반 이상을 생산하게 된다.

51장

사이버트럭

테슬라, 2018-2019년

2018년, 프란츠 폰 홀츠하우젠과 사이버트럭의 디자인을 의논하며

스테인리스강으로 만든 트럭

2008년 테슬라 디자인 스튜디오를 개설한 이래로 거의 매주 금요일 오후, 머스크는 수석 디자이너 프란츠 폰 홀츠하우젠과 제품 리뷰 세션을 가졌다. 주로 로스앤젤레스의 스페이스X 본사 바로 뒤에 있는 조용한 흰색 바닥의 디자인 스튜디오 쇼룸에서 진행된 이 세션은 특히 그가 격동적인 한 주를 보낸 후 차분히 한숨 돌리는 시간이었다. 머스크와 폰 홀츠하우젠은 격납고처럼 생긴 쇼룸을 천천히 돌아다니며 그들이 테슬라의 미래를 위해 구상한 차량의 시제품과 점토 모형 등을 어루만지곤 했다.

두 사람이 테슬라 픽업트럭에 대한 아이디어를 구상하기 시작한 것은 2017년 초부터였다. 폰 홀츠하우젠은 쉐보레 실버라도를 모델로 삼아 전통적인 디자인을 살리는 방안으로 출발했다. 스튜디오 한가운데에 실버라도 한 대를 들여놓고 트럭의 비율과 구성요소를 연구했다. 머스크는 좀 더 흥미진진한 것, 어쩌면 더욱 놀라운 것을 원한다고 말했다. 그래서 그들은 1960년대에 쉐보레에서 만든, 당시로서는 미래형 쿠페였던 엘 카미노를 비롯해 멋진 분위기의 역사적인 자동차들을 두루 살펴봤다. 그런 다음 폰 홀츠하우젠이 엘 카미노와 비슷한 분위기의 픽업트럭을 디자인했지만, 머스크와 같이 모델을 둘러보면서 너무 부드러운 느낌이 난다는 그의 의견에 동의했다. 폰 홀츠하우젠은 말한다. "너무 곡선이 많았어요. 픽업트럭의 권위가 느껴지지 않았지요."

머스크는 자신이 영감을 얻은 바 있던 스포츠카 한 대를 픽업트럭 디자인의 참고 대상으로 추가했다. 1970년대 후반에 나온, 전면부가 뾰족한 쐐기 모양의 부리 형태로 된 영국 스포츠카 로터스 에스프리였다. 특히 그는 1977년 제임스 본드 영화 〈나를 사랑한 스파이〉에 등장한 버전에 매료되었다. 머스크는 그 영화에 사용되었던 차량을 100만 달러 가까운 가격에 구입해 테슬라 디자인 스튜디오에 전시했다.

그들의 브레인스토밍은 재미있었지만, 여전히 흥분을 유발하는 콘셉트로 이어지지는 않았다. 영감을 얻기 위해 피터슨 자동차박물관을 방문한 두 사람은 놀라운 사실 하나를 발견했다. 폰 홀츠하우젠은 말한다. "픽업트럭은 기본적으로 80년 동안 그 형태나 제조공정이 변하지 않았다는 사실을 깨달았습니다."

이에 머스크는 보다 기본적인 무언가로 초점을 옮겼다. 트럭의 차체를 만드는 데 어떤 소재를 써야 하느냐 하는 문제였다. 소재와 차량 구조의 물리학까지 다시 생각하면 완전히 새로운 디자인에 대한 가능성이 열릴 수 있었다.

"처음에는 알루미늄을 생각했습니다." 폰 홀츠하우젠은 말한다. "그리고 내구성이 정말 중요했기 때문에 티타늄도 살펴봤지요." 하지만 그 무렵 머스크는 반짝이는 스테인리스강으로 로켓 우주선을 만들 수 있다는 가능성에 매료되었다. 머스크는 픽업트럭에도 스테인리스강을 사용할 수 있을지 모른다는 생각이 들었다. 스테인리스강으로 차체를 만들면 도색할 필요가 없고 차량의 구조적 하중을 어느 정도 견딜 수 있다는 장점이 따랐다. 이는 차량이라는 것의 개념을 다시 생각해볼 수 있는 정말 기발한 아이디어였다. 일주일 넘게 논의가 이어지던 어느 금요일 오후, 머스크가 들어와서 "그냥 다 스테인리스강으로 가는 겁니다"라고 간단히 선언해버렸다.

찰스 쿠에만은 테슬라와 스페이스X 두 회사 모두의 재료공학 담당 부사장이었다. 자신의 회사들이 서로 엔지니어링 지식을 공유하는 이점을 누리도록 머스크가 취한 조치였다. 쿠에만은 열처리가 필요 없는 '냉간압연' 방식의 초경량 스테인리스강 합금을 개발했고, 테슬라는 이 합금에 대해 특허를 획득했다. 그것은 트럭과 로켓에 모두 사용할 수 있을 만큼 충분히 강하고 저렴했다.

테슬라 픽업트럭에 스테인리스강을 사용하기로 한 결정은 차량의 엔지니어링에 주요한 영향을 미쳤다. 차량의 하중을 지지하는 구조 역할을 섀시에 맡기던 기존 방식에서 벗어나 강철 차체가 그 역할을 할 수 있게 되었기 때문이다. 머스크는 "외부에 힘을 실어 외골격을 만들고 그 안쪽에 다른 모든 것을 매답시다"라고 제안했다.

스테인리스강의 사용은 또한 트럭의 외관에도 새로운 가능성을 열어주었다. 형타기를 사용해 탄소섬유를 미묘한 곡선과 모양으로 조각해 차체 패널에 결합하는 방식을 버리고 스테인리스강으로 곧은 평면과 예리한 각도를 구현할 수 있었다. 덕분에 디자인 팀은 보다 미래지향적이고, 보다 혁신적이고, 보다 엉뚱한 아이디어를 모색할 수 있었다(몇 가지 면에서는 그런 모색을 강요받은 셈이었다).

모두가 놀란 미래형 트럭

2018년 가을, 머스크는 네바다와 프리몬트 공장의 생산 지옥 과정과 소아성애자 및 테슬라의 '비공개 전환' 트윗 소동, 그리고 본인이 인생에서 가장 고통스러운 한 해였다고 할 정도로 극심했던 정신적 혼란에서 막 벗어나고 있었다. 힘겨운 시기에 그가 도피하는 방법 중 하나는 미래 프로젝트에 집중하는 것이다. 그것이 바로 10월 5일, 고요한 피난처인 디자인 스튜디오에서 그가 취한 조치였다. 그날 그는 자신의 금요일 정기 방문을 픽업트럭 디자인에 대한 브레인스토밍 세션으로 바꿨다.

쉐보레 실버라도가 여전히 참고용으로 쇼룸 바닥에 전시되어 있었다. 그 앞에는 비디오 게임과 공상과학 영화에 등장하는 차량을 비롯해 다양한 차량의 사진을 붙인 세 개의 대형 게시판이 세워져 있었다. 복고풍부터 미래형, 매끈함부터 삐죽삐죽함, 곡선미부터 부조화까지 실로 갖가지 특색의 다양한 차량을 볼 수 있었다. 폰 홀츠하우젠은 주머니에 무심히 손을 찔러 넣은 채 적절한 파도를 찾는 서퍼처럼 여유롭고 느슨한 자세를 취했다. 머스크는 양손을 허리에 댄 채 먹이를 찾는 곰처럼 상체를 앞으로 내밀고 있었다. 잠시 후 데이브 모리스와 다른 디자이너 몇 명이 들어왔다.

머스크는 게시판에 걸린 사진을 훑어보다가 미래지향적이고 사이버틱한 느낌의 차량에 끌리듯 다가섰다. 그들은 최근 모델 3의 크로스오버 버전인 모델 Y의 디자인을 결정한 상태였는데, 직원들이 머스크가 제안한 좀 더 급진적이고 파격적인 디자인을 철회하도록 설득해서 무난한 방향으로 결정된 것이었다. 모델 Y는 그렇게 리스크를 피해 안전하게 가기로 했지만, 머스크는 픽업트럭 디자인만큼은 그렇게 하고 싶지 않았다. "대담해집시다." 그가 말했다. "사람들을 놀라게 하자고요."

누군가가 더 전통적인 차량의 사진을 가리킬 때마다 머스크는 비디오 게임 '헤일로'나 곧 출시될 게임 '사이버펑크 2077'의 예고편, 혹은 리들리 스콧 감독의 영화 〈블레이드 러너〉에 나오는 것과 같은 자동차를 가리키며 반발했다. 자폐증을 앓고 있는 아들 색슨이 최근 그에게 반향을 불러일으키는 엉뚱한 질문을 던진 바 있었다. "왜 미래가 미래처럼 보이지 않나요?" 머스크는 색슨의 질문을 반복해서 인용했다. 그 주 금요일에 그는 디자인 팀에게 말했다. "나는 미래가 미래처럼 보이길 원하오."

너무 미래지향적인 디자인은 팔리지 않을 것이라는 일부 반대 의견이 나왔다. 어쨌든 픽업트럭을 만들어야 하는 것 아니냐는 얘기였다. "아무도 사지 않더라도 상관없소." 그가 브레인스토밍 세션 말미에 말했다. "우리는 기존의 지루한 트럭을 만들지 않을 거요. 그건 나중에 언제든지 할 수 있소. 나는 멋진 것을 만들고 싶소. 그러니까, 개기지들 마요."

2019년 7월까지 폰 홀츠하우젠과 모리스는 예리한 각과 다이아몬드처럼 깎인 면이 돋보이는 미래지향적인 사이버 디자인의 실물 크기 모형을 제작했다. 어느 금요일, 그들은 그 모형을 전시장 한가운데, 그들이 전에 고려했던 전통적인 모델 옆에 전시했다. 아직 모형을 보지 못한 머스크를 놀라게 할 목적이었다. 스페이스X 공장과 통하는 문을 열고 들어선 머스크의 반응은 즉각적이었다. "바로 이거예요!" 그가 외쳤다. "정말 마음에 들어요. 이렇게 가는 걸로 확정합시다. 그래, 바로 이거야! 그래, 좋아, 끝났어."

그렇게 사이버트럭이 탄생했다.

"스튜디오에 있던 대다수의 사람들이 싫어했습니다." 폰 홀츠하우젠이 말한다. "그들은 '말도 안 돼'라고들 했죠. 그 일에 참여하고 싶어 하지 않을 정도였어요. 너무 이상해 보였거든요." 일부 엔지니어들은 비밀리에 대체 버전을 개발하기 시작했다. 퉁명스러운 머스크와 달리 늘 부드럽게 처신하는 폰 홀츠하우젠은 엔지니어들의 우려에 주의 깊게 귀를 기울이는 시간을 가졌다. "주변 동료들의 동의를 얻지 못하면 일을 완수하기가 그만큼 어려워지거든요." 그의 말이다. 머스크는 인내심이 부족했다. 일부 디자이너가 시장 테스트라도 거쳐 보자고 하자 머스크는 "난 포커스 그룹 같은 거 안 해요."라고 답했다.

2019년 8월 트럭의 디자인이 완성되자 머스크는 팀원들에게 3개월 후인 그해 11월에 작동 가능한 시제품을 공개하고 싶다고 말했다. 일반적으로 작동하는 시제품을 만드는 데 걸리는 시간은 9개월이었다. 폰 홀츠하우젠이 "그때까지는 실제로 운전할 수 있는 자동차를 만들 순 없을 것"이라고 말하자 머스크는 "아니오, 할 수 있을 거요."라고 대꾸했다. 머스크의 비현실적인 일정은 대개 실현되지 않지만, 어떤 경우에는 실현되기도 한다. "그 때문에 팀원들이 그 일정을 중심으로 집결해 하루도 쉬는 날 없이 24시간 풀가동 체제로 일해야 했습니다." 폰 홀츠하우젠의 말이다.

2019년 11월 21일, 그들은 사이버트럭 시제품을 디자인 스튜디오의 무대에 올린 가운데 언론과 초대 손님들을 상대로 프레젠테이션을 진행했다. 다들 '헉' 하고 숨이 멎는 소리를 냈다. "그 자리에 모인 많은 사람들이 그것이 실제로 공개 예정이던 그 차량이 맞는지 믿지 못하는 분위기였습니다." CNN은 이렇게 보도했다. "사이버트럭은 바퀴가 달린 커다란 금속 사다리꼴처럼 보였는데, 트럭이라기보다는 예술작품에 가까웠습니다." 폰 홀츠하우젠이 트럭의 견고성을 보여주려고 할 때 예상치 못한 깜짝 사건도 벌어졌다. 그는 대형 해머를 휘둘러 차체를 쳤지만 아무런 흠집도 나지 않았다. 그런 다음 그는 이른바 '장갑 유리' 창문 중 하나에 금속 공을 던져 그것이 깨지지 않는다는 것을 보여주려고 했다. 놀랍게도 유리창이 갈라졌다. "맙소사!" 머스크가 말했다. "너무 세게 던졌나 봅니다."

전반적으로 프레젠테이션은 큰 성공을 거두지 못했다. 다음날 테슬라 주가는 6퍼센트 하락했다. 하지만 머스크는 만족했다. "트럭은 아주 오랜 세월, 거의 100년 동안이나 똑같은 모양을 유지해왔습니다." 그가 청중에게 말했다.

"우리는 뭔가 다른 것을 시도하고 싶습니다."

행사를 마치고 그는 시승도 하고 외식도 할 겸 그라임스를 시제품에 태워 노부 레스토랑으로 갔다. 발렛파킹 직원들은 그 차에 손댈 생각조차 하지 못한 채 그저 바라보기만 했다. 나오는 길에 파파라치들이 따라붙자 그는 '좌회전 금지' 표지판이 붙어 있는 주차장의 철탑 쪽으로 차를 몰고 가서 좌회전했다.

52장

스타링크

스페이스X, 2015-2018년

저궤도 통신위성

2002년 스페이스X를 출범시키면서 머스크가 품은 가장 중요한 목표는 인류를 화성에 보내는 것이었다. 매주 엔진 및 로켓 설계에 관한 기술 회의가 열리던 가운데, 그는 '화성 식민지 개척자'라는 명칭의 매우 공상적인 회의를 하나 신설했다. 화성 식민지가 과연 어떤 모습을 띨지, 운영은 어떤 식으로 이뤄질지 등을 상상하는 회의였다. 그의 비서로 일했던 엘리사 버터필드는 말한다. "우리는 '화성 식민지 개척자' 회의만큼은 건너뛰는 일이 없게 하려고 노력했습니다. 그가 항상 재밌어 하고 늘 그의 기분을 좋게 해주는 회의였기 때문이지요."

화성 진출 사업을 추진하는 데에는 막대한 비용이 들었다. 그래서 머스크는 종종 그러는 것처럼 원대한 사명과 실용적인 사업 계획을 결합했다. 베조스나 브랜슨이 하는 것과 같은 우주 관광에서부터 미국 및 여타 국가와 기업들을 위한 위성 발사까지, 그가 추구할 수 있는 수익 창출의 기회는 많았다. 2014년 말, 그는 기존의 어떤 것보다 더 큰 보물 단지, 즉 황금알을 낳는 거위와 같은 수익원으로 관심을 돌렸다. 유료 가입 고객에게 인터넷 서비스를 제공하는 통신망 사업이 바로 그것이었다. 스페이스X는 자체 통신 위성을 제작하고 발사할 수 있었기에 사실상 우주 공간에 인터넷을 재구축할 수 있었다. "인터넷 매출이 연간 약 1조 달러에 달하거든요." 그는 말한다. "우리가 거기서 3퍼센트만 먹게 돼도 300억 달러라는 얘긴데, 그것은 NASA의 예산보다 많은 액수이지요. 이것이 바로 화성 탐사 자금을 마련하기 위한 스타링크의 영감이 된 겁니다." 머스크는 잠시 말을 멈춘 후 강조하듯 덧붙였다. "화성 탐사라는 목표가 스페이스X의 '모든' 결정에 동기를 부여해온 겁니다."

이 임무를 추진하기 위해 머스크는 2015년 1월 시애틀 인근에 스페이스X의 새로운 사업 부문인 스타링크를 신설한다고 발표했다. 약 340마일(약 547킬로미터) 높이의 지구 저궤도로 통신위성들을 보내 지구 상공 2만 2,000마일(약 3만 5,400킬로미터) 궤도를 도는 지구 동주기 정지위성에 의존하는 시스템의 신호 지연 문제를 해결하겠다는 계획이었다. 고도가 낮기 때문에 스타링크의 빔은 지구 동주기 위성만큼 넓은 지역을 커버할 수 없었고, 따라서 더 많은 빔을 갖추어야 했다. 스타링크의 목표는 궁극적으로 4만 개의 위성을 저궤도에 쏘아 올려 초대형 인공 별자리를 만드는 것이었다.

스타링크 앞에 놓인 과제

2018년 혹독한 여름이 무르익던 무렵, 머스크는 스타링크에서 무언가 잘못 돌아가고 있다는 것을 본능적으로 직감했다. 스타링크의 위성은 너무 크고 너무 비용이 많이 드는데다가 제작하기도 어려웠다. 수익성 있는 규모에 도달하려면 10분의 1의 비용으로 10배 더 빠르게 만들어야 했다. 하지만 스타링크 팀은 그다지 시급함을 느끼지 못하고 있었고, 머스크가 보기에 이것은 크나큰 죄악이었다.

그래서 그해 6월 어느 일요일 밤, 머스크는 별다른 예고 없이 스타링크 경영팀 전원을 해고하기 위해 시애틀로 날아갔다. 그는 스페이스X 로켓 엔지니어가운데 가장 고위급에 속하는 여덟 명을 대동했다. 인공위성에 대해 잘 아는 사람은 아무도 없었지만, 모두 엔지니어링 문제를 해결하고 머스크의 알고리즘을 적용하는 방법은 잘 알고 있었다.

그가 스타링크의 새로운 책임자로 선임한 인물은 이미 스페이스X에서 구조 엔지니어링을 담당하고 있던 마크 준코사였다. 여기에는 부스터부터 인공위성까지 모든 스페이스X 제품의 설계와 제조를 한 명의 책임자 아래에 통합할 수 있다는 장점이 따랐다. 또한 그 책임자가 머스크와 마음이 잘 통하는 뛰어난 엔지니어라는 장점도 있었다.

준코사는 남부 캘리포니아에서 서핑을 즐기며 성장했는데, 그곳의 날씨와 문화, 분위기를 깊이 사랑하면서도 느긋한 나른함에 빠져들진 않았다. 그는 자신의 아이폰을 피젯 스피너라도 되는 양 엄지와 검지 둘레로 빠르게 제치며 돌리는 손기술을 자랑하는데, 가히 서커스의 접시돌리기 묘기 수준에 가까웠다. 그리고 말할 때는 "you know(알잖아요)", "like(그러니까)", "wow, dude(와우, 친구)"와 같은 추임새를 섞어가며 빠르게 말을 쏟아내는 게 특징이다.

코넬대학교에 들어간 그는 교내 포뮬러원Formula One 레이싱 팀에 합류했는데, 거기서 처음에는 서핑보드를 만들던 기술을 활용해 차체의 제작 및 조립을 돕다가 얼마 지나지 않아 엔지니어링 작업에 깊이 매료되었다. "저는 정말, 그러니까 이 일에 빠져들었고, 알잖아요, 그러니까, '와우, 내가 이런 일을 하도록 태어난 사람이구나.' 그런 느낌이 들었습니다." 준코사의 말이다.

2004년 코넬대학교를 방문했을 때 머스크는 몇몇 공대 교수들에게 좋아하는 학생 한두 명과 참석해달라며 점심식사에 초대하는 서한을 전달했다. "그러니까, 알잖아요, 이 부자가 쏘는 공짜 점심 먹으러 가지 않을래? 뭐, 그런 상황이었죠." 준코사가 말한다. "저는, 물론입니다, 아주 좋습니다, 그랬지요." 머스크가 스페이스X에서 자신이 하고 있는 일에 대해 설명했을 때 준코사는 이런 생각이 들었다. "헐, 이 사람 아주 미쳤군. 돈을 다 날릴 것 같지만, 머리가 엄청나게 좋은데다가 목표의식이 뚜렷하고 의욕이 넘쳐흐르는 게 딱 내가 좋아하는 스타일인데…" 머스크가 그에게 일자리를 제안했을 때 그는 즉시 수락했다.

준코사는 리스크를 감수하고 규칙을 깨는 태도로 머스크에게 깊은 인상을 주었다. 그는 팰컨 9호의 유상하중을 궤도로 실어가는 드래곤 캡슐의 개발을 감독하던 중 적절한 서류를 제출하지 않는다는 이유로 스페이스X의 품질보증 관리자로부터 수차례 책망을 들었다. 준코사의 팀은 하루 종일 캡슐을 설계하고 밤새도록 직접 제작하고 있었다. "저는 그 관리자에게 작업지시서나 품질검사서 같은 문서에 매달릴 시간이 어디 있냐고, 그냥 제작하고 마지막에 테스트해보면 되는 것 아니냐고 따졌습니다." 그는 말한다. "품질보증 관리자는 당연히 화를 냈고, 결국 우리는 일론의 칸막이로 가서 논쟁을 벌였습니다." 머스크는 화를 내며 품질보증 관리자를 질책하기 시작했다. "꽤나 신랄한 질책이 쏟아졌습니다. 하지만 당시 우리는 자금이 떨어질 위기에 처해 있어서 죽기 살기로 캡슐을 완성하는 데 열중해야 하는 상황이었거든요." 준코사의 말이다.

스타링크의 개선

준코사는 스타링크에 부임하자마자 기존 설계를 버리고 기본 물리학에 기초해 모든 요구사항에 의문을 제기하는 등 제1원리의 수준으로 돌아가 다시 시작했다. 목표는 가능한 한 가장 단순한 통신위성을 만드는 것이었다. 부수적인 기능들은 나중에 추가하면 되는 것이었다. 준코사는 말한다. "우리는 마라톤 회의를 했고, 일론은 사소한 것 하나까지 빼놓지 않고 점검하고 넘어갔습니다."

예를 들어보자. 위성의 안테나는 비행 컴퓨터와 분리된 구조물에 붙어 있었다. 엔지니어들이 그 둘에서 발생하는 열을 격리해놓기로 결정했기 때문이다. 준코사는 계속 이유를 물었다. 안테나가 과열될 수 있다는 말을 들은 준코사는 테스트 데이터를 보여달라고 요청했다. 준코사는 말한다. "제가 '왜죠'라고 다섯 번 물었을 때쯤 사람들이 '젠장, 그냥 하나의 통합된 부품으로 만들어야 할 것 같네요'라고 하더군요."

준코사의 설계 프로세스가 끝날 무렵, 기존의 난잡한 위성은 단순한 평면 위성으로 환골탈태했다. 이 위성은 기존의 10분의 1 수준으로 저렴해질 수 있는 잠재력이 있었다. 팰컨 9호의 노즈콘에 기존보다 2배 이상의 위성을 탑재할 수 있게 되었으므로 각각의 비행으로 배치할 수 있는 위성의 수도 2배로 늘어난 것이었다. 준코사는 말한다. "저는 그러니까 아주 만족스러웠습니다. 거기 앉아서 제가 얼마나 영리했는지 생각하며 혼자 기특해했습니다."

하지만 머스크는 여전히 세부사항 하나하나를 꼼꼼히 따져보고 있었다. 팰컨 9호에 실려 궤도에 올라간 위성들이 서로 부딪히지 않고 한 번에 하나씩 방출되도록 각 위성을 고정하는 커넥터가 있었다. "왜 한꺼번에 방출하면 안 될까요?" 그가 물었다. 처음에는 준코사와 여타 엔지니어들이 '미친 거 아니냐?' 라는 반응을 보였다. 서로 충돌하면 어떻게 하느냐는 얘기였다. 그들은 충돌을 두려워했다. 하지만 머스크는 우주선의 움직임으로 인해 그것들이 자연스럽게 분리될 것이라고 말했다. 설령 충돌이 일어나더라도 매우 느린 속도로 이뤄지는 까닭에 무해할 것이라고 강조했다. 그렇게 그들은 커넥터를 제거하여 약간의 비용과 복잡성과 질량을 줄일 수 있었다. "그런 부품들을 도태시킨 덕에 일이 훨씬 더 쉬워졌습니다." 준코사는 말한다. "저는 너무 겁이 나서 제안하지 못한 건데, 일론은 시도해보라고 했습니다."

2019년 5월, 간소화한 스타링크 위성의 설계가 끝나고 팰컨 9호 로켓이 그 위성들을 궤도에 올려놓기 시작했다. 4개월 후 위성들이 작동하기 시작하자 머스크는 그의 텍사스 남부 저택에서 트위터에 글을 올렸다. "스타링크 위성을 통해 우주로 이 트윗을 보냅니다." 이제 머스크는 자신 소유의 인터넷으로 트윗을 할 수 있게 되었다.

53장

스타십

스페이스X, 2018-2019년

(왼쪽) 보카치카 집의 거실과 뒷마당

(오른쪽) 빌 라일리와 마크 준코사

빅 F 로켓

머스크의 목표가 수익성 있는 로켓 회사를 만드는 것이었다면, 그는 2018년을 견디고 살아남은 후 '전리품'을 챙기고 휴식을 취할 수 있었을 것이다. 재사용 가능한 팰컨 9호는 세계에서 가장 효율적이고 안정적인 로켓으로 자리 잡으며 효자상품 노릇을 톡톡히 하고 있었고, 궁극적으로 엄청난 수익을 창출할 자체 통신위성들도 개발된 상태였다.

그러나 그의 목표는 단순히 우주 기업가가 되는 것이 아니라 인류를 화성에 보내는 것이었다. 그리고 그것은 팰컨 9호나 그보다 성능을 강화한 팰컨 헤비로는 이룰 수 없는 일이었다. 팰컨은 딱 나름의 목표를 달성할 수 있는 높이까지만 날아갈 수 있었다. "거기에 안주하면 많은 돈을 벌 수는 있었지만, 생명체를 다행성 종으로 만들 수는 없었지요." 그의 말이다.

그래서 2017년 9월 스페이스X는 지금까지 제작된 어떤 발사체보다 크고 강력한 재사용 가능 로켓을 개발하겠다고 발표했다. 그는 이 대형 로켓의 코드명을 BFR로 정했다. '빅 F 로켓'이라는 뜻이었다. 1년 후에 그는 다음과 같은 트윗을 올렸다. "BFR을 스타십Starship으로 개명합니다."

스타십 시스템은 1단계 부스터와 2단계 우주선으로 구성되며 합쳐서 높이가 390피트(약 119미터)로, 팰컨 9호보다 50퍼센트 더 높고 1970년대 NASA의 아폴로 프로그램에 사용되었던 새턴 V 로켓보다 30피트(약 9미터) 더 높다. 33개의 부스터 엔진을 장착하는 이 로켓은 팰컨 9호보다 4배 많은 100톤 이상의 탑재체를 궤도에 올려놓을 수 있고, 언젠가는 100명의 승객을 태우고 화성에도 갈 수 있게 될 것이었다. 네바다와 프리몬트의 공장에서 힘겨운 씨름을 벌이는 와중에도 머스크는 매주 시간을 내서 화성에 다녀오는 9개월 동안 스타십에서 승객에게 제공할 숙식 및 편의시설의 예상 유형을 살피곤 했다.

스타호퍼의 점프 테스트

프리토리아에 있던 아버지의 엔지니어링 사무실에서 많은 시간을 보내던 어린 시절부터 머스크는 기계나 설비를 만드는 데 사용되는 재료 및 소재의 특성에 대한 나름의 타고난 감각을 가지고 있었다. 테슬라와 스페이스X의 회의에서 그는 배터리 양극과 음극의 노드나 엔진 밸브, 차량 프레임, 로켓 구조, 픽업트럭의 차체 등의 소재를 놓고 다양한 선택지에 초점을 맞추곤 했다. 그는 리튬, 철, 코발트, 인코넬 및 여타 니켈-크롬 합금, 플라스틱 복합체, 등급별 알루미늄, 강철 합금 등에 대해 상세히 이야기할 수 있었고, 실제로 자주 그렇게 했다. 2018년 그는 매우 일반적인 합금인 스테인리스강이 트럭은 물론이고 로켓에도 매우 효과적으로 쓰일 수 있으리라는 사실을 깨닫고 그 합금에 완전히 반해버렸다. 팀원들에게 "스테인리스강이랑 어디 가서 방이라도 잡아야겠어"라고 농담할 정도였다.

스타십의 제작 과정에서 머스크와 함께 움직인 인물은 빌 라일리라는 쾌활하고 겸손한 엔지니어였다. 그는 대학 시절 전설적인 코넬 자동차 레이싱 팀의 일원으로 준코사의 활동을 지도한 바 있었고, 나중에 준코사의 권유로 스페이스X에 합류한 것이었다. 라일리와 머스크는 군사 역사, 특히 제1차 및 제2차 세계대전의 공중전과 재료과학에 대한 뜨거운 관심을 공유하며 서로 유대감을 형성했다.

2018년 말의 어느 날, 그들은 당시 스페이스X 공장 및 본사에서 남쪽으로 약 15마일 떨어진 로스앤젤레스 항구 근처의 스타십 제조시설을 방문하고 있었다. 라일리는 그곳에서 사용 중인 탄소섬유 소재에 문제가 있다고 설명했다. 시트에 주름이 생기고 있었고, 공정 또한 느리고 비용이 많이 들었다. "계속 탄소섬유로 가면 앞날이 깜깜해지겠군." 머스크가 말했다. "죽음으로 이어질 게 뻔해. 화성에 가는 것은 어림도 없는 일이 될 테고." 원가가산 방식의 도급업자들은 이런 식으로 생각하지 않는다.

머스크는 1960년대 초 미국인 네 명을 최초로 궤도에 올려놓은 초기 아틀

라스 로켓이 스테인리스강으로 만들어졌다는 사실을 알고 있었다. 그리고 사이버트럭의 차체에 그 소재를 사용하기로 결정한 상태였다. 시설을 둘러본 후 그는 조용히 항구로 들어오는 배들을 바라보며 말했다. "여보게들, 아무래도 항로를 바꿔야 할 것 같네. 이 공정으로는 로켓을 충분히 빨리 만들 수 없을 것이오. 스테인리스강으로 가면 어떻겠소?"

처음에는 약간의 불신과 더불어 저항이 일었다. 며칠 후 그가 스페이스X 회의실에서 경영 팀과 만났을 때, 그들은 스테인리스강 로켓이 탄소섬유나 팰컨 9호에 사용된 알루미늄-리튬 합금으로 만든 로켓보다 더 무거울 것이라고 주장했다. 머스크의 본능은 그렇지 않다고 말했다. 그는 팀원들에게 "수치를 돌려보세요"라고 말했다. "숫자로 계산을 해보라고요." 그렇게 한 결과 실제로 스테인리스강이 스타십이 직면하게 될 조건하에서는 상대적으로 더 가벼울 수 있다는 결론이 나왔다. 매우 낮은 온도에서는 스테인리스강의 강도가 50퍼센트 정도 증가하는데, 이는 곧 과냉각된 액체산소와 질소 연료를 담는 경우 더 강해질 수 있다는 것을 의미했다.

또한 스테인리스강의 높은 녹는점 덕분에 스타십의 우주 방향 전면부에 열 차폐가 필요하지 않아 로켓의 전체 무게를 줄일 수 있었다. 마지막 장점은 스테인리스강 조각은 용접으로 붙이기가 용이하다는 사실이었다. 팰컨 9호의 알루미늄-리튬 합금은 오염되지 않은 깨끗한 환경에서 수행해야 하는 교반 용접이라는 공정을 필요로 했다. 하지만 스테인리스강은 대형 텐트 안에서 또는 야외에서도 용접할 수 있어 텍사스나 플로리다의 발사 현장 근처에서 쉽게 작업할 수 있었다. "스테인리스강을 사용하면 용접하는 동안 그 옆에서 시가를 피울 수도 있지요." 머스크의 말이다.

스테인리스강으로 전환한 덕분에 스페이스X는 이제 탄소섬유 제조의 전문 지식을 갖춘 업체에 동체 제작을 의뢰할 필요도 없어졌다. 마침 텍사스 주 맥그리거의 엔진 테스트 현장 사무소에서 스테인리스강 재질의 배수탑을 세우는 회사와 거래하고 있었다. 머스크는 라일리에게 그들과 접촉해 도움을 요청하라고 지시했다. 한 가지 핵심사항은 스타십의 외피 두께를 어느 정도로 잡아야 하느냐 하는 문제였다. 머스크는 그 회사의 경영진이 아닌 실제 현장에서 용접을 하는 작업자 몇 명과 이야기를 나누며 어느 정도 두께로 정해야 안전하다고 생각하는지 물었다. "일론의 규칙 중 하나는 '가능한 한 정보 출처에 가까이 다가서라'는 것입니다." 라일리의 말이다. 현장 작업자들은 탱크 벽을 아무리 얇게 해도 4.8밀리미터 수준은 유지해야 한다고 생각했다. "4밀리미터로 가면 어떨까요?" 머스크가 물었다.

"그렇게 가는 것은 꽤 겁나는데요." 작업자 중 한 명이 답했다.

"좋아요. 4밀리미터로 해봅시다. 한번 해봅시다." 머스크가 말했다.

성공했다.

단 두세 달 만에 프로토타입이 완성되었고, 그들은 그것에 '스타호퍼 Starhopper'라는 이름을 붙이고 저고도 '점프' 테스트에 들어갈 준비를 갖췄다. 그들은 스타호퍼에 접이식 다리 세 개를 장착했다. 비행 후 안전하게 착륙시켜 재사용할 수 있는지 확인하기 위해서였다. 2019년 7월, 스타호퍼는 80피트(약 24미터) 높이까지 오르내리는 몇 차례의 테스트 점프에 성공했다.

스타십의 콘셉트에 매우 만족한 머스크는 어느 날 오후 스페이스X 회의실에서 경영 팀과 회의하던 도중 충동적으로 '배를 불태우는' 전략을 실행하기로 결정했다. "팰컨 헤비에 관련된 모든 계획을 취소하라!" 그가 명령했다. 회의실에 있던 임원들은 권 숏웰에게 심각한 사태를 알리는 문자를 보냈다. 그녀는 즉시 칸막이에서 회의실로 달려와 의자에 몸을 던지자마자 머스크에게 그렇게 해서는 안 된다고 말했다. 부스터 코어 세 개를 갖춘 팰컨 헤비는 대형 첩보위성을 발사하는 군과의 계약을 이행하는 데 핵심적인 역할을 수행하고 있었다. 숏웰은 그렇게 머스크에게 도전할 수 있는 지위와 명망을 가지고 있었다. "일론에게 상황을 설명하자 그는 자신이 원하는 조치를 취할 수 없다는 데 동의했습니다." 숏웰의 말이다. 한 가지 문제는 머스크 주변에 이렇게 이의를 제기하길 두려워하지 않는 사람이 별로 없었다는 사실이다.

스타베이스

텍사스 최남단에 위치한 보카치카는 낙원의 볼품없는 축소판이라 할 수 있다. 해안 바로 위쪽의 휴양지 파드레 아일랜드만큼 생기 넘치지는 않지만 모래 둔덕으로 이어지는 해변이 있고 주변은 야생동물보호구역으로 설정돼 있어 로켓 발사 구역을 마련하기에 안전한 곳이다. 스페이스X는 이미 2014년에 케이프커내버럴과 반덴버그의 백업용으로 이곳에 초보적인 발사대를 설치했지만, 2018년 머스크가 그곳을 스타십 전용기지로 결정하기까지 먼지만 쌓이고 있었다.

스타십은 너무 커서 로스앤젤레스에서 제작해 보카치카로 운반하는 것이 이치에 맞지 않았다. 그래서 머스크는 발사대에서 약 3킬로미터 떨어진, 햇볕이 내리쬐는 관목지와 모기가 들끓는 습지가 섞여 있는 지대에 로켓 제조 구역을 건설하기로 결정했다. 스페이스X 팀은 조립라인을 들여놓을 격납고 모양의 거대한 텐트 세 동과 스타십을 수직으로 거치시킬 파형 강판 재질의 '하이 베이high bay' 세 개를 세웠다. 해당 부지의 한 오래된 건물은 칸막이 사무실과 회의실, 그런대로 괜찮은 음식과 훌륭한 커피를 제공하는 식당 등으로 개조했다. 2020년 초, 500명에 달하는 엔지니어와 건설노동자가 그곳에서 교대제 근무로 24시간 돌아가는 체제하에 일했는데, 그중 절반가량이 해당 지역 출신이었다.

"보카치카로 내려와서 이곳을 멋지게 만들기 위해 할 수 있는 모든 일을 다 해줘요." 머스크가 당시 비서였던 엘리사 버터필드에게 말했다. "인류의 우주 진출의 미래가 당신이 어떻게 하느냐에 달려 있다오." 가장 가까운 모텔이 내륙으로 40킬로미터 가까이 떨어진 브라운스빌에 있었기에 버터필드는 에어스트림 트레일러로 거처를 마련하고 홈디포(세계 최대의 설비 체인업체—옮긴이)에서 구입한 야자수와 티키 바, 화덕을 갖춘 데크 등으로 안팎을 꾸몄다. 젊고 열성적인 시설 책임자 샘 파텔은 드론과 농약 살포 비행기를 임차해 모기 방제를 시도했다. "암, 벌레한테 먼저 잡아먹히면 화성이고 어디고 갈 수도 없지." 머스크가 말했다.

머스크는 공장 텐트 내부 시설의 배치와 운용 방식에 집중하며 실무자들과 조립라인의 구성 방안을 놓고 브레인스토밍을 했다. 2019년 말의 어느 날, 공장을 찾은 그는 너무 느리게 돌아가는 모습에 실망했다. 직원들이 아직 스타십에 완벽하게 맞는 돔 하나도 만들어놓지 못했다. 텐트 중 하나 앞에 서서 그는 도전 과제 하나를 제시했다. 다음 날 해 뜨기 전까지 돔을 하나 만들라는 것이었다. 정확한 크기를 측정할 수 있는 장비가 없어서 불가능하다는 답변이 돌아왔다. "죽는 한이 있더라도 새벽까지 돔을 만들어야 합니다." 그가 고집했다. 그는 로켓 동체의 끝부분을 잘라내어 그것을 피팅 도구로 사용하라고 지시했다. 그들은 그렇게 했고, 그는 네 명의 엔지니어 및 용접공으로 구성된 팀과 함께 밤을 새며 돔 제작이 완료될 때까지 지켜봤다. "사실 새벽까지 완성하지는 못했습니다." 팀원 중 한 명인 짐 보가 인정한다. "오전 9시가 되어서야 끝났습니다."

스페이스X 시설에서 약 1.5킬로미터 떨어진 곳에 1960년대에 조성된 규격형 주택단지가 있었는데, 일부는 조립식 주택인 가운데 도합 31채의 낡은 집들이 두 개의 인적 드문 거리에 늘어서 있었다. 스페이스X는 시세의 최대 3배까지 제시하면서 그 대부분을 매입할 수 있었다. 일부 소유주는 고집에 기초한 나름의 이유로, 또는 우주선 발사대 옆에 사는 것에 대한 흥미로움을 이유로 매각을 거부했다.

머스크는 침실 두 개짜리 집 한 채를 자신의 거처로 택했다. 거실과 식사 공간, 주방이 하나로 합쳐진 그 집의 개방형 안방은 흰색 벽에 옅은 때가 묻은 나무 마루가 깔려 있다. 그는 거기서 작은 나무 테이블을 책상으로 사용한다. 그 테이블 아래에는 스타링크 접시에 연결된 와이파이 박스가 놓여 있다. 주방 카운터는 하얀색 포마이카로 되어 있고, 눈에 띄는 것은 무카페인 다이어트 콜라가 가득 들어 있는 업소용 냉장고뿐이다. 〈어메이징스토리〉 잡지의 표지 포스터 등이 붙어 있는 실내 장식은 초기의 기숙사 방을 연상시킨다. 커피 테이블 위에는 윈스턴 처칠의 《제2차 세계대전》 3권과 풍자기사 사이트 '디 어니언'의 《우리의 멍청한 세기》, 아이작 아시모프의 《파운데이션》 시리즈, 그리고 2021년 5월 〈새터데이나이트 라이브〉 출연 기념으로 받은 사진 앨범이 놓여 있다. 작은 방에는 러닝머신이 놓여 있지만, 잘 사용하지 않는다고 한다.

뒷마당에서는 무성한 잔디와 야자수 몇 그루가 눈에 띤다. 야자수인데도 8월의 더위에 시들어버린 모습이 인상적이다. 주택 후면의 하얀 벽돌 벽은 그라임스가 그린 구불구불한 그래피티 아트로 덮여 있는데, 빨간색 하트와 구름, 이모티콘 같은 파란색 거품 등이 보인다. 태양광 타일 지붕은 두 개의 커다란 테슬라 파워월에 연결되어 있다. 뒷마당에 있는 헛간은 그라임스가 스튜디오로 사용하는데, 경우에 따라 메이의 침실이 되기도 한다.

억만장자가 주로 거주하는 곳이라고 하기에는 너무 초라한 느낌이다. 하지만 머스크는 그곳을 안식처로 생각했다. 스타베이스에서 긴 회의를 마치거나 신경을 곤두세우며 로켓 조립라인을 시찰하고 나면, 그는 차를 몰아 그곳으로 돌아와 교외 지역의 아빠들처럼 휘파람을 불며 집 주위를 어슬렁거리면서 긴장을 풀곤 했다.

54장

자율성의 날

테슬라, 2019년 4월

자율주행을 시연하다

머스크는 매일 밤 그라임스가 누운 침대 가장자리에 똑바로 앉아 잠을 이루지 못했다. 어떤 날은 새벽까지 움직이지 않았다. 테슬라는 2018년의 서지와 폭풍을 견뎌냈지만, 계속 원활하게 돌아가려면 또 한 번의 자금 조달 라운드를 밟아야 했고, 공매도 세력은 여전히 먹잇감을 노리는 독수리처럼 주위를 맴돌고 있었다. 2019년 3월, 그는 다시 위기 및 드라마 모드에 돌입했다. 어느 새벽 그는 그라임스에게 말했다. "자금을 조달하지 못하면 완전히 망하는 거야." 그는 분위기를 반전시키고 테슬라가 세계에서 가장 가치 있는 자동차 회사가 될 것이라는 확신을 투자자들에게 심어줄 수 있는 원대한 아이디어를 구상해내야 했다.

어느 날 밤 그는 불을 켜놓은 채 조용히 빈 공간을 응시했다. "제가 잠깐씩 잠들었다가 깨어서 보니까 그냥 계속 입을 꾹 다물고 침대 가장자리에 '생각하는 사람' 조각상처럼 앉아 있더군요." 그라임스의 말이다. 아침에 일어난 그녀에게 그가 말했다. "해결책이 나왔어." 해결책은 바로 테슬라에서 '자율성의 날Autonomy Day' 행사를 개최하여 투자자들에게 테슬라가 스스로 운전할 수 있는 자동차를 만드는 과정을 보여주면서 자율주행을 시연하는 것이라고, 그가 설명했다.

2016년부터 머스크는 운전자 없이 어디로든 지시에 따라 움직일 수 있는 완전 자율주행 자동차에 대한 비전을 추구해왔다. 실제로 그 해에 그는 운전대를 완전히 없애려 했다. 그의 고집에 따라 폰 홀츠하우젠의 디자인 팀은 페달이나 브레이크, 핸들이 없는 로보택시 모형을 제작해나갔다. 머스크는 금요일이면 디자인 스튜디오에 들어와 스마트폰으로 다양한 모형의 사진을 찍곤 했다. 한 세션에서 그는 이렇게 말했다. "이것이 세상이 나아갈 방향이에요. 우리가 앞장서서 힘껏 이끌어봅시다." 그는 매년 공개석상에서 완전 자율주행 자동차가 1년 정도면 완성될 것이라고 예언하곤 했다.

하지만 실제로는 그렇지 않았다. 완전 자율주행은 계속해서 신기루처럼 멀어져만 갔고, 항상 1년 정도는 더 기다려야 했다.

그럼에도 머스크는 더 많은 자금을 조달할 수 있는 가장 좋은 방법은 자율주행차로 회사가 경이로운 수익을 창출하게 되리라는 것을 보여주는 극적인 시연을 하는 것이라고 결론 내렸다. 그는 자신의 팀이 신뢰할 수 있는 프로토타입을 선보이며 미래의 모습을 시연할 수 있다고 확신했다.

그는 4주 후인 2019년 4월 22일을 첫 번째 테슬라 자율성의 날로 정하고 부분적 자율주행 자동차의 시제품을 선보이기로 했다. 머스크가 직원들에게 말했다. "사람들에게 자율주행이 실재한다는 것을 보여줘야 합니다." 아직은 아니었는데 말이다. 그렇게 머스크의 특징적인 서지가 다시 한번 발동되었다. 인위적이고 비현실적인 기한을 정하고 그때까지 결과물을 만들어내기 위해 24시간 연중무휴로 총력을 기울이도록 광적으로 몰아붙이는 방식 말이다.

머스크의 오토파일럿 서지는 그의 팀을 미치게 만들었을 뿐만 아니라 그 자신도 미치게 만들었다. 머스크가 인공지능 프로젝트 팀에 영입한 절친한 친구 시본 질리스는 이렇게 말한다. "일론은 재앙이 닥칠 것만 같은 끔찍한 상황에서 벗어나기 위해 스스로 현실과 결별하는 길을 택해야만 했습니다. 한번은 그가 저에게 자신이 진짜 미쳐버린 것 같은지 물어본 적이 있어요. 그날 저는 처음이자 마지막으로 그의 방에 들어가서 그를 바라보며 '광분'이라는 단어를 입에 올렸어요. 일론도 제가 우는 모습을 본 것은 그때가 처음이었어요."

어느 날 저녁, 오토파일럿 팀의 소프트웨어 프로그래머로 일하던 머스크의 사촌 제임스의 전화가 울렸다. 샌프란시스코의 고급 레스토랑에서 팀 리더인 밀란 코박과 함께 저녁식사를 하고 있던 중이었다. "일론에게서 온 전화인 것을 확인하고 '아, 무언가 안 좋은 상황이다'라는 직감이 들었습니다." 제임스의 회상이다. 그는 전화기를 들고 주차장으로 나가 극단적 조치를 취하지 않으면 테슬라가 어떻게 파산할지 어두운 어조로 설명하는 머스크의 이야기를 1시간 넘게 들어야 했다. 머스크는 제임스에게 오토파일럿 팀에서 누가 정말로 유능한지 물었다. 위기 모드에 빠졌을 때 종종 그러듯이, 그는 사람들을 정리하고 해고하길 원했다. 심지어 서지의 와중에서도 그랬다.

그는 오토파일럿 팀의 고위 간부 모두를 해고해야겠다고 결심했다. 하지만 오미드 아프샤르가 개입하여 적어도 자율성의 날까지는 기다려봐야 하는 것 아니냐고 설득했다. 머스크와 팀 사이에서 완충 역할을 해야 하는, 힘들기만 하고 생색은 안 나는 임무를 맡은 시본 질리스도 해고 사태를 늦추려고 노력했고, 거기에 샘 텔러도 가세했다. 머스크는 마지못해 자율성의 날 직후까지 기다리기로 동의했지만, 마음에 들지는 않았다. 그는 질리스를 테슬라에서 뉴럴링크로 전보발령 조치했다. 텔러는 결국 혼란의 와중에 회사를 떠났다.

제임스는 오토파일럿 소프트웨어에 적색 및 녹색 신호등을 볼 수 있는 기능을 통합하는 작업을 맡게 되었다. 매우 기본적인 작업이었지만 아직 시스템에 포함되지 않은 상태였다. 그는 이 기능이 꽤 잘 작동할 수 있게 만들었지만, 오토파일럿 팀에서 팰로앨토 거리를 스스로 누비는 자동차를 시연해야 한다는 머스크의 도전에 부응할 수 없음은 분명해졌다. 자율성의 날이 다가오자 머스크는 자신도 나중에 "미칠 정도로 어려운"이라고 묘사한 과제, 즉 자동차가 자율주행으로 테슬라 본사 주변을 주행하고 고속도로에 진입해 일곱 번의 회전이 포함된 구간을 돌고 돌아오는 것으로 요구사항을 축소했다. 오토파일럿 팀의 일원인 아난드 스와미나탄은 이렇게 말한다. "우리는 그가 요구한 것을 해낼 수 있다고 믿지 않았지만, 그는 우리가 해낼 것으로 믿었습니다. 단 몇 주 만에 우리는 그 일곱 번의 어려운 회전을 해내게 만들 수 있었습니다."

자율성의 날 프레젠테이션에서 머스크는 종종 그랬던 것처럼 비전과 과대선전을 섞어서 피력했다. 심지어 그는 머릿속에서도 스스로 믿는 것과 믿고 싶은 것 사이의 경계를 명확히 구분하지 않았다. 머스크는 다시 한번 테슬라가 1년 이내에 완전 자율주행 차량을 개발할 수 있을 것이라고 말했다. 그 시점에 이르면 테슬라는 사람들이 호출하여 탑승할 수 있는 로보택시 100만 대를 배치할 것이라고도 했다.

CNBC는 머스크가 "가장 충성스러운 추종자들만 액면 그대로 받아들일 수 있는 대담하고 예지적인 약속을 제시했다"라고 보도했다. 머스크는 주요 투자자들에게도 깊은 인상을 주지 못했다. 티로우프라이스의 투자매니저 조 파스는 말한다. "프레젠테이션 이후에 가진 그와 애널리스트들의 전화 회담에서 우리가 어려운 질문을 많이 던졌어요. 그는 계속 '그저 당신들이 이해하지 못하는 것뿐'이라고 말했어요. 그러다가 갑자기 전화를 끊어버리더군요."

회의적인 반응은 사실 당연한 것이었다. 그가 약속한 1년 후, 아니 실제로는 4년 후에도 도시 도로를 자율주행하는 테슬라 로보택시는 100만 대는커녕 한 대도 나오지 못했다. 하지만 머스크의 과대선전과 의도적인 환상의 저변에는 재사용 가능한 로켓처럼 자율주행 차량이 언제가 우리의 삶을 변화시킬 거라고 스스로 굳건히 확신하는 비전이 자리했다.

55장

기가텍사스

테슬라, 2020-2021년

오미드 아프샤르

새로운 기가팩토리

당신이 가장 좋아하는 도시는? 이는 머스크와 테슬라의 직원들이 2020년 초에 시작한 게임으로, 종종 휴대전화를 꺼내 지도 앱을 실행하고 이름을 외치곤 했다. 시카고나 뉴욕? 좋아, 하지만 이 목적에는 적합하지 않을 것 같아. 로스앤젤레스나 샌프란시스코 지역은? 아냐, 여기서는 좀 벗어나자고. 캘리포니아는 '님비주의NYMBYism'가 만연했고 각종 규제와 위원회의 간섭이 심했으며 코로나19에 대해 겁을 내는 분위기였다. 털사는 어떨까? 아무도 오클라호마는 생각하지 못하던 상황이었지만, 주 정부가 적극적인 유치 캠페인을 개시했으니 후보지로 고려해볼 만했다. 내슈빌은? 오미드 아프샤르는 그곳이 가보고는 싶어도 절대로 살고 싶지는 않은 도시라고 말했다. 댈러스? 다들 텍사스는 매력적이지만 댈러스는 너무 텍사스 같다는 데 동의했다. 그렇다면 대학 도시 오스틴은 어떨까? 즐기는 음악도 더 낫고 나름의 개성을 보호한다는 자부심을 가진 도시가 아닌가?

사안은 기가팩토리라는 이름을 붙일 수 있을 만큼 큰 새로운 테슬라 공장을 어디에 짓느냐는 것이었다. 캘리포니아 프리몬트 공장은 곧 일주일에 8,000대 이상의 자동차를 생산하며 미국에서 가장 생산성 높은 자동차 제조시설이 될 것이었지만, 생산 능력의 한계에 도달하고 있었고, 공장을 확장하는 것도 어려운 상황이었다.

아마존 제2사옥의 위치를 정할 때 유치 희망 도시들로 하여금 공개경쟁을 하게 했던 제프 베조스와 달리, 머스크는 종종 그러듯이 자신과 경영진의 직관을 믿고 직감으로 결정을 내리기로 했다. 그는 정치인들의 구애와 컨설턴트의 파워포인트 프레젠테이션에 시달리며 몇 달을 허비하는 것이 싫었다.

2020년 5월 말, 마침내 의견 일치가 이루어졌다. 처음으로 인간 우주비행사들을 태운 스페이스X 로켓의 발사가 예정된 날, 머스크는 케이프커내버럴의 관제실에 앉아 있었다. 그는 발사를 15분 정도 앞둔 시점에 아프샤르에게 문자를 보냈다. "털사와 오스틴 중 어디에서 살고 싶은가?" 아프샤르가 털사에 대해 적절하게 거절 의사를 밝히며 머스크가 예상한 대답을 내놓자 머스크는 바로 답장을 보냈다. "좋아. 오스틴으로 가는 거야. 거기 책임은 당신이 맡아."

비슷한 과정을 거쳐 유럽 기가팩토리의 공장 부지로 베를린이 선정되었다. 베를린과 오스틴의 공장은 2년 이내에 완공되어 프리몬트 및 상하이와 더불어 테슬라 자동차 생산의 기둥이 될 터였다.

착공 1년 후인 2021년 7월, 오스틴 기가팩토리의 기본 구조가 완성되었다. 머스크와 아프샤르는 임시 건설 사무실의 벽 앞에 서서 여러 단계의 현장 사진을 살펴보았다. "우리는 각종 규제에도 불구하고 상하이 때보다 평방미터당 2배 빠른 속도로 공장을 짓고 있습니다." 아프샤르가 말했다.

'기가텍사스Giga Texas'라는 이름이 붙은 그 공장은 바닥 면적이 1,000만 평방피트(약 28만 평)로 프리몬트 공장보다 2배, 펜타곤보다는 1.5배 더 컸다. 아프샤르는 계획대로 중이층이 추가되면 바닥 면적 기준으로 세계에서 가장 큰 공장이 될 수도 있다고 말했다. 하지만 중국에는 더 넓은 면적의 쇼핑몰이 있었고, 다양한 대형 격납고 시설을 갖춘 보잉이 규모가 더 크다 할 수도 있었다. "세계에서 가장 큰 시설이라고 말할 수 있으려면 이곳을 얼마나 더 크게 만들어야 할까?" 머스크가 물었다. 향후 50만 평방피트 규모의 확장을 고려하고 있었지만, 아프샤르는 "그래도 세계에서 가장 큰 시설이 되기는 힘들 것"이라고 대답했다. 머스크는 고개를 끄덕였다. 한동안 침묵이 흘렀다. 그런 다음 그는 그 아이디어를 포기했다.

건축업자들은 아프샤르에게 바닥에서 몇 피트 위부터 천장까지 이어지는 대형 창문의 설치 계획도를 보여주었다. "바닥부터 천장까지 싹 다 이어지는 창문으로 간다고 하지 않았나요?" 그가 물었다. 그러자 높이 32피트의 특수 제작 창유리에 대한 제안이 돌아왔고, 아프샤르는 머스크에게 그 사진을 보여주었다. 유리에 대한 집착이 강했던 스티브 잡스는 애플의 뉴욕 5번가 매장과 같은 쇼케이스 현장에 거대한 유리창을 설치하는 데 비용을 아끼지 않았다. 머스크는 좀 더 신중했다. 그는 유리가 그렇게 두꺼워야 하는지에 대해 의문을 제기하고 유리의 두께가 태양열로 건물을 데우는 방식에 어떤 영향을 미치는지 물었다. "비용의 관점에서 어리석은 선택을 해서는 안 되는 거지요." 머스크의 말이다.

　어느 날 그는 거의 완공된 공장을 돌아다니면서 제조라인을 따라 각 스테이션에 빼놓지 않고 들렀다. 그러다가 강철을 냉각하는 스테이션에서 기술자에게 이렇게 물었다. "냉각수를 더 빠른 속도로 흐르게 할 순 없나요?" 기술자는 냉각 공정을 진행할 수 있는 속도의 한계에 대해 설명했다. 머스크는 반발했다. 그 한계가 실제로 강철의 물리학에 근거한 것인가? 냉각 공정을 빠르게 진행하면 강철이 겉은 바삭하고 속은 쫄깃하게 구워지는 쿠키처럼 될 수도 있다는 건가? 기술자는 자신의 입장을 고수하며 물러서지 않았다. 머스크는 더 이상 그를 볶아대지 않았지만 직감적으로 그 과정을 1분 이하로 단축할 수 있다고 결론 내렸다. 그리고 그 목표를 달성할 수 있는 방법을 기술자에게 찾으라고 했다. "분명히 말하지만, 냉각 주기는 59초 이내로 맞출 수 있으니까 그렇게 하세요. 그렇게 하지 못하면 내가 다시 와서 직접 시범을 보이겠소."

초대형 주조기계

　2018년 말의 어느 날, 머스크는 팰로앨토의 테슬라 본사에 있는 자신의 책상에 앉아 모델 S의 소형 장난감 버전을 가지고 놀고 있었다. 실제 자동차를 그대로 축소해놓은 것처럼 보이는 장난감이었다. 머스크가 분해해보니 내부에 서스펜션(차체의 무게를 받쳐 주어 진동이 차에 전달되는 것을 막아주는 장치-옮긴이)까지 장착되어 있었다. 하지만 자동차의 하부 전체가 하나의 주형 금속판으로 되어 있었다. 그날 팀 회의에서 머스크는 장난감을 꺼내 흰색 회의 탁자 위에 올려놓았다. "왜 우리는 이렇게 하면 안 될까요?" 그가 물었다.

　엔지니어 중 한 명이 실제 자동차의 하부는 훨씬 더 크다는 당연한 사실을 지적했다. 그만한 크기를 다룰 수 있는 주조기계가 없다는 것이었다. 그 대답은 머스크를 만족시키지 못했다. "가서 방법을 찾아보세요." 그가 말했다. "더 큰 주조기를 만들어달라고 해보세요. 그렇게 한다고 해서 물리 법칙을 어기는 것도 아니잖아요."

머스크와 경영진은 여섯 개의 주요 주조회사에 전화를 걸었지만, 그중 다섯 개 회사가 그 아이디어를 일축했다. 하지만 고압 주조기계를 전문 제작하는 이탈리아의 아이드라프레스Idra Presse라는 회사가 모델 Y의 전면부터 후면까지 하부 전체를 주조할 수 있는 초대형 기계를 제작하는 데 동의했다. "그렇게 우리는 세계에서 가장 큰 주조기계를 제작했습니다." 아프샤르는 말한다. "현재 모델 Y에 6,000톤급 주조기를 쓰고 있고, 앞으로 사이버트럭에도 9,000톤급 주조기를 사용할 예정입니다."

이 기계는 용융 알루미늄을 주조 금형에 주입하여, 전에는 용접과 리벳, 접착으로 결합해야 하는 100개 이상의 부품으로 구성되던 전체 섀시를 단 80초 만에 만들어낼 수 있다. 기존 공정에서는 틈새나 덜컹거림, 누수 등이 발생했다. "그렇게 끔찍한 악몽과 같은 공정에서 엄청나게 저렴하고 쉽고 빠른 공정으로 바뀌었지요." 머스크의 말이다.

이 과정을 통해 머스크는 장난감 산업에 대한 이해가 깊어지고 인식도 높아졌다. "그들은 결함 없이 매우 빠르고 저렴하게 제품을 생산해야 해요. 크리스마스 시즌에 맞춰 제때 생산하지 못하면 울상이 될 수밖에 없는 구조잖아요." 그는 팀원들에게 장난감 로봇이나 레고 같은 것에서 아이디어를 얻으라고 거듭 강조했다. 그는 공장 현장에서 기계공들에게 레고 조각의 고정밀 조형에 대해 이야기하곤 했다. 레고 조각은 10미크론(100만분의 1미터) 이내의 정확성과 동일성을 자랑하는데, 이는 어떤 부품이든 다른 부품으로 쉽게 교체할 수 있다는 것을 의미한다. 자동차 부품도 그렇게 만들어야 했다. 머스크는 말한다. "정밀도는 비용이 많이 들지 않아요. 정밀도는 대부분 얼마나 관심을 기울이고 얼마나 신경을 쓰느냐의 문제이거든요. 정밀하게 만들고 싶으면, 정밀하게 만들 수 있는 겁니다."

56장

머스크의 아이들

2020년

(왼쪽 위) 그라임스, 베이비 엑스와 함께, (오른쪽 위) 아이들과 함께
(아래) 모형 자동차 앞에서 아이들과 함께

X Æ A-12

머스크의 개인적인 삶은 2020년 5월, '엑스'라는 이름을 갖게 되는 아들이 태어나면서 완전히 달라졌다. 그라임스와의 사이에서 낳은 세 자녀 중 첫째인 엑스는 비현실적으로 느껴질 정도로 사랑스러워서 머스크를 매료시키고 진정시켰다. 당연히 머스크는 늘 엑스와 함께하기를 원했고, 그래서 어디든 데리고 다녔다. 엑스는 이후 긴 회의 시간 내내 아버지의 무릎에 앉아 있기도 했고, 아버지의 어깨에 올라타 테슬라와 스페이스X 공장을 돌아다니기도 했으며, 솔라루프 설치 현장을 위태롭게 돌아다니기도 했고, 트위터의 라운지 공간을 놀이터로 삼기도 했으며, 심야 전화 회의 중에는 배경에서 재잘거리기도 했다. 또한 아버지와 함께 로켓 발사 동영상을 반복해서 본 덕에 1부터 숫자를 세는 것을 배우기 전에 10부터 내려가면서 세는 법을 먼저 배웠다.

일론과 엑스, 둘의 상호작용은 머스크 집안 특유의 면모를 보여주었다. 두 사람은 긴밀하게 유대감을 형성하고 있지만, 역설적이게도 약간은 거리를 두며 서로의 존재를 소중히 여기면서도 서로의 공간을 존중하는 모습을 보였다. 머스크는 자신의 부모가 그랬던 것처럼 엑스를 과잉보호하거나 엑스에게 집착하지 않았다. 엑스 역시 부모에게 들러붙어 떨어지지 않으려 하거나 의존하는 모습을 보이지 않았다. 둘 사이에 상호작용은 많았지만 자주 포옹을 하지는 않았다.

체외수정을 통해 아이를 임신한 머스크와 그라임스는 딸을 가질 계획이었지만, 2019년 버닝맨에 참가하기 위해 준비하던 중에 이식된 수정란이 남자아이로 판명되었다는 소식을 들었다. 부부는 이미 초당 100경 회의 연산을 수행할 수 있는 슈퍼컴퓨터의 연산능력을 가리키는 '엑사플롭exaflop'이라는 말에서 따온 '엑사'를 딸 이름으로 정해놓은 상태였다. 그래서 그들은 아이가 태어나던 날까지 남자아이의 이름을 정하는 데 어려움을 겪었다.

그들은 결국 자동 생성된 드루이드Druid 암호처럼 보이는 '엑스 애시 에이트 웰브(X Æ A-12)'를 아이의 이름으로 정했다. 그라임스는 엑스가 '미지의 변수'

를 의미한다고 말했다. 라틴어와 고대 영어에서 '애시'로 발음되는 Æ는 "나의 AI(사랑 및/또는 인공지능) 요정"이라는 의미였다. 캘리포니아 주에서는 이름에 숫자를 사용할 수 없기에 출생증명서에는 A-Xii로 표기해야 했던 에이트웰브는 머스크가 아크에인절Archangel이라는 멋진 스파이 비행기를 참고해서 제시한 이름이었다. 그라임스는 에이트웰브에 대해 "무기가 아닌 정보로 싸운다는 의미"라고 말한다. "세 번째 이름은 늘 다툼거리가 되곤 합니다. 너무 복잡하다고 일론이 없애버리자고 하거든요. 저는 뭐 다섯 개까지도 생각이 있지만, 셋으로 타협한 셈입니다."

엑스가 태어났을 때 머스크는 그라임스가 제왕절개 수술을 받는 사진을 찍어 아버지와 동생들을 포함한 가족과 친구들에게 돌렸다. 그라임스는 당연히 경악을 금치 못했고, 사진을 삭제하도록 하기 위해 동분서주 움직였다. "일론의 아스퍼거증후군이 완전히 드러난 거죠." 그녀가 말한다. "그는 제가 왜 화를 내는지 전혀 몰랐어요."

색슨, 카이, 데미안 그리고 제나

일주일 후 머스크의 큰 애들이 아버지를 보러 왔고, 자폐증을 가진 아들 색슨은 아기를 좋아해서 특히 흥분했다. 머스크는 전부터 색슨의 단순하면서도 현명한 의견을 귀담아듣고 있었고, 심지어 저스틴과도 공유하고 있었다. 저스틴은 말한다. "색슨의 인식 세계는 정말 흥미롭습니다. 종종 시간이나 삶의 의미와 같은 추상적인 개념을 놓고 고민하기도 하고요. 문자 그대로의 의미로 생각하기 때문에 주변 사람들에게 우주에 대한 아주 다른 방식의 인식을 일깨우기도 합니다."

색슨은 시험관아기를 통해 세쌍둥이로 태어났으며, 그중 카이와 데미안은 일란성 쌍둥이이다. 처음에 그 둘은 너무 닮아서 저스틴도 구분하기 힘들었다고 한다. 하지만 그들은 유전과 환경, 우연의 역할에 대한 흥미로운 연구

대상이 되었다. 머스크는 말한다. "두 애가 같은 집의 같은 방에서 살았고, 같은 경험을 했으며, 학교 성적도 비슷했어요. 그런데 데미안은 자신이 똑똑하다고 생각했지만, 카이는 어떤 이유에서인지 그렇지 않았지요. 정말 기묘한 일이에요."

그들의 성격은 매우 달랐다. 데미안은 내성적이었고 식사량이 적었으며 여덟 살 때 채식주의자로 살겠다고 선언했다. 내가 저스틴과 통화하며 데미안이 왜 그런 결정을 했는지 물었더니, 그녀는 옆에 있던 데미안에게 전화를 건네 직접 대답하게 했다. "내가 남기는 탄소 발자국을 줄이기 위해서였어요." 그가 말한 이유다. 그는 클래식 음악 신동으로, 음울한 소나타를 작곡하기도 하고 쉬지 않고 몇 시간씩 피아노 연습에 몰두하기도 했다. 머스크는 데미안의 연주 모습을 휴대전화로 촬영한 동영상을 보여주곤 했다. 데미안은 수학과 물리학에서도 천재성을 드러냈다. "데미안이 너보다 더 똑똑한 것 같구나." 한번은 메이가 일론에게 이렇게 말했고, 그는 고개를 끄덕이며 어머니의 말에 동의했다.

훤칠한 키에 눈에 띄게 잘생긴 카이는 외향적인 성격이 강했고 실제적인 문제를 직접 해결하는 것을 좋아했다. "카이는 데미안보다 덩치도 크고 운동신경도 뛰어나며, 늘 데미안을 보호하는 태도를 취합니다." 저스틴의 말이다. 그는 아버지가 하는 일의 기술적 측면에 가장 관심이 많은 아이로, 아버지와 함께 로켓 발사를 보러 케이프커내버럴에 동행할 가능성이 가장 높은 아이이기도 했다. 그 점이 특히 아버지를 기쁘게 하는 부분이었다. 머스크는 가장 슬픈 순간은 아이들이 아버지와 함께 놀기 싫다고 말할 때라고 말한다.

그들의 형인 그리핀은 동생들과 마찬가지로 윤리적인 사고방식을 가진 다정한 아이이다. 그는 또한 아버지를 잘 이해했다. 어느 저녁 테슬라의 텍사스 공장에서 열린 행사에서 그리핀이 친구들과 어울리고 있을 때 아버지가 무대 뒤 대기실로 함께 가자고 했다. 그리핀은 망설이다가 친구들과 함께 있고 싶다고 말했다. 하지만 그런 후 친구들을 바라보며 어깨를 으쓱하고는 아버지를 따라갔다. 과학과 수학에 뛰어난 그는 아버지에게 부족한 온화함을 지녔으며, 적어도 엑스가 태어나기 전까지는 가족 중 가장 사교적이었다.

그리고 그리핀의 이란성 쌍둥이 형제인 자비에도 있었다. 머스크가 마블코
믹스 〈엑스맨〉 시리즈의 가장 좋아하는 캐릭터에서 힌트를 얻어 이름 지은 자
비에는 의지가 강했는데, 자라면서 자본주의와 부에 깊은 증오를 품게 되었다.
"나는 아버지와 아버지가 옹호하는 모든 것이 싫어요." 자비에는 아버지의 면
전에서든 문자로든 수시로 이렇게 말했고, 그럴 때마다 부자 사이에 길고 격렬
한 대화가 오갔다. 사실 머스크가 집을 팔고 덜 사치스럽게 살기로 결심한 데
에는 자비에와의 갈등도 한몫했지만, 그것도 두 사람의 관계에는 거의 영향
을 미치지 못했다. 2020년이 되자 둘 사이의 균열은 돌이킬 수 없는 지경에 이
르렀다. 자비에는 다른 형제들이 새 의붓동생을 보러 올 때에도 동행하지 않
았다.

그래서 엑스가 태어날 무렵 열여섯 살 된 자비에가 여성으로 성전환하기로
결정했을 때, 부자지간은 이미 소원해질 대로 소원해진 상태였다. "안녕하세
요, 저는 트랜스젠더이고 이제 제 이름은 제나예요." 그, 아니 그녀는 킴벌의 아
내인 크리스티아나에게 이렇게 문자를 보내며 "아버지한테는 말하지 마세요"
라고 덧붙였다. 그녀는 그라임스에게도 문자를 보내 비밀을 지켜달라고 부탁
했다. 머스크는 나중에 자신의 보안요원으로부터 이에 대해 듣게 된다.

머스크는 결국 트랜스젠더 문제와 씨름하게 되었고, 종종 공개적으로 논란
에 휘말리기도 했다. 자비에가 제나가 된 지 몇 달 후, 하지만 그 사실이 공식적
으로 알려지기 전, 머스크는 괴로워하는 군인의 모습에 "he/him을 프로필에
올릴 때"라는 문구가 적힌 풍자만화 한 편을 트위터에 올렸다. 비판이 쏟아지
자 그는 해당 트윗을 삭제하고 "나는 트랜스젠더를 절대적으로 지지하지만, 이
모든 대명사는 미학적 악몽"이라는 글로 해명하려고 했다. 이후 그는 트랜스젠
더 문제에 대해 점점 더 목소리를 높여 나름의 의견을 밝혔고, 2023년 현재 성
전환을 원하는 18세 미만 청소년에 대한 의료지원 허용에 반대하는 보수적 반
발을 옹호하는 입장이다.

크리스티아나는 머스크가 게이나 트랜스젠더에 대한 편견이 없다고 주장한

다. 제나와의 갈등도 성 정체성보다는 그 아이의 급진적 마르크스주의가 더 큰 원인으로 작용했다고 말한다. 크리스티아나의 이런 설명은 자신의 경험을 바탕으로 하고 있다. 그녀 역시 억만장자인 아버지와 때때로 관계가 소원해지는 아픔을 겪었고, 킴벌과 결혼하기 전에 '스킨'이라는 예명으로 알려진 흑인 여성 록스타 데보라 앤 다이어와 결혼한 적이 있었다. "전처와 헤어지기 전에 함께 일론을 만난 적이 있는데, 그는 우리에게 아이를 가지라고 설득하려 애썼습니다." 그녀는 말한다. "그는 게이나 트랜스젠더, 인종에 대한 편견이 전혀 없습니다."

제나와의 불화에 대해 머스크는 이렇게 말한다. "제나가 사회주의자를 넘어 완전한 공산주의자로 변해서 부자는 모두 악하다고 생각하면서 다툼이 격렬해진 겁니다." 그는 부분적으로는 제나가 다녔던 로스앤젤레스의 사립학교 크로스로드에 만연한 분위기를 탓하는데, 그는 이것을 진보주의적 세뇌 교육이라고 부른다. 자녀들이 어렸을 때 그는 가족과 친구들을 위해 자신이 설립한 작은 학교인 애드아스트라Ad Astra에 다니게 했다. "아이들은 열네 살 정도까지 그곳에 다녔어요. 고등학교에 올라가면서 진짜 세상을 접해야 할 필요가 있다고 생각해서 다른 학교로 진학시켰지요." 그는 말한다. "애드아스트라에서 고등학교까지 마치게 했어야 했어요."

그는 제나와의 불화가 맏아들 네바다의 사망 이후 삶에서 겪은 가장 큰 고통이었다고 말한다. "기회가 닿을 때마다 손을 내밀며 많은 노력을 기울였지만, 제나는 나와 함께 시간을 보내고 싶어 하지 않아요." 머스크의 말이다.

텍사스에서의 새로운 생활

제나와의 갈등을 계기로 머스크는 억만장자들에 대한 반발에 민감해졌다. 그는 회사를 성공으로 이끌고 회사에 투자된 돈을 보유함으로써 부자가 되는 것에는 아무런 잘못이 없다고 믿었다. 하지만 2020년에 이르러 그는 그러한 부를 현금화하여 개인 소비에 낭비하는 것은 비생산적이며 부적절하다고 생각하게 되었다.

그때까지 그는 상당히 호화롭게 살았다. 2012년 1,700만 달러에 구입한 이후 그가 주로 머물던 로스앤젤레스 벨에어 지역의 저택은 침실 일곱 개와 게스트 스위트룸, 욕실 열한 개, 체육관, 테니스장, 수영장, 2층짜리 서재, 상영관, 과수원 등을 갖춘 마치 궁전과도 같은 1만 6,000평방피트(약 450평) 규모의 대저택이었다. 그의 다섯 자녀는 그곳을 자신들의 성이라고 여겼다. 아이들은 일주일에 4일을 그와 함께 지내면서 집에서 테니스와, 무술, 기타 활동을 하는 일상을 보냈다.

길 건너편에 있는 배우 진 와일더의 집이 매물로 나왔을 때 머스크는 그 집을 그대로 보존할 목적으로 구입했다. 이후 그는 주변의 집 세 채를 사서 자신만의 꿈의 저택을 완성하기 위해 일부를 허물고 트는 등 한동안 장난감처럼 가지고 놀았다. 또한 3,200만 달러를 들여 실리콘밸리 한쪽의 47에이커(약 5만 7,000평) 규모의 땅에 침실 열세 개의 저택을 갖춘 지중해풍 사유지도 확보했다.

2020년 초, 머스크는 이 모든 것을 처분하기로 결정했다. "거의 모든 물리적 소유물을 팔고 있습니다." 엑스가 태어나기 사흘 전에 그가 트위터에 올렸다. "앞으로 집을 소유하지 않을 겁니다." 그날 그는 조 로건에게 이러한 결정을 내리게 된 배경을 설명했다. "소유물은 사람을 짓누르며 공격의 빌미가 된다고 생각합니다." 그가 말했다. "최근 몇 년 사이에 '억만장자'는 경멸적인 단어가 되어버렸습니다. 마치 나쁜 것인 양 치부되는 겁니다. 사람들은 '이봐, 억만장자, 그런 거 그렇게 죄다 가져야겠어'라는 식으로 말합니다. 자, 이제 저는 그런 것을 가지고 있지 않습니다. 어떻게 할 건가요?"

캘리포니아 소재의 주택들을 모두 매각한 후 머스크는 텍사스로 이사했고, 그라임스도 곧 그 뒤를 따랐다. 머스크는 스페이스X로부터 임차한 보카치카의 작은 규격형 주택에 주로 머물렀다. 머스크는 오스틴에서 많은 시간을 보냈으며, 페이팔 시절의 친구 켄 하워리가 스웨덴 대사를 지낸 후 세계 여행을 떠난 동안에는 그의 집을 빌려 살기도 했다. 콜로라도 강에 의해 형성된 호수 주변에 위치한 8,000평방피트(약 225평)의 그 저택은 오스틴의 다른 억만장자들도 살고 있는 고급 주택단지에 속해 있었다. 〈월스트리트저널〉이 그가 살고 있다고 보도하기 전까지만 해도 그곳은 휴일에 아이들을 불러 모아 함께 지내기에 완벽한 장소였다. "〈월스트리트저널〉이 그렇게 개인정보를 퍼뜨린 후 더 이상 켄의 집에 머물 수 없었어요." 그는 말한다. "사람들이 계속 주변에 몰려들었고, 어떤 이는 내가 없는 사이에 기어코 대문을 통과해 집 안으로 들어오기까지 했지요."

별다른 열의 없이 인근의 주택을 알아보던 중 그는 충분히 크고 "〈건축다이제스트〉에 실릴 정도는 아니지만 그런대로 멋진" 집을 발견했다. 매도인들은 7,000만 달러를 요구했고, 머스크는 캘리포니아 집들을 팔았던 가격인 6,000만 달러를 제시했다. 하지만 당시 부동산 시장이 과열될 대로 과열된 상황에서 거래 상대가 세계 최고의 부자라는 사실을 알게 된 매도인들은 처음보다 더 높은 가격을 제시했고, 머스크는 포기했다. 대신 그는 당분간 오스틴에 있는 친구의 콘도를 사용하거나 그라임스가 한적한 막다른 길에 얻어놓은 집에 머무는 데 만족했다.

킴벌과의 화해

2020년 11월 켄 하워리의 생일파티에 참석하러 스톡홀름을 다녀온 후 머스크는 코로나19 양성 판정을 받았다. 그는 킴벌에게 전화를 걸었다. 킴벌 역시 그즈음 코로나19에 걸린 상황이었다. 두 사람의 관계는 특히 2018년의 그 험난했던 가을 이후 껄끄러워진 상태였다. 하지만 일론이 볼더로 와서 함께 경미한 코로나19 증상을 극복하면서 두 사람의 관계는 다시 돈독해졌다.

합법적인 천연 환각제를 이용한 마음 치유를 신봉하던 킴벌은 주술사의 안내에 따라 환각성 차를 마시는 아야와스카 의식을 계획하고 있었다. 그는 일론에게 그 의식에 참여할 것을 권했다. 일론 내면에 있는 악마를 길들이는 데 도움이 될 수 있을 거라고 생각해서였다. "아야와스카 의식은 자아의 죽음을 수반합니다." 킴벌은 설명한다. "우리가 짊어진 모든 짐이 죽습니다. 그 후에는 다른 사람이 되는 겁니다."

일론은 거부했다. "내 감정은 아주 두터운 콘크리트 층 아래에 묻혀 있어. 그리고 난 아직 그것을 꺼낼 준비가 되어 있지 않아." 그가 말했다. 대신 그는 킴벌과 그저 즐거운 시간을 보내고 싶었다. 컴퓨터로 스페이스X의 발사 장면을 시청하고 빈둥거리다 지루함을 느낀 두 사람은 일론의 비행기에 올라 오스틴으로 향했다. 그곳에서 그들은 일론이 새로 빠져든 비디오 게임 폴리토피아를 같이 하고 영화 〈베스트 키드〉를 원작으로 한 넷플릭스 시리즈 〈코브라 카이〉를 몰아보며 시간을 보냈다.

이 드라마에는 일론과 킴벌처럼 40대 후반이 된 원작 영화의 등장인물들이 출연했고, 머스크 아이들 또래의 청소년들도 등장했다. "랄프 마치오가 연기한 인물은 공감 능력이 뛰어나고 다른 한 인물은 공감 능력이 없는 것으로 나오거든요. 우리 둘 다 고개를 끄덕이지 않을 수 없었지요." 킴벌은 말한다. "또 두 인물 모두 자신의 아버지들 때문에 곤란을 겪는 동시에 아버지 역할을 제대로 하는 방법에 대해 고민하는 내용이 나옵니다." 형제는 이 드라마를 함께 보며 아야와스카 의식 없이도 카타르시스를 느낄 수 있었다. 킴벌은 말한다. "둘 다 다시 어린 시절로 돌아간 것 같았어요. 정말 아름다운, 최고의 시간이었어요. 인생에서 다시는 그런 시간이 없을 거라는 생각이 들 정도였지요."

57장

새로운 유인우주선의 시대

스페이스X, 2020년

(위) 키코 돈체프와 함께
(아래) 케이프커내버럴의 발사 타워에서

민간인을 궤도에 올리다

2011년 우주왕복선의 퇴역과 함께 미국의 우주탐사에 관한 능력과 의지, 상상력은 급격하게 쇠퇴했다. 두 세대 전에 아홉 번의 달 탐사 임무를 수행한 나라였다는 사실이 무색할 정도였다. 마지막 왕복선 임무 이후 거의 10년 동안 미국은 인간을 우주로 보내지 못했다. 우주비행사를 국제우주정거장에 보내려면 러시아 로켓에 의존해야 했다. 2020년, 스페이스X가 이 모든 것을 바꿨다.

그해 5월, 크루 드래건 캡슐을 탑재한 팰컨 9호 로켓이 NASA 우주비행사 두 명을 국제우주정거장으로 실어 나를 준비를 마쳤으며, 이는 민간기업이 인간을 궤도에 올려 보내는 최초의 우주선 발사였다. 트럼프 대통령과 펜스 부통령이 케이프커내버럴로 날아와 39A 발사대 근처의 관람석에 앉아 발사를 지켜보았다. 머스크는 헤드폰을 착용하고 아들 카이와 함께 관제실에 앉아 있었다. 약 1,000만 명이 텔레비전과 다양한 스트리밍 플랫폼을 통해 생중계로 발사를 지켜보았다. 머스크는 나중에 팟캐스터 렉스 프리드먼에게 이렇게 말했다. "나는 종교를 믿는 사람이 아니에요. 그럼에도 무릎 꿇고 이 임무가 성공하도록 도와달라고 기도했지요."

로켓이 이륙하자 관제실은 환호성으로 가득 찼다. 트럼프를 위시하여 몇몇 정치인들이 축하 인사를 전하기 위해 들어왔다. 트럼프가 말했다. "우주 임무에 관해서 50년 만에 처음으로 큰 메시지를 전하는 셈입니다. 그렇게 생각합시다. 그리고 그런 메시지를 전달하게 되어 영광입니다." 머스크는 대통령이 무슨 말을 하는지 잘 이해가 되지 않았고, 그래서 거리를 유지했다. 트럼프는 머스크와 그의 팀에게 다가와 물었다. "여러분, 나와 이렇게 4년 더 갈 준비가 되어 있죠?" 머스크는 어이가 없어서 그냥 돌아섰다.

우주비행사를 우주정거장에 데려갈 로켓의 제작 계약을 스페이스X와 체결한 2014년, NASA는 동시에 보잉과도 40퍼센트 더 많은 자금을 지원하는 경쟁적 계약을 체결했다. 2020년 스페이스X가 성공할 때까지 보잉은 우주정거장에 도킹하는 무인 시험비행조차 성공시키지 못했다.

머스크는 스페이스X의 성공적인 발사를 축하하기 위해 킴벌, 그라임스, 루크 노섹 등과 함께 케이프커내버럴에서 남쪽으로 차로 2시간 떨어진 에버글레이즈 습지의 한 리조트로 향했다. 노섹은 역사적인 순간을 기록했다는 "엄청난 감동"이 갑자기 그들에게 밀려왔다고 그 순간을 기억한다. 그들은 밤늦도록 춤을 추었고, 킴벌은 한순간 벌떡 일어나 "우리 형이 방금 우주비행사를 우주로 보냈어요!"라고 외쳤다.

요다 같은 책임자와 열정적인 엔지니어

2020년 5월 우주비행사를 우주정거장으로 보낸 스페이스X는 이후 5개월 동안 열한 번의 무인 위성 발사에 성공하는 인상적인 기록을 세웠다. 하지만 머스크는 늘 그렇듯이 현 상태에 안주하는 것을 두려워했다. 그는 광적인 긴박감을 유지하지 않으면 스페이스X가 보잉처럼 허약하고 더뎌질지 모른다고 걱정했다.

그해 10월 한 차례의 발사가 있은 후 머스크는 늦은 밤 39A 발사대를 찾았다. 그곳에는 단 두 사람만이 일하고 있었다. 그런 광경은 그를 자극할 수밖에 없었다. 나중에 트위터의 직원들도 알게 되다시피, 그는 자신의 모든 회사에서 모든 직원이 지칠 줄 모르는 강렬함으로 일하기를 기대했다. "케이프커내버럴에서 근무하는 직원이 전부 783명이나 되오." 그가 그곳의 발사 담당 부사장에게 차갑게 분노하며 말했다. "근데 왜 지금 단 두 명만 일하고 있는 거요?" 머스크는 부사장에게 48시간을 주면서 모든 직원이 하고 있어야 마땅한 일에 대한 브리핑을 준비하라고 했다.

원하는 답을 얻지 못하자 머스크는 직접 알아내기로 결심하고 하드코어 올인 모드에 돌입했다. 네바다와 프리몬트 테슬라 공장에서 그랬던 것처럼, 그리고 나중에 트위터에서 그러는 것처럼, 그는 건물(이번에는 케이프커내버럴의 격납고)

로 이동하여 24시간 상주하면서 일하기 시작했다. 밤새도록 일하는 그의 모습에는 연기와 진심이 공존했다. 두 번째 날 밤, 아내와 가족이 있는 발사 담당 부사장과 연락이 닿지 않자 머스크는 그가 무단 이탈한 것으로 간주하고 격납고에서 함께 일하던 엔지니어 중 한 명인 키코 돈체프를 불러오라고 했다.

불가리아에서 태어난 돈체프는 어렸을 때 수학자인 아버지가 미시간대학교에 취직하면서 미국으로 이주하게 되었다. 항공우주공학 학부 및 대학원에서 학위를 취득한 그는 꿈에 그리던 보잉에서 인턴십 기회를 얻었다. 하지만 그는 그곳에서 금세 환멸을 느꼈고, 그래서 스페이스X에서 일하고 있던 친구를 한 번 찾아가보기로 했다. "그날 스페이스X의 공장을 둘러보던 순간을 절대 잊지 못할 것입니다." 그는 말한다. "젊은 엔지니어들이 다들 티셔츠 밖으로 문신을 뽐내며 열심히 일하고 있었습니다. 정말 일을 완수하기 위해 열정적으로 달려드는 모습이었습니다. '이 사람들이 바로 나와 같은 부류구나'라는 생각이 들었습니다. 보잉의 폐쇄적이고 고루한 분위기와는 전혀 달랐습니다."

그해 여름, 그는 보잉의 부사장에게 스페이스X가 어떻게 젊은 엔지니어들의 혁신을 지원하고 있는지에 대해 프레젠테이션을 했다. "보잉이 변화하지 않으면 최고의 인재들을 잃게 될 것입니다." 돈체프가 말했다. 부사장은 보잉은 파괴적인 인재를 찾고 있는 것이 아니라, "최고는 아니지만 오래 근무할 수 있는 인재를 원하는 것일 수 있다"라고 답했다. 돈체프는 그만두었다.

유타 주에서 열린 한 컨퍼런스에 참석한 그는 스페이스X가 주최한 파티에서 몇 잔을 마신 후 용기를 내 귄 숏웰을 붙잡아 세웠다. 그는 주머니에서 구겨진 이력서를 꺼내 들이밀면서 자신이 작업한 위성 하드웨어의 사진을 보여주었다. "저는 창의적으로 일할 수 있습니다." 그가 그녀에게 말했다.

숏웰은 기뻐했다. "구겨진 이력서를 들고 내게 다가올 만큼 용감한 사람이라면 누구든 좋은 후보가 될 수 있지요." 그녀가 말했다. 그녀는 그에게 스페이스X에 면접을 보러 오라고 했다. 머스크와의 면접 일정은 며칠 후 오후 3시로 잡혔다. 머스크는 여전히 자신이 직접 면접을 봐서 엔지니어를 채용하고 있었다. 평소와 마찬가지로 머스크의 일정이 계속 뒤로 밀렸고, 돈체프는 다른 날 다시 오라는 말을 들었다. 하지만 돈체프는 돌아가지 않고 머스크의 칸막이 밖에서 그대로 앉아 있었다. 그렇게 5시간이 흐른 오후 8시 마침내 그는 머스크를 만나러 들어갈 수 있었고, 그 자리에서 보잉에서 자신의 열광적인 접근방식이 어떻게 평가받지 못했는지 털어놓았다.

머스크는 채용이나 승진 발령 시 이력서 스펙보다 태도를 우선시했다. 그리고 그에게 좋은 태도란 미치도록 열심히 일하려는 열망이었다. 머스크는 그 자리에서 돈체프를 채용했다.

케이프에서 머스크가 열정적 근무 자세의 시범을 보이던 그 해 10월의 어느 밤, 머스크가 불러오라고 했을 때 돈체프는 사흘 연속 근무를 마치고 막 집에 돌아와 와인 한 병을 따고 있었다. 처음에 그는 휴대전화에 뜨는 알 수 없는 번호를 무시했지만, 동료 중 한 명이 그의 아내에게 전화를 걸었다. '키코에게 당장 격납고로 돌아오라고 전해주세요. 머스크가 그를 찾고 있어요.' "저는 며칠 동안 잠을 못 자 너무 피곤한데다가 반쯤 취한 상태였습니다. 그런데도 차에 올라 담배 한 갑을 사서 연신 피워대며 격납고로 돌아갔습니다." 그가 말한다. "음주운전으로 단속될까 봐 걱정도 들었지만, 그래도 머스크를 무시하는 것보다는 덜 위험하다고 생각했습니다."

돈체프가 그곳에 도착하자 머스크는 그에게 고위 관리자들보다 한 단계 아래인 중간 엔지니어들과 자신이 대화를 나눌 수 있는 일련의 '중간 간부' 회의를 조직하라고 지시했다. 그 결과 일대 개혁이 시작되었다. 돈체프는 케이프커내버럴의 수석 엔지니어로 승진했고, 그의 멘토이자 차분한 베테랑 관리자 리치 모리스는 운영책임자가 되었다. 그때 돈체프는 한 가지 현명한 요청을 했다. 자신은 머스크에게 직접 보고하지 않고 모리스에게 보고하게 해달라는 것이었다. 그렇게 해서 요다 같은 멘토가 될 줄 아는 책임자와 머스크의 강렬함에 부응하고 싶어 하는 엔지니어가 이끄는 팀이 형성되었고, 순조롭게 운영되기 시작했다.

저항

"더 빨리 움직이고 더 많은 리스크를 감수하고 규칙을 어기고 요구사항에 의문을 제기하라." 머스크가 적극 강조한 이들 방침은 분명 인간을 우주 궤도에 올려 보내고, 전기자동차를 대량 공급하고, 주택 소유자들이 전력망에서 벗어나게 하는 등의 큰 업적을 달성하는 데 도움이 되었다. 하지만 그것은 또한 그가 증권거래위원회의 요구사항이나 캘리포니아의 코로나19 규제 사항을 무시하는 등의 일을 저질러 곤경에 처하게 되는 데도 일조했다.

한스 쾨니스만은 2002년에 머스크가 영입한 최초의 스페이스X 엔지니어 중 한 명이었다. 그는 팰컨 1호의 첫 세 차례 비행 실패와 네 번째 비행 성공 당시 콰즈에 상주하던 그 용감무쌍한 군단의 일원이었다. 머스크는 그를 비행 신뢰성 담당 부사장으로 승진시켰다. 비행이 규정을 준수해 안전하게 이뤄지도록 책임지는 직책이었다. 하지만 머스크 밑에서는 결코 수월하게 일할 수 있는 자리가 아니었다.

2020년 말, 스페이스X는 슈퍼헤비 부스터의 무인 시험 발사를 준비하고 있었다. 모든 비행은 기상 지침을 포함해 미 연방항공청FAA의 요구사항을 준수해야 했다. 그날 아침, 발사를 원격으로 모니터링하던 FAA 감독관은 상층 바람으로 인해 발사를 진행하기에 안전하지 않다고 판단했다. 발사 시 폭발이 일어나면 인근의 주택들이 피해를 입을 수도 있다는 것이었다. 스페이스X는 기상 조건이 안전하다는 자체의 기상 모델을 제시하며 승인을 요청했지만 FAA는 이를 거부했다.

실제로 FAA 직원이 관제실에 나와 있는 것은 아니었고, 규정이 무엇인지도 (많이는 아니지만) 약간은 불분명한 상황이었기에 발사 책임자는 일론을 쳐다보며 계속 진행해도 되는지 묻는 듯 조용히 고개를 치켜 올렸다. 머스크는 조용히 고개를 끄덕였다. 로켓이 이륙했다. "모든 게 아주 미묘했습니다." 쾨니스만은 말한다. "전형적인 일론의 방식입니다. 그런 리스크를 감수하는 결정을 고개 한 번 끄덕이는 것으로 내리다니 말입니다."

로켓은 날씨의 영향을 받지 않고 완벽하게 발사되었지만, 6마일 떨어진 곳에서 시도한 수직 착륙에는 실패했다. FAA는 기상 경보가 무시된 이유에 대한 조사를 시작하며 스페이스X의 테스트를 두 달간 중단시켰지만, 결국 큰 벌칙은 부과하지 않았다.

쾨니스만은 업무의 일환으로 이 사건에 대한 보고서를 작성했는데, 스페이스X의 행태를 눈가림하려 하지 않았다. 그는 내게 이렇게 말했다. "FAA는 무능한데다가 보수적이기까지 해서 결코 훌륭한 조직이라 할 수 없지만, 그래도 우리는 비행하기 전에 그곳의 승인을 받아야 하는 입장이고, 또 나는 그에 대한 책임이 있는 사람이었습니다. 머스크는 FAA의 불가 판정을 받고도 로켓을 발사했습니다. 그래서 나는 사실 그대로 보고서를 썼습니다." 그는 스페이스X와 머스크가 책임을 인정하길 원했다.

하지만 머스크는 그런 태도를 높이 평가하지 않았다. "머스크는 그런 식으로 생각하지 않고 매우 과민하게 반응했습니다." 쾨니스만의 말이다.

쾨니스만은 초창기부터 스페이스X에 몸담은 인물이었기에 머스크는 그를 그 자리에서 해고하고 싶지 않았다. 하지만 일단 그는 쾨니스만의 경영자 지위를 박탈했고, 몇 달 지나지 않아 완전히 해방시켜주었다. "당신은 그 오랜 세월 참으로 멋지게 일을 해왔지만, 결국 모든 사람은 은퇴할 시간을 맞이하기 마련입니다. 당신의 그 시간은 지금입니다." 머스크가 그에게 보낸 이메일 내용이다.

58장

머스크 vs. 베조스, 2라운드

스페이스X, 2021년

(왼쪽) 우주여행을 마친 직후의 제프 베조스
(오른쪽) 우주여행을 앞둔 리처드 브랜슨과 함께

머스크의 도발

제프 베조스와 일론 머스크의 얽히고설키는 경쟁관계는 2013년부터 시작되었다. 케이프커내버럴의 역사적인 39A 발사대를 차지하기 위해 벌인 두 사람의 첫 번째 경쟁에서는 머스크가 승리했다. 이후 우주에 이르는 경계선까지 올라갔다가 돌아와 착륙하는 로켓 부문에서는 베조스가 이겼고, 궤도까지 올라간 후 착륙하는 로켓 부문에서는 다시 머스크가 앞섰으며, 사람을 궤도에 올려놓는 로켓 부문에서도 머스크가 승리했다. 두 사람 모두 우주탐사에 대한 개인적인 열정을 가지고 있었고, 이들의 경쟁은 한 세기 전의 철도 남작들이 벌인 경쟁과 마찬가지로 해당 분야를 발전시키는 데 도움이 되었다. 우주가 억만장자들의 도락이 되고 있다는 비아냥거림에도 불구하고 로켓 발사를 민영화하겠다는 두 사람의 비전은 중국과 심지어 러시아에도 뒤처져 있던 미국을 다시 우주탐사의 선두 자리로 끌어올리는 원동력이 되었다.

2021년 4월, 스페이스X가 베조스의 블루오리진을 제치고 반세기 만에 우주비행사를 달에 보내는 NASA의 프로젝트에 대한 계약을 따내면서 그동안 수면 아래로 가라앉아 있던 두 사람의 경쟁의식에 다시 불이 붙었다. 블루오리진은 이 결정에 불복하며 이의를 제기했지만 성공을 거두지는 못했다. 블루오리진의 웹사이트는 '엄청나게 복잡하다'와 '위험성이 높다'라는 큰 글씨로 스페이스X의 계획을 비판하는 그래픽을 게재했다. 이에 대해 스페이스X는 블루오리진이 "궤도에 도달할 수 있는 로켓이나 우주선을 단 한 대도 생산하지 못했다"라고 지적하며 대응했다. 머스크의 트위터 팬들은 블루오리진을 조롱하는 플래시몹을 형성했고, 머스크도 이에 동참했다. 그는 "(궤도에) 올릴 수 없다네. LOL"이라고 트윗했다.

베조스와 머스크는 몇 가지 면에서 서로 닮았다. 두 사람 모두 열정과 혁신, 의지력으로 업계를 뒤흔들었다. 두 사람 모두 직원들을 퉁명스럽게 대했고, 주저 없이 멍청한 짓거리라고 힐책했으며, 의심하는 사람과 반대하는 사람에게 분노했다. 그리고 두 사람 모두 단기적 이익을 추구하기보다는 미래를 구상하는 데 집중했다. 베조스는 '이익profit'의 철자를 알기나 하느냐는 질문에 'P-r-o-p-h-e-t'라고 대답한 적도 있다.

하지만 엔지니어링에 대한 탐구와 관련해서는 서로 달랐다. 베조스는 체계적이었다. 그의 좌우명은 그라다팀 페로키테르Gradatim Ferociter, 즉 "단계적으로, 맹렬하게"였다. 머스크의 본능은 리스크를 무릅쓰고서라도 미친 일정으로 사람들을 몰아붙이는 것이었다.

베조스는 엔지니어링 회의에 몇 시간씩 소비하며 기술적인 제안을 하고 갑작스러운 명령을 내리는 머스크의 관행에 회의적이었고, 실로 경멸감까지 품었다. 베조스는 말한다. "스페이스X나 테슬라의 전직 직원들이 내게 그랬어요. 머스크는 대개 스스로 주장하는 것만큼 그렇게 많이 알지 못하며 그가 개입하는 것은 대개 도움이 되지 않거나 오히려 문제를 일으킨다고 말입니다."

머스크는 베조스를 호사가라고 느꼈으며, 그가 엔지니어링에 집중하지 않는 것이 블루오리진이 스페이스X보다 발전이 더딘 이유 중 하나라고 생각했다. 2021년 말 인터뷰에서 그는 베조스가 "상당히 훌륭한 엔지니어링 소질을 보유하고 있다"라고 마지못해 칭찬한 후 다음과 같이 덧붙였다. "하지만 그는 엔지니어링의 세부적인 부분을 파고드는 데 정신적 에너지를 소비하려는 의지가 없는 것 같습니다. 악마는 디테일에 있는데 말이지요."

머스크는 집을 모두 팔고 텍사스의 임대 주택에 살게 된 후로 베조스가 여러 채의 저택을 가지고 호화로운 생활을 하는 것에 대해서도 경멸하기 시작했다. "몇 가지 면에서 내가 베조스로 하여금 블루오리진에서 더 많은 시간을 보내도록 자극함으로써 더 많은 진전을 이루도록 돕고 있는 셈이지요." 머스크는 말한다. "그는 온수 욕조에서 보내는 시간을 줄이고 블루오리진에서 더 많은 시간을 보내야 해요."

위성통신 회사를 둘러싸고도 두 사람 사이에 또 한 차례 분쟁이 발생했다. 2021년 여름까지 스페이스X는 거의 2,000개에 달하는 스타링크 위성을 궤도에 배치했다. 스타링크의 우주 기반 인터넷은 이제 14개국에서 이용할 수 있었다. 베조스는 2019년 아마존이 유사한 위성 별자리를 창출해 인터넷 서비스를 제공할 계획인 프로젝트 카이퍼Project Kuiper를 발표했다. 하지만 2021년까지 그 목적으로 발사된 위성은 없었다.

머스크는 궤도에 올려놓는 톤당 비용이나 사람의 개입 없이 오토파일럿으로 주행한 평균 거리 등과 같은 명확한 지표를 설정하는 것이 혁신을 주도한다고 믿었다. 스타링크의 경우, 그는 위성의 태양광 어레이가 수집한 광자 수와 지구로 유용하게 쏘아줄 수 있는 광자 수의 비율을 물어서 준코사를 놀라게 했다. 10,000 대 1 정도의 엄청난 비율이었지만 준코사는 이를 고려한 적이 없었다. "저는 그것을 지표로 생각한 적이 없었습니다." 그는 말한다. "일론의 질문으로 효율성을 개선할 수 있는 방법에 대해 창의적인 사고를 시도하게 되었습니다."

이를 계기로 스페이스X는 스타링크의 두 번째 버전을 개발하여 연방통신위원회에 승인을 신청했다. 향후 스타링크 계획 궤도의 고도를 낮추기 위한 신청이었고, 그럼으로써 네트워크의 지연 시간을 줄이는 것이 목적이었다.

그렇게 되면 베조스가 경쟁 상품으로 내놓을 카이퍼 인공 별자리의 계획 궤도에 가까워질 수 있었기에 베조스는 이의를 제기했다. 다시 한번 머스크는 베조스의 이름을 의도적으로 '키스'를 뜻하는 스페인어 단어로 잘못 표기하여 트위터에 올리며 공격을 가했다. "베소스Besos가 스페이스X를 상대로 소송을 제기하는 정규직에 종사하기 위해 은퇴한 것으로 밝혀졌습니다." 연방통신위원회는 머스크가 계획을 진행시켜도 된다는 결정을 내렸다.

억만장자의 도전

베조스의 꿈 중 하나는 직접 우주에 가보는 것이었다. 그래서 2020년 여름, 머스크와 갈등을 겪던 와중에 그는 동생 마크와 함께 블루오리진 로켓을 타고 우주의 가장자리(궤도까지는 아니지만)에 다녀오는 11분 동안의 우주여행 길에 오를 것이라고 발표했다. 그는 우주에 진출한 최초의 억만장자가 될 터였다.

버진 항공Virgin Airlines과 버진 뮤직Virgin Music을 창업한 웃는 얼굴의 영국인 억만장자 리처드 브랜슨 경도 그런 꿈을 꾸었다. 그는 부유한 관광객을 태우고 우주여행을 떠나는 것을 주요 사업 모델로 삼는 우주비행 회사 버진 갤럭틱 Virgin Galactic을 설립했다. 마케팅에 대한 그의 천재적인 감각에는 자신을 회사의 얼굴이자 정신으로 활용하는 것도 포함되었다. 그는 우주관광 사업을 홍보하는 데 자신이 직접 로켓을 타고 올라가는 것보다 더 좋은 방법이 없다는 것을 잘 알고 있었다. 이것은 또한 스스로 재미를 만끽하는 방법이기도 했다(물론 본인이 그렇게 하고 싶은 마음이 컸다). 그래서 베조스가 탑승하는 로켓의 발사 날짜가 예고되고 변경될 가능성도 없어지자 브랜슨은 그보다 9일 빠른 7월 11일에 자사의 로켓을 타고 올라갈 것이라고 발표했다. 쇼맨십이 뛰어난 그는 스티븐 콜베어(미국의 배우이자 진행자-옮긴이)를 라이브 웹캐스트의 진행자로, 가수 칼리드를 해당 이벤트에 맞춰 만든 신곡의 공연자로 초대했다.

발사 당일 새벽 1시 직전에 잠에서 깬 브랜슨은 당시 거처로 사용하던 집의 주방에 들어서다 깜짝 놀라지 않을 수 없었다. 머스크가 베이비 엑스와 함께 그곳에 서 있었던 것이다. "머스크가 다정하게도 우리의 비행을 축하하기 위해 아기를 데리고 찾아와주었어요." 브랜슨의 말이다. 머스크는 맨발에 달 탐사 50주년을 기념하는 '아폴로 50년Five Decades of Apollo'이라는 문구가 새겨진 검은색 티셔츠를 입고 있었다. 두 사람은 자리에 앉아 두어 시간 동안 이야기를 나눴다. "일론은 잠이 별로 없는 것 같아요." 브랜슨의 말이다.

브랜슨이 탑승한 날개 달린 준궤도 로켓은 화물 제트기에 실려 발사 고도까지 올라간 후 예정대로 순조롭게 우주를 향해 돌진했다. 브랜슨과 버진 갤럭틱 직원 다섯 명은 53.6마일(약 86킬로미터)의 고도에 도달했고, 그럼으로써 정말 '우주'에 도달했는지에 대한 작은 논쟁을 불러일으켰다. NASA에서는 우주를 지구 상공 50마일에서 시작되는 것으로 정의하지만, 다른 국가에서는 카르만 라인으로 알려진 62마일(약 99.8킬로미터) 상공을 기준으로 삼기 때문이었다.

9일 후 베조스의 우주여행도 성공했다. 물론 머스크는 그 자리에 참석하지 않았다. 베조스와 그의 형제, 그리고 승무원들이 탑승한 우주 캡슐은 카르만 라인보다 훨씬 높은 66마일의 고도에 도달하여 베조스에게 추가적인 자랑거리까지 잔뜩 안겨주었다. 우주 캡슐은 낙하산을 펼친 후 텍사스 사막에 부드럽게 착륙했고, 매우 불안해하는 어머니와 그보다는 차분한 아버지가 그곳에서 그들을 맞이했다.

머스크는 베조스와 브랜슨에게 성의 없는 약간의 찬사를 건넸다. "그들이 우주탐사의 발전을 위해 그렇게 돈을 쓰는 것이 멋지다고 생각했습니다." 머스크가 그해 9월 코드 컨퍼런스에서 카라 스위셔에게 말했다. 하지만 그는 60마일 정도의 상공에 오르는 것은 사소한 단계라고 지적하면서 이렇게 설명했다. "비교를 하자면 이렇습니다. 궤도에 도달하는 데에는 준궤도에 도달하는 것보다 약 100배의 에너지를 더 필요로 합니다. 그리고 궤도에서 돌아오는 과정에서는 엄청난 항력에 따른 고열이 발생하므로 강력한 열차폐가 필요합니다. 간단히 말해서 궤도는 준궤도보다 약 20배 정도 더 어렵다고 보면 됩니다."

머스크는 그즈음 음모론적 사고방식의 저주에 말려들어 자신에게 부정적인 언론의 상당수가 매체를 소유한 사람들의 숨겨진 어젠다나 부패한 이해관계 때문이라고 믿게 되었다. 그의 이런 믿음은 베조스가 〈워싱턴포스트〉를 인수했을 때 특히 두드러지게 표출되었다. 이 신문이 2021년 모종의 기획 보도를 진행하기 위해 연락을 하자 머스크는 "당신의 꼭두각시 주인에게 안부나 전해주시오"라는 이메일 답장을 보냈다. 사실 베조스는 〈워싱턴포스트〉의 뉴스 보도와 관련해서 언제나 불간섭주의를 견지하는 존경할 만한 태도를 취했으며, 그곳의 명망 높은 우주 전문기자 크리스천 데이븐포트는 베조스와의 경쟁의식에 관한 내용을 포함해 머스크의 성공에 대해 상술하는 기사를 정기적으로 게재하고 있었다. "현재 머스크는 거의 모든 부문에서 훨씬 앞서나가고 있다. 스페이스X는 그동안 세 팀의 우주비행사를 국제우주정거장에 보냈으며, 오는 화요일에는 지구 궤도를 도는 3일간의 우주여행에 일단의 민간인 우주비행사들을 데려갈 예정이다. 블루오리진은 지금까지 단지 10여 분 동안 지속되는 준궤도 우주 임무를 한 차례 수행했을 뿐이다." 데이븐포트의 기사 내용이다.

59장

스타십의 무모한 도전

스페이스X, 2021년 7월

(왼쪽 위) 앤디 크렙스, (왼쪽 아래) 루카스 휴스
(오른쪽) 메카질라가 스타십을 올려놓고 있는 모습

메카질라

당시 생후 15개월이던 엑스는 보카치카 스타베이스의 흰색 회의 테이블 위에 올라 앉아 팔을 쭉 뻗은 후 오므렸다 벌리기를 반복했다. 그는 보카치카 발사대 타워의 팔을 보여주는 화면 속 애니메이션을 따라 하는 중이었다. 그가 처음 배운 단어 세 개는 '로켓', '자동차', '아빠'였다. 이제 그는 새로운 단어를 연습하고 있었다. '젓가락.' 일론은 거의 관심을 기울이지 않았고, 그날 밤 회의실에 함께 있던 다섯 명의 엔지니어들은 아이 때문에 방해받지 않는 척하는 데 익숙해진 상태였다.

젓가락에 관한 이야기는 8개월 전인 2020년 말, 스페이스X 팀이 스타십의 착륙 다리에 대해 논의하면서 시작되었다. 머스크의 기본 지침은 신속한 재사용성이었다. 그는 종종 그것이 "인류를 우주여행 문명으로 만들어줄 성배"라고 천명하곤 했다. 다시 말해, 로켓이 비행기와 같아져야 한다는 것이었다. 이륙 후 착륙한 다음 가능한 한 빨리 다시 이륙할 수 있어야 했다.

팰컨 9호는 세계에서 유일하게 신속히 재사용할 수 있는 로켓이 되었다. 2020년 한 해 동안 팰컨 부스터는 23차례나 똑바로 선 채 내려와 다리를 펼치며 안전하게 착륙했다. 화끈하면서도 부드러운 착륙 장면을 담은 비디오 피드는 여전히 머스크를 의자에서 벌떡 일어나게 만들었다. 그럼에도 불구하고 그는 스타십의 부스터를 위해 계획되고 있던 착륙 다리에 매료되지 않았다. 다리의 무게가 추가되면서 부스터가 들어 올릴 수 있는 탑재체의 크기가 줄어들었기 때문이다.

그는 "타워를 이용해 붙잡으면 어떨까?"라고 물었다. 발사대에 로켓을 고정하는 타워를 언급하는 것이었는데, 머스크는 이미 그 타워를 이용해 로켓을 쌓는 아이디어를 생각해낸 바 있었다. 이 타워에는 1단계 부스터를 들어 발사대에 올려놓은 다음 2단계 우주선을 들어 올려 부스터 위에 올려놓을 수 있는 팔 세트가 장착되어 있었다. 이제 그는 그 팔을 지구로 돌아온 부스터를 붙잡는 데도 사용할 수 있지 않겠느냐고 제안하고 있었다.

정말 무모한 그 아이디어에 회의실의 많은 사람들이 놀라움을 금할 수 없었다. "부스터가 타워로 다시 내려오다가 타워와 충돌이라도 하는 날엔 오랫동안 다음 로켓을 발사할 수 없게 되는 겁니다." 빌 라일리는 말한다. "하지만 우리는 그렇게 하기 위한 여러 가지 방법을 연구해보기로 했습니다."

몇 주 후인 2020년 크리스마스 직후, 팀은 브레인스토밍을 위해 모였다. 대부분의 엔지니어들은 부스터를 잡기 위해 타워를 사용하는 것에 반대했다. 로켓을 쌓아 올려놓는 팔이 이미 위험할 정도로 복잡했기 때문이다. 1시간 이상의 논쟁 끝에 부스터에 착륙 다리를 장착하는 기존 아이디어를 고수하는 쪽으로 합의가 이루어지는 듯했다. 하지만 차량 엔지니어링 책임자인 스티븐 할로가 대담한 접근방식을 계속 주장했다. "우리에게 이 타워가 있으니 시도는 해보는 게 낫지 않겠어요?"

1시간 더 토론이 이어지자 머스크가 개입했다. "할로, 그 계획의 실현 가능성에 관심이 많은 당신이 책임을 맡고 추진해보는 게 어때요?"

결정을 내리자마자 머스크는 실없는 유머 모드로 전환했다. 그는 영화 〈베스트 키드〉에서 가라테 사범 미야기 씨가 젓가락으로 파리를 잡는 장면에 대해 언급하며 웃기 시작했다. 머스크는 타워의 팔을 젓가락이라고 부르자면서 타워 전체에도 영화 〈고질라〉 속 캐릭터 '메카고질라'를 줄여 '메카질라'라는 별명을 붙였다. 그는 다음과 같은 트윗으로 해당 결정을 자축했다. "발사 타워의 팔로 부스터를 잡으려고 합니다!" 왜 착륙용 다리를 사용하지 않느냐는 한 팔로워의 질문에 머스크는 이렇게 답했다. "다리는 확실히 효과적이겠지만, 부품은 없앨수록 좋으니까요."

2021년 7월 말의 뜨거운 수요일 오후, 보카치카의 발사장에 움직이는 젓가락 팔을 장착한 메카질라의 마지막 부분이 설치되었다. 팀원들이 이 장치의 작동방식을 담은 애니메이션을 보여주자 머스크는 흥분했다. "대박!" 그가 외쳤다. "이 영상이 센세이션을 일으키겠군." 그는 〈베스트 키드〉의 2분짜리 클립을 찾아서 자신의 아이폰으로 트윗했다. "스페이스X는 로봇 젓가락으로 사상 최대의 비행 물체를 잡으려고 시도할 것입니다. 성공은 보장되지 않지만, 흥분은 보장됩니다!"

폭풍 같은 일정

"우주선을 부스터 위에 올려야 합니다." 머스크가 보카치카에 있는 격납고 모양의 천막 세 동 중 하나에 반원을 그리며 운집한 100여 명의 직원들과의 즉석 회의에서 말했다. 2021년 7월 잔인할 정도로 강렬하게 햇빛이 내려쬐는 날이었으며, 그는 스타십의 비행을 위한 FAA의 승인을 얻어내는 데 집중하고 있었다. 가장 좋은 방법은 1단계 부스터와 2단계 우주선을 발사대에 쌓아 올려 준비가 되어 있음을 보여주는 것이라고 그는 판단했다. "그렇게 하면 규제당국이 물러서게 될 것입니다. 승인을 해주라는 대중의 압력이 거세질 테니까 말입니다."

이는 다소 무의미했지만, 전형적인 머스크다운 행보였다. 결론부터 말하자면 스타십은 2023년 4월, 즉 그보다 21개월이 더 지난 후에야 비행할 수 있는 완전한 준비를 갖추었다. 하지만 그는 광적인 긴박감을 조성해서 규제당국과 직원, 심지어 자신을 포함한 모든 사람이 거기에 보다 열렬히 몰두하게 되길 바랐다.

그 후 몇 시간 동안 그는 목을 약간 기울인 채 털 없는 팔을 휘두르며 조립라인을 따라 느릿느릿 돌아다니다 가끔씩 멈춰 서서 묵묵히 무언가를 응시했다. 그의 얼굴은 점점 더 어두워졌고, 그에 따라 멈추는 동작도 갈수록 불길한 느낌을 풍겼다. 밤 9시가 되자 바다에서 보름달이 떠올랐다. 그리고 보름달이 그를 무언가에 홀린 사람으로 바꾸어버리는 것 같았다.

나는 머스크가 이런 악마 모드적 초조함에 빠져드는 것을 전에 본 적이 있었기에 그것이 앞으로 전개될 어떤 상황의 전조인지 예감할 수 있었다. 머스크의 내면에서는 종종, 그러니까 1년에 적어도 두세 번 정도는 큰일을 벌여야 한다는 충동이 솟구치곤 했다. 바로 네바다 배터리 공장과 프리몬트 자동차 조립

공장, 자율주행 팀 사무실에서 그랬던 것처럼, 그리고 나중에 트위터를 인수한 후에도 한 달 내내 미친 듯이 그러는 것처럼, 서지를 발동해 24시간 내내 올인해야 한다는 강박이 그것이었다. 그것의 목적은 모든 것을 뒤흔들어 "시스템을 좀먹는 똥 같은 것들을 몰아내는 것"이라고, 그는 말한다.

머스크는 일단의 고위 간부들을 대동하고 길을 따라 발사대로 향했다. 가서 보니 일하고 있는 사람이 한 명도 눈에 들어오지 않았다. 머스크의 머릿속에 차곡차곡 쌓이고 있던 폭풍우 구름이 마침내 폭발할 기회를 잡은 셈이었다. 금요일의 늦은 밤 시간이었던 터라 다른 사람들이라면 대수롭지 않게 여겼을지도 모르는 상황이었지만, 머스크는 폭발했다. 그의 즉각적인 표적은 스타베이스의 인프라 구축 담당자인 키 크고 온화한 성격의 토목기술자 앤디 크렙스였다. "왜 아무도 일하고 있지 않지?" 머스크가 물었다.

크렙스로서는 불운하게도 하필 3주 만에 처음으로 그가 타워와 발사대에 야간 교대근무를 돌리지 않은 날이었다. 그는 상냥하지만 약간 더듬는 말투로 나름의 해명을 자신 없이 주절거렸고, 당연히 머스크를 설득하지 못했다. "염병할 문제가 뭔지 몰라?" 머스크가 따졌다. "내가 보고 싶은 것은 활기라고, 활기."

바로 그날 거기서 머스크는 서지를 명령했다. 그는 열흘 안에 스타십의 부스터와 2단 스테이지를 제조 구역에서 꺼내 발사대에 쌓아 올려야 한다고 말했다. 그러면서 케이프커내버럴, 로스앤젤레스, 시애틀 등 스페이스X의 사업장 전체에서 직원 500명을 즉시 차출해 보카치카 현장으로 투입하라고 지시했다. "스페이스X는 자원봉사 단체가 아니에요." 그가 말했다. "우리는 걸스카우트 쿠키나 파는 데가 아니라고요. 당장 이곳으로 날아오라고 하세요." 머스크는 어떤 직원들과 감독관들을 보카치카로 보낼 수 있는지 확인하기 위해 로스앤젤레스의 숏웰에게 전화했다. 잠자리에 있다가 전화를 받은 숏웰은 머스크의 얘기를 듣자마자 케이프커내버럴에 있는 엔지니어들은 예정된 몇 차례의 팰컨 9호 발사를 준비해야 한다고 항변했다. 머스크는 그 일정을 연기하라고 지시했다. 서지가 그의 최우선 과제였다.

새벽 1시가 조금 지났을 때, 머스크는 스페이스X 임직원 전원에게 "스타십 서지"라는 제목의 이메일을 보냈다. "현재 스페이스X에서 다른 명백히 중대한 프로젝트에 참여하고 있지 않은 인원은 즉시 스타십의 첫 번째 궤도 진입 추진 작업으로 이동해야 합니다. 비행기든 자동차든 가능한 모든 수단을 동원해 이 곳으로 와주시기 바랍니다."

케이프커내버럴의 키코 돈체프를 기억하는가? 그렇다. 어느 날 밤 39A번 발사대에서 일하는 사람이 거의 없는 것을 보고 머스크가 이와 유사한 광기를 보였을 때 머스크의 인정을 받아 수석 엔지니어로 승진한 인물이다. 그는 머스크의 이메일을 보자마자 최고의 직원들에게 텍사스로 날아가도록 독려하기 시작했다. 머스크의 비서인 젠 발라자디아는 인근 브라운스빌의 호텔 방들을 구해놓으려고 했지만, 대부분 출입국관리 공무원들의 컨벤션으로 인해 예약이 완료된 상태였다. 결국 그녀는 이리저리 움직여 직원들이 잘 수 있는 에어 매트리스들을 구해놓았다. 샘 파텔은 밤을 새워 보고 및 감독 체계를 마련하는 한편, 보카치카의 모든 사람이 먹기에 충분한 식량을 확보하는 방안을 강구했다.

머스크가 발사대에서 스타베이스 본관으로 돌아왔을 때는 정문 옆 비디오 모니터가 다시 프로그래밍되어 있었다. 모니터에는 "우주선 + 로켓 적재 T −196시간 44분 23초"라는 문구가 떴고, 초 단위로 카운트다운을 하고 있었다. 발라자디아는 머스크가 일 단위나 혹은 시간 단위로 뭉뚱그려 세는 것을 허용하지 않는다고 설명했다. 매초가 중요했다. "내가 죽기 전에 우리가 화성에 가야 하거든요." 머스크가 말했다. "우리 말고는 사람들이 화성에 가도록 강제할 수 있는 것이 없잖아요. 여기서 '우리'는 때로 나를 의미합니다."

스타십 서지는 성공적이었다. 열흘 남짓 만에 스타십의 부스터와 우주선이 발사대 위에 올려졌다. 하지만 그것은 다소 무의미했다. 로켓은 아직 비행할 수 있는 상태가 아니었고, 쌓아놓는다고 해서 FAA에서 서둘러 승인을 해주는 것도 아니었다. 하지만 이 작위적 위기는 팀원들에게 하드코어 정신을 일깨웠고, 머스크에게는 그의 의식이 갈망하는 드라마틱한 순간을 선사했다. 그날 저녁 머스크는 말했다. "인류의 미래에 대한 새로운 신뢰를 느낍니다." 또 한 차례의 폭풍은 그렇게 지나갔다.

랩터 엔진과 바보 지수

폭풍이 지나가고 몇 주 후, 머스크는 스타십에 동력을 공급할 엔진인 랩터로 관심을 돌렸다. 과냉각 액체메탄과 액체산소로 연료를 공급받는 이 엔진은 팰컨 9호의 멀린 엔진보다 추력이 2배 이상 높았다. 즉 스타십은 역사상 그 어떤 로켓보다 강력한 추력을 보유하게 되는 것이었다.

하지만 랩터 엔진이 단순히 강력하다고 해서 인류를 화성에 데려갈 수 있는 것은 아니었다. 강력할 뿐 아니라 합리적인 비용으로 수백 개씩 제작할 수도 있어야 했다. 각 스타십에는 약 40개의 엔진이 필요했고, 머스크는 여러 대의 스타십으로 구성되는 함대를 구상했다. 랩터 엔진은 대량생산하기에는 너무 복잡했다. 조금 과장해서 말하자면, 마치 스파게티로 덤불을 쌓아놓은 것처럼 보이는 모양새였다. 그런 까닭에 2021년 8월, 머스크는 엔진의 설계 책임자를 해고하고 자신이 직접 추진력 담당 부사장을 맡았다. 그의 목표는 엔진의 개당 가격을 당시의 10분의 1 수준인 약 20만 달러로 낮추는 것이었다.

숏웰과 스페이스X의 CFO 브렛 존슨은 어느 날 오후 재무부서의 랩터 엔진 원가 감독관까지 참석하는 소인수 회의를 마련했다. 루카스 휴스라는 학구적으로 생긴 젊은 재무분석가가 들어왔는데, 머리를 하나로 뒤로 묶은 까닭에 약간 프레피한 느낌이 완화되었다. 그는 머스크와 직접 교류한 적이 없었고 머스크가 자신의 이름을 알고 있는지조차 확신하지 못했다. 그래서 긴장하지 않을 수 없었다.

머스크는 동료애에 대한 나름의 강연으로 입을 열었다. "먼저 확실히 해둘 것이 있네. 자네는 엔지니어들의 친구가 아니라네. 자네는 심판이니까. 만약 자네가 엔지니어들 사이에서 인기가 있다면, 그것은 바람직한 상황이 아닌 거지.

자네가 엔지니어들을 짜증나게 만들지 않는다면, 난 자네를 해고할 수밖에 없어. 무슨 말인지 알겠나?" 휴스는 약간 말을 더듬으며 수긍했다.

러시아에서 돌아와 직접 로켓을 제작하는 데 드는 비용을 계산한 이후 머스크는 자체적으로 '바보 지수idiot index'라는 개념을 도입했다. 부품의 총 비용에 대한 원자재 비용의 비율을 계산해 뽑는 지수였다. 바보 지수가 높은 부품(예컨대, 원자재인 알루미늄의 가격은 100달러에 불과한데 그것으로 만든 부품은 1,000달러에 달하는 경우)은 설계가 너무 복잡하거나 제조공정이 너무 비효율적일 가능성이 높았다. 머스크의 표현을 빌리자면, "바보 지수가 높으면 당신이 멍청하다는 뜻"이었다.

"바보 지수로 판단했을 때 랩터에서 가장 좋은 부품은 어떤 것들인가?" 머스크가 휴스에게 물었다.

"잘 모르겠습니다." 휴스는 이렇게 답하고 바로 덧붙였다. "알아보겠습니다." 좋은 대답이 아니었다. 머스크의 얼굴이 굳어졌고, 나를 쳐다보는 숏웰의 눈빛에 걱정이 담겼다.

"앞으로는 이런 것들에 대해 머리에서 바로바로 답이 튀어나올 수 있도록 확실히 알고 있어야 할 거야." 머스크가 말했다. "회의에 들어와서 멍청한 부품들이 어떤 것들인지 모르는 경우 자네의 사직서는 즉시 수리되는 거지." 그는 감정을 드러내지 않고 단조로운 목소리로 말했다. "도대체 어떻게 가장 좋은 부품과 가장 나쁜 부품을 모를 수 있단 말인가?"

"저는 비용 차트를 아주 작은 부분까지 세세히 알고 있습니다." 휴스가 조용히 말했다. "다만 각 부품의 원자재 가격을 모를 뿐입니다."

"최악의 부품 다섯 개는 무엇인가?" 머스크가 다시 물었다. 휴스는 계산으로 답을 알아내려는 듯 자신의 노트북 컴퓨터를 들여다보았다. "뭐하는 거야? 화면 들여다보지 마!" 머스크가 말했다. "어디 하나만 말해봐. 문제가 많은 부품 정도는 알아야 하잖아."

"하프 노즐 재킷이 있습니다." 휴스가 망설이며 대답했다. "1만 3,000달러 정도 하는 것으로 알고 있습니다."

"강철 한 조각으로 만들어지는 부품이지." 머스크가 말하며 그에게 물었다. "그 재료의 원가는 얼마인가?"

"2,000~3,000달러 정도 아닌가요?" 휴스가 답했다.

머스크는 답을 알고 있었다. "아니야, 그냥 강철이라고. 200달러 정도야. 자네는 틀려도 아주 심하게 틀렸어. 개선이 이뤄지지 않으면 사표 받을 거야. 회의 끝. 끝."

다음 날 휴스가 후속 프레젠테이션을 위해 회의실에 들어왔을 때 머스크는 그를 질책했던 일은 다 잊은 듯 보였다. "최악의 '바보 지수' 부품 스무 개를 살펴보겠습니다." 휴스가 슬라이드를 띄우며 입을 열었다. "확실히 몇 가지 살펴볼 분야가 있습니다." 그는 연필을 꽉 쥔 것 외에는 그런대로 긴장한 기색을 감추는 데 성공하고 있었다. 머스크는 조용히 귀를 기울이며 고개를 끄덕였다. "주로 압축이나 페어링 같은 고정밀 기계 가공이 많이 요구되는 부품들입니다." 휴스가 계속 말했다. "가능한 한 기계 가공을 많이 줄여야 합니다." 머스크가 미소를 짓기 시작했다. 그가 관심을 기울인 분야 중 하나였기 때문이다. 그는 구리의 용도와 형단조 및 구멍 뚫기를 하는 가장 좋은 방법에 대한 몇 가지 구체적인 질문을 던졌다. 더 이상 퀴즈나 대결이 아니었다. 머스크는 그저 답을 찾아내는 데 관심을 기울이고 있었다.

"이어서 자동차 제조업체들이 이러한 비용을 낮추기 위해 사용하는 몇 가지 기술을 살펴보겠습니다." 휴스가 계속했다. 그는 또한 머스크의 알고리즘을 각 부품에 어떻게 적용하고 있는지를 보여주는 슬라이드를 띄웠다. 의문을 제기한 요구사항과 제거한 부품, 각 부품에 대한 담당자의 이름 등이 항목별로 정리되어 있었다.

"각 담당자에게 부품 비용을 80퍼센트씩 낮출 수 있는지 물어봐야 해." 머스크가 제안했다. "만약 불가능하다고 하면 다른 사람이 할 수 있을지도 모르니 비켜서라고 요구하는 것도 고려해야 하고."

회의가 끝날 무렵, 그들은 12개월 안에 각 엔진의 비용을 200만 달러에서

20만 달러로 낮추기 위한 로드맵을 마련했다.

　회의가 끝난 후 나는 숏웰을 따로 만나 머스크가 휴스를 대한 방식에 대해 평가해달라고 했다. 그녀는 머스크가 무시하는 인간적인 측면을 중시하는 사람이다. 그녀가 목소리를 낮췄다. "휴스가 약 7주 전에 첫 아이를 잃었다고 들었어요. 아내가 아이를 출산하는 과정에서 문제가 생겨서 내내 병원에 있다가 결국…." 그래서 휴스가 평소보다 더 당황하고 준비가 덜 되어 있었던 것 같다고 그녀는 말했다. 머스크도 첫 아이가 사망하는 비슷한 경험으로 몇 달 동안 슬픔에 빠졌던 적이 있었기에, 나는 숏웰에게 그가 어느 정도는 공감해야 마땅한 것 아니냐는 식으로 말했다. "일론은 모르는 일이에요. 아직 얘기하지 않았거든요." 숏웰이 말했다.

　그날 나중에 머스크와 이야기를 나눌 때 나는 그 얘기는 언급하지 않았다. 숏웰이 일단 비밀로 해달라고 했기 때문이다. 대신 나는 휴스에게 너무 가혹하게 대했다고 생각하진 않는지 물어보았다. 머스크는 내가 무슨 말을 하는지 잘 모르겠다는 듯 멍하니 쳐다보았다. 잠시 침묵이 흐른 후 그는 추상적으로 대답했다. "나는 사람들에게 대부분 정확하게, 하드코어 방식으로 피드백을 하고 있어요. 그리고 그럴 때마다 인신공격으로 빠지지 않도록 노력하지요. 사람이 아니라 행동을 비판하려고 노력하는 겁니다. 우리는 모두 실수를 저지릅니다. 중요한 것은 그 사람이 좋은 피드백 루프를 가지고 있는지, 다른 사람에게 비판을 구할 수 있는지, 개선할 수 있는지 여부입니다. 물리학은 상처받은 감정은 신경 쓰지 않아요. 로켓을 제대로 만들었는지, 그런 것에만 관심을 둘 뿐이지요."

휴스의 선택

　1년 후 나는 머스크가 2021년 여름에 호되게 질책한 두 사람, 루카스 휴스와 앤디 크렙스에게 이후 어떤 일이 일어났는지 알아보기로 마음먹었다.

휴스는 모든 순간을 생생하게 기억하고 있었다. "랩터의 하프 노즐 재킷 비용에 대해 그가 계속 되물었지요. 재료들의 원가에 대해서는 그의 말이 맞았지만, 다른 비용도 들어가는 법인데 그 순간에는 그 점에 대해 적절히 설명할 방법을 찾지 못했습니다." 머스크가 계속 말을 끊으며 닦달했을 때 휴스는 체조선수로 훈련하던 시절을 떠올렸다고 한다.

콜로라도 주 골든에서 성장한 휴스는 어려서부터 체조에 대한 열정을 키웠다. 그는 여덟 살 때부터 체조를 시작해 일주일에 30시간씩 훈련했다. 체조는 그가 학업에서도 뛰어난 능력을 발휘하는 데 도움이 되었다. "학창 시절에 저는 세부적인 것들에 집착했고, A형 행동유형을 보였으며, 해야 할 일에 헌신적으로 임했고, 규율을 잘 지켰습니다." 그는 스탠퍼드대학교에서 엔지니어링과 금융을 전공하면서도 1년 내내 훈련에 매진하며 남자 체조 6종목 모두에 출전했다. 대학 시절 그가 가장 좋아했던 과목은 "미래를 건설하는 소재 공학"이었다. 2010년 졸업 후 골드만삭스에서 일하게 되었지만, 그는 실질적인 공학에 더 가까운 일을 하고 싶었다. "어렸을 때부터 우주에 관심이 많았어요." 그는 스페이스X의 재무분석가 채용공고를 보고 지원서를 보냈다. 그리고 2013년 12월부터 그곳에서 일하기 시작했다.

"일론이 질책할 때 저는 평정심을 유지하는 데 집중했습니다." 그는 말한다. "체조는 고도의 압박감을 느끼는 상황에서도 평정심을 잃지 않는 방법을 가르쳐줍니다. 저는 무너지지 않으려고, 침착함을 유지하려고 노력했습니다."

두 번째 미팅 이후 모든 '바보 지수' 데이터를 파악한 그는 머스크와 아무런 문제를 겪지 않았다. 이후 랩터 엔진 회의에서 비용에 관한 질문이 나오면 머스크는 종종 휴스의 이름을 부르며 그의 생각을 묻곤 했다. 머스크는 자신이 휴스를 너무 심하게 닦달했다는 사실을 인정한 적이 있을까? "좋은 질문입니다." 휴스는 말한다. "사실 저는 잘 모르겠습니다. 그가 그런 회의들에서 자신이 보인 태도를 다시 곱씹으며 마음속에 담아두었는지, 아니면 기억이나 하고 있는지 모르겠습니다. 제가 아는 것은 그 후 적어도 제 이름은 알고 있었다는 것뿐입니다."

첫 번째 회의 자리에서 갓 난 딸의 죽음 때문에 정신이 산만한 상태였는지, 내가 물었다. 그는 내가 그 일을 알고 있다는 사실에 놀란 듯 잠시 멈칫하더니 책에 언급하지 말아달라고 부탁했다. 하지만 일주일 후 그는 "아내와 이야기를 나눠본 후 그 이야기를 공유해도 괜찮을 것 같다고 둘이 함께 마음을 먹었다"는 내용의 이메일을 보내왔다. 모든 피드백에는 개인적인 것이 개입되지 않아야 한다는 머스크의 신념에도 불구하고, 때로는 상황이 개인적으로 흐르기도 했다. 숏웰은 이를 잘 알고 있다. "숏웰은 확실히 사람에게 신경을 많이 씁니다. 그것이 그녀가 회사에서 채워야 할 중요한 역할이라고 생각합니다." 휴스는 말한다. "일론은 인간에 대해 많은 관심을 가지고 있지만, 매우 거시적인 차원에서 인간을 중시하는 사람입니다."

오랜 세월 체조 훈련에 집중했던 사람으로서 휴스는 머스크의 올인 사고방식을 높이 평가했다. "그는 자신의 사명에 자신의 모든 것을 기꺼이 던지고, 다른 사람들에게도 그런 것을 기대합니다." 휴스는 말한다. "여기에는 좋은 면과 나쁜 면이 있습니다. 사람들은 자신이 더 큰 목표를 달성하는 데 사용되는 도구라는 것을 분명히 깨닫게 되는데, 그 역시 멋진 일입니다. 하지만 때때로 도구가 낡으면 그가 기꺼이 도구를 교체할 것이라는 생각도 들기 마련입니다." 실제로 머스크는 트위터를 인수한 후 보여주었듯이, 그런 식으로 사고하는 사람이다. 그는 사람들이 안락과 여가를 우선시하고 싶어지면 회사를 떠나야 마땅하다고 생각한다.

휴스는 2022년 5월에 그렇게 했다. "일론 밑에서 일하는 것은 가장 흥미진진한 경험에 속하지만, 인생의 다른 많은 것을 위한 시간을 허용하지 않습니다." 그는 말한다. "물론 때로는 그것이 훌륭한 거래가 되기도 합니다. 랩터가 역사상 가장 저렴한 엔진이 되어 인류를 화성에 데려다줄 수 있다면 부수적인 피해를 감수할 가치가 있을 수 있습니다. 저는 8년 넘게 그렇게 믿었습니다. 하지만 이제, 특히 아기가 죽은 후에는 인생의 다른 것들에 집중해야 할 때라는 생각이 들었습니다."

올인 혹은 워라밸

앤디 크렙스의 스토리는 다소 다르다. 휴스와 마찬가지로 말투가 부드럽고 성격이 온화하며 보조개가 생기는 턱으로 늘 환하게 미소 짓는 크렙스는 머스크가 언쟁의 대상으로 삼는 표적의 영역에 들어서는 것을 마크 준코사나 키코 돈체프만큼 편하게 여길 수 없었다. 팀의 한 사전회의에서 메탄 누출에 대한 불쾌한 데이터를 누가 발표할 것인지 정하자는 얘기가 나오자 크렙스는 자신은 본 회의에 참석하지 않을 것이라고 말했다. 그러자 준코사가 양 팔꿈치를 펄럭이며 "꼬꼬댁 꼬꼬꼬" 닭소리를 내기 시작했다('치킨', 즉 '겁쟁이'라고 놀린 것이다). 하지만 크렙스는 준코사나 스타베이스의 다른 직원들에게 인기가 많았는데, 이들은 머스크의 서지 발동으로 이어진 발사대 사건 당시 그가 머스크의 집중 포화를 나름대로 잘 받아넘겼다고 생각했다.

머스크는 회의에서 종종 같은 말을 되풀이한다. 때로는 강조하기 위한 것이고, 때로는 무아지경에 빠져 진언처럼 되뇌는 것이다. 크렙스는 머스크를 안심시키는 한 가지 방법이 머스크가 한 말을 되풀이하는 것임을 알게 되었다. "그는 우리가 자신의 말을 제대로 들었는지 알고 싶어 합니다." 크렙스는 말한다. "그래서 저는 그가 피드백을 주면 그대로 복창해서 들려주곤 했습니다. 예를 들어 그가 벽을 노란색으로 칠해야 한다고 말하면 저는 '알겠습니다, 이 상태는 적절치 않으니 벽을 노란색으로 칠하겠습니다'라고 말하는 겁니다."

이 방법은 발사대 사건이 일어난 그날 밤에도 효과가 있었다. 머스크는 때로 사람들의 반응을 알아차리지 못하는 것처럼 보이기도 하지만, 누가 어려운 상황을 제대로 다룰 수 있는지 판단하는 데에는 매우 능하다. 머스크는 말한다. "사실 나는 크렙스가 자신의 실수를 잘 자각한다고 생각했어요. 그의 피드백 루프는 훌륭했지요. 나는 비판적 피드백 루프가 훌륭한 친구들과 함께 일하는 것을 좋아합니다."

결과적으로, 서지가 완료되고 몇 주가 채 지나지 않은 어느 금요일 자정 무렵, 머스크는 크렙스에게 전화를 걸어 추진제를 엔진에 넣는 매우 중요한 임무를 포함해 몇 가지 추가 임무를 그에게 부여했다. 머스크는 팀원들에게 이렇게 이메일을 보냈다. "앤디 크렙스는 이제부터 내게 직접 보고할 것입니다. 전폭적인 지원을 부탁합니다."

몇 달 후 어느 일요일, 스타십을 다시 발사대에 쌓아 올리는 작업을 진행하던 중 바람이 거세졌고, 일부 작업자가 타워 꼭대기까지 올라가는 것을 거부했다. 그곳에 올라가서 코팅을 긁어내고 연결부를 적절히 고정하는 등 처리해야 할 작업이 남은 상황이었는데 말이다. 그러자 크렙스가 직접 올라가서 작업하기 시작했다. "작업자들이 의욕을 잃지 않도록 만들어야 했습니다." 크렙스의 말이다. 내가 물었다. 늘 앞장서서 전투를 이끌길 좋아하는 머스크에게 영감을 받아서 그렇게 한 것인가? 아니면 나중에 깨질 게 두려워서 그런 것인가? 크렙스는 "마키아벨리의 가르침과 같습니다." 그가 답했다. "리더에 대해서는 애정과 두려움, 둘 다 품어야 한다는 가르침 말입니다."

그러한 태도는 이후 2년 더 크렙스를 지탱해주었다. 하지만 2023년 봄, 그는 머스크의 하드코어 올인 접근방식을 견디지 못하고 달아나는 피난민 대열에 합류했다. 결혼해서 아이가 생긴 후, 그는 보다 나은 '워라밸'을 찾아 자리를 옮길 때가 되었다고 결정했다.

60장

솔라루프 설치 프로젝트

2021년 여름

브라이언 다우(맨 오른쪽)와 함께 솔라루프 설치 작업을 점검하며

솔라 서지

머스크의 서지는 순차적으로 이루어진다. 2021년 여름 스타십을 쌓아 올리기 위한 서지가 완료된 후, 머스크는 자신이 불을 지필 다음 집단으로 솔라루프 팀을 택했다.

머스크는 2006년 사촌인 피터와 린든의 솔라시티 창업을 도왔고, 10년 후 테슬라에서 26억 달러에 인수하는 방법으로 그 회사를 구제해주었다. 그로 인해 일부 테슬라 주주들이 집단 소송을 제기했고, 머스크는 법정에서 해당 인수를 정당화하기 위해 사업을 키우는 데 집착하게 되었다. 그는 좋은 제품을 만드는 것보다 방문 판매로 매출을 늘리는 데 집중하던 사촌들을 회사에서 내보냈다. "사촌들이 정말 싫어요." 그가 이후 5년 동안 고용했다가 해고한 테슬라에너지의 책임자 넷 중 한 명인 쿠날 지로트라에게 말했다. "다시는 그들과 말을 섞지 않을 것 같아요."

그는 솔라루프 설치 부문의 기적적인 성장을 요구하며 말도 안 되는 납품기한을 제시하고, 그에 부응하지 못하면 해고하는 방식으로 리더들을 주기적으로 교체했다. 지로트라는 한 회의에서 머스크가 미친 듯이 화가 나서 자기한테 "빌어먹을 실패자"라면서 테이블을 두들겨댔다고 말한다. "모두가 그를 무서워했지요." 지로트라의 말이다.

지로트라는 육군 대위 출신으로 사각턱이 인상적인 RJ 존슨으로 교체되었다. 존슨은 설치 인력을 관리하기 위해 허튼 짓을 용납하지 않는 엄숙하고 진지한 현장감독들을 영입했다. 2021년 초, 설치 건수가 충분히 빠르게 증가하지 않자 머스크는 존슨을 불러 특유의 최후통첩을 날렸다. "이 문제의 해결 기한으로 2주를 주겠소. 난 사촌들도 해고한 사람이오. 설치 건수를 10배 이상 끌어올리지 못하면 당신도 해고하겠소." 존슨은 문제를 해결하지 못했다.

그다음에는 2017년 네바다 배터리 공장의 서지 당시 머스크의 곁에서 일했던, '할 수 있다'는 열정이 넘쳐나는 행복한 전사 브라이언 다우가 그 자리에 앉았다. 시작은 좋았다. 보카치카 집 거실의 작은 테이블에 앉은 머스크는 캘리포니아에 있던 다우에게 전화를 걸어 자신이 원하는 바를 설명했다. "영업 전략에 대해서는 걱정하지 말아요. 내 사촌들은 영업 전략에만 신경 쓰는 실수를 저질렀지요. 멋진 제품을 만들어놓으면 입소문을 타고 성장하는 법이에요." 설치하기 쉽고 멋진 솔라루프의 제작을 주요 목표로 삼으라는 얘기였다.

언제나 그렇듯이 그는 다우에게 알고리즘의 각 단계를 열거하며 이를 솔라루프에 어떻게 적용해야 하는지 설명했다. "모든 요구사항에 의문을 제기하세요." 특히 설치자가 주택에서 튀어나온 모든 환기구와 굴뚝 파이프를 피해서 작업해야 한다는 요구사항에 의문을 제기하라고 했다. 그러면서 그는 건조 및 환기용 파이프 같은 것은 간단히 잘라내고 그 위에 솔라루프 타일을 설치하라고 제안했다. 그래도 공기는 여전히 타일 아래로 배출될 수 있을 것이라는 얘기였다. "제거하시오." 솔라루프 시스템에는 나사부터 죔쇠, 레일에 이르기까지 240개의 부품이 들어갔다. 그중 절반 이상을 제거하라고 했다. "단순화하시오." 웹사이트에 소형, 중형, 대형의 세 가지 솔라루프만 제시하라고 했다. 그 다음 목표는 "가속화"였다. 매주 가능한 한 많은 솔라루프를 설치하라고 했다.

머스크는 현장의 설치 작업자들을 상대로 작업속도를 높이려면 무엇을 어떻게 해야 하는지 알아보기로 했다. 그래서 2021년 8월 어느 날, 다우에게 자신이 거주하던 스타베이스 옆 규격형 주택단지의 31채 주택 중 한 채에 솔라루프를 설치할 수 있는 팀을 데리고 보카치카로 오라고 지시했다.

다우의 직원들이 하루 만에 솔라루프를 설치할 수 있는지 확인하기 위해 서두르는 동안 머스크는 오후 내내 스타베이스 회의실에서 미래의 로켓과 엔진의 설계안을 검토했다. 대개 그렇듯이 머스크가 새로운 아이디어를 제시하고 엉뚱한 방향으로 화제를 돌리면서 회의는 예정보다 오래 지속되었다. 다우는 머스크가 해 지기 전에 현장에 도착하기를 바랐지만, 머스크가 마침내 테슬라를 타고 집으로 가서 엑스를 무동 태운 다음 설치기사들이 일하는 블록으로 내려온 것은 오후 9시가 다 되어서였다.

그 시간에도 기온이 34도를 넘어서는 무더운 날씨였다. 땀에 흠뻑 젖은 여덟 명의 인부들이 스포트라이트가 비추는 가운데 한 집의 지붕 위에서 균형을 유지하며 모기를 쫓고 있었다. 엑스가 바닥에 놓인 케이블과 장비 사이를 이리저리 오가며 노는 동안 머스크는 사다리를 타고 지붕 꼭대기까지 올라가 위태롭게 섰다. 그의 표정이 굳어졌다. "패스너가 너무 많은 거 아녜요?" 그가 말했다. 각각의 패스너를 못으로 고정시켜야 했기에 설치하는 데 시간이 많이 걸렸다. 그는 절반은 제거해도 된다고 주장했다. "피트 당 못을 두 개씩 사용하지 말고 하나만 사용해보세요." 그가 주문했다. "허리케인이 닥치면 어차피 동네 전체가 망가지는 판인데 누가 신경이나 쓰겠어요? 한 개씩만 박아도 괜찮을 겁니다." 그러면 누수가 발생할 수 있다고 누군가 항변했다. "잠수함처럼 방수가 되게 만들려고 애쓰지 않아도 됩니다." 머스크가 말했다. "캘리포니아에 있던 내 집에도 물이 새곤 했어요. 체와 잠수함의 중간 정도면 괜찮을 겁니다." 그는 잠시 웃다가 다시 어두운 강렬함으로 돌아갔다.

머스크는 사소한 어느 한 가지도 소홀히 넘기지 않았다. 타일과 레일은 골판지에 포장되어 현장으로 배송되었다. 시간 낭비였다. 물건을 포장하는 데도, 포장을 푸는 데도 시간이 걸렸다. 그는 창고에서도 골판지를 없애야 한다고 강조했다. 이후 공장과 창고, 현장에서 더 이상 골판지를 사용하지 않는다는 것을 보여주는 사진을 매주 그에게 보내야 했다.

그의 얼굴은 마치 바다에서 몰려올 폭풍우를 예고하는 하늘처럼 점점 더 격앙되고 어두워졌다. "이 시스템을 설계한 엔지니어들을 불러서 설치가 얼마나 어려운지 보게 해야 해요." 그가 화난 목소리로 말했다. 그러고는 곧 폭발했다. "엔지니어들이 직접 설치하는 걸 한번 봐야겠어요. 5분 정도 해보라는 게 아니에요. 며칠 동안 지붕 위에서 직접 해보라고 하세요!" 그는 앞으로는 엔지니어와 관리자를 포함한 설치 팀의 모든 인원이 현장 작업자들과 함께 드릴링하고 망치질을 하고 땀을 흘리며 일정 시간을 보내야 한다고 명령했다.

마침내 그가 다시 지상으로 내려왔을 때, 브라이언 다우와 부사장 마커스 뮬러가 옆 마당에 엔지니어 및 설치기사 열두 명을 불러 모았다. 머스크의 생각을 듣기 위해서였다. 다들 얼굴이 어두웠다. 왜 태양광 타일로 지붕을 설치하는 데 일반 타일로 할 때보다 여덟 배나 더 오래 걸리는가? 그가 물었다. 토니라는 엔지니어가 머스크에게 모든 전선과 전자부품을 보여주기 시작했다. 토니는 이미 각 부품의 작동방식을 잘 알고 있는 머스크에게 확신에 찬 목소리로 거들먹거리며 말하는 실수를 범했다.

"지붕을 몇 개나 시공하셨나요?" 머스크가 그에게 물었다.

"지붕 사업 경력만 20년입니다." 토니가 대답했다.

"그런데 솔라루프는 몇 개나 설치하셨나요?"

토니는 자신이 엔지니어라서 실제로 지붕에 올라가 설치해본 적은 없다고 말했다.

"그럼 염병할 당신은 지금 당신이 무슨 말을 하고 있는지도 모르는 거잖아." 머스크가 으르렁거렸다. "그래서 이렇게 지붕이 엉망이고 설치하는 데 그렇게 시간이 오래 걸리는 거라고."

1시간 넘게 머스크의 분노가 밀려오고 밀려나갔다. 물론 밀려와 있는 시간이 더 길었다. '솔라루프를 더 빨리 설치할 방법을 찾지 못하면 테슬라에너지는 계속 손해를 볼 것이고, 그러면 해당 사업 부문을 폐쇄할 수밖에 없다. 이는 테슬라뿐만 아니라 지구에도 큰 타격이 될 것이다.' 이것이 머스크가 쏟아낸 말의 요지였다. "우리가 실패하면 우리는 지속 가능한 에너지의 미래에 도달하지 못할 것입니다."

분위기를 풀고 싶었던 다우는 그의 모든 발언에 열심히 공감을 표했다. 그들이 지난주에 전국적으로 74개의 솔라루프를 설치하여 기존의 기록을 경신했다고, 다우가 말했다. 머스크는 "충분하지 않아요"라고 대꾸했다. "그 10배로 늘려야 합니다." 그리고 그는 여전히 화가 풀리지 않은 표정으로 한 블록 떨어진 자신의 작은 집으로 돌아갔다. 현관문에 도착하자 그는 돌아서서 내게 말했다. "솔라루프 관련 회의만 하면 눈에 비수가 꽂히는 느낌이에요."

다음 날 정오가 되자 그늘에서도 온도계가 섭씨 36.1도를 가리켰다. 그곳은 그늘이 거의 없는 동네였다. 다우와 그의 설치기사들은 전날 작업한 집의 옆집 꼭대기에 올라가 있었다. 설치기사 중 두 명이 더위에 지쳐 구토 증세를 보이자 다우는 그들을 집으로 돌려보냈다. 나머지 인원 중 일부는 안전조끼에 배터리

동력의 휴대용 선풍기를 부착했다. 그들은 머스크의 지시에 따라 타일의 각 피트당 못을 한 개씩 사용하고 있었는데, 생각대로 잘 되지 않았다. 타일이 튀어나오거나 돌아가는 일이 벌어진 것이다. 그래서 팀은 다시 두 개의 못을 사용하기 시작했다. 나는 머스크가 화내지 않겠느냐고 물었고, 그들은 물리적 증거를 보여주면 머스크도 수긍할 것이라며 나를 안심시켰다.

그들의 말이 맞았다. 오후 9시에 머스크가 도착하자 그들은 두 번째 못이 필요한 이유를 보여줬고 머스크는 고개를 끄덕였다. 그 역시 알고리즘의 일부였다. "제거한 부분의 10퍼센트 이상을 복원할 필요가 없다면 충분히 제거하지 않은 것이다." 그날 밤에는 그의 기분이 전날보다 나은 상태였는데, 부분적으로는 설치 프로세스가 개선되었기 때문이고, 부분적으로는 그저 기분의 기복이 심하기 때문이었다. 폭풍이 지나고 나면 평온이 찾아오는 법이다. "수고했어요, 여러분." 그가 말했다. "각 단계마다 스톱워치를 적용해보세요. 그러면 일이 더 재밌어질 겁니다. 게임처럼 되어서 말입니다."

내가 그에게 전날 저녁의 분노에 대해 어떻게 생각하는지 물어보았다. "잘못된 것을 고치기 위해 화를 내는 것은 확실히 내가 가장 좋아하는 방법은 아닙니다. 하지만 효과는 있잖아요." 그는 말한다. "어제와 오늘을 비교해보세요. 엄청나게 개선되었잖아요. 가장 크게 달라진 것은 오늘 엔지니어들이 키보드 앞이 아닌 지붕 위에서 실제로 설치 작업을 했다는 점이지요."

브라이언 다우의 열의는 식을 줄 몰랐다. "저는 회사에 도움이 된다면 말 그대로 바닥을 쓰는 일이라도 할 수 있는 사람입니다." 그가 머스크에게 말했다. 하지만 그에게 맡겨진 과제는 사실 불가능한 임무였다. 솔라루프를 설치하는 사업은 노동집약적이라서 규모의 경제를 누리기 어려웠다. 머스크는 제품의 생산 규모를 계속 늘려 물리적 제품의 원가를 낮출 수 있는 공장을 설계하는 데 달인이었다. 하지만 솔라루프의 설치 비용은 한 달에 열 개를 설치하든, 100개를 설치하든 별 차이가 없었다. 머스크는 그런 사업을 두고 보는 참을성이 없었다.

머스크는 다우에게 테슬라의 솔라루프 사업을 맡기고 딱 3개월이 지난 후 그를 다시 보카치카로 소환했다. 그날은 자신의 생일이었던 터라 가족과 함께 할 계획이었지만, 다우는 서둘러 보카치카로 향했다. 휴스턴에서 연결 항공편을 놓친 그는 차를 빌려 텍사스 해안을 따라 6시간을 운전해 밤 11시에 도착했다. 일단의 작업 팀이 간결화한 새로운 방법과 부품으로 8월에 설치했던 집의 지붕을 재시공하고 있었다. 다우가 차를 몰고 다가갔을 때 머스크는 지붕 위에 서 있었고 모든 것이 충분히 잘 진행되고 있는 것처럼 보였다. 다우는 말한다. "직원들이 새로운 방법을 사용하여 성공적으로 설치 작업을 수행하고 있었습니다. 단 하루 만에 마무리 작업에 들어갔으니까요."

하지만 다우가 지붕 위에 올라 합류하자 머스크는 다우에게 비용에 대해 따지기 시작했다. 다우는 덩치가 큰 사람이었다. 머스크보다도 컸다. 둘은 해무 때문에 미끄러운 지붕에 발을 딛고 서 있는 것이 힘들었다. 그래서 두 사람은 지붕 위에 앉았고, 다우는 서둘러 아이폰으로 재무 데이터를 살펴보았다. 머스크는 지붕을 설치할 때마다 얼마나 많은 비용 손실이 발생하는지 확인하고 입을 앙다물었다. "비용을 줄여야 해요." 그가 말했다. "다음 주까지 비용을 절반으로 줄일 수 있는 계획을 준비해주세요." 이전과 마찬가지로 다우는 열의를 보였다. "좋습니다, 해보겠습니다." 그가 말했다. "정말 열심히 쥐어짜서 비용을 줄여보겠습니다."

그는 주말 내내 월요일에 머스크 앞에서 발표할 비용 절감 계획을 세웠다. 그러나 회의가 시작되자마자 머스크는 주제를 바꾸어 다우에게 지난 한 주 동안 완료한 설치 건수와 인력 재배치에 관한 세부사항을 추궁했다. 다우는 그 일부에 대한 답을 알지 못했고, 그래서 자신의 생일 이후로 오로지 비용 절감 계획을 도출하는 데 매진하느라 머스크가 지금 묻고 있는 세부사항은 제대로 파악하지 못했다고 항변했다. 묵묵히 듣고 있던 머스크가 마침내 입을 열었다. "그동안 애써줘서 고마워요. 하지만 그것만으로는 충분치가 않아요."

다우는 머스크가 자신에게 해고를 통보하고 있는 중이라는 사실을 깨닫기까지 시간이 좀 걸렸다. "상상할 수 있는 가장 기괴하고 이상한 해고였습니다."

다우의 회상이다. "저와 일론은 많은 시간을 함께했습니다. 그는 제게 특별한 무언가가 있다는 것을 마음속 깊이 알고 있을 겁니다. 과거 네바다 배터리 공장에서 함께 해낸 일이 있었기에 제가 잘할 수 있다는 것도 알고 있을 겁니다. 하지만 그는 제가 날카로움을 잃어가고 있다고 생각했습니다. 그렇게 가족과 생일을 보내는 것도 포기하고 현장으로 달려가 지붕 위에 올라갔는데도 말입니다."

다우가 떠난 후 머스크는 여전히 수치를 개선할 수 없었다. 1년 후 테슬라 에너지는 일주일에 30개 정도의 솔라루프를 설치하는 수준에 그치고 있었고, 머스크가 계속 요구했던 1,000개는 그저 요원하기만 했다. 하지만 2022년 4월 델라웨어 법원이 테슬라의 솔라시티 인수에 대한 소송에서 그에게 유리한 판결을 내리면서 솔라루프 문제의 해결에 대한 그의 열정은 한풀 꺾이게 되었다. 법률적 위협이 사라지자 그는 더 이상 인수가 재정적으로 합리적이라는 것을 보여줘야 할 절박함을 느끼지 않았다.

61장

셀럽들의 행사

2021년 여름

(왼쪽) 멧 갈라에서 어머니와 함께
(오른쪽) 파티에서 그라임스와 함께

새터데이나이트 라이브

"혹시 저 때문에 감정이 상한 사람이 있다면, 그저 이렇게 말하고 싶네요. 저는 전기차를 재창조했고, 지금은 사람들을 로켓선에 태워 화성으로 보내려 하고 있습니다. 그런 제가 차분하고 정상적인 친구일 거라고 생각하셨나요?" 머스크는 〈새터데이나이트 라이브〉의 게스트 진행자로서 오프닝 멘트를 하면서 수줍은 미소를 지었다. 한쪽 다리에서 다른 다리로 체중을 옮기면서 그는 자신의 어색한 태도를 매력적으로 만드는 데 그런대로 성공하고 있었다.

그날 그의 주제는 자신의 감정적 결점을 자각할 수 있음을 보여주는 것이었다. 게스트를 멋져 보이게 만드는 방법에 대한 프로듀서 론 마이클의 정확하면서도 탁월한 감각 덕분에 그는 2021년 5월 게스트로 출현해 쇼를 진행하며 자신의 이미지를 부드럽게 만들 수 있었다. "저는 오늘 밤 아스퍼거증후군을 가진 사람으로서는 최초로 〈새터데이나이트 라이브〉를 진행하는 역사를 만들고 있습니다. 적어도 그런 장애가 있다고 인정한 사람으로서는 처음이겠지요." 그가 말했다. "오늘 밤 출연자들과 눈을 많이 마주치지는 않겠지만, 걱정하지 마십시오. 제가 그래도 에뮬레이션 모드에서 '인간'을 꽤 잘 작동하니까 말입니다."

마침 어머니의 날이어서 메이도 무대에 오를 기회를 얻었다. 금요일 리허설에서 그녀는 큐 카드를 읽더니 "이거 재미없어요"라고 말했다. 그녀는 일부 대사를 즉석에서 고칠 수 있는 권한을 부여받았고, 그렇게 했다. "더 리얼하고 재미있게 만들었어요." 그녀의 말이다. 그라임스도 출연해 '슈퍼마리오 브라더스(닌텐도에서 출시한 게임)'를 기반으로 한 에피소드를 소화했다. 그들이 리허설한 에피소드 중 하나는 머스크의 '각성 반대anti-woke' 트윗 중 일부에서 착안한 아이디어로, 머스크가 완전히 각성한 제임스 본드를 연기하는 내용이었는데, 재밌게 만들어지지 않아 본방송에서는 삭제되었다.

뒤풀이 파티는 이안 슈레거의 다운타운 핫플레이스인 퍼블릭 호텔에서 열렸는데, 코로나19로 인해 휴업에 들어간 호텔이 단지 이 행사를 위해 문을 연

것이었다. 크리스 록과 알렉산더 스카스가드, 콜린 조스트 등이 그라임스, 킴 벌, 토스카, 메이와 함께 파티에 참석했다. 일론은 오전 6시경 킴벌 및 다른 몇 명과 함께 인터넷 작가 겸 강연가인 팀 어번의 집으로 자리를 옮겨 몇 시간 더 이야기를 나눴다. "어렸을 때에는 파티에서 사람들과 어울리지도 못할 정도로 숙맥이었는데, 지금은 그런 면에서 많이 발전한 상태이지요." 메이의 말이다.

50번째 생일

머스크는 생일을 맞으면 종종 잘 구성된 판타지 파티를 열어 축하하곤 했다. 특히 이전에 탈룰라 라일리가 그를 위해 연출한 파티들이 인상적이었다. 하지만 2021년 6월 28일에 맞이한 50번째 생일은 그가 마흔두 번째 생일파티에서 스모선수를 쓰러뜨리려다 입은 부상 때문에 통증을 완화하기 위해 세 번째 목 수술을 받은 지 얼마 되지 않았을 때였다. 그래서 그는 친한 친구들과 보카치카에서 조용한 모임을 갖기로 했다.

킴벌은 브라운스빌 공항에서 내려오던 길에 가판대에서 폭죽을 싹쓸이하듯 사와서 일론의 큰 애들인 그리핀과 카이, 데미안, 색슨과 함께 쏘아 올리며 놀았다. 소심하게 만들어놓은 조그만 병 로켓들이 아닌 진짜 불꽃놀이용 폭죽들이었다. 킴벌의 설명에 따르면, 텍사스는 "원하는 것은 무엇이든 할 수 있는 곳", 즉 제한 없이 그런 놀이를 즐길 수 있는 곳이었다.

머스크는 목의 통증뿐 아니라 업무로 인한 피로에도 시달리고 있었다. 그날에도 그는 하루 종일 보카치카의 생산 텐트를 돌아다녔다. 그리고 스타십 부스터와 2단계 우주선을 연결하는 부분이 너무 복잡한 것을 보고 화가 났다. 그는 준코사에게 불만으로 가득 찬 이메일을 보냈다. "외피에 구멍이 너무 많아 무슨 스위스 치즈를 보는 것 같아! 안테나 구멍 크기는 전선이 통과할 수 있을 정도면 되는 거 아냐? 하중에 영향을 미치는 모든 적재 사항과 기타 설계 요구 사항에는 반드시 담당자 개인의 이름을 지정하도록! 위원회나 팀 명의의 설계는 용납하지 않을 거야."

그의 생일 주말 내내 친구들은 그가 잠을 잘 수 있도록 혼자 내버려두었다. 마침내 잠에서 깬 그는 모두를 스페이스X가 발사대 근처에 지은 직원 식당인 플랩스로 데려갔다. 그곳에서 저녁식사를 한 그들은 모두 그의 작은 집으로 돌아와 그라임스가 스튜디오로 쓰던 뒷마당의 작은 오두막에 모였다. 오두막에는 커다란 바닥 베개들만 놓여 있었고, 머스크가 목 뒤에 베개를 베고 바닥에 똑바로 누운 가운데 그들은 여기저기 편하게 둘러앉아 해가 뜰 때까지 이야기를 나누었다.

버닝맨 2021

늦여름에 네바다 사막에서 열리는, 참여와 예술, 자기표현, 체험 등을 표방하는 대규모 축제 버닝맨에 참가하는 것은 일론과 킴벌에게 1990년대 말 이래로 안토니오 그라시아스와 마크 준코사 등의 친구들과 함께 야영지에서 파티를 즐기며 유대감을 형성할 수 있는 소중한 영적 의식이자 기회였다. 코로나19로 2020년 행사가 취소된 후, 킴벌은 2021년 늦여름에는 이 행사가 반드시 재개되도록 만들기 위한 기금 모금 활동에 뛰어들었다. 일론은 킴벌이 행사조직위원회에 합류한다는 조건으로 500만 달러를 쾌척하는 데 동의했다.

2021년 4월 첫 회의에서 나머지 위원들이 그해 여름 행사도 취소하기로 결정하자 킴벌은 충격을 받았다. "염병할, 지금 장난해요?" 그가 계속 이의를 제기했지만 통하지 않았다. 킴벌과 다른 버닝맨 열혈 애호가들은 대신 같은 사막에서 '레니게이드번Renegade Burn'이라는 이름으로 비공인 행사를 개최했다. 평소 8만 명에 달하던 참가자가 2만 명으로 줄긴 했지만, 그들의 비공인 행사는 초창기 축제들이 그랬던 것처럼 친근한 반항적 마력을 물씬 풍겼다. 허가를 받지 않은 행사였기에 그들은 그 축제에 '버닝맨'이라는 이름이 붙게 해준 의식, 즉 사람 모양의 거대한 목각 인형으로 모닥불을 피우는 의식을 치를 수 없었고, 그래서 킴벌은 친구와 함께 작업을 진행해 조명이 달린 드론들로 불타는 사람의 모습을 재현했다. "이것은 충성스러운 공동체의 종교적 체험입니다." 킴벌은 말한다. "사람을 불태우는 의식이 빠지면 아무런 의미가 없는 거지요. 그래서 그렇게라도 한 겁니다."

일론은 토요일 밤에 와서 킴벌의 야영지에 머물렀다. 40명이 춤을 추거나 어울릴 수 있는 연꽃 모양의 텐트를 중심으로 형성된 야영지였다. 종종 그렇듯이 긴급히 처리해야 할 일이 있었고, 그날은 테슬라의 공급망 문제에 대한 회의가 예정되어 있었기에 그는 시간을 많이 뺄 수 없다고 양해를 구했다.

그라임스가 일론과 함께 왔지만, 두 사람의 관계가 좋지 않은 상태였다. 그의 연애는 종종 서로를 비열하게 대하는 일로 얼룩졌고, 그라임스와의 연애도 예외가 아니었다. 때때로 그는 괜한 갈등을 만들어서 즐기는 행태를 보였다. 그라임스에게 살이 쪄서 자기를 쪽팔리게 만드는 등의 행동을 한다고 따지는 경우가 그랬다. 버닝맨에 도착한 두 사람은 트레일러에 들어가 몇 시간 동안 나오지 않았다. "당신을 사랑하지만 사랑하지 않아." 그가 그녀에게 말했다. 그녀도 같은 느낌이라고 대꾸했다. 두 사람은 연말에 대리모를 통해 또 한 명의 아이를 가질 예정이었는데, 연인관계에 얽매이지 않는 것이 그 아이의 공동 부모로서 역할을 하기에 더 수월할 거라는 데 합의했고, 그래서 헤어졌다.

그라임스는 나중에 자신이 작업 중이던 〈게임 플레이어〉라는 곡에 머스크와 관련된 감정을 표현했는데, 궁극의 전략 게이머에게 여러 측면에서 어울리는 제목의 노래가 아닐 수 없었다.

그를 조금이라도 덜 사랑한다면
그를 머물게 할 텐데
하지만 그는 최고가 돼야 해
최고의 게임 플레이어가 돼야 해…
난 최고의 게이머를 사랑해
하지만 그는 항상 나보다 더

게임을 사랑할 거야

저 광활하고 차가운 우주로

가버릴 거야

사랑조차도 그를

이 자리에 잡아둘 수 없어

멧 갈라 쇼

그라임스와의 이별은 오래 가지 않았다. 혹은 적어도 완전히 끝나지는 않았다. 대신 두 사람의 관계는 친구나 공동 양육자, 외로움을 달래는 대상, 선을 넘지 않는 사이, 소원한 사이, 차단 대상, 무시 대상, 재결합 상대 등을 넘나들며 롤러코스터처럼 바뀌었다.

버닝맨이 끝나고 몇 주 후, 두 사람은 그라임스가 좋아하는 코스튬 축제인 메트로폴리탄 박물관 갈라 행사인 멧 갈라에 참석하기 위해 텍사스 남부에서 뉴욕으로 날아갔다. 그들은 그리니치빌리지에 있는 메이의 작은 아파트에서 함께 지냈다. 머스크는 얼마 전 자신이 구입한 플로키라는 이름의 시바견 한 마리를 데려오라고 비행기를 보냈다. 암호화폐 도지코인의 로고로 사용되는 그 종種이었다. 그는 플로키와 잘 어울리지 않는 다른 개 마빈도 데려오게 했다. 둘 다 유순하게 길들여진 애들이 아니었다. 메이의 아파트는 곧 침실 두 개짜리 서커스장이 되었다.

그라임스가 갈라를 위해 준비한 의상은 공상과학 소설이자 영화인 〈듄〉에 대한 오마주로, 얇은 가운과 회색과 검은색이 뒤섞인 망토, 은색 마스크, 검 등으로 구성되었다. 머스크는 거기에 참석하는 것에 대해 양가감정을 느꼈고, 놀랄 것도 없이 일과 관련된 핑계를 찾아 도착시간을 늦추었다. 그날 밤 팰컨 9호 로켓이 발사될 예정이었는데, 관료적 실수로 인도 영공 공역으로 우주선이 재진입하는 것에 대한 허가를 받는 일이 지연되고 있었다. 이 문제는 쉽게 해결되었고, 사실 그가 신경 쓰지 않아도 해결될 일이었다. 하지만 그는 크든 작든 일이라는 드라마 속으로 자신을 던져놓는 것을 좋아했다.

갈라 행사가 끝난 후 그는 그라임스와 함께 맨해튼 노호 지역의 인기 클럽 제로본드에서 파티를 주최했다. 레오나르도 디카프리오와 크리스 록(미국의 영화배우이자 코미디언-옮긴이) 등의 셀럽들이 파티에 참석했다. 하지만 머스크는 상당 시간을 뒷방에 머물며 마술사의 마술에 매료되었다. "머스크를 데리러 가서 그랬지요. 앞으로 나와서 사람들과 인사를 나누라고 말이에요. 하지만 머스크는 마술을 좀 더 보겠다고 하더군요." 메이의 말이다.

2021년 여름, 유명인의 정점에 오른 머스크는 그 상황이 신나면서도 어색했다. 다음 날 두 사람은 그라임스의 설치 예술 작품을 보러 갔다. 그녀가 브루클린에서 열리는 최신 유행의 시청각 전시회에 참여해 작업한 작품이었다. 작품 속에서는 그라임스가 디스토피아적인 미래를 탐험하는 전쟁 요정을 연기한 애니메이션 영상이 돌아가고 있었다. 그곳에서 그들은 곧바로 머스크의 제트기가 기다리는 비행장으로 이동하여 케이프커내버럴로 날아갔다. 민간기업 최초로 민간인을 우주로 쏘아 올리는 스페이스X의 로켓 발사가 예정되어 있었기 때문이다. 현실은 환상을 뛰어넘을 수 있었다.

62장

인스피레이션 4

스페이스X, 2021년 9월

(위) 제러드 아이작먼
(아래) 한스 쾨니스만과 함께

민간인 우주비행

2021년 7월 브랜슨과 베조스의 우주비행이 끝나자 사람들은 머스크를 바라보았다. 과연 그가 이들의 뒤를 이어 우주에 다녀오는 세 번째 억만장자가 될 것인가? 머스크는 세상의 관심과 위험한 모험에 대한 강한 욕구를 가지고 있었지만, 결코 그것을 고려하지 않았다. 그는 자신의 임무는 자신이 아니라 인류를 위한 것이라고 주장했는데, 이는 거창하게 들리지만 일면 진실을 담고 있었다. 로켓이 억만장자 소년들의 장난감이라는 인식은 민간인 우주여행에 악취를 풍길 위험이 있었다.

그래서 머스크는 스페이스X의 첫 민간인 우주비행을 위해 기술업계의 조용한 사업가이자 제트기 조종사인 제러드 아이작먼을 선택했다. 아이작먼은 늘 겸손한 태도를 견지하는 마초적인 모험가로서 이미 많은 분야에서 출중한 능력을 증명한 까닭에 야단스럽게 나댈 필요가 없는 인물이었다. 열여섯 살에 고등학교를 중퇴하고 결제 처리 회사에서 일하기 시작한 아이작먼은 얼마 지나지 않아 자신의 소매결제 처리 회사를 창업했고, 2020년 기준 레스토랑 및 호텔 체인업계에서 매년 2,000억 달러가 넘는 신용카드 결제를 처리하는 시프트4페이먼츠Shift4 Payments라는 회사로 키웠다. 20대 초반인 2004년부터 비행을 배운 그는 파일럿으로도 뛰어난 기량을 발휘해 에어쇼에 참가하기도 하고 경비행기로 62시간 만에 세계를 일주해 세계 신기록을 세우기도 했다. 그 후 그는 150대의 제트기를 보유하고 군대 및 방위사업체를 대상으로 비행훈련을 제공하는 회사를 공동 창립했다.

아이작먼은 역사상 최초의 민간 궤도 비행이 될 3일간의 우주비행을 지휘할 수 있는 권리를 스페이스X로부터 구입했다. 그렇게 인스피레이션 4 Inspiration 4라는 이름으로 민간인만의 우주여행을 추진한 아이작먼의 주된 목적은 멤피스에 있는 세인트주드 아동연구병원을 위한 기금을 마련하는 것이었으며, 그런 취지에서 29세의 골암 생존자인 헤일리 아르세노를 다른 두 명의 민간인과 함께 승무원으로 초대했다.

발사 예정 일주일 전, 머스크는 스페이스X 팀과 2시간 동안 준비 점검을 위한 화상회의를 가졌다. 유인 임무의 관례에 따라 그는 안전에 대한 표준 연설로 시작했다. "걱정거리나 제안사항이 있는 사람은 누구든지 내게 직접 메모를 보내주셨으면 합니다." 그가 말했다.

그러나 그는 위대한 모험에는 리스크가 따른다는 것을 알고 있었고, 아이작 면과 마찬가지로 모험가들이 리스크를 감수하는 것이 중요하다는 것도 알고 있었다. 회의 초반에 그들은 그때까지 공개되지 않았던 한 가지 문제를 다루었다. 비행 관리자 중 한 명이 머스크에게 말했다. "브리핑하고 싶은 리스크가 한 가지 있습니다. 우리는 일반적인 우주정거장 관련 임무나 대부분의 다른 유인 우주비행보다 더 높이 비행할 계획입니다." 실제로 스페이스X 드래곤 캡슐은 364마일(약 585킬로미터) 고도에서 궤도를 돌 계획이었다. 이는 1999년 허블 우주망원경의 정비를 위한 우주왕복선 임무 이후 인간 승무원으로서는 가장 높이 올라가는 궤도였다. "실제로 궤도 잔해와 관련된 큰 리스크가 있습니다." 관리자가 말했다.

궤도 잔해는 폐기된 우주비행체나 인공위성, 기타 인공 물체의 파편들로, 우주에 떠다니는 쓰레기를 말한다. 인스퍼레이션 4의 발사 당시 우주에는 너무 작아서 추적할 수 없는 1억 2,900만 개의 파편이 떠돌고 있었다. 실제로 우주비행체들이 그것들에 의해 손상된 사건이 몇 차례 발생했었다. 궤도가 높아질수록 상황은 나빠졌다. 궤도가 높을수록 그러한 부유물들을 지구로 끌어당겨 불태우는 힘이 약한 까닭에 상대적으로 더 많은 잔해가 더 오래 떠돌고 있기 때문이었다. "파편이 기내로 침투하는 경우나 열차폐를 손상시켜 재진입 중에 피해가 발생하는 경우에 대해 우려하지 않을 수 없습니다." 관리자가 말했다.

비행 신뢰성 담당 부사장은 얼마 전 한스 쾨니스만에서 까칠한 성격의 전직 NASA 관료 빌 거스텐마이어로 교체된 상태였다(쾨니스만은 머스크에게서 은퇴를 권유받고 있었다). '거스트'라는 애칭으로 불리는 신임 부사장이 리스크를 줄이기 위한 신뢰성 팀의 제안을 머스크에게 설명했다. 드래곤 캡슐이 지구 궤도를 돌 때 자세를 바꾸면 파편에 노출되는 것을 어느 정도 줄일 수 있다는 것이었다. 자세를 너무 큰 각도로 바꾸면 라디에이터가 너무 차가워질 수 있었지만, 그들은 이 두 가지 리스크의 균형을 맞추는 방법을 도출해놓은 상태였다. 원래의 자세로 궤도를 돌면 파편에 부딪힐 리스크가 700분의 1 정도인데 각도를 새롭게 잡고 돌면 그 리스크를 약 2,000분의 1 수준으로 낮출 수 있다고 했다. 하지만 그는 엄중한 경고문구가 담긴 슬라이드를 보여주는 것도 잊지 않았다. "예측된 리스크에는 상당한 불확실성이 포함되어 있습니다." 머스크는 그 계획을 승인했다.

이어서 거스트는 훨씬 더 안전한 접근방식도 있다고 언급했다. 낮게 날면 된다는 것이었다. "더 낮은 고도에도 충분히 이용할 수 있는 궤도들이 있습니다. 190킬로미터 고도까지 내려와도 됩니다." 그들은 이미 그렇게 낮은 고도를 돈 다음에 계획대로 착륙 지점에 도달하는 방법도 파악해놓았다.

"그럼 왜 그렇게 하지 않는 건가요?" 머스크가 물었다.

"고객이 국제우주정거장보다 더 높이 올라가기를 원하고 있습니다." 거스트가 아이작먼을 언급하며 설명했다. "그는 자신이 갈 수 있는 한 가장 높은 곳까지 가고 싶어 합니다. 우리는 그에게 궤도 잔해에 대한 모든 것을 브리핑했습니다. 그와 그의 승무원들은 그 리스크를 이해하고 받아들였습니다."

"좋아요, 훌륭하군요." 리스크를 감수할 줄 아는 사람들을 존중하는 머스크가 답했다. "그가 그런 정보를 충분히 알고 있다면, 공정한 일이라고 생각합니다."

나중에 내가 왜 더 낮은 고도를 선택하지 않았는지 물었을 때, 아이작먼은 이렇게 답했다. "우리가 다시 달에 가고 또 화성에 가려면 안전지대에서 조금 벗어나야 한다고 생각합니다."

그때까지 민간인이 궤도를 향해 발사된 마지막 사례는 1986년 크리스타 매콜리프 교사를 태운 우주왕복선 챌린저호였다. 그 시도는 이륙 1분 만에 우주선이 폭발하면서 무산되었다. 그라임스는 이 사건이 미국에 정신적 상처를 남겼는데 인스피레이션 4가 그것을 치유할 수 있을 것이라고 생각했다. 그래서 그녀는 로켓이 발사되기 전에 행운의 부적을 던지는 '주술사' 역할을 자청했다.

긴장된 순간에 늘 그렇듯 머스크는 미래에 대해 생각하는 것으로 마음을 전환했다. 관제실에서 카운트다운에 집중하고 있던 돈체프 옆에 앉은 머스크는 보카치카에 건설 중인 스타십 시스템에 대해 언급하며 플로리다에 있는 엔지니어들을 그곳에 보내려면 어떻게 설득하는 것이 좋을지 돈체프에게 물었다.

쾨니스만도 본인에게는 마지막이 될 발사에 참여하고 있었다. 콰즈에서 최초의 팰컨 1호를 발사한 강인한 초기 핵심 멤버로 출발하여 스페이스X에서 20년 동안 일한 그였다. 머스크는 그가 FAA 기상 경보 명령을 임의로 어겼다는 보고서를 작성한 후 그를 책임자 자리에서 물러나게 했다. 인스퍼레이션 4 로켓이 발사된 후 쾨니스만은 머스크에게 다가가서 어색하게 포옹하며 작별 인사를 했다. "제가 좀 흥분하거나 감정적이 될까 봐 걱정했어요." 쾨니스만은 말한다. "누구보다 오래 그곳에서 일했으니까요." 두 사람은 이 민간인의 임무가 우주탐사 역사에 얼마나 중요한 의미를 갖는지에 대해 몇 분간 이야기를 나눴다. 쾨니스만이 자리를 뜨려 하자 머스크는 휴대전화로 시선을 돌려 트위터의 피드를 확인했다. 그라임스가 그의 옆구리를 찔렀다. "이게 한스의 마지막 임무예요." 그녀가 말했다.

"알아." 머스크는 그렇게 대답한 후 쾨니스만을 올려다보며 고개를 끄덕였다.

"불쾌하지 않았습니다." 쾨니스만은 말한다. "머스크는 신경을 많이 쓰지만, 감정적 배려는 잘 못하는 사람입니다."

베조스는 다음과 같이 트윗을 날렸다. "지난 밤 인스퍼레이션 4 발사에 성공한 @elonmusk와 @SpaceX 팀에 축하를 보냅니다. 우리 모두가 우주에 접근할 수 있는 미래를 향한 또 하나의 발걸음입니다." 머스크는 정중하지만 간결하게 답했다. "감사합니다."

아이작먼은 너무도 감격하여 향후 세 차례의 비행에 5억 달러를 내겠다고 했다. 이제는 더 높은 궤도로 올라가서 스페이스X가 만든 새 우주복을 입고 우주 유영을 하는 것이 목표였다. 또한 그는 준비가 완료되는 대로 스타십의 첫 번째 민간인 승객이 될 수 있는 권리도 요구했다.

다른 잠재고객들도 우주항공편을 예약하겠다고 나섰다. 종합격투기 프로모터 중 한 명은 우주에서 무중력 경기를 개최하고 싶다고 했다. 머스크는 어느 날 저녁 보카치카에서 동료들과 술을 마시던 중 웃으면서 그 가능성을 거론했다. "그런 걸 하면 안 됩니다." 빌 라일리가 말했다.

"왜 안 되지?" 머스크가 물었다. "그들이 5억 달러를 제시했다고, 숏웰이 그러던데?"

스타베이스 구축을 담당한 엔지니어 샘 파텔이 끼어들었다. "그만큼 명성을 잃게 될 겁니다."

"그래, 그런 것부터 하면 안 되겠지." 머스크도 동의했다. "궤도에 진입하는 것이 일상화되고 난 다음에나 고려해보자구."

민간기업이 민간인을 위해 발사한 인스피레이션 4는 기업가적 노력과 상업용 위성, 위대한 모험으로 채워질 새로운 궤도 경제를 예고했다. "스페이스X와 일론은 실로 놀라운 성공 스토리입니다." NASA의 빌 넬슨 국장이 다음 날 아침 내게 말했다. "공공 부문과 민간 부문이 손을 잡으니 이렇게 시너지 효과가 생기는 겁니다. 모두 인류에게 이로운 일이지요."

머스크는 인스피레이션 4 발사의 의미를 되새기면서 《은하수를 여행하는 히치하이커를 위한 안내서》의 영향이 묻어나는 철학적인 관점으로 인간의 노력을 고찰했다. "대중적인 전기차를 만드는 것은 필연적인 일이었어요." 그가 말했다. "내가 없었더라도 일어났을 일이지요. 하지만 우주여행 문명이 되는 것은 필연이 아닙니다." 50년 전에 미국은 달에 사람을 보냈다. 하지만 그 이후로는 진전이 없었다. 오히려 그 반대였다. 우주왕복선은 지구 저궤도까지만 갈 수 있었고, 우주왕복선이 퇴역한 후 미국은 더 이상 그마저도 할 수 없게 되었다. "기술은 저절로 발전하지 않습니다." 머스크가 말했다. "이번 비행은 진보에는 인간의 주도성이 필수적임을 보여주는 진정 훌륭한 예입니다."

63장

새로운 엔진의 개발

스페이스X, 2021년

(위) 하이베이 꼭대기에 오른 제이크 맥켄지
(아래) 보카치카의 건설 텐트들과 하이베이들

랩터 엔진의 한계

"내 신경망이 마치 독립기념일이라도 맞이한 것처럼 흥분하고 있어요." 머스크가 기뻐서 어쩔 줄 모르겠다는 듯이 말했다. "이것이 바로 내가 가장 좋아하는 일이지요. 멋진 엔지니어들과 함께 반복해서 들여다보고, 또 들여다보고 하는 것 말이에요!" 2021년 9월 초, 보카치카의 스타베이스 회의실에 앉은 머스크는 곧 처형될, 북한 지도자의 이발사가 자른 것처럼 보이는 삭발머리를 하고 있었다. 그는 엔지니어들에게 "내가 직접 자른 것"이라고 말했다. "뒷부분은 다른 사람 시켰고."

지난 몇 주 동안 머스크는 스타십의 랩터 엔진과 관련해 절망과 분노를 넘나들고 있었다. 랩터 엔진은 복잡하고 비용이 많이 들어가는데다가 제조하기도 어려웠다. "한 개에 2만 달러나 하는 튜브를 보면 포크로 눈을 찌르고 싶은 심정이죠." 그가 말했다. 머스크는 앞으로 주말을 포함해 매일 저녁 8시에 랩터 엔진 팀과 스페이스X 회의실에서 미팅을 갖겠다고 선언했다.

머스크는 사용되는 재료의 질량에 특별한 관심을 가졌다. 그는 엔진 실린더와 돔이 각기 다른 압력에 노출되는데도 그 두께가 동일하다는 사실을 지적했다. "도대체 무슨 일이 벌어지고 있는 거요?" 그가 물었다. "엄청난 양의 금속이 불합리하게 들어가고 있지 않소." 질량이 1온스 늘어날 때마다 로켓이 발사할 수 있는 탑재체의 양이 그만큼 줄어들었다.

인스피레이션 4 우주비행사들의 착륙 때문에 자정으로 미뤄진 회의에서 중요한 한 가지 사항이 결정되었다. 엔진에서 가능한 한 많은 부분을 그가 가장 좋아하는 소재인 스테인리스강으로 제작하자는 것이었다. 비싼 합금의 사용을 최소화하는 방법에 대한 일련의 슬라이드를 묵묵히 지켜보고 나서 머스크가 입을 열었다. "그만 합시다. 여러분은 분석 마비에 걸린 거 같소. 자, 이제 가능한 한 모든 부품을 저비용 강철로 바꾸는 겁니다."

처음에 그가 허용한 유일한 예외는 산소로 가득 찬 고온의 가스 연소에 노출되는 부품들이었다. 일부 엔지니어들은 페이스 플레이트에 열전도율이 더 높은 구리를 사용해야 한다고 반발했다. 하지만 머스크는 구리의 용융 온도가 더 낮다고 주장했다. "나는 여러분들이 강철로 페이스 플레이트를 만들 수 있다고 믿어요. 제발 그렇게 해주시오. 내 생각이 분명히 전달된 것으로 믿겠소. 스테인리스강으로 갑시다." 그는 실패할 가능성도 있다는 것을 인정했지만, 몇 달 동안 사안의 분석에만 매달리느니 차라리 시도해보고 실패하는 것이 낫다고 생각했다. "스테인리스강으로 빨리 만들어보면 빨리 알아낼 수 있을 거요. 잘 안 되면 빨리 고칠 수도 있고." 결국 그는 대부분의 부품을 스테인리스강으로 전환하는 데 성공했다.

자동차 제조방식을 적용하다

머스크는 매일 밤 회의를 주도하면서 랩터 엔진의 설계에 대한 총괄책임을 맡길 만한 인물을 물색했다. "리더 임무를 맡길 만한 친구가 떠오르지 않나요?" 숏웰이 중간간부 회의가 끝난 후 머스크에게 물었다.

"엔지니어링 기술을 평가하는 데 있어서 내 촉은 뛰어나요. 그런데 다들 마스크를 쓰고 있으니 … 마스크를 쓰고 있으면 평가하기가 쉽지 않지요." 머스크가 불평했다. 그래서 그는 중간간부급 엔지니어들과 따로 일대일 세션을 진행하며 질문을 퍼붓기 시작했다.

몇 주 후, 제이콥 맥켄지라는 젊은 엔지니어가 눈에 띄기 시작했다. 천사 같은 미소와 어깨까지 내려오는 레게머리가 어우러져 절제된 방식의 멋진 인상을 풍기는 친구였다. 머스크가 선호하는 부관에는 두 가지 유형이 있는데, 하나는 마크 준코사처럼 늘 혈기 왕성한 태도와 뛰어난 언변으로 아이디어를 쏟아내는 레드불 유형이고, 다른 하나는 변화가 없는 신중한 자세로 불칸(《스타트랙》에서 인간에게 도움을 주는 외계종족-옮긴이)의 유능한 기운을 풍기는 스팍(《스타트랙》에 등장하는 인물-옮긴이) 유형이다. 맥켄지는 후자에 속했다.

자메이카에서 자란 그는 나중에 북부 캘리포니아로 이주했고, 그곳에서 자동차와 로켓 등 "중공업에 해당하는 모든 것"에 관심을 갖게 되었다. 집이 가난했기에 고등학교 시절에는 창고에서 일하며 돈을 벌었다. 그는 그렇게 돈을 모아 샌타로자전문대에 입학해 공학을 전공했다. 열심히 공부해 좋은 성적을 거둔 덕분에 버클리대학교에 편입할 수 있었고, 이후 MIT 대학원까지 진학해 기계공학 박사학위를 땄다.

2015년에 스페이스X에 입사한 맥켄지는 랩터 엔진에 밸브를 공급하는 팀을 관리했다. 매우 중요한 역할이었다. 밸브가 새서 카운트다운이 중단되는 경우가 많았기 때문이다. 머스크와 대화를 나눈 것이 두어 번밖에 되지 않았기에 맥켄지는 머스크가 랩터 프로그램의 운영에 대해 이야기하기 시작했을 때 놀라지 않을 수 없었다. "그가 제 이름을 알 거라고도 생각하지 않았거든요." 맥켄지의 말이다. 실제로 그럴 수도 있었지만, 머스크는 그가 자신의 업무를 성공적으로 수행하고 있다는 것을 알고 있었다. 맥켄지의 팀은 머스크가 직접 추진한 많은 프로젝트 중 하나인 스타십 플랩 액추에이터의 개선을 성공적으로 이뤄낸 바 있었다.

2021년 9월 어느 날 자정을 조금 넘긴 시각, 머스크는 맥켄지에게 "아직 안 자고 있나?"라고 문자를 보냈다. 놀랄 것도 없이 맥켄지는 "네, 아직 사무실입니다. 적어도 몇 시간은 더 여기에 있을 겁니다"라고 답장했다. 머스크는 전화를 걸어 그를 승진시킨다고 통보했다. 그리고 새벽 4시 30분에 이메일을 보냈다. "제이크 맥켄지는 앞으로 내게 직접 보고하게 될 것입니다." 머스크는 자신의 목표 중 하나가 "용접 가능한 강철 합금을 쓰기 위해 대부분의 플랜지와 인코넬 부품을 제거하는 것"이라면서 이렇게 덧붙였다. "*잠재적으로* 불필요한 부품은 모두 제거하는 것이 목표입니다. 나중에 일부 부품을 다시 추가하지 않는다면 여전히 불필요한 부품을 충분히 제거하지 않은 것입니다."

맥켄지는 자동차 제조방식의 솔루션을 적용하기 시작했고, 그 결과 일부 부품은 90퍼센트 더 저렴해졌다. 그는 테슬라의 최고경영진 중 한 명인 라스 모라비에게 스페이스X의 제조라인을 함께 둘러보면서 과정을 단순화하는 데 도움이 될 만한 자동차 기술을 제안해달라고 요청했다. 모라비는 로켓 엔진 제조라인의 불필요한 복잡성에 경악하며 때때로 눈을 가리는 제스처를 취했다. "아이 참, 손바닥에 얼굴 좀 그만 대세요." 맥켄지가 말했다. "정말, 정말로 마음이 아프거든요."

머스크가 일으킨 가장 큰 변화는 테슬라에서 한동안 그랬던 것처럼 설계 엔지니어에게 생산을 담당하게 만든 것이었다. "아주 오래전에 설계와 생산 그룹을 따로 구성했는데, 그건 말도 안 되는 실수였소." 머스크는 맥켄지가 주도한 첫 회의에서 이렇게 말했다. "바로 엔지니어인 여러분이 생산 프로세스를 책임져야 해요. 다른 사람에게 맡길 수 없는 겁니다. 설계에 따라 생산하는 데 비용이 많이 든다면 설계를 변경해야 합니다." 맥켄지와 그의 엔지니어링 팀 전체는 75개의 책상을 조립라인 옆으로 옮겼다.

1337 엔진

문제가 잘 안 풀릴 때 머스크가 취하는 한 가지 방법은 제품의 미래 버전을 설계하는 쪽으로 주의를 돌리는 것이었다. 맥켄지에게 랩터 엔진 팀을 맡기고 몇 주 후에 그가 랩터 엔진과 관련해 취한 일이 바로 그것이다. 그는 완전히 새로운 엔진을 만드는 쪽으로 팀의 관심을 돌리라고 지시했다. 충분히 다른 것으로 가자는 취지에서 그는 멀린이나 케스트렐처럼 맷과의 종 이름을 따르는 것도 원치 않는다고 했다. 결국 그는 새로 개발할 엔진에 코딩 세계에서 유행하는 밈을 이용해 1337이라는 이름을 붙이고 '리트LEET'라고 발음하기로 했다 (1337이라는 숫자가 'LEET'와 모양이 비슷했기 때문이다). 목표는 추력 1톤당 1,000달러 미만의 비용이 드는 엔진을 개발하는 것이었고, 그렇게 하면 그것이 "생명체를 다행성 종으로 만드는 근본적인 돌파구를 열어줄 것"이라고 그는 강조했다.

새로운 엔진의 개발로 건너뛴 조치의 요점은 모든 관계자를 대담하게 생각하도록 만드는 것이었다. "우리의 목표는 위대한 모험을 위한 엔진입니다." 머스크가 팀원들에게 격려의 말을 전했다. "성공 확률이 0보다는 높다고 생각합니까? 그렇다면 실행에 옮기세요! 우리가 바꿔놓은 것이 너무 모험적인 것으로 드러나면, 그러면 후진하면 됩니다." 기본 지침은 군더더기 없는 '린lean' 엔진을 만드는 것이었다. "고양이의 가죽을 벗기는 방법에는 여러 가지가 있습니다." 그가 말한다. "하지만 중요한 것은 가죽을 벗긴 후의 모습이 어떠할지 아는 것입니다. 정답은 근육질만 남은 멋진 모습이어야 한다는 겁니다."

그날 밤 늦게 그는 이 새로운 시도에 자신이 얼마나 진지하게 임하는지 강조하기 위해 다량의 문자를 날렸다. "우리는 달을 향해 쏘는 것이 아닙니다. 우리는 화성을 향해 쏘고 있습니다. 광적인 긴박감이 우리의 운영원칙입니다." 그리고 맥켄지에게 직접 보낸 문자에는 이렇게 덧붙였다. "스페이스X 1337 엔진은 인류를 화성으로 데려가는 데 필요한 마지막 중요한 돌파구일세!!! 이것이 문명의 미래에 얼마나 중요한지 어떤 말로도 충분히 표현할 수 없다네."

그는 또한 연료가스 매니폴드 전체를 제거하고 연료 터보펌프를 메인 챔버 인젝터와 병합하자는 등의 몇 가지 극단적인 아이디어를 제안했다. "연료가스의 분배가 나빠질 수도 있고 아닐 수도 있으니까, 한번 알아보자고." 그는 거의 매일 밤 이메일을 보내 그 개혁 운동에 힘을 실었다. "우리는 제거의 *광란*에 돌입했습니다!!" 한 이메일에는 이렇게 썼다. "신성한 것은 아무것도 없습니다. 조금이라도 의심스러운 튜브와 센서, 매니폴드 등은 오늘 밤 모두 제거될 것입니다. 제거와 단순화에 울트라 하드코어의 자세로 임하세요."

2021년 10월 한 달 동안 회의는 매일 늦은 시간으로 미뤄졌고, 대부분 밤 11시경에 시작되었다. 그럼에도 회의실에는 통상 열두 명 정도가 참석했고, 50명 이상이 화상으로 참여했다. 각 세션에서는 대개 단순화나 부품을 제거하는 것에 대한 새로운 아이디어가 논의되었다. 예를 들어, 어느 날 밤 머스크는 부스터 가장 아래쪽의 압력이 가해지지 않는 열린 부분인 스커트를 전부 다 없애는 데 집중했다. "추진제를 많이 담는 데 도움이 되지 않아요." 그가 말했다. "스커트를 없애는 건 수영장에서 오줌 싸는 것과 같아요. 수영장에 큰 영향을 미치지 않지요."

한 달 후에 머스크는 팀원들에게 미래형 엔진에 집중하도록 강요했을 때처럼 갑자기 현재의 랩터 엔진을 더 날렵하고 강력한 랩터 2로 수정하는 데 집중하라고 지시했다. "스페이스X의 추진력에 대한 초점을 다시 랩터 엔진으로 옮기고자 합니다." 머스크는 새벽 2시에 문자 메시지를 통해 이렇게 발표했다. 그리고 그는 나에게 이렇게 설명했다. "적절한 발사 주기를 유지하려면 엔진 생산 속도가 하루에 하나씩은 되어야 하지요. 현재는 3일에 한 대씩 생산되고 있거든요." 그러면 1337 엔진의 개발이 늦어지는 것이 아닌지 내가 물었다. "맞아요. 너무 비싸기 때문에 랩터 엔진으로 다행성 탐사를 할 수는 없지만, 1337이 준비될 때까지 버티려면 랩터 엔진이 필요하지요."

1337 서지와 후퇴는 팀원들이 더욱 대담하게 생각하게 만들기 위해 머스크가 신중하게 고려하여 펼친 전략이었을까, 아니면 그저 충동적인 행동에서 비롯된 서지였기에 나중에 후퇴한 것일까? 늘 그렇듯이 머스크에게는 두 가지가 섞여 있었다. 1337 서지는 다양한 슈라우드와 스커트를 없애는 등 새로운 아이디어의 도출을 강제하여 랩터 엔진의 개선이라는 그의 목표를 이루는 데 반영하기 위한 조치였다. "그 연습은 이상적인 엔진의 모습을 정의하는 데 도움이 되었습니다." 맥켄지는 말한다. "하지만 스타십 프로그램을 발전시키기 위해 당장 필요한 것들에는 그다지 도움이 되지 않았습니다." 그 후 1년도 지나지 않아 맥켄지와 그의 팀은 조립라인에서 자동차를 뽑아내듯 랩터 엔진을 생산하게 되었다. 2022년 추수감사절 즈음에는 하루에 한 대 이상 제작하여 향후 스타십 발사를 위한 비축량까지 확보하게 되었다.

64장

옵티머스의 탄생

테슬라, 2021년 8월

옵티머스 로봇의 이미지를 시연하는 여배우

친근한 로봇

휴머노이드 로봇의 개발에 대한 머스크의 관심은 인공지능에 대해 그가 느끼던 매혹과 두려움으로 거슬러 올라간다. 누군가 의도적으로든 실수로든 인간에게 해를 끼칠 수 있는 AI를 만들 가능성을 우려해 그는 2014년에 오픈AI를 출범시켰다. 또한 자율주행 자동차와 신경망 훈련 슈퍼컴퓨터 도조Dojo, 인간과 기계 간의 매우 친밀한 공생관계를 구축하고자 뇌에 이식하는 뉴럴링크 칩 등 관련 연구를 추진하게 된 것도 이에 기인한다.

안전한 AI는 궁극적으로 어떻게 만들어야 하는가? 사람들 대부분은, 특히 어릴 적 공상과학 소설을 즐겨 읽은 사람이라면 '로봇은 인류 전반에 혹은 어떤 사람에게든 해를 끼쳐서는 안 된다'는 아시모프의 법칙을 위반하지 않으면서 시각적으로 입력된 정보를 처리하고 작업을 수행하는 방법을 배울 수 있는 휴머노이드 로봇, 즉 인간형 로봇을 떠올릴 것이다. 오픈AI와 구글이 텍스트 기반의 챗봇을 만드는 데 집중하는 동안, 머스크는 로봇과 자동차와 같은 물리적인 세계에서 작동하는 인공지능 시스템에 집중하기로 결정했다. "바퀴 달린 로봇인 자율주행 자동차를 만들 수 있다면 다리 달린 로봇도 만들 수 있습니다." 머스크는 말했다.

2021년 초, 머스크는 임원 회의에서 테슬라가 로봇 제작에 진지하게 임해야 한다고 언급하기 시작했고, 한번은 보스턴 다이내믹스Boston Dynamics가 설계한 인상적인 로봇의 동영상을 상영하기도 했다. 그는 "휴머노이드 로봇은 좋든 싫든 앞으로 일어날 일"이라며 "우리가 바람직한 방향으로 이끌 수 있도록 해야 한다"고 말했다. 로봇에 대해 이야기할 때면 언제나 그의 흥분이 고조되었다. 그는 수석 디자이너 프란츠 폰 홀츠하우젠에게 강조하곤 했다. "이것은 우리가 하는 일 중에서 가장 큰 일, 자율주행차보다 훨씬 더 큰 일이 될 가능성이 높아요."

"일론이 특정 주제를 반복해서 강조하면, 우리는 바로 관련 작업에 착수하게 됩니다." 폰 홀츠하우젠의 말이다. 그들은 사이버트럭과 로보택시 모델이 전시되어 있던 로스앤젤레스의 테슬라 디자인 스튜디오에서 회의를 시작했다. 머스크는 다음과 같이 사양을 제시했다. "로봇이 사람을 해치려 할 것 같은 느낌이 들지 않도록" 172센티미터 정도의 키에 장난꾸러기 분위기를 풍기는 중성적인 외모를 갖춰야 한다. 그렇게 해서 탄생한 것이 자율주행차를 연구하는 테슬라 팀이 만든 휴머노이드 로봇 옵티머스였다. 머스크는 2021년 8월 19일 테슬라의 팰로앨토 본사에서 'AI 데이'라는 행사를 개최해 이 로봇을 발표하기로 결정했다.

AI 데이

AI 데이 이틀 전, 머스크는 보카치카에서 테슬라 팀과 화상으로 준비 회의를 가졌다. 그날 그의 일정은 스타십 발사에 대한 지원을 받기 위한 텍사스 어류 및 야생동물보호국과의 회의와 테슬라 재무회의, 솔라루프의 재정에 대한 논의, 향후의 민간인 발사에 대한 회의, 스타십 조립라인 시찰, 넷플릭스의 다큐멘터리 인터뷰, 브라이언 다우 팀이 솔라루프를 설치하고 있던 규격형 주택 현장에 대한 두 번째 심야 방문 등으로 채워졌다. 자정을 넘긴 후 그는 비행기에 올라 팰로앨토로 향했다.

마침내 비행기에서 휴식을 취하며 그가 말했다. "이 현안에서 저 현안으로 이렇게 옮겨다니면서 일을 처리하는 건 너무 지치는 일이에요. 하지만 문제가 그렇게 많으니 어떻게 합니까. 다 내가 해결해야 하는 문제들이지요." 그렇다면 왜 지금 또 AI와 로봇의 세계로 뛰어들고 있을까? "래리 페이지처럼 사고하는 사람들이 걱정되기 때문이에요." 그가 말했다. "래리 페이지와 AI의 위험성에 대해 오랫동안 대화를 나눴는데, 그는 이해하지 못했어요. 지금은 거의 대화도 나누지 않고 있지요."

새벽 4시에 도착한 그는 친구 집에서 몇 시간 잠을 잔 후 테슬라의 팰로앨토 본사로 가서 로봇 발표를 준비하는 팀과 만났다. 계획은 한 여배우가 로봇 분장을 하고 무대에 오르는 것이었다. 머스크는 흥분했다. "그녀에게 곡예를 시키면 어떨까요?" 그가 마치 〈몬티 파이튼〉의 촌극이라도 찍는 것처럼 말했다. "불가능해 보이는 멋진 동작을 취하게 할 수 있을까요? 이를테면 모자를 쓰고 지팡이를 짚고 탭댄스를 추는 거 같은 것?"

그가 진지하게 말한 요점은 로봇이 위협적으로 보여서는 안 되고 재밌어 보여야 한다는 것이었다. 기다렸다는 듯이 엑스가 회의실 테이블 위에서 춤을 추기 시작했다. "이 아이는 파워팩이 정말 좋아요." 머스크가 말했다. "걸어 다니며 보고 들으면서 소프트웨어 업데이트를 받는 셈이지요." 바로 그것이 목표였다. 인간을 보고 모방함으로써 학습할 수 있는 로봇을 만드는 것 말이다.

모자와 지팡이 춤에 대한 농담을 몇 번 더 나눈 후, 머스크는 최종 사양을 세밀하게 검토하기 시작했다. "시속 4마일이 아니라 5마일로 달릴 수 있게 하고, 들어 올릴 수 있는 무게도 조금 더 높이자고요." 그가 말했다. "부드럽게 보이게 하는 데 너무 치중하다 보니 너무 약해진 거 같네요." 엔지니어들이 배터리를 교대로 바꿔 끼는 방식으로 갈 계획이라고 말하자 머스크는 그 아이디어를 거부했다. "많은 바보들이 배터리 교체 방식을 채택했는데, 그건 대개 배터리 자체가 형편없었기 때문이에요." 그가 말했다. "초기에 다들 한 번씩 겪어본 바보짓이지요. 배터리를 교대로 바꿔 끼는 방법은 생각도 하지 마세요. 그냥 팩을 더 크게 만들어서 한 번 충전으로 16시간 동안 작동할 수 있게 만들면 되는 거예요."

회의가 끝난 후 그는 회의실에 그대로 머물렀다. 스모 대결로 다친 목이 여전히 아팠던 터라 얼음주머니를 머리 뒤에 대고 바닥에 누웠다. "만약 우리가 사람을 관찰해서 특정 작업을 수행하는 방법을 배울 수 있는 범용 로봇을 생산할 수 있다면, 그것은 경제를 엄청난 수준으로 끌어올릴 겁니다." 그가 말했다. "그렇게 되면 보편적 기본소득을 도입할 수도 있겠지요. 일은 선택이 될 수 있고요." 그렇다. 그리고 그래도 어떤 사람들은 여전히 광적으로 일하려고 할 것이다.

다음 날 AI 데이 프레젠테이션을 위한 연습 세션을 지켜본 머스크는 기분이 좋지 않았다. AI 데이 행사는 옵티머스를 공개하는 것뿐만 아니라 테슬라가 자율주행 자동차 부문에서 이룬 진전을 소개하는 자리였다. 오토파일럿과 옵티머스 소프트웨어 팀을 이끄는 예민한 성격의 벨기에 출신 엔지니어 밀란 코박이 기술적인 측면에 치중된 슬라이드를 선보이는 동안 머스크는 계속 "지루해요"라고 말했다. "멋지지 않은 게 너무 많이 들어갔잖아요. 인재를 영입하려는 목적도 있는데, 이 슬라이드를 보면 아무도 합류하고 싶지 않을 거요."

아직 머스크의 맹비난을 받아넘기는 기술을 익히지 못한 코박은 사무실로 돌아와 사표를 썼고, 그날 저녁으로 예정된 프레젠테이션 계획은 혼돈에 빠져들었다. 전투 경험이 많아 훨씬 더 노련한 상사인 라스 모라비와 피트 배넌이 현장을 떠나려는 코박을 막아섰다. "같이 슬라이드를 살펴보고 조금 고쳐보도록 합시다." 모라비가 말했다. 코박은 위스키를 한 잔 하고 싶다고 말했고, 배넌은 오토파일럿 작업장에서 일하던 직원에게서 위스키 한 병을 구했다. 모라비와 위스키를 두 잔씩 나눠마신 후에야 코박은 진정되었다. "행사는 끝까지 치를 겁니다. 팀원들을 실망시키지 않겠습니다." 코박이 말했다.

모라비와 배넌의 도움으로 코박은 슬라이드 수를 절반으로 줄이고 새로운 멘트를 연습했다. "화를 삭이고 새로운 슬라이드를 일론에게 가져갔습니다." 코박의 말이다. 머스크는 슬라이드를 훑어보더니 말했다. "음, 그래요. 좋아요." 코박은 머스크가 자신을 질책한 사실조차 기억하지 못한다는 인상을 받았다.

이 혼란으로 인해 그날 저녁 프레젠테이션은 1시간 정도 지연되었다. 행사는 그다지 세련된 인상을 주지 못했다. 열여섯 명의 발표자 모두 남성이었다. 여성은 로봇 분장을 한 여배우 한 명뿐이었고, 그녀는 재미난 탭댄스 같은 것을 보여주지 않았고, 곡예를 하지도 않았다. 하지만 머스크는 약간 더듬거리는 단조로운 목소리로 옵티머스를 테슬라의 자율주행차 계획 및 도조 슈퍼컴퓨터와 연결시킬 수 있었다. 그는 옵티머스가 코드로 지시받을 필요 없이 직접 작업을 수행하는 방법을 배울 것이라고 말했다. 인간처럼 관찰을 통해 스스로 학습한다는 것이었다. 이는 우리의 경제는 물론이고 삶의 방식까지 혁신할 것이라고, 그는 강조했다.

65장

뉴럴링크

2017-2020년

오직 뇌파만으로 '퐁' 게임을 하는 원숭이

인간-컴퓨터 인터페이스

디지털 시대의 가장 중요한 기술적 도약 중 일부는 '인간-컴퓨터 인터페이스Human-Computer Interface', 즉 인간과 기계가 서로 소통하는 방식의 발전과 관련이 있었다. 20세기 중반 모니터로 비행기를 추적하는 방공 시스템을 연구하던 심리학자 겸 엔지니어 J. C. R. 리클라이더는 1960년 후세대에 큰 영향을 미칠 〈인간과 컴퓨터의 공생〉이라는 제목의 논문을 발표했다. 비디오 디스플레이가 어떻게 '컴퓨터와 사람이 함께 생각할 수 있게 하는가'에 대한 내용이었다. 그는 "머지않아 인간의 두뇌와 컴퓨팅 기계가 매우 긴밀하게 결합될 수 있기를 희망한다"라고 덧붙였다.

MIT의 컴퓨터광들은 그러한 비디오 디스플레이를 사용하여 '스페이스 워'라는 게임을 만들었는데, 이것은 마리화나에 취한 대학생도 쉽게 플레이할 수 있을 정도로 직관적인 인터페이스를 갖춘, 사용 설명이 거의 필요 없는 상용 게임을 탄생시키는 데 기여했다. ("1. 25센트 동전을 삽입하라. 2. 클링온을 피하라." 이것이 아타리에서 내놓은 최초의 비디오 게임 '스타트렉'의 유일한 사용 설명이었다.)

더그 엥겔바트는 이러한 디스플레이에 마우스를 결합하여 유저가 가리키고 클릭하는 방식으로 컴퓨터를 이용하도록 도왔고, 제록스 팰로앨토연구센터Xerox PARC의 앨런 케이는 이를 책상 위 환경을 모방해 사용의 편이를 더한 그래픽 인터페이스로 발전시켰다. 스티브 잡스는 그 그래픽 인터페이스를 애플의 매킨토시 컴퓨터에 채택했으며, 2011년 (임종을 앞둔) 투병의 와중에도 (마지막) 이사회에 참석해 사람과 컴퓨터가 음성으로 상호작용할 수 있는 시리 애플리케이션을 테스트하며 인간-컴퓨터 인터페이스의 또 다른 비약적인 발전에 기여했다.

하지만 이러한 모든 발전에도 인간과 기계 간의 입출력은 여전히 엄청나게 느렸다. 2016년 여행 중이던 머스크는 엄지손가락으로 아이폰에 문자를 타이핑하다가 시간이 너무 오래 걸린다고 불평하기 시작했다. 타이핑으로는 뇌에서 기기로 정보를 전달할 수 있는 속도가 초당 약 100비트에 불과했다. "기계에 곧바로 생각을 입력할 수 있다고 상상해보자고. 머리와 기계가 고속으로 직접 연결된 것처럼 말이야." 그는 이렇게 말하며 차에 함께 타고 있던 샘 텔러에게 몸을 기울였다. "컴퓨터와 뇌의 인터페이스를 이해하는 데 도움을 좀 받고 싶은데, 적절한 신경과학자를 찾아볼 수 있을까?"

머스크는 궁극적인 인간-기계 인터페이스는 컴퓨터를 뇌에 직접 연결하는 장치가 될 것이라고 생각했다. 예컨대 뇌 신호를 컴퓨터로 보내고 다시 신호를 받을 수 있는 뇌 내부의 칩과 같은 장치 말이다. 그렇게 하면 사람과 컴퓨터 간에 정보 교류가 최대 100만 배 더 빨리 이루어질 수 있었다. "그래야 진정한 인간과 기계의 공생이 가능해지는 겁니다." 그의 말이다. 다시 말해, 그래야 인간과 기계가 파트너로 함께 일할 수 있다는 것이다. 이를 실현하기 위해 그는 2016년 말에 뇌에 작은 칩을 이식하여 인간이 컴퓨터와 마인드 융합을 할 수 있도록 돕는 뉴럴링크Neuralink라는 회사를 설립했다.

옵티머스와 마찬가지로 뉴럴링크의 아이디어 역시 공상과학 소설, 특히 사람에게 이식되어 모든 생각을 컴퓨터에 연결할 수 있는 '뉴럴레이스neural lace'라는 인간-기계 인터페이스 기술이 등장하는 이언 뱅크스의 우주여행 소설 《컬처》 시리즈에서 영감을 얻은 것이었다. 머스크는 말한다. "뱅크스의 소설을 처음 읽었을 때, 이 아이디어가 인공지능 영역에서 우리를 보호하는 데 도움이 될 가능성이 크다는 생각이 들었지요."

머스크의 원대한 목표에는 대개 실용적인 비즈니스 모델이 수반된다. 예를 들면, 그는 스페이스X의 화성탐사에 필요한 자금을 조달하기 위한 방편으로 스타링크 위성을 개발했다. 마찬가지로 그는 뉴럴링크의 뇌 칩으로 루게릭병과 같은 신경학적 문제를 겪는 사람들이 컴퓨터와 상호작용할 수 있도록 돕는 계획도 세웠다. 그는 말한다. "뉴럴링크에 자금을 지원할 수 있는 훌륭한 상업적 용도를 마련하기만 하면 우리는 2, 30년 안에 인간 세계를 디지털 기계와 긴밀하게 연결하여 사악한 AI로부터 우리를 보호한다는 궁극적인 목표에 도달할 수 있을 겁니다."

뇌-기계 인터페이스의 연구자인 맥스 호닥을 위시하여 최고의 신경과학자 및 엔지니어 여섯 명이 뉴럴링크에 공동창업자로 참여했다. 그 창업 멤버 중 머스크와 함께 일하면서 압박감과 혼란을 이겨내고 살아남은 유일한 인물이 네 살 때 한국에서 루이지애나로 이주한 DJ 서였다. 서는 어렸을 때 영어를 잘하지 못했기에 자신의 생각을 제대로 표현할 수 없는 것에 많은 좌절감을 느꼈다. 어떻게 하면 머릿속에 있는 이 생각을 최대한 효율적으로 표현할 수 있을까? 그는 스스로에게 묻기 시작했다. "내 머릿속에 작은 무언가를 넣는 게 해결책이 될 수 있다고 생각했습니다." 그는 캘리포니아공과대학을 거쳐 버클리대학교에서 연구하며 뇌에 삽입되어 신호를 내보낼 수 있는 작은 센서인 '뉴럴 더스트Neural Dust'를 개발했다.

또한 머스크는 시본 질리스라는 시원한 눈매와 명석한 두뇌를 자랑하는 기술투자자를 영입했다. 토론토 근처에서 자란 시본 질리스는 학창 시절 하키 선수로 두각을 나타냈지만, 1999년 레이 커즈와일의 저서 《영적 기계의 시대: 컴퓨터가 인간 지능을 능가하는 순간》을 읽은 후 기술 마니아가 되었다. 예일대학교에서 공부한 그녀는 몇 개의 스타트업 인큐베이터에서 새로운 AI 벤처사업을 돕는 일을 하다가 오픈AI에서 파트타임 컨설턴트로 일하게 되었다.

머스크는 뉴럴링크를 창업할 때 그녀에게 밖에서 커피 한 잔 하자며 데려나와 본격적으로 합류해달라고 제안했다. "뉴럴링크는 단순히 연구만 하는 데가 아니에요." 그가 그녀에게 장담했다. "진짜 장치를 만드는 것이 목적이지요." 그녀는 벤처 투자자로 계속 일하는 것보다 이 일이 더 재미있고 유용할 것이라고 즉시 판단했다. "제가 만난 그 어떤 사람보다 일론에게서 독특한 교훈을 더 많이 배웠습니다." 그녀는 말한다. "그런 사람과 인생의 일부를 함께 보내지 않는 것은 어리석은 일이라고 생각했습니다." 처음에 그녀는 머스크가 운영하고 있는 세 개의 회사, 즉 뉴럴링크, 테슬라, 스페이스X 모두에서 인공지능 프로젝트에 참여했지만, 결국 뉴럴링크의 고위 임원직을 맡게 되었고, 머스크의 사적인 동반자도 되었다(이에 대해서는 뒤에서 더 다룰 것이다).

돼지에 이식한 칩

뉴럴링크 칩의 기반 기술은 1992년 유타대학교에서 발명된 유타 어레이Utah Array를 기반으로 하는데, 이는 뇌에 삽입할 수 있는, 100개의 바늘이 박힌 마이크로칩이다. 각 바늘은 단일 뉴런의 활동을 감지하여 유선으로 사람의 두개골에 연결해놓은 박스에 데이터를 전송한다. 뇌에는 약 860억 개의 뉴런이 있기 때문에 이것은 인간-컴퓨터 인터페이스를 향한 나노 단계에 불과했다.

2019년 8월, 머스크는 뉴럴링크에서 어떻게 유타 어레이를 개선하여 "수천 개의 채널을 갖춘 통합형 뇌-기계 인터페이스 플랫폼"을 만들 것인지, 그 방법을 설명하는 과학 논문을 발표했다. 뉴럴링크의 칩은 96개의 스레드에 3,000개 이상의 전극을 가지고 있었다. 언제나 그렇듯이 머스크는 제품 자체뿐만 아니라 제품을 제조하고 배포하는 방법에도 집중했다. 고속으로 작동하는 로봇이 사람의 두개골에 작은 구멍을 뚫고 칩을 삽입한 후 스레드를 뇌에 밀어 넣는 방식이었다.

그는 2020년 8월 뉴럴링크에서 공개 프레젠테이션을 개최해 뇌에 칩을 이식한 거트루드Gertrude라는 이름의 돼지를 통해 이 장치의 초기 버전을 발표했다. 거트루드가 러닝머신 위를 걷는 영상은 칩이 어떻게 뇌의 신호를 감지하여 컴퓨터로 전송하는지 보여주었다. 머스크는 25센트 동전 크기의 칩을 들어 보였다. 그 칩을 두개골 아래에 삽입하면 무선으로 데이터를 전송할 수 있었고, 따라서 사용자가 공포영화에 나오는 사이보그처럼 기괴하게 보이지 않을 수 있었다. "제 머리에 지금 뉴럴링크 칩이 들어 있어도 여러분은 전혀 그 사실을 모르는 겁니다." 그가 말했다. "저한테 지금 칩이 이식되어 있을지도 모른다니까요."

몇 달 후 머스크가 테슬라의 프리몬트 공장 근처에 있는 뉴럴링크 연구소에 들렀을 때 엔지니어들이 그에게 최신 버전을 보여주었다. 각각 약 1,000개의 스레드가 있는 네 개의 개별 칩을 결합하는 버전이었다. 즉, 네 개의 칩을 두개골의 각기 다른 부위에 이식하고 귀 뒤에 내장된 라우터에 전선으로 연결하는 방식이었다. 머스크는 설명을 듣고 거의 2분 동안 아무 말도 하지 않았고, 질리스와 그녀의 동료들은 긴장한 채 지켜볼 수밖에 없었다. 이윽고 그가 평결을 내렸다. 조금도 마음에 들지 않는다는 것이었다. 전선과 연결부가 너무 많고 너무 복잡하다는 것이 이유였다.

당시 그는 스페이스X의 랩터 엔진에서 연결을 제거하는 작업을 진행 중이었다. 모든 연결 부위는 실패의 가능성을 내포하고 있었다. "하나의 장치로 가야 해요." 낙담한 뉴럴링크 엔지니어들에게 머스크가 말했다. "전선도, 연결도, 라우터도 없는 하나의 우아한 패키지로 만들어야 한다는 말이오." 모든 기능을 하나의 장치에 담는 것을 막는 물리 법칙이나 기본 원칙은 없었다. 엔지니어들이 라우터의 필요성을 설명하려 하자 머스크의 얼굴이 돌처럼 굳어졌다. "제거하시오." 그가 말했다. "제거, 제거, 제거."

회의를 마친 엔지니어들은 '머스크 대면 후 고통 장애'의 일반적인 단계를 거쳤다. 당혹스럽다가 화가 치솟다가 불안해지는 것이 머스크를 대면한 후 사람들이 겪는 과정이었다. 그러나 일주일도 지나지 않아 그들은 새로운 접근방식이 실제로 효과가 있을지도 모른다는 사실을 깨닫고 흥미를 느끼는 단계에 이르렀다.

몇 주 후 머스크가 연구소로 돌아왔을 때, 연구진은 모든 스레드의 데이터를 처리해 블루투스로 컴퓨터에 전송할 수 있는 단일 칩을 보여주었다. 연결도, 라우터도, 전선도 필요 없었다. 엔지니어 중 한 명이 말했다. "사실 불가능하다고 생각했었는데, 지금은 정말 신이 납니다."

그들이 직면한 한 가지 문제는 칩이 매우 작아야 한다는 요구사항에 기인했다. 그 때문에 배터리 수명을 늘리고 많은 스레드를 지원하는 것이 어려웠다. "왜 그렇게 작아야 할까요?" 머스크가 물었다. 누군가가 그것이 그들에게 주어진 요구사항 중 하나라고 말하는 실수를 저질렀다. 이는 당연히 머스크의 알고리즘 스위치를 작동시켰다. 그는 모든 요구사항에 의문을 제기하라는 것부터 시작하여 알고리즘의 각 단계를 진지한 어조로 읊조렸다. 그런 다음 그는 그들을 칩 크기에 대한 기초 과학으로 이끌었다. 사람의 두개골은 둥글기 때문에 칩이 약간 불룩해도 되지 않을까? 그렇게 지름을 좀 더 키우면 어떨까? 그들은 인간의 두개골이 더 큰 칩을 쉽게 수용할 수 있다는 결론에 도달했다.

새로운 장치가 준비되자 연구진은 연구소에서 키우던 마카크 원숭이 중 한 마리인 페이저에게 그것을 이식했다. 그들은 페이저에게 비디오 게임 '퐁'을 가르쳤고, 좋은 점수를 얻으면 과일 스무디를 보상으로 주었다. 뉴럴링크 장치는 페이저가 조이스틱을 특정 방향으로 움직일 때 각각 어떤 뉴런이 발화하는지 기록했다. 그런 다음 조이스틱을 비활성화하자 원숭이의 뇌에서 나오는 신호가 게임을 제어하기 시작했다. 이는 뇌와 기계를 직접 연결하려는 머스크의 목표에 한 걸음 다가선 중요한 진전이 아닐 수 없었다. 뉴럴링크는 이 영상을 유튜브에 올렸고, 1년 만에 600만 조회 수를 기록했다.

66장

완전 자율주행의 조건

테슬라, 2021년 1월

Merge near South Congress and Riverside

Problem:
- Vector Lanes NN incorrectly predicts that the captive rightmost lane can go straight, and we incorrectly lane change into it
- Bollard detection is late (1.2 sec before the intervention, but ego is moving fast).

Solution:
- Feed in **higher resolution map features** into the vector lanes net (in-progress)
- Train on improved **occupancy** (we're improve the panoptic network for thin / small road debris)

자율주행 자동차의 진전을 보여주는 슬라이드

레이더가 아닌 카메라로

자율주행 차량의 오토파일럿 시스템에 레이더를 사용해야 하는가? 아니면 카메라로 입력되는 시각 데이터에만 의존해야 하는가? 이 문제는 테슬라에서 여전히 논쟁거리로 남아 있었다. 이것은 또한 대담하고, 고집스럽고, 무모하고, 예지적이고, 물리학의 제1원리를 따르고, 때로는 놀라울 정도로 유연한 머스크의 의사결정 스타일에 대한 사례 연구가 되기도 했다.

머스크는 처음에는 이 문제에 대해 다소 개방적인 태도를 보였다. 2016년 테슬라의 모델 S를 업그레이드할 때 그는 마지못해 오토파일럿 팀에 차량의 카메라 여덟 개에 더하여 전방 레이더를 사용하도록 허용했다. 그리고 엔지니어들이 '피닉스'라는 자체 레이더 시스템을 구축하는 프로그램을 추진하도록 승인했다.

하지만 2021년 초가 되자 레이더 사용에 문제가 발생하기 시작했다. 코로나19로 인한 마이크로칩의 부족 사태로 테슬라의 공급업체가 충분한 양의 마이크로칩을 조달하지 못했기 때문이다. 게다가 테슬라가 자체적으로 구축하던 피닉스 시스템도 제대로 작동하지 않았다. 머스크는 그해 1월 초 운명적인 회의에서 이렇게 천명했다. "우리에게는 선택권이 있습니다. 자동차 생산을 때려치우거나, 아니면 피닉스를 바로 작동시키거나, 아니면 레이더를 완전히 제거하는 겁니다."

머스크가 어떤 방법을 선호하는지는 의심의 여지가 없었다. "순수한 비전 솔루션으로 이 문제를 해결할 수 있어야 합니다." 그가 말했다. "동일한 물체를 식별하기 위해 레이더와 시각 정보 둘 다 필요할까요? 시각 정보만으로 물체를 식별할 수 있다면 엄청난 게임 체인저가 될 겁니다."

그의 최고경영진 가운데 일부는, 특히 자동차 부문 사장인 제롬 길런은 이에 반발했다. 그는 레이더를 제거하는 것은 안전하지 않다고 주장했다. 레이더는 카메라나 사람의 눈으로 쉽게 포착할 수 없는 물체도 감지할 수 있다는 것이었다. 팀 전체가 참여하는 회의에서 이 문제에 대해 토론하고 결정을 내리기로 했다. 각자가 자신의 주장을 발표한 후 머스크는 약 40초간 말을 멈췄다. "자, 논쟁을 끝냅시다." 마침내 그가 말했다. "레이더는 제거합니다." 길런은 계속 반발했고, 머스크는 차갑게 화를 냈다. "당신이 그것을 제거하지 못하겠다면, 그렇게 할 수 있는 다른 사람을 구하겠소."

2021년 1월 22일, 그는 이메일을 보냈다. "앞으로 레이더는 끄고 가는 겁니다. 레이더는 끔찍한 '목발'입니다. 농담이 아닙니다. 카메라로만 운전하는 것이 잘 작동하고 있다는 것은 분명합니다." 길런은 곧 회사를 떠났다.

충돌 사고에 관한 논란

레이더를 제거하기로 한 머스크의 결정은 공개적인 논쟁을 촉발했다. 케이드 메츠와 닐 부데트가 심층 보도한 〈뉴욕타임스〉의 탐사에 따르면 다수의 테슬라 엔지니어들도 깊은 의구심을 품고 있는 것으로 밝혀졌다. "자율주행 차량을 연구하는 거의 모든 기업의 기술자들과 달리 머스크는 카메라만으로 자율주행을 달성할 수 있다고 주장했다. 그러나 테슬라 엔지니어들 상당수조차 다른 감지 장치의 도움 없이 카메라에만 의존하는 것이 충분히 안전한지, 그리고 머스크가 운전자들에게 오토파일럿의 기능에 대해 너무 많은 것을 약속하고 있는 것은 아닌지 의문을 제기했다."

테슬라에 대한 비판적인 저서 《루디크러스》를 쓴 에드워드 니더마이어는 트위터에 이렇게 올렸다. "일반적인 운전자 지원 시스템의 개선으로 업계는 더 많은 레이더를 향해, 그리고 라이다LiDAR 및 열화상 같은 좀 더 새로운 방식을 향해 나아가고 있습니다. 그런데 테슬라는 뚜렷한 대조를 이루며 거꾸로 나아가고 있습니다." 또한 소프트웨어 보안 기업가인 댄 오다우드는 〈뉴욕타임스〉에 테슬라의 자율주행 시스템에 대해 "〈포춘〉 500대 기업이 판매한 제품 중 최악의 소프트웨어"라고 비판하는 전면 광고를 게재했다.

테슬라는 오랫동안 미국 도로교통안전국의 조사 대상이었는데, 2021년 테슬라가 레이더를 제거한 후 그러한 조사들이 더욱 거세졌다. 그들이 수행한 한 연구에서는 일정 수준의 운전자 보조 시스템을 이용한 테슬라 운전자에 의해 273건의 사고가 발생했으며, 그중 5건은 사망으로 이어진 것으로 드러났다. 또한 응급 차량들과 부딪힌 11건의 테슬라 충돌 사고에 대한 조사도 개시되었다.

머스크는 그러한 사고 대부분의 주된 원인이 잘못된 소프트웨어가 아니라 잘못된 운전자에게 있다고 확신했다. 한 회의에서 그는 차량의 카메라들(그중 하나는 운전자에게 초점을 맞춰 차량 내부에 설치되어 있다)에서 수집한 데이터를 사용하여 운전자 과실을 입증할 것을 제안했다. 회의 테이블에 앉아 있던 여성 중 한 명이 반발했다. "그 문제와 관련해 사생활 및 개인정보 보호 팀과 수차례 논의했습니다. 충돌 사고가 발생하더라도 우리로서는 그 셀카 스트림을 특정 차량과 연관시켜 공개할 수 없습니다. 적어도 그것이 우리 변호사들의 지침입니다."

머스크는 만족하지 않았다. '개인정보 보호 팀'이라는 개념 자체가 그의 마음을 부드럽게 만들어주지 않았다. "이 회사의 의사결정권자는 나지 개인정보 보호 팀이 아니에요." 그가 말했다. "나는 그들이 누구인지도 모르는데, 하도 개인정보 보호를 잘해서 아무도 모르는 거요?" 일부에서 조심스럽게 웃음이 터져 나왔다. "운전자가 완전 자율주행FSD 기능을 사용하는 경우 충돌 사고 발생 시 우리가 데이터를 수집할 것이라는 팝업창을 띄우는 것이 어떨까요?" 머스크가 제안했다. "그러면 되지 않을까?"

여성은 잠시 생각한 후 고개를 끄덕였다. "고객들에게 그 점을 확실하게 고지한다면 괜찮을 거라고 생각합니다."

훨씬 정교한 레이더

고집이 세긴 하지만 머스크는 적절한 증거만 제시하면 납득할 수 있는 사람이다. 그가 2021년 레이더를 제거하는 데 그토록 단호했던 이유는 당시 레이

더의 기술적 품질이 비전 시스템에 의미 있는 정보를 추가하기에 충분한 해상도를 제공하지 못하고 있었기 때문이다. 그런 까닭에 그는 엔지니어들이 더 나은 레이더 기술을 개발할 수 있는지 확인하기 위해 피닉스 프로그램을 계속 진행하는 것에 동의했다.

머스크의 차량 엔지니어링 책임자인 라스 모라비는 덴마크 태생의 엔지니어 피트 슈조우에게 해당 프로그램의 책임을 맡겼다. 모라비는 말한다. "일론은 레이더에 반대하는 것이 아닙니다. 단지 열악한 레이더에 반대하는 것뿐입니다." 슈조우의 팀은 운전자가 무언가를 보지 못할 수 있는 경우에 초점을 맞춰 레이더 시스템을 개발했다. "당신 말이 맞을 수도 있어요." 머스크는 이렇게 말하며 더 비싼 등급의 모델 S와 모델 Y에 이 새로운 시스템을 시험해보는 것을 비밀리에 승인했다.

"일반적인 자동차 레이더보다 훨씬 더 정교한 레이더이지요." 머스크는 말한다. "무기 시스템에서 볼 수 있는 것과 같아요. 단순히 전파를 쏘고 되돌려 받는 것이 아니라 무슨 일이 일어나고 있는지를 보여주는 레이더거든요" 정말로 테슬라의 고급 자동차에 이 기능을 탑재할 계획인가? "실험해볼 가치가 있지요. 나는 언제나 물리학 실험의 증거에 열려 있는 사람이에요."

67장

세계에서 가장 부유한 사람

2021-2022년

쏟아지는 비난

2020년 초 코로나19의 확산과 더불어 25달러까지 떨어졌던 테슬라의 주가는 2021년 초에 10배 반등했다. 1월 7일 주가는 260달러를 기록했고, 그날 머스크는 순자산 1,900억 달러로 제프 베조스를 제치고 세계에서 가장 부유한 사람이 되었다.

2018년 2월 테슬라가 최악의 생산 문제에 휘말린 가운데 테슬라 이사회와 맺은 기이한 보상 계약에 따라 머스크에게는 보장된 연봉이 없었다. 대신 그의 보상은 매출과 이익, 시장가치에 관한 매우 공격적인 목표의 달성 여하에 따라 달라졌는데, 여기에는 테슬라의 시장가치를 10배인 6,500억 달러로 상승시키는 목표도 포함되었다. 당시 뉴스 매체들은 대부분의 목표를 달성하는 것이 불가능하리라고 예측했다. 하지만 2021년 10월, 테슬라는 미국 역사상 여섯 번째로 1조 달러 이상의 가치를 지닌 기업이 되었다. 테슬라의 시장가치는 도요타, 폭스바겐, 다임러, 포드, 제너럴모터스 등 5대 경쟁사를 다 합친 것보다 컸다. 그리고 2022년 4월에는 전년 대비 81퍼센트 증가한 190억 달러의 매출에 50억 달러의 이익을 보고했다. 그 결과 2018년 보상 계약에 따른 머스크의 지급액은 약 560억 달러가 되었으며, 2022년 초 그의 순자산은 3,400억 달러로 증가했다.

머스크는 단지 억만장자라는 이유로 자신을 공격하는 일부 대중에 분노했고, 열렬한 반자본주의자로서 얼마 전 남성에서 여성으로 성전환한 제나가 더 이상 그와 대화하지 않는다는 사실에 더욱 민감해졌다. 그는 자신의 재산을 화려한 생활방식에 쓰지 않고 자신의 회사들에 효율적으로 투자할 경우 비난을 받지 않을 것이라 믿었기에 자신의 저택을 모두 팔았다. 그러나 그에 대한 비판은 사그라지지 않았다. 이번에는 연봉을 받지 않고 자신의 돈을 회사에 그대로 재투자함으로써 자본이득을 취하지 않는 까닭에 세금도 거의 내지 않는다는 비판이 이어졌다. 2021년 11월, 그는 자본이득을 일부 실현하고 그에 대한 세금을 내기 위해 테슬라 주식을 일부 매각해야 하는지 알아보기 위해 트위터 투표를 실시했다. 투표에는 350만 명이 참여했고, 58퍼센트가 찬성표를 던졌다. 2012년에 부여받은 옵션이 만료될 예정이었기에 그는 이미 계획하고 있던 대로 이를 행사했고, 그 결과 역사상 가장 큰 금액의 단일 세금 청구서를 받아들고 110억 달러를 납부했다. 이는 그와 앙숙관계에 있는 증권거래위원회의 5년치 예산 전체를 충당할 수 있는 금액이었다.

엘리자베스 워런 상원의원은 2021년 말 이렇게 트윗을 날렸다. "불합리하게 조작된 세법을 바꿔 올해의 인물이 실제로 세금을 내도록, 다른 모든 사람들의 식객으로 살지 못하도록 막아야 합니다." 머스크는 바로 반박 트윗을 날렸다. "2초만 눈을 뜨고 보면 내가 올해에 역사상 그 어떤 미국인보다 더 많은 세금을 낼 것이라는 사실을 깨달을 거예요. 한꺼번에 다 쓰진 마세요. 오, 잠깐만, 벌써 썼나."

돈으로 살 수 없는 것

돈으로 행복을 살 수 없다는 말이 사실이라면, 이를 뒷받침하는 한 가지 측정점이 있다. 바로 돈을 가장 많이 가진 사람이 되었을 때 머스크의 기분이 어떠했느냐는 점이다. 2021년 가을, 머스크는 행복하지 않았다.

그는 10월에 킴벌이 아내 크리스티아나를 위해 마련한 생일파티에 참석하기 위해 멕시코의 카보산루카스로 갔다. 그라임스가 DJ로 공연하며 파티를 진행하는 동안, 그는 방에 틀어박혀 주로 폴리토피아 게임을 하며 시간을 보냈다. "우리는 인터랙티브 조명이 비추는 정말 예술적인 공간에서 클레어(그라임스)의 아름다운 음악에 맞춰 춤을 추면서 놀았습니다." 크리스티아나는 말한다. "저는 일론 덕분에 우리가 멋진 행운을 누리고 있다고 생각했지만, 정작 그는 그 순간을 즐기지 못했습니다."

종종 그랬듯이 그의 급격한 기분 변화와 우울증은 복통으로 나타났다. 그는 구토를 하고 심한 속 쓰림에 시달렸다. "어디 추천해줄 만한 좋은 의사 없나요?" 그는 카보산루카스 방문을 짧게 끝내고 내게 문자를 보냈다. "유명하거나 진료소가 멋지거나 뭐 그러지 않아도 상관없어요. 그저 실력만 좋은 의사면 됩니다." 나는 그에게 괜찮은지 물었다. "그다지 괜찮지 않아요. 솔직히 말하면 아주 오랫동안 밤낮으로 있는 힘을 다해 일했는데, 이제 그 대가를 치르나 봅니다. 주말 내내 너무 아팠어요." 그가 대답했다. 몇 주 후, 그는 마음을 더 열었다. 우리는 2시간 넘게 이야기를 나눴는데, 대부분은 2021년에도 여전히 그를 괴롭히던 정신적, 육체적 상처에 관한 것이었다.

2007년부터, 음, 작년까지 쉼 없는 고통의 연속이었지요. 머리에 총이 겨눠진 상태에서 테슬라를 돌아가게 하고, 모자에서 토끼를 꺼내야 하고, 모자에서 또 다른 토끼를 꺼내야 하는 상황이었어요. 토끼들을 줄줄이 공중으로 날려야 할 정도였지요. 다음 토끼가 나오지 않으면 죽는 거였으니까요. 큰 대가가 따를 수밖에 없지요. 항상 아드레날린 모드에서 생존을 위해 끊임없는 싸움을 벌이면서도 몸이 상하지 않을 수는 없으니까요. 하지만 올해 내가 발견한 또 다른 사실이 있어요. 생존을 위한 싸움이 꽤 오랫동안 사람을 나아가게 만든다는 사실이지요. 더 이상 '죽기 아니면 살기'

모드에 있지 않으면, 날마다 동기를 부여받는 것이 쉽지 않으니까요.

이것은 머스크가 자신에 대해 가질 수밖에 없는 필수적인 통찰이었다. 상황이 가장 위급할 때 그는 활력을 얻었다. 이는 남아공의 어린 시절부터 가졌던 피포위 심리, 즉 항상 적들에 둘러싸여 있다고 믿는 강박에 기인했다. 하지만 그는 '죽기 아니면 살기' 모드가 아닐 때는 불안감을 느꼈다. 좋아야 마땅한 시기가 오히려 그에게는 불안한 시기였다. 그 때문에 그는 서지를 발동하고, 극적인 사건을 만들고, 피할 수 있는 전투에 몸을 던지고, 무리하게 새로운 것을 시도했다.

그해 추수감사절, 그의 어머니와 여동생이 그와 네 명의 큰 아이들, 그리고 엑스, 그라임스와 함께 명절을 쇠기 위해 오스틴으로 왔다. 사촌 두 명과 (아버지의 두 번째 결혼으로 생긴) 이복 여동생 두 명도 함께했다. "일론은 외로움을 많이 타기 때문에 우리가 함께 있어야 했어요." 메이는 말한다. "가족과 함께 있는 것을 좋아하니까 그렇게 해줘야지요. 아시잖아요, 일론이 얼마나 많은 스트레스를 받으면서 사는지."

다음 날 데미안은 모두를 위해 파스타를 만들고 피아노로 클래식 음악을 연주했다. 하지만 머스크는 스타십 랩터 엔진의 문제점에 집중하기로 마음먹었다. 스트레스를 받은 표정으로 잠시 식당을 거닐던 그는 그날의 대부분을 화상회의에 매달려 보냈다. 그런 후 불현듯 랩터 엔진의 위기를 해결하기 위해 로스앤젤레스로 돌아가야 한다고 했다. 하지만 그 위기는 주로 그의 머릿속에서만 존재하는 것이었다. 추수감사절 주말이었고, 랩터 엔진은 최소한 1년은 더 있어야 준비될 것으로 예정되어 있었다.

"지난주는 좋은 한 주였어요." 그가 내게 문자를 보냈다. "엄밀히 말하자면 금요일과 토요일에 로켓 공장에서 밤새도록 랩터 엔진의 문제 해결에 매달려야 하긴 했지만, 그래도 좋은 한 주였지요. 매우 고통스럽지만 랩터 엔진의 제작에 모든 힘을 기울여야 해요. 설령 그것을 완전히 다시 설계해야 하는 상황일지라도 그래야 합니다."

일론 머스크

68장

올해의 아버지

2021년

(위) 시본 질리스, 스트라이더, 애저와 함께
(아래) 테슬라에서 엑스와 함께

질리스의 쌍둥이

머스크가 2021년 추수감사절의 가족 모임에 온전히 집중할 수 없었던 한 가지 이유는 바로 일주일 전에 그가 쌍둥이 남매의 아버지가 되었기 때문이다. 어쩌면 그래서 그는 차라리 랩터 엔진의 노즐과 밸브 문제에 신경 쓰기로 마음먹은 것이었는지도 모른다. 쌍둥이의 엄마는 2015년 그가 오픈AI에 영입한 영리한 눈빛의 AI 분야 투자자로서 뉴럴링크의 고위 임원 자리에 올라 있던 시본 질리스였다. 그녀는 그의 절친한 친구이자 지적 동반자, 때로는 게임 파트너가 되었다. "제 인생에서 가장 의미 있는 우정 관계 중 하나였습니다. 지금까지 중에서는 말이죠." 그녀는 말한다. "그를 만난 직후 제가 일론에게 그랬어요. 우리가 평생의 친구가 되면 좋겠다고요."

질리스는 실리콘밸리에 살면서 프리몬트에 있는 뉴럴링크 사무실에서 일했었지만, 머스크가 오스틴으로 이사한 직후 오스틴으로 이주하여 그의 긴밀한 사교클럽의 일원이 되었다. 그라임스는 그녀를 친구로 여겼고, 때때로 몇몇 지인들과 데이트를 주선하려 애쓰기도 했다. 머스크와 그라임스가 가장 좋아하는 명절인 할로윈을 맞아 주최한 2020년 소규모 파티에도 질리스는 머스크의 활기찬 스페이스X 부관인 마크 준코사와 함께 참석했다.

그라임스와 질리스는 각각 머스크의 성격 중 상반되는 측면에 연결되었다. 그라임스는 거침없이 재미를 추구하면서도 불같은 성격으로 머스크와 종종 싸움을 벌이고 머스크처럼 소란과 혼란에 이끌린다. 반면 질리스는 "6년 동안 일론과 단 한 번도, 단 한 번도 싸운 적도, 다툰 적도 없다"고 말한다. 머스크 주변에서 이렇게 주장할 수 있는 사람은 거의 없다. 두 사람은 조용히 지적인 방식으로 대화한다.

질리스는 자신의 선택에 따라 비혼주의로 살기로 결정했다. 하지만 그녀는 "모성 충동이 너무 강했다"라고 말한다. 그녀의 모성 충동은 사람들이 아이를 많이 낳는 것이 얼마나 중요한지에 대한 머스크의 설교에 더욱 자극을 받았다. 그는 출산율 감소가 인간 의식의 장기적인 생존에 위협이 될 수 있다고 우려했다. "사람들에게 아이를 낳는 것이 일종의 사회적 의무라는 생각을 되살려야 합니다." 그는 2014년 한 인터뷰에서 이렇게 말했다. "그렇지 않으면 문명은 그저 사라지고 말 것입니다." 애틀랜타에서 활동하며 로맨스 영화 제작자로 성공한 그의 충직한 여동생 토스카는 결혼한 적이 없었다. 일론은 동생에게 아이를 가질 것을 권유했고, 동생이 동의하자 병원을 찾고 익명의 정자 기증자를 고르는 것을 도왔으며, 시술 비용까지 지불해주었다.

질리스는 말한다. "일론은 똑똑한 사람들이 아이를 갖기를 원했고, 그래서 저에게 아이를 갖도록 권했습니다." 질리스가 준비가 되었다고 알리자, 그는 자신이 정자 기증자가 되게 해달라고, 그래서 유전적으로 자신의 아이가 될 수 있도록 해달라고 제안했다. 질리스는 그 제안에 관심이 갔다. "익명의 기증자에게서 정자를 받는 것, 그리고 제가 세상에서 가장 존경하는 사람에게서 정자를 받는 것, 둘 중에 하나를 선택해야 하는 것이라면 저에게는 아주 쉬운 결정이었어요." 그녀는 말한다. "제 아이에게 이보다 더 나은 유전자를 물려줄 수 있을 것 같지도 않았고요." 또 다른 장점도 있었다. "그를 매우 행복하게 해줄 수도 있을 것 같았어요."

그들의 쌍둥이는 체외수정으로 잉태되었다. 뉴럴링크는 개인 소유의 회사이기 때문에 사내의 연인관계와 관련하여 진화를 거듭하는 규칙이 어떻게 적용되었는지는 불분명하다. 어쨌든 당시에는 질리스가 생물학적 아버지가 누구인지 사람들에게 밝히지 않았기 때문에 문제가 되진 않았다.

그해 10월 어느 날, 머스크와 다른 뉴럴링크 고위 임원들은 질리스의 안내에 따라 오스틴에 건설 중인 새 시설을 둘러보았다. 그 시설에는 테슬라 기가 텍사스 공장 근처의 스트립몰에 있는 사무실과 실험실, 그리고 칩 이식 실험에 사용되는 돼지와 양을 기르는 인근의 축사 등이 포함되었다. 그녀는 쌍둥이를 임신한 터라 눈에 띄게 배가 부른 상태였지만, 그 누구도 그 쌍둥이가 머스크의 아이라는 사실은 알지 못했다. 나중에 나는 그 사실이 그녀를 어색하게 만들진 않았는지 물었다. "아니요." 그녀가 답했다. "엄마가 된다는 사실이 너무 신났을 뿐이에요."

질리스는 임신 말기에 합병증이 생겨 병원에 입원했다. 쌍둥이는 7주 조산으로 태어났지만 건강한 상태였다. 출생증명서에는 머스크가 아버지로 기재되었지만, 남자아이는 스트라이더 세카르 시리우스, 여자아이는 애저 아스트라 앨리스라는 이름에 질리스의 성을 사용했다. 그녀는 머스크가 아이들의 양육에 크게 관여하지 않을 것이라고 생각했다. "저는 그가 그저 대부와 같은 역할을 할 것이라고 생각했습니다." 질리스는 말한다. "워낙 하는 일이 많은 사람이잖아요."

하지만 머스크는 감정적으로 산만하긴 했지만 쌍둥이들과 많은 시간을 함께 보내며 유대감을 형성했다. 적어도 일주일에 한 번은 질리스의 집에 머물면서 아이들에게 밥을 먹이고 함께 바닥에 앉아 놀아주곤 했다. 그리고 그럴 때면 늦은 저녁 시간에 그 집 바닥에 노트북을 켜놓고 랩터 엔진이나 스타십, 테슬라 오토파일럿 등에 대한 화상회의를 진행했다. 그는 성격상 보통의 아빠들만큼 다정다감하지는 않았다. "그는 생래적으로 정서가 조금 다른 사람이기 때문에 할 수 없는 어떤 일들이 있습니다." 질리스는 말한다. "하지만 그가 들어서면 애들이 환한 얼굴로 눈을 반짝이면서 그만 바라보니까 그도 덩달아 밝아집니다."

베이비 와이

관계가 원만하지 않은 시기를 겪고 있었지만, 그라임스와 머스크는 엑스의 공동 부모로서 즐거운 시간을 보내고 있었기 때문에 또 다른 아기를 갖기로 결정했다. "일론에게 딸을 안겨주고 싶은 마음이 아주 컸어요." 그라임스의 말이다. 그녀가 첫 임신에서 너무 고생한데다가 몸이 매우 마른 편이라 합병증에 걸리기 쉬웠기에 둘은 대리모를 이용하기로 결정했다.

그 결과 뉴에이지풍의 프랑스 익살극에나 나올 법한, 사실일 성싶지도 않고 잠재적으로 매우 어색하기도 한 상황이 벌어졌다. 질리스가 임신 합병증으로 오스틴 병원에 입원했을 때, 머스크와 그라임스가 비밀리에 시험관으로 수정한 여자아이를 품고 있던 대리모도 같은 병원에 입원해 있었다. 대리모의 임신에 문제가 발생해서 그라임스도 대리모와 함께 병원에 머물렀다. 그녀는 질리스가 가까운 병실에 있다는 사실이나 그녀가 머스크의 아이를 임신했다는 사실을 알지 못했다. 아마 그래서 머스크가 그 추수감사절 주말에 로켓 공학이라는 더 간단한 문제를 처리하기 위해 서부로 가기로 결정했을 것이다.

쌍둥이 이복 남매가 태어나고 불과 2주 후쯤인 12월에 여자아이가 태어났을 때, 머스크와 그라임스는 이름을 짓는 그 쓸데없이 긴 과정에 돌입했다. 처음에는 태양계를 악으로부터 보호하는 여성 전사가 등장하는 만화 〈세일러 문〉의 여주인공 이름을 따서 세일러 마스라고 불렀다. 화성에 갈 운명에 처할지도 모를 아이에게 어울리는 평범한 이름은 아니었지만 그런대로 적절해 보였다. 하지만 4월에 이르러 그들은 아이에게 좀 덜 진지한 이름을 주어야겠다고 판단했다. "아이가 아주 활기 넘치고 훨씬 더 엉뚱한 트롤 같았기 때문이에요." 그라임스의 말이다. 그들은 엑사 다크 시데렐로 결정했지만, 2023년 초 안드로메다 신시시스 스토리 머스크로 이름을 바꾸는 것을 고려했다. 결국 그들은 단순성을 고려하여 아이를 주로 와이Y라고 부르거나 때로는 물음표까지 붙여 와이Why?라고 부르기로 했다. "이론은 항상 질문이 무엇인지부터 알아야 우주에 대한 답을 알 수 있다고 말합니다." 그라임스는 《은하수를 여행하는 히치하이커를 위한 안내서》에서 그가 배운 내용을 언급하며 설명했다.

머스크와 그라임스는 와이를 병원에서 집으로 데려왔을 때 제일 먼저 엑스에게 보여주었다. 크리스티아나와 다른 친척들이 기다리고 있었고, 모두 평범한 가족처럼 바닥에 앉아서 함께 놀았다. 머스크는 질리스와 쌍둥이를 가진 사실에 대해서는 일절 언급하지 않았다. 1시간 동안 놀고 간단한 저녁식사를 마친 후, 그는 엑스를 안고 자신의 비행기에 올라 뉴욕으로 향했다. 그곳에서 열리는 〈타임〉 선정 '올해의 인물' 시상식에 참석하기 위해서였다. 머스크는 시상식 내내 엑스를 자신의 무릎 위에 앉혀 놓았다.

〈타임〉의 '올해의 인물'에 선정된 것은 그의 인기가 정점에 올랐음을 의미했다. 2021년 그는 세계에서 가장 부유한 사람이 되었고, 스페이스X는 민간 승무원을 궤도에 보낸 최초의 민간기업이 되었으며, 테슬라는 전기자동차 시대로의 역사적인 변천 속에서 세계의 자동차 산업을 선도하며 1조 달러의 시장 가치를 달성했다. 〈타임〉의 편집자 에드 펠젠탈은 이렇게 썼다. "머스크보다 지구상의 생활에 더 지대한 영향을 미친 인물은 거의 없다. 그는 잠재적으로 지구 밖 생활에도 누구보다 큰 영향을 미칠 것으로 보인다." 〈파이낸셜타임스〉 역시 그를 '올해의 인물'로 선정하며 "머스크는 동세대에서 가장 진정한 의미의 혁신적인 기업가라고 주장할 권리가 있는 인물"이라고 평가했다. 이 신문과의 인터뷰에서 머스크는 자신의 회사들에 원동력으로 작용한 사명들을 강조했다. "나는 그저 스페이스X를 통해 사람들을 화성에 보내고, 스타링크를 통해 정보의 자유를 구현하고, 테슬라를 통해 지속 가능한 기술을 가속화하며, 사람들을 운전의 고단함에서 해방시키려고 노력할 뿐입니다." 그가 말했다. "지옥으로 가는 길도 확실히 어느 정도는 좋은 의도로 포장될 수 있지만, 지옥으로 가는 길은 대부분 나쁜 의도로 포장되어 있습니다." 자신의 의도는 선하다는 얘기였다.

69장

정치적 진화

2020-2022년

빨간색 알약을 먹으세요

"코로나 바이러스에 대한 패닉은 멍청한 행태입니다." 머스크가 트윗했다. 2020년 3월 6일, 코로나19로 상하이의 새 공장이 막 폐쇄되고 미국에서도 전염병이 확산되기 시작했을 때였다. 이 때문에 테슬라의 주가가 폭락했지만, 머스크를 화나게 한 것은 재정적인 타격만이 아니었다. 중국에 이어 캘리포니아에서 행정당국이 발동한 명령은 그의 반정부 성향에 불을 지폈다.

테슬라의 프리몬트 공장에서 모델 Y를 생산하기 시작한 3월 말, 캘리포니아 정부는 자택 대피령을 내렸고, 머스크는 이에 반발하며 공장의 문을 계속 열기로 했다. 그는 회사 전체에 이메일을 보냈다. "몸이 조금이라도 아프거나 혹은 불편한 경우 출근해야 한다는 의무감을 느끼지 않아도 된다는 점을 분명히 말씀드리고 싶습니다." 그러면서 이렇게 덧붙였다. "저는 출근할 것입니다. 코로나 바이러스에 대한 패닉으로 인한 피해가 바이러스 자체로 인한 피해보다 훨씬 크다는 것이 제 솔직한 생각입니다."

카운티 관리들이 공장을 강제로 폐쇄하겠다고 위협하자 머스크는 해당 명령에 대해 소송을 제기했다. "누군가가 집에 머물고 싶다면 그건 아주 좋은 일입니다." 머스크가 말했다. "하지만 집을 나갈 수 없고, 나오면 체포될 것이라고 말하는 것은 파시스트적 발상입니다. 그것은 민주적이지 않습니다. 그것은 자유가 아닙니다. 사람들에게 빌어먹을 그들의 자유를 돌려주십시오." 그는 공장을 계속 열어두면서 카운티 보안관에게 체포할 테면 하라고 맞섰다. 그리고 트위터에 이렇게 올렸다. "다른 모든 사람과 함께 도전할 것입니다. 만약 누군가가 체포되어야 한다면, 오직 나만 그렇게 되기를 바랍니다."

머스크가 승리했다. 지역 당국은 마스크 착용 및 기타 안전수칙을 준수하는 조건으로 프리몬트 공장의 운영을 허용하기로 테슬라와 합의했다. 이 사건은 주로 위반 측면과 관련해 평가를 받았지만, 어쨌든 분쟁은 잠잠해졌고 조립라인은 자동차를 생산해냈으며 공장에서는 심각한 코로나19 발병 상황이 발생하지 않았다.

이 논란은 머스크에게 정치적 진화를 안겨준 요인이 되었다. 버락 오바마의 팬으로서 그를 위한 정치 후원금 모금에 앞장서던 그가 이제는 진보적인 민주당원을 맹비난하는 입장을 취했다. 논란이 한창이던 5월의 어느 일요일 오후, 그는 수수께끼 같은 트윗을 날렸다. "빨간색 알약을 먹으세요." 1999년 개봉한 영화 〈매트릭스〉에서 주인공이 자신이 컴퓨터 시뮬레이션 세계에서 살아왔다는 사실(이는 항상 머스크의 흥미를 끌던 개념이다)을 알게 된 후 모든 것을 잊고 기존의 일상으로 돌아가 행복하게 살 수 있는 파란색 알약과 매트릭스의 진짜 진실에 스스로 노출될 빨간색 알약을 놓고 어느 것을 삼킬지 선택해야 하는 장면을 언급한 것이었다.

"빨간색 알약을 택하라"라는 문구는 이후 일부 남성인권 운동가와 음모 이론가를 포함한 많은 사람들이 비밀 엘리트에 대한 진실을 직시하겠다는 의지를 표명하는 구호로 사용되었다. 이방카 트럼프는 머스크의 이 발언을 포착해 리트윗했다. "먹었어요!"

각성 바이러스

"각성 바이러스_경로 추적"

2021년 12월에 머스크가 올린 다소 모호한 트윗인데, 여기에는 그의 정치 관념에서 진행되고 있던 변천이 반영되어 있다. "경로 추적"은 일부 정보의 소스 서버에 대한 경로를 확인할 때 쓰는 네트워크 명령어다. 머스크는 정치적 올바름의 과도한 행태와 진보적 사회정의 운동가들의 각성 문화에 맞서 싸우는 대의를 표방하기 시작했다. 내가 그 이유를 물었더니 이렇게 답했다. "근본적으로 반과학적이고 반사회적이며 반인간적인 각성 바이러스를 막지 않는 한 인류 문명은 결코 다행성 종으로 나아가지 못할 겁니다."

머스크의 반응은 부분적으로는 딸 제나가 급진적인 사회주의를 받아들이고 자신과 관계를 끊기로 결정한 것에서 촉발되었다. "그는 아들을 잃었다고 느낍니다. 그 각성 바이러스 때문에 아이가 이름과 성을 바꾸고 더 이상 그와 대화하지 않는 것이라고 보는 겁니다." 머스크의 개인 사무실 매니저인 제러드 버첼은 말한다. "그 각성 종교에 세뇌당하는 경우의 폐해를 아주 개인적인 차원에서 직접 체험한 겁니다."

좀 더 일상적인 차원에서 그는 각성 운동이 유머를 파괴하고 있다고 확신하게 되었다. 그의 농담은 식스나인(69)이나 기타 성행위, 체액, 똥, 방귀, 대마초 등 마리화나에 취한 신입생들의 기숙사를 폭소로 뒤집어놓을 만한 주제에 대한 능글맞은 언급으로 채워지는 경향이 있었다. 풍자기사 사이트 '디 어니언'의 팬이었던 그는 2021년 말 기독교 성향의 보수 사이트인 '바빌론비Babylon Bee'로 선호 사이트를 바꾸고 인터뷰를 했다. "각성주의는 코미디를 불법으로 만들고 싶어 하는데, 올바른 행태가 아니지요." 그가 주장했다. "데이비드 샤펠 같은 배우를 비난하는데 말도 안 되는 미친 짓거리예요. 비난과 증오만 난무하고 용서할 줄 모르는 유머 없는 사회를 원하나요? 각성주의의 핵심은 분열과 배타, 증오입니다. 그것은 비열한 사람들에게 거짓 미덕으로 무장한 채 야비하고 잔인해질 수 있는 방패를 제공합니다."

2022년 5월, 머스크는 〈비즈니스 인사이더〉로부터 전화를 받았다. 해당 매체는 그가 자신의 개인 제트기에 탑승한 승무원에게 몸을 드러내놓고 수음을 요청했다는 기사를 곧 게재할 예정이었다. 기사에 따르면, 그는 그 대가로 말을 좋아하는 승무원에게 조랑말을 한 마리 사주겠다고 했다는 것이다. 머스크는 그러한 주장을 부인하며 자신의 전용기에는 승무원이 없다고 언급했지만, 테슬라에서 2018년에 이 여성에게 25만 달러의 퇴직금을 지급한 내용이 문서로 남아 있었다. 이 이야기가 보도되자 회사 주가는 10퍼센트 하락했고, 머스크의 정치적 분노는 더욱 거세졌다. 그는 이 이야기가 "각성주의 활동가이자 극좌파 민주당원"인 여성의 친구에 의해 유출되었다고 믿었다.

머스크는 그 이야기가 곧 보도될 것이라는 소식을 듣자마자 그것을 정치적 맥락에 투영하는 트윗으로 사전 방어막을 치려고 애썼다. "과거에는 민주당원들이 (대부분) 다정했기 때문에 민주당에 투표했습니다. 하지만 그들은 분열과 증오의 정당이 되었고, 그 때문에 더 이상 그들을 지지할 수 없으며, 앞으로 공화당에 투표할 것입니다. 이제 저에 대한 그들의 더러운 속임수 캠페인이 펼쳐지는 것을 지켜보시기 바랍니다." 그는 이어서 브라질의 우파 포퓰리스트 대통령인 자이르 보우소나루를 만나기 위해 비행기에 올라 브라질로 향했다. 그의 정치적 변화를 드러내는 또 하나의 행보였다. 그는 비행기가 이륙하자마자 또 다른 트윗을 날렸다. "저에 대한 공격은 정치적 렌즈를 통해 보아야 합니다. 이것이 그들의 (비열한) 표준 플레이북이지만, 좋은 미래와 언론의 자유에 대한 권리를 위해 싸우는 저를 막을 수 있는 것은 없습니다."

다음 날, 그 이야기가 우려했던 것만큼 폭발적이지 않자 머스크는 다시 밝은 모드로 돌아섰다. "드디어 '일론게이트'라는 스캔들 이름이 생겨났습니다. 완벽한 것 같습니다." 그가 트윗했다. 그리고 유튜브의 공동창업자인 채드 헐리가 '일론이 말 때문에 야단법석이 났다horse around'는 식으로 농담을 날리자 머스크는 곧바로 답을 올렸다. "안녕하세요, 채드. 좋아요, 당신도 내 꼬추를 만지면 말을 가질 수 있어요."

바이든과의 만남

그렇게 각성 운동에 대한 염려가 높아지면서 머스크의 선호 정당이 바뀌었다. 그가 말했다. "대부분의 민주당원이 동의하지 않을지라도 이 각성 바이러스는 주로 민주당에 존재합니다." 그의 진화는 자신을 공격하는 일부 민주당원들에 대한 반응이기도 했다. "엘리자베스 워런 상원의원은 내가 말 그대로 역사상 가장 많은 세금을 내고 있는데도 나를 세금도 내지 않는 식객이니 무임승차하자니 하면서 헐뜯었잖아요." 그의 말이다. 특히 캘리포니아 주 의회의 진보적인 여성 의원인 로레나 곤잘레스가 트위터에 올린 "엿 먹어라, 일론 머스크"라는 욕설 공격에 크게 분노했다. 이것은 캘리포니아에 대한 그의 불만을 더욱 가중시켰다. "나는 캘리포니아가 기회의 땅이었을 때 그곳에 왔지요." 그는 말한다. "그런데 지금 그곳은 소송과 규제, 세금의 땅으로 변했어요."

그는 도널드 트럼프를 사기꾼이라 여기며 경멸하게 되었지만, 조 바이든에게서도 감명을 받지 못했다. "그가 부통령이던 시절에 샌프란시스코에서 그와 함께 점심을 먹은 적이 있어요. 그런데 1시간 동안이나 웅얼웅얼 같은 말을 늘어놓더군요. 줄을 당겨두면 무의미한 똑같은 문구를 반복해서 말하는 인형처럼 말이에요. 지루해서 죽는 줄 알았어요." 그럼에도 그는 2020년 대선 당시 투표소에 갔더라면 바이든에게 투표했을 것이라고 말한다. 당시 그가 유권자로 등록되어 있던 캘리포니아는 경합주가 아니었기에 투표소에 가는 것이 시간 낭비라고 판단했다는 것이다.

바이든에 대한 그의 경멸감은 2021년 8월 대통령이 백악관에서 전기자동차 시대를 축하하는 행사를 열었을 때 더욱 커졌다. 제너럴모터스와 포드, 크라이슬러의 수장들과 더불어 전미 자동차노동조합UAW의 리더가 그 자리에 초대되었는데, 머스크는 초대받지 못했다. 테슬라가 미국에서 다른 모든 회사를 합친 것보다 훨씬 더 많은 전기자동차를 판매했는데 말이다. 바이든의 언론 담당 비서 젠 사키는 그 이유를 솔직담백하게 밝혔다. "흠, 제너럴모터스 포드, 크라이슬러는 UAW 노조원들의 3대 고용주입니다. 이에 대한 해석은 여러분

각자에게 맡기겠습니다." UAW는 테슬라의 프리몬트 공장에 노조를 설립하지 못했다. 부분적으로는 전국 노동관계위원회가 테슬라의 불법적인 반노조 행위로 간주한 모종의 상황 때문이었고, 부분적으로는 다른 새로운 전기자동차 회사인 루시드Lucid와 리비안Rivian에서처럼 그곳의 근로자들이 일반적인 노조 계약에 속하지 않는 스톡옵션을 받았기 때문이었다.

바이든은 그해 11월 제너럴모터스의 CEO 메리 배라 및 UAW 지도부와 함께 제너럴모터스의 디트로이트 공장을 방문해서 한술 더 뜨는 행태를 보였다. "디트로이트는 전기자동차 분야에서 세계를 선도하고 있습니다." 바이든이 말했다. "메리, 지난 1월에 당신에게 미국이 전기자동차를 선도해야 한다고 말씀드렸던 기억이 납니다. 메리, 당신은 이야기 전체를 바꿔놓았습니다. 당신은 자동차 산업 전체를 전기로 움직이게 했습니다. 진심입니다. 당신이 주도했다는 것, 그것이 중요합니다."

사실 제너럴모터스는 1990년대에 전기자동차를 선도하기 시작했지만, 얼마 지나지 않아 그 노력을 중단했다. 바이든이 이 연설을 하던 당시 제너럴모터스는 전기자동차로 쉐비볼트 단 한 종만을 가지고 있었고, 그마저도 리콜 판정을 받아 생산이 중단된 상태였다. 2021년 마지막 분기에 제너럴모터스는 미국에서 총 26대의 전기차를 판매했고, 그해 테슬라는 미국에서 약 30만 대의 전기차를 판매했다. 머스크는 "바이든은 인간의 형태를 한 축축한 양말 꼭두각시다"라는 비난으로 대응했다. 머스크에 대해 비판적인 블룸버그의 기자 데이나 헐(머스크는 트위터에서 그녀를 차단한 상태였다)은 "바이든은 사실에 충실해 시장이 인정하는 것처럼 전기차 혁명의 리더로서 테슬라가 수행하는 역할을 인정하는 것이 최선일 것"이라고 썼다.

바이든의 참모들은 상당수가 테슬라를 몰고 있었는데, 점점 커지는 균열에 대해 우려했고, 2022년 2월 초 그의 비서실장 론 클라인과 백악관 국가경제위원회 위원장 브라이언 디스가 머스크에게 전화를 걸었다. 머스크는 두 사람이 신선할 정도로 합리적이라는 인상을 받았다. 머스크의 분노를 누그러뜨리고 싶었던 그들은 대통령이 공개적으로 테슬라에 찬사를 보낼 것이라고 약속했고, 다음 날로 예정된 대통령의 연설에 "전기차 생산시설을 새롭게 늘린 제너럴모터스 및 포드 같은 상징적인 기업에서부터 미국 최대의 전기자동차 제조업체 테슬라에 이르기까지, 미국의 기업들이 국내 제조에 총 2,000억 달러 이상을 투자하겠다고 발표했습니다"라는 문구를 삽입했다. 가장 풍성한 수준의 지지 연설은 아니었지만, 적어도 한동안은 머스크를 달래주었다.

그와 바이든 행정부의 데탕트는 오래 지속되지 못했다. 머스크는 테슬라의 최고경영진에 경제에 대한 "매우 나쁜 느낌"을 표하고 경기 침체에 대한 대비책을 세우도록 요청하는 이메일을 보냈다. 이메일이 유출되자 바이든에게 이에 대해 어떻게 생각하느냐는 질문이 쏟아졌다. 그는 빈정대는 투로 가시 돋친 말을 내뱉었다. "그러니까, 아시다시피, 그의 달 여행에 많은 행운이 있기를 바랍니다." 마치 머스크를 달에 가려는 괴짜 정도로 치부하려는 것 같았다. 사실 스페이스X의 달 착륙선은 NASA와의 계약에 따라 미국을 위해 제작되고 있었다. 바이든의 발언 몇 분 후 머스크는 "대통령님 감사합니다!"라는 트윗에 스페이스X가 미국 우주비행사를 달에 착륙시키는 계약을 따냈다는 NASA의 보도자료에 대한 링크를 포함함으로써 그의 무지를 조롱했다.

2022년 4월, 바이든의 고문들은 전화 통화를 통해 계류 중인 인플레이션 억제 법안에 포함된 전기차에 대한 인센티브에 대해 머스크에게 설명했다. 머스크는 그것들이 꽤 잘 구성되었다는 사실에 기분 좋게 놀랐다. 그러나 그는 3년 동안 50억 달러를 들여 전기차 충전소 네트워크를 구축하려는 정부의 계획에 대해서는 반대했다. 그러면 분명히 테슬라에 도움이 될 수 있겠지만, 머스크는 정부가 주유소를 짓지 말아야 하는 것처럼 충전소 구축 사업에도 관여해서는 안 된다고 생각했다. 충전소 구축은 대기업과 소규모 사업자를 포함한 민간 부문에서 수행하는 것이 더 나았다. 기업들은 식당이나 도로변 명소, 편의점 등에 충전소를 건설하여 고객을 유치할 방법을 고안해낼 것이다. 하지만 정부가 충전소를 구축하면 그러한 기업가적 욕구를 억누를 수 있었다. 그는 테슬라의 충전기를 다른 차량에도 개방하겠다고 약속했다. "차량과 충전소 모두에서 우리의 충전 메커니즘을 공동으로 이용할 수 있게 할 것이라는 점을 알아주셨으면 합니다."

그것은 생각보다 조금 더 복잡했다. 테슬라 수퍼차저Supercharger에 다른 전기자동차에 사용되는 커넥터용 어댑터를 추가해야 했고, 그에 따른 재정적인 문제도 협의해야 했다. 백악관 인프라 조정관인 미치 랜드루는 테슬라의 네바다 배터리 공장을 방문하여 기술적인 세부사항에 대한 브리핑을 받았다. 그런 다음 그와 바이든의 청정에너지 혁신 고문인 존 포데스타는 워싱턴에서 머스크와 작은 회의를 통해 세부사항에 합의했다. 이 만남은 드물게 서로를 지지하는 트윗의 교환으로 이어졌다. "일론 머스크는 테슬라 네트워크의 상당 부분을 모든 운전자에게 개방할 것입니다." 백악관 고문들이 작성해 바이든에게 게시하게 한 트윗의 내용이다. "이것은 대단한 조치로서 큰 변화를 안겨줄 것입니다." 머스크도 화답했다. "감사합니다. 테슬라는 슈퍼차저 네트워크를 통해 기꺼이 다른 전기차들을 지원할 것입니다."

공화당의 왼쪽과 민주당의 오른쪽

2022년 초 어느 날, 머스크는 거의 완성 단계에 접어든 테슬라의 기가텍사스 공장에서 즉흥적인 파티를 열기로 했다. 그의 부관인 오미드 아프샤르는 사이버트럭의 프로토타입을 가져오라 해서 공장 2층의 열린 공간 중 한 곳에 올려놓게 했다. 그는 바를 설치했고, 완성되지 않은 자동차의 좌석을 이용해 라운지 공간을 만들었으며, 조립라인의 로봇 몇 대를 주변에 배치해 재미를 추가했다.

머스크는 페이팔 공동창업자 출신으로 친구 겸 스페이스X 투자자인 루크 노섹을 초대했는데, 노섹은 정치적 올바름을 자랑스럽게 거부하는 오스틴의 팟캐스터 조 로건을 초대할 것을 제안했다. 머스크가 2018년 혼란스러운 시기에 출연해 대마초까지 한 모금 빨았던 그 팟캐스트의 진행자 말이다. 노섹은 또한 마침 미국을 방문 중이던 캐나다의 심리학자로, 때때로 반反각성 선동가의 면모를 드러내는 조던 피터슨도 초대했다. 피터슨은 회색 벨벳 칼라 재킷과 그에 어울리는 회색 벨벳 트리밍 조끼를 입고 도착했다. 파티가 끝난 후 머스크와 로건, 피터슨, 그라임스 등은 노섹의 집으로 가서 새벽 3시가 가까워질 때까지 이야기를 나눴다.

폴란드 태생인 노섹은 일리노이대학교에 다니던 시절부터 자유주의자로 활동하며 맥스 레프친과 오랫동안 토론을 벌이곤 했었다. 두 사람은 더 열렬한 자유주의자였던 피터 틸과 함께 머스크의 페이팔 공동창업자가 되었다. 노섹은 2016년 트럼프의 승리를 축하하기 위해 틸의 집에 모인 소수의 멤버 중 한 명이었다.

머스크의 오스틴 친구들에는 트럼프 정부의 스웨덴 대사를 지낸 페이팔의 공동창업자 켄 하우리와 틸의 또 다른 후배인 젊은 기술 기업가 조 론즈데일도 포함되었다. 페이팔 시절의 친구로 샌프란시스코의 기업가이자 벤처캐피털리스트인 데이비드 색스도 있었는데, 그는 미트 롬니와 힐러리 클린턴을 모두 지지할 정도로 정파적 성향이 엄격하지 않았다. 하지만 그는 학생 시절부터 정치적 올바름이라고 불리는 것에 관심이 많았으며, 1995년 틸과 함께 모교인 스탠퍼드를 예로 삼아 "정치적 올바름의 '다문화주의'가 고등교육과 학문의 자유에 미친 해로운 영향"을 비판하는 책《다양성 신화: 캠퍼스의 다문화주의와 정치적 편협성》을 공동 집필하기도 했다.

이 사람들 중 누구도 머스크가 정치적 견해를 결정하는 데 영향을 미치지 않았으며, 이들이 그림자처럼 무대 뒤에서 영향력을 행사한 것으로 보는 것도 잘못이다. 머스크는 자신의 본성과 본능에 따라 의도적으로 자기 의견을 고집하는 사람이었다. 하지만 그들이 그의 반각성 정서를 강화하는 경향은 있었다.

2022년 머스크의 우향우 행보는 그의 첫 번째 아내 저스틴과 당시의 여자 친구 그라임스를 포함한 진보 성향의 친구들을 당황하게 만들었다. 저스틴은 그해 트위터에 이렇게 올렸다. "소위 각성 반대 전쟁은 가장 멍청한 짓 중 하나입니다." 그가 그라임스에게 우익 성향의 밈과 음모론 등을 문자로 보내기 시작하자 그녀는 이렇게 답장했다. "이거 포챈4chan(미국의 온라인 커뮤니티-옮긴이)에서 내려 받은 건가요? 이제 완전히 극우파처럼 말하기 시작하네요."

반각성에 대한 그의 새로운 열정과 가끔씩 보이는 극우 음모론에 대한 지지에는 별난 점이 있었다. 그것은 그의 악마 모드 성격처럼 파도처럼 밀려오고 밀려나갔지만, 그의 기본 설정은 아니었다. 대부분의 경우, 그는 자신이 온건 중도주의자라고 주장했다. 다만 규제와 규칙에 대한 타고난 저항심으로 인해 자유주의적 성향을 보일 때가 있다는 것이었다. 그는 오바마의 선거 운동에 기여했으며, 한 행사에서 오바마와 악수하기 위해 6시간 동안 줄 선 적도 있었다. 그는 2022년 이렇게 트윗했다. "모든 정당의 중도적 견해를 가진 후보를 지지하는 '슈퍼 온건 슈퍼 정치활동위원회PAC'를 조직할 생각입니다." 그리고 그해 여름 공화당의 하원 원내대표인 케빈 매카시의 PAC 모금 행사에 참석하기 위해 비행기에 올랐을 때, 그는 자신이 완전히 우파로 기울지도 모른다고 생각하는 사람들을 안심시키려는 트윗으로 방어막을 쳤다. "분명히 말하지만, 저는 공화당의 왼쪽 절반과 민주당의 오른쪽 절반을 지지합니다!"

하지만 그의 정치는 그의 기분처럼 변덕스러웠다. 2022년 내내 그는 중도에 대한 밝은 찬사에서 각성주의와 미디어 엘리트들의 검열이 인류에 대한 실존적 위협임을 곱씹는 분노를 넘나들었다.

게임에서 배운 인생 법칙

머스크의 강렬함과 집중력, 경쟁심, 끝까지 버티는 태도, 전략에 대한 애정을 이해하기 위한 한 가지 열쇠는 비디오 게임에 대한 그의 열정에서 찾을 수 있다. 그는 비디오 게임에 몇 시간이나 몰입하면서 긴장을 풀고(또는 쌓고) 비즈니스에 대한 전략적 사고와 전술적 기술을 연마했다.

남아공에서 열세 살이 되던 해, 그는 스스로 코딩을 배운 후 블래스타라는 비디오 게임을 만들었다. 이후 아케이드 게임을 무료로 플레이할 수 있는 해킹 방법을 배웠고, 직접 아케이드 게임 오락실을 차리는 것을 고려했으며, 게임 제작 회사에서 인턴으로 일하기도 했다. 학부 시절 그는 시빌리제이션과 워크래프트를 접하면서 전략 게임이라는 장르에 집중하기 시작했다. 플레이어들이 교대로 나름의 수를 구사하며 영리한 전략과 자원 관리, 의사결정 분지도分枝圖에 따른 전술적 사고를 통해 군사전 또는 경제 전쟁에서 승리하기 위해 경쟁하는 게임이었다.

2021년 그는 아이폰으로 새로운 멀티플레이어 전략 게임인 폴리토피아에 빠져들었다. 이 게임에서 플레이어는 부족으로 알려진 열여섯 개의 캐릭터 중 하나가 되어 제국을 건설하기 위해 기술을 개발하고 자원을 확보하고 전투를 벌이며 경쟁해야 한다. 그는 이 게임의 스웨덴인 개발자 펠릭스 에켄스탐을 이길 정도로 뛰어난 실력을 갖추게 되었다. 게임에 대한 그의 열정은 그에 대해 무엇을 말하는가? "내게 전쟁을 좋아하는 성향이 있나 봅니다, 기본적으로." 그의 대답이다.

시본 질리스도 그와 함께 플레이하기 위해 휴대전화에 그 게임을 다운로드했다. "저는 그렇게 망할 놈의 혼돈과 혼란의 상황에 빠져들었어요. 그런데 거기서 배울 수 있는 삶의 교훈이 무척 많더라고요. 제 자신과 상대방에 대한 기묘한 것들도 많이 배울 수 있었습니다." 그녀의 말이다. 보카치카에서의 어느 날, 스타십 부스터를 옮길 때 사용하는 안전 체인의 필요성을 놓고 일부 엔지니어들과 날선 논쟁을 벌인 후 머스크는 주차장 가장자리에 있는 장비에 올라앉아 오스틴에 있던 질리스와 휴대전화로 폴리토피아 게임을 두 차례 격렬하게 했다. "그는 두 게임 모두에서 저를 완전히 박살냈어요." 그녀의 말이다.

그는 또한 그라임스에게도 게임을 다운로드하게 했다. "그는 비디오 게임 말고는 취미나 휴식 방법이 없습니다." 그녀는 말한다. "하지만 그가 거기에 너무 진지하게 임하는 바람에 게임이 너무 격렬해지기도 합니다." 둘이 연합 전선을 구축해 다른 부족과 맞서기로 합의한 한 게임에서 그녀가 화염 공으로 그에게 기습공격을 가했다. "그 일로 그와 가장 큰 싸움 중 하나가 벌어졌습니다." 그녀는 회상한다. "그는 그것을 커다란 배신으로 받아들였습니다." 그라임스는 그저 비디오 게임일 뿐이라고, 별일 아니지 않느냐고 항의했다. "이건 염병할 정말로 엄청난 일이야." 그가 그녀에게 말했다. 그날 하루 종일 그는 그녀와 말을 섞지 않았다.

테슬라의 베를린 공장을 시찰하러 갔을 때에는 그가 폴리토피아에 너무 빠져서 현지 관리자들과의 미팅을 미룬 일도 있었다. 베를린에 동행했던 그의 어머니 메이가 그를 꾸짖었다. "그래요, 내가 잘못했어요." 그는 인정했다. "하지만 역대 최고의 게임이어서 중단할 수가 없었어요." 비행기를 타고 집으로 돌아오는 동안 그는 밤새도록 그 게임을 했다.

몇 달 후, 크리스티아나의 생일파티를 위해 카보산루카스에 갔을 때도 그는 방이나 구석에서 혼자 게임을 하며 몇 시간을 보냈다. 크리스티아나가 "그러지 말고 와서 같이 놀자"라고 거듭 간청했지만 그는 거절했다. 킴벌은 형과 더 가까워지기 위해 그 게임을 배웠다. 킴벌은 말한다. "그 게임이 내게 형처럼 CEO가 되는 법을 가르쳐줄 거라고 형이 그랬어요. 우리는 거기서 배우는 것들을 폴리토피아 인생 수업이라고 부르게 되었지요." 그중 몇 가지를 소개하면 다음과 같다.

- **공감은 자산이 아니다.** "형은 내가 자기와 달리 공감 유전자를 가지고 있다는 것을 알고 있어요. 그리고 나는 사업을 하면서 그로 인해 상처를 입곤 했어요." 킴벌은 말한다. "폴리토피아는 공감을 제거한 채 생각하는 법을 가르쳐주었어요. 비디오 게임을 할 때는 공감 같은 건 필요 없잖아요."
- **인생을 게임처럼 플레이하라.** 질리스가 한번은 머스크에게 이렇게 말했다. "이런 느낌이 들어요. 어린 시절에 전략 게임 중 하나를 하고 있는데 엄마가 플러그를 뽑았는데도 눈치 채지 못하고 계속 해온 것 같은 느낌, 그러니까 마치 게임을 하고 있는 것처럼 인생을 플레이해온 것 같은 느낌이에요."
- **패배를 두려워하지 마라.** 머스크는 말한다. "당신은 질 것입니다. 처음 50

번은 마음이 아플 것입니다. 하지만 지는 것에 익숙해지면 감정을 덜 개입시키면서 매 게임에 임하게 될 겁니다." 그러면 두려움이 없어지고 더 많은 리스크를 감수하게 될 것이라는 의미다.

- **상황을 주도하라.** 질리스는 말한다. "저는 캐나다인 특유의 평화주의 성향을 다소 지녔고 상대의 반응에 주의를 기울이는 편입니다. 제 게임 플레이는 최선의 전략을 생각하기보다는 다른 사람들이 하는 것을 보고 100퍼센트 그에 따라 반응하는 방식이었습니다." 질리스는 많은 여성이 그러듯이 자신의 이런 모습이 직장에서의 행동방식과 비슷하다는 것을 깨달았다. 머스크와 마크 준코사는 그녀가 전략을 주도적으로 세우지 않으면 결코 승리할 수 없다고 말했다.

- **모든 전환점을 최적화하라.** 폴리토피아에서는 전환점이 30번밖에 없기 때문에 매 전환점을 최적화해야 한다. 머스크는 말한다. "폴리토피아에서처럼 우리의 인생에서도 일정한 횟수의 전환점이 주어집니다. 그중 몇 번을 그냥 흘려보내면 화성에는 절대로 갈 수 없는 겁니다."

- **판을 키우고 더 세게 나가라.** 질리스는 말한다. "일론은 항상 가능성의 한계를 뛰어넘는 방식으로 게임을 플레이합니다. 그리고 그는 항상 성장하고 발전하기 위해 모든 것을 다시 게임에 투입하는 식으로 판을 키우고 더 세게 나갑니다. 그가 평생 그렇게 해온 것과 똑같이 말이에요."

- **선별해서 싸워라.** 폴리토피아에서는 여섯 개 이상의 부족에 둘러싸인 채 그 모두로부터 공격을 당할 수도 있다. 이때 모든 부족에 맞서 상대하면 게임에 지게 된다. 머스크는 이 교훈을 완전히 마스터하지 못했고, 그래서 질리스가 직접 코칭을 해주었다. "지금 모두가 당신을 향해 공격을 퍼붓고 있는데 너무 많은 적을 상대로 맞대응하면 자원이 부족해질 거예요." 그녀는 이러한 접근방식을 "전선의 최소화"라고 했다. 그녀는 그의 트위터 행동방식에 대해서도 이 교훈을 적용하게 하려고 애썼지만 실패했다.

- **때때로 플러그를 뽑아라.** 킴벌은 말한다. "결혼생활을 망치는 지경이 되었

기 때문에 게임을 그만둬야 했어요." 시본 질리스도 휴대전화에서 폴리토피아를 삭제했다. 그라임스도 마찬가지였다. 그리고 한동안 머스크도 그렇게 했다. "두뇌의 사이클에서 너무 많은 부분을 차지했기 때문에 휴대전화에서 폴리토피아를 삭제해야 했지요." 머스크는 말한다. "그랬더니 폴리토피아 꿈까지 꾸기 시작하더군요." 하지만 플러그를 뽑는 것은 머스크가 결코 마스터하지 못하는 또 하나의 교훈이 되었다. 몇 달 후, 그는 휴대전화에 그 게임을 다시 다운로드했다.

70장

우크라이나 전쟁

2022년

구조에 나선 스타링크

2022년 2월 24일 우크라이나를 침공하기 1시간 전, 러시아는 대규모 멀웨어 공격을 통해 우크라이나에 통신과 인터넷을 제공하는 미국의 위성통신 회사 비아샛Viasat의 라우터를 무력화했다. 그에 따라 우크라이나군의 지휘 체계가 마비되었고, 방어 태세를 갖추는 것이 거의 불가능해졌다. 우크라이나의 고위 관료들은 머스크에게 도와달라고 미친 듯이 호소했다. 우크라이나의 부총리 미하일로 페도로프는 트위터를 통해 머스크에게 "연결성"을 제공해줄 것을 촉구했다. "우크라이나에 스타링크 기지국(무선통신설비)을 제공해주실 것을 요청합니다." 그가 간청했다.

머스크는 동의했다. 이틀 후 500대의 단말기가 우크라이나에 도착했다. "미군이 수송을 도와주고 있고, 국무부는 인도주의적 항공편과 일정한 보상을 제공하겠다고 했습니다." 숏웰이 머스크에게 이메일을 보냈다. "모두들 확실히 결집해 원조에 나서고 있습니다!"

"다행이네요." 머스크가 답했다. "좋아요." 그는 볼로디미르 젤렌스키 우크라이나 대통령과 줌 통화를 통해 더 큰 규모의 지원에 따른 물류 문제에 대해 논의하고 전쟁이 끝나면 우크라이나를 방문하겠다고 약속했다.

스페이스X의 스타링크 사업운영 책임자 로렌 드레이어는 머스크에게 하루에 두 차례씩 업데이트한 정보를 보내기 시작했다. "러시아가 오늘 우크라이나의 통신 인프라를 오프라인으로 전환했습니다. 그리고 다수의 스타링크 키트를 통해 우크라이나 군대가 전역戰域 지휘센터를 계속 운영할 수 있게 되었습니다." 그녀가 3월 1일에 보낸 보고 내용이다. "상대가 현재 통신 인프라에 집중하고 있기 때문에 이러한 키트가 생사를 가를 수 있습니다. 그들은 더 많은 키트를 요청하고 있습니다."

다음 날 스페이스X는 폴란드를 통해 2,000개의 단말기를 더 보냈다. 하지만 드레이어는 일부 지역에서 전기가 끊겨 단말기 중 상당수가 작동하지 않을 것이라고 말했다. 머스크는 "현장용 태양광 및 배터리 키트를 배송해줍시다"라고 제안했다. "테슬라의 파워월이나 메가팩도 제공할 수 있잖아요." 그리고 곧바로 배터리와 태양광 패널이 배송되기 시작했다.

머스크는 그 주에 매일 스타링크 엔지니어들과 정기적인 회의를 가졌다. 다른 모든 기업이나 미군 일부와 달리 그들은 러시아의 전파 교란을 무력화할 방법을 찾아낼 수 있었다. 일요일, 스타링크는 우크라이나의 특수작전 여단에 음성 연결을 제공했다. 스타링크 키트는 또한 우크라이나군과 미국의 합동특전 사령부를 연결하고 우크라이나 텔레비전 방송을 복구하는 데도 이용되었다. 며칠 안에 6,000대의 단말기와 접시가 추가로 배송되었고, 7월에는 우크라이나에서 1만 5,000대의 스타링크 단말기가 운용되었다.

스타링크는 곧 언론의 호평과 찬사를 이끌어냈다. "우크라이나 전쟁은 머스크와 스페이스X가 가지고 있는 신생 위성 네트워크의 역량을 과시할 기회가되었고, 많은 서방 군대들은 그들의 능력에 큰 관심을 기울이고 있다." 〈폴리티코〉의 기자들은 전선에서 이 서비스를 이용하는 우크라이나 군인들을 소개한후 이렇게 썼다. "우크라이나군의 지휘관들은 러시아 해커들의 점점 더 정교해지는 공격에도 불구하고 며칠 만에 배낭 크기의 위성 기지국 수천 개를 전쟁으로 폐허가 된 지역에 전달하고 온라인으로 가동시킨 이 회사의 능력에 깊은 인상을 받았다." 〈월스트리트저널〉도 특집 기사를 실었다. 우크라이나의 한 소대장은 이 신문과의 인터뷰에서 "스타링크가 없었다면 우리는 이미 전쟁에서 패배했을 것"이라고 말했다.

스타링크는 제공한 접시 및 서비스 비용의 절반 정도에 대해 무상 제공 방식을 취했다. "그래서 지금까지 얼마나 기부한 건가요?" 머스크가 3월 12일에 드레이어에게 메일을 보냈다. 그녀는 "2,000대의 무료 스타링크 및 월정액 서비스를 제공했고, 리비프 IT 협회에 300대를 대폭 할인해 공급하면서 월 5,500달러에 달하는 서비스 요금을 면제해주었습니다"라고 답했다. 회사는 곧 1,600대의 단말기를 추가로 기부했으며, 머스크는 총 기부금이 약 8,000만 달러에 달할 것으로 추산했다.

미국과 영국, 폴란드, 체코 등의 정부기관에서도 기금을 지원했다. 개인 기부도 있었다. 역사학자 니얼 퍼거슨은 스타링크 키트 5,000개를 구입해 배송하는 데 필요한 500만 달러를 모금하기 위해 친구들에게 이메일을 보냈다. "기부를 원하시는 분은 가능한 한 빨리 알려주시기 바랍니다. 우크라이나 정부의 통신이 러시아에 의해 차단되지 않도록 막는 데 스타링크의 역할이 얼마나 중요한지 아무리 강조해도 지나치지 않습니다." 3시간 후 그는 세일즈포스Salesforce의 공동창업자로서 억만장자인 마크 베니오프로부터 다음과 같은 답장을 받았다. "100만 달러 기부합니다. 일론, 정말 끝내줍니다."

예상치 못한 선행의 대가

"이건 엄청난 재앙이 될 수 있어요." 머스크가 내게 문자를 보냈다. 2022년 9월의 금요일 저녁이었고, 머스크는 위기 모드에 들어가 있었다. 이번에는 그럴 만한 이유가 있었다. 위험하고 복잡한 문제가 발생했고, 그는 이 문제가 핵전쟁으로 이어질 수 있는 "전혀 사소하지 않은 가능성"이 있으며, 스타링크가 부분적으로 그에 책임이 있다고 생각했다. 우크라이나군은 크림반도 세바스토폴에 주둔한 러시아 해군 함대에 폭발물을 탑재한 소형 수중 드론, 즉 자율 무인 잠수정 6척을 보내 기습공격을 가한다는 계획하에 스타링크를 이용해 그 잠수정들을 목표물로 유도하고 있었다.

그는 우크라이나를 기꺼이 지지했지만, 그의 외교정책 본능은 유럽 군사 역사를 공부한 학생의 시각 및 현실주의에 기반한 것이었다. 그래서 그는 우크라이나가 2014년에 러시아가 병합한 크림반도를 공격하는 것은 무모한 일이라고 생각했다. 러시아 대사는 몇 주 전 그와 나눈 대화에서 크림반도를 공격하는 것은 레드라인이 될 것이며 핵 대응으로 이어질 수 있다고 경고한 바 있었다. 머스크는 내게 그러한 대응을 명시한 러시아 법과 정책의 세부사항을 설명해주었다.

저녁부터 밤까지 그는 직접 해당 상황에 대한 책임을 떠안고 통제에 나섰다. 그가 내린 결론은 그 공격에 스타링크를 사용하도록 허용하는 것은 전 세계에 재앙을 초래할 수 있다는 것이었다. 그래서 그는 엔지니어들에게 비밀리에 크림반도 해안에서 100킬로미터 이내의 커버리지를 끄라고 지시했다. 결과적으로 우크라이나의 무인 잠수정은 세바스토폴의 러시아 함대에 가까이 다가갔을 때 연결이 끊겨 무력하게 해안을 떠돌 수밖에 없었다.

우크라이나군은 임무 도중 스타링크가 작동하지 않는다는 사실을 알아차렸다. 곧이어 머스크에게 크림반도에 대한 커버리지를 되살려달라는 전화와 문자가 정신없이 쇄도했다. 처음부터 그의 도움을 요청했던 미하일로 페도로프 부총리는 드론 잠수정이 자유를 위한 싸움에 얼마나 중요한 역할을 하는지 자세히 설명하는 문자를 비밀리에 그에게 보냈다. "우리가 직접 만든 수중 드론은 어떤 순양함이나 잠수함도 파괴할 수 있습니다." 그가 암호화된 앱을 사용하여 머스크에게 보낸 문자의 끝부분이다. "저는 이 정보를 누구와도 공유하지 않았습니다. 기술을 통해 세상을 바꾸고 있는 당신이 이 사실을 알기를 바랄 뿐입니다."

머스크는 드론의 설계가 인상적이라고 답했지만 우크라이나가 "지금 너무 멀리 나가고 있으며 전략적 패배를 초래하고 있다"라고 주장하면서 커버리지를 다시 활성화하는 것을 거부했다. 그는 바이든의 국가안보보좌관 제이크 설리번과 합참의장 마크 밀리 장군과 이 상황을 논의하면서 스페이스X에서는 스타링크가 공격적인 군사 목적으로 사용되는 것을 원치 않는다고 설명했다. 또한 러시아 대사에게 전화를 걸어 스타링크가 방어 목적으로만 사용되고 있음을 확인시켜주었다. "만약 우크라이나의 공격이 러시아 함대를 침몰시키는 데 성공했다면 미니 진주만과 같은 상황이 벌어져 사태가 크게 확대되었을 것이라고 생각해요." 머스크는 말한다. "우리는 그 일부가 되고 싶지 않았지요."

머스크의 피포위 심리는 종종 종말론적인 성격을 띠었다. 사업에서든 정치에서든 그는 심각한 위협을 감지하고 그로 인해 힘을 얻는 경향이 있었다. 2022년, 그는 세계 정세에 드리우던 여러 가지 재앙적 위험에 대해 경각심을 갖게 되었다. 그는 1년 이내에 미국이 대만을 둘러싸고 중국과 대치할 가능성이 매우 높으며 그로 인해 세계 경제가 붕괴될 수도 있다고 믿었다. 또한 우크라이나 전쟁이 계속되면 군사적, 경제적 재앙으로 이어질 수 있다는 확신도 갖게 되었다.

그는 직접 나서서 우크라이나 전쟁을 끝낼 방안의 도출을 돕기로 마음먹었다. 그래서 돈바스 및 러시아가 통제하는 여타 지역에서 새로운 국민투표를 실시하고, 크림반도가 러시아의 일부임을 인정하며, 우크라이나가 나토에 가입하지 않고 '중립' 국가로 남는 것을 내용으로 하는 평화계획안을 제안했다. 이것은 엄청난 논란을 불러일으켰다. 독일 주재 우크라이나 대사는 트위터에 "꺼지라는 것이 나의 매우 외교적인 답장"이라고 적었다. 젤렌스키 대통령은 좀 더 신중한 태도를 보였다. 그는 트위터에 여론조사 문항을 올렸다. "어느 일론 머스크가 더 마음에 드십니까? 우크라이나를 지지하는 사람, 아니면 러시아를 지지하는 사람?"

머스크는 이후의 트윗에서 약간 물러섰다. 그는 젤렌스키의 질문에 대한 답변으로 "우크라이나에서 스타링크를 활성화하고 지원하기 위해 스페이스X에서 지금까지 지출한 비용이 약 8,000만 달러입니다"라고 썼다. "러시아에 대한 우리의 지원은 0달러입니다. 분명히 우리는 우크라이나를 지지합니다." 그러면서 덧붙였다. "크림반도를 탈환하려는 시도는 대규모 사망자를 초래하고 실패할 가능성이 높으며 핵전쟁으로 이어질 위험이 있습니다. 이는 우크라이나와 지구에 끔찍한 일이 될 것입니다."

10월 초, 머스크는 러시아가 통제하는 우크라이나 남부와 동부 지역에서 스타링크의 일부 커버리지를 비활성화함으로써 공격 작전에 대한 스타링크의 사용 제한을 확대했다. 이로 인해 또다시 문의 및 청원 전화가 빗발쳤고, 스타링크의 크나큰 역할이 부각되었다. 우크라이나와 미국 모두 스타링크에 필적하거나 러시아 해커의 공격을 막아낼 수 있는 다른 위성 사업자나 통신 시스템을 찾지 못했다. 제대로 인정받지 못한다고 느낀 머스크는 스페이스X에서 더 이상 재정적 부담을 감당할 의사가 없음을 시사했다.

숏웰 또한 스페이스X가 우크라이나 군사작전에 대한 보조금 지원을 중단해야 한다고 강하게 느꼈다. 인도주의적 지원을 제공하는 것은 괜찮지만 민간기업이 외국의 전쟁에 자금을 지원해서는 안 된다는 것이었다. 그것은 정부의 역할이었다. 그렇기에 미국은 민간기업과 외국 정부 사이에 보호막을 두는 대외 군사판매 프로그램을 운영하고 있지 않은가. 수익성이 높은 대형 방위산업체를 비롯해 다른 기업들은 우크라이나에 무기를 공급하는 것에 대해 수십억 달러를 청구하고 있었기 때문에 아직 수익성이 없는 스타링크가 무료로 유사한 일을 해야 한다는 것은 불공평해 보였다. "처음에는 병원 및 은행 시스템을 유지하는 등 인도주의적 목적과 방위 목적을 지원하기 위해 우크라이나에 무료 서비스를 제공했습니다." 그녀는 말한다. "하지만 그들은 러시아 함대를 폭파하기 위한 드론에 그것을 이용하기 시작했습니다. 저는 구급차와 병원, 산모들을 위한 서비스에는 기꺼이 기부할 수 있습니다. 그것이 기업과 사람들이 해야 할 일입니다. 하지만 군용 드론 공격에 비용을 지원하는 것은 잘못된 일입니다."

숏웰은 국방부와 해당 계약에 대한 협상을 시작했다. 스페이스X는 인도주의적 목적으로 사용되는 단말기에 대해서는 계속해서 6개월 더 무료 서비스를 제공하되, 군에서 사용하는 단말기에 대해서는 더 이상 무료 서비스를 제공하지 않을 것이므로 국방부가 그 비용을 지불해야 한다는 것이었다. 결국 국방부가 스페이스X에 서비스 비용으로 1억 4,500만 달러를 지불하는 것으로 합의가 이루어졌다.

그러나 이 이야기가 유출되면서 언론과 트위터에서 머스크에 대한 반발이 거세게 일었다. 결국 머스크는 자금 지원 요청을 철회하기로 결정했다. 스페이스X는 이미 우크라이나에 있는 단말기에 대해 무기한 무료 서비스를 제공하기로 했다. 그는 트위터에 이렇게 적었다. "진절머리 납니다. 스타링크는 여전히 손실을 보고 있고 다른 회사들은 납세자들의 돈 수십억 달러를 받고 있지만, 우리는 우크라이나 정부에 계속 무료로 지원할 것입니다."

숏웰은 말도 안 된다고 생각했다. "펜타곤은 말 그대로 1억 4,500만 달러의 수표를 저에게 전달할 준비가 되어 있었습니다. 그런데 일론이 이 이야기를 흘린 펜타곤의 비방꾼들과 트위터의 헛소리꾼들에게 굴복했습니다."

머스크의 친구 데이비드 색스는 트위터에 "어떤 선행도 처벌받지 않는 게 없군요"라고 올렸다.

"그럼에도 우리는 여전히 선행을 해야 하지요." 머스크가 답했다.

페도로프 부총리는 상황을 무마하기 위해 머스크에게 감사의 뜻을 담은 암호화된 문자 메시지를 보냈다. "모든 사람이 우크라이나에 대한 당신의 공헌을 이해하는 것은 아닙니다. 스타링크가 없었다면 우리는 성공적으로 기능할 수 없었을 것이라고 확신합니다. 다시 한번 감사드립니다."

페도로프는 스타링크의 서비스가 크림반도 공격에 사용되는 것을 허용하지 않겠다는 머스크의 입장을 이해한다고 말했다. 하지만 그는 러시아가 통제하는 우크라이나 남부 및 동부 지역에서 벌이는 전투에 대해서는 스타링크 서비스를 사용할 수 있도록 허용해달라고 머스크에게 요청했다. 그 결과 암호화된 문자로 놀랍도록 솔직한 비밀 대화가 이루어졌다.

페도로프 이들 지역을 제외하는 것은 절대적으로 불공평합니다. 저는 자포리지아 지역의 바실리브카 마을 출신으로, 부모님과 친구들이 그곳에 살고 있습니다. 지금 그곳을 러시아 군대가 점령하고 있는데, 무법과 잔악 행위가 난무하고 있으며 주민들은 해방되기를 손꼽아 기다리고 있는 상황입니다. … 9월 말, 우리는 해방된 마을들에서 스타링크가 작동하지 않아 이들 지역의 중요한 인프라를 복원할 수 없다는 것을 알게 되었습니다. 우리에게는 삶과 죽음의 문제입니다.

머스크 러시아가 전 국민 완전 동원 체제에 돌입하면 우크라이나 전역의 모든 인프라를 파괴하고 현재의 점령지역을 훨씬 넘어서 밀어붙일 것입니다. 나토는 우크라이나 전체가 러시아에 넘어가는 것을 막기 위해 개입해야 할 것입니다. 그 시점에서 제3차 세계대전의 발발 위험성이 높아진다는 것은 자명한 사실입니다.

페도로프 동원은 기술만큼 전쟁 과성에 영향을 미치지 않습니다. 이것은 기술 전쟁입니다. 러시아의 완전 동원은 푸틴 체제의 전복으로 이어질 수 있습니다. 이것은 러시아 국민들의 전쟁이 아니기 때문에 그들은 우크라이나에 오고 싶어 하지 않습니다.

머스크 러시아는 크림반도를 지키기 위해 그 어떤 상황에서도, 어떤 경우에도 멈추지 않을 것입니다. 이것은 전 세계에 치명적인 위험을 가져올 것입니다. … 우위를 점하고 있을 때 평화 방안을 찾으시기 바랍니다. … 그 부분에 대해 논의해봅시다. (머스크는 자신의 새로운 개인 휴대전화 번호를 알려주었다.) 저는 인류 모두를 위한 보다 큰 대의에 부합하는 평화를 향한 실용적인 노선을 지지할 것입니다.

페도로프 알겠습니다. 우리는 우크라이나 사람의 눈으로 상황을 보고 당신은 인류를 구하길 원하는 사람의 입장에서 상황을 바라보는 겁니다. 물론 당신은 인류를 구하길 원할 뿐만 아니라 그러기 위해서 그 누구보다 더 많은 일을 하고 있지요.

페도로프와 이 대화를 나눈 후 머스크는 좌절감을 느꼈다. "내가 어쩌다 이 전쟁에 참여하게 된 걸까요?" 그가 늦은 밤 전화 통화에서 내게 물었다. "스타링크는 전쟁에 관여하기 위한 것이 아니었어요. 사람들이 넷플릭스를 시청하고 차분하게 온라인에 접속해 수업을 듣고 이롭고 평화로운 일을 하고, 그러라고 만든 거예요. 드론 공격에 이용하라는 게 아니란 말이에요."

결국 숏웰의 도움으로 스페이스X는 여러 정부기관과 우크라이나의 스타링크 서비스 확대에 대한 비용을 받기로 합의했고, 군 당국과 서비스 조건도 조율했다. 2023년 초 10만 개 이상의 새로운 접시가 우크라이나로 보내졌다. 더불어 스타링크는 군사용으로 특별히 설계된 '스타실드Starshield'라는 동반 서비스를 출시했다. 스페이스X는 스타실드 위성과 서비스를 미군 및 여타 기관에 판매하거나 라이선스를 제공하여 정부가 우크라이나 및 기타 지역에서 그것의 사용 방법과 범위를 결정할 수 있도록 했다.

71장

빌 게이츠

2022년

2015년 중국 충하이에서 열린 보아오 포럼에서 빌 게이츠와 함께

빌 게이츠의 제안

"반가워요. 따로 한번 만나서 자선활동과 기후변화에 관해 이야기를 나누고 싶군요." 2022년 초, 우연히 같은 회의에 참석한 빌 게이츠가 머스크에게 말했다. 머스크는 그 무렵 주식을 매도한 후, 세금 문제로 자선기금을 설립해 57억 달러를 기부한 상태였다. 당시 자선활동에 대부분의 시간을 보내고 있던 게이츠는 머스크에게 여러 가지 제안을 하고 싶었다.

게이츠가 아들 로리를 스페이스X에 데려왔을 때를 포함해 두 사람은 과거에도 몇 차례 친근하게 교류한 적이 있었다. 대부분의 기술자들과 달리 마이크로소프트의 운영체제를 유난히 좋아했던 머스크는 지치지 않는 집념과 하드코어 접근방식으로 세계 최고의 회사를 일궈낸 게이츠와 많은 면에서 공감대를 형성할 수 있었다. 두 사람은 만남의 일정을 잡기로 합의했고, 일정 담당자 및 비서들로 구성된 팀을 두고 있는 게이츠는 자신의 사무실에서 머스크의 일정 담당자에게 전화하도록 하겠다고 말했다.

"저는 일정 담당자가 없습니다." 머스크가 답했다. 그는 자신의 일정을 완전히 통제하고 싶어서 개인 비서와 일정 담당자를 없앤 상태였다. "그냥 비서한테 직접 전화하라고 하세요." 머스크에게 일정 담당자가 없는 것을 이상하게 생각한 게이츠는 비서를 시켜 머스크에게 전화를 하는 것도 적절하지 않다고 느꼈고, 그래서 직접 전화를 걸어 자신이 오스틴으로 방문하겠다면서 적당한 시간을 정했다.

게이츠는 2022년 3월 9일 오후에 "방금 착륙했어요"라고 문자를 보냈다.

머스크는 "어서 오세요"라고 답한 후 오미드 아프샤르를 기가팩토리 입구로 마중 내보냈다.

머스크와 게이츠는 지구상에서 가장 부유한 사람이라는 타이틀을 거머쥔 바 있는 희귀한 부류로서 몇 가지 유사점을 보유한다. 분석적인 사고방식과 초집중하는 능력, 교만으로 흐를 수 있는 지적 자신감 등이 거기에 해당한다. 또

한 둘 다 바보를 참아내지 못한다. 이런 모든 특성은 두 사람이 결국 충돌할 가능성이 있음을 시사했다. 그리고 머스크가 게이츠에게 공장을 둘러보도록 안내하면서 실제로 그런 일이 발생했다.

게이츠는 배터리로는 결코 대형 세마이트럭에 동력을 공급할 수 없으며, 태양 에너지는 기후 문제의 주요한 해결책이 될 수 없다고 주장했다. "내가 수치를 들어가며 설명을 했지요." 게이츠는 말한다. "나는 분명히 아는 무언가가 있는데 머스크는 그런 게 없는 분야거든요." 그는 또한 화성과 관련해서도 머스크를 곤란하게 만들었다. "나는 화성 사람이 아니에요." 게이츠는 나중에 내게 이렇게 말했다. "그는 화성에 너무 과도하게 열중하고 있어요. 그가 화성에 대해 생각하는 바를 설명하도록 내버려두었더니, 뭐랄까, 좀 기괴한 생각을 하고 있더군요. 지구에서 핵전쟁이 일어날지도 모르는데 화성에 사람들이 가 있으면 다시 돌아와서 인류의 생존을 이어간다는, 그러니까 우리가 서로를 다 죽인 다음에도 그럴 수 있다는 건데, 말도 안 되는 생각이지요."

그럼에도 게이츠는 머스크가 건설한 공장과 모든 기계와 공정에 대한 그의 상세한 지식에는 깊은 인상을 받았다. 또한 우주에서 인터넷을 제공하기 위해 스타링크 위성을 대규모로 배치한 스페이스X에 대해서도 감탄했다. "스타링크는 내가 20년 전에 텔레데식Teledesic(1990년대 마이크로소프트가 인공 위성을 통한 커뮤니케이션 사업을 위해 설립한 회사―옮긴이)으로 이루려 했던 바를 실현한 겁니다." 게이츠의 말이다.

공장 투어가 끝날 무렵, 대화의 주제는 자선활동으로 바뀌었다. 머스크는 자선활동의 대부분이 "허튼 수작"이라는 견해를 밝혔다. 그는 1달러가 투여될 때마다 고작 20센트의 영향밖에 미치지 못한다고 추정했다. 그는 또한 기후변화와 관련해서도 테슬라에 투자함으로써 더 이로운 일을 할 수 있다고 생각했다.

게이츠는 화제를 이어갔다. "사실, 각각 1억 달러씩 들어가는 총 다섯 개의 프로젝트에 대해 얘기를 좀 하고 싶어요." 그러면서 그는 난민, 미국의 학교 시스템, 에이즈 치료법, 유전자 드라이브를 통한 모기 박멸, 기후변화의 영향에 저항할 유전자 변형 종자 등을 위한 기금에 대해 소개했다. 자선활동에 매우 열성적인 게이츠는 머스크에게 "각각의 아이디어에 대한 매우 상세한 설명서"를 작성해서 보내주겠다고 약속했다.

두 사람이 해결해야 할 한 가지 논란의 소지가 있는 문제가 있었다. 게이츠는 테슬라 주식을 대량으로 공매도했다. 가치가 하락할 것이라는 데에 크게 베팅한 것이었다. 하지만 그의 예상은 틀렸다. 오스틴에 방문했을 무렵 그는 15억 달러의 손실을 입은 상태였다. 머스크는 그 얘기를 듣고 속이 부글부글 끓어올랐다. 공매도 세력은 그의 지옥에서 가장 내밀한 구석을 차지하고 있었다. 게이츠는 미안하다고 말했지만 머스크의 화를 달래지는 못했다. "그에게 사과했지요." 게이츠는 말한다. "내가 테슬라 주식을 공매도했다는 얘기를 듣더니 내게 아주 못되게 굴더군요. 하지만 그가 못되게 군 사람이 어디 한둘인가요. 너무 사적으로 받아들일 필요는 없는 거지요."

이 싸움은 둘의 서로 다른 사고방식을 반영했다. 게이츠에게 왜 테슬라 주식을 공매도했는지 물었더니, 그는 전기자동차의 공급이 수요를 앞질러 가격이 하락할 것으로 추정했다고 설명했다. 나는 고개를 끄덕였지만 여전히 같은 의문이 들었다. 왜 그는 그 주식을 공매도했을까? 게이츠는 방금 설명한 내용을 이해하지 못했느냐는 듯이 나를 쳐다보더니 너무도 당연하다는 듯이 다시 대답했다. 테슬라를 공매도하면 돈을 벌 수 있다고 생각했다는 것이었다.

그런 사고방식은 머스크에게는 낯선 것이었다. 그는 세상을 전기자동차 시대로 바꾼다는 사명의 정당성을 믿었고, 안전한 투자가 아닌 것처럼 보였을 때조차도 그 목표를 이루기 위해 가용한 모든 자금을 투입했다. "어떻게 기후변화에 맞서 싸우는 데 열정을 쏟는다고 말하면서 그 분야에서 가장 큰 역할을 하는 회사의 전체 투자액을 갉아먹는 일을 할 수 있을까요?" 게이츠의 방문 며칠 후 머스크가 내게 물었다. "그것은 순전한 위선이에요. 왜 지속 가능한 에너지 자동차 회사의 실패로 돈을 벌려고 하느냐고요?"

그라임스는 자신만의 해석을 덧붙였다. "저는 그것이 어느 정도는 거시기 크기 겨루기에서 비롯된 것이라고 봐요."

게이츠는 4월 중순 머스크에게 자신이 직접 작성한 자선 옵션에 관한 설명서를 보냈다. 머스크는 문자로 간단한 질문을 던지는 것으로 반응을 보였다. "아직도 테슬라에 대해 5억 달러의 공매도 포지션을 보유하고 계신가요?"

게이츠는 이제 막 대학원에 입학한 아들 로리와 함께 워싱턴 DC의 포시즌스 호텔 식당에 앉아 있었는데, 웃으면서 로리에게 문자를 보여주며 어떻게 대답해야 할지 조언을 구했다.

"그냥 '예'라고 대답한 다음 빠르게 주제를 바꾸세요." 로리가 제안했다.

게이츠는 그렇게 문자를 보냈다. "아직 거래를 중단하지 못해서 미안하군요." 그런 후 덧붙였다. "자선활동의 가능성에 대해 논의하고 싶군요."

먹히지 않았다. "죄송합니다." 머스크가 즉시 받아쳤다. "기후변화 문제를 해결하기 위해 가장 많은 노력을 기울이고 있는 테슬라에 대해 대규모 공매도 포지션을 취하고 있는 분의 기후에 관한 자선활동을 진지하게 받아들일 수가 없습니다."

머스크는 화가 나면 심술궂게 변할 수 있는데, 그런 경우 특히 트위터로 못된 짓을 저지르곤 한다. 그는 골프 셔츠를 입고 찍은 배가 불룩 나온 게이츠의 사진에 임신한 남성을 묘사한 이미지를 나란히 붙여 트위터에 올리며 "당신이 빨리 살을 빼야 한다면"이라는 코멘트를 달았다.

게이츠는 머스크가 왜 자신의 공매도 투자에 대해 화를 내는지 진정으로 의아해했다. 그리고 머스크는 게이츠가 그것을 의아해한다는 사실에 대해 같은 정도로 의아해했다. 머스크는 게이츠와 문자를 주고받은 직후 나에게 문자를 보냈다. "이 시점에서 나는 그가 명백히 미쳤다고(그리고 완전히 얼간이라고) 확신합니다. 사실 그를 좋아하고 싶었었는데(한숨)."

하지만 게이츠는 훨씬 자애로웠다. 그해 말, 워싱턴 DC에서 열린 만찬에 참석했을 때 사람들이 머스크를 비판하자 그는 이렇게 말했다. "일론의 행동방식에 대해 어떤 식으로 느끼든 그것은 여러분의 자유입니다. 하지만 우리 시대에서 과학과 혁신의 한계를 뛰어넘기 위해 그보다 더 많은 일을 한 사람이 없다는 것은 확실합니다."

새로운 방식의 자선활동

머스크는 수년 동안 자선활동에 거의 관심을 보이지 않았다. 그는 에너지의 지속 가능성과 우주탐사, 안전한 인공지능을 추구하는 회사들에 돈을 계속 투자하는 것이 자신이 인류를 위해 할 수 있는 가장 좋은 일이라고 생각했다.

게이츠가 그를 방문해 자선사업에 기여할 것을 제안하고 며칠 후, 머스크는 제러드 버챌 및 네 명의 유산상속 자문위원들과 함께 갓 완성된 테슬라 기가텍사스 공장의 조립라인이 내려다보이는 중이층의 테이블에 앉았다. 자선활동에 뛰어들라는 게이츠에게 동의하지 않았지만, 그는 전통적인 재단보다 더 효율적으로 기능하는 무언가에 기금을 지원하기 위한 아이디어를 원했다.

버챌은 비영리 지주회사를 설립하는 것을 제안했다. 비영리 지주회사는 다수의 비영리 회사를 보호 대상으로 삼아 자금을 지원하며 지침을 제시하는, 영리 사업체와 유사한 방식으로 운영하는 자선사업 조직을 말한다. 버챌의 설명에 따르면 하워드휴스 의학연구소와 비슷한 구조를 갖추는 것이었다. 버챌은 내게 이렇게 말했다. "일단 아기가 걸음마를 떼듯 시작하자는 겁니다. 궁극적으로는 상당히 큰 규모로 발전시켜, 이를테면 본격적인 고등교육 기관과 같은 역할을 할 수 있는 것이고요."

머스크는 이 콘셉트가 마음에 들었지만, 실행에 옮길 준비는 되어 있지 않았다. "지금은 생각할 게 너무 많아요." 그가 테이블을 떠나면서 말했다.

그랬다. 그날(2022년 4월 6일) 머스크는 기가텍사스의 오프닝 행사를 준비하고 있었고, 오전에 모델 Y의 조립라인을 꼼꼼히 점검하고 계획 중인 기가 로데오 파티의 세부사항을 승인하는 등 바쁘게 시간을 보낸 터였다. 또한 이날은 무역과 중국의 관세, 배터리 보조금 등을 주제로 백악관 관계자들과 전화 회의를 하는 날이기도 했다. 그리고 그날 그의 머릿속을 가장 많이 차지하고 있던 사안도 있었다. 그가 1월부터 몰래 주식을 축적해온 한 회사의 이사회에 합류해달라는 제안을 받아 방금 수락하긴 했지만, 다시 생각해봐야 하는 것 아닌지 계속 고민하는 중이었다.

72장

새로운 투자

트위터, 2022년 1월-4월

파라그 아그라왈과 잭 도시

폭풍 전야

2022년 4월, 머스크의 주변 상황은 놀라울 정도로 순조롭게 흘러가고 있었다. 지난 12개월 동안 광고비를 한 푼도 쓰지 않았는데도 테슬라의 매출이 71퍼센트 성장했다. 주식은 5년 사이에 15배나 올랐고, 이제 그다음의 아홉 개 자동차 회사를 다 합친 것보다 더 큰 가치를 지니게 되었다. 머스크가 마이크로칩 공급업체를 맹렬히 을러댄 덕분에 테슬라는 다른 제조업체와 달리 팬데믹으로 인한 공급망 혼란의 시기를 견뎌내고 2022년 1분기에 기록적인 출하량을 달성할 수 있었다.

스페이스X의 경우, 2022년 1분기에 다른 모든 기업과 국가를 합친 것보다 2배나 많은 질량을 궤도에 쏘아 올렸다. 4월에는 네 번째 유인 임무 수행에 들어가 (아직 자체 발사 능력을 갖추지 못한) NASA의 우주비행사 세 명과 유럽우주국의 우주비행사 한 명을 태운 우주선을 국제우주정거장에 보냈다. 또한 같은 달에 또 다른 일단의 스타링크 통신위성을 궤도에 쏘아 올려 당시 우크라이나를 포함한 40개국의 50만 가입자에게 인터넷 연결을 제공하던 통신위성 수를 2,100개로 늘렸다. 스페이스X 외에 그 어떤 회사나 국가도 궤도 로켓을 안전하게 착륙시켜 재사용하는 데 성공하지 못했다. "정말 기이한 점은 수년이 지난 지금까지도 착륙하고 재비행할 수 있는 유일한 궤도 부스터는 팰컨 9호뿐이라는 사실입니다!" 머스크는 이렇게 트윗했다. 그 결과 그가 처음부터 투자하고 구축한 네 개 회사의 2022년 기준 가치는 다음과 같았다.

테슬라: 1조 달러
스페이스X: 1,000억 달러
보링컴퍼니: 56억 달러
뉴럴링크: 10억 달러

머스크가 현 상태 그대로 내버려두어도 영광스러운 한 해가 될 것 같았다.

하지만 그대로 내버려두는 것은 머스크의 본성에 맞지 않았다.

시본 질리스는 4월 초 그가 승리를 거두었으면서도 플러그를 뽑을 수 없는 비디오 게임 중독자처럼 무언가 갈증을 느끼고 있다는 것을 알아차렸다. "항상 전쟁 상태에 있을 필요는 없잖아요. 아니면 전쟁 중일 때 더 큰 위안을 얻는, 뭐 그런 건가요?" 그녀가 그에게 말했다.

"그것이 내 기본 설정의 일부야." 그가 답했다.

"마치 시뮬레이션에서 이기고 있는데 이제 무엇을 어떻게 해야 할지 모르겠다고 느끼는 것 같았어요." 그녀는 말한다. "평온한 상태가 오래 지속되는 것은 그를 불안하게 만듭니다."

그달에 그의 회사들이 달성한 이정표에 대해 대화를 나누던 중, 그는 내게 테슬라가 매년 1조 달러의 수익을 내는 세계에서 가장 가치 있는 회사가 될 수 있는 궤도에 올라섰다고 생각하는 이유를 설명했다. 하지만 그의 목소리에는 축하나 만족의 기색이 전혀 없었다. "나는 항상 칩을 다시 테이블에 올려놓거나 다음 단계의 게임을 하고 싶었던 것 같아요." 그가 말했다. "가만히 앉아 있는 걸 잘 못하는 거지요."

머스크는 보통 이런 불안한 성공의 순간에 드라마를 연출한다. 서지를 발동하고 제트기를 출격시키고 비현실적이고 불필요한 마감기한을 선포한다. 자율성의 날, 스타십 쌓아올리기, 솔라루프 설치, 자동차 생산 지옥 등등 그는 갑자기 비상벨을 울리고 소방 훈련을 강행한다. "형은 통상적으로 회사들 중 한 곳에 들어가서 위기로 전환할 무언가를 찾습니다." 킴벌의 말이다. 하지만 이번에 머스크는 그렇게 하지 않았다. 대신 충분한 생각을 거치지 않고 트위터를 인수하기로 결정했다.

트위터라는 놀이터

2022년 초 머스크가 불안을 느낄 정도로 평온한 시기는 갑자기 많은 현금이 주머니에 들어온 순간과 운명적으로 일치했다. 주식 매각으로 그에게 약 100억 달러라는 거금이 생겼다. "그 돈을 그냥 은행에 넣어두고 싶지 않았어요." 그는 말한다. "그래서 내가 좋아하는 제품이 무엇인지 내 자신에게 물어봤고, 그건 쉬운 질문이었지요. 바로 트위터였거든요." 1월에 그는 개인 매니저인 제러드 버챌에게 비밀리에 트위터 주식을 사 모으라고 지시했다.

트위터는 머스크에게 이상적인, 아니 너무도 이상적인 놀이터다. 트위터는 마치 엄지손가락용 화염방사기처럼, 충동적이고 무분별하며 여과 과정을 거치지 않는 유저들에게 보상을 제공한다. 조롱과 괴롭힘 등 마치 학교 운동장과 같은 속성을 많이 가지고 있다. 하지만 학교에서와 달리 트위터에서는 영리한 아이들이 떠밀려 콘크리트 계단을 구르는 대신 팔로워를 확보한다. 그리고 만약 가장 부유하고 똑똑하다면, 어렸을 때와는 달리 학교 운동장의 왕이 되기로 결심할 수도 있다.

머스크는 2006년 트위터의 출시 직후부터 그것을 사용했지만, "스타벅스에서 마신 라떼의 종류에 관한 트윗 등에 지루함을 느껴" 계정을 삭제했다. 친구인 빌 리가 대중과 여과 없이 소통할 수 있는 창구를 확보하는 차원에서 다시 시작해보라고 권했고, 그래서 2011년 12월에 다시 트위터를 시작했다. 그의 초기 트윗에는 크리스마스 파티에서 머리털을 곤두세운 가발을 쓰고 아트 가평 클의 흉내를 내는 사진이나 난처한 우정의 시작을 알리는 글 등이 포함되었다. "오늘 갑자기 카니예 웨스트로부터 전화를 받았고 신발부터 모세 등에 대한 그의 다양한 생각을 들었습니다." 그가 트위터에 올린 글이다. "그는 정중했지만 이해하기 힘든 구석이 있었습니다."

그 후 10년 동안 머스크는 1만 9,000개의 트윗을 올렸다. 그는 말한다. "내 트윗은 때때로 나이아가라 폭포처럼 너무 빨리 무더기로 쏟아져 나옵니다. 그럴 때면 그냥 거기에 빠져서 무작위로 쏟아지는 똥을 피하려 애쓰게 되지요." 특히 2018년의 "피도가이"나 "자금 확보"와 같은 트윗은 레드불과 암비엔으로 자극을 받아 더욱 흥분한 밤늦은 시간에는 그의 떨리는 손가락 안에서 트위터가 얼마나 위험해질 수 있는지 보여주었다. 왜 자제하지 않느냐는 질문에 그는 자신이 너무 빈번히 "자기 발등을 찍는다"거나 "스스로 무덤을 파는 것 같다"며 유쾌하게 인정한다. 하지만 인생은 흥미롭고 폼 나야 하지 않느냐고 덧붙이며 2000년 개봉 영화 〈글래디에이터〉에서 자신이 가장 좋아하는 대사를 인용한다. "즐겁지 않아요? 그러려고 여기 온 것 아니에요?"

2022년 초, 언제든 흥분할 준비가 되어 있는 그에게 새로운 재료가 던져졌다. 머스크는 미국을 감염시키고 있다고 생각되는 '각성 바이러스'의 위험성에 대해 점점 더 우려하게 되었다. 그는 도널드 트럼프를 경멸했지만, 전직 대통령의 계정을 영구 정지시키는 것과 같은 조치는 터무니없다고 생각했고, 트위터에서 탄압받는 우파 인사들의 불만에 공감하며 점점 더 화가 치밀어 올랐다. "그는 트위터가 나아가고 있는 방향에 문제가 있다고 봤습니다. 스펙트럼의 다른 쪽 끝에 있으면 검열을 받게 된다는 것을 파악한 겁니다." 버챌의 말이다.

자유주의를 신봉하는 첨단기술업계 친구들은 그를 응원했다. 3월에 머스크가 콘텐츠의 경중이나 타당성을 결정하는 데 사용되는 알고리즘을 트위터에서 공개해야 한다고 제안했을 때, 그의 젊은 친구인 조 론즈데일은 지지를 표명했다. "우리의 공공광장에 개략적이고 독단적인 검열이 존재해서는 안 됩니다." 그가 문자를 보냈다. "사실 내일 공화당 정책 수련회에 참여해 100명이 넘는 의원들 앞에서 연설할 예정인데, 이것도 제가 추진하는 아이디어 중 하나입니다."

머스크는 "아무렴요"라고 답했다. "숨겨진 부패를 밝혀내야 해요!"

오스틴의 친구인 조 로건도 의견을 보냈다. "트위터를 검열 악당들로부터 해방시키실 건가요?" 그가 머스크에게 보낸 문자다.

"그들에게 조언을 할 텐데, 그들이 따를 수도 있고 안 따를 수도 있겠지요." 머스크가 답했다.

언론의 자유에 대한 그의 견해는 많을수록 민주주의에 더 이롭다는 것이었다. 3월의 어느 날 그는 트위터에서 여론조사를 실시했다. "언론의 자유는 민주주의가 제대로 작동하는 데 필수적입니다. 트위터가 이 원칙을 엄격하게 준수한다고 생각하십니까?" 70퍼센트 이상이 '아니오'라고 대답하자 머스크는 또 다른 질문을 던졌다. "새로운 플랫폼이 필요한가요?"

트위터의 공동창업자로서 당시 이사회에 몸담고 있던 잭 도시가 머스크에게 개인적으로 "네"라고 답하는 문자를 보냈다.

"할 수만 있다면 돕고 싶습니다." 머스크가 답문을 보냈다.

트위터 이사회의 제안

당시 머스크는 새로운 플랫폼의 출범을 고려하고 있었다. 하지만 3월 말, 그는 트위터 이사회 멤버 몇 명과 사적인 대화를 나눴고, 그들은 그에게 회사에 더 많이 관여해달라고 강력하게 요구했다. 어느 날 저녁, 9시에 테슬라 오토파일럿 팀과 회의를 마친 직후, 그는 도시의 뒤를 이어 트위터의 CEO 자리에 오른 소프트웨어 엔지니어 파라그 아그라왈에게 전화를 걸었다. 두 사람은 3월 31일에 트위터의 이사회 의장 브렛 테일러와 함께 비밀리에 저녁식사를 하기로 했다.

트위터 직원은 그들의 회동 장소로 새너제이 공항 근처에 있는 에어비앤비 농가를 잡아놓았다. 테일러가 먼저 도착해 머스크에게 문자를 보냈다. "최근에 회의한 장소 중 가장 이상한 곳입니다. 트랙터와 당나귀들이 있네요."

"아마 에어비앤비 알고리즘이 당신이 트랙터와 당나귀를 좋아한다고 생각하나 봅니다(그렇지 않은 사람은 없겠죠)." 머스크가 답했다.

이 만남에서 머스크는 아그라왈에게 호감을 느꼈다. "정말 다정한 친구더군요." 그의 말이다. 하지만 그게 문제였다. 머스크에게 CEO에게 필요한 자질이 무엇이냐고 묻는다면, "정말 다정한 것"은 포함되지 않을 것이다. 그의 격언 중 하나는 경영자가 호감을 얻으려고 해서는 안 된다는 것이다. "트위터에 필요한 것은 불을 뿜는 용이에요." 그가 그 회동 이후에 한 말이다. "아그라왈은 그런 사람이 아니지요."

불을 뿜는 용. 머스크 자신을 설명하기에 알맞은 간결하면서도 함축적인 표현이다. 하지만 그는 아직 트위터를 직접 인수할 생각은 하지 않고 있었다. 머스크와 만난 자리에서 아그라왈은 얼마 전 도시가 머스크를 이사회에 합류시킬 것을 제안했다고 말했다. 아그라왈은 머스크에게 그렇게 해달라고 말했다.

이틀 후 독일을 여행 중이던 머스크에게 트위터 이사회가 공식적인 합류 제안서를 보냈다. 그러나 머스크가 보기에 그것은 놀랍게도 우호적인 제안이 아니었다. 2년 전 트위터가 적대적인 행동주의 투자자 두 명을 이사회에 참여시키기로 합의했을 때 사용했던 방식에 기반하고 있었다. 7페이지 분량의 계약서에는 머스크가 트위터에 비판적인 공개 발언(및 짐작컨대 트윗)을 하는 것을 금지하는 조항도 포함되어 있었다. 트위터 이사회로서는 그런 입장을 취하는 것이 당연했다. 머스크가 화염방사기를 꺼내지 못하도록 막지 않으면 어떤 피해를 입을 수 있는지는 그간의 역사가 증명했고, 앞으로도 마찬가지일 터였다. 하지만 그가 증권거래위원회와 벌인 싸움은 그에게 그러한 제한을 강요하는 것이 얼마나 힘든 일인지 보여주었다.

머스크는 버챌에게 제안을 거부하라고 지시했다. "공공의 광장"이 되어야 할 회사가 자신의 언론의 자유를 제한하려는 것은 "궁극의 아이러니"라고, 그가 말했다. 몇 시간 만에 트위터 이사회는 한발 물러섰다. 트위터는 단 세 문단으로 된 매우 우호적인 수정 제안서를 보내왔다. 유일한 주요 제한사항은 그가 트위터 주식의 14.9퍼센트 이상을 매입할 수 없다는 것이었다. "그들이 레드카펫을 깔아준다면 걸어가줘야지, 뭐." 그가 버챌에게 말했다.

머스크가 뒤늦게 증권거래위원회에 자신이 트위터 주식의 약 9퍼센트를 소유하고 있다고 밝힌 후, 그와 아그라왈은 축하 트윗을 주고받았다. "트위터 이사회 멤버로 @elonmusk가 선임되었다는 소식을 전하게 되어 기쁩니다!" 아그라왈이 4월 5일 아침 일찍 글을 올렸다. "그는 트위터 서비스에 대한 열정적인 신봉자인 동시에 격렬한 비판자입니다. 바로 우리에게 꼭 필요한 인물입니다."

머스크는 7분 후 신중하게 작성한 트윗으로 답장을 보냈다. "앞으로 몇 달에 걸쳐 아그라왈 및 트위터 이사회와 협력하여 트위터를 크게 개선할 수 있게 되기를 기대합니다!"

그리고 며칠 동안은 두 사람 사이에 평화가 찾아오는 것처럼 보였다. 머스크는 아그라왈이 전형적인 CEO가 아닌 엔지니어라는 점이 마음에 들었다. "나는 프로그램 관리자나 MBA 출신보다 하드코어 프로그래밍을 수행할 수 있는 엔지니어와 훨씬 더 잘 소통하지요." 그가 문자를 보냈다. "나는 우리의 대화가 정말 맘에 들어요!"

"다음번 대화에서는 저를 CEO가 아닌 엔지니어로 대하십시오. 우리가 함께 어떤 결과를 도출할 수 있는지 보면 좋겠습니다." 아그라왈이 화답했다.

브레인스토밍

페이팔의 공동창업자 출신인 머스크의 절친 루크 노섹과 켄 하워리는 4월 6일 오후 기가텍사스의 중이층 업무공간을 어슬렁거리며 머스크가 버챌과 자선활동에 대한 논의를 마치고 바이든 행정부의 관료들과 중국 관세에 대한 전화 회의를 마칠 때까지 기다렸다. 당시 그는 하워리의 집을 빌려 살고 있었고 때때로 노섹의 집에 머물기도 했다. "나의 두 집주인이시여!" 그가 마침내 일에서 탈출하여 다가오면서 외쳤다.

때는 그가 트위터 이사회에 합류한다는 발표가 나온 다음 날이었고, 노섹과 하워리는 그 결정에 회의적인 반응을 보였다. "어쩌면 공연히 문제를 떠안게 되는 건지도 모르지요." 머스크가 테슬라의 조립라인이 내려다보이는 회의 테이블에 앉으며 명랑하게 수긍했다. "근데 그냥 놀고 있는 돈이 넘쳐나는 걸 어떡해요!" 하워리와 노섹은 껄껄 웃으며 더 많은 이야기를 기다렸다. "신뢰받는, 적어도 너무 불신의 대상이 되지는 않는 토론의 장을 마련하는 것이 중요하다고 생각해요." 머스크가 덧붙였다. 그는 트위터 이사회가 주주나 유저로서 서비스에 개인적인 투자를 거의 하지 않고 있다고 불평했다. "아그라왈은 기술자이고 무슨 일이 일어나고 있는지 어느 정도는 알고 있지만, 현재 분명한 상황은 수감자들이 정신병원을 운영하고 있는 것과 같다는 거예요."

그는 트위터가 유저의 발언을 제한하려는 시도를 중단하는 것이 민주주의에 도움이 된다는 단순한 견해를 반복했다. "트위터는 적어도 법이 정의하는 언론의 자유를 보장하는 방향으로 더 나아가야 해요." 그가 말했다. "지금 트위터의 언론 탄압은 법까지 완전히 무시하는 수준이라고요."

하워리는 언론의 자유에 대한 머스크의 자유주의적 견해를 공유하면서도 부드러운 질문으로 몇 가지 정교한 생각을 제시하며 가볍게 반박했다. "한쪽 끝으로 들어간 말이 다른 쪽 끝에서 그대로 똑같이 나오는 전화 시스템과 같아져야 한다고 생각해요?" 그가 물었다. "아니면 이것이 세상의 담론을 지배하는 시스템과 비슷해져야 하고, 그래서 콘텐츠의 우선순위를 정하는 알고리즘에 어느 정도의 지능을 개입시켜야 한다고 생각하나요?"

"흠, 까다로운 질문이군요." 머스크가 답했다. "무언가를 말할 수 있게 한다면, 그다음에는 그 말을 어느 정도까지 홍보하거나 무시하거나 증폭해야 하는지에 대한 문제가 따르겠지요." 트윗을 홍보하는 공식을 더욱 개방적으로 만드는 것이 해결의 실마리가 될 수 있을지도 몰랐다. "깃허브GitHub(오픈 소스 코드의 저장소를 제공하는 호스팅 업체-옮긴이)에 올리는 오픈소스 알고리즘으로 만들어서 사람들이 꼼꼼하게 살피고 추려내고 그러도록 할 수 있다고 생각해요." 이는 알고리즘에 은밀하게 진보주의적 편견이 포함되어 있다고 느끼는 보수주의자들에게 어필할 수 있는 아이디어였지만, 트위터가 위험하거나 허위적이거나 유해한 콘텐츠의 확산을 막아야 하는지에 대한 문제를 제대로 다루는 아이디어는 아니었다.

머스크는 몇 가지 다른 아이디어를 추가했다. "사람들에게 한 달에 2달러 정도의 소액을 부과하는 방법으로 신원을 확인하면 어떨까요?" 그가 물었다. 이것은 이후 머스크가 트위터에 추진하는 핵심 아이디어 중 하나가 되었다. 신용카드와 휴대전화 번호로 구독을 신청하게 함으로써 신원을 확인하고 인증하는 방법이었다. 이 알고리즘은 사기를 치거나 누군가를 괴롭히거나 거짓 정보를 퍼뜨릴 가능성이 적은 유저들에게 유리할 수 있었다. 상대를 나치에 비유하는 식으로 토론이 악화되는 것도 줄일 수 있었다.

유저의 신용카드를 받으면 트위터를 사람들이 돈을 보내거나 팁을 주거나, 스토리, 음악, 동영상에 대한 비용을 지불할 수 있는 결제 플랫폼으로 전환하기에도 용이하다는 장점이 따른다고 그가 말했다. 하워리와 노섹은 페이팔에서 머스크와 함께 일한 적이 있었기에 이 아이디어가 마음에 들었다. "엑스닷컴과 페이팔에서 내가 원래 품었던 비전을 실현할 수 있게 되는 거지요." 머스크가 환하게 웃으며 말했다. 그는 처음부터 자신이 엑스닷컴을 위해 구상했던 것, 즉 금융 거래를 지원하는 소셜 네트워크가 될 수 있는 잠재력이 트위터에 있다는 것을 간파했다.

노섹이 오스틴의 화려하지 않으면서도 우아한 클럽인 퍼싱의 위층 방을 예약해둔 터라 그들은 자리를 옮겨 늦은 저녁식사를 하면서 대화를 계속 이어갔다. 이 자리에는 그리핀과 색슨, 곧 있을 컨퍼런스를 위한 인터뷰 녹화 차 오스틴에 온 TED의 크리스 앤더슨, 프라하에서 〈보그〉의 화보 촬영을 하고 막 돌아온 메이도 참석했고, 나중에 그라임스도 합류했다.

알고 보니 그리핀과 색슨은 트위터를 거의 사용하지 않는 쪽이었고 메이는 트위터의 충실한 유저였다. 이는 트위터 유저의 인구통계에 대한 경고 신호일 수도 있었다. "내가 트위터에서 너무 많은 시간을 보내는 것 같아요." 머스크가 말했다. "트위터는 자기 무덤을 파기에 좋은 곳입니다. 어깨에 힘을 주고 계속 파고 들어가게 되죠."

기가텍사스의 그랜드 오프닝

기가텍사스 공장의 그랜드 오프닝이 다음 날인 4월 7일 저녁으로 예정되어 있었다. 오미드 아프샤르는 1만 5,000명의 손님을 초대하는 기가 로데오를 계획했다. 머스크는 준비 과정을 감독하고 쇼 리허설을 하는 대신 3시간을 할애해 콜로라도스프링스로 날아갔다. 그곳의 미 공군사관학교에서 강연을 하기로 되어 있었기 때문이다. 반가운 휴식이었다. 머스크는 그렇게 다른 일에 몰두하면서 트위터에 대한 생각을 잠깐 뒤편에 밀어놓을 수 있었다.

그는 생도들에게 안전 행보 위주의 관료주의적 사고방식의 희생양이 되지 말라고 강조했다. 그런 태도가 정부 프로그램의 적절한 진행을 방해한다는 것이었다. "만약 우리가 엔진을 폭발시키지 않았다면, 그것은 우리가 충분한 노력을 기울이지 않았다는 뜻입니다." 그가 생도들에게 강조했다. 그는 당시의 모든 상황에도 불구하고 서두르지 않는 것처럼 보였다. 강연이 끝난 후 그는 소수의 학생들을 만나 인공지능에 대한 연구와 자율 드론의 개발을 주제로 토론 시간을 가졌다.

늦은 오후에 돌아왔을 때 기가텍사스는 완전히 달라져 있었다. 주차장은 버닝맨에서 볼 수 있는 것과 같은 설치예술 작품들과 아케이드 게임, 밴드 스탠드, 모형 황소를 갖춘 로데오 체험용 오락 기계, 거대한 고무 오리, 두 개의 우뚝 솟은 테슬라 코일 등으로 장식되어 있었다. 공장 내부는 일부 구역이 나이트클럽처럼 보이도록 꾸며져 있었다. 킴벌은 니콜라 테슬라와 도지코인 마스코트, 사이버트럭 등을 형상화한 드론 쇼를 밤하늘에 펼칠 준비를 갖추었다. 유명 인사로는 해리슨 포드와 스파이크 리 감독, NFT 아티스트 비플 등이 참석했다.

머스크는 닥터 드레의 노래가 울려 퍼지는 가운데 테슬라가 만든 최초의 자동차인 검은색 테슬라 로드스터를 타고 무대에 등장했다. 그는 1,000만 평방피트 규모의 공장이 얼마나 거대한지 가늠할 수 있는 다양한 통계수치를 제시한 다음 햄스터 1,940억 마리를 수용할 수 있다는 말로 이해를 도왔다. 이어서 테슬라가 달성한 많은 이정표를 나열한 후 궁극적인 이정표가 될 것이라며 '완전 자율주행'을 강조했다. "완전 자율주행이 세상을 혁명적으로 바꿔놓을 것입니다." 그가 장담했다.

기가텍사스의 개장 행사는 그저 승리감을 만끽하는 순간이어야 했다. 전기자동차 시대를 선도한 머스크는 이제 미국에서도 제조업이 번창할 수 있다는 것을 보여주고 있었다. 하지만 개장 축하 행사와 뒤풀이를 채운 웅성거림은 제조업의 기적에 대한 내용이 아니었다. 특히 킴벌과 안토니오, 루크, 심지어 메이까지, 머스크의 친구들과 가족들 사이에서는 트위터에 대한 대화만 오갔다. 일론은 왜 뱀이 들끓는 늪에 몸을 던지려는 걸까? 이것이 일론의 남북전쟁이 되는 건 아닐까? 발을 빼라고 설득해야 하지 않을까?

73장

트위터의 인수

트위터, 2022년 4월

개혁을 위한 고민

기가 로데오 다음 날인 2022년 4월 8일 금요일, 머스크는 킴벌과 함께 브런치를 먹었다. 그는 트위터 이사회 멤버들과 나눈 대화에 실망한 상태였다. "사람들은 친절한데 아무도 트위터를 사용하고 있지 않아." 그가 말했다. "그런 상황에서 무슨 변화가 있겠어?"

킴벌도 고무적이지 않았다. "형은 이런 기업의 이사회 경험이 없어서 이게 얼마나 사람을 열 받게 하는지 잘 모를 거야." 그가 말했다. "거기서 형 생각을 말하면 사람들은 미소 지으면서 고개를 끄덕일 거야. 그리곤 무시해버리지."

킴벌은 일론이 블록체인을 기반으로 자신만의 소셜 미디어 플랫폼을 시작하는 것이 더 나을 것이라는 의견을 피력했다. 그러면 도지코인을 이용한 결제 시스템을 포함시킬 수도 있겠지, 일론이 골똘히 생각했다. 브런치를 마치고 헤어진 후, 일론은 킴벌에게 "트위터 방식의 단문 메시지는 물론이고 결제까지 처리할 수 있는 블록체인 소셜 미디어 시스템"에 대한 아이디어를 구체화한 문자를 몇 통 보냈다. 중앙 서버가 없기 때문에 "목을 조를 일도 없을 테니 언론의 자유가 보장될 것"이라는 내용 등이었다.

또 다른 방법은 단순히 트위터 이사회에 참여하는 것이 아니라 트위터를 인수하는 것이라고 일론은 말했다. "나는 트위터가 벼랑 끝으로 치닫고 있다고 생각하기 시작했어요. 이사회 멤버가 되는 것만으로는 트위터를 구할 수 없다는 생각도 들었지요." 그는 말한다. "그래서 트위터를 인수해서 비공개기업으로 전환하고 문제를 해결해야겠다고 생각한 겁니다."

그는 이미 문자 메시지와 공개 트윗을 통해 트위터 이사회의 우호적인 합류 제안에 대한 수락 의사를 밝힌 상태였다. 하지만 킴벌과의 브런치 후에 그는 버챌에게 전화를 걸어 아무것도 확정하지 말라고 지시했다. 아직 생각할 것이 남아 있었다.

이사 선임 발표 그리고 번복

그날 저녁 머스크는 래리 엘리슨의 집이 있는 하와이 라니이 섬으로 향했다. 오라클의 창업자인 엘리슨은 섬 중앙의 언덕에 고요한 저택을 지어놓았고, 그래서 머스크에게 해변에 있는 자신의 오래된 집을 사용하도록 했다. 머스크는 가끔씩 데이트하는 여성 중 한 명인 호주 여배우 나타샤 바셋과의 조용한 만남을 위해 이 여행을 계획했다. 하지만 머스크는 편안하게 짧은 휴가를 즐기는 대신 그곳에 머문 4일 동안 대부분의 시간을 트위터에 대해 어떻게 하면 좋을지 생각하면서 보냈다.

그는 첫날 밤 내내 잠을 못 이루며 트위터가 직면한 문제에 대해 고민했다. 버락 오바마, 저스틴 비버, 케이티 페리 등 가장 많은 팔로워를 보유한 사람들의 목록을 살펴본 머스크는 그들이 더 이상 활발하게 활동하지 않는다는 사실을 깨달았다. 그래서 하와이 시간으로 새벽 3시 32분에 트윗을 날렸다. "이 '인기' 계정들 대부분이 트윗을 거의 하지 않고 콘텐츠도 거의 올리지 않고 있네요. 트위터가 죽어가고 있는 건가요?"

트위터의 CEO 아그라왈이 있던 샌프란시스코는 오전 6시 30분이었다. 그로부터 약 90분 후 아그라왈은 머스크에게 문자 메시지를 보냈다. "대표님은 '트위터가 죽어가고 있는가?'라는 질문을 포함해 트위터에 대해 어떤 이야기든 자유롭게 트윗할 수 있지만, 제게는 그런 것이 현재 상황에서 제가 트위터를 개선하는 데 도움이 되지 않는다고 말씀드려야 할 책임이 있습니다." 머스크가 더 이상 트위터를 비방할 권리가 없음을 암시하지 않도록 조심스럽게 표현한 절제된 글이었다. 그는 "우리의 업무 수행 능력에 방해가 되는 산만함"을 피하는 방법에 대해 곧 서로 대화를 나눠야 할 필요가 있다고 덧붙였다.

머스크가 문자를 받았을 때는 하와이 시간으로 새벽 5시가 조금 지났을 때였지만, 그는 여전히 시간과 상황에 비해 다소 강경한 태도를 취하고 있었다. 1분 후에 그는 비아냥거리는 답장을 보냈다. "이번 주에 뭐라도 완수한 일이 있나요?" 상대를 깔아뭉개는, 머스크의 궁극적인 일격이었다.

이어서 그는 운명적인 일제 사격을 가했다. "나는 이사회에 합류하지 않을 겁니다. 그것은 시간 낭비입니다. 트위터를 비공개기업으로 전환하기 위해 인수를 제안할 겁니다."

아그라왈은 충격을 받았다. 이미 그가 이사회에 합류한다고 발표한 상황이었다. 그가 적대적 인수를 시도할 것이라는 경고 신호는 전혀 없었다. "얘기 좀 할 수 있을까요?" 그가 애처롭게 물었다.

3분도 지나지 않아 트위터 이사회 의장인 브렛 테일러가 머스크에게 대화를 청하는 비슷한 내용의 문자를 보냈다. 그들의 토요일 아침은 순조롭게 시작되지 않았다.

바로 그 순간, 아그라왈 및 테일러와 대화를 나누던 중에 일론은 킴벌로부터 블록체인 기반의 새로운 소셜 네트워크를 만들 수 있는 가능성과 관련된 답장 문자를 받았다. "더 자세히 알아보고 싶어." 킴벌이 적었다. "(암호화폐보다는) 웹 3.0에 대해 깊이 파봤는데, 잠재력이 놀라운데다가 검증된 상태야. 블록체인을 기반으로 하면 사람들이 올린 트윗의 삭제를 방지할 수 있어. 장단점이 있지만, 게임을 시작해보자고!"

"블록체인을 기반으로 하고 결제 기능을 포함하는 새로운 소셜 미디어 회사가 필요하다고 생각해." 일론이 답장했다.

그렇게 킴벌과 새로운 소셜 네트워크를 만드는 것에 대해 의논하면서도 그는 아그라왈과 테일러에게 트위터를 인수하고 싶다고 거듭 강조했다. "비공개 기업으로 전환한다는 인수 제안을 기대하세요." 그가 문자를 보냈다.

"상황을 이해할 수 있도록 5분만 시간을 주시겠습니까?" 테일러가 물었다.

"아그라왈과 이야기를 해서 트위터를 변화시키는 것은 효과가 없을 겁니다." 머스크가 다시 문자를 보냈다. "과감한 조치가 필요합니다."

"당신이 이사회에 합류하고 고작 24시간이 지났습니다." 테일러가 문자를 보냈다. "요점은 알겠습니다만, 갑작스럽게 마음이 바뀐 이유를 알고 싶습니다."

머스크는 거의 2시간을 기다렸다가 답장을 보냈다. 하와이는 오전 7시가 넘은 시간이었고, 그는 아직 잠자리에 들지 않은 상태였다. "곧 돌아갈 겁니다만, 얘기는 내일 나누기로 하지요."

하와이에 도착했을 때 이사회에 참여하는 것으로는 트위터를 변화시킬 수 없다는 사실을 분명히 깨달았다고, 머스크는 말한다. "나는 기본적으로 헛힘이나 쓰도록 우롱당하고 있었어요." 그는 말한다. "그들은 내 말을 듣고 고개를 끄덕이곤 아무것도 하지 않으려 했지요. 더 이상 이사회에 괜히 끌려 들어간 느낌도 갖기도 싫었고, 또 거기서 부역자 노릇이나 하고 싶지도 않았어요." 돌이켜 생각해보면 충분히 고려한 이유처럼 들린다. 하지만 당시에는 다른 요인이 하나 더 있었다. 머스크는 상당히 들뜬 기분에 젖어 있었고, 종종 그렇듯이 충동적으로 행동하고 있었다.

그날 오후, 그러니까 4월 9일 토요일에 그는 버챌에게 문자를 보내 트위터를 인수하기로 결정했다는 소식을 전했다. "진짜야." 그가 확언했다. "9퍼센트 주주로서 회사를 바로잡을 방법이 없고, 주식 시장에서는 다음 분기 이후에 대해서는 제대로 생각을 못 하지. 트위터는 봇과 사기꾼을 제거해야 할 필요가 있어. 그러면 일일 유저 수가 급감한 것처럼 보이겠지."

버챌은 모건스탠리의 한 은행가에게 문자를 보냈다. "시간 내서 전화 좀 주세요." 그날 밤, 그들은 트위터의 합리적인 인수 가격을 도출하고 머스크의 자금 조달 방법을 구체화하기 위한 작업에 돌입했다.

그 와중에도 머스크는 트위터에 대한 무차별 사격을 멈추지 않았다. 그는 트위터의 샌프란시스코 사무실에 대한 여론조사를 게시했다. "어차피 아무도 출근하지 않는 트위터 샌프란시스코 본사를 노숙자 쉼터로 전환하는 게 어떨까요?" 하루 만에 150만 명이 투표를 했고, 91퍼센트 이상이 찬성했다.

"저기요, 오늘 저녁에 대화 좀 나눌까요?" 테일러가 그에게 문자를 보냈다. "당신의 트윗을 보니 더욱 시급히 당신의 입장을 이해해야 할 필요가 있을 것 같네요." 머스크는 대답하지 않았다.

일요일, 테일러는 포기했다. 그는 머스크에게 그가 마음을 바꿔 이사회에 합류하지 않기로 결정했다고 트위터에서 발표할 것이라고 말했다. 머스크는 "좋은 생각입니다"라고 답했다. "트위터를 비공개로 전환해서 개혁한 다음에 다시 시장에 공개하는 것이 더 낫다는 의견입니다."

아그라왈은 그날 늦은 밤 트윗을 통해 이를 공식화했다. "일론의 이사 선임은 4월 9일자로 공식 발효된 것이었지만, 같은 날 아침 그는 더 이상 이사회에 합류하지 않겠다고 밝혔습니다. 저는 이것이 오히려 긍정적인 결론이라고 믿습니다. 우리는 주주들이 이사회에 참여하든 참여하지 않든 항상 주주들의 의견을 소중히 여겨왔으며 앞으로도 그럴 것입니다."

머스크는 하와이 시간으로 월요일 오후에 버챌 및 모건스탠리 은행가들과 전화 회의를 가졌다. 그들은 제안할 주가를 도출했다. 54.20달러. 테슬라의 '비공개 전환' 가격으로 도출했던 420달러처럼 트위터의 인수 가격으로 제안할 54.20달러에도 마리화나에 대한 인터넷 속어가 내포된 사실에 머스크와 버챌은 웃음을 터뜨렸다. "이런 과도한 장난 같은 농담도 없을 것 같군요." 머스크가 말했다. 트위터를 인수할 가능성에 흥분한 그는 블록체인 기반의 대안에 대한 아이디어를 "플랜 B"라고 부르기 시작했다.

인수 제안

그라임스는 머스크에게 자신의 고향인 밴쿠버에 함께 가자고 조르고 있었다. 부모님과 연로하신 조부모님께 엑스를 보여드리고 싶어서였다. "할아버지는 엔지니어이신데, 오랫동안 증손자를 원하셨고, 할머니는 너무 연로하셔서 겨우 버티고 계셨거든요." 그라임스의 말이다.

두 사람은 크리스 앤더슨이 연례 TED 컨퍼런스를 개최하는 4월 14일 목요일에 맞춰서 방문하는 것이 좋겠다고 결정했다. 앤더슨은 일주일 전 기가텍사스에서 머스크와의 인터뷰를 녹화했지만, 특히 급변하는 트위터 관련 상황을 고려해 컨퍼런스에서 생방송 인터뷰도 진행하고 싶어 했다.

4월 13일 수요일, 그라임스는 오스틴에서, 머스크는 하와이에서 출발해 밴쿠버에 도착했다. 머스크는 하와이 여행길에 정장을 가져가지 않았기 때문에 노드스트롬(미국의 백화점 체인) 매장에 들러 검은색 정장을 한 벌 샀다. 그날 오후 그라임스는 엑스를 차에 태워 120킬로미터 떨어진 애거시 마을로 조부모님을 뵈러 갔고, 머스크는 호텔에 남았다. "트위터와 관련된 일들 때문에 머스크가 스트레스 모드에 빠져 있다는 것을 알 수 있었어요." 그라임스의 말이다.

실제로 그랬다. 그날 오후 늦게, 밴쿠버 호텔 방에서 머스크는 브렛 테일러에게 공식적인 결정에 대한 문자를 보냈다. "며칠 동안 매우 중요한 사안에 대해 심사숙고했습니다. 그리고 트위터를 비상장기업으로 전환하기로 결정했습니다." 그가 썼다. "오늘 밤 제안서를 보내겠습니다." 다음은 제안서의 내용이다.

내가 트위터에 투자한 것은 언론의 자유를 위한 세계적인 플랫폼이 될 수 있는 잠재력이 있다고 믿었기 때문입니다. 언론의 자유는 민주주의가 제대로 작동하기 위한 사회적 필수요소라는 것이 나의 믿음입니다.

하지만 투자한 이후 트위터가 현재의 형태로는 번창할 수도 없고, 그러한 사회적 요구에 부응할 수도 없다는 것을 깨달았습니다. 트위터를 개인 기업으로 전환해야 할 필요성을 느낀 것도 그 때문입니다.

결과적으로, 나는 주당 54.20달러에 트위터 지분 100퍼센트를 현금으로 매입하겠다는 인수 조건을 제시합니다. 이는 내가 트위터에 투자하기 시작한 전일 대비 54퍼센트, 투자 사실을 공개한 전일 대비 38퍼센트의 프리미엄을 붙인 가격입니다. 이것은 내가 제시하는 최선이자 최종적인 제안이며, 이 제안이 받아들여지지 않는다면 나는 주주로서의 지위를 재고할 것입니다. 트위터는 비범한 잠재력을 보유하고 있으며, 나는 그 잠재력을 실현할 것입니다.

그날 밤, 머스크는 지역 레스토랑에서 열린 TED 연사들을 위한 소규모 만찬에 참석했다. 그는 트위터에 대해 이야기하는 대신 다른 게스트들에게 인생의 의미에 대한 견해를 물었다. 그런 다음 그라임스와 함께 호텔로 돌아와 노트북에 다운로드한 새로운 비디오 게임인 엘든링에 몰두하며 긴장을 풀었다.

이 게임에서 플레이어는 치명적인 공격을 가하는 기괴한 괴물들로 가득한 판타지 세계를 탐험해야 한다. 수수께끼 같은 단서와 기묘한 플롯 전환으로 정교하게 구성된 이 게임은 특히 공격 시점을 계산할 때 고도의 집중력과 세심한 주의력을 필요로 한다. "두어 시간 정도 게임을 한 후 문자와 이메일에 답장을 보내고 다시 게임을 시작했지요." 그의 말이다. 그는 게임에서 가장 위험한 지역인 '케일리드'라는 새빨간 악마의 지옥에서 많은 시간을 보냈다. "잠도 안 자고 새벽 5시 30분까지 게임을 했습니다." 그라임스의 말이다.

게임을 마치고 잠시 후 그는 트윗을 날렸다. "인수 제안을 넣었어요."

피터 틸의 떠보기에 대응하느라 맥라렌의 가속페달을 있는 대로 밟아 사고를 낸 이래로 그가 자신의 충동을 이렇게 값비싸게 분출한 적은 없었다.

나베이드의 질문

머스크가 오스틴에 돌아왔을 때, 런던에 살고 있던 퀸스대학교 시절의 친구 나베이드 패룩이 그를 방문했다. 30여 년 전 함께 전략 게임을 하고 공상과학 소설을 탐닉하며 사교에 능숙하지 않은 괴짜로 유대감을 쌓은 이래로 패룩은 사적인 이야기를 공유하고 아버지나 가족에 대한 고민을 논의하고 가끔씩 외로움을 털어놓을 수 있는, 머스크의 몇 안 되는 진정한 친구 중 한 명이 되었다. 토요일에 스타베이스를 보러 보카치카로 날아가면서 패룩은 머스크의 친구들 상당수가 트위터와 관련해 궁금해 하는 질문을 던졌다. "왜 이렇게 하는 거지?"

머스크는 단순히 언론의 자유 문제에 대해 생각하는 것을 넘어선 상태였다. 그는 트위터를 음악, 동영상, 스토리 등 유저 제작 콘텐츠를 공유하는 훌륭한 플랫폼으로 만들고 싶다고 설명하는 것으로 패룩의 질문에 답했다. 유명인, 전문 언론인, 일반인 모두 서브스택(유료 뉴스레터 플랫폼-옮긴이)이나 위챗에서처럼 자신의 창작물을 게시하고 원하는 경우 대가도 받을 수 있는 플랫폼을 구상하는 것이었다.

스타베이스에 도착한 머스크는 스타십 조립라인을 시찰했다. 종종 그렇듯이 그는 특정 작업이 오래 걸린다며 화를 냈다. 이런 상황을 지켜본 패룩은 오스틴으로 돌아온 부활절 일요일, 친구들이 신경 쓰던 또 하나의 의문을 제기했다. "이렇게 시간을 쪼개 쓰면서 제대로 신경을 쓸 수 있겠어?" 그가 물었다. "테슬라와 스페이스X에도 여전히 신경을 많이 써야 하잖아. 트위터를 개혁하는 데에는 얼마나 걸릴 것 같아?"

"적어도 5년은 걸릴 거야." 머스크가 답했다. "직원 중 상당수를 해고하게 될 거야. 일들을 열심히 하지 않아. 심지어 출근도 잘 안 한다니까."

"그 모든 고충을 감수하고 싶어?" 패룩이 물었다. "테슬라 때는 공장에서 잠을 자고, 스페이스X에서는 그 2배로 고생했잖아. 정말 그 모든 과정을 다시 또 밟고 싶어?"

머스크는 심각한 경우에 그러듯 꽤 오랫동안 침묵했다. "응, 그러고 싶어." 그가 마침내 대답했다. "괜찮을 거야."

비전

　머스크는 이미 트위터를 인수하려는 이유에 대한 사업적 논거도 형성해 놓았다. 그는 트위터의 광고 의존도를 90퍼센트에서 45퍼센트로 줄이면서도 2028년까지 매출을 260억 달러로 5배 늘릴 수 있다고 믿었다. 새로운 수익은 유저의 유료 구독과 데이터 라이선스를 통해 창출될 것이었다. 또한 위챗처럼 유저가 트위터를 통해 뉴스 기사나 여타 콘텐츠에 대한 소액 지불을 포함해 다양한 결제를 하도록 지원함으로써 얻을 수 있는 수익도 예상했다.

　머스크는 4월에 은행가들과 통화한 후 내게 말했다. "위챗의 기능과 대등하게 가야 해요. 가장 중요한 것 중 하나는 콘텐츠를 만드는 사람들이 트위터에서 수익을 얻을 수 있도록 하는 거지요." 온라인 결제 시스템은 유저를 인증할 수 있다는 추가적인 이점이 따랐다. 유저에게 소정의 월 사용료를 부과해 신용카드 정보를 요구하면 실제 사람인지 여부를 확인할 수도 있었다. 이 시스템이 제대로 작동한다면 인터넷 전반에 실질적인 영향을 미칠 수 있었다. 트위터가 사람들의 신원을 확인하는 플랫폼 역할을 수행하면서 대형 미디어 기업에서부터 개인에 이르는 콘텐츠 제작자들에게 돈을 버는 새로운 방법도 제공할 수 있게 되는 것이었다.

　그는 또한 트위터에서 허용되는 발언에 대한 "조리개를 열고" 심지어 극단론자까지 포함해 누구의 계정이든 영구 금지하는 것을 피하고자 하는 이유도 설명했다. 토크 라디오와 케이블 TV에는 진보나 보수를 위한 정보 제공의 원천이 따로 있었다. 그는 90퍼센트 이상이 진보적인 민주당원들로 구성된 트위터의 콘텐츠 관리자들이 우파를 몰아냄으로써 소셜 미디어의 발칸화Balkanization(서로 적대적인 여러 세력으로 분열시키는 것-옮긴이)와 유사한 현상을 일으킬 수 있다고 믿었다. "우리는 사람들이 팔러(소셜 미디어 플랫폼으로, 2020년 미국 대선 이후 기존 소셜 미디어의 규제에 불만을 품은 극우 세력들이 가입하면서 회원수가 급증한 것으로 알려져 있다-옮긴이)나 트루스소셜(도널드 트럼프 전 미국 대통령이 만든 소셜 미디어 플랫폼-옮긴이)에 가는 것처럼 소셜 미디어에서 자신들만의 반향실로 갈라지는 세상을 막고자 하는 겁니다." 그가 말했다. "서로 다른 관점을 가진 사람들이 교류할 수 있는 하나의 공간을 마련하고 싶은 거지요. 그게 문명에 이로운 일이거든요." 이는 고귀한 정서였지만, 그는 결국 진보주의자와 주류 미디어들을 다른 소셜 네트워크로 쫓아내는 결과를 초래하는 성명과 트윗들로 그 중요한 임무를 약화하게 된다.

그 시점에서 나는 패룩이나 다른 친구들이 했던 것과 같은 질문을 던지며 그를 압박했다. 그 모든 것이 극도로 어렵고 시간이 많이 걸리며 논란을 불러일으킬 텐데, 그러면 테슬라와 스페이스X에 대한 그의 사명을 수행하는 데 방해가 되지 않겠는가? "인지적 관점에서 볼 때 테슬라나 스페이스X만큼 어려운 일이라고 생각하지 않아요." 그가 말했다. "화성에 가는 것이나 지구의 전체 산업 기반을 지속 가능한 에너지로 바꾸는 것 같은 난제는 아니지요."

트위터를 인수한 이유

머스크는 기회가 닿을 때마다 인간을 다행성 종으로 만들어 인류 의식의 생존 가능성을 높이기 위해 스페이스X를 창업했다고 말하곤 했다. 테슬라와 솔라시티를 창업한 원대한 근거는 지속 가능한 에너지의 미래로 가는 길을 선도하기 위해서라는 것이었다. 옵티머스와 뉴럴링크는 사악한 인공지능으로부터 인류를 보호할 수 있는 인간-기계 인터페이스를 창출하기 위해 시작한 것이었다.

그렇다면 트위터는? "처음에는 트위터가 나의 주요 사명들과 맞지 않는다고 생각했어요." 그가 4월에 내게 말했다. "하지만 나는 이것이 우리가 다행성 사회가 될 수 있는 시간을 벌어줌으로써 인류 문명을 보존하는 사명의 일부가 될 수 있다고 믿게 되었어요." 어째서 그런가? 부분적으로는 언론의 자유와 관련이 있었다. "미디어에서 갈수록 집단사고groupthink가 늘어나 특정한 방침을 따르는 경향이 강해지고 있잖아요. 게다가 그 흐름에 동참하지 않으면 배척당하거나 목소리가 차단되잖아요." 그는 민주주의가 살아남으려면 트위터의 각성주의 문화를 몰아내고 편견을 뿌리 뽑아 사람들이 트위터가 모든 의견을 나눌 수 있는 열린 공간이라는 인식을 갖도록 하는 것이 중요하다고 생각했다.

하지만 내 생각에는 머스크가 트위터를 소유하고 싶어 했던 다른 두 가지 이유가 더 있었다. 첫 번째는 단순한 이유였다. 그것이 놀이공원처럼 재미있었기 때문이다. 트위터는 정치적 공방과 지력 경쟁, 멍청한 밈, 중요한 발표, 가치 있는 마케팅, 나쁜 말장난, 여과되지 않은 의견 피력 등의 장을 제공했다. 즐겁지 아니한가?

둘째, 개인적인 심리적 갈망이 있었기 때문이다. 트위터는 최고의 놀이터였다. 그는 어린 시절 그 험난한 남아공에서 재미있게 노는 데 필요한 정서적 능력을 전혀 갖추지 못했던 탓에 놀이터에서 구타와 괴롭힘을 당했다. 그것은 그에게 깊은 고통을 심어주면서 때로는 사소한 일에도 지나치게 감정적으로 반응하게 만들기도 했지만, 세상의 모든 전투에 맞서 치열하게 싸울 수 있는 원동력이 되기도 했다. 온라인에서든 오프라인에서든 공격을 받거나 궁지에 몰리거나 괴롭힘을 당하는 것처럼 느껴질 때면 그는 아버지에게 무시당하고 반 친구들에게 따돌림을 당했던 고통스러운 장소로 돌아갔다. 하지만 이제 그는 그런 놀이터를 소유할 수 있게 되었다.

74장

열정과 냉정

트위터, 2022년 4월-6월

거래의 시작

트위터 이사회와 머스크의 변호사는 4월 24일 일요일에 인수안의 세부사항에 대한 작업을 마쳤다. 머스크는 오전 10시에 내게 밤을 새웠다는 문자를 보냈다. 나는 그에게 최종 협상사항들을 조율하고 있었기 때문인지 아니면 트위터 인수 자체에 대해 걱정하고 있었기 때문인지 물었다. "그런 거 아니에요. 친구들과 파티에 가서 레드불을 너무 많이 마셨기 때문이에요." 그가 답했다.

레드불을 줄여야 하는 게 아닌가?

"그래도 날개를 달아주잖아요?" 그가 답했다.

그는 그날 하루 종일 구매 자금을 지원해줄 외부 투자자를 찾기 위해 노력했다. 그는 먼저 킴벌에게 물어봤지만, 킴벌은 거절했다. 래리 엘리슨에게서는 좀 더 성공적인 결과를 얻어냈다. 엘리슨은 주초에 머스크가 이 거래에 투자할 의향이 있느냐고 물었을 때 "물론이지요"라고 대답했다.

"대략 어느 정도 생각하세요?" 머스크가 물었다. "부담 드리려고 하는 게 아니라, 지금 참여하겠다는 사람들이 많아서 규모에 맞춰 일부 신청자를 거부하거나 투자액을 조정해주려는 겁니다."

"10억 달러 또는 당신이 투자하라는 만큼." 엘리슨이 답했다.

엘리슨은 10년 동안 트위터를 하지 않았다. 실제로 그는 트위터 비밀번호를 기억하지 못해서 머스크가 직접 재설정해주어야 했다. 하지만 그는 트위터가 중요하다고 믿었다. "실시간 뉴스 서비스로서 트위터만 한 것이 없지요." 그가 내게 말했다. "민주주의가 중요하다는 데 동의하는 사람으로서 트위터에 투자할 가치가 있다고 생각했어요."

투자 참여에 열성을 보인 사람 중 한 명은 곧 불명예를 안게 되는, 암호화폐 거래소 FTX의 설립자 샘 뱅크먼프리드였다. 트위터가 블록체인을 기반으로 재건될 수 있다고 믿었던 그는 자신이 효율적 이타주의의 지지자라고 주장했고, 효율적 이타주의 운동의 창시자인 윌리엄 매캐스킬은 머스크에게 문자를 보내 둘의 만남을 주선했다. 머스크의 주거래 은행인 모건스탠리의 마이클 그라임스도 자금 조달을 위해 노력 중이었는데, 그 역시 머스크에게 뱅크먼프리드를 만나보라고 문자를 보냈다. "사실 지금 중요한 업무가 산더미처럼 쌓여 있어요." 머스크가 그라임스에게 문자를 보내 물었다. "급한 일인가요?"

그라임스는 뱅크먼프리드가 "소셜 미디어 블록체인 통합을 위한 엔지니어링을 담당하고 싶다"며 50억 달러를 투자하겠다고 했다고 답했다. 그는 머스크가 시간만 내주면 다음 날이라도 오스틴으로 날아올 수 있다는 것이었다.

머스크는 이미 킴벌 및 다른 사람들과 블록체인을 트위터의 기간망으로 사용할 수 있는 가능성에 대해 논의한 바 있었다. 하지만 도지코인과 다른 암호화폐로 한동안 재밌는 시간을 보내긴 했어도 머스크는 애초에 블록체인의 추종자가 아니었고, 빠르게 흘러가는 트위터 게시물을 지원하기에는 블록체인의 처리속도가 너무 느리다고 생각했다. 그래서 그는 그다지 뱅크먼프리드를 만나고 싶은 마음이 없었다. "뱅크먼프리드가 서로 견해가 맞으면 50억 달러를 투자하겠다고 한다"라는 내용의 문자를 그라임스가 거듭 보내자 머스크는 '싫어요' 버튼으로 응답했다. "대역폭과 대기 요구 시간을 P2P 네트워크로 지원할 수 없기 때문에 블록체인 트위터는 불가능해요." 그는 언젠가 뱅크먼프리드를 만날 수도 있겠지만, "힘겹게 블록체인 논쟁을 벌일 필요가 없는 경우에 만나겠다"라고 말했다.

얼마 후 뱅크먼프리드가 머스크에게 직접 문자를 보냈다. "당신이 트위터로 하려는 일이 정말 기대됩니다." 그는 자신이 1억 달러의 트위터 주식을 보유하고 있는데 그대로 "롤오버"하고 싶다고 했다. 머스크가 트위터를 개인 기업으로 전환하면 자신의 트위터 주식을 새로운 회사의 지분이 되도록 그대로 놔둘 것이라는 의미였다. "미안합니다만, 누구신지요?" 머스크가 문자로 답장을 보냈다. 뱅크먼프리드가 사과와 함께 자신을 소개하는 문자를 보내자 머스크는 간결하게 답문을 보냈다. "롤오버 환영합니다."

이를 계기로 뱅크먼프리드는 5월에 머스크에게 전화를 걸었다. "내 헛소리 탐지기가 가이거 계수기의 적색경보처럼 울렸지요." 머스크의 말이다. 뱅크먼프리드는 자신에 대한 이야기를 빠르게 쏟아내기 시작했다. 머스크는 "그는 마치 애더럴 같은 각성제라도 복용한 것처럼 분당 1마일의 속도로 말했어요." 머스크의 말이다. "난 그가 거래에 대해 질문할 것으로 생각했는데, 그는 자신이 하고 있는 일에 대해 계속 이야기했어요. 그래서 '어이, 진정 좀 하지'라는 생각이 들었죠." 그런 느낌은 뱅크먼프리드 역시 마찬가지였다. 그는 머스크가 제정신이 아닌 것 같다고 생각했다. 통화는 30분 동안 이어졌고, 뱅크먼프리드는 결국 투자에 합류하지도, 트위터 주식을 롤오버하지도 않게 되었다.

머스크가 영입한 주요 투자자로는 엘리슨, 마이크 모리츠의 세쿼이아 캐피털, 암호화폐 거래소 바이낸스Binance, 안드레센 호로위츠Andreessen Horowitz, 두바이 소재 펀드, 카타르 소재 펀드 등이 포함되었다. (카타르의 투자에는 머스크가 카타르 월드컵의 결승전 행사에 참석해야 한다는 조건이 포함되었다.) 사우디아라비아의 알 왈리드 빈 탈랄 왕자는 이미 트위터에 투자한 금액을 롤오버하는 데 동의했다.

4월 25일 월요일 오후, 트위터 이사회는 이 계획을 승인했다. 주주들이 이를 승인하면 거래는 가을에 완결될 것으로 예상되었다. 트위터의 공동창업자인 잭 도시가 머스크에게 문자를 보냈다. "이것이 올바른 길입니다. 이 일을 성사시키기 위해 필요한 무슨 일이든 다 하겠습니다."

머스크는 축하하는 대신 오스틴에서 텍사스 남부의 스타베이스로 날아갔다. 그곳에서 그는 랩터 엔진 재설계에 관한 정기 야간회의에 참석해 1시간 이상 원인을 알 수 없는 메탄 누출을 어떻게 처리할지 씨름했다. 트위터 관련 뉴스가 온라인과 전 세계에서 화제가 되고 있었지만, 랩터 엔진에 관한 회의에서는 그렇지 않았다. 엔지니어들은 머스크가 당면한 업무에 집중하는 것을 좋아한다는 것을 알고 있었기에 아무도 트위터를 언급하지 않았다. 회의를 마친 머스크는 브라운스빌의 한 길가 카페에서 킴벌을 만났다. 현지 뮤지션들이 공연하는 카페였다. 두 사람은 새벽 2시까지 그곳에 머물며 밴드 스탠드 바로 앞 테이블에 앉아 그저 음악에 심취했다.

경고 깃발

트위터 이사회가 그의 제안을 수락한 다음 날인 금요일, 머스크는 로스앤젤레스로 날아가 웨스트할리우드에 있는 소호클럽의 옥상 레스토랑에서 네 명의 아들과 저녁식사를 했다. 그들은 트위터를 잘 사용하지 않았고, 그래서 의아해했다. 왜 트위터를 사려고 하죠? 아이들의 질문만 봐도 좋은 생각이 아니라고 생각한다는 것을 알 수 있었다.

"포용적이고 신뢰받을 수 있는 디지털 공공광장을 갖는 것이 중요하다고 생각해서지." 그가 대답했다. 그러고는 잠시 생각한 후 "그렇게 하지 않으면 어떻게 2024년에 트럼프를 다시 당선시킬 수 있겠니?"라고 물었다.

농담이었다. 하지만 때로는 자녀들도 머스크가 농담을 하는 건지 진담을 하는 건지 구분하기 어려웠다. 어쩌면 그 자신도 그럴지 몰랐다. 아이들은 경악했다. 머스크는 농담이라며 아이들을 안심시켰다.

저녁식사가 끝날 무렵, 아들들은 머스크가 트위터를 인수한 이유를 대부분 받아들였지만 여전히 불편해했다. "아이들은 내가 화를 자초하고 있다고 생각했어요." 그의 말이다. 물론 그들의 말이 맞았다. 그들은 또한 아버지가 실제로 문제를 야기하길 좋아한다는 것도 알고 있었다.

그 문제는 일주일 후인 5월 6일, 그가 샌프란시스코에 있는 트위터 본사에 경영진을 만나러 갔을 때 시작되었다. 그가 원격 근무를 비난하는 트윗을 올렸음에도 불구하고 그가 도착했을 때 아르데코 양식의 호화로운 본사는 거의 비어 있었다. 심지어 아그라왈도 보이지 않았다. 코로나19 양성 판정을 받은 탓이었다. 아그라왈은 원격으로 회의에 참여했다.

이 회의는 트위터의 CFO 네드 시걸이 주도했는데, 그는 머스크의 심기를 거스르며 짜증나게 했다. 트위터는 공개 자료에서 봇과 가짜 계정이 전체 유저의 약 5퍼센트를 차지한다고 추정했다. 머스크는 자신의 경험을 통해 이 수치가 문제를 크게 과소평가하는 것이라고 확신했다. 트위터는 유저들이 다른 이름이나 가명으로 새 계정을 만드는 것을 허용하고 심지어 권장하기도 했다. 일부 트롤 농장(허위 정보를 유포하는 댓글부대-옮긴이)들은 수백 개의 계정을 사용했다. 이러한 가짜 계정은 서비스를 오염시킬 뿐만 아니라, 당연히 수익 창출의 대상도 될 수 없었다.

그는 시걸에게 트위터가 가짜 계정의 수를 파악하는 데 사용한 프로세스를 설명해달라고 요청했다. 트위터 경영진은 머스크가 인수 제안을 수정하거나 철회하기 위한 근거를 마련하고 있다고 의심했기 때문에 답변에 신중을 기했다. "그들은 정확한 답을 모른다고 말했어요." 머스크가 그 만남 직후에 한 말이다. "나는 '뭐라고요? 모른다고요?'라고 했지요. 이후 나온 말들이 얼마나 터무니없던지 '실리콘밸리' 시트콤이라고 해도 말이 안 된다고 생각될 정도였어요. 내 턱이 몇 번이나 바닥을 칠 정도로 떨어져 실제로 아플 정도였다니까요."

머스크는 짜증이 나면 종종 사람들에게 매우 구체적인 질문 공세를 펼친다. 그는 트위터 임원들에게 질문 세례를 퍼붓기 시작했다. 소프트웨어 프로그래머들은 하루 평균 몇 줄의 코드를 작성하는가? 테슬라의 오토파일럿 팀에는 200명의 소프트웨어 엔지니어가 있는데 트위터에는 왜 2,500명이나 있는가?

트위터는 서버에 연간 10억 달러를 지출한다. 그 컴퓨팅 시간과 스토리지의 대부분을 차지하는 기능들은 무엇이며, 그 순위는 어떻게 매겨지는가? 그는 정직한 답을 얻기 어렵다는 생각이 들었다. 테슬라에서는 그런 세부사항을 모르면 해고의 사유가 될 수 있었다. "내가 목격한 최악의 실사 회의였어요." 그가 내게 말했다. "나는 완전한 실사를 토대로 제안을 한 게 아니었지만, 적어도 그들이 공개적으로 밝힌 내용은 정당화할 수 있을 거라고 믿었지요. 그렇지 않으면 사기에 해당하는 거였거든요."

인수할 것인가, 말 것인가?

머스크의 날카로운 질문과 분노에 찬 도전은 그가 이 거래가 성사되기를 원하는지 확신하지 못하고 있음을 반영했다. 대부분의 날에 그는 자신이 트위터를 인수하길 원한다고 생각했다. 그런 편이었다. 그러나 그의 욕구는 요동쳤고 감정은 갈등으로 오락가락했다.

특히 자신이 너무 과도한 금액을 제시했다는 느낌이 강하게 일었는데, 그것은 사실이었다. 2022년 여름, 경제에 대한 불확실성으로 광고 지출이 전반적으로 감소하고 있었고, 소셜 미디어 기업의 주가가 폭락하고 있었다. 그해 그 시점까지 페이스북의 주가는 40퍼센트, 스냅은 70퍼센트 하락했다. 트위터는 머스크가 제시한 54.20달러보다 30퍼센트 낮은 가격에 거래되고 있었는데, 그것은 월스트리트에서 실제로 거래가 성사될지 확신하지 못하고 있다는 신호였다. 머스크는 플로리다의 놀이공원을 방문했을 때 아버지가 가르쳐준 대로 비싼 콜라라고 해서 그만큼 더 맛있는 건 아니라는 생각이 들었다. 그래서 트위터에 회의를 하러 갈 때 머스크의 마음 한구석에는 거래에서 발을 빼거나 가격을 재조정할 수 있는 근거를 찾으려는 열망이 깔려 있었다.

"그들의 얘기를 듣고는 앞으로 나아갈 방도가 없다는 생각이 들었어요." 그가 트위터 본사에서 회의를 마친 직후 나에게 말했다. "440억 달러라는 가격은 회사도 그렇고 나 개인적으로도 그렇고 많은 빚을 떠안아야 하는 금액이에요. 트위터가 궤도에서 벗어난 것 같아요. 훨씬 더 낮은 가격에, 말 그대로 절반 정도라면 모를까, 이대로는 아무래도 어려울 것 같아요."

또한 그는 이런 골치 아픈 도전을 하는 것에 대한 의구심이 커져가고 있었다. "나는 씹을 수 있는 것보다 더 많이 물어뜯는 나쁜 버릇이 있어요." 그가 인정했다. "일단 내가 트위터에 대해 생각하는 시간을 좀 줄여야 할 것 같아요. 지금 이 대화조차도 시간을 잘 보내는 게 아닌 것 같네요."

그다음 주인 5월 13일 새벽 4시경(중부 표준시), 그는 트윗을 날렸다. "스팸/가짜 계정이 실제로 전체 유저의 5퍼센트 미만을 차지한다는 계산을 뒷받침하는 세부정보가 나올 때까지 트위터의 인수를 일시적으로 보류합니다." 트위터의 주가는 개장 전 거래에서 20퍼센트 하락했다. 머스크의 개인 매니저인 버챌과 변호사인 알렉스 스피로는 이 선언을 철회할 것을 간절히 촉구했다. 그들은 거래에서 발을 뺄 수는 있어도, 자신의 욕구를 발표하는 것은 법적으로 위험하다고 말했다. 2시간 후, 머스크는 "여전히 인수에 전념하고 있습니다"라는 추가 트윗을 올렸다.

머스크가 자신감을 갖지 못하는 모습을 목격한 몇 안 되는 순간 중 하나였다. 10월에 거래가 체결될 때까지 5개월 동안 그는 때때로 트위터를 금융 서비스와 멋진 콘텐츠를 제공하는 "모든 것의 앱"으로 만드는 동시에 그 과정에서 민주주의를 구하는 데 도움을 줄 수 있다면서 크게 흥분했다. 하지만 때로는 차갑게 화를 내면서 트위터 이사회와 경영진을 고소하겠다고 협박하며 거래를 전면 취소하고 싶다고 주장하기도 했다.

타운홀 미팅

머스크는 변호사들과 상의하지 않고 6월 16일에 트위터 직원들과 함께하는 가상 타운홀 미팅에 참석하기로 했다. "일론이 그저 일론답게 우리 중 누구와 상의하지도 않고 초대를 수락한 후 준비도 하지 않은 채 참석한 사례 중 하나였습니다." 버챌의 말이다. 머스크는 오스틴 집의 거실에 앉아 가상회의에 참석했는데, 처음에는 가상회의에 접속하는 데 어려움을 겪었다. 회의는 구글미트Google Meet를 통해 진행되었는데, 그의 노트북에 구글 계정이 없었기 때문이었다. 결국 그는 아이폰으로 접속했다. 우리(나를 포함한 머스크 측 사람들)가 기다리는 동안 회의 주최자 중 한 명이 물었다. "제러드 버챌이 누구인지 아시는 분 계세요?" 버챌은 입장이 거부되었다.

나는 머스크가 모종의 계획을 염두에 두고 있는 게 아닌지 궁금했다. 어쩌면 그는 트위터 직원들의 반란을 유발하여 인수 작업에 작은 폭탄을 던지려는 것일지도 몰랐다. 어쩌면 그는 계산에 의해서든 잔인할 정도로 솔직해야 한다는 강박에 의해서든, 자신의 속마음을 얘기하려는 것인지도 몰랐다. 트럼프 계정을 영구 정지한 것은 잘못이라는 것, 콘텐츠 중재 정책이 도를 넘어 부당한 검열로 치닫고 있다는 것, 직원들이 각성 바이러스에 감염되었다는 것, 직원들이 직접 출근해야 한다는 것, 회사에 인력이 너무 많다는 것 등등에 대해서 말이다. 그래서 폭발이 일어난다면 거래를 무산시키지는 못하더라도 체스 판을 뒤흔들어놓을 수는 있었다.

머스크는 그렇게 하지 않았다. 대신 그는 그러한 뜨거운 쟁점에 대해 다소 회유적인 태도를 취했다. 트위터의 최고마케팅책임자CMO 레슬리 벌랜드는 콘텐츠 중재 문제부터 거론했다. 머스크는 단순히 언론의 자유를 신봉하라는 만트라를 들먹이는 대신, 더 깊이 들어가서 사람들이 게시할 수 있는 내용과 트위터가 증폭 및 확산시켜야 하는 내용을 구분했다. "저는 언론의 자유와 도달의 자유는 구분해야 한다고 생각합니다." 그가 말했다. "누구나 타임스퀘어 한복판에서 아무 말이나 할 수 있고, 심지어 홀로코스트를 부정할 수도 있습니다. 하지만 그렇다고 해서 수백만 명의 사람들에게 그것을 홍보할 필요까지 있는 것은 아니지요."

그는 혐오 발언에 대한 일부 제한이 중요한 이유에 대해서도 설명했다. "여러분은 가능한 한 많은 사람들이 트위터에 참여하기를 원하겠지요. 그러기 위

일론 머스크

해서는 사람들이 트위터를 즐겁게 사용할 수 있어야 합니다. 괴롭힘을 당하거나 불편함을 느낀다면 트위터를 사용하지 않을 것입니다. 우리는 사람들이 하고 싶은 말을 할 수 있도록 허용하는 것과 사람들을 편안하게 만드는 것 사이에서 균형을 잘 유지해야 합니다."

다양성과 형평성, 포용성에 대한 질문에 머스크는 조금 반발했다. "저는 엄격한 능력주의를 믿습니다." 그가 말했다. "훌륭한 일을 하는 사람에게는 더 많은 책임이 주어져야 마땅합니다. 이에 대해서는 더 이상 거론하지 마시길 바랍니다." 그러나 그는 또한 자신이 이념적 보수주의자가 되지 않았다고 주장했다. "제 정치적 견해는 중도에 가깝고 온건하다고 생각합니다." 그는 그 가상회의에서 대부분의 사람들을 기쁘게 하지는 않았지만, 폭발을 유발하지도 않았다.

75장

아버지 날

2022년 6월

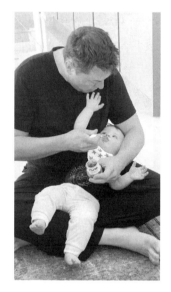

(왼쪽 위) 타우에게 이유식을 먹이는 머스크
(오른쪽 위) 머스크의 비행기에서 로켓 발사 비디오를 보는 엑스
(아래) 오스틴에서 노먼 포스터 경과 함께

내 모든 아이들

"행복한 아버지 날입니다. 내 모든 아이들을 정말 사랑합니다."

2022년 6월 19일, 아버지 날 새벽 2시에 머스크가 올린 트윗은 겉으로 보기에는 무해하고 심지어 달콤하기까지 했다. 하지만 그 "모든"이라는 단어의 이면에는 드라마가 도사리고 있었다. 그의 트랜스젠더 딸 제나는 얼마 전 열여덟 살이 되자마자 어머니와 함께 살고 있던 로스앤젤레스의 법원에 가서 공식적으로 이름을 자비에 머스크에서 비비안 제나 윌슨으로 변경했다. 그녀는 어머니 저스틴이 머스크를 만나 결혼하기 전까지 사용하던 이름인 제니퍼 윌슨과 비슷한 '제나'를 일상적인 이름으로 사용했다. "저는 더 이상 생물학적 아버지와 함께 살지 않으며 어떤 방식이나 형태로든 아버지와 관계를 맺고 싶지 않습니다." 그녀는 법원에서 이렇게 천명했다.

머스크는 대명사 기재에 관한 관례는 수용하지 않았음에도 제나의 성전환 사실은 어쨌든 받아들였다. 그는 제나가 정치적 이념 때문에 자신을 거부하고 있다고 믿었다. "극도의 공산주의에 경도되고 부자는 사악하다는 일반적인 정서에 물든 탓이지요." 그의 말이다.

머스크에게는 이 모든 것이 혼란스러웠다. "성 차별이 존재해서는 안 된다고들 하지만 동시에 성이란 너무나 달라서 돌이킬 수 없는 수술만이 유일한 선택인 세상에 살고 있지요." 그가 그 주에 올린 트윗이다. "아마 나보다 더 현명한 사람이 이 양분논리를 설명할 수 있을 것 같네요." 그런 다음 그는 거의 자신에게 보내는 메모이자 모종의 선언처럼 "우리 모두가 덜 비판적이라면 더 나은 세상이 될 것"이라고 덧붙였다.

제나의 거절은 아버지 날을 고통스럽게 만들었다. "일론은 제나를 정말 사랑하고 진정으로 그녀를 인정합니다." 제나와 친하게 지내던 그라임스는 말한다. "그가 어떤 일로든 그렇게 상심하는 모습을 본 적이 없습니다. 제나를 다시 만날 수 있거나 제나가 자신을 다시 받아들여준다면 무슨 일이든지 할 겁니다."

혼란을 가중시킨 것은 그동안 비밀로 유지하던 시본 질리스와 낳은 쌍둥이 자녀가 공개되었다는 사실이다. 쌍둥이는 태어나자마자 질리스의 성을 따랐다. 하지만 머스크는 제나와 소원해지면서 쌍둥이의 성을 바꾸고 싶다는 생각을 갖게 되었다. "제나가 이름에서 '머스크'를 지워버렸을 때 일론은 정말 슬퍼했습니다." 질리스는 말한다. "그러고는 우리 쌍둥이에게 자기 성을 따르게 해도 괜찮겠느냐고 물었습니다." 그들이 작성해 제출한 법원 서류는 곧 유출되었다.

그 과정에서 그라임스는 친구로 여기던 질리스가 머스크와의 사이에서 쌍둥이를 낳았다는 사실을 알게 되었다. 그라임스와 대면한 머스크는 이와 관련하여 그저 질리스가 스스로 원하는 대로 할 권리가 있다고 말할 뿐이었다. 그라임스는 분노했다. 아버지 날, 그들 모두는 질리스와 그녀가 낳은 쌍둥이들이 그라임스의 자녀 엑스 및 와이와 함께 시간을 보낼 수 있는지 등의 문제를 놓고 논쟁을 벌였다. 한마디로 엉망진창인 상황이었다.

머스크와 질리스는 두 사람 사이에 태어난 아이들에 대해서는 아무런 언급도 하지 않은 채 매주 뉴럴링크 회의에 함께 참석했다. 머스크는 그런 어색한 상황을 해소하는 방법이 트위터에서 농담을 하는 것이라고 느꼈다. "저출산 위기의 해소를 돕기 위해 최선을 다하고 있습니다." 그가 트윗했다. "출산율 붕괴는 문명이 직면한 가장 큰 위험입니다."

테크노 메카니쿠스 머스크

2022년 아버지 날은 마치 멀티플레이어 게임처럼 또 하나의 서브플롯이 엮여 있었다. 머스크와 그라임스는 그 주에 테크노 메카니쿠스 머스크라는 이름의 셋째 아이를 비밀리에 낳았다. 대리모가 낳은 이 남자아이에게는 원주율 파이의 2배에 해당하는 무리수를 나타내는 그리스 문자를 따서 타우라는 별칭이 붙여졌다. 타우의 근사치인 6.28은 머스크 자신의 생일인 6월 28일을 나타내기도 했다.

그들은 이 셋째 아이의 존재를 비밀에 부쳤다. 머스크는 곧 타우와 유대감을 형성했다. 타우가 생후 2개월이 되었을 때 그라임스의 집을 방문한 머스크는 바닥에 앉아 타우에게 이유식을 먹였는데, 아이는 계속 아빠 턱의 수염을 만지려고 손을 뻗으며 장난을 쳤다. "타우는 정말 놀랍습니다. 그 아이는 상대의 영혼을 깊이 들여다볼 수 있는 눈빛과 뛰어난 지능을 가지고 태어났어요. 작은 스팍처럼 생긴 게 틀림없이 벌컨 사람입니다." 그라임스의 말이다.

몇 주 후, 머스크는 기가텍사스에서 연속되던 회의 사이의 휴식 시간에 조용히 앉아 아이폰으로 뉴스를 훑어보다가 루시드모터스의 부진한 분기별 판매량 보고서를 보게 되었다. 머스크는 몇 분간 웃다가 트윗을 날렸다. "2분기에 저들이 만든 자동차 수보다 내가 낳은 아이의 수가 더 많았어요!"라고 적었다. 그러고는 혼자서 큰 소리로 계속 웃었다. "다른 사람은 몰라도 나는 자조적 유머를 좋아해요." 그가 말했다. "내가 나를 죽이는 거지요."

그 무렵 〈월스트리트저널〉은 머스크가 몇 달 전 구글의 공동창업자 세르게이 브린의 별거 중인 아내와 원나잇 스탠드를 가졌다는 의혹에 대한 기사를 준비하고 있었다. 그래서 머스크와 브린의 관계에 금이 갔다는 것이 이 이야기의 근거였다. 기사가 보도된 직후 두 사람은 함께 파티에 참석했는데, 머스크는 브린 쪽으로 몸을 움직여 셀카를 찍으려 했고 브린은 이를 피하려 했다. 머스크는 이 사진을 〈뉴욕포스트〉에 보내 두 사람이 사이가 틀어졌다는 주장을 반박했다. 그리고 이렇게 트윗했다. "저에 대한 관심의 양이 초신성처럼 커져서 정말 짜증나는 일도 생기네요. 안타깝게도 저에 대한 사소한 기사도 많은 클릭을 유발합니다. :(문명을 위한 유용한 일을 하는 데 고개를 숙이고 집중할 수 있도록 최선을 다하겠습니다."

그러나 그가 고개를 숙이고 자중하는 일은 자연스럽게 이루어지지 않았다.

아버지의 죄

2022년 아버지 날의 레벨 5는 가장 으스스한 양상을 띠었다. 그것은 머스크와 소원한 관계에 있는 아버지 에롤 머스크와 관련된 일이었다.

아버지 날 날짜로 일론에게 보낸 이메일에 에롤은 이렇게 썼다. "나는 담요와 신문지로 감싼 행거 안에 앉아 추위에 떨고 있단다. 전기가 들어오지 않아서 그래. 그래도 이렇게 애써서 편지를 써 보내니 귀찮더라도 읽어주기 바란다." 이어서 그는 바이든을 "별종이자 범죄자, 소아성애 대통령"이라고 칭하며 그가 "너를 포함해 미국이 상징하는 모든 것을 파괴하려 한다"는 등의 두서없는 장광설을 늘어놓았다. 그는 남아공의 흑인 지도자들이 반反백인인종차별에 가담하고 있다고 말했다. "여기에 백인이 없으면 흑인들은 원시시대로 돌아갈 거야." 또한 블라디미르 푸틴은 "현명하게 말하는 유일한 세계 지도자"라고도 했다. 이어서 그는 "트럼프가 이겼다. 꺼져, 조 바이든"이라고 적힌 경기장 전광판의 사진과 함께 "이것은 반박할 수 없는 사실"이라고 평을 덧붙인 후속 이메일을 보냈다.

에롤의 편지는 여러 면에서 놀라웠는데, 특히 그의 인종차별주의가 충격적이었다. 하지만 그해 말에는 그의 또 다른 측면이 불안한 반향을 일으켰다. 그의 음모론이 더욱 극단으로 치달은 것이다. 그는 바이든을 소아성애자로 낙인찍고 푸틴을 찬양하는 극우의 토끼 굴로 빠져들었다. 또한 다른 게시물과 이메일에서 코로나19를 '거짓말'이라고 비난하면서 코로나19의 대응을 이끌던 미국 국립알레르기전염병연구소 소장 앤서니 파우치를 공격하며 코로나19의 백신이 치명적이라고 주장했는데, 이는 나중에 일론도 고려하게 되는 입장이었다.

추위와 빈곤한 상황에 대한 그의 설명은 더 이상 재정적으로 지원하지 않는 아들을 질책하기 위한 것이었다. 얼마 전까지 일론은 매달 일정치 않은 생활비를 보냈는데, 경우에 따라 한동안 보내지 않기도 했다. 일론은 2010년부터 아버지에게 생활비를 보내기 시작했는데, 두 번째 이혼을 한 에롤이 어린 자녀를 부양할 수 있도록 매달 2,000달러를 보내주었다. 이후 최근까지 일론은 때때로 더 많은 생활비를 보내곤 했는데, 에롤이 아들의 성공에서 자신의 역할을 과장하는 인터뷰를 할 때마다 금액을 삭감했다. 2015년 에롤이 심장수술을 받았을 때는 일시적으로 한 달에 5,000달러씩 보내기도 했다. 하지만 그는 아버지가 네 살 때부터 키운 의붓딸인 자나를 임신시켰다는 사실을 알게 된 후 생활비를 끊었다. 일론과 킴벌이 동생으로 여기던 자나였다.

2022년 3월 말, 에롤은 다시 생활비를 보내달라는 편지를 보냈다. "나이가 일흔여섯이나 되어 쉽게 돈벌이를 할 수가 없구나." 그가 썼다. "나의 대안은 굶주림과 견딜 수 없는 굴욕감 속에서 살거나 자살로 생을 마감하는 것뿐이다. 자살로 생을 마감하는 것을 나는 걱정하지 않는다만, 너는 걱정해야 할 것이다. 진실은 너무 잘 알려지니까. 분명히 말하는데 너는 망가질 것이고, 사람들은 네가 진정 어떤 사람인지 또는 어떤 사람이 되었는지 알게 될 것이다." 그는 일론의 태도에 대해 "국가 사회주의적이고 잔인하며 이기적이고 비겁한 외가를 둔" 탓이라며 "홀드먼 가문 특유의 사악함에 빠져든 것이냐?"라고 덧붙였다.

아버지 날 즈음에 일론은 매달 2,000달러를 다시 보내기 시작했다. 하지만 그의 개인 매니저인 버챌은 에롤에게 그가 임상심리학자와 함께 제작한 〈천재의 아빠〉라는 제목의 유튜브 동영상 시리즈의 게재를 중단하라고 요청했다. 에롤은 화를 냈다. "사악한 헛소리가 계속 양산되는 상황인데 내가 침묵하는 조건으로 2,000달러를 주겠다는 건가? 그 돈이 그 정도의 가치가 있는가?" 그가 반격했다. "나를 침묵시키는 것 자체가 잘못이야. 나는 사람들에게 가르칠 게 많은 사람이야."

마치 삐딱한 각본을 따르는 것처럼 2022년 아버지 날은 이 상황에 또 하나의 복잡한 요소를 추가했다. 에롤은 의붓딸 자나와 함께 둘째 아이를 낳았다고 밝혔다. 딸이었다. "우리가 지구에 온 유일한 이유는 번식하기 위해서야." 그가 말했다. "낳을 수만 있다면 또 낳을 거야. 그러지 않을 이유가 없거든."

아이들과 함께 보낸 시간

개인적인 생활에서 벌어지는 그 모든 소용돌이 속에서도 머스크에게는 꾸준히 사랑스러운 영향력을 미치는 한 사람이 있었다. 2010년 그와 결혼한 후 이혼과 재결합 과정을 거치다가 2015년 마침내 그를 떠나 영국 시골의 평온한 마을로 돌아간 영국 여배우 탈룰라 라일리였다. 사람과의 관계에서 따사로움을 느끼기보다는 극한의 추위와 더위를 선호하는 것 때문에 고통 받으면서도 머스크는 그녀에게 계속 따뜻한 감정을 느꼈고, 그녀 역시 그에 대해 같은 감정을 느꼈다.

2021년 그녀의 친한 친구 한 명이 죽었을 때, 머스크는 영국으로 날아가 그녀의 집에서 하루를 보냈다. "우린 그냥 멍청한 TV를 보며 웃고 놀았는데, 제가 혼자 울고 있게 하지 않으려던 그의 배려였지요." 그녀의 말이다. 그리고 2022년 초여름, 그가 사적인 일과 트위터의 인수 문제로 심란해 있을 때, 그녀는 로스앤젤레스로 와서 비벌리힐스 호텔에서 그와 저녁식사를 함께했다.

그녀는 새 남자친구인 젊은 배우 토머스 브로디생스터와 함께 (둘이 함께 출연한) 선구적인 펑크록 밴드인 섹스 피스톨즈에 관한 영화 〈피스톨〉의 홍보 차 여행하던 중이었다. 하지만 브로디생스터는 머스크와의 저녁식사 자리에 참석하지 않았다. 대신 그 자리에는 라일리와 지난 세월 정을 쌓았던 머스크의 네 아들들이 함께했다. "아이들이 얼마나 멋진지 지금도 눈에 아른거려요." 그녀가 내게 문자를 보냈다. "그리핀은 잘생기고 유쾌하며 완전 매력 덩어리고, 데미안은 믿을 수 없을 정도로 세련되고 아름다운 영혼으로 꽃을 피웠고, 카이는 여전히 예의 바르면서도 멋진 괴짜가 되었고, 색슨의 언어 발달은 제가 기대했던 것 이상으로 뛰어나서 우리는 완벽하고 상세한 대화를 나눴습니다. 색슨이 이렇게 말한 경우만 예외가 되겠네요. '당신과 아빠의 흥미로운 점은 나이 차이가 꽤 많이 난다는 거예요. … 근데 둘이 같은 나이로 보이니 말이에요.'"

재회는 매우 감동적이었다. 그녀는 마음 한편으로 여전히 머스크를 사랑하고 있었다. 그날 밤 그녀가 호텔 방으로 돌아온 후, 브로디생스터는 울음을 터뜨리는 그녀를 감당해야 했다.

머스크는 2022년 여름에 또 다른 서지를 발동함으로써 가족의 혼란에 대응했다. 이번에는 아버지 노릇의 서지였다. 그는 큰 애들 네 명과 그라임스, 엑스와 함께 스페인으로 날아갔다. 제임스 머독과 엘리자베스 부부 및 그들의 자녀들과 함께 휴가를 보내기 위해서였다. 테슬라 이사회 멤버인 제임스는 루퍼트 머독 가문에서 가장 진보적인 인물이며, 엘리자베스는 그보다 더 진보적이다. 이들은 머스크에게 개인적으로 차분한 영향을 미치는 동시에 정치적 균형을 잡아주는 역할을 했다.

몇 주 후에는 프란치스코 교황을 알현하기 위해 아이들과 함께 로마로 향했다. 머스크는 몸에 안 맞는 양복을 입은 자신과 불안한 듯 몸을 뒤튼 색슨, 검은색 셔츠를 입고 엄숙한 표정을 짓고 있는 아이들의 모습이 담긴 알현 사진을 트위터에 올렸다. 머스크는 "양복이 비극적"이라고 인정했다. 다음 날 아침에 일어난 소년들은 아버지가 그 사진을 트위터에 올린 것에 화를 냈다. 한 명은 울기까지 했다. 함께 여행 중이었는데도 아이들은 아버지와 그룹 채팅방에서 문자로 대화를 나누었고, 한 아이가 아버지에게 허락 없이 자신들의 사진을 트윗하지 말아달라고 부탁했다. 머스크는 우울해하며 그룹 채팅방에서 나갔고, 몇 분 후 미국으로 돌아간다는 소식을 알렸다.

가족을 위한 집

머스크는 가족 구성원들이 '고향 집'처럼 느낄 수 있는 '패밀리 홈'이 없으면 안정적인 가정생활을 꾸려가기 어렵다는 것을 깨달았다. 그래서 2022년 여름, 그는 오스틴에 패밀리 홈을 마련하는 것을 꿈꾸기 시작했다. 그는 매물로 나온 저택 몇 채를 살펴봤지만 너무 비싸다는 생각이 들었다. 대신 그는 기가텍사스와 콜로라도 강을 사이에 두고 마주한 지역에 구입해놓은, 고요한 호수가 딸린 널따란 말 농장에 집을 한 채 짓기로 결정했다. 그는 해당 부지의 다른 부분은 뉴럴링크와 다른 회사를 위해 사용하면 좋을 것 같다고 생각했다.

어느 토요일 저녁 그와 그라임스는 기가텍사스 건설을 담당했던 오미드 아프샤르를 불러 해당 부지를 함께 둘러보았다. 그들은 보링컴퍼니에서 강 아래로 터널을 파서 집과 공장을 연결하는 방안 등 다양한 아이디어를 주고받았다. 며칠 후에는 시본 질리스와 함께 해당 부지를 둘러보았다. "제가 그에게 사랑스럽게 계속 닦달한 한 가지는 그가 '홈'이라고 부를 수 있는 곳을 마련하라는 것이었습니다." 그녀는 말한다. "일론은 영혼이 머물 수 있는 곳이 필요해요. 저는 말 농장이 그런 곳이 될 것이라고 생각합니다."

2022년 여름의 어느 더운 오후, 머스크는 스티브 잡스의 의뢰로 애플의 초현대적인 원형 본사를 설계했던 건축가 노먼 포스터 경과 함께 캐노피 아래에 앉았다. 포스터 경은 머스크와 브레인스토밍을 하기 위해 스케치 패드를 들고 런던에서 날아왔다. 머스크는 카드 테이블에 앉아 포스터의 스케치를 살펴본 후 자유롭게 상상의 나래를 펼치기 시작했다. "우주에서 무언가가 호수에 떨어진 것처럼, 그러니까 다른 은하계의 구조물이 호수에 착륙한 것처럼 보이게 하면 어떨까요?" 그가 말했다.

그 자리에 함께 있던 버첼은 구글에서 미래형 건물의 이미지를 검색했고, 포스터는 자신의 패드에 더 많은 스케치를 그렸다. 머스크는 호수에서 커다란 유리 조각이 튀어나와 있는 것과 같은 모양새로 가보자고 제안했다. 최하층은 부분적으로 물에 잠기게 하고 호숫가의 다른 구조물에서 터널을 통해 접근하게 하자는 것이었다.

그렇게 하면 그게 패밀리 홈처럼 보이겠냐고, 내가 나중에 한마디 했다. 머스크도 동의했다. "집이라기보다는 예술 프로젝트에 가깝지요." 그가 설명했다. 그는 집짓기를 보류했다.

76장

스타베이스의 개혁

스페이스X, 2022년

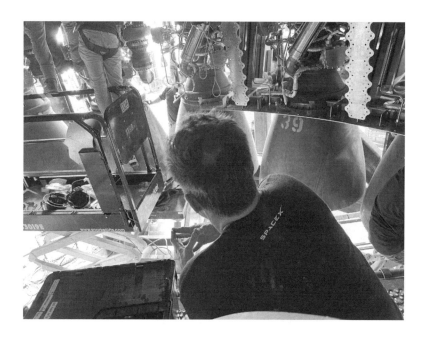

스타십 부스터 아래에서 랩터 엔진들을 점검하며

스타십을 공개하다

　항상 현상에 안주하는 것을 경계하는 머스크는 2022년 초, 보카치카에서 또 한 번 서지를 발동할 때가 되었다고 마음먹었다. 앤디 크렙스와 남부 텍사스 팀에게 스타십을 발사대에 쌓아 올리라고 한 지 6개월이 지났고, 이제 그는 로켓을 공개적으로 발표하고 싶었다. 이번에는 '메카질라'의 젓가락 팔로 1단과 2단, 두 스테이지를 쌓아 올릴 예정이었다.

　빌 라일리는 2월 말까지 그에 대한 준비를 마치기 어려울 것이라고 경고했지만, 머스크는 트위터를 강제 메커니즘으로 활용했다. 그는 2022년 2월 10일 목요일 오후 8시에 스타십을 대중에 공개할 것이라는 트윗을 날렸다.

　프레젠테이션이 예정된 날, 머스크는 스페이스X의 직원들을 위한, 평범하면서도 멋져 보이는 레스토랑인 플랩스에서 저녁을 먹었다. 그 자리에는 NASA의 고위임원 세 명이 함께했는데, 모두 여성이었다. 케이프커내버럴 케네디우주비행센터의 재닛 페트로, 인간착륙시스템 프로그램의 리사 왓슨모건, 휴스턴존슨우주센터의 바네사 위치였다.

　엑스가 테이블로 아장아장 다가와 포크로 블루치즈 딥을 찍어먹기 시작했다. 머스크는 엑스가 자신의 "귀염성 담당 소품"이라고 농담을 했다. 페트로가 내게 속삭였다. "모성 본능을 억누르고 있어요." 그녀는 결국 굴복해 포크를 치우고 대신 숟가락을 쥐어주었다.

　"애가 겁이 없어요." 머스크가 말했다. "아마도 공포 본능을 더 많이 사용할 수 있을 거예요. 타고난 거죠." 그렇다, 하지만 그것은 머스크가 그를 '놓아 기르는' 식으로 자유롭게 키운 결과이기도 했다. 애지중지 같은 것은 머스크의 본성에 없었다.

　"팰컨 9호." 엑스가 먼 곳을 가리키며 말했다.

　"아니." 머스크가 바로 잡아주었다. "스타십."

　"10, 9, 8." 엑스가 말했다.

　"사람들은 얘가 숫자를 거꾸로 세는 걸 보고 똑똑하다고 하는데요." 그가 말했다. "하지만 저는 얘가 똑바로도 셀 수 있는지 잘 모르겠어요."

머스크는 NASA에서 온 게스트들에게 자녀가 있는지 물었고, 그들의 대답은 그로 하여금 저출산이 인류의 미래에 얼마나 위협이 되는지 다시 한번 생각하게 만들었다. "제 친구들의 평균 자녀수는 한 명입니다." 그가 말했다. "어떤 친구들은 한 명도 없지요. 저는 좋은 모범을 보이려 노력합니다." 그는 얼마 전 세 명의 자녀를 더 낳았다는 사실은 언급하지 않았다.

대화는 스페이스X만큼 많은 궤도 임무를 수행하는 유일한 독립체인 중국에 대한 내용으로 옮겨갔다. NASA 자체는 이 게임에 참여하고 있지도 않았다. "우리가 다시 달에 가기 전에 중국이 먼저 간다면 그것은 또 하나의 스푸트니크 같은 사건이 될 것입니다." 그가 NASA의 임원들에게 말했다. "우리가 서로 고소, 고발로 시간을 허비하는 동안 저들이 달에 가버리면 충격을 받을 수밖에 없을 겁니다." 그는 중국을 방문하면 어떻게 하면 중국이 보다 혁신적이 될 수 있는지 자주 질문을 받는다고 말했다. "그럴 때마다 저는 권위에 도전하라고 답합니다."

그날 밤늦게 수백 명의 직원과 기자, 정부 관계자, 지역 주민들이 세워진 채 스포트라이트를 받고 있는 스타십 앞에 모였다. "여러분에게 영감을 주는 무언가, 여러분의 마음을 움직이는 무언가가 있어야 합니다." 머스크가 연설했다. "우주를 여행하는 문명이 되는 것, 공상과학 소설을 허구가 아닌 것으로 만드는 것이 그중 하나입니다." 프레젠테이션이 진행되는 동안 나는 아직 스페이스X를 떠나기로 결정하지 않은 상태였던 크렙스의 옆자리에 앉아 7개월 전 머스크가 쏘아대던 질문의 포화 속에서 어떻게 살아남았는지에 대해 이야기를 나눴다. 그만한 가치가 있었는지 물었더니, 크렙스는 고개를 끄덕이며 메카질라를 가리켰다. "저 타워를 볼 때마다 심장이 날아오르는 것 같아요." 그가 말했다.

프레젠테이션이 끝난 후 머스크는 스타베이스 본관 뒤편의 티키 바에 모인 그룹에게로 걸어갔다. 몇 분 후, 프레젠테이션에 참석하기 위해 직접 자신의 고성능 제트기를 몰고 온 인스피레이션 4의 우주비행사 제러드 아이작먼이 그룹에 합류했다.

아이작먼은 자신감을 조용히 묻어두는 겸손으로 머스크를 편안하게 했다. 그는 머스크가 브랜슨과 베조스에 이어 직접 우주에 가지 않기로 결정한 것은 잘한 일이었다고 말했다. "그랬다면 삼진 아웃을 먹는 것과 같았을 것입니다." 그가 말했다. 실로 억만장자 소년의 나르시시즘처럼 보였을 것이다. "미국인들이 '우주는 무슨, 개뿔'이라고 말하기까지 이제 우리에게 한 개의 스트라이크밖에 남지 않은 셈입니다."

"맞아요, 연기자 알선업체에서 네 명을 캐스팅해 올려 보내는 것이 더 나았지요." 머스크가 짐짓 아쉬운 듯 웃음을 흘리며 말했다.

비현실적인 일정

2022년 7월, 시애틀에서 제작하는 스타링크 위성들이 쌓이기 시작했다. 팰컨 9호 로켓은 적어도 일주일에 한 번 케이프커내버럴에서 발사되었고, 각 비행은 약 50개의 통신위성을 궤도에 올려놓았다. 하지만 머스크는 그즈음 보카치카의 발사대에서 그 거대한 스타십이 정기적으로 발사되기를 기대하고 있었다. 늘 그렇듯이 그는 일정에 대해 비현실적이었다.

"여기서 몇 명을 보카치카로 내려보낼까요?" 스타링크 생산을 감독하기 위해 시애틀로 자리를 옮긴 준코사가 머스크에게 물었다.

"응." 머스크가 답했다. "자네도 그쪽으로 움직여." 경영진에 변화를 줄 때가 되었다. 8월 초, 준코사는 보카치카의 조립라인 텐트 주변을 회오리바람처럼 휩쓸며 먼지를 일으켰다.

준코사는 광기 측면에서 머스크와 많이 닮았다. 거친 머리카락과 더욱 거친 눈빛을 가진 그는 이리저리 뛰어다니고 휴대전화를 돌리면서 주변에 고도의 에너지장을 만들어낸다. "마크는 엉뚱하면서도 냉혹한 방식으로 카리스마를 발휘하는 친구예요." 머스크는 말한다. "그는 사람들에게 엉망진창이라고, 아이디어가 형편없다고 지적할 때도 상대의 화를 돋우지 않는 방식으로 말해요. 그는 나의 마르쿠스 안토니우스인 셈이지요."

머스크와 준코사는 보카치카의 팀원들, 특히 라일리와 파텔을 좋아했지만 그들이 충분히 강인하지 않다고 생각했다. "라일리는 훌륭한 친구지만 사람들에게 부정적인 피드백을 하는 것을 어려워하고 직원 해고 같은 건 아예 못하는 인물이지요." 머스크가 내게 말했다. 스페이스X의 사장인 숏웰도 시설 건설을 감독한 파텔에 대해 같은 생각을 했다. "파텔은 열심히 일하지만 일론에게 나쁜 소식을 전하는 방법을 모릅니다. 라일리와 파텔은 겁이 많은 편이죠." 그녀의 말이다.

머스크는 8월 4일 기가텍사스의 한 회의실에서 스타십 팀과 화상회의를 진행했다. 그날 오후에 테슬라의 연례 주주총회가 예정되어 있어서 준비 차 그곳에 가 있던 중이었다. 스타십 팀원들이 슬라이드를 보여주자 머스크는 점점 화를 냈다. "이 타임라인은 말이 안 돼요. 폭망으로 가는 거라고요." 그가 설명했다. "이렇게 오래 걸려서는 안 된다는 얘기예요." 그는 일주일에 7일, 매일 밤 스타십에 대해 회의를 하겠다고 선언했다. "우리는 매일 밤 제1원리의 알고리즘을 통해 요구사항에 의문을 제기하고 삭제할 겁니다." 그가 말했다. "이것이 바로 랩터 엔진에 관한 헛소리를 없애기 위해 우리가 한 일입니다."

엔진을 테스트하기 위해 부스터를 발사대에 올리는 데 얼마나 걸리겠냐고 그가 물었다. 열흘이라는 대답이 돌아왔다. "너무 오래 걸려요." 그가 답했다. "이것은 모든 인류의 운명을 결정하는 중요한 일입니다. 운명을 바꾸기는 어렵습니다. 9시에서 5시까지 일해서는 이룰 수 없는 일입니다."

그러고는 갑자기 회의를 끝냈다. "오늘 밤에 거기서 봅시다." 그가 보카치카 팀에 말했다. "오늘 오후에 테슬라 주주총회가 있는데, 아직 그 슬라이드도 보지 못했네요."

한밤중의 파티

그날 팬클럽 미팅과 유사한 테슬라의 주주총회를 진행한 후 밤늦게 오스틴에서 보카치카로 이동한 머스크는 팀원들이 다시 모여 있던 스타베이스의 회의실로 바로 들어섰다. 마치 〈스타워즈〉의 한 장면 같았다. 머스크는 엑스를 데려왔는데, 아이는 그렇게 늦은 시간임에도 완전히 충전된 상태로 "로켓!"이라고 외치며 테이블 주위를 뛰어다녔다. 또한 머리를 분홍과 초록으로 염색한 그라임스도 자리를 함께했다. 준코사의 수염은 더욱 거칠어진 상태였다. 숏웰은 인사 개혁 과정을 돕기 위해 로스앤젤레스에서 와 있었는데, 철저한 아침형 인간이었던 그녀는 잠자리에 들 시간이 지났다고 투덜거렸다. 테이블에 앉은 10여 명 중 유일한 또 한 명의 여성은 MIT 출신 항공 엔지니어로 14년 전에 스페이스X에 입사한 샤나 디에즈였는데, 뛰어난 능력으로 머스크에게 깊은 인상을 남긴 후 현재 스타십 엔지니어링 책임자로 일하고 있었다. 테이블에 앉은 그 밖의 팀원은 빌 라일리, 조 페트르젤카, 앤디 크렙스, 제이크 맥켄지 등으로 모두 청바지와 검은색 티셔츠의 기본 유니폼 차림이었다.

머스크는 가능한 한 빨리 발사대에 부스터를 올려 엔진을 테스트하라고 다시 한번 재촉했다. 열흘은 너무 길었다. 그는 특히 엔진 주변의 열차폐가 얼마나 중요한지 파악하는 데 관심이 많았다. 또한 늘 그렇듯이 부품을 제거할 방법을, 특히 부스터의 질량을 증가시키는 부품을 제거할 방법을 찾고 있었다. "모든 곳에 차폐가 필요한 것 같지는 않아요." 그가 말했다. "손전등을 들고 나가보니 온통 열차폐에 가려져 아무것도 보이지 않더군요."

회의는 평소처럼 그의 경향에 따라 이런저런 주제를 넘나들며 오락가락 진행되었고, 테스트 시간표에 합의하기도 전에 쿠엔틴 타란티노 감독의 영화 〈트루 로맨스〉에 대한 토론으로 넘어갔다. 1시간이 지나가자 숏웰은 결론을 내리려고 했다. "우리 결정한 게 뭐죠?" 그녀가 물었다.

대답은 명확하지 않았다. 머스크는 먼 곳을 응시하며 생각에 잠겼다. 누구나 그의 이런 무아지경을 본 적이 있었다. 그렇게 스스로 정보를 처리한 후 그는 어느 시점에 불현듯 모종의 선언을 하곤 했다. 하지만 새벽 1시가 넘어서자 엔지니어들은 자리를 뜨기 시작했고, 머스크는 여전히 홀로 생각에 잠겼다.

회의실을 나온 팀원들은 하나둘 주차장으로 들어서며 자연스레 준코사 주위로 모였다. 그는 휴대전화를 돌리며 사람들과 농담을 주고받고 있었는데, 확실히 에어스트림 트레일러로 돌아가 잠자리에 들 준비가 되지 않은 듯 보였다. 준코사는 기분이 들떠 있었을 뿐 아니라, 팀원들이 인사이동으로 인해 불안해한다는 것을 알고 있었기에, 그들을 결집시킬 필요를 느꼈다. 어느 정도의 장난질이 적절한지 아는 고등학교 팀 주장처럼, 그는 근처의 직원용 티키 바에 들어가서 파티를 열자고 제안했다. 그는 신용카드를 이용해 자물쇠를 딴 후 열댓 명의 추종자들을 이끌고 바에 들어가 그중 한 명에게 맥주와 맥캘란 스카치, 일라이저 크레이그 스몰배치 버번 등을 따르게 했다. "문제가 생기면 모두 자네 탓으로 돌릴 거야, 제이크." 그가 그들 중 가장 어리고 수줍음이 많으며 바에 침입할 가능성이 가장 낮은 맥켄지를 가리키며 말했다.

머스크가 없는 상황에서 준코사는 모두의 긴장을 풀어주면서도 몇 가지 교훈을 전할 수 있었다. 그는 머스크에게 테스트 시설이 제때 준비되지 않을 것이라고 말하길 주저했던 한 엔지니어의 주위를 춤추듯 돌면서 팔꿈치를 펄럭이고 닭소리를 내며 놀리기도 했다. 한 젊은 엔지니어가 익스트림 스키 타기에 나섰던 자신의 모험담을 늘어놓으며 준코사에게 깊은 인상을 남기려 하자, 그는 휴대전화를 꺼내 알래스카에서 눈사태를 뚫으며 거칠게 스키를 타는 자신의 영상을 보여주었다.

"진짜 여기서 탄 거예요?" 놀란 엔지니어가 물었다.

"당근이지." 준코사가 대답했다. "리스크를 감수해야 해. 리스크를 감수하는 걸 무지하게 좋아해야 한다고."

그 무렵, 정확히 새벽 3시 24분에 내 전화에 문자 메시지가 왔다는 신호가 울렸다. 1마일 떨어진 작은 집에서 여전히 깨어 있던 머스크가 보낸 메시지였다. "부스터의 이전 일정은 열흘 후 발사대에 올린다는 거였어요." 메시지 내용

이다. "하지만 나는 우리가 B7을 완성할 필요 없이 다음 번 멋진 쇼의 개발 이
슈를 발견할 거라고 90퍼센트 확신해요." 무슨 소리인지 이해가 되질 않았다.

나는 맥켄지에게 문자 메시지를 보여주며 암호를 해독해달라고 했고, 맥켄
지는 그것을 준코사에게 보여주었다. 두 사람은 잠시 침묵했다. 그 의미는 머스
크가 회의에서 들은 내용에 대한 나름의 검토를 마쳤고, B7로 알려진 부스터
를 테스트하기 위해 발사대로 옮기는 데 열흘까지 기다리지 않기로 결정했다
는 것이었다. 33개의 엔진을 모두 장착하기 전에 그렇게 하겠다는 것이었다. 머
스크는 잠시 후 자세한 내용을 설명하는 문자를 보냈다. "어떤 식으로든 오늘
밤 자정 또는 그 이전에 B7을 발사대에 다시 올려놓을 겁니다." 다시 말해, 열
흘이 아니라 하루 만에 해내겠다는 것이었다. 그는 그렇게 또 한 번의 서지를
명령했다.

위험에 대한 내성

그날 아침, 몇 시간 눈을 붙이고 난 후 머스크는 "화성을 점령하라"라고 적
힌 검은색 티셔츠를 입고 로켓 조립 하이베이 중 한 곳으로 향했다. 부스터 7에
랩터 엔진들을 장착하는 작업을 지켜보기 위해서였다. 그는 가파른 산업용 사
다리를 타고 부스터 아래 플랫폼으로 올라갔다. 플랫폼에서는 케이블과 엔진
부품, 공구, 흔들리는 체인 등이 널린 가운데 최소한 40명의 직원들이 어깨를
맞대고 엔진 부착 및 덮개 용접 작업을 하고 있었다. 머스크는 헬멧을 쓰지 않
은 유일한 사람이었다.

"그 부분이 왜 필요한가요?" 머스크가 베테랑 엔지니어 중 한 명인 케일 오
드너에게 묻자, 그는 머스크가 올라와 있다는 사실에 조금도 놀란 기색 없이
사실에 입각해 대답하며 작업을 계속했다. 머스크의 조립 현장 시찰이 너무
잦은 탓에 작업자들은 무언가 지시하거나 질문하지 않는 한 그에게 거의 주의
를 기울이지 않는다. "왜 더 빨리 그것을 할 수 없나요?"는 그가 가장 좋아하

는 질문 중 하나이다. 때때로 그는 4~5분 동안 멍하니 서서 지켜보기만 한다.

1시간이 넘게 흐른 후, 그는 플랫폼에서 내려와 주차장을 가로질러 구내식당까지 200미터 거리를 껑충껑충 뛰어갔다. "자신이 얼마나 서두르는지 모든 사람이 볼 수 있도록 저렇게 하는 것 같아요." 크렙스가 말했다. 나중에 머스크에게 그래서 그랬는지 물었다. "아니요." 그가 웃었다. "자외선 차단제를 바르는 것을 잊어버려서 살이 탈까 봐 그런 겁니다." 하지만 그는 덧붙였다. "장군이 전장에 나와 있는 모습이 병사들에게 동기 부여가 되는 것은 사실이지요. 나폴레옹이 어디든 모습을 드러내면 그곳의 군대는 최선을 다하지 않겠어요. 내가 아무것도 하지 않더라도 모습을 드러내면 직원들은 적어도 내가 밤새도록 파티나 즐기는 건 아니라고 말할 수 있잖아요." 분명히 그는 티키 바 장난질에 대해 알게 된 것 같았다.

머스크가 정한 마감시간인 자정이 지나자마자 부스터를 수직으로 실은 트럭이 보카치카의 도로를 따라 조립 하이베이에서 발사 장소까지 약 800미터 거리를 이동하기 시작했다. 집에 있던 그라임스는 이 광경을 구경하기 위해 엑스를 차에 태워 왔다. 엑스는 천천히 움직이는 로켓 주변을 뛰며 춤을 추었다. 부스터가 발사장에 도착하여 발사대에 똑바로 세워지자 보름달 아래에서 반짝이는 극적인 장면이 연출되었다.

모든 것이 순조롭게 진행되던 중 줄이 느슨해지며 기름과 물이 섞인 유압유가 발사 구역에 뿌려졌다. 그라임스와 엑스를 포함한 모든 사람이 기름을 뒤집어썼다. 그라임스는 처음에 그것이 독성 화학물질인 줄 알고 기겁을 했는데, 머스크가 걱정하지 말라고 말했다. "나는 새벽에 맡는 유압유 냄새가 아주 좋아." 그가 영화 〈지옥의 묵시록〉 중의 대사를 인용해 말했다. 엑스 역시 전혀 동요하지 않았다. 그라임스가 그를 목욕시키기 위해 집으로 서둘러 데려갈 때도 차분히 따라갔다. "애가 위험에 대해 평균 이상의 내성을 키우고 있는 것 같아요." 머스크가 말했다. 그는 아주 약간의 자의식을 드러내며 "솔직하게 말해서 위험에 대한 엑스의 내성은 거의 걱정이 될 정도지요"라고 덧붙였다.

77장

옵티머스 프라임

테슬라, 2021-2022년

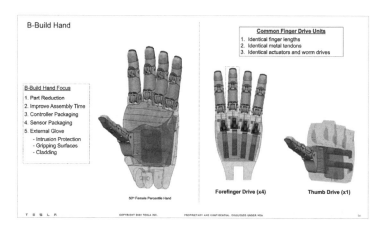

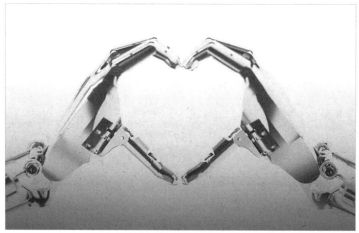

(위) 옵티머스 손의 구성 요소를 보여주는 슬라이드
(아래) 손으로 하트를 만든 로봇, AI 데이 2의 로고

휴머노이드 로봇의 손

2021년 8월 머스크가 옵티머스 제작 계획을 발표하던 날, 흰색 바디 슈트를 입은 여배우가 로봇을 흉내 내며 무대를 휘젓고 다녔다. 며칠 후 폰 홀츠하우젠은 팀을 소집하여 인간을 모방할 수 있는 로봇의 실제 제작에 돌입했다.

머스크가 내린 지시는 한 가지, 휴머노이드 로봇을 만들라는 것이었다. 다시 말해서 보스턴다이내믹스나 다른 회사들이 만드는 것처럼 바퀴나 네 다리가 달린 기계 장치가 아니라 사람처럼 생긴 로봇이어야 했다. 대부분의 작업 공간과 도구가 사람의 작업 방식에 맞춰 설계되었기 때문에, 머스크는 로봇이 자연스럽게 작동하려면 사람의 형태에 가까워야 한다고 믿었다. "최대한 인간과 비슷하게 만들어야 해요." 폰 홀츠하우젠은 회의 테이블에 둘러앉은 열 명의 엔지니어와 디자이너들에게 이렇게 말했다. "하지만 인간이 할 수 있는 일을 향상시킬 수 있는 기능도 추가할 수 있겠지요."

그들은 손부터 시작했다. 폰 홀츠하우젠과 팀원들은 전동 드릴을 들고 손가락과 손바닥 둔덕 부분이 드릴과 어떻게 상호작용하는지 살폈다. 처음에는 새끼손가락이 필요 없어 보였기 때문에 네 손가락 손을 만드는 것이 합리적이라고 생각했다. 하지만 그것은 보기에도 기이할 뿐 아니라 기능적으로도 바람직하지 않다는 것이 밝혀졌다. 대신 새끼손가락을 조금 더 길게 만들어 유용성을 높이기로 결정했다. 하지만 한 가지는 단순화했다. 각 손가락의 관절을 세 개가 아닌 두 개로 만들기로 한 것이다.

또 다른 개선 사항은 손바닥의 아랫부분을 좀 더 길게 만들어 전동공구를 감싸기 쉽게 하면서 엄지손가락에 가해지는 하중을 줄이는 것이었다. 그렇게 하면 옵티머스의 손이 사람의 손보다 더 강력해질 수 있었다. 그들은 또한 각 손가락 끝에 강력한 자석을 부착하는 것과 같은 훨씬 더 혁신적인 생체공학적 방안들도 고려했다. 하지만 자석 아이디어는 철회되었다. 너무 많은 장치가 자석에 의해 엉망이 될 수 있었기 때문이다.

손가락이 손바닥 쪽으로뿐만 아니라 뒤쪽으로도 젖혀지게 하는 것은 어떨까? 손목이 더 많이 앞으로 구부러지고 뒤로 젖혀지게 하면 어떨까? 테이블에 있던 모든 사람이 손과 손목을 퍼덕이며 그것들이 무엇을 의미하는지 알아보기 시작했다. "로봇이 벽을 밀어야 할 때 유용할 것 같군요." 폰 홀츠하우젠이 말했다. "손가락에 힘을 주지 않고도 할 수 있으니까요." 누군가는 손가락이 팔에 닿을 정도로 손목이 완전히 구부러지거나 젖혀지게 만드는 게 좋을 것 같다고 제안했다. 그러면 손을 사용하지 않고도 팔 끝으로 무언가에 압력을 가할 수 있었다. 폰 홀츠하우젠은 "와우!"라고 한 후 덧붙였다. "하지만 사람들이 좀 겁먹지 않을까요? 그렇게까지 멀리 가지는 맙시다."

"이제 진짜 어려운 부분입니다." 폰 홀츠하우젠이 두어 시간의 회의가 끝날 무렵 말했다. "어떻게 하면 이 소시지를 보기 좋게 만들 수 있을까요?" 그는 주간 검토회의에서 머스크에게 보여줄 과제를 할당했다. "손가락을 어떤 모양으로 만들지, 굵기나 가늘어지는 정도를 어느 정도로 하는 게 좋을지 파악하는 것부터 시작하세요. 특히 새끼손가락을 길게 만들 거니까 거기에 신경 쓰면서 말이에요. 일론은 여성의 손가락 같은 분위기를 원하고 있으니 참고하세요."

영 프랑켄슈타인

머스크와 그의 엔지니어들은 인간의 신체가 실로 놀랍다는 사실을 발견했다. 예를 들어, 주간회의 중 한 번은 손가락이 사물에 압력을 가할 수 있을 뿐만 아니라 압력을 느낄 수도 있다는 사실이 논의의 대상이 되었다. 어떻게 하면 옵티머스의 손가락이 압력을 잘 감지하게 할 수 있을까? 한 엔지니어는 "손가락 관절의 액추에이터에 흐르는 전류를 손가락 끝에 가해지는 압력과 상관관계를 갖게 할 수 있는지 살펴보면 좋을 것"이라고 제안했다. 터치스크린처럼 손가락 끝에 커패시터를 넣거나 고무에 기압센서 혹은 칩을 내장하거나 심지어 손가락 끝을 교화체로 만들어 거기에 작은 카메라를 넣는 방안 등도 논의되었다. "비용 면에서 어떤 차이가 있을까요?" 폰 홀츠하우젠이 물었다. 그들은 관절 액추에이터의 전류 흐름을 사용하여 압력을 측정하는 것이 추가적인 부품을 필요로 하지 않기 때문에 가장 효과적이라고 판단했다.

일정이 아무리 빡빡해도 머스크는 매주 열리는 옵티머스 디자인 세션에 참석하기 위해 노력했다. 그런 세션이 예정된 2월의 어느 날, 머스크는 마이애미 말린스 구장의 VIP 룸에 있었다. 예라는 이름으로 알려진 카니예 웨스트가 주최한 새 앨범 〈돈다 2〉의 청음회에 참석한 것이었다. 그가 래퍼 프렌치 몬타나, 릭 로스 등과 함께 타코를 먹으며 암호화폐에 대한 대화를 나누던 중 오후 9시의 옵티머스 미팅을 알리는 아프샤르의 문자가 도착했다. 머스크는 휴대전화의 카메라를 켜둔 채 전화를 걸었고, 의도치 않게 옵티머스 팀원들이 그의 뒤로 비치는 파티장의 모습을 보게 되었다. 그 자리에 있던 VIP 게스트들은 머스크가 방 안을 돌아다니면서 옵티머스의 손에 충분한 손재주를 부여하기 위해 필요한 액추에이터의 수를 논의하며 손가락을 꼼지락거리는 동안 호기심 어린 눈빛을 보냈다. "어떤 각도에서든 연필을 집어 들 수 있어야 해요." 머스크가 말했다. 배경에 있던 한 래퍼가 고개를 끄덕이며 손가락을 꼼지락거리기 시작했다.

때로는 머스크가 크고 작은 아이디어를 고려하는 가운데 옵티머스 회의가 2시간 넘게 길어지기도 했다. 누군가 "로봇의 팔을 다른 도구로 바꿀 수 있게 하면 어떻겠느냐"고 제안했다. 머스크는 이를 거부했다. 또 다른 회의에서는 로봇의 얼굴이 있는 곳에 스크린을 넣는 방안에 관한 논의가 대두했다. "디스플레이 역할만 하면 돼요." 머스크가 말했다. "꼭 터치스크린으로 만들 필요는 없어요. 하지만 멀리서도 그것이 무엇을 하고 있는지 사람들이 알 수 있게 해야 합니다." 그들은 그것이 좋은 아이디어이지만 옵티머스의 첫 번째 버전에 반드시 들어가야 할 필요는 없다고 결정했다.

토론은 종종 머스크의 미래지향적 환상을 이끌어냈다. 팀은 화성의 식민지에서 옵티머스가 작업하는 비디오 시뮬레이션을 준비했고, 화성에서 로봇이 스스로 작업하게 할지 아니면 인간 감독자의 지시에 따라 작업하게 할지에 대한 긴 토론이 이어졌다. 폰 홀츠하우젠은 논의를 지구상으로 되돌려놓으려고 노력했다. "화성 시뮬레이션이 재미있다고 생각하지만, 우선 우리는 로봇이 우리 공장에서 일하는 모습을 보여주는 것부터 궁리해야 합니다. 아무도 하기 싫어하는 반복적인 작업을 수행하는 모습을 보여주면 좋을 것 같습니다." 그가 마침내 끼어들어 말했다. 또 다른 회의에서는 운전석에 운전자가 앉아야 한다는 자동차 주행의 법적 요건을 충족하기 위해 로보택시 운전석에 옵티머스를 앉힐 수 있을지에 대한 논의가 촉발되었다. "영화 〈블레이드 러너〉 오리지널 판에 그와 비슷한 장면이 나오지 않았었나요?" 머스크가 말했다. "가장 최근에는 사이버펑크 게임에 그런 장면이 나왔어요." 그는 공상과학에서 '공상'이라는 단어를 빼길 좋아했다.

다른 아이디어들은 머스크의 대뇌변연계의 유치한 측면에 더 많은 영향을 받은 것 같았다. 한번은 그가 이런 농담을 했다. "충전기 코드를 엉덩이에 꽂게 하면 어떨까요?" 몇 번 크게 웃은 후 그는 이 아이디어를 철회했다. "웃음을 유발하는 요소가 너무 많네요." 그가 말했다. "인간에게 구멍은 가벼운 사안이 아니거든요."

"〈영 프랑켄슈타인〉이 생각나는군요. 정말 대작이지요." 그는 멜 브룩스의 패러디 영화를 언급하며 이렇게 말하기도 했다. 하지만 그의 말을 계기로 로봇이 괴물로 변하지 않도록 하는 방법에 대한 보다 진지한 논의가 시작되었다. 애초에 이런 필요성을 강력하게 느낀 탓에 인공지능과 로봇공학 분야에 관심을 기울인 머스크 아니었던가. 한 회의에서 그는 인간에게 로봇을 무력화할 수 있는 궁극적인 권한을 부여하는 '중지 명령 경로'를 검토했다. "누군가 모선에 접근하여 악의적인 방식으로 로봇들을 제어할 수 있는 시나리오는 아예 불가능하게 만들어야 합니다." 그는 이렇게 말하면서 해킹될 수도 있는 전자신호의 사용을 완전히 배제했다. 그는 아시모프의 로봇공학 규칙을 인용하며 인간이 "치명적인 로봇 군대"를 이길 수 있는 전략을 계획했다.

머스크는 미래의 시나리오를 구상하면서도 옵티머스를 수익성 있는 사업으로 만드는 데 집중했다. 2022년 6월, 옵티머스 팀은 로봇이 공장에서 상자를 운반하는 시뮬레이션을 완료했다. 그는 "로봇이 사람보다 더 열심히 일하게 될 것"이라는 사실이 마음에 들었다. 그는 옵티머스가 테슬라의 주요 수익원이 될 것이라고 믿게 되었다. "옵티머스 휴머노이드 로봇은 자동차 사업보다 더 의미심장한 잠재력을 가지고 있습니다." 그는 애널리스트들에게 이렇게 말했다.

그 점을 염두에 두고 머스크는 옵티머스 팀에 원하는 기능과 이를 대규모로 제조하는 데 드는 비용에 대한 상세한 차트를 만들도록 지시했다. 예를 들어, 한 스프레드시트에는 사람의 손목이 움직일 수 있는 세 가지 방식이 표시되었다. 손을 위아래로 흔들거나 왼쪽 또는 오른쪽으로 움직이거나 돌리는 것이었다. 엔지니어들은 이러한 "자유로운 움직임" 중 두 가지를 달성하려면 손목 하나당 712달러의 비용이 든다고 계산했다. 액추에이터를 추가하여 3자유도three degrees of freedom를 달성하기 위해서는 1,103달러가 들었다. 머스크는 손목이 움직일 수 있는 방식 및 그와 관련된 근육을 연구하면서 놀라움을 금치 못했다. 그런 후 그는 로봇이 인간과 동일한 능력을 가져야 한다고 말했다. "정답은 3자유도로 가는 것이므로 어떻게 하면 더 효율적으로 그 수준에 도달할 수 있는지 알아내야 합니다." 그가 말했다. "이건 형편없는 설계예요. 들여다볼수록 끔찍해 보이네요. 우리 자동차의 리프트게이트 액추에이터를 써보세요. 그건 우리가 싸게 만드는 방법을 알고 있잖아요."

그는 매주 가장 최근의 일정표를 검토하고 종종 다소 강하게 불만을 표출했다. "우리가 곧 자금이 바닥날 스타트업이라고 생각해보세요." 그가 한 세션에서 말했다. "더 빨리. 더 빨리! 날짜가 늦어지면 표시하세요. 모든 나쁜 소식은 큰 소리로 자주 전달해야 해요. 좋은 소식은 조용히 한 번만 전하면 됩니다."

"드디어 바닥을 걷다!"

가장 어려운 도전 중 하나는 옵티머스를 걷게 하는 것이었다. 당시 거의 두 살이 된 엑스 역시 걷는 법을 배우고 있었고, 머스크는 인간과 기계의 학습방식을 계속 비교했다. "처음에 아이들은 발바닥으로 걷다가 발가락을 쓰기 시작하는데 그래도 여전히 원숭이처럼 걷지요." 그가 말했다. "어른처럼 걷기까지는 꽤 오랜 시간이 걸려요. 걷는다는 것은 꽤나 복잡한 과정입니다."

3월에 팀은 그들이 도달한 이정표를 축하하는 비디오로 주간회의를 시작했다. "드디어 바닥을 걷다!" 4월에 이르러 그들은 다음 단계를 정복했다. 옵티머스가 상자를 들고 걸을 수 있게 한 것이다. "그러나 우리는 팔과 다리를 조정해 균형을 유지하게 하지는 못했습니다." 엔지니어가 말했다. 한 가지 문제는 로봇이 주변을 보려면 머리를 회전시켜야 한다는 것이었다. "카메라를 여러 대 설치하면 머리를 돌릴 필요가 없지 않을까요." 머스크가 제안했다.

머스크는 7월 중순에 열린 설계 검토회의에 눈으로 사람을 따라다니는 로봇과 브레이크 댄스를 추는 로봇 등 몇 가지 장난감을 가져왔다. 그는 장난감에서 교훈을 얻을 수 있다고 믿었다. 예를 들어, 작은 모형 자동차는 대형 주조 프레스를 사용하여 실제 자동차를 만들도록 영감을 주었고, 레고는 정밀제조의 중요성을 이해하는 데 도움이 되었다. 옵티머스는 작업장 한가운데에 갠트리 기중기로 받쳐진 채 서 있었다. 잠시 후 옵티머스가 머스크의 주위를 천천히 걸어 다니며 들고 있던 상자를 내려놓았다. 그러자 머스크는 조이스틱 조종기를 들고 옵티머스가 상자를 집어 폰 홀츠하우젠에게 전달하도록 안내했다. 옵티머스가 작업을 마치자 머스크는 옵티머스가 넘어지는지 확인하기 위해 가슴을 가볍게 밀었다. 로봇은 곧바로 안정장치를 작동하여 똑바로 선 자세를 유지했다. 머스크는 만족스럽게 고개를 끄덕이며 옵티머스의 영상을 촬영했다. "일론이 동영상을 찍기 위해 휴대전화를 꺼내면 그것은 곧 그가 깊은 인상을 받았다는 뜻입니다." 라스 모라비의 말이다.

그 후 머스크는 옵티머스, 완전 자율주행, 도조를 선보이는 공개 시연회를 개최할 것이라고 발표했다. "이 모든 것에서 우리는 범용 인공지능을 만드는 거대한 과제에 도전하고 있는 겁니다." 그가 말했다. 그는 2022년 9월 30일에 테슬라의 팰로앨토 본사에서 시연회를 열기로 하고, 그 행사를 'AI 데이 2'라고 명명했다. 그의 디자인 팀은 옵티머스가 아름답게 가늘어지는 손가락을 모아 하트 모양을 만드는 모습의 로고를 제작했다.

78장

협상 조건

트위터, 2022년 7월-9월

(위) 미코노스 섬으로 머스크를 초대한 애리 이매뉴얼

(아래) 알렉스 스피로

플랜 A

트위터에 대해 어떻게 해야 할지 결정하지 못한 머스크는 2022년 6월 세 가지 선택지를 마련했다. 플랜 A는 애초 합의한 대로 440억 달러에 그대로 인수하는 것이었고, 플랜 B와 C는 인수 가격을 재조정하거나 어떻게든 인수에서 완전히 발을 빼는 것이었다. 각각의 선택지에 대한 재무 모델링을 위해 그는 이베이와 인텔의 전 CEO이자 머스크의 트위터 거래에 투자한 벤처캐피털 안드레센 호로위츠의 파트너인 밥 스완을 영입했다.

문제는 정직한 성격의 스완이 플랜 A에 열성적이라는 것이었다. 그는 거래에서 빠져나올 명분이 없다고 느꼈다. 그는 트위터의 위임 설명서에 제시된 대부분의 수치를 받아들여 약간의 할인을 적용했으며 다소 장밋빛 재무 모델을 제시했다. 세계 경제가 침체기에 접어들고 있고 트위터가 봇 문제에 대해 허위 진술을 하고 있다고 확신한 머스크는 스완에게 화를 내며 반발했다. "이걸 아무렇지도 않은 표정으로 내게 제시할 수 있다면, 당신은 이 일에 적합한 사람이 아닌 것 같군요." 그가 말했다.

스완은 그런 대접을 받기에는 너무 많은 성공을 이룬 인물이었다. "내가 아무렇지도 않은 표정으로 이것을 제시했다는 당신의 말이 맞습니다." 그가 대응했다. "아마도 내가 이 일에 적합한 사람이 아닌 것 같군요." 그리고 그는 그만두었다.

다시 한번 머스크는 절친한 친구이자 테슬라의 초기 투자자인 안토니오 그라시아스에게 전화를 걸었다. 그라시아스의 스와트 팀은 2007년 테슬라의 문제를 밝혀낸 바 있었다. 그라시아스는 머스크가 전화했을 때 아이들과 함께 유럽에서 휴가를 보내고 있었다. "테슬라 이사회를 떠날 때 도움이 필요하면 언제든 전화하라고 했잖아요." 머스크가 그라시아스에게 상기시켰다. 그라시아스는 트위터의 재정에 대해 심층적으로 조사할 팀을 구성하는 데 동의했다.

그라시아스는 트위터의 평가가치와 자본구조를 적절히 파악하려면 독립적인 투자은행의 도움을 받아야 한다고 생각했다. 그는 친구인 페렐라 와인버그

파트너스Perella Weinberg Partners의 로버트 스틸과 이야기를 나눴고, 스틸은 머스크에게 직접 트위터 인수에서 발을 빼는 것이 목표인지, 아니면 더 낮은 가격에 인수하는 것이 목표인지 직설적으로 물어보았다. 머스크는 후자를 원한다고 답했다. 그것은 적어도 대부분의 시간 동안은 사실이었다. 하지만 그는 법적으로나 심리적으로 더 진실한 마음을 이야기하는 데 제약을 받았다. 사실 그는 때때로 자신이 괜한 헛고생에 말려든 것 같고, 그 모든 것에서 벗어나면 행복할 것 같다고 느끼고 있었다. 스틸은 머스크의 흥미로운 측면을 간파했다. 대부분의 고객은 은행가가 서너 가지 선택지를 제시하면 어떤 것을 추천하고 싶은지 묻는다. 하지만 머스크는 각 선택지에 대해 자세히 물어볼 뿐, 추천해주기를 원하지 않았다. 그는 스스로 결정하는 것을 좋아했다.

머스크가 트위터의 실제 유저 수를 파악하는 방법론과 미가공 데이터를 요구했을 때 트위터는 팀에서 거의 사용할 수 없다고 여길 수밖에 없는 포맷의 데이터를 대량으로 제공했다. 머스크는 이를 거래 철회를 위한 구실로 삼았다. "머스크 씨는 거의 두 달 동안 허위 또는 스팸 계정의 출현율을 독립적으로 평가하는 데 필요한 데이터와 정보를 요청했습니다." 머스크의 변호사들은 이렇게 썼다. 그에 대한 트위터의 저항이 머스크가 "합병 계약을 해지할 권리"를 행사할 수 있다는 것을 의미한다는 것이었다.

트위터 경영진은 "상호 합의하에 체결된 계약이 더 이상 자신의 개인적 이익에 부합하지 않는다는 이유로 머스크가 트위터와 그 주주들에 대한 의무를 이행하길 거부하고 있다"라고 주장하며 델라웨어 주 형평법 법원에 그를 고소하며 대응에 나섰다. 캐서린 매코믹 형평법 재판소장은 10월로 재판기일을 잡았다.

머스크의 개인 매니저인 버챌과 변호사 스피로는 머스크가 광고가 줄어들고 경제가 침체되고 있기에 계약을 철회하길 원한다는 내용의 문자나 트윗을 올리지 못하도록 제지하려고 노력했다. 어느 날 스피로는 버챌에게 말했다. "지금 당장 전화해서 더 이상 트윗을 하지 말라고 말할 겁니다." 하지만 머스크는 스피로가 조련하기에는 너무 벅찬 사자였다. 10분도 지나지 않아 머스크는 거의 법무팀을 괴롭히기 위해 고안한 것처럼 보이는 트윗을 대량으로 쏟아냈다. "트윗에 관한 얘기는 이걸로 끝." 버챌이 스피로에게 말했다.

해당 사안과 관련이 없는 머스크의 익살스러운 트윗도 문제가 되었다. 그는 8월에 "맨체스터 유나이티드를 살 겁니다. 고맙긴요"라는 트윗을 올렸다. 버챌은 스피로에게 전화를 걸어 증권거래위원회에서 이를 부적절한 발표로 볼 수 있는지 물었다. "그가 정말로 그런답니까?" 스피로가 물었다. 알고 보니 머스크는 맨체스터 유나이티드 팬들이 항상 사람들에게 팀을 사달라고 애원하는 행태에 대한 밈을 흉내 낸 것뿐이었다. 스피로는 머스크에게 후속 트윗을 올리게 했다. "아니요, 이것은 트위터의 오랜 농담이지요. 나는 어떤 스포츠 팀도 사지 않을 겁니다."

비공식 협상의 시작

애리 이매뉴얼은 흔히 할리우드의 슈퍼 에이전트로 통하지만, 2022년에는 그 이상의 존재가 되었다. 그는 거대한 엔터테인먼트 기업 엔데버Endeavor의 CEO였으며, 에너지가 전혀 고갈되지 않는 것처럼 늘 열정적으로 활동했다. 고음의 목소리로 속사포처럼 쏟아내는 입담으로 사람들을 연결하고 F-폭탄(욕지거리)을 투하하는 능력은 형제인 람 및 지크와 공유한 재능으로, 그는 흥미를 느끼는 모든 분야에 사사건건 참견하는 것을 즐겼다.

2001년 9월 11일의 테러 공격 이후, 그는 사우디가 오일달러를 벌어들이는 데 더 이상 일조하고 싶지 않은 마음에 애마를 페라리에서 프리우스로 바꾸었다. 하지만 그는 프리우스가 마음에 들지 않았다. 너무 시시한 느낌이었다. 그래서 실제로 훌륭한 전기차를 만들 수 있는 사람을 찾고 있었고, 그러던 중 머스크에 대해 알게 되었다. "제가 평소에 하는 일이 바로 뜻밖의 재미나 기쁨을 창출하는 거 아닙니까." 이매뉴얼은 말한다. "그에게 전화를 걸어 '당신을 만나고 싶다'라고 말했지요. 당시 우린 그저 염병할 대단한 성공을 이루려 한창 애쓰던 젊은이들이었고, 자연스럽게 친구가 되었지요." 이매뉴얼은 "빌어먹을 프리우스에서 벗어나고 싶어서" 테슬라 로드스터를 주문했고, 2008년에 열한 번째 차량을 인도받았다. 그는 여전히 그 차를 가지고 있다.

2022년 5월, 머스크는 이매뉴얼과 패션 디자이너 세라 스타우딩거의 결혼식에 참석하기 위해 프랑스 생트로페로 날아갔다. 식장은 숀 디디 콤스와 에밀리 라타이코프스키, 타일러 페리 등의 셀럽들로 북적거렸다. 칸 영화제가 열리고 있었기에 리비에라 해안은 수많은 인파와 뜨거운 열기로 가득했다. 머스크는 한 달 전 (트위터에 대한 적대적 인수를 결심했던) 하와이에서 함께 시간을 보낸 호주 출신 여배우 나타샤 바셋과 만나 점심을 먹었다.

머스크는 〈커브 유어 엔수지애즘〉에 출연한 코미디언이자 결혼식 주례를 맡았던 래리 데이비드와 같은 테이블에 앉았는데, 자리를 함께하자 데이비드는 무언가에 열 받은 듯 보였다. "아이들이 학교에서 살해당하는 걸 보고 싶으세요?" 그가 머스크에게 물었다.

"아니요. 그럴 리가요." 머스크가 당황하고 짜증이 난 듯 말을 더듬었다. "저는 당연히 학교에서 벌어지는 어떤 폭력 사태든 단호히 반대하는 사람입니다."

"그런데 어떻게 공화당에 투표할 수 있죠?" 데이비드가 물었다.

데이비드는 의도적으로 머스크를 도발하기 위해 한 말이었다. "민주당은 분열과 증오의 정당이니까 공화당에 투표해야 한다는 그의 트윗이 내내 마음에 걸렸거든요." 그는 말한다. "우발데의 초등학교 총격사건이 일어나지 않았더라도 화가 나고 불쾌했기 때문에 분명 그 문제를 제기했을 겁니다."

MSNBC의 조 스카버러도 그 자리에 있었고, 데이비드는 자신이 왜 화가 났는지 설명했다. 스카버러는 이 모든 상황이 그저 재밌었다. "제가 이매뉴얼에게 일론의 팬이 아니라고 말했더니, 저를 그 자리에 앉혔어요." 그가 웃으며 말한다. "일론은 그냥 묵묵히 앉아 있었어요." 이매뉴얼은 문제를 일으키려는 의도가 없었다고 말한다. "사실 저는 그 테이블이 멋진 만남의 자리가 될 거라고 생각했어요." 결국 그 테이블은 트위터의 축소판이 되었다.

결혼식에서는 또 다른 문제도 불거졌다. 하객 중에 트위터의 대주주이자 이사회 멤버인 벤처캐피털리스트 에곤 더반이 있었다. 머스크는 더반이 모건스탠리의 CEO인 제임스 그로먼에게 자신을 험담한 사실을 언급하며 화를 냈다. 이매뉴얼은 자신의 결혼식장에서 벌어진 갈등 상황을 봉합하려고 애썼다. "당신이 염병할 바보짓을 하고 있는 거예요." 그가 더반에게 말했다. "가서 대화를 좀 나눠봐요." 두 사람은 20분 동안 대화를 나눴고, 머스크에 따르면 "그가 내 반지에 키스하려고 했지만" 둘 사이의 긴장은 풀리지 않았다.

타고난 협상가인 이매뉴얼은 머스크와 트위터 이사회 간의 이면 협상을 돕겠다고 제안했다. 그는 머스크에게 트위터 인수를 위해 얼마를 지불할 의향이 있는지 물었다. 아마도 이사회가 받아들인 440억 달러보다 더 낮은 금액으로 협상할 수 있을 터였다. 머스크는 그 절반 정도의 가격을 제안했다. 더반이나 나머지 트위터 이사회는 그런 제안에는 응답할 가치조차 없다고 생각했다.

이매뉴얼은 7월에 머스크를 그리스 미코노스 섬에 있는 자신의 별장으로 초대하면서 협상에 다시 불을 붙이려 했다. 머스크는 오스틴에서 날아와 이틀을 보냈는데, 창백한 얼굴과 뚱뚱해 보이는 몸으로 요트 위에서 태닝을 하고 있던 이매뉴얼과 함께 찍은 사진이 기억에 남는 여행이 되었다.

머스크는 이매뉴얼에게 10월 델라웨어에서 열리는 재판까지 갈 것 없이 트위터와 합의할 의향이 있다고 말했다. 이매뉴얼은 다시 더반에게 전화를 걸었지만 더반은 가격을 낮춰 협상하는 것에 찬성하지 않았다. 하지만 다른 이사회 멤버 일부는 피비린내 나는 싸움을 피할 방법이 있는지 알고 싶어 했고, 비공식적인 협상을 시작하도록 허락했다.

최선의 조건

거래 가격을 낮추기 위한 트위터와의 협상은 멀리 가지 못했다. 트위터는 440억 달러의 가격을 4퍼센트 정도 낮추는 선에서 몇 가지 제안을 했지만, 머스크는 10퍼센트 이상 인하해야만 고려할 수 있다고 주장했다. 특정 시점들에는 양측이 더 가까워질 방법이 있을 것도 같았지만, 추가적인 문제가 따랐다. 거래의 구조가 바뀌거나 가격이 재조정되면 대출을 해주기로 약속한 은행들이 조건을 재협상할 수 있었다. 이자율이 낮을 때 약정이 체결되었기에 새로운 이자율이 적용되면 절감 효과가 사라질 수 있었다.

보다 감정적인 장애물도 있었다. 트위터의 경영진과 이사회 멤버들은 어떤 재협상이든 향후 머스크와 소송을 벌이게 될 경우 자신들에게 문제가 되지 않아야 한다고 주장했다. "우리는 결코 그들에게 법적 면죄부를 주지 않을 겁니다." 머스크가 말했다. "문제가 되는 부분이 있으면 우리는 그들이 죽는 날까지 한 명도 빠짐없이 추적할 겁니다."

9월 내내 머스크는 변호사 알렉스 스피로 및 마이크 링글러와 하루에 서너 번씩 전화 통화를 했다. 어떤 날은 공격적인 기분에 휩싸여 델라웨어 주 소송에서 싸워 이기자고 주장했다. 내부 고발자의 폭로 등으로 트위터가 봇 계정의 수에 대해 거짓말을 하고 있다는 그의 확신에 불이 붙은 경우에 특히 그랬다. 그는 트위터 이사회에 대해 "저들이 불타는 쓰레기통에 빠진 걸 알고 화들짝 놀라서 허둥대고 있다"라고 말했다. "판사가 이 거래를 통과시키지 않을 거라고 믿어요. 대중들도 이런 거래가 성사되는 데 동의하지 않을 거예요." 다른 날에는 거래를 성사시킨 다음 트위터 이사회와 경영진을 사기죄로 고소해야 한다고 생각하기도 했다. 나중에 그들로부터 인수 대금의 일부를 되찾을 수 있을지도 모른다고 생각했다. "문제는 이사회 멤버들이 보유한 주식이 너무 적어서 그들로부터 회수하는 게 어려울 수 있다는 겁니다." 그가 화를 내며 말했다.

그의 변호사들은 9월 말 마침내 재판까지 가면 패소할 것이라는 사실을 그에게 납득시킬 수 있었다. 원래의 조건대로 주당 54.20달러, 총 440억 달러에 거래를 마무리하는 것이 최선이었다. 그 무렵 트위터 인수에 대한 머스크의 열정은 어느 정도 회복된 상태였다. 그는 9월 말에 내게 이렇게 말했다. "트위터를 운영하는 사람들이 정말 돌대가리 바보들이라서 어쩔 수 없이 처음 얘기된 그 금액을 다 줘야 할 것 같아요. 그런 멍청이들이 운영했는데도 작년에 트위터 주가가 70달러였으니 잠재력이 정말 대단하다고 봐야지요. 내가 맡아서 고칠 수 있는 부분이 그렇게나 많다는 뜻이에요." 그는 10월에 공식적으로 거래를 체결하는 데 동의했다.

거래가 성사될 것이 확실해지자 애리 이매뉴얼은 암호화 문자 서비스 시그널을 통해 머스크에게 세 문단으로 된 메시지를 보내 모종의 제안을 했다. 그와 그의 에이전시 엔데버가 트위터를 운영하게 해달라는 것이었다. 1억 달러의 수수료를 받고 비용 절감과 좀 더 나은 문화 조성, 광고주 및 마케터와의 관계 관리 등의 업무를 맡아주겠다는 것이었다. "엔지니어링 및 기술적인 부분은 모두 그가 책임지고 운영은 그가 원하는 바에 따라 우리가 수행하는 식으로 가자는 거였습니다." 이매뉴얼은 말한다. "우리는 광고주들과 수많은 비즈니스를 하고 있으며, 이런 식으로 운영을 대리하는 일도 해봤거든요."

버챌은 이를 "가장 모욕적이고, 비하적이며, 정신 나간 제안"이라고 평가했다. 머스크는 좀 더 밝고 정중하게 반응했다. 그는 이매뉴얼과의 우정을 소중히 여겼다. "제안은 고맙습니다." 그가 말했다. "하지만 트위터는 기술 회사이고, 프로그래밍 회사입니다." 이매뉴얼은 그러니까 기술직만 고용하면 된다고 반박했지만, 머스크는 단호하게 거절했다. 그는 엔지니어링과 제품 설계를 분리해선 안 된다는 확고한 신념을 가지고 있었다. 사실 제품 설계를 엔지니어가 주도해야 한다는 것이었다. 테슬라나 스페이스X처럼 회사는 모든 직급에서 엔지니어가 이끌어야 했다.

이매뉴얼이 이해하지 못한 또 한 가지가 있었다. 머스크는 테슬라, 스페이스X, 보링컴퍼니, 뉴럴링크에서 그러고 있는 것처럼 트위터를 직접 운영하기를 원했다.

79장

옵티머스 공개

테슬라, 2022년 9월

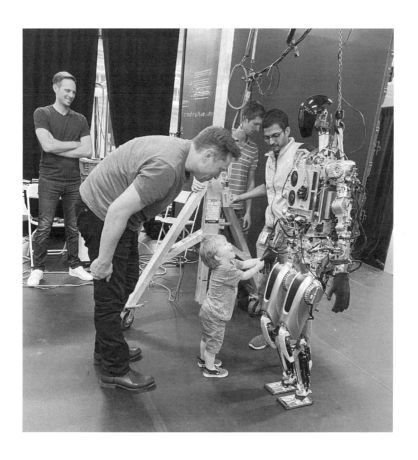

아난드 스와미나탄이 지켜보는 가운데 옵티머스와 악수하는 엑스

무대 위에 선 옵티머스

"내 정신 건강이 파도처럼 요동치고 있어요." 머스크는 9월 27일 화요일, AI 데이 2를 준비하기 위해 오스틴에서 실리콘밸리로 날아가면서 이렇게 말했다. AI 데이 2는 테슬라의 인공지능 연구와 자율주행 자동차, 옵티머스 로봇에 대한 대규모 공개 프레젠테이션 행사였다. "극도의 압박감을 느낄 때 특히 나빠져요. 하지만 많은 일이 잘 풀리는 것도 내 정신 건강에는 그다지 좋지 않지요."

실제로 그 주에 많은 일이 그를 덮치고 있었다. 트위터와의 거래 체결을 강제하고자 하는 델라웨어 주 법정에 출두해 증언할 예정이었고, 증권거래위원회의 조사에도 임해야 했으며, 그에 대한 테슬라의 보상금에 이의를 제기한 소송에도 대응해야 했다. 또한 우크라이나의 스타링크 위성 사용에 대한 논란, 중국에 대한 테슬라의 공급망 의존도를 줄이는 데 따르는 어려움, (러시아의 여성 우주비행사 한 명을 포함한) 네 명의 우주비행사를 국제우주정거장으로 보내는 팰컨 9호의 발사, 같은 날 서부 해안에서 예정되어 있는 52개 스타링크 위성을 실은 팰컨 9호의 발사, 자녀, 여자친구, 전처와 관련된 기타 개인적인 문제 등도 그를 억누르고 있었다.

머스크는 다양한 방법으로 스트레스를 완화하는데, 그중 하나가 바로 엉뚱한 짓을 하는 것이다. 서쪽으로 향하는 비행기에서 그는 최근 떠올린 굿즈에 대한 아이디어를 거론하며 흥분했다. 불에 그슬린 머리카락 냄새가 나는 향수를 만들어 팔자는 아이디어였다. 비행기에서 내리자마자 머스크는 장난감 화염방사기를 만들어 팔자는 그의 아이디어를 실행에 옮긴 적이 있는 보링컴퍼니의 CEO 스티브 데이비스에게 전화를 걸었다. "불에 탄 머리카락 향수!" 머스크는 이렇게 외치며 마케팅 카피까지 전했다. "화염방사기를 사용한 후 맡았던 그 냄새가 마음에 드시나요? 그 향기를 담아 드립니다!" 데이비스는 늘 머스크를 만족시키고 싶어 했다. 그는 향기 연구소들에 의뢰하면서 가장 먼저 그 냄새를 만들어오는 사람이 계약을 따낼 것이라고 말했다. 보링컴퍼니가 웹사이트를 통해 향수를 판매하기 시작하자 머스크는 트위터에 "트위터를 살 수 있게 제 향수를 사주세요"라는 트윗을 올렸다. 일주일 만에 개당 100달러에 3만 개가 완판되었다.

테슬라 본사에 도착한 머스크는 그 주 금요일에 있을 AI 데이 2를 위해 준비되고 있던 동굴 형태의 쇼룸의 임시 무대로 이동했다. 거의 완성된 버전의 옵티머스가 연습할 준비를 갖춘 채 갠트리에 매달려 있었다. 한 엔지니어가 "활성화"라고 외치자 다른 엔지니어가 빨간 버튼을 눌렀고, 그러자 옵티머스가 걷기 시작했다. 옵티머스는 무대 앞까지 느릿느릿 걸어가더니 잠시 멈춰 존귀한 군주처럼 손을 흔들었다. 그 후 1시간 동안 팀원들은 옵티머스를 20차례 더 연습시켰다. 무대 가장자리에 다다른 옵티머스가 멈춰 서서 주변을 둘러보고 손을 흔드는 광경은 넋을 잃게 만들었다. 그날의 마지막 순회가 끝난 후, 엑스는 옵티머스에게 다가가 손가락을 만졌다.

연습 과정을 감독한 엔지니어는 밀란 코박이었다. "외상후 스트레스 장애가 생긴 것 같습니다." 코박이 말했다. "지난번 그 일 이후로 평정심을 유지하는 것이 정말 힘들어졌어요." 나는 그가 1년 전 AI 데이 1의 리허설에서 슬라이드가 너무 지루하다는 이유로 머스크의 분노의 표적이 된 엔지니어라는 사실을 깨달았다. 그 사건 이후 그는 몇 주 동안 회사를 그만둬야 하는 게 아닌지 고민했다. "하지만 이 사명이 너무 중요하다고 판단했습니다." 그의 말이다.

2022년 9월, AI 데이 2가 다가오자 코박은 용기를 내어 머스크에게 1년 전에 있었던 그 일을 거론했다. 머스크는 그를 멍하니 바라보았다. "제가 계획한 프레젠테이션을 얼마나 끔찍해하셨는지 기억하시죠?" 코박이 물었다. "그래서 다들 제가 그만두는 건 아닐까 걱정했었잖아요?" 머스크는 계속 멍하니 쳐다보았다. 그는 기억하지 못했다.

AI 데이 리허설

애리 이매뉴얼과 함께한 이틀간의 그리스 휴가 기간 동안 뚱뚱한 모습의 사진이 찍힌 후 머스크는 다이어트 약인 오젬픽을 복용하고 하루에 한 끼만 먹는 간헐적 단식에 들어가기로 결심했다. 머스크는 늦은 아침으로 한 끼를 먹었고, 나름의 다이어트 방식에 따라 그때만큼은 원하는 만큼 폭식할 수 있었다. 수요일 오전 11시, 그는 복고풍 식당인 팰로앨토 크리머리에 가서 베이컨 치즈 바비큐 버거와 고구마튀김, 오레오 쿠키, 쿠키도우 아이스크림 밀크셰이크를 주문했다. 엑스는 튀김 일부를 먹어주며 그의 다이어트에 도움을 주었다.

그런 다음 프리몬트의 스트립 몰에 있는 뉴럴링크 연구소를 방문하여 보행과 관련된 메커니즘과 신호에 초점을 맞춰 연구과정을 살폈다. 실험실 코트와 신발 커버를 착용한 시본 질리스와 DJ 서, 제러미 바렌홀츠가 그를 창문이 없는 방으로 데려갔다. 민트라는 이름의 돼지가 러닝머신 위를 걷고 꿀에 적신 사과 조각으로 보상을 받고 있었다. 민트에게는 수초마다 근육이 경련을 일으킬 정도의 전기 충격이 가해졌다. 연구진은 걷는 행위에 관여하는 액추에이터를 알아내기 위해 노력하고 있었다.

머스크가 테슬라 본사에 도착했을 때 그곳의 엔지니어들도 걷기에 초점을 맞추고 있었다. 다음 날 저녁으로 예정된 옵티머스 공개를 준비하면서 엔지니어들은 발표 무대가 작업장의 콘크리트 바닥보다 부드러운 것을 감안해 로봇이 약간 짧은 보폭으로 걸을 수 있도록 프로그래밍했다. 하지만 더 긴 보폭이 마음에 들었던 머스크는 〈몬티 파이튼〉의 '웃기는 걸음걸이부'라는 에피소드에서 발을 높이 들며 걷던 존 클리스를 흉내 내기 시작했다. "그루브 있는 걸음걸이가 더 멋져 보이던데?" 머스크가 말했다. 엔지니어들은 옵티머스의 걸음걸이를 수정하기 시작했다.

잠시 후 머스크는 약 30명의 엔지니어를 주위로 불러 모았다. 격려의 말을 해주기 위해서였다. "휴머노이드 로봇은 경제를 거의 무한한 수준으로 끌어올릴 것입니다."

"로봇 노동자들이 인구 감소 문제를 해결해줄 수 있을 겁니다." 드루 배글리노가 거들었다. "맞습니다, 하지만 사람들은 그래도 아이를 가져야 합니다." 머스크가 말했다. "그래야 인간의 의식이 계속 살아남을 겁니다."

그날 밤 늦게 우리는 팰로앨토 시내 가장자리에 있는 3층짜리 건물로 향했다. 잠시 옛 생각에 젖어보려는 짧은 여행이었다. 그곳에 킴벌과 함께 27년 전에 설립한 스타트업 집투의 작은 사무실이 있었다. 머스크는 마치 몽상에 빠진 듯 휘파람을 불며 건물 주위를 돌다가 건물 안으로 들어가보려고 했다. 하지만 모든 문이 잠겨 있었고 창문에는 '임대 문의'라는 표지가 붙어 있었다. 우리는 다시 그곳에서 한두 블록 떨어진, 그가 킴벌과 함께 거의 매일 끼니를 해결하던 잭 인 더 박스로 향했다. "지금 금식해야 하지만, 그래도 여기서 뭐 좀 사야겠어요." 그가 말했다. 드라이브스루 스피커에 대고 그는 "데리야끼 덮밥이 아직 있나요?"라고 물었다. 있었다. 그는 데리야끼 하나와 엑스에게 먹일 햄버거를 주문했다. "25년 후에도 이 가게가 남아 있어서 엑스가 아이들을 데리고 올 수 있을까요?" 그는 생각에 잠겼다.

AI 데이 2

다음 날 오후 머스크가 AI 데이 2 행사장에 도착했을 때, 수십 명의 엔지니어들이 걱정스러운 표정으로 홀에서 허둥대고 있었다. 흉부의 연결이 느슨해져 옵티머스가 더 이상 작동하지 않는 것이었다. "이런 일이 벌어지다니, 믿기지가 않아요." 코박이 말했다. 1년 전 그에게 트라우마를 안긴 AI 데이 1의 고충이 떠오른 모양이었다. 마침내 몇몇 엔지니어가 연결부를 다시 끼워 넣는 데 성공했고, 그것이 제자리에 그대로 자리 잡아주기만을 바랐다. 그들은 리스크를 감수하기로 결정했다. 머스크가 주위를 맴돌고 있었기에 다른 선택의 여지가 없었다.

프레젠테이션 무대에 설 예정인 20명의 엔지니어들은 무대 뒤 공간에 모여 나름의 투쟁담을 들려주었다. 오토파일럿 팀의 젊은 머신러닝 전문가 필 두안은 고향인 중국 우한에서 광정보공학을 전공한 후 오하이오대학교에서 박사 학위를 받았다. 2017년 테슬라에 입사한 그는 2019년 자율성의 날에 자율주행차를 공개하겠다는 머스크의 밀어붙이기로 광란의 서지가 절정에 달했던 시기를 온전히 다 견뎌낸 후 나가떨어졌다. "몇 달 동안 하루도 쉬지 않고 일하다 보니 너무 지쳐서 자율성의 날 직후 테슬라를 그만두게 되었습니다." 그가 말했다. "번아웃 상태가 되어버린 거죠. 하지만 9개월이 지나자 너무 지루해서 상사에게 전화해 다시 받아달라고 간청했습니다. 지루해 죽는 것보다 지쳐 죽는 게 낫겠다고 생각한 겁니다."

인공지능 인프라 팀을 이끌던 팀 자만도 비슷한 사연을 가지고 있었다. 네덜란드 북부 출신인 그는 2019년에 테슬라에 입사했다. "테슬라에 있으면 다른 곳에 가기가 두려워집니다. 너무 지루해질까 봐 겁나는 겁니다." 이제 막 첫 아이로 딸을 얻은 그는 테슬라가 워라밸에 도움이 되지 않는다는 것을 잘 알고 있다. 그럼에도 그는 계속 테슬라에 머물 계획이다. "앞으로 며칠간은 아내, 딸과 함께 휴가를 보낼 계획입니다." 그는 말한다. "하지만 일주일 내내 쉬면 뇌가 망가질 것 같아요."

지난해의 AI 데이에는 20명의 발표자 가운데 여성이 한 명도 없었다. 이번에는 공동진행자 중 한 명이 리지 미스코베츠라는 카리스마 넘치는 여성으로, 기계설계 엔지니어였다. 요란스레 울리던 음악이 가라앉았다. 이제 옵티머스가 등장할 순간이었다. "백업 지원이나 크레인, 메커니즘, 케이블 같은 것 없이, 말 그대로 아무것도 없이 이 로봇을 시험해보는 것은 이번이 처음입니다!" 그녀가 선언하자 장내에 흥분감이 고조되었다.

옵티머스의 두 손이 하트 모양을 만들고 있는 로고가 새겨진 커튼이 양쪽으로 갈라졌다. 결박에서 풀린 옵티머스가 당당하게 서서 두 팔을 들어올리기 시작했다. "움직였어요, 작동하고 있어요." 무대 뒤에 있던 두안이 말했다. 옵티머스는 이어서 손을 이리저리 움직이고 팔뚝을 돌리고 손목을 구부렸다. 로봇이 오른쪽 다리를 앞으로 움직이기 시작하자 엔지니어들은 숨을 죽였다. 녀석은 뻣뻣하지만 자신감 있게 무대 앞까지 행진하더니 그 군주다운 손 흔들기를 선보였다. 이어서 옵티머스는 승리감을 표현하려는 듯 오른 주먹을 하늘로 치켜들고 약간의 댄스 동작을 취하더니 돌아서서 커튼 뒤로 걸어갔다.

머스크도 안도한 표정이었다. "우리의 목표는 가능한 한 빨리 유용한 휴머노이드 로봇을 만드는 것입니다." 그가 청중에게 말했다. 머스크는 궁극적으로 수백만 대의 로봇을 만들겠다고 약속했다. "이는 풍요로운 미래, 빈곤이 없는 미래를 의미합니다. 우리는 사람들에게 보편적 기본소득을 지급할 수 있게 될 겁니다. 이는 문명의 근본적인 변혁입니다."

밀란 코박

80장

로보택시

테슬라, 2022년

(위) 오미드 아프샤르, 머스크, 프란츠 폰 홀츠하우젠, 드루 배글리노, 라스 모라비, 잭 커크혼
(아래) 로보택시의 콘셉트

완전 자율성

머스크는 자율주행차가 단순히 사람들을 운전의 고단함에서 벗어나게 하는 것 이상의 역할을 할 것이라고 믿었다. 자율주행차는 사람들이 자동차를 소유할 필요성을 상당 부분 없애줄 것이다. 미래에는 호출하면 나타나서 목적지까지 데려다주고 다음 승객을 태우러 떠나는 무인 차량인 로보택시가 대세를 이룰 것이다. 그것을 개인이 소유하는 경우도 있겠지만 대부분은 차량 회사나 테슬라가 소유하게 될 것이다. 이것이 머스크의 판단이었다.

그해 11월, 머스크는 다섯 명의 부관들을 오스틴에 있는 오미드 아프샤르의 집에 불러 모아 그러한 미래에 대한 브레인스토밍 시간을 가졌다. 비공식 만찬을 겸한 그 자리를 위해 아프샤르는 출장 요리사를 고용해 두툼한 숙성 꽃등심 스테이크 요리를 준비하게 했다. 브레인스토밍에는 머스크와 아프샤르 외에 프란츠 폰 홀츠하우젠과 드루 배글리노, 라스 모라비, 잭 커크혼이 참석했다. 그들은 로보택시를 모델 3보다 더 작고, 더 저렴하고, 덜 빠른 자동차로 만들기로 결정했다. "우리의 주요 초점은 생산량이어야 해요." 머스크가 말했다. "아마 우리가 아무리 만들어내도 충분하지 않은 상황이 올 거예요. 언젠가는 연간 2,000만 대를 생산하는 규모로 생각을 가져가야 해요."

가장 중요한 과제는 정부의 안전기준을 충족하면서 운전대나 페달이 없는 자동차를 설계할 방법을 찾는 것이었다. 더불어 운전대나 페달 없이 특수한 상황에 대처할 수 있는 방안도 모색해야 했다. 수차례의 주간회의를 통해 머스크는 모든 세부사항을 검토했다. "누군가 내릴 때 로보택시의 문을 닫는 것을 잊어버리면 어떻게 할까요?" 그가 물었다. "스스로 문을 닫을 수 있게 만들어야겠지요." 로보택시가 출입이 통제되는 주택단지나 주차장에는 어떻게 들어갈 수 있을까? "버튼을 누르거나 티켓을 뽑을 수 있는 팔이 필요할 수도 있겠지요." 그가 말했다. 하지만 그것은 악몽처럼 보였다. "그냥 쉽게 들어갈 수 없는 곳들은 제외하면 되겠군요." 그가 결정했다. 때때로 대화가 너무 진지하게 세밀한 부분에 치중되어 전체 콘셉트가 그다지 난해하지 않은 것으로 착각될 정도였다.

2022년 여름이 끝날 무렵, 머스크와 그의 팀은 1년 동안 씨름해온 문제에 대해 최종 결정을 내려야 한다는 사실을 깨달았다. 운전대와 페달, 사이드미러 등 현재의 법규가 요구하는 것들을 장착하는 안전한 방식으로 가야 할까? 아니면 진정한 의미의 자율주행을 구현하는 방식으로 가야 할까?

대부분의 엔지니어들은 여전히 안전한 방식으로 가는 방안을 추구했다. 그들은 완전 자율주행FSD이 준비되기까지 소요될 시간에 대해 보다 현실적인 전망을 가지고 있었다. 8월 18일에 열린 운명적이고 극적인 회의에서 그들은 이 문제의 결론을 내렸다.

"여기서 다 함께 리스크를 평가해보고 싶습니다." 폰 홀츠하우젠이 머스크를 바라보며 말했다. "운전대가 없는 방향으로 가는 경우 FSD가 준비되지 않은 상태에서는 도로에 내놓을 수조차 없을 겁니다." 그는 운전대와 페달을 장착하되 쉽게 제거할 수 있는 방식으로 차를 만들자고 제안했다. "기본적으로 우리의 제안은 지금은 장착하고 나중에 허용되면 제거하자는 것입니다."

머스크는 묵묵히 고개만 가로저었다. 억지로 밀어붙이지 않는다면 미래는 빨리 오지 않을 터였다.

"쉽게 제거할 수 있고 우회적으로 디자인할 수 있는 작은 것들을 놔두자는 겁니다." 폰 홀츠하우젠도 고집을 부렸다.

"안 돼요." 머스크가 말했다. "안 돼, 안 돼." 그리고 한동안 침묵이 흘렀다. "미러도, 페달도, 운전대도 없이 가는 겁니다. 이 결정에 대한 책임은 내가 집니다."

테이블에 둘러앉은 임원들은 망설였다. "이 사안은 나중에 다시 논의해보는 게 어떨까요?" 한 임원이 말했다.

머스크는 매우 냉정한 기분이 되었다. "분명히 말씀드리지요." 그가 천천히 말했다. "이 차량은 깨끗한 로보택시로 설계되어야 합니다. 그 리스크를 감수하자는 겁니다. 그래서 만약 개판이 된다면 다 내 책임입니다. 우리는 양서류 개구리 같은 반쪽짜리 자율차를 설계하지는 않을 겁니다. 우리는 완전한 자율성에 올인하는 겁니다."

몇 주 후, 그는 여전히 그 결정에 대한 흥분에 젖어 있었다. 그리핀을 대학에 데려다주고 돌아오는 비행기 안에서 그는 주간 로보택시 회의에 전화로 참여했다. 언제나 그렇듯이 그는 긴박감을 심어주려고 노력했다. "이 제품은 역사적으로 엄청난 혁명이 될 겁니다." 그가 말했다. "모든 것을 변화시킬 겁니다. 테슬라를 10조 달러 가치의 회사로 만들어줄 제품입니다. 사람들은 100년 후에도 이 순간에 대해 이야기할 겁니다."

2만 5,000달러짜리 자동차

로보택시 논의에서 알 수 있듯이 머스크는 종종 매우 고집스러운 태도를 취했다. 그는 의도적으로 현실을 왜곡할 수 있었고, 반대하는 사람들을 언제든 기꺼이 거칠게 몰아붙일 수 있었다. 이러한 완고함은 몇 번의 실패와 더불어 그의 성공을 만들어낸 슈퍼파워 중 하나일지도 모른다.

하지만 잘 알려지지 않은 그의 특성이 하나 있는데, 바로 마음을 바꿀 수 있다는 점이다. 그는 자신이 거부하는 것처럼 보이는 주장을 받아들여 리스크 계산을 다시 평가할 수 있었다. 운전대와 관련해 일어난 일이 바로 그런 사례에 속한다.

2022년 여름이 끝나갈 무렵, 머스크가 운전대 없는 로보택시에 '올인'하겠다고 선언한 후 폰 홀츠하우젠과 모라비는 그 베팅에 대한 보호책을 마련하자고 머스크를 설득하기 시작했다. 그들은 도전적이지 않은 방식으로 머스크를 설득하는 방법을 알고 있었다. "우리는 그가 여름에 완전히 소화하지 못했을 것 같은 새로운 정보를 가져다주었습니다." 모라비의 말이다. 그는 운전대 없는 자율주행 차량이 미국 규제당국의 승인을 받는다 하더라도 국제적으로 승인되기까지는 또 수년이 걸릴 것이라고 주장했다. 따라서 우선 운전대와 페달이 있는 버전을 만드는 것이 합리적이라는 얘기였다.

테슬라에서 수년 동안 논의되고 있던 또 다른 사안은 테슬라의 다음 제품, 즉 약 2만 5,000달러에 판매될 작고 저렴한 대중용 자동차에 대한 것이었다. 머스크 자신도 2020년에 그 가능성을 언급했지만, 얼마 후 그 계획을 보류시켰고, 이후 2년 동안 로보택시가 다른 자동차를 불필요하게 만들 것이라며 해당 아이디어를 계속 거부했다. 그럼에도 폰 홀츠하우젠은 자신의 디자인 스튜디오에서 조용히 그것을 비공식 프로젝트로 살려두었다.

2022년 9월 옵티머스 공개를 앞둔 어느 수요일 저녁, 머스크는 자신이 오랜 시간 머물곤 했던 프리몬트 공장의 창문 없는 주피터 회의실에 안락하게 자리를 잡고 앉았다. 모라비와 폰 홀츠하우젠이 테슬라 팀의 고위 임원 몇 명과 함께 비밀리에 회의를 진행하고 있었다. 그들은 테슬라가 매년 50퍼센트씩 성장하기 위해서는 저렴한 소형차가 필요하다는 데이터를 제시했다. 그러한 자동차의 글로벌 시장은 엄청나게 컸다. 2030년에는 모델 3나 모델 Y의 2배에 달하는 최대 7억 대에 달할 것으로 예상되었다. 이어서 그들은 동일한 차량 플랫폼과 동일한 조립라인을 사용하여 2만 5,000달러짜리 자동차와 로보택시를 모두 만들 수 있음을 보여주었다. "특정한 공장을 짓고 새로운 플랫폼을 갖추면 동일한 차량 아키텍처를 토대로 2만 5,000달러짜리 자동차와 로보택시를 모두 생산할 수 있다고 그를 설득했습니다." 폰 홀츠하우젠의 말이다.

회의가 끝난 후 머스크와 나만 회의실에 남았는데, 그가 2만 5,000달러짜리 자동차에 별로 열의를 느끼지 못하는 게 분명해 보였다. "그다지 흥미롭지 않은 제품이에요." 그가 말했다. 그의 열정은 여전히 로보택시를 통해 교통수단을 혁신하는 쪽에 쏠려 있었다. 하지만 몇 달이 지나면서 그는 점차 대중용 차량에 흥미를 갖기 시작했다. 2023년 2월 어느 날 오후, 디자인 검토 세션에서 폰 홀츠하우젠은 스튜디오에 로보택시와 2만 5,000달러짜리 자동차의 모형을 나란히 놓았다. 두 모델 모두 사이버트럭처럼 미래지향적인 느낌을 풍겼고, 머스크는 그 디자인이 마음에 들었다. "이런 차가 모퉁이를 돌면 사람들은 미래에서 온 무언가를 보고 있다고 생각할 것 같네요." 그가 말했다.

운전대도 갖추고 로보택시의 요소도 갖춘 새로운 대중 시장용 차량은 '차

세대 플랫폼'으로 알려지게 되었다. 머스크는 처음에는 오스틴에서 남쪽으로 400마일 떨어진 멕시코 북부에 테슬라의 새로운 공장을 건설하기로 결정했다. 고도로 자동화한 완전히 새로운 제조방법을 적용할 공장이었다.

그러나 곧 그의 머리에 한 가지 문제가 떠올랐다. 그가 늘 지녀온 신념은 테슬라의 설계 엔지니어들이 원격으로 제조를 돕는 게 아니라 물리적으로 조립라인 바로 옆에 위치해야 한다는 것이었다. 그래야 엔지니어들이 피드백을 즉각적으로 얻어 자동차를 개선하고 제조를 더 쉽게 만드는 혁신을 꾀할 수 있었다. 이는 특히 완전히 새로운 자동차와 제조공정을 도입하는 상황에서는 말할 나위 없이 중요한 사항이었다. 그는 자신의 최고 엔지니어들을 새 공장으로 옮겨놓는 데 어려움을 겪을 것이라는 점을 깨달았다. "성공하려면 테슬라 엔지니어링이 공장 현장에 상주해야 하는데, 그렇다고 모두를 멕시코로 이동시킬 수는 없는 노릇이지요. 그런 일은 절대 일어나지 않을 겁니다." 그가 내게 말했다.

그래서 2023년 5월, 그는 차세대 자동차와 로보택시를 위한 공장의 위치를 오스틴으로 변경하기로 결정했다. 그리고 자신과 최고 엔지니어들의 사무실을 새로운 초고속 초자동화 조립라인 바로 옆에 두기로 했다. 2023년 여름 내내 그는 매주 팀원들과 몇 시간을 함께하며 조립라인의 각 스테이션을 설계하고 각 단계 및 프로세스에서 단 영점 몇 초라도 단축할 방법을 찾기 위해 노력했다.

81장

문화 충돌

트위터, 2022년 10월 26-27일

(위) 트위터 본사에 들어서며
(아래) 10층의 커피 바에서

트위터랜드 vs. 머스크버스

2022년 10월 말 트위터 인수로 이어지던 며칠 동안, 머스크의 기분은 심하게 요동쳤다. "트위터를 촉진제로 삼아 마침내, 엑스닷컴에 대해 구상했던 바를 구현하게 되어 매우 기쁩니다!" 그는 어느 날 새벽 3시 30분에 갑자기 내게 이렇게 문자를 보냈다. "그리고 그 과정에서 민주주의와 시민 담론에 도움이 되길 바랍니다." 트위터는 그가 24년 전에 엑스닷컴으로 구상했던 금융 플랫폼과 소셜 네트워크의 결합체가 될 수 있을 것 같았고, 그래서 자신이 좋아하던 엑스닷컴이라는 이름으로 브랜드명을 바꾸기로 결정했다. 며칠 후, 그는 침울해졌다. "아무래도 내가 트위터 본사에서 살아야 할 것 같아요. 정말 힘든 상황이에요. 정말 화가 나서 잠도 잘 오지 않네요.:("

그는 10월 26일 수요일에 샌프란시스코에 있는 트위터 본사를 방문하는 것으로 일정을 잡았다. 그 주 후반에 있을 공식적인 계약 체결에 앞서 여기저기 살펴도 보고 몇 가지 준비도 하기 위해서였다. 트위터의 온화한 CEO 파라그 아그라왈은 2층 컨퍼런스 플로어 로비에 서서 그를 맞이할 준비를 하고 있었다. "저는 상당히 낙관하고 있습니다." 그가 머스크의 입장을 기다리며 말했다. "일론은 사람들이 스스로 할 수 있다고 믿는 것보다 더 큰 일을 하도록 영감을 줄 수 있습니다." 그는 조심스러운 태도를 취하긴 했지만, 내가 보기에 당시 그가 한 말은 진심이었던 것 같다. 지난 5월 머스크와의 긴장된 만남에서 좋지 못한 끝을 봤던 CFO 네드 시걸은 더욱 회의적인 표정으로 옆에 서 있었다.

그때 머스크가 싱크대를 들고 웃으며 건물로 들어섰다. 그가 즐기던 시각적인 말장난 중 하나였다. "잘 생각해보세요!_Let that sink in!_" 그가 외쳤다. "멋진 시간을 가져봅시다!" 아그라왈과 시걸은 미소를 지었다.

머스크는 1937년에 지어진 10층짜리 아르데코 양식 건물에 있는 트위터 본사를 돌아다니며 놀라움을 감추지 못했다. 과거 머천다이즈 마트로 사용되던 그 건물은 커피 바, 요가 스튜디오, 피트니스 룸, 게임 아케이드 등을 갖춘 최신식 건물로 리노베이션된 상태였다. 샌프란시스코 시청이 내려다보이는 파티오가 있는 동굴 형태의 9층 카페에서는 장인이 만든 햄버거부터 비건 샐러드까지 다양한 음식을 무료로 제공했다. 화장실의 표지판에는 "성별 다양성을 환영합니다"라고 적혀 있었다. 머스크는 트위터 브랜드의 머천다이즈로 가득 찬 캐비닛을 뒤지다가 "각성하라"라는 문구가 새겨진 티셔츠를 발견하고는 그것이 회사를 감염시킨 사고방식의 한 예라는 의미로 흔들어댔다. 머스크가 베이스캠프로 삼은 2층 회의실의 긴 나무 테이블에는 담백한 맛의 스낵들과 노르웨이산 미네랄워터 및 리퀴드데스 생수 캔 등 다섯 가지 종류의 생수가 놓여 있었다. 그중 하나를 마시라고 권하자 머스크는 "난 수돗물을 마십니다"라고 말했다.

불길한 시작이었다. 마치 먹고사느라 지친 카우보이가 스타벅스에 들어선 것처럼 문화 충돌의 조짐이 움트는 것을 느낄 수 있었다.

문제는 단순히 시설만이 아니었다. 트위터랜드Twitterland와 머스크버스Muskverse 사이에는 미국 직장에 대한 두 가지 다른 사고방식이 반영된 근본적인 견해 차이가 존재했다. 트위터는 친절과 상냥함을 미덕으로 여기는 친근한 일터라는 자부심을 갖고 있었다. "우리는 포용과 다양성에 대해 매우 높은 공감대를 가지고 있고, 모두가 이곳에서 안전하다고 느낄 수 있어야 한다고 생각했습니다." 머스크에 의해 해고되기 전까지 마케팅 및 인사 책임자로 일했던 레슬리 벌랜드의 말이다. 회사는 영구적인 재택근무 옵션을 도입했으며, 매달 '정신적 휴식의 날'을 허용했다. 회사에서 통용되던 유행어 중 하나는 "심리적 안전"이었다. 서로 불편함을 느끼지 않도록 모두 세심한 주의를 기울였다.

머스크는 "심리적 안전"이라는 말을 듣고 쓴웃음을 터뜨렸다. 그는 반발했다. 그 표현이 긴박감, 진전, 궤도 속도 등의 적으로 여겨졌기 때문이다. 그가 선호하는 유행어는 "하드코어"였다. 그는 불편함이 좋은 것이라고 믿었다. 안일함의 재앙에 대항하는 무기였으니까. 휴가, 꽃향기, 워라밸, '정신적 휴식'은 그의 것이 아니었다. 잘 생각해보라.

아주 뜨거운 커피

그 수요일 오후, 아직 구매를 완결하지 않았음에도 머스크는 그곳에서 제품 검토회의를 열었다. 온라인 뉴스에 대한 번들 구독 판매를 사업 모델로 삼은 스타트업의 공동창업자였던 영국인 제품 책임자 토니 헤일은 유저에게 저널리즘에 대한 비용을 지불하게 하는 방안에 대해 질문했다. 머스크는 동영상을 보거나 기사를 읽으려는 유저에게 소액을 쉽게 결제하게 한다는 아이디어가 마음에 든다고 말했다. "미디어 제작자들이 그들의 작업에 대한 대가를 받을 수 있도록 적절한 방법을 만들어내야 한다는 겁니다." 그가 말했다. 그는 이미 개인적으로 트위터의 가장 큰 경쟁자는 언론인들이나 여타의 전문가들이 콘텐츠를 게시하고 유저로부터 수익을 얻는 데 사용하는 온라인 플랫폼 서브스택이 될 것이라고 결론을 내린 상태였다.

휴식 시간에 머스크는 건물을 돌아다니며 직원들을 만나보기로 했다. 그의 안내를 맡은 트위터 보좌관은 긴장한 표정으로 직원들이 재택근무를 선호하기 때문에 회사 안에 사람이 많지 않을 것이라고 말했다. 수요일 오후 한낮이었지만 업무 공간은 한산하기만 했다. 마침내 10층 커피 바에 도착해서야 20여 명의 직원들을 발견했는데, 그들은 주저하는 표정으로 거리를 유지하려 했다. 하지만 보좌관의 독려에 결국 직원들은 머스크 주위로 모여들었다.

"전자레인지에 넣고 아주 뜨겁게 데워줄 수 있나요?" 그가 커피를 받자마자 물었다. "아주 뜨겁지 않으면 너무 빨리 마셔버리거든요."

초기 단계의 제품 개발을 주도했던 에스더 크로퍼드는 소액 결제에 사용할 수 있는 트위터용 지갑에 대한 자신의 아이디어를 열심히 설명했다. 머스크는 그 안에 넣는 돈이 고수익 계좌에 연결될 수도 있어야 한다고 말했다. "우리는 트위터를 세계 최고의 결제 시스템으로 만들어야 합니다. 내가 엑스닷컴으로 하고 싶었던 것처럼 말입니다. 금융시장 계좌에 연결된 지갑, 그것이 바로 크리스탈을 빛나게 하는 핵심 요소입니다."

프랑스 태생의 벤 샌 수시라는 젊은 중간급 엔지니어가 다소 삼가는 태도로 대화에 끼어들었다. "19초 안에 아이디어를 하나 말씀드려도 될까요?" 그가 물었다. 혐오 발언에 대한 관리를 크라우드소싱하는 방법에 관한 아이디어였다. 머스크는 무슨 소린지 알겠다는 듯 그의 말을 자르고 각 유저에게 보이는 트윗의 강도를 스스로 결정할 수 있도록 조작 가능한 슬라이더를 제공하자는 자신의 아이디어를 내놓았다. "어떤 사람은 테디 베어나 강아지를 원할 것이고, 어떤 사람은 전투를 원해서 '덤빌 테면 덤벼'라고 말할 겁니다." 샌 수시가 말하고자 했던 요점과 딱 맞는 말이 아니었다. 그가 뒤이어 말을 하려고 하는 순간 한 여성도 무언가 말을 하려고 했다. 그러자 그는 기술업계에서 일하는 친구치곤 흔치 않은 일을 했다. 그녀에게 발언권을 양보한 것이다. 그녀는 모두들 궁금하면서도 감히 꺼내지 못한 질문을 던졌다. "우리 중 75퍼센트를 해고할 건가요?" 머스크는 웃으며 잠시 멈칫했다. "아니요, 그 숫자는 제가 말한 것이 아닙니다." 그가 대답했다. "익명의 소식통이니 뭐니 하는, 그런 허튼 짓거리를 막아야 합니다. 하지만 우리는 도전에 직면해 있습니다. 경기가 침체되고 있고 매출은 원가 이하를 맴돌고 있기 때문에 더 많은 돈을 벌거나 비용을 절감할 방법을 찾아야 합니다."

전면적 부인의 말은 아니었다. 3주도 채 지나지 않아 그 75퍼센트라는 추정은 정확했던 것으로 드러난다.

머스크가 커피 바에서 2층으로 내려왔을 때, 그곳의 회의실 중 세 개는 머스크의 지시에 따라 트위터의 코드를 샅샅이 살피고 화이트보드에 조직도를 스케치하며 어떤 직원을 유지할 가치가 있는지 판단하는 테슬라와 스페이스 X의 충성스러운 엔지니어 용병부대가 점령하고 있었다. 또 다른 두 개의 방은 머스크의 은행가와 변호사로 구성된 소대가 차지했는데, 그들은 전투 준비 태세에 들어간 것처럼 보였다.

"잭과 얘기해 보셨나요?" 그라시아스가 머스크에게 물었다. 트위터의 공동 창업자로서 얼마 전까지 CEO를 맡고 있던 잭 도시는 처음에는 머스크의 회사 인수를 지지했지만, 지난 몇 주 동안 갖가지 논란과 극적인 사건을 겪으며 마음이 몹시 불안해진 상태였다. 그는 머스크가 자신의 '아기'의 내장을 들어낼까 봐 걱정되었다. 자신이 그것을 묵과해도 되는지 확신이 서지 않았다. 더 중요하게는 자신이 보유한 트위터 주식이 머스크가 지배하는 새로운 비상장 회사의 지분으로 전환되도록 놔둬야 한다는 사실이 마음에 걸렸다. 그가 자신의 주식을 롤오버하지 않으면 머스크의 자금 조달 계획에 심각한 차질이 발생하는 상황이었다. 머스크는 지난 한 주 동안 거의 매일 도시에게 전화를 걸어 트위터를 진정으로 사랑하며 트위터에 해를 끼치지 않을 것이라고 안심시켰다. 그리고 마침내 머스크는 도시와 합의에 이르렀다. 그가 주식을 롤오버하면 나중에 그가 돈을 필요로 할 때 머스크가 기존의 인수가를 기준으로 전액 지불하겠다고 약속한 것이다. "그는 완전히 롤오버하기로 했어요." 머스크가 말했다. "우리는 여전히 친구로 남는 거지요. 그가 장래의 유동성에 대해 걱정하기에 나중에 54.20달러 그대로 돌려주기로 약속했어요."

오후 늦은 시간, 아그라왈은 조용히 2층 라운지 공간으로 들어서다가 머스크를 발견했다. 다음 날 밤에는 둘 다 검투사처럼 책략에 몰두하겠지만, 그 순간에는 서로 예사로운 동료 관계를 가장했다.

"여기 계셨네요." 아그라왈이 부드럽게 말했다. "오늘 하루 어땠어요?"

"머리가 꽉 찼어요." 머스크가 답했다. "데이터와 관련해 대충 감이라도 잡으려면 하룻밤은 지나봐야 할 것 같네요."

82장

교란 작전

트위터, 2022년 10월 27일

(왼쪽) 안토니오 그라시아스, 카일 코코란, 케이트 클라센,
그리고 패피밴윙클 버번을 치켜든 머스크
(오른쪽) 상황실에 서 있는 데이비드 색스와 그라시아스

트릭 오어 트윗

트위터 인수의 완결은 10월 28일 금요일로 예정되어 있었다. 트위터 경영진도 그렇게 생각했고, 대중과 월스트리트도 그렇게 생각했다. 금요일 아침 주식 시장 개장에 맞춰 이행 절차가 질서정연하게 진행되도록 세심하게 짜여 있었다. 돈이 이체되고, 서로 서류에 서명을 하고, 주식이 상장 폐지되고, 머스크가 통제권을 갖게 되는 것이었다. 그렇게 되면 주식 상장 폐지와 경영권 변경이라는 두 가지 방아쇠가 동시에 당겨져 파라그 아그라왈과 그의 트위터 고위 임원들은 퇴직금을 수령하고 스톡옵션을 행사할 수 있게 되는 것이었다.

하지만 머스크는 이를 원치 않았기에 팀원들과 함께 상황을 교란할 계획을 비밀리에 수립했다. 목요일 오후 내내 그는 사람들로 붐비는 회의실을 들락거렸다. 회의실에서는 안토니오 그라시아스와 알렉스 스피로, 제러드 버챌, 그리고 다른 몇몇이 머리를 맞대고 목요일 밤에 신속한 계약 체결을 강제하는 기습 전술을 체계적으로 수립하고 있었다. 만약 그들이 시간을 잘 맞춘다면, 머스크는 스톡옵션이 행사되기 전에 아그라왈과 여타의 트위터 고위 임원들을 '정당하게' 해고할 수 있었다.

다소 대담하고 무자비하기까지 한 책략이었다. 하지만 머스크는 자신이 지불하는 가격과 트위터 경영진이 자신을 호도했다는 확신 때문에 그것이 정당하다고 생각했다. "오늘 밤 마감하는 것과 내일 아침에 마감하는 것 사이에 2억 달러의 차이가 있어요." 목요일 늦은 오후 상황실에서 그의 계획이 진행되는 동안 그가 내게 말했다.

복수를 하고 돈을 절약하는 것 외에도 머스크를 움직이게 한 요소가 있었는데, 그것은 바로 모종의 게임즈맨십이었다. 깜짝 피날레는 마치 폴리토피아 게임에서 적시에 이루어진 공격처럼 극적인 효과를 연출할 터였다. 목요일 밤의 기습 마감을 위한 현장 지휘관은 머스크의 오랜 변호사인 알렉스 스피로였다. 예리하고 재미난 성격의 법률 총잡이인 그는 늘 전투를 갈망했다. 스피로는 2018년 혼란의 시기에 머스크가 "소아성애자"와 "비공개 전환" 트윗으로 법적 공방에 휘말렸을 때 적절한 방어막을 제공하면서 머스크의 든든한 조언자가 되었다. 머스크는 능력에 비해 자신감이 지나치게 넘치는 사람을 경계하는 것을 원칙으로 삼았다. 스피로는 능력과 겸손 두 범주 모두에서 매우 높은 점수를 줄 수 있었기에 머스크는 때때로 조심하면서도 그를 높이 평가했다.

"아그라왈이 증명서에 서명하기 전에는 해고할 수 없는 거죠?" 머스크가 어느 시점에 이렇게 물었다.

"저도 이 일이 완료되기 전에 저들을 해고하고 싶습니다만 ⋯." 스피로가 대답했다. 그는 동료들과 함께 자금이 이체되었음을 보여주는 연방준비제도이사회의 조회번호를 기다리면서 상황을 점검하고 여러 방안을 모색했다.

태평양 표준시로 오후 4시 12분, 돈이 이체되고 필요한 서류에 실제로 서명이 완료되었음을 확인한 후 머스크와 그의 팀은 거래 완결을 위한 방아쇠를 당겼다. 트위터 인수를 돕기 위해 다시 합류한 머스크의 오랜 비서 젠 발라자디아는 바로 그 순간 아그라왈과 네드 시걸, 비자야 가드, 법률고문 숀 에젯에게 해고통지서를 전달했다. 6분 후에 머스크의 보안책임자가 들어와 모든 사람이 건물에서 "퇴거"되었으며 그들의 이메일 접속이 차단되었다고 말했다.

즉각적인 이메일 차단 역시 계획의 일부였다. 아그라왈은 경영권 변경을 이유로 사직서를 제출할 준비가 되어 있었다. 하지만 트위터 이메일이 차단되는 바람에 문서를 지메일 메시지로 전송하느라 몇 분 지체할 수밖에 없었다. 그때 이미 그는 머스크에 의해 해고된 상태였다.

"그가 사임하려고 했네." 머스크가 말했다.

"하지만 우리가 한 발 앞섰죠." 스피로가 답했다.

트위터 본사 옆의 한 공간에서는 회사가 주최한 핼러윈 파티가 열리고 있었다. '트릭 오어 트윗Trick or Tweet'이라고 이름 붙은 그 파티는 작별의 포옹으로 가득 채워졌다. 버챌은 회의실에 있던 사람들에게 "네드 시걸은 CFO 분장을 하고 왔다"라고 농담을 던졌다. 근처 회의실에서는 일부 스페이스X 엔지니어들이 컴퓨터로 비디오 스트림을 주시하고 있었다. 오후 6시가 조금 지난 시각,

일론 머스크

팰컨 9호 로켓이 52개의 스타링크 위성을 싣고 반덴버그에서 이륙했다.

모건스탠리의 수석 은행가인 마이클 그라임스가 로스앤젤레스에서 날아와 선물을 들고 상황실로 들어섰다. 첫 번째 선물은 1644년 존 밀턴에게서 시작되어 머스크가 트위터 본사로 걸어 들어와 "잘 생각해보세요!"라고 말하는 장면으로 마무리된, 언론의 자유에 대한 역사적 옹호를 보여주는 합성 그림이었다. 그는 또한 자신의 아내가 생일 선물로 받았던 세계 최고의 버번인 패피밴윙클 한 병을 가져왔다. 조금씩 돌려가며 맛을 본 후 머스크는 반쯤 비어 있는 병에 마이클 그라임스의 아내에게 전하라는 의미로 사인을 남겼다.

몇 분 후, 머스크는 자신의 첫 번째 제품 수정에 돌입했다. 그때까지는 사람들이 웹에서 트위터닷컴 사이트를 방문하면 가장 먼저 로그인을 안내하는 화면을 보게 되어 있었다. 머스크는 그 대신 현재 유행하거나 인기 있는 내용을 보여주는 '탐색' 페이지를 띄우는 것이 좋겠다고 생각했다. 곧바로 탐색 페이지 담당자에게 메시지가 전달되었다. 테자스 다람시라는 그 젊은 엔지니어는 마침 인도를 방문하고 돌아오던 중이었다. 그는 월요일에 사무실에 출근해 수정하겠다는 답신을 보냈다. 지금 당장 하라는 메시지가 날아왔다. 그래서 그는 탑승하고 있던 유나이티드 항공기의 와이파이를 이용하여 그날 밤 변경을 완료했다. "우리는 수년 동안 적용 가능한 여러 가지 새로운 기능을 개발하곤 했지만 아무도 결정을 내리지 못했습니다." 그가 나중에 말했다. "갑자기, 빠른 결정을 내리는 사람이 사령탑에 앉은 겁니다."

머스크는 데이비드 색스의 집에 머물고 있었다. 밤 9시쯤 돌아왔을 때, 그 지역의 민주당 하원의원인 로 칸나가 그곳에 와 있었다. 칸나는 언론의 자유를 옹호하는 인물로서 기술업계에 대해서도 잘 알고 있었지만, 그날 그들의 대화는 트위터에 관한 것으로 채워지지 않았다. 대신, 그들은 제조업의 미국 복귀를 위해 테슬라가 수행해야 할 역할과 우크라이나 전쟁에 대한 외교적 해결책을 찾지 못할 경우의 위험성에 대해 논의했다. 거의 2시간 동안 열띤 대화가 오갔다. "트위터 거래를 막 끝내고 온 일론이 그 얘기를 꺼내지 않아서 놀랐어요." 칸나는 말한다. "다른 이야기를 하고 싶어 하는 것 같았지요."

83장

선봉장들

트위터, 2022년 10월 26-30일

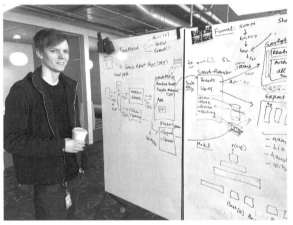

(위) 제임스 머스크, 다발 슈로프, 앤드루 머스크와 함께
(왼쪽 아래) 트위터의 소프트웨어 아키텍처를 검토하는 로스 노딘
(오른쪽 아래) 제임스 머스크와 앤드루 머스크

삼총사

목요일 2층 회의실에서 젊은 기술자들을 소집한 사람은 머스크와 섬뜩하게 닮은 스물아홉 살의 청년이었다. 에롤 남동생의 아들인 제임스 머스크는 헤어스타일과 이를 드러내고 씩 웃는 모습, 목에 손을 얹는 버릇, 남아공의 억양 등이 일론을 쏙 빼닮았다. 사고가 예리하고 눈빛이 날카로운 제임스는 거기에 더해 일론에게는 없는 큰 미소와 감정적 배려, 사람들을 기쁘게 하려는 열의도 갖추었다. 테슬라의 오토파일럿 팀에서 소프트웨어 엔지니어로 일하던 제임스는 그 주에 트위터 본사에 원정대처럼 내려온 30여 명의 테슬라 및 스페이스X의 엔지니어들을 조율하는 충성스러운 총사 무리의 핵심이 되었다.

제임스는 열두 살 때부터 일론의 모험에 대한 열렬한 추종자가 되어 정기적으로 그에게 편지를 보냈다. 일론처럼 그도 열여덟 살이 되던 해에 남아공을 혼자 떠났고, 1년 동안 요트에서 일하고 유스호스텔에 머물며 지중해 연안을 떠돌았다. 이후 버클리대학교에 진학한 그는 졸업 후 테슬라에 입사했고, 곧바로 머스크에 의해 2017년 그 광란의 네바다 배터리 공장 서지에 투입되었다. 이어서 그는 인간 운전자의 비디오 데이터를 분석해 자율주행 차량의 행동방식을 결정하는 신경망 경로 계획을 개발하는 오토파일럿 팀의 일원이 되었다.

10월 하순 일론이 전화를 걸어 임박한 트위터 인수 과정을 도와달라는 부탁을 했을 때 제임스는 잠시 망설였다. 그 주말이 여자친구의 생일인데다가 여자친구와 절친한 친구의 결혼식에 참석하기 위해 여행하는 중이었기 때문이다. 하지만 제임스의 여자친구는 그가 사촌을 도와야 하는 상황을 이해했다. "자기는 거기로 가야 해." 그녀가 그에게 말했다.

뉴럴링크에서 소프트웨어 엔지니어로 일하던, 붉은 머리칼에 수줍어하는 성격의 남동생 앤드루도 이 임무를 위해 합류했다. 남아공에서 보낸 청소년 시절, 형제는 국가대표급 크리켓 선수이자 스타급 공학도였다. 일론과 킴벌보다 스무 살 가까이 어린 이들 형제는 당연히 일론의 외사촌인 리브 형제가 포함된 사촌 동맹의 일원이 아니었다. 일론은 제임스와 앤드루가 남아공을 떠나 미국으로 건너왔을 때부터 등록금과 생활비를 대주며 보살폈다. 앤드루는 UCLA에 진학하여 인터넷 패킷 교환 이론의 선구자 렌 클라인록 교수 밑에서 블록체인 기술을 연구했다. 제임스와 앤드루 역시 마치 가족의 유전적 특성인 양(실제로 그랬을지도 모르지만) 전략 게임인 폴리토피아에 중독되었다. "전 여자친구가 그 때문에 난리를 치곤 했어요. 그래서 저를 떠난 건지도 모릅니다." 앤드루는 말한다.

지중해 연안을 떠돌던 제임스가 제노바의 한 유스호스텔에 머물렀을 때의 이야기다. 두 손가락으로 병에 든 땅콩버터를 찍어먹는 제임스를 한 청년이 몰래 힐긋거렸다. "어이, 그거 역겹다." 그 청년이 웃으며 말했다. 그렇게 제임스는 위스콘신 출신의 마른 체격에 늘어뜨린 머리를 한 컴퓨터 천재이자 방랑자인 로스 노딘을 만났다. 미시간공대를 졸업한 후, 로스는 일종의 순회 프로그래머가 되어 원격으로 일하며 자신의 방랑벽에 마음껏 빠져들었다. "사람들을 만나면 '다음은 어디로 가면 좋을까요?'라고 묻곤 했는데, 그러다 제노바까지 가게 된 거였습니다."

여행하는 사람들, 특히 세속과 동떨어진 곳을 찾는 사람들에게 발생하는 뜻밖의 우연이 이들에게도 찾아왔다. 로스는 자신이 스페이스X에 지원할 계획이라고 말했다. "오, 우리 사촌 형 회사야." 제임스가 답했다. 얼마 후 로스는 현금이 바닥났고, 그러자 제임스는 친구와 함께 앙티브 인근에 빌려놓은 집으로 그를 초대했다. 로스는 마당에 캠핑 매트를 깔고 잤다.

어느 날 저녁 그들은 주앙레팽이라는 유행에 민감한 마을의 나이트클럽에 갔다. 거기서 제임스가 한 젊은 여성과 이야기를 나누게 되었는데, 한 남성이 다가와 자신의 여자친구라고 말했다. 그들은 밖으로 나왔고, 싸움이 벌어졌으며, 결국 제임스와 로스, 그리고 그들의 친구는 도망을 쳤다. 하지만 재킷을 두고 나왔기 때문에 로스에게 재킷을 찾아오는 임무가 맡겨졌다. "제가 가장 작고 온순해 보였기 때문에 저를 다시 거기로 보낸 겁니다." 그의 말이다. 그들은 집으로 돌아오는 길에 매복한 일당에게 기습당해 깨진 병으로 위협을 받았고,

울타리를 뛰어넘어 덤불 속에 몸을 숨길 때까지 쫓겼다.

이런 식의 탈선 행위나 엉뚱한 장난질로 갖가지 사건을 겪으면서 로스와 제임스는 더욱 친해졌다. 1년 후 한 컨퍼런스에서 한 임원을 만난 로스는 피터 틸이 공동 창업한 다소 비밀스러운 데이터 분석 및 정보회사 팰런티어Palantir에서 일자리를 얻었고, 로스는 제임스가 그곳에서 인턴십을 밟도록 도움을 주었다. 그리고 결국 로스는 제임스를 따라 테슬라의 오토파일럿 팀에서 일하게 되었다.

제임스, 앤드루, 로스는 머스크의 트위터 장악 과정의 선봉에 선 삼총사가 되었으며, 그 주에 회사 2층의 회의 공간에 변혁을 집행하기 위해 모인 테슬라와 스페이스X의 엔지니어 30여 명으로 구성된 군단에서 핵심적인 역할을 수행했다. 아직 20대의 젊은 엔지니어들이었기에 대담하면서도 다소 어색했던 삼총사의 첫 번째 임무는 2,000명이 넘는 트위터 엔지니어들의 코드 작성 능력과 생산성, 심지어 태도까지 평가하고 그중에서 살아남을 엔지니어를 결정하는 분석 팀을 이끄는 것이었다.

첫 번째 임무

제임스와 앤드루는 머스크가 야전캠프처럼 사용하던 2층 회의실 근처의 열린 공간에 놓인 작은 원형 테이블에 노트북을 올려놓고 앉아 있었다. 엑스는 근처 바닥에서 커다란 루빅큐브 네 개를 가지고 놀고 있었다. (물론 엑스는 겨우 두 살 반이라 아직 큐브를 맞출 줄 몰랐다.) 10월 27일 목요일, 머스크가 인수를 기습적으로 완결하기 위해 서두르던 날이었다. 그와 관련된 회의가 거듭 진행되던 와중에 그는 1시간을 빼내 트위터의 엔지니어링 직군을 어떻게 정리할지 사촌들과 논의했다. 이 자리에는 AI 데이 2의 발표자 중 한 명이었던 오토파일럿 팀의 또 다른 젊은 엔지니어 다발 슈로프도 함께했다.

제임스, 앤드루, 다발은 각자의 노트북을 통해 지난 1년 동안 트위터에서 작성된 코드 전체를 살펴볼 수 있었다. "지난 한 달 동안 누가 100줄 이상의 코드를 작성했는지 검색해 봐." 머스크가 이들에게 말했다. "디렉토리를 살펴보고 누가 정말 열심히 코드를 작성했는지 확인해보라고."

머스크의 계획은 대부분의 엔지니어를 해고하고 정말 유능한 몇몇 사람만 남기는 것이었다. "누가 일정량 이상의 코딩을 했는지 파악한 다음, 그들 중에서 누가 코딩을 가장 잘했는지 알아내자고." 그가 말했다. 그 자체로 방대한 작업이었는데, 누가 코드를 삽입하거나 삭제했는지 쉽게 파악할 수 있는 포맷으로 살펴보는 것이 아니었기에 어려움이 더욱 가중되었다.

제임스는 좋은 생각이 떠올랐다. 그와 슈로프는 며칠 전 샌프란시스코에서 열린 컨퍼런스에서 한 젊은 트위터 소프트웨어 엔지니어를 만난 적이 있었다. 그의 이름은 벤이었다. 제임스는 벤에게 전화를 걸어 스피커를 켠 후 질문을 쏟아내기 시작했다.

"내가 모든 사람의 삽입 및 삭제 목록을 가지고 있습니다." 벤이 말했다.

"보내주실 수 있나요?" 제임스가 물었다. 그들은 파이튼 스크립트Python script와 전지 기법을 사용하여 보다 빠르게 전송할 수 있는 방법을 알아내기 위해 머리를 모았다.

그때 머스크가 끼어들었다. "도와줘서 고마워요." 그가 말했다.

짧지 않은 침묵이 흘렀다. "일론이세요?" 벤이 물었다. 그는 새로운 보스가 거래 완결로 바쁜 날에 소스 코드를 분석하고 있다는 사실에 약간 놀란 듯했다.

프랑스 억양이 살짝 묻어나는 그의 목소리를 들으며 나는 그가 커피 바에서 머스크에게 콘텐츠 관리에 관한 의견을 개진했던 그 벤, 그러니까 벤 샌 수시라는 사실을 깨달았다. 천생 엔지니어였던 그는 인맥 활용에 능한 사람이 아니었음에도 갑자기 조직의 핵심층에 휩쓸려 들어오고 있었다. 우연이 얼마나 중요한지, 그리고 직접 모습을 드러내는 것이 얼마나 큰 가치를 지니고 있는지를 보여주는 증거였다.

다음 날 아침, 트위터가 공식적으로 머스크의 손에 들어온 후 머스크 일행은 무료 아침식사를 제공하는 9층 카페로 향했다. 벤도 그곳에 있었고, 다른 테슬라 엔지니어 몇 명과 함께 모두 햇볕이 잘 들고 시청이 내려다보이는 파티오로 나갔다. 아기자기한 장식물로 둘러싸인 열두 개의 테이블이 있었지만 트위터 직원들은 아무도 보이지 않았다.

제임스, 앤드루, 로스가 정리해고 명단이 어느 정도 진행되고 있는지 설명하자, 벤은 주저하지 않고 자신의 생각을 말했다. "제 경험에 따르면 개인도 중요하지만 팀도 그에 못지않게 중요합니다." 그가 말했다. "좋은 프로그래머를 골라내는 한편, 정말 협력이 잘 되는 팀을 찾는 것도 유용할 것 같습니다."

슈로프는 이 정보를 검토한 후 동의했다. "저와 제임스, 그리고 오토파일럿 팀원들은 항상 함께 움직이기 때문에 아이디어가 매우 빠르게 흐릅니다. 팀으로서 우리가 하는 일은 어느 한 사람이 할 수 있는 것보다 더 낫습니다." 그가 말했다. 앤드루는 이것이 바로 머스크가 원격 근무보다 대면 근무를 선호하는 이유라고 언급했다.

이번에도 벤은 기꺼이 이의를 제기했다. "저 역시 출근하는 것이 중요하다고 생각합니다. 하지만 저는 프로그래머라서 매시간 방해를 받는다면 좋은 성과를 낼 수 없습니다. 그래서 가끔은 출근하지 않기도 합니다. 아마도 두 가지 방법을 병행하는 것이 가장 좋지 않을까 합니다."

책임자

트위터 내부에서는 물론이고 테슬라와 스페이스X, 월스트리트에서도 머스크가 트위터의 경영을 도울 인물을 영입할지 여부에 대한 이야기가 돌았다. 소유주가 된 첫날, 머스크는 그런 후보 한 명을 비밀리에 만났다. 트위터가 인수해서 없애버린 동영상 스트리밍 앱 페리스코프Periscope의 공동창업자 케이본 베익포어였다. 베익포어는 트위터의 제품개발 담당 사장을 맡았으나 2022년 초 아그라왈에 의해 별 다른 설명 없이 해고되었다.

머스크의 회의실에서 기술업계 투자자인 스콧 벨스키가 배석한 가운데 만난 두 사람의 대화는 진정한 마음의 합일을 보여주었다. "광고에 대한 아이디어가 있습니다." 베익포어가 말했다. "구독하는 사람들에게 관심사가 무엇인지 물어보고 맞춤형 경험을 제공하는 것입니다. 이것을 구독에 주어지는 혜택으로 삼을 수 있습니다."

"흠, 광고주들도 좋아할 것 같네요." 머스크가 화답했다.

"트윗에 대한 '반대투표' 버튼도 활용할 수 있습니다." 베익포어가 덧붙였다. "유저들의 부정적인 신호가 순위에 영향을 미치게 하는 겁니다."

"유료로 인증된 유저만 반대투표를 할 수 있게 해야겠네요. 그렇지 않으면 봇 공격의 대상이 될 수 있으니까요." 머스크가 말했다.

대화가 끝날 무렵 머스크는 베익포어에게 가볍게 제안을 하나 했다. "여기서 다시 일하지 않을래요?" 그가 물었다. "이 회사에 애정이 많은 것 같은데…." 그런 다음 그는 엑스닷컴 시절 구상했던 모든 요소를 포함시켜 트위터를 금융 및 콘텐츠 플랫폼으로 만들겠다는 자신의 전체 비전을 제시했다.

"글쎄요, 갈등이 되네요. 저는 대표님을 존경합니다. 대표님이 만든 모든 제품을 구매했고요. 다시 연락드리겠습니다." 베익포어가 대답했다.

하지만 머스크가 다른 회사들에서 그랬던 것처럼 많은 권한을 넘겨주지 않을 것이 분명했다. 한 달 후, 나는 베익포어에게 어떤 결론을 내렸는지 물었다. "제가 할 수 있는 역할이 보이지 않습니다." 그가 말했다. "일론은 누구보다 열정적으로 엔지니어링과 제품을 직접 주도하니까요."

머스크는 트위터의 운영을 맡길 사람을 영입하는 데 전혀 서두르지 않았다. 온라인 여론조사를 실시해 경영인을 영입해야 한다는 결과를 받아들였는데도 그랬다. 심지어 CFO도 두지 않기로 했다. 그는 트위터를 자신의 놀이터로 만들기를 원했다. 스페이스X에서는 그에게 직접 보고하는 임원이 최소 열다섯 명, 테슬라에서는 약 20명이었다. 트위터에서 그는 팀원들에게 그런 임원을 20명 이상 둘 의향이 있다고 말했다. 그리고 그들과 가장 헌신적인 엔지니어들은 모두 10층에 있는 거대한 개방형 업무 공간에서 일하며 매일 밤낮으로 자신과 직접 소통하게 될 것이라고 선언했다.

과감한 구조조정

머스크는 너무 많은 엔지니어링 직군의 대량 정리를 위한 전략 개발을 젊은 삼총사에게 맡겼고, 그들은 누가 우수하고 헌신적으로 일하는지 평가하기 위해 코드 베이스를 샅샅이 뒤졌다. 거래가 마무리되고 24시간 후인 10월 28일 금요일 오후 6시, 머스크는 이들과 테슬라 및 스페이스X의 신뢰할 수 있는 용병 30여 명을 모아놓고 계획의 실행에 착수했다.

"트위터에는 현재 2,500명의 소프트웨어 엔지니어가 있어요." 머스크가 이들에게 말했다. "각자가 하루에 세 줄의 코드만 작성해도, 물론 터무니없이 낮은 기준이지만 어쨌든 1년에 300만 줄을 작성하는 것이고, 그러면 전체 운영 체제에 충분한 양이 될 겁니다. 그런데 그조차 안 되고 있는 거예요 뭔가 크게 잘못되었다는 얘기지요. 마치 코미디 쇼를 보고 있는 것 같아요."

"코딩에 대해 전혀 모르는 제품 관리자들이 어떻게 만드는지도 모르는 기능을 계속 주문하고 있습니다." 제임스가 말했다. "말 타는 법을 모르는 장군이 기병대를 지휘하고 있는 셈입니다." 머스크가 자주 사용하던 표현이었다.

"그래서 규칙을 하나 정할게요. 현재 오토파일럿을 개발하는 엔지니어가 150명이에요. 트위터도 그 숫자에 맞추기로 하겠습니다." 머스크가 선언했다.

트위터의 낮은 생산성에 대한 머스크의 견해를 인정하더라도, 엔지니어의 90퍼센트 이상을 해고한다는 발상은 그 자리에 앉은 사람들 대부분을 움찔하게 만들었다. 지금은 옵티머스 초창기보다 머스크에게 덜 겁을 먹는 밀란 코박은 더 많은 인력이 필요한 이유를 설명했다. 변호사 알렉스 스피로도 주의할 것을 촉구했다. 그는 트위터의 일부 업무에는 천재적인 컴퓨터 기술이 필요하지 않다고 생각했다. "소셜 미디어 회사에서 일하는 사람은 왜 모두 아이큐가

160이어야 하고 하루 20시간씩 일해야 하는지 이해할 수 없습니다." 스피로가 의견을 피력했다. 어떤 사람은 영업을 잘하면 되고, 어떤 사람은 훌륭한 관리자로서 감정적 기술을 갖춰야 하며, 어떤 사람은 단순히 유저의 동영상을 잘 업로드하면 될 뿐 슈퍼스타일 필요까지는 없었다. 게다가 최소한의 인원으로 가는 것은 누군가가 아프거나 싫증을 느끼는 경우 시스템에 문제가 발생할 위험이 따른다는 의미였다.

머스크는 동의하지 않았다. 그는 재정적으로 반드시 필요한 과정이라고 판단했을 뿐만 아니라, 열정적인 하드코어 방식의 업무 문화가 조성되길 원했기에 과감한 구조조정을 주문한 것이었다. 그는 기꺼이 리스크를 감수하고 변화에 대한 두려움을 성공의 연료로 전환하고자 했다.

제임스, 앤드루, 로스, 다발은 트위터의 간부들을 만나 직원의 최대 90퍼센트까지 감원하겠다는 머스크의 목표에 따를 것을 요청했다. "그들은 큰 불만을 표출했습니다." 다발은 말한다. "그러면 그냥 회사가 망할 거라고 주장했습니다." 그와 삼총사는 표준적으로 대응했다. "일론이 그렇게 해달라고 요구했고, 이것이 그가 기업을 운영하는 방식이기에 우리는 그에 따라 계획을 세워야 합니다."

10월 30일 일요일 밤, 제임스는 머스크에게 자신과 다른 총사들이 작성한 최고의 엔지니어 명단을 보냈다. 나머지는 해고할 수 있다는 의미였다. 머스크는 즉시 방아쇠를 당길 준비가 되어 있었다. 11월 1일 이전에 해고를 단행하면 회사는 그날로 지급 예정된 보너스와 스톡 그랜트를 지급할 필요가 없었다. 하지만 트위터의 인사관리자들은 반발했다. 그들은 다양성 준수를 위해 명단을 점검하기를 원했다. 머스크는 그 제안을 일축했다. 그러나 그는 그들이 제시한 또 다른 주의사항 때문에 잠시 멈칫했다. 해고가 즉결로 이루어질 경우 계약 위반 및 캘리포니아 고용법 위반으로 벌금이 부과될 수 있다는 경고였다. 그렇게 되면 약정된 보너스를 지급한 이후에 해고하는 것보다 수백만 달러의 비용이 더 들게 되는 것이었다.

머스크는 마지못해 11월 3일까지 대량 해고를 연기하는 데 동의했다. 그날 밤 트위터는 서명되지 않은 이메일을 통해 "트위터를 건전한 궤도에 올려놓기 위해 세계 전역의 인력을 감축하는 어려운 과정을 거칠 것"이라고 발표했다. 그렇게 세계 전역의 트위터 직원 약 절반과 일부 인프라 팀의 90퍼센트가 해고되었고, 이들의 회사 컴퓨터 및 이메일 접속이 즉시 차단되었다. 머스크는 또한 대부분의 인사관리자를 해고했다.

이는 세 차례에 걸쳐 펼쳐질 대학살 사태의 1라운드에 불과했다.

84장

콘텐츠 검열 문제

트위터, 2022년 10월 27-30일

(왼쪽 위에서 시계 방향으로)
스페이스X에서 카니예 웨스트와 함께
요엘 로스, 제이슨 캘러커니스, 데이비드 색스

콘텐츠 관리위원회

예라는 예명으로 활동하는 음악가이자 패션 디자이너인 카니예 웨스트는 머스크의 친구라고 할 수 있었지만, 에너지와 각광은 공유하면서도 친밀감은 거의 없는, 때때로 셀럽들의 파티 친구에나 어울리는 수준의 특이한 친구 사이였다. 머스크는 2011년에 카니예에게 로스앤젤레스에 있는 스페이스X 공장을 구경시켜주었다. 10년 후 카니예는 텍사스 남부의 스타베이스를 방문했고 머스크는 마이애미에서 열린 그의 '돈다 2' 파티에 참석했다. 두 사람은 여과 과정을 거치지 않는 등의 공통점이 있었고 둘 다 반쯤 미쳤다고 여겨졌지만, 카니예의 경우 반쯤 미쳤다는 설명은 결국 절반만 맞는 것처럼 보였다. "카니예는 자신에 대한 믿음과 놀라운 끈기로 오늘날의 자리에 오를 수 있었습니다." 머스크는 2015년 〈타임〉과의 인터뷰에서 이렇게 말했다. "목적의식을 갖고 문화계의 신전에서 자신의 자리를 차지하기 위해 싸웠고, 그 과정에서 비난이나 조롱을 받는 것을 두려워하지 않았습니다." 이것은 머스크 자신에 대한 묘사라 해도 이상할 게 없었다.

머스크가 트위터와 거래를 완결하기 몇 주 전인 10월 초, 카니예와 그의 모델들은 한 패션쇼에서 '백인의 목숨도 소중하다White Lives Matter'라는 문구가 적힌 티셔츠를 입고 등장했다. 이는 소셜 미디어를 뜨겁게 달구었고, "아침에 일어나면 유대인들을 상대로 '데스콘 3death con 3'에 돌입할 것이다"라는 카니예의 트윗으로 정점을 찍었다. '전투 준비 태세'를 뜻하는 '데프콘DEFCON'에 '죽음death'의 의미를 담아 유대인 혐오 발언을 날린 것이다. 그러자 트위터는 그의 트위터 이용을 금지했다. 며칠 후 머스크는 이와 관련해 트윗을 올렸다. "오늘 카니예와 이야기를 나누며 그의 최근 트윗에 대해 우려를 표명했습니다. 그가 이를 마음 깊이 받아들인 것 같습니다." 그러나 이 뮤지션의 계정은 여전히 금지된 상태로 남았다.

카니예의 트위터 사건은 결국 머스크에게 언론 자유의 복잡성과 충동적인 정책 결정의 단점에 대한 교훈을 깨닫게 했다. 대량해고 결정과 함께 머스크가 트위터를 점령한 첫 주를 지배한 것은 콘텐츠 관리 문제였다.

머스크는 그동안 언론의 자유라는 깃발을 흔들어댔지만, 자신의 견해가 너무 단순하다는 것을 깨닫고 있었다. 소셜 미디어에서는 거짓말이 지구 반 바퀴를 도는 동안 진실은 여전히 신발을 신고 있을 수도 있었다. 암호화폐 스캠이나 사기, 혐오 발언과 마찬가지로 허위 정보도 문제였다. 경제적인 문제도 있었는데, 불안한 광고주들은 자신의 브랜드가 악성 발언의 구덩이에 빠지는 것을 원하지 않았다.

트위터를 인수하기 몇 주 전인 10월 초, 머스크는 우리와 나눈 대화에서 이러한 문제를 결정할 콘텐츠 관리위원회를 만들자는 아이디어를 제시했다. 그는 전 세계의 다양한 의견이 반영되길 원했고, 그래서 자신이 염두에 두고 있는 위원들의 유형까지 설명했다. 그런 후 내게 이렇게 말했다. "위원회가 구성되고 운영될 때까지는 누구의 계정을 복원시킬지 결정하지 않을 겁니다."

트위터 인수가 마무리된 다음 날인 10월 28일 금요일에 그는 그 약속을 공개적으로 발표했다. "콘텐츠 관리위원회가 소집되기 전에는 콘텐츠에 관한 어떤 주요한 결정도, 계정 복원도 이루어지지 않을 것입니다." 그가 트윗을 올렸다. 하지만 통제권을 양도하는 것은 그의 본성이 아니었다. 그는 이미 그 아이디어를 희석하기 시작했다. 위원회의 의견은 순전히 '자문'에 불과할 것이라고, 그는 내게 말했다. "최종 결정은 내가 내려야 합니다." 그날 오후 회의실을 돌아다니며 정리해고와 제품 기능에 대해 논의하는 동안, 그가 위원회 구성에 흥미를 잃어가고 있다는 것이 분명해졌다. 누구를 위원회에 참여하게 할지 결정했냐고 물었더니 그는 "아니요, 지금 그것은 우선사항이 아닙니다"라고 말했다.

액세스 권한

머스크가 트위터의 최고법무책임자 비자야 가드를 해고한 후, 콘텐츠 관리와 머스크 상대라는 어려운 업무는 다소 학구적이지만 쾌활한 성격에 동안이 인상적인 35세의 요엘 로스에게 넘어갔다. 꽤나 어색한 조합이었다. 로스는 반공화당 트윗을 남긴 좌파 성향의 민주당원이었다. 그는 트위터의 신뢰 및 안전 팀에 합류한 이듬해인 2016년, "대선 선거운동에 기부한 적이 없었는데, 방금 미국을 위해 힐러리에게 100달러를 기부했습니다"라는 트윗을 올렸다. "우리는 더 이상 빈둥거려선 안 됩니다." 2016년 대선 당일에는 "우리는 인종차별주의자에게 투표한 주들의 상공을 저공비행합니다. 다 이유가 있습니다"라는 트윗을 올려 트럼프 지지자들을 조롱하기도 했다. 트럼프가 대통령이 된 후에는 "사실상 나치가 백악관에 들어섰다"라는 트윗을 올렸고, 미치 매코널 공화당 상원의원을 "개성 없는 방귀쟁이"라고 칭했다.

그럼에도 불구하고 로스는 낙관주의와 열정을 가지고 있었기에 머스크와 함께 일할 수 있기를 바랐다. 두 사람은 머스크가 기습적으로 트위터의 인수를 완수하려 움직이던 그 격동의 목요일 오후에 처음 만났다. 오후 5시에 로스의 전화가 울렸다. "안녕하세요, 요니입니다." 발신자가 말했다. "2층으로 와주실 수 있나요? 얘기 좀 해요." 요니가 누구인지 몰랐지만 어쨌든 로스는 썰렁한 핼러윈 파티를 헤치고 머스크와 그의 은행가, 총사들이 분주하게 움직이고 있던 컨퍼런스 층의 넓은 공간에 도착했다.

그곳에서 그는 이스라엘 출신의 키가 작고 활기찬 장발의 테슬라 정보보안 엔지니어 요니 라몬을 만났다. "저도 이스라엘 사람이기 때문에 그가 이스라엘 출신이라는 것을 알 수 있었습니다." 로스가 말했다. "하지만 그것 말고는 그가 뭘 하는 사람인지 전혀 몰랐습니다."

라몬이 머스크에게서 부여받은 임무는 불만을 품은 트위터 직원들이 서비스를 방해하지 못하도록 막는 것이었다. "일론은 화가 난 직원이 일을 방해하려 들 것이라고 완전히 강박적으로 믿고 있습니다. 뭐 그럴만한 이유가 있다고 봅니다." 그가 로스가 도착하기 직전에 내게 말했다. "그래서 제게 그것을 막는 일을 맡긴 겁니다."

생수 뷔페 근처의 야외 테이블에 앉자 라몬은 아무런 설명 없이 로스에게 질문을 던지기 시작했다. "트위터의 도구들에 어떻게 액세스할 수 있나요?"

로스는 이 사람이 누구인지 아직 명확히 알지 못했다. "트위터 도구들에 액세스할 수 있는 사람에는 많은 제한이 따릅니다." 그가 대답했다. "개인정보 보호에 관한 고려사항이 많거든요."

"알다시피 회사 경영권에 변화가 생겼어요." 라몬이 말했다. "저는 일론을 위해 일하고 있고 보안 조치를 취하는 업무를 맡고 있습니다. 최소한 도구들이 어떻게 생겼는지 보여줄 수 있겠죠?"

로스는 타당한 조치라고 생각했다. 그는 노트북을 꺼내 라몬에게 트위터에서 사용하는 콘텐츠 관리 도구를 보여주며 내부자 위협에 대비하기 위해 취할 수 있는 몇 가지 조치를 추천했다.

"당신은 우리가 믿어도 되는 사람인가요?" 라몬이 갑자기 로스의 눈을 바라보며 말했다. 그 진지함에 깜짝 놀란 로스는 그렇다고 대답했다.

"좋아요, 가서 일론을 데려올게요." 라몬이 말했다.

1분 후 머스크가 막 거래를 마치고 상황실에서 나왔다. 그는 라운지의 원탁 중 하나에 앉아 보안도구들에 대한 시연을 부탁했다. 로스는 머스크의 계정을 불러와 트위터의 도구들로 무엇을 할 수 있는지 보여주었다.

"현재로서는 이런 도구에 접속할 수 있는 사람은 한 사람으로 제한되어야 해요." 머스크가 말했다.

"어제 그렇게 조치했습니다." 로스가 대답했다. "그 한 사람이 바로 저입니다." 머스크는 조용히 고개를 끄덕였다. 그는 로스가 일을 처리하는 방식이 마음에 드는 것 같았다.

그런 다음 그는 로스에게 최고 수준의 도구들에 대한 접속 권한을 주어도 되는 "목숨 걸고 신뢰할 수 있는" 열 명의 이름을 꼽아보라고 했다. 로스는 목록을 만들어 제출하겠다고 말했다. 머스크는 그의 눈을 똑바로 쳐다보았다. "내 말은, 목숨 걸고 신뢰할 수 있어야 한다는 거예요." 그가 말했다. "그들이 잘못하면 해고당할 것이고, 당신도 해고될 것이고, 팀원 전체가 해고될 테니까요." 로스는 자신이 이런 유형의 상사를 상대하는 방법을 잘 알고 있다고 혼자 생각했다. 그는 고개를 끄덕이며 사무실로 돌아갔다.

세 가지 선택지

요엘 로스에게 문제의 첫 징후는 다음 날인 금요일 오전에 발생했다. 요니 라몬으로부터 머스크가 보수적 유머 사이트인 바빌론 비의 계정을 복원시키고 싶어 한다는 문자를 받은 것이다. 머스크가 좋아하던 그 사이트는 바이든 행정부의 트랜스젠더 여성 관료인 레이첼 레빈을 풍자적으로 '올해의 남성'으로 선정했다는 이유로 트위터의 '미스젠더링misgendering' 정책, 즉 성별을 다르게 호칭하는 행위에 관한 정책에 따라 차단된 상태였다.

로스는 머스크의 경박성에 대한 명성을 익히 들어 알고 있었기에 그가 어느 시점에든 충동적인 결정을 내릴 거라고 예상하고 있었다. 그는 그것이 트럼프에 관한 것일 거라고 추정하고 있었지만, 바빌론 비를 복원시키라는 그의 요구 역시 같은 문제를 야기했다. 로스의 목표는 머스크가 독단적이고 편향적으로 계정을 복원시키는 것을 막는 것이었다. 다시 말해, 그는 머스크가 머스크처럼 행동하는 것을 막고자 하고 있었다.

그날 아침 로스는 머스크의 변호사인 알렉스 스피로를 만났다. 이제 스피로가 정책 문제를 관리하고 있었기 때문이다. 스피로는 로스에게 "필요한 것이 있거나 이상한 일이 생기면 내게 직접 전화하세요"라고 말했다. 그래서 로스는 스피로에게 전화를 걸어 만나서 얘기 좀 하자고 했다.

트위터의 미스젠더링 관련 정책을 설명하고 바빌론 비가 문제가 된 트윗을 삭제하길 거부한다고 말한 후, 로스는 세 가지 선택지가 있다고 했다. 바빌론 비를 계속 차단하거나, 미스젠더링 금지 규정을 없애거나, 정책과 선례에 대해 고민할 것 없이 자의적으로 바빌론 비를 복원시키는 것, 이렇게 세 가지였다. 머스크의 운영방식을 잘 알고 있던 스피로는 세 번째 방안을 선택했다. "그가 그냥 그렇게 해선 안 될 이유가 있을까요?" 스피로가 물었다.

"일론이라면 할 수 있습니다." 로스가 인정했다. "회사를 인수했으니 자신이 원하는 모든 결정을 내릴 수 있습니다." 하지만 이는 문제를 일으킬 수 있었다. "다른 유저도 같은 행동을 하는데 우리 규칙이 적용된다면, 어떻게 해야 할까요? 일관성에 문제가 생기지 않겠습니까?"

"그럼 정책을 변경하는 게 어떨까요?" 스피로가 물었다.

"그러려면 그럴 수 있습니다." 로스가 대답했다. "하지만 이것은 문화전쟁의 주요 이슈라는 점을 참고하셔야 할 겁니다." 광고주들은 머스크가 콘텐츠 관리 문제를 어떻게 처리할지에 대해 많은 우려의 시선을 보내고 있었다. "그가 가장 먼저 하는 일이 미스젠더링과 관련된 트위터의 혐오행위 금지 정책을 삭제하는 것이라면, 상황이 잘 풀릴 것 같지 않습니다."

스피로는 잠시 생각한 후 말했다. "일론과 이 문제에 대해 이야기해봐야겠네요." 그들이 방을 나설 때 로스에게 또 다른 메시지가 날아왔다. "일론이 조던 피터슨을 복원시키고 싶대요." 캐나다의 심리학자이자 작가인 피터슨은 트랜스젠더 남성 유명인을 여성으로 지칭하길 고집했다는 이유로 그해 초 트위터에서 차단된 바 있었다.

머스크는 1시간 후 로스 및 스피로와 만나기 위해 회의실 중 한 곳을 나섰다. 그들은 사람들이 서성거리는 스낵바 구역에 모여 섰다. 로스가 불편해했지만, 머스크는 곧바로 무작위 복원 문제에 대해 이야기하기 시작했다. "그럼 대통령 사면과 같은 개념으로 가면 어떨까요?" 머스크가 물었다. "그건 헌법에 나와 있는 거잖아요?"

그 말이 농담인지 진담인지 알 수 없었던 로스는 머스크가 무작위 사면을 행사할 권리가 있다고 인정하면서도 의문을 제기했다. "만약 다른 사람이 같은 행위를 하면 어떻게 해야 합니까?"

"우리는 규칙을 변경하는 것이 아니라 사면을 행사하는 거예요." 머스크가 답했다.

"하지만 소셜 미디어는 꼭 그런 식으로 작동하지 않습니다." 로스가 말했다. "사람들은 특히 이런 문제에 대해서는 규칙을 테스트하려 들고, 트위터의 정책이 변경되었는지 알고 싶어 할 겁니다."

머스크는 잠시 말을 멈추고 한 발 물러서기로 결정했다. 그 역시 그런 문제에 대해 잘 알고 있었다. 자신의 자녀가 트랜스젠더였기 때문이다. "분명히 말하지만 미스젠더링은 좋지 않다고 생각해요. 하지만 누군가를 죽이겠다고 협박하는 것과 같은 차원은 아니잖아요. 그런 식의 폭력은 아니라는 얘기예요."

로스는 다시 한번 기분 좋게 놀랐다. "사실 저도 그와 같은 의견이었습니다." 그는 말한다. "우리에게 검열부대라는 평판이 따라 붙었지만, 사실 저는 오래 전부터 덜 침해적인 다른 방법이 있는데도 트위터가 너무 많은 발언을 삭제한다고 생각하고 있었습니다." 로스는 자신의 노트북을 카운터 위에 올려놓고 트윗을 삭제하거나 계정을 차단하는 대신 트윗에 경고 메시지를 표시하는 아이디어를 개발 중임을 보여주었다.

머스크는 열심히 고개를 끄덕였다. "바로 우리가 해야 할 일인 것 같군요." 그가 말했다. "그러한 문제성 트윗은 검색에 뜨지 않게 해야 해요. 타임라인에 표시되어서도 안 되고, 누군가의 프로필로 이동하면 볼 수 있는 정도로 해야지요."

로스는 특정 트윗과 유저의 도달 범위를 줄일 수 있는 계획을 1년 이상 준비해왔다. 논란이 되는 유저에 대한 전면적 금지를 피할 수 있는 방법이라고 생각했기 때문이다. "제가 연구하고 싶은 가장 큰 분야 중 하나는 참여 무력화 및 반反증폭/가시성 필터링과 같은 비非제거 정책 개입입니다." 그는 2021년 초 트위터 팀에 보낸 슬랙 메시지에 이렇게 썼다. 아이러니하게도 2022년 12월 이 메시지가 머스크의 투명성을 위한 데이터 공개의 일부로 '트위터 파일'이라는 이름으로 노출되었을 때, 보수주의자들이 트위터에서 진보주의자들에 의해 '섀도 배닝shadow banning'을 당하고 있다는, 즉 은밀히 내려지거나 차단되고 있다는 의혹에 대한 스모킹 건으로 여겨졌다.

머스크는 영구 금지의 대안으로 문제성 트윗과 유저의 증폭을 줄이기 위해 '가시성 필터링'을 사용하자는 로스의 아이디어를 승인했다. 또한 그는 바빌론비와 조던 피터슨의 계정 복원을 보류하는 데 동의했다. "대신 2~3일 동안 이 반증폭 시스템의 첫 버전을 구축해보는 것이 어떻겠습니까?" 로스가 제안하자 머스크가 고개를 끄덕였다. "월요일까지는 할 수 있습니다." 로스가 약속했다.

"좋네요." 머스크가 말했다.

트롤과 봇의 공격

다음 날인 토요일, 남편과 점심을 먹고 있던 로스는 사무실로 오라는 전화를 받았다. 데이비드 색스와 제이슨 캘러커니스가 그에게 몇 가지 질문을 하고 싶어 찾는다는 것이었다. 이 두 사람의 중요성을 잘 아는 트위터의 한 친구가 로스에게 "얼른 가서 만나봐요"라고 조언했다. 그래서 그는 자신이 살던 버클리에서 트위터 본사로 차를 몰았다.

머스크는 그 주에 샌프란시스코 퍼시픽하이츠에 있는 색스의 5층짜리 집에 머물고 있었다. 두 사람은 페이팔 시절부터 알고 지낸 사이였다. 그 당시에도 색스는 노골적인 자유주의자로서 언론의 자유를 옹호하는 사람이었다. 각성주의를 경멸하며 우파로 기울었지만, 포퓰리즘적 민족주의 성향이 강한 까닭에 미국의 개입주의에 대해서는 회의적이었다.

2021년 토스카나에서 열린 인터넷 기업가이자 동료 자유주의자인 스카이 데이턴의 50번째 생일 만찬에서 색스와 머스크는 대기업들이 온라인에서 언론의 자유를 제한하기 위해 어떻게 공모하고 있는지에 대해 논의했다. 색스는 포퓰리즘적인 입장을 취하며 기업 엘리트들로 구성된 '언론 카르텔'이 검열을 무기화하여 외부인을 억누르고 있다고 주장했다. 머스크와 함께 참석한 그라임스는 이에 반발했지만, 머스크는 전반적으로 색스의 편을 들었다. 그전까지는 언론과 검열에 큰 관심을 두지 않던 머스크였지만, 이 문제는 점점 커져 가던 그의 반각성주의 정서와 맞물려 공감을 불러일으켰다. 머스크가 트위터 인수를 확정하자 색스는 고정 멤버로 참여하며 미팅을 조율하고 조언을 제공했다.

매주 팟캐스트를 함께 진행하던 그의 파트너이자 포커 친구인 캘러커니스는 브루클린 출신의 인터넷 기업가이자 스타트업 엔젤투자자로서 머스크의 열렬한 조력자였다. 그는 색스의 음울한 과묵함과 대조되는 소년 같은 열정을 지녔으며 정치적으로 좀 더 온건한 편에 속했다. 4월에 머스크가 트위터 인수의 첫 번째 행보를 보였을 때 캘러커니스는 문자를 통해 자신이 돕고 싶다는 의사를 밝혔다. "이사회 멤버, 고문, 무엇이든 … 내 칼을 마음대로 쓰세요." 그가 썼다. "나를 게임 코치진에 넣어주세요! 트위터 CEO는 내가 꿈에 그리던 직위예요." 그의 열정은 때때로 머스크의 경고성 반발을 초래하기도 했다. 머스크의 트위터 인수에 투자하기 위해 투자금융 특수목적회사를 설립했을 때가 대표적인 경우였다. "일반인들에게 특수목적회사를 마케팅하다니, 뭐 하자는 건가요? 이건 옳지 않아요." 머스크가 문자를 보냈다. 캘러커니스는 사과하고 한발 물러섰다. "이 거래는 상상할 수 없는 방식으로 전 세계인의 상상력을 사로잡았어요. 열광할 수밖에 없는 일이에요. 난 당신의 헌신적인 형제예요. 당신을 위해서라면 수류탄에 몸이라도 던질 겁니다."

로스가 색스와 캘러커니스를 만나기 위해 본사에 도착해서 보니 위기 상황이 펼쳐지고 있었다. 트위터에 인종차별과 반유대주의 게시물이 넘쳐나고 있었다. 머스크가 평소 검열에 반대한다고 천명했기에 수많은 트롤과 도발자들이 벌떼같이 달려들어 그 한계를 테스트하고 있었다. 머스크가 트위터를 장악한 후 12시간 동안 흑인 비하 발언의 사용량이 500퍼센트 증가했다. 새로운 팀은 제한받지 않는 표현의 자유에 단점이 있다는 사실을 금세 깨달았다.

로스는 색스가 자신의 좌파 성향에 대한 기사를 읽었다는 것을 알고 있었기에 배려가 묻어나는 정중하고 호의적인 그의 태도에 놀라지 않을 수 없었다. 그들은 혐오성 공격에 대한 데이터와 그에 대응할 수 있는 도구에 대해 논의했다. 로스는 혐오성 공격의 대부분은 개인 유저들의 사견이 아니라 조직적인 트롤 및 봇 공격의 결과라고 설명했다. "실제 사람들이 더 인종차별적인 행태를 보이는 것이 아니라 특정 세력의 조직적인 공격이 거세지고 있는 것이 분명합니다." 로스가 말했다.

약 1시간 후 머스크가 회의실로 들어왔다. "이 인종차별적인 난리법석은 어떻게 된 거죠?" 그가 물었다.

"트롤들의 작전입니다." 로스가 답했다.

"당장 불태워버려요." 머스크가 말했다. "핵폭탄으로 날려버려요." 로스는 짜릿한 흥분을 느꼈다. 그는 머스크가 관리 차원의 어떤 개입에도 반대할 것이라고 생각했었다. "트위터에는 증오 발언이 들어설 자리가 없어야 합니다." 머스크는 기록에 남길 선언이라도 하듯이 말했다. "들어서게 놔둬서는 안 됩니다."

머스크가 떠난 후 캘러커니스는 로스에게 상황 설명을 매우 잘 했다고 칭찬했다. "그것에 대해 트윗을 올리면 어떨까요?" 그가 물었다. 로스는 맥락을 설명하는 글을 올렸다. "우리는 트위터에서 혐오 행위가 급증하는 문제를 해결하는 데 집중하고 있습니다. 특정 비속어를 반복적으로 사용하는 5만 개 이상의 트윗이 단 300개 계정에서 나왔습니다. 이 계정들은 거의 모두 진짜가 아닙니다. 트위터는 이 트롤들의 작전에 연루된 유저들을 차단하는 조치를 취하고 있습니다."

머스크는 로스의 글을 리트윗하며 트위터를 떠나려는 광고주들을 안심시키기 위해 자신의 글을 덧붙였다. "분명히 말씀드리지만, 트위터의 콘텐츠 관리 정책은 전혀 변경되지 않았습니다."

머스크는 자신의 핵심 측근이라고 생각되는 사람들에게 그러듯이 로스에게 정기적으로 질문이나 제안이 담긴 문자를 보내기 시작했다. 5년 전 로스의 좌파 성향 트윗을 새삼 거론하는 기사가 쏟아져 나왔을 때도 머스크는 사적으로든 공개적으로든 그에 대한 지지를 표명했다. "일론은 제 예전 트윗 중 일부가 재미있다고 생각한다고 말해줬고, 많은 보수주의자들이 제 목을 자르라고 요구하는 상황에서도 진심으로 저를 지지해주었습니다." 로스의 말이다. 머스크는 심지어 트위터에 올라온 한 보수주의자의 비난에 로스를 옹호하는 답글을 달기도 했다. "우리 모두 의심스러운 트윗을 올린 적이 있을 겁니다. 아마 제가 대부분의 유저보다 많이 그랬겠지요. 하지만 저는 요엘을 지지한다는 점을 분명히 하고 싶습니다. 제가 보기에 그는 흠 잡을 데 없이 성실하고 정직한 사람입니다. 우리 모두는 나름의 정치적 신념을 가질 권리가 있습니다."

비록 머스크가 그의 이름 '요엘'을 제대로 발음하는 데 어려움을 겪고 있었지만, 이것은 어쨌든 아름다운 우정의 서막을 알리는 것처럼 보였다.

85장

악마의 옹호자

트위터, 2022년 10월

(위) 2002년 메이와 함께 핼러윈 복장을 하고
(아래) 아들의 프레젠테이션 영상을 보고 있는 메이

광고 중단

로스와 머스크의 관계가 놀라울 정도로 순조롭게 진행될 것으로 보이던 10월 30일 일요일의 늦은 아침, 로스의 남편이 그에게 물었다. "이게 도대체 뭐야?" 이 소리는 로스가 매일 아침 눈을 뜨자마자 트윗 내용을 확인하던 트럼프 시절을 떠올리게 했다. 이번에는 머스크가 올린 트윗이 문제였는데, 낸시 펠로시 하원의장의 남편인 여든두 살의 폴 펠로시가 괴한에게 둔기로 피습당한 사건과 관련된 내용이었다. 힐러리 클린턴은 그런 폭력 사건에 대해 "광기 어린 음모론을 퍼뜨리며 증오를 조장하는" 사람들을 비난하는 트윗을 올렸다. 머스크는 이에 대한 대응으로, 아무런 증거도 없이 펠로시가 "남성 매춘부와 다투다가" 다친 것일지도 모른다는 허위 주장을 한 우익 음모 사이트의 링크를 달아놓고 이렇게 언급했다. "이 이야기에 눈에 보이는 것보다 더 많은 것이 있을 가능성이 조금은 있는 것 같네요."

머스크의 트윗은 그가 (아버지와 마찬가지로) 음모론을 퍼뜨리는 괴상한 가짜뉴스 사이트를 읽는 경향이 점점 커지고 있음을 보여주었으며, 이는 당연히 트위터에 큰 문제가 될 수밖에 없었다. 그는 재빨리 트윗을 삭제하고 사과했으며, 나중에 사석에서 자신이 저지른 가장 어리석은 실수 중 하나라고 말했다. 또한 비용 측면에서도 큰 대가가 따랐다. "분명히 광고주들이 문제 삼을 겁니다." 로스가 스피로에게 보낸 문자다.

머스크는 광고주들에게 좋은 장소를 만들어주는 것이 더욱 시끌벅적한 자유 발언의 장을 열겠다는 자신의 계획과 상충된다는 사실을 깨닫기 시작했다. 며칠 전, 그는 "친애하는 트위터 광고주 여러분께"라고 시작하는 편지글에서 다음과 같이 약속했다. "확실히 말씀드리건대, 트위터는 아무런 책임도 지지 않고 무엇이든 말할 수 있는 무한경쟁의 지옥이 될 수 없습니다!" 하지만 폴 펠로시 사건과 관련된 그의 트윗은 광고주들이 트위터에 대해 싫어하는 부분, 즉 (머스크를 포함한) 사람들이 충동적이고 무모한 방식으로 퍼뜨리는 허위 사실과 무기화한 허위 정보의 소굴이 될 수 있다는 전형적인 사례가 됨으로써 스스로의 약속을 훼손했다. 광고는 트위터의 수익에서 90퍼센트를 차지했다. 그 수익은 이미 광고계의 침체로 감소하고 있었다. 머스크가 트위터를 인수한 이후 훨씬 빠르게 떨어지기 시작했고, 이후 6개월 동안 50퍼센트 이상 하락하게 된다.

일요일 늦은 밤, 머스크는 트위터의 광고 영업팀을 만나 광고주와 대행사를 안심시키는 조치를 취하기 위해 뉴욕으로 날아갔다. 그는 엑스를 데려갔고, 같이 새벽 3시경에 메이의 그리니치빌리지 아파트에 도착했다. 그는 호텔에 묵는 것도, 혼자 있는 것도 좋아하지 않았다. 메이와 엑스는 그날 늦은 아침에 머스크를 따라 트위터의 맨해튼 본부로 가서 긴장된 회의로 시달릴 게 뻔한 그를 정서적으로 보호하고 지원하는 동반자 역할을 했다.

머스크는 공학적인 문제에 대해서는 직관적인 감각을 가지고 있지만, 인간의 감정을 다룰 때는 신경망에 장애가 발생한다. 그래서 그가 트위터를 인수한 것이 그렇게 문제가 되는 것이었다. 그는 트위터를 기술 회사로 생각했지만, 사실 트위터는 인간의 감정 및 관계를 기반으로 하는 광고매체였다. 그는 뉴욕 여행에서 세심히 배려하는 자세를 취해야 한다는 것을 알고 있었지만, 자꾸 화가 났다. "4월에 거래에 들어간다는 사실이 발표된 이래로 나에 대한 공격적인 캠페인이 계속되었어요." 그가 내게 말했다. "사회운동 조직들이 광고주들의 계약 체결을 막기 위해 노력했지요."

월요일에 열린 회의는 광고주들을 안심시킨다는 목적을 거의 이루지 못했다. 어머니가 지켜보고 엑스가 놀고 있는 가운데 머스크는 처음에는 영업직원들을 상대로, 그다음에는 광고 관계자들과의 영상 통화에서 따분하고 단조롭게 말을 이어갔다. "저는 트위터가 대단히 많은 사람들, 어쩌면 언젠가는 10억 명의 관심을 끄는 흥미로운 매체가 되기를 바랍니다." 그는 대화 중 한 대목에서 이렇게 말했다. "이것은 당연히 안전 측면과 병행해서 추진되어야 할 사안입니다. 혐오 발언이 쏟아지거나 공격을 받으면 사람들이 트위터를 떠날 테니까 말입니다." 영상 회의에 새로운 상대가 등장할 때마다 그는 폴 펠로시 트윗에 대한 질문을 받았다. "어떤 경우든 저의 본질이 바뀌는 것은 아닙니다." 그는 이렇게 말했지만, 그의 말을 듣는 사람들은 전혀 안심하지 못했다. "제 트위터 계정은 저 개인의 연장선입니다. 솔직히 말해서 앞으로 바보 같은 트윗을 올릴지도 모르고, 실수도 할지 모릅니다." 그는 쩔쩔매는 겸손한 태도가 아니라 차가운 자신감으로 이렇게 말했다. 줌 통화에 들어온 일부 광고주들이 팔짱을 끼거나 화면을 끄고 나가는 모습을 보였다. "대체 뭔 소리야?" 한 광고주가 중얼거리는 소리가 들렸다. 트위터는 머스크의 결점과 기벽의 연장선이 아니라 수십억 달러 규모의 비즈니스여야 했다.

다음 날 트위터의 고위 임원 중 상당수, 특히 레슬리 벌랜드와 장 필립 마휴, 세라 퍼소넷 등을 비롯해 광고업계의 신뢰가 두터웠던 상당수가 사퇴하거나 해고되었다. 그리고 많은 주요 브랜드와 광고 대행사가 트위터 광고 중단 의사를 발표하거나 조용히 중단했다. 한 달 동안 매출이 80퍼센트 감소했다. 머스크의 메시지는 안심시키는 내용에서 회유하는 내용, 위협하는 내용으로 바뀌어갔다. "트위터는 콘텐츠 관리에 아무런 변화가 생기지 않았고 사회운동가들의 요구에 부응하기 위해 할 수 있는 모든 것을 다 했음에도 불구하고, 광고주들에게 압박을 가하는 사회운동 조직들로 인해 수익이 크게 감소했습니다." 그는 일련의 회의를 마친 후 이렇게 트윗했다. "그들은 미국의 언론 자유를 파괴하려 하고 있습니다."

핼러윈 파티

핼러윈은 머스크가 가장 좋아하는 명절 중 하나로, 롤플레잉 게임을 진지하게 즐길 수 있는 기회이다. 광고주들을 달래는 것 외에 그가 뉴욕으로 날아간 또 하나의 이유는 모델 하이디 클룸이 주최하는 연례 핼러윈 파티에 어머니와 함께 가기로 약속했기 때문이었다. 이 파티는 참석자들이 과장된 옷차림으로 레드카펫을 밟으며 파파라치들을 즐겁게 하는 것으로 유명했다.

머스크는 광고 미팅을 마치고 오후 9시가 되어서야 메이의 아파트에 돌아왔고, 메이는 자신이 어렵게 구한 빨간색과 검은색의 가죽 갑옷인 '악마의 옹호자' 코스튬을 친구와 함께 머스크에게 입혔다. 그들은 VIP 구역으로 안내되었지만, 파티가 마음에 들지 않았다. 메이는 너무 시끄럽다는 생각에, 머스크는 사람들이 자신과 셀카를 찍으려 달려드는 통에 짜증이 났다. 그들은 10분 만에 자리를 떴다. 하지만 머스크는 트위터 프로필 사진을 악마의 옹호자 갑옷을 입은 모습으로 바꾸었다. 자신의 현재 상황에 어울린다고 생각했기 때문이다.

다음 날 아침, 그는 일찍 일어나 어머니 및 아들과 함께 3년 만에 다시 우주로 떠나는 27개 엔진이 장착된 팰컨 헤비 로켓의 생중계 발사 장면을 지켜보았다. 그런 후 그는 미국 우주사령부 고위 장성들의 이취임식 행사에 참석하기 위해 워싱턴으로 날아갔다. 바이든 행정부와의 긴장 관계에도 불구하고 머스크는 여전히 국방부의 따뜻한 환영을 받았다. 특히 스페이스X가 주요한 군사 위성과 승무원을 궤도에 올려 보낼 수 있는 유일한 기관이었기 때문이다. 이날 행사에서 머스크는 합참의장 마크 밀리 장군으로부터 특별한 찬사를 받았다. "그가 상징하는 것은 미국을 우주에서 가장 강력한 국가로 만드는 군민 협력과 팀워크의 결합입니다." 밀리의 연설이다.

86장

트위터 블루

트위터, 2022년 11월 2-10일

(위) 회의실의 프레젠테이션
(아래) 엔지니어들을 평가하는 제임스 머스크, 다발 슈로프, 앤드루 머스크

보이콧

요엘 로스와 콘텐츠 관리 팀원 대부분은 정리해고 및 영구 해고의 1라운드에서 살아남았다. 인종차별적 트롤과의 전쟁과 광고주들의 반발을 고려할 때, 해당 팀을 당장 축소하는 것은 현명하지 않아 보였다. "불필요하다고 생각되는 역할만 극소수 줄였는데, 아무도 제게 팀원들을 해고하라고 압력을 가하지 않았습니다." 로스의 말이다. 그날 그는 광고주들에게 트위터의 "핵심 관리 역량은 그대로 유지됩니다"라는 트윗을 보내 안심시켰다.

그리고 머스크에게 약속했던 새로운 미스젠더링 관련 정책에 대한 생각을 마무리했다. 문제가 되는 트윗에 경고 표시를 하고, 가시성을 낮추고, 리트윗할 수 없도록 하는 등의 계획이었다. 머스크는 이를 승인했다.

이어서 머스크는 콘텐츠 관리를 위한 추가 아이디어를 제안했다. 트위터에는 '버드 워치Bird Watch'라는 잘 알려지지 않은 기능이 있었다. 이 기능을 통해 유저는 허위라고 생각되는 트윗을 정정하거나 맥락에 맞는 진술을 덧붙일 수 있었다. 머스크는 이 아이디어가 마음에 들었지만, 이름은 마음에 들지 않았다. "이제부터는 이 기능을 '커뮤니티 노트Community Notes'라고 부르기로 하죠." 그가 말했다. 검열을 피하는 대신 '인류가 집단적으로 대화를 시작하고 특정 내용이 진실인지 거짓인지 논의하게 하는 방법'이라는 점에서 그 이름이 적합하다고 생각했기 때문이다.

그 일주일 동안 광고주들이 하나둘 떠나고 있었는데, 11월 4일 금요일에 이르러 그 속도가 더욱 빨라졌다. 부분적인 이유는 온라인 사회운동가들이 오레오 쿠키 등과 같은 브랜드들에 광고를 뺄 것을 촉구하는 식으로 보이콧 운동을 벌이고 있었기 때문이다. 머스크는 그런 압력에 굴복하는 광고주들을 묵과하지 않겠다고 위협했다. "그런 일이 계속되면 핵폭탄급 비난과 수치에 직면하게 될 것임을 분명히 밝힙니다." 그가 트윗했다.

그날 저녁 머스크는 악마 모드로 변했다. 로스를 포함한 대부분의 트위터 직원들은 머스크의 독단적이거나 무신경한 모습을 보긴 했지만, 그가 가장 어두운 페르소나에 무아지경으로 빠져든 상태에서 발산하는 차가운 분노에 노출된 적도, 그런 폭풍우를 헤쳐나가는 방법을 배운 적도 없었다. 그는 로스에게 전화를 걸어 유저들이 광고주에게 트위터 보이콧을 촉구하는 것을 막으라고 명령했다. 물론 이는 그가 공언한 언론의 자유에 대한 충성 서약에 부합하지 않았지만, 머스크의 분노는 그런 모순을 외면하며 도덕적 의로움을 가장할 수 있었다.

"트위터는 좋은 거예요." 그가 로스에게 말했다. "트위터가 존재하는 것은 도덕적으로 옳은 일이라고요. 이 사람들이 부도덕한 일을 하고 있는 거지요." 그는 광고주들에게 트위터를 보이콧하라고 압박하는 유저들은 협박 행위에 참여하고 있는 것이며, 따라서 금지해야 한다고 말했다.

로스는 경악을 금치 못했다. 트위터에는 보이콧에 대한 지지를 금지하는 규정이 없었다. 보이콧은 트위터에서 늘 벌어지는 일이었다. 사실 로스는 그런 행위가 트위터를 중요하게 만드는 것이라고 느꼈다. 게다가 '스트라이샌드 효과 Streisand Effect'라는 것도 있었다. 이는 가수 바브라 스트라이샌드가 자신의 집 사진을 올린 사진작가를 고소하는 바람에 그 사진이 천 배나 더 많은 관심을 받게 된 데서 유래한 표현이었다. 광고 보이콧을 촉구하는 트윗을 금지하는 것은 보이콧에 대한 인식만 높일 것이 분명했다. 로스는 남편에게 말했다. "오늘 밤이 그만둬야 할 시점인 것 같아."

몇 개의 문자 메시지를 주고받은 후 머스크는 로스에게 직접 전화를 걸었다. "이건 불공정한 일이라고. 협박이잖아." 그가 말했다.

"그러한 트윗은 트위터의 운영규칙을 위반한 것이 아닙니다." 로스가 답했다. "그것들을 제거하면 오히려 역효과가 날 것입니다." 대화는 15분 동안 지속되었지만 원활하게 풀리지 않았다. 로스가 나름의 주장을 펼치자 머스크는 재빨리 말을 이어나가기 시작했다. 반론을 원치 않는 것이 분명했다. 그가 목소리를 높이지 않았기에 분노가 더욱 위협적으로 느껴졌다. 머스크의 권위주의적인 면모는 로스를 불안하게 만들었다.

"지금 당장 트위터의 정책을 바꾸겠네." 그가 선언했다. "현 시간부로 협박은 금지 대상이야. 금지시켜. 금지시키라고."

"제가 다른 방법이 있는지 한번 알아보겠습니다." 로스는 시간을 벌고자 했다. "그래서 일단 전화를 끊어야겠다는 식으로 얘기한 겁니다." 로스의 회상이다.

로스는 로빈 휠러에게 전화했다. 그녀는 트위터의 광고영업 책임자 자리를 내던졌지만 머스크와 버챌의 유혹에 넘어가 다시 돌아와 있는 상태였다. "이런 일이 어떻게 돌아가는지 알잖아요." 로스가 그녀에게 말했다. "사회운동가들의 캠페인을 금지하는 건 그 운동이 훨씬 더 큰 효과를 거두도록 돕는 꼴밖에 안 되잖아요."

휠러도 동의했다. "아무것도 하지 마세요. 머스크에게도 문자를 보낼게요. 그리고 이 사람 저 사람 최대한 동원해서 문자를 보내게 할게요." 그녀가 로스에게 말했다.

로스가 머스크에게서 받은 다음 질문은 완전히 다른 주제에 관한 것이었다. 브라질 선거는 어떻게 된 건가요? "머스크와 저는 갑자기 그가 질문하고 제가 답하는 정상적인 상호작용으로 돌아왔습니다." 로스의 말이다. 머스크가 악마 모드에서 벗어난 것이었다. 머스크는 다른 생각으로 마음을 돌렸고, 다시는 광고 보이콧에 대해 언급하지도 않았고, 자신의 지시를 따랐는지 확인하지도 않았다.

헨리 키신저는 과거 한 보좌관의 말을 인용해 워터게이트 스캔들이 "어떤 멍청이가 대통령 집무실에 들어가 닉슨이 시킨 일을 했기 때문에" 벌어진 일이라고 말한 적이 있다. 머스크의 주변 사람들은 그가 악마 모드에 빠진 상황을 어떻게 이겨내야 하는지 알고 있었다. 로스는 나중에 버챌과 만나 그 일에 대해 설명했다. "그래요, 그래요, 그래요. 머스크가 가끔 그럴 때가 있어요. 그냥 무시하고 그가 시키는 대로 하지 않으면 돼요. 그리고 나중에 그가 상황을 제대로 인식한 후에 다시 그를 상대하면 되는 거예요." 버챌이 그에게 말했다.

사칭 계정의 공격

구독은 머스크의 트위터에 관한 계획에서 핵심적인 부분이었다. 그는 이를 '트위터 블루Twitter Blue'라고 이름 붙였다. 이미 트위터에서 충분히 주목할 만한 인물로 인정받는 절차를 거친(또는 인정받도록 인맥을 동원해 영향력을 행사한) 유명인이나 공인에게는 블루 체크 표시가 제공되고 있었다. 머스크의 아이디어는 월 이용료를 지불할 의향이 있는 모든 사람을 위한 새로운 인증 배지를 만드는 것이었다. 캘러커니스를 포함해 여러 사람이 '주목할 만한 인물'로 선정된 사람과 비용을 지불한 사람을 다른 표시로 구분하는 것은 엘리트주의적이라고 했고, 머스크는 두 범주 모두에 동일한 블루 체크 표시를 부여하기로 결정했다.

'트위터 블루'로는 여러 가지 목적을 달성할 수 있었다. 첫째, 하나의 신용카드와 휴대전화에 하나의 인증된 계정만 허용하기 때문에 트롤 농장과 봇 군대를 줄일 수 있었다. 둘째, 새로운 수익원이 될 수 있었다. 또한 유저의 신용카드 정보를 시스템에 축적함으로써 언젠가는 트위터를 머스크가 구상했던 광범위한 금융 서비스 및 결제 플랫폼으로 발전시킬 수 있었다. 아울러 혐오 발언과 사기 문제의 해결에도 도움이 될 수 있었다.

그는 11월 7일 월요일까지 '트위터 블루'를 준비하라고 지시했다. 그들은 기술적인 부분을 완료하는 데는 성공했지만, 시작도 하기 전에 인간 관련 문제에 봉착했음을 깨달았다. 수천에 달하는 장난꾼과 사기꾼, 선동가들이 인증 시스템을 조작해 블루 체크를 받은 다음 프로필을 변경하여 다른 사람을 사칭할 방법을 찾을 것이라는 문제였다. 로스는 이러한 위험성을 설명하는 7페이지 분량의 문서를 제출했다. 그는 새로운 기능의 출시를 최소한 11월 8일 미국 중간선거일 이후로 연기할 것을 요구했다.

머스크는 이 문제를 이해하고 이틀 연기하는 데 동의했다. 그는 11월 7일 정오에 제품 매니저 에스더 크로퍼드와 20명의 엔지니어를 회의 테이블에 모아 사람들이 트위터 블루를 방해하는 것을 막는 것이 중요하다고 강조했다. "대규모 공격이 있을 겁니다." 그가 경고했다. "방어력을 시험해보려는 악의적인 행위자들이 무리를 지어 몰려들 겁니다. 그들은 나나 다른 사람들을 사칭해 헛소리를 늘어놓을 것이고 그러면 악의적인 언론은 그것을 이용해 우리를 파괴하려 들 겁니다. 블루 체크 표시를 둘러싸고 3차 세계대전이 벌어질 것입니다. 따라서 우리는 이것이 완전히 개망신 상황이 되지 않도록 가능한 모든 것을 해야 합니다." 엔지니어 중 한 명이 다른 현안을 제기하려 하자 머스크는 그의 말을 끊었다. "지금은 다른 건 아예 생각조차 하지 마세요." 그가 말했다. "최우선 사항은 단 하나, 앞으로 일어날 대규모 사칭 공격을 막는 것뿐입니다."

한 가지 문제는 일련의 코드뿐만 아니라 인력도 필요하다는 것이었다. 머스크는 직원의 50퍼센트와 유저 점검을 담당하던 외부 계약업체의 80퍼센트를 해고했다. 예산의 긴축 집행을 돕고 있던 안토니오 그라시아스가 로스에게 콘텐츠 관리에 들어가는 지출을 대폭 줄이라고 지시한 상황이었다.

11월 9일 수요일 오전 트위터 블루는 출시되었고, 사칭 문제는 머스크와 로스가 우려했던 그대로 심각하게 불거졌다. 유명 정치인이나 (더욱 심각하게는) 대형 광고주를 사칭하는, 블루 체크가 표시된 가짜 계정이 쓰나미처럼 밀려들었다. 제약회사 일라이릴리Eli Lilly를 사칭한 한 계정은 "이제 인슐린을 무료로 제공한다는 사실을 발표하게 되어 기쁩니다"라는 트윗을 올렸다. 이 회사의 주가는 1시간 만에 4퍼센트 넘게 하락했다. 코카콜라를 사칭한 한 유저는 "이 트윗이 1,000회 리트윗되면 코카콜라에 다시 코카인을 넣겠습니다"라고 말했다. (이 트윗은 실제로 1,000회 이상 리트윗되었지만, 당연히 코카콜라는 코카인을 넣지 않았다.) 한 닌텐도 사칭 계정은 마리오가 새를 뒤집는 모습을 보여주었다. 테슬라도 빠지지 않았다. "우리 차는 스쿨존 제한속도를 지키지 않습니다. 애들은 엿 먹어라." 블루 체크가 표시된 테슬라를 가장한 한 계정은 이렇게 올렸고, 또 다른 계정은 "속보: 두 번째 테슬라가 세계무역센터에 충돌했습니다"라고 트윗했다.

몇 시간 동안 머스크는 새로운 규칙을 발표하고 사칭 계정들에 위협을 가하며 계속 밀어붙였다. 하지만 다음 날, 그는 트위터 블루 실험 전체를 몇 주 동안 중단하기로 결정했다.

현장 복귀

트위터 블루 출시가 힌덴부르크 수준의 참사로 이어지는 동안, 머스크는 위기 모드로 바뀌었다. 때때로 위기는 그에게 활력을 불어넣는다. 위기는 그를 행복하고 만들고 흥분시킨다. 하지만 이번에는 아니었다. 그 수요일과 목요일, 그는 어둠에 빠져들어 화를 내고 분개했으며 상스러워졌다.

그를 그렇게 만든 또 다른 이유는 점점 심각해지는 트위터의 재정 상황이었다. 4월에 그가 인수 의사를 밝혔을 때 트위터는 기본적으로 현금 중립적이었다. 현금 보유량을 부채와 같은 수준으로 유지했다는 의미다. 하지만 지금은 광고 수익 감소에 더해 120억 달러가 넘는 부채에 대한 이자도 갚아야 하는 상황이었다. "이것은 내가 지금까지 본 것 중 가장 끔찍한 재무 상황에 속해요." 그가 말했다. "내년에는 20억 달러 이상의 현금이 부족할 수도 있을 것 같아요." 트위터의 위기를 극복하기 위해 그는 테슬라 주식 가운데 40억 달러어치를 추가로 매각했다.

그 수요일 밤, 그는 트위터 직원들에게 이메일을 보냈다. "메시지를 좋게 꾸며서 전달할 방도가 없습니다." 그는 이렇게 시작했다. "솔직히 앞으로의 재무 상황은 끔찍합니다." 그는 테슬라와 스페이스X, 심지어 뉴럴링크에서도 그랬던 것처럼 상황을 개선하지 못하면 사업을 접을 수밖에 없으며, 심지어 파산을 선언할 수밖에 없다고 위협했다. 성공하려면 회사의 온화하고 느긋하며 직원들을 보살피고 육성하는 문화를 완전히 바꿔야 했다. "앞으로의 길은 험난하며 강도 높은 노력을 요구할 것입니다."

특히 이것은 팬데믹 초기에 잭 도시가 천명하고 2022년 아그라왈이 재확인한, 직원들이 원하는 경우 영원히 재택근무를 할 수 있다는 회사의 방침을 뒤엎는 것을 의미했다. "원격 근무는 더 이상 허용되지 않습니다." 머스크가 선언했다. "내일부터 모든 직원은 주당 최소 40시간 이상 사무실에서 일해야 합니다."

머스크의 새로운 방침은 부분적으로 사무실에 함께 있을 때 아이디어와 에너지의 흐름이 원활해진다는 자신의 신념에 기초한 것이었다. 그는 9층 카페에 급히 소집한 직원회의 자리에서 이렇게 말했다. "사람들이 직접 대면하면 의사소통이 훨씬 원활해지기 때문에 생산성이 훨씬 높아집니다." 하지만 이 정책은 그의 개인적인 업무 윤리에서 비롯된 것이기도 하다. 회의에 참석한 직원 중 한 명이 대부분의 거래처가 다른 곳에 있는 마당에 왜 굳이 사무실에 출근하거나 들어와야 하냐고 묻자 머스크는 화를 냈다. "분명히 말씀드리겠습니다." 그는 천천히 그리고 차갑게 말했다. "사무실로 돌아올 수 있을 때 사무실로 돌아오지 않으면 회사에 남아 있을 수 없습니다. 얘기 끝. 사무실에 출근할 수 있는데도 사무실에 출근하지 않으면 사직서를 수리합니다. 얘기 끝."

애플 문제

로스는 사칭 문제 외에도 트위터 블루에 또 다른 문제가 있다는 사실을 알게 되었다. 바로 애플이었다. 머스크의 계획에서는 유저가 아이폰으로 트위터 앱을 사용하여 가입하는 것이 주를 이루었다. 트위터는 8달러를 받을 것이었고, 유저의 이름과 신용카드 번호를 포함한 기타 정보를 확인한 애플로부터 데이터도 얻을 것이라고 머스크는 추정했다. "문제는 아무도 애플이 이 정보를 공유할지 어쩔지 미리 확인하지 않았다는 겁니다." 로스의 말이다.

애플의 앱에 대한 정책은 확고했다. 애플은 앱 자체에 대한 결제나 앱 내의 구매에 대한 결제가 이뤄지는 경우 거래 금액의 30퍼센트를 수수료로 떼어갔다. 더 문제가 되는 부분은 애플이 유저 데이터를 공유하지 않는다는 사실이었다. 이러한 규정을 위반하려 시도하는 서비스는 어떤 것이든 애플 앱스토어에서 퇴출되었다. 애플은 개인정보 보호와 안전성을 이유로 이러한 정책을 정당화했다. 유저가 아이폰을 사용하여 구매한 경우 애플은 유저의 데이터와 신용카드 정보를 비공개로 유지한다.

"이건 우리가 해결할 수 없는 문제입니다." 로스는 머스크와 통화하며 이렇게 말했다. "트위터 블루의 근본적인 전제가 아이폰과 관련해서는 결함이 있는 겁니다."

머스크는 짜증이 났다. 그는 애플의 정책을 이해하면서도 트위터가 이를 우회할 수 있을 것이라고 생각했다. "애플 관계자와 통화해봤나?" 그가 물었다. "그냥 애플에 전화해서 필요한 데이터를 제공하라고 하지."

로스는 깜짝 놀랐다. 자신과 같은 중간 간부가 애플에 전화해 정보보호 정책을 변경해달라고 요청하면, 애플은 그의 표현대로 "가서 엿이나 처먹으라고 할 것"이었기 때문이다.

머스크는 이 역시 해결할 수 있는 문제라고 주장했다. "애플에 전화해야 한다면 내가 하겠네. 필요하다면 팀 쿡한테 전화하지 뭐." 그가 말했다.

로스의 사직

그 대화는 로스에게 마지막 지푸라기인 셈이었다. 애플과 관련된 제약으로 인해 트위터 블루의 비즈니스 모델은 위태로워졌다. 머스크가 콘텐츠 관리 인력 상당수를 해고했기 때문에 블루 체크 표시를 단 사칭자 문제를 즉각적으로 통제하는 것도 불가능했다. 머스크의 권위주의적 폭발은 계속해서 불안감을 조장했다. 게다가 그는 더 많은 정리해고 대상자의 명단을 요구하고 있었다.

로스는 11월 8일 중간선거일까지는 버티겠다고 스스로 다짐했는데, 이제 그 중간선거도 평화롭게 넘어갔다. 머스크와의 전화 통화가 끝날 무렵 그는 떠날 때가 되었다고 결심했다. 그래서 머스크가 9층 카페에서 직원회의를 진행하는 동안 로스는 10층에서 사직서를 작성했다.

그는 일부 팀원과 간단한 전화 회의를 하며 그만둔다는 소식을 알리고 사직서를 담은 메일의 전송 버튼을 누른 후 바로 사무실을 나섰다. 보안요원에게 쫓겨나듯 나오기 싫어서였다. 이 소식을 접한 머스크는 진심으로 실망했다. "와우, 그 친구는 우리와 함께 계속 이 일을 하는 것으로 알았는데."

베이브리지를 건너 버클리로 향하는 동안 로스의 휴대전화가 진동하기 시작했다. 그의 퇴사 소식이 퍼진 모양이었다. "저는 최상의 상황에서 운전할 때조차도 긴장을 많이 하는 편이라 전화를 받지 않았습니다." 그의 말이다. 집에 돌아와 휴대전화를 보니 라몬으로부터 "우리 얘기 좀 할 수 있을까요?"라는 문자가 도착해 있었다. 스피로와 버챌에게서도 비슷한 내용의 문자가 와 있었다.

그는 버챌에게 전화를 걸었다. 버챌은 머스크가 서운해 한다면서 다시 생각해보길 바란다고 말했다. "다시 돌아오도록 설득하기 위해 우리가 할 수 있는 일이 없을까요?" 버챌이 물었다. 두 사람은 30분 동안 대화를 나눴고, 그러는 가운데 버챌은 머스크가 악마 모드에 들어간 순간을 극복해내는 방법에 대해 설명했다. 로스는 이미 결심을 굳혔다고, 하지만 머스크와 친근하게 작별 인사를 나눌 의향은 있다고 말했다. 그는 늦은 점심을 먹고 하고 싶은 말의 윤곽을 잡은 후 5시 30분에 머스크에게 "통화 가능하신지요?"라고 문자를 보냈다.

머스크가 곧바로 전화를 했다. 대부분의 대화는 로스가 트위터의 가장 시급한 과제라고 생각하는 부분에 대해 설명하는 것으로 이루어졌다. 그러자 머스크가 직접 물었다. "다시 돌아오는 걸 고려해줄 수 있나요?"

"아닙니다, 그건 저에게 적합한 결정이 아닙니다." 로스가 대답했다.

머스크에 대한 로스의 감정은 복잡했다. 두 사람의 상호작용은 대부분 좋았다. "그는 합리적이고 재미있고 매력적이었으며, 자신의 비전에 대해 약간 엉뚱한 소리 같긴 했어도 주로 영감을 주는 이야기를 하곤 했습니다." 로스의 말이다. 하지만 머스크가 권위주의적이고 비열하고 어두운 일면을 보인 적도 있었다. "그런 모습은 나쁜 머스크였고, 저는 그런 머스크를 견딜 수 없었습니다."

"사람들은 제가 그를 싫어한다고 말하길 바랍니다. 하지만 실상은 훨씬 더 복잡합니다. 그래서 그가 그렇게 흥미로운 인물인 것 같습니다. 그는 약간 이상주의자이지 않습니까? 그는 다행성 인류, 재생 에너지, 심지어 언론의 자유 등과 같은 원대한 비전을 가지고 있습니다. 그리고 그는 그러한 큰 목표를 달성하는 데 초점이 맞춰진 도덕적, 윤리적 세계를 스스로 구축했습니다. 그래서 그를 부도덕하다고 폄훼하기가 어렵다고 생각합니다."

로스는 퇴직수당을 요구하지 않았다. "제 평판이 아직 손상되지 않은 상태에서, 다른 곳에서 여전히 쓸모가 있을 때 떠나고 싶었습니다." 그의 말에는 아쉬움이 묻어났다. 그는 또한 자신의 안전을 원했다. 그가 과거에 민주당을 지지하고 트럼프를 비난하는 트윗을 올린 사실이 〈뉴욕포스트〉 및 다른 매체를 통해 보도된 후 반유대주의나 반동성애 세력으로부터 살해 위협이 날아들고 있었다. "만약 일론과 일하다 사이가 완전히 틀어지면 그가 저에 대해 나쁜 트윗을 올리고 저를 분별없는 진보주의자라고 할지도 모르는 겁니다. 그러면 수억 명에 달하는 그의 팔로워 가운데 폭력적일 수 있는 일부가 저와 제 가족을 공격하지 않을 거라는 보장도 없습니다. 저는 그런 것도 많이 걱정되었습니다." 로스는 자신의 걱정에 대해 이야기하면서 애처로운 표정을 지었다. 그리고 우리의 대화가 끝날 무렵 이렇게 덧붙였다. "머스크가 이해하지 못하는 한 가지는 우리는 그처럼 보안 인력을 둘 수 없다는 것입니다."

트위터 지옥

로스가 사직하고 트위터 블루가 좌초된 후, 머스크는 폰 홀츠하우젠 및 테슬라 로보택시 디자인 팀원들과 심야 화상회의를 가졌다. 머스크는 그들이 준비한 로보택시의 최신 렌더링 버전을 보려고 하지도 않고 트위터에 대한 불만부터 토로했다. "내가 왜 그랬는지 모르겠어요." 그가 피곤하고 낙담한 표정으로 말했다. "판사는 기본적으로 내가 트위터를 사지 않으면 안 된다고 말했는데, 이제 나는 '오케이, 젠장'이라고 말하고 싶네요."

머스크가 트위터 인수 거래를 완결한 지 정확히 2주 후였다. 그 이후로 머스크는 트위터 본사에서 밤낮없이 일하면서 틈틈이 테슬라, 스페이스X, 뉴럴링크 등 여러 회사의 일을 처리하고 있었다. 그의 명성은 산산이 부서지고 있었고, 트위터가 가져다준 드라마 같은 짜릿함은 고통으로 바뀌고 있었다. "이 트위터 지옥에서 벗어나고 싶다오." 그는 이렇게 말하며 로보택시 미팅을 위해 로스앤젤레스로 가기 위해 노력해보겠다고 약속했다.

폰 홀츠하우젠은 그들이 개발한 매우 미래지향적인 로보택시 디자인으로 주제를 돌려놓으려고 했지만, 머스크는 다시 트위터 상황으로 돌아왔다. "트위터 문화가 얼마나 나쁜지, 여러분이 상상하는 정도에 10을 곱하면 될 거예요." 그가 말했다. "트위터의 게으름과 권리 의식은 미친 수준이에요."

그 후 그는 인도네시아에서 열린 한 비즈니스 서밋의 화상 인터뷰 요청에 응했다. 사회자는 제2의 일론 머스크가 되고 싶은 사람들에게 어떤 조언을 해주고 싶은지 물었다. "저라면 보다 신중을 기해서 원하는 바를 설정할 겁니다." 그가 대답했다. "실제로 얼마나 많은 사람이 과연 저처럼 되고 싶어 할지 의문입니다. 솔직히 제가 스스로에게 가하는 고문은 상상하기 힘든 수준이기에 드리는 말씀입니다."

87장

올인

트위터, 2022년 11월 10-18일

(위) 해커톤을 마친 후 머스크 및 엔지니어들과 셀카를 찍는 크리스토퍼 스탠리(맨 오른쪽)

(아래) 로스 노딘과 제임스 머스크

입주

머스크가 회사를 살릴 묘약이라고 생각했던 트위터 블루 출시는 이제 보류된 상태였고, 광고 매출 감소세는 좀처럼 수그러들 기미가 보이지 않았다. 직원들에 대한 또 한 차례의 정리해고가 준비되고 있었다. 남은 직원들은 테슬라와 스페이스X의 엔지니어들처럼 미친 듯이 일해야 했다. "고도로 동기 부여된 소수의 특출한 사람들이 꽤 잘하고 적당히 동기 부여된 다수의 사람들보다 더 잘할 수 있다고 굳게 믿어요." 그가 트위터에서의 고통스러운 두 번째 주가 끝날 무렵 내게 말했다.

그는 트위터의 생존자들이 하드코어 방식으로 일하는 직원이 되기를 원했다. 그렇게 만들려면 그 자신이 어느 정도까지 하드코어로 움직일 수 있는지 보여줘야 했다. 그는 1995년 집투의 첫 사무실을 마련했을 때 사무실 바닥에 매트리스를 깔고 잠을 잤다. 2017년에는 테슬라의 네바다 배터리 공장 옥상에서 잠을 잤다. 2018년에는 프리몬트 조립공장에 놓은 자신의 책상 밑에서 잠을 잤다. 그럴 수밖에 없어서 그런 게 아니었다. 드라마틱한 상황과 긴박감, 그리고 군대를 전투 모드로 전환할 수 있는 전시 장군이라는 느낌을 좋아했기에 그렇게 한 것이었다. 이제 그가 트위터 본사에서 잠을 잘 시간이었다.

11월 13일 일요일, 오스틴 주말여행을 마치고 밤늦게 돌아온 그는 곧바로 트위터 사무실로 가서 7층 도서관에 있는 카우치 하나를 점령했다. 보링컴퍼니의 CEO이자 머스크의 '즉석 해결' 책임자인 스티브 데이비스 역시 비용 절감을 감독하기 위해 트위터에 파견 나와 있었다. 데이비스는 아내 니콜 홀랜더, 생후 2개월 된 아기와 함께 근처 회의실로 이사했다. 트위터의 아늑한 본사에는 샤워실과 주방, 게임 룸 등이 마련되어 있었다. 그들은 꽤 호화로운 거처라고 농담했다.

2차 정리해고

일요일 밤 샌프란시스코로 비행기를 타고 돌아오던 머스크는 사촌 동생 제임스에게 전화를 걸어 동생 앤드루와 함께 트위터 본사로 와서 자신이 도착하는 대로 만나자고 말했다. 마침 앤드루의 생일이었고 둘은 친구들과 함께 저녁 외식을 즐기던 중이었다. 둘은 서둘러 자리를 파하고 회사로 돌아왔다. "회사 사람들이 머스크에 대해 헛소리들을 게시하고 있어서 믿을 수 있는 사람이 몇명 있어야 한다고 했습니다." 제임스의 말이다.

세 번째 총사인 로스 노딘은 이미 그곳에 있었다. 그는 주말 내내 사무실에서 트위터 엔지니어들의 코드를 검토하며 누가 잘하고 못하는지 파악하고 있었다. 2주 동안 주로 크래커로 끼니를 때웠던 터라 그의 마른 체격은 이제 뼈만 남은 듯 보였다. 그 주 일요일, 그는 회사 5층의 게임 룸에서 잠이 들었다. 월요일 아침에 일어나 머스크가 더 큰 칼을 휘두를 것이라는 소식을 들었을 때, 그는 속이 뒤집어졌다. "회사의 80퍼센트가 또 해고될 것 같아서 기분이 몹시 안 좋았습니다." 그는 화장실로 가서 구토를 했다. "일어나서 뭘 먹은 것도 아닌데 구토를 한 겁니다. 전에는 한 번도 그런 적이 없었습니다." 노딘의 말이다.

그는 자신의 아파트로 가서 샤워를 하고 생각을 정리했다. "밖에 나가니 지금 여기 있고 싶지 않다는 생각이 들었어요." 그의 말이다. 하지만 정오에 이르러 그는 팀을 떠나지 않기로 결심하고 돌아왔다. "제임스를 실망시키고 싶지 않았습니다."

삼총사는 다발 슈로프 및 다른 젊은 충성파들과 함께 머스크가 사용하던 10층 대회의실 근처의 창문 없는 갑갑한 방에 '핫 박스'라는 이름의 상황실을 마련했다. 그들을 '깡패 부대'라고 부르던 많은 트위터 직원들의 분노를 그들은 느낄 수 있었다. 하지만 벤 샌 수시와 같은 소수의 헌신적인 트위터 엔지니어들은 새로운 전투에 참여하기를 원했고, 그래서 해당 층의 개방된 작업 공간에서 일하며 총사 팀을 도왔다.

머스크는 그날 오후 일찍 총사들을 만났다. "여기 완전히 개판이다." 그가 그들에게 말했다. "이 회사에 우수한 엔지니어가 300명만 있다 해도 놀라 자빠질 거야." 그들은 그 수준까지 줄여야 할 필요가 있었고, 이는 또 80퍼센트 가까이 해고해야 한다는 것을 의미했다.

반발도 있었다. 추수감사절 및 쇼핑 대목과 더불어 월드컵 시즌이 다가오고 있었다. "그때까지는 감원할 수 없습니다." 라몬이 말했다. 제임스도 동의했다. "상황이 아주 나빠질 수 있다는 느낌이 들었습니다." 그의 말이다. 머스크는 화를 냈다. 그는 여전히 대폭 감축이 필요하다고 단호하게 강조했다.

머스크는 남는 엔지니어들은 세 가지 기준을 충족해야 한다고 말했다. 그들은 탁월해야 했고, 신뢰할 수 있어야 했으며, 의욕이 넘쳐야 했다. 그 전 주에 이루어진 감원 1라운드는 우수하지 않은 엔지니어를 걸러내는 것이 목적이었다. 그들은 다음 순서가 신뢰할 수 없는 사람, 보다 구체적으로는 머스크에게 완전히 충성하지 않는 것으로 보이는 사람을 찾아내 해고하는 것이라는 데 동의했다.

총사들은 소프트웨어 스택에 대한 높은 수준의 액세스 권한을 가진 직원들에 초점을 맞춰 그들의 슬랙 메시지와 소셜 미디어 게시물을 검토하기 시작했다. "우리에게 불만을 품거나 위협이 될 수 있는 사람들을 찾으라고 했습니다." 슈로프의 말이다. 그들은 공개 슬랙 채널에 들어가 '일론' 등의 키워드로 검색을 했다. 머스크는 핫 박스에서 그들과 함께 어울리며 그들이 보고 있는 것에 대해 농담을 주고받았다.

가끔 진정 재미있는 순간도 있었다. 그들은 트위터에서 트렌드 토픽이 되지 않도록 자동으로 차단되는 단어의 목록을 우연히 발견했다. '똥맛버거 turdburger'라는 단어가 나오자 머스크는 크게 웃다가 바닥에 엎어져 쌕쌕거렸다. 하지만 복수하고야 말겠다는 위협을 포함해 일부 메시지는 그의 편집증에 불을 붙였다. "한 남자는 말 그대로 데이터센터 전체를 무너뜨릴 수 있는 명령어를 작성해놓고 '이걸 실행하면 어떻게 될지 궁금하다'라고 적었습니다." 제임스는 말한다. "그 글을 실제로 게시했다니까요." 회사는 즉시 그의 접속을 차단하고 그를 해고했다.

그들이 읽은 메시지는 주로 슬랙의 공개 영역에 있는 것들이었지만, 아침에 속이 메스꺼웠던 상태에서 회복 중이던 로스는 여전히 마음이 불편했다. "우리가 사생활과 언론의 자유 등을 침해하는 것 같았습니다." 그가 나중에 말했다. "회사 상사에 대한 뒷담화는 다들 어느 정도는 하기 마련 아닌가요? 트위터에도 그런 문화가 있었던 겁니다." 앤드루 역시 제임스와 마찬가지로 사생활 관련 문제에 민감한 까닭에 직원들의 사적인 메시지를 보는 것은 애써 피한다고 말했다. "어떤 회사에서든 균형을 유지하는 것이 중요하다고 생각합니다." 그는 말한다. "어느 정도까지 반대 의견을 허용할 것인가 하는 문제입니다."

머스크에게는 이런 부분에 대해 거리낌이 없었다. 제한받지 않는 언론의 자유는 일터에까지 확대되지 않았다. 그는 그들에게 심한 비난성 발언을 하는 사람들을 뿌리 뽑으라고 지시했다. 그는 직원들에게서 부정적 인식을 없애고 싶었다. 팀은 자정 넘게까지 작업한 끝에 30여 명의 불평분자 명단을 머스크에게 전달했다. "이 사람들과 이와 관련해서 이야기를 나눠볼 생각입니까?" 제임스가 물었다. 머스크는 고개를 저었다. 그냥 해고해야 한다고 했다. 그리고 그들은 해고되었다.

예 혹은 아니오

탁월함과 신뢰성 다음으로 머스크가 알아보고 싶었던 직원들의 특징은 의욕이었다. 그는 평생을 하드코어와 올인에 열중하는 삶을 살았다. 그것은 그에게 명예의 훈장이었다. 그는 어느 정도 성공했다고 휴가나 즐기는 데 열중하는 사람들을 경멸했다.

제임스와 로스는 화요일 내내 어떤 직원이 진정 의욕적으로 일하는지 알아낼 방법을 궁리했다. 그러던 중 누군가가 슬랙에 올린 게시물을 보게 되었다. "퇴직수당만 주면 퇴사하겠습니다"라는 내용이었다. 그들은 사람들의 선택에 맡길 수 있다는 사실을 깨달았다. 어떤 사람들은 야근과 주말 근무를 기꺼이 받아들일 수 있었다. 그러나 어떤 사람들은 당연히 그런 상황을 좋아하지 않았고, 그런 자신의 견해를 밝히는 것을 부끄러워하지 않았다.

제임스와 로스는 사람들이 자신이 어떤 부류에 속하는지 기꺼이, 그리고 실제로 자랑스럽게 밝힌다는 사실을 깨달았다. 그래서 직원들에게 새로운 하드코어 스타일의 트위터에서 벗어날 수 있는 기회를 주자고 머스크에게 제안했다. 머스크는 이 아이디어가 마음에 들었고, 로스는 직원들이 월급 3개월분의 퇴직수당을 챙겨 원만하게 퇴사하고 싶다는 의사를 표할 수 있는 버튼을 갖춘 간단한 양식을 만들었다. "저희는 정말 흥분했습니다. 더 이상 해고라는 어려운 과정을 밟지 않아도 되니까요." 제임스의 말이다.

몇 시간 후, 머스크는 회의에서 나와 미소를 지으며 핫 박스로 들어섰다. "나한테 좋은 생각이 떠올랐어." 그가 말했다. "그것을 뒤집자고. 그러니까 '탈퇴' 선택이 아닌 '참여' 선택으로 만들자고. 섀클턴 탐험대에 지원하는 것처럼 가자는 거지. 스스로 하드코어라고 천명하는 사람들을 원한다는 얘기야."

머스크는 그날 밤 늦게 테슬라의 보상 패키지에 이의를 제기한 주주 소송에서 증언하기 위해 델라웨어 주로 날아갔다. 미국 동부 시간으로 새벽 4시 직전에 그는 비행기에서 '참여' 선택 링크를 테스트했다. 그렇게 스스로 트위터의 새로운 기대치에 대해 '예'라고 답한 첫 번째 사람이 된 후, 전 직원에게 이메일을 보냈다.

보내는 사람: 일론 머스크
제목: 갈림길
일자: 2022년 11월 16일

앞으로 획기적인 트위터 2.0을 구축하고 갈수록 경쟁이 치열해지는 세상에서 성공하기 위해서 우리는 극단적인 하드코어 자세를 갖추어야 합니다. 이는 고강도로 장시간 일하게 된다는 것을 의미할 것입니다.

새로운 트위터의 일원이 되고 싶다면 아래의 링크에서 '예'를 클릭해주세요. 내일(목요일) 오후 5시(동부 표준시)까지 동의하지 않는 직원은 3개월치 월급에 해당하는 퇴직수당을 받게 됩니다.

제임스와 로스는 밤을 새워가며 결과가 들어오는 것을 지켜봤다. 그들은 내기를 했다. 얼마나 많은 사람이 '예'라고 답할 것인가? 제임스는 남은 직원 약 3,600명 가운데 2,000명 정도가 될 것이라고 생각했다. 로스는 2,150명이 될 것이라는 데에 걸었다. 머스크도 참여해 낮은 예측을 내놓았다. 1,800명 정도가 남겠다고 답하리라는 것이었다. 결국 놀랍게도 전체 직원의 69퍼센트에 해당하는 2,492명이 '예'라고 답했다. 머스크의 비서인 진 발라자디아는 이를 축하하기 위해 레드불에 보드카를 타서 돌렸다.

코드 검토

그 목요일 밤, 트위터 직원들에게 다소 놀라운 메시지가 전달되었다. 다음 날인 11월 18일 금요일, 트위터 사무실이 폐쇄되고 월요일까지 직원카드를 이용한 각 구역의 출입이 차단된다는 내용이었다. 이 조치는 방금 해고되었거나 퇴사를 결정한 사람들이 업무를 방해할 수 있다는 보안상의 우려 때문에 내려진 조치였다. 하지만 머스크는 그 이메일을 무시했다. 금요일 새벽 1시까지 일한 후 그는 모순된 메시지를 내보냈다. "실제로 소프트웨어를 작성하는 직원은 누구든 오늘 오후 2시에 10층으로 출두해주세요." 그리고 잠시 후 그는 덧붙였다. "제가 사무실을 돌아다니며 간단히 코드를 검토할 테니 그에 대해서도 준비해주세요."

혼란스러웠다. 중요 데이터의 캐싱을 담당하는 팀에는 보스턴에 있는 엔지니어 한 명만 남은 상태였다. 그는 자신이 비행기를 타고 서부로 날아가는 동안 혹시 시스템이 다운되어 나중에 고칠 수 없게 될까 봐 걱정되었다. 동시에 샌프란시스코 본사에 출두하지 않으면 잘릴지도 모른다는 두려움도 일었다. 그는 결국 샌프란시스코로 가는 쪽을 택했다.

오후 2시까지 거의 300명의 엔지니어가 사무실에 모습을 드러냈고, 일부는 출장 경비로 정산될지 알 수 없는 상황이었음에도 여행 가방까지 챙겨들고 도착했다. 하지만 머스크는 이들을 무시한 채 오후 내내 회의들에만 참석했다. 오후 6시가 되자 엔지니어들은 짜증이 났을 뿐만 아니라 배까지 고팠다. 앤드루와 보안 엔지니어링 책임자 크리스토퍼 스탠리가 밖으로 나가 피자 수십 박스를 사들고 왔다. "제 생각에는 머스크가 일부러 엔지니어들을 기다리게 하는 것 같았는데, 그때쯤 분위기가 험악해지기 시작했거든요." 앤드루는 말한다. "피자가 상황을 진정시켜주었습니다."

저녁 8시에 마침내 모습을 드러낸 머스크는 젊은 엔지니어들의 워크스테이션 옆에 서서 그들의 코드를 검토하는 이른바 '책상 시찰'을 시작했다. 나중에 엔지니어들은 머스크의 제안이 좋은 것도 있었고 피상적인 것도 있었다고 밝혔다. 그의 제안 상당수가 프로세스를 단순화하는 방법과 관련된 것이었다. 그는 또한 화이트보드 앞에 서서 엔지니어들과 함께 트위터 시스템의 아키텍처를 그려보기도 했다. 머스크는 엔지니어들에게 쉼 없이 질문을 퍼부었다. 검색은 왜 이리 형편없는가? 광고들은 왜 유저의 관심사와 무관한가? 그가 엑스를 안고 자리를 뜬 것은 새벽 1시가 훌쩍 지난 후였다.

88장

하드코어

트위터, 2022년 11월 18-30일

제임스 머스크와 벤 샌 수시

계정 복원 논쟁

"캐시 그리핀과 조던 피터슨, 바빌론 비의 계정이 복원되었습니다." 머스크는 11월 18일 금요일 오후에 이렇게 트윗했다. "트럼프에 관한 결정은 아직 내려지지 않았습니다." 요엘 로스 등이 떠난 후, 그는 바빌론 비와 조던 피터슨뿐만 아니라 머스크를 사칭한 계정을 만들어 패러디 선언을 트위터에 올렸던 진보적 코미디언 캐시 그리핀까지 복원시키기로 일방적으로 결정했다.

그러한 복원 결정을 알리면서 머스크는 자신과 로스가 고안한 '가시성 필터링' 정책도 발표했다. "트위터의 새로운 정책은 언론의 자유를 보장하지만 도달 범위의 자유는 보장하지 않습니다." 그가 썼다. "부정적/혐오 트윗은 최대한 노출이 제한되고 가치도 제거될 것입니다. 따라서 트위터에서 그와 관련된 광고 수익이나 기타 수익은 발생하지 않습니다. 그런 트윗은 유저가 특별히 찾지 않는 한 볼 수 없는 게 되는 겁니다."

그리고 2012년 샌디훅 초등학교 총기난사 사건을 '거대한 사기극'이라고 주장한 음모론자 알렉스 존스에 대해서는 선을 그었다. 머스크는 존스를 계속 차단할 것이라고 말했다. "내 첫 아이가 내 품에서 죽었습니다." 그는 이렇게 트윗했다. "나는 아이의 마지막 심장 박동을 느꼈습니다. 아이들의 죽음을 특정한 이득이나 정치적 목적 또는 명성을 획득하기 위해 이용하는 사람은 결코 용인하지 않을 겁니다."

한때 카니예 웨스트라고 불렸던 예는 여전히 머스크에게 언론 자유의 복잡성에 대해 가르치고 있었다. 그는 알렉스 존스의 팟캐스트에 출연해 "나는 히틀러를 사랑한다"라고 천명했다. 그런 다음 그는 트위터에 수영복을 입은 머스크에게 애리 이매뉴얼이 호스로 물을 뿌리는 사진을 올렸는데, 그 사진을 통해 '유대인이 통제한다'는 함의, 즉 반유대주의적 저의를 드러내려는 의도였다. 예는 또 "이것을 나의 마지막 트윗으로 항상 기억하자"라고 쓴 뒤 다윗의 별 안에 만(卍) 자 문양을 새긴 사진을 올렸다.

"나로서는 그동안 최선을 다했습니다." 머스크가 발표했다. "그럼에도 불구하고 예는 또다시 트위터의 폭력 선동 금지 규정을 위반했습니다. 계정이 정지될 것입니다."

이제 남은 것은 도널드 트럼프 계정의 복원 여부에 대한 논쟁이었다. 머스크는 몇 주 전 내게 이렇게 말했다. "트럼프와 관련된 헛소리 논쟁을 피하고 싶어요." 그러면서 자신의 원칙은 항상 단지 법의 테두리 안에서 언론의 자유를 허용하는 것이라고 강조했다. "만약 트럼프가 범죄 행위에 연루되었다면, 그랬을 가능성이 점점 더 커지고 있는 것 같습니다만, 어쨌든 그건 받아들일 수 없는 부분입니다." 머스크가 말했다. "민주주의를 뒤엎으려 하는 것은 언론의 자유가 아닙니다."

하지만 코드 검토를 위해 엔지니어들을 불러 모은 11월 18일 금요일, 머스크는 호전적 기분에 젖어들었고, 태도를 바꿔도 되겠다는 생각까지 들었다. 제임스와 그의 총사들은 엔지니어 수백 명의 갑작스러운 퇴사와 월드컵 동영상으로 인해 업무 부담이 가중된 상황에서 트위터가 계속 제대로 돌아가게 하기 위해 필사적인 노력을 기울이고 있었다. 그들이 가장 원치 않는 것은 시스템에 또 다른 부담이 가해지는 상황이었다. 바로 그때 머스크가 유리벽으로 둘러싸인 회의실에서 회의를 마치고 트위터의 광고영업 책임자로 버티고 있던 로빈 휠러와 함께 그들에게 다가왔다. 머스크는 제임스와 로스에게 자신의 아이폰을 보여주었다. "봐, 내가 방금 트윗한 내용이야." 그가 짓궂게 씩 웃으며 말했다.

여론조사 질문이었다. "트럼프 전 대통령을 복원시켜야 할까요? 예. 아니오." 트럼프에 대한 금지 조치를 해제하는 것이 적절한지, 무질서한 온라인 투표로 그것을 결정하는 것이 적절한지 여부는 차치하더라도, 기술적인 문제가 있었다. 수백만 표를 즉시 일람표로 만들어 유저 피드에 실시간으로 덧붙여야 하는 여론조사를 실시하는 경우 인력이 부족한 트위터의 서버가 다운될 수도 있었다. 하지만 머스크는 리스크를 회피하는 사람이 아니었다. 그는 자동차가 얼마나 빨리 달릴 수 있는지, 가속페달을 있는 대로 밟으면 어떤 일이 일어나는지, 태양에는 얼마나 가까이까지 날아갈 수 있는지 알아보는 사람이었다. 제임스와 로스는 "겁이 나 죽겠어"라고 말했지만 머스크는 신이 난 것 같았다.

다음 날 마감 때까지 1,500만 명 이상의 유저가 투표에 참여했다. 집계 결과는 박빙이었다. 51.8퍼센트 대 48.2퍼센트로 트럼프의 복원에 찬성하는 표가 많았다. "국민들이 결정했습니다." 머스크가 선언했다. "트럼프 계정은 복원됩니다. 민심은 천심입니다."

나는 그 직후 머스크에게 여론조사 결과가 어떻게 나올지 미리 예감했는지 물었다. "아니요." 그는 말했다. 만약 다른 결과가 나왔다면 트럼프를 계속 차단했을 것인가? "예." 그가 답했다. "나는 트럼프의 팬이 아니에요. 그는 파괴적이지요. 헛소리의 세계 챔피언입니다."

3차 정리해고

광고영업 책임자 로빈 휠러는 금요일 오후 머스크와의 회의에서 사직하겠다고 말했다. 그녀는 일주일 전 로스가 그만두었을 때도 퇴사하려고 했지만, 머스크와 버챌이 만류해 남아 있었다.

로스와 제임스를 포함한 대부분의 사람들은 휠러의 사직이 머스크의 결정에 대한 반발이라고 생각했다. 일방적인 계정 복원과 트럼프 관련 투표 실시 등의 결정 말이다. 그러나 실제로 휠러를 더 괴롭힌 것은 머스크가 또 한 차례 정리해고에 돌입할 작정이었고, 그녀에게 해고할 사람의 목록을 작성하라고 요구했다는 점이다. 그 주 초에 그녀는 영업 팀원들 앞에 서서 새롭고 까다로운 트위터의 일원이 되기 위해 '예' 버튼을 눌러야 하는 이유를 설명했다. 그런 그녀가 이제 '예'라고 답했던 직원들 중 일부의 눈을 똑바로 쳐다보며 해고 사실을 알려야 하는 상황이었다.

머스크의 감원 목표는 기분에 따라 계속 바뀌었다. 어느 날은 삼총사에게 소프트웨어 개발팀을 50명으로 줄이고 싶다고 말했고, 또 어떤 날은 절대적인 숫자에 신경 쓰지 말라고 했다. "정말 뛰어난 엔지니어가 누구인지 목록을 작성하고 나머지는 솎아내면 돼." 그가 말했다.

그 과정을 용이하게 하기 위해 머스크는 트위터의 모든 소프트웨어 엔지니어에게 최근에 작성한 코드의 샘플을 제출하라고 지시했다. 로스는 머스크의 메일함에서 자신의 메일함으로 자료를 전송받아 주말 동안 제임스 및 슈로프와 함께 각각의 작업을 평가하기로 했다. "받은 편지함에 500통의 이메일이 쌓여 있습니다." 그가 일요일 밤에 지친 목소리로 말했다. "오늘 밤에 어떻게든 모두 검토해서 누가 남아야 하는지 정해야 합니다."

머스크가 이렇게 하는 이유는 무엇일까? "그는 진정 탁월한 만능 엔지니어들로 구성된 소규모 그룹이 일반 그룹보다 100배 더 큰 성과를 낼 수 있다고 믿습니다." 로스는 말한다. "정말 유대감이 깊은 소규모 해병대가 놀라운 일을 해낼 수 있는 것처럼 말입니다. 그리고 그는 유쾌하지 않은 이 일을 한시라도 빨리 끝내고 싶은 것 같습니다. 질질 끌고 싶지 않은 겁니다."

로스, 제임스, 앤드루는 월요일 아침 머스크와 만나 제출물을 평가하는 데 사용한 기준을 제시했다. 머스크는 해당 계획을 승인한 후 알렉스 스피로와 함께 카페로 가기 위해 계단을 내려갔다. 그곳에 급히 전 직원 회의를 소집해놓은 터였다. 걸으면서 머스크는 추가 해고 가능성에 대한 질문이 나오면 어떻게 대답하는 게 좋을지 스피로에게 물었다. 스피로는 화제를 돌리라고 제안했지만 머스크는 "더 이상의 정리해고는 없을 것"이라고 말하기로 했다. 나름의 근거가 있었다. 임박한 해고 라운드는 직원들에게 충분한 퇴직수당을 지급해야 하는 인력 감축 해고가 아니라 (주장컨대) 업무 능력이 충분히 좋지 않다는 '정당한 사유'로 해고를 하는 것이었기 때문이다. 그는 대부분의 사람들이 놓치고 있던 차이를 구별하고 있었다. 그는 회의 초반에 "더 이상의 정리해고는 계획되어 있지 않습니다"라고 선언하여 큰 박수를 받았다.

그 후, 머스크는 로스와 제임스가 우수성을 인정한 열두 명의 젊은 프로그래머들을 만났다. 엔지니어링에 대한 이야기를 나누며 편안함을 느낀 그는 그들과 동영상 업로드를 더 쉽게 만드는 방법 등과 같은 문제를 놓고 심도 있게 논의했다. 그는 앞으로 트위터의 팀은 디자이너나 제품 관리자가 아니라 그들과 같은 엔지니어가 이끌게 될 것이라고 말했다. 미묘한 변화였다. 트위터가 본질적으로 인간의 관계와 욕구에 대한 이해가 깊은 사람들이 이끄는 미디어 및 소비자 제품 회사가 아니라 프로그래밍에 능숙한 사람들이 이끄는 소프트웨어 엔지니어링 회사가 되어야 한다는 그의 신념이 반영된 변화였다.

트위터의 엔진을 교체하다

추수감사절 전날 마지막 라운드의 해고 통지서가 발송되었다. "안녕하세요, 최근에 실시한 코드 검토 결과 귀하의 코드가 만족스럽지 않다고 판단되었습니다. 트위터와 귀하의 고용계약이 즉시 종료된다는 사실을 알려드리게 되어 유감스럽게 생각합니다." 50명의 엔지니어가 해고되었고, 그들의 비밀번호가 즉시 차단되고 액세스 권한 역시 회수되었다.

세 차례에 걸친 정리해고 및 영구 해고가 워낙 무차별적으로 이루진 탓에 처음에는 그 수를 집계하는 것도 쉽지 않았다. 사태가 진정되고 나니 트위터 직원의 약 75퍼센트가 감원된 것으로 드러났다. 머스크가 트위터를 인수한 10월 27일, 트위터의 직원 수는 8,000명에 약간 못 미쳤다. 12월 중순, 그 수는 2,000명이 조금 넘었다.

머스크가 트위터의 기업 문화에 일으킨 변화는 역사상 가장 큰 축에 속했다. 트위터는 장인이 만든 무료 식사와 요가 스튜디오, 유급 안식 휴가, '심리적 안전'에 대한 관심 등이 충분히 제공되던 가장 높은 수준의 육성 문화를 자랑하던 직장에서 그 반대편 극단으로 이동했다. 그가 그렇게 바꾼 이유는 단지 비용 때문만이 아니었다. 그는 광적인 전사들이 심리적 위안보다는 위험을 느낄 수 있는 거칠고 혹독한 환경을 선호했다.

때로 그것은 그가 무언가를 부순다는 의미였고, 트위터에서도 그런 일이 벌어질 수 있을 것 같았다. #twitterdeathwatch(트위터임종지켜보기)라는 해시태그가 유행하기 시작했다. 기술 및 미디어 전문가들은 트위터가 조만간 사라질 것이라며 이 서비스에 작별을 고했다. 심지어 머스크 본인도 트위터가 무너질지도 모른다고 생각한다면서 웃음을 흘렸다. 그는 불붙은 쓰레기통이 도로를 굴러가는 움짤을 내게 보여주며 이렇게 인정했다. "요즘에는 일어나자마자 트위터부터 들여다봅니다. 아직 돌아가고 있는지 확인하는 겁니다." 하지만 아침에 일어나 확인해볼 때마다 트위터는 제대로 작동하고 있었다. 월드컵 기간 동안에는 기록적인 트래픽을 견뎌냈을 뿐만 아니라 열정적인 최정예 엔지니어들과 함께 그 어느 때보다 빠르게 기능을 추가하며 혁신되기 시작했다.

〈더 버지〉와 〈뉴욕매거진〉의 조 쉬퍼와 케이시 뉴턴, 알렉스 히스는 트위터의 혼란에 대한, 머리카락이 쭈뼛해지는 내부자 취재 기사를 작성했다. 이들은 "트위터를 세계에서 가장 영향력 있는 소셜 네트워크 중 하나로 만든 기업 문화"를 머스크가 어떻게 깨뜨렸는지 보여주었다. 하지만 그들은 또한 많은 관계자들이 예측했던 끔찍한 상황은 발생하지 않았다는 사실도 지적했다. 그들은 "몇 가지 면에서는 머스크가 옳았음이 입증되었다"라고 썼다. "트위터는 현재 전보다 덜 안정적이지만, 대부분의 직원이 떠난 후에도 플랫폼은 살아남아 대부분의 기능을 유지하고 있다. 그는 비대해진 회사의 규모를 적정화하겠다고 약속했고, 이제 트위터는 최소한의 인력으로 운영되고 있다."

항상 아름다운 광경이 될 순 없었다. 머스크의 방식은 팰컨 1호 로켓 때부터 그랬던 것처럼 빠르게 반복하고, 리스크를 감수하고, 인정사정없이 움직이고, 실패를 받아들이고, 다시 시도하는 것이었다. "비행기가 통제불능 상태에 빠져 곤두박질치는 가운데 엔진을 교체한 것과 같아요." 그는 트위터에 대해 이렇게 말한다. "살아남은 게 기적이지요."

팀 쿡과의 만남

머스크는 11월 말 "애플이 트위터 광고 대부분을 중단했습니다"라고 트윗했다. "그들은 미국에 언론의 자유가 구현되길 싫어하는 걸까요?"

그날 저녁 머스크는 당시 하와이의 라나이 섬에 주로 거주하던 멘토이자 투자자 래리 엘리슨과 정례적인 긴 전화 통화를 했다. 스티브 잡스의 멘토였던 엘리슨은 머스크에게 애플을 상대로 싸움에 들어가서는 안 된다는 조언을 해주었다. 트위터가 소외시켜선 안 되는 단 하나의 회사가 있다면 바로 애플이었다. 애플은 트위터의 주요 광고주였으며, 더 중요한 것은 트위터가 아이폰의 앱스토어에서 계속 제공되지 않으면 생존할 수 없다는 사실이었다.

몇 가지 면에서 머스크는 스티브 잡스와 비슷했다. 직원들을 미치게 만들지만 불가능하다고 생각하는 일을 해내게 만들기도 하는 현실 왜곡장을 갖춘, 똑똑하지만 까다로운 보스라는 점에서 특히 그랬다. 그는 동료든 경쟁자든 모두와 대립각을 세울 수 있었다. 2011년 애플의 CEO 직위에 오른 팀 쿡은 달랐다. 그는 침착하고 규율을 지키며 상대방을 무장 해제시킬 정도로 예의바른 사람이었다. 필요할 때는 강인한 모습을 보이기도 했지만 늘 불필요한 대립은 피했다. 잡스와 머스크는 드라마 같은 상황에 끌리는 것처럼 보였지만 쿡은 그런 극적인 상황을 해소하는 본능을 가지고 있었다. 그는 한결같은 도덕적 나침반을 가지고 있었다.

"팀은 어떤 적대감도 생기길 원치 않아요." 한 친구가 머스크에게 말했다. 평소라면 머스크를 전사 모드에서 벗어나게 할 유형의 정보가 아니었지만, 어쨌든 그는 애플과 전쟁을 벌이는 것이 좋은 생각이 아님을 깨달았다. "흠, 나도 적대감을 갖고 싶진 않아, 그런 생각이 들었어요." 머스크는 말한다. "그래서 애플 본사로 한번 만나러 가야겠다고 말했지요."

다른 동기도 있었다. "그렇지 않아도 애플 본사가 놀랍도록 멋지다는 이야기를 들어서 방문할 핑계거리를 찾고 있었거든요." 그의 말이다. 고요한 연못을 에워싸고 곡면 맞춤 유리로 벽을 두른 채 서 있는 그 거대한 원형 건물은 오스틴에서 머스크와 만나 주택 신축을 논의했던 영국 건축가 노먼 포스터가 잡스의 면밀한 감독하에 설계한 것이었다.

머스크는 쿡에게 직접 이메일을 보냈고 두 사람은 수요일에 만나기로 했다. 머스크가 쿠퍼티노에 있는 애플 본사에 도착했을 때, 그를 본 애플 직원들은 몇 주 동안 잠을 제대로 자지 못한 사람 같다는 인상을 받았다. 두 사람은 쿡의 회의실에서 1시간 남짓 일대일로 대화를 나누었다. 대화는 공급망에 대한 끔찍한 경험담을 주고받는 것으로 시작되었다. 로드스터 생산과정에서 낭패를 본 이후로 머스크는 공급망 관리의 어려움에 대해 깊이 인식하게 되었고, 적절하게도 쿡이 이 문제의 마스터라고 생각했다. "팀보다 그 일을 더 잘해낸 사람은 많지 않을 것 같아요." 머스크의 말이다.

광고 문제에 관해서 양측은 화해에 이르렀다. 쿡은 애플 브랜드에 대한 신뢰성을 보호하는 것이 자신의 최우선 과제라고 설명했다. 애플은 자사의 광고가 혐오와 잘못된 정보, 안전하지 않은 콘텐츠로 가득 찬 유독성의 늪에 빠지는 것을 원하지 않았다. 하지만 쿡은 애플이 트위터 광고를 중단하지 않을 것이며, 앱스토어에서 트위터를 퇴출할 계획도 없다고 했다. 머스크가 앱스토어 매출에 대해 애플이 30퍼센트의 수수료를 가져가는 것에 대해 문제를 제기하자, 쿡은 시간이 지나면 그것이 15퍼센트로 낮아지는 방식에 대해 설명했다.

머스크는 부분적으로 마음이 풀렸다. 적어도 당장은 그랬다. 하지만 로스가 그에게 주의하라고 알린 문제가 여전히 남아 있었다. 바로 구매 또는 고객 정보에 대한 데이터를 공유하지 않으려는 애플의 태도였다. 그것은 트위터에 엑스닷컴의 금융 서비스를 추가한다는 머스크의 비전을 실현하는 것을 훨씬 더 어렵게 만들 터였다. 이 문제는 미국 법원에서 분쟁 중이었고 유럽의 규제당국들에 의해서도 제기된 문제였기에 머스크는 쿡과의 만남에서는 그것을 개진하지 않기로 했다. "그것은 우리가 앞으로 싸워야 할 전투가 되거나 아니면 적어도 팀과 내가 나눠야 할 대화가 되겠지요." 머스크의 말이다.

미팅이 끝나자 쿡은 잡스가 구상한 원형 캠퍼스의 가운데에 위치한 살구나무 숲과 고요한 연못으로 머스크를 안내했다. 머스크는 아이폰을 꺼내 동영상을 찍었다. 그리고 차에 타자마자 트위터에 올렸다. "애플의 아름다운 본사를 둘러보게 해준 @tim_cook에게 감사합니다. 트위터가 앱스토어에서 제거될지 모른다는 것에 관한 오해를 풀었습니다. 팀은 애플이 결코 그 문제를 고려하지 않고 있다고 분명히 밝혔습니다."

89장

기적

뉴럴링크, 2022년 11월

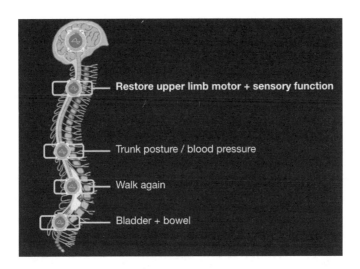

(위) 뉴럴링크의 특정 목표를 보여주는 슬라이드
(아래) 제러미 바렌홀츠

치료

머스크는 텍사스로 이주한 후 (그리고 시본 질리스가 뒤따라 온 후), 캘리포니아 프리몬트에 이어 오스틴에도 뉴럴링크 시설을 열기로 결정했다. 뉴럴링크의 오스틴 사무실과 연구소는 문에 '해칫 앨리Hatchet Alley'라는 간판이 붙은, 스트립몰의 한 건물에 들어섰다. 간판 그대로 도끼 던지기 게임장과 볼링장으로 사용되던 건물이었다. 질리스는 이 건물을 개조하여 개방형 업무 공간과 실험실, 유리벽 회의실 등을 마련하고 중앙에 길다란 커피 바까지 갖추었다. 그리고 몇 마일 떨어진 곳에 실험에 사용할 돼지와 양을 위한 일련의 축사를 설치했다.

2021년 말 돼지 축사를 방문한 머스크는 뉴럴링크의 더딘 성과에 조바심이 났다. 이 회사는 원숭이의 뇌에 칩을 이식하여 뇌파로 퐁 게임을 하도록 가르쳤지만, 지금까지는 인류의 변혁보다는 주로 유튜브 조회수를 늘리는 데 기여하고 있었다. "여러분, 이 일은 사람들이 진정으로 이해할 수 있는 방법으로 설명하기가 다소 어렵습니다." 그가 직원들과 함께 걸으며 말했다. "마비된 사람이 언젠가는 뇌파로 컴퓨터 커서를 움직일 수 있게 되겠지요. 그것은 특히 스티븐 호킹 같은 사람에게는 멋진 일입니다. 하지만 그것만으로는 충분하지 않습니다. 그런 것으로 사람들 대부분을 흥분시키기는 어렵습니다."

그때부터 머스크는 뉴럴링크에서 마비된 사람들이 실제로 팔다리를 다시 사용할 수 있게 하자는 아이디어를 추진하기 시작했다. 뇌에 칩을 심으면 척수 막힘이나 신경 기능장애를 우회하여 관련 근육에 신호를 보낼 수 있었다. 돼지 축사에서 해칫 앨리로 돌아오자마자 그는 오스틴 최고의 팀원들을 불러 모으고 그들의 프리몬트 동료들을 화상으로 참여시킨 가운데 이 새로운 추가 임무를 발표했다. "휠체어에 앉은 사람이 다시 걸을 수 있게 되면 사람들은 바로 이해하게 될 겁니다." 그가 말했다. "정말 놀랍고 대담한 아이디어입니다. 그리고 좋은 일이지요."

머스크는 매주 뉴럴링크 연구소를 방문해 검토회의를 진행했다. 2022년 8월 어느 날, 수석 엔지니어 제러미 바렌홀츠는 커피 바에서 검토회의가 시작되기를 기다렸다. 1년 전 스탠퍼드에서 컴퓨터과학시스템 석사학위를 받은 그는 검붉은 색의 뻣뻣한 머리칼과 몇 가닥 안 난 얼굴 털로 인해 중고생 과학경진대회에 출전한 학생이라 해도 믿을 만했다. "이론은 두뇌로 컴퓨터를 제어하는 것이 멋진 일이라고 느꼈습니다. 하지만 그 기술은 마비된 사람을 다시 걷게 하는 것과 같은 변연계의 공명을 포함하지 않습니다." 그가 말했다. "그래서 우리는 다시 그것을 위한 계획을 도출하는 데 집중했습니다." 그는 내게 다양한 근육 자극 방법을 안내하고, 왜 자신은 뇌의 신호가 기존 이론처럼 전자기파가 아니라 하전 분자의 화학적 확산에 의해 전파된다고 생각하는지 설명했다.

머스크가 휴대전화로 이메일과 트윗을 보내는 일을 끝내자 질리스를 포함한 열두 명의 젊은 엔지니어들이 머스크의 평소 옷차림을 따라 검은색 티셔츠를 입고 회의실에 모여들었다. 바렌홀츠는 대뇌피질의 연조직을 닮은 히드로겔 샘플을 돌린 후 '캡틴Captain'과 '테닐Tennille'이라는 이름의 실험용 돼지 두 마리가 전기신호에 반응하여 다리를 움직이는 영상을 보여주었다. "우리는 통증 반응과 근육 작동을 구분할 수 있어야 해요. 그렇지 않으면 그저 '다시 걸을 수 있지만 몹시 고통스럽게'라는 의미가 될 뿐이에요." 머스크가 말했다. "하지만 이 영상은 어쨌든 우리가 물리 법칙을 어기지 않고 사람들을 다시 걷게 할 수 있다는 것을 보여줍니다. 정신이 나갈 정도로 놀라운 일이지요. 거의 예수님 수준이잖아요."

그가 또 어떤 기적을 목표로 삼을 수 있는지 묻자 바렌홀츠는 청각 자극과 시각 자극, 즉 청각 장애인이 듣게 하고 시각 장애인이 볼 수 있게 하는 것을 제안했다. "가장 쉬운 방법은 아마 달팽이관을 자극해 청각 장애를 고치는 것이 될 겁니다." 그가 말했다. "시각은 아주 흥미롭습니다. 정말 높은 수준의 시력을 구현하려면 많은 채널이 필요합니다."

"우리가 사람들에게 미친 시력을 줄 수 있겠네요." 머스크가 덧붙였다. "적외선을 보고 싶으세요? 자외선? 전파나 레이더는 어때요? 음, 증강현실에 도움이 되겠군요."

그러고는 웃음을 터뜨렸다. "얼마 전에 〈라이프 오브 브라이언〉을 다시 봤거든요." 몬티 파이튼의 1979년 개봉 영화를 언급하며 그가 말했다. 그는 한 거지가 예수님이 자신의 나병을 고쳐주는 바람에 구걸로 생계를 유지하기가 힘들어졌다고 불평하는 장면을 흉내 냈다. "저는 제 일에만 신경 쓰며 열심히 뛰어다니고 있었는데, 갑자기 그가 나타나서 저를 치료해주었어요! 그래서 한순간에 일거리가 있는 문둥병자에서 생계 수단이 없는 신세가 된 거예요. 물어보고 그런 게 아니었다고요! 그냥 와서 '당신은 나았어요, 친구.' 이런 거예요. 자선가야, 사회개량가야 뭐야, 염병할."

인간과 기계의 궁극적 결합

9월 말, 머스크는 다시 조바심이 났다. 그는 질리스와 바렌홀츠에게 뉴럴링크의 진전 상황을 과시하기 위한 공개행사를 열자고 했지만, 그들은 아직 준비가 안 되었다고 말했다. 주간 검토 세션을 진행하던 그의 얼굴이 어두워졌다. "우리가 속도를 내지 않으면 사는 동안 그리 많은 것을 성취하지 못해요." 그가 경고했다. 그리고 나서 그는 프레젠테이션 일자를 결정했다. 11월 30일 수요일. 알고 보니 그가 애플의 팀 쿡을 방문하는 날이기도 했다.

그날 밤 머스크가 도착했을 때 뉴럴링크의 프리몬트 시설에는 200개의 의자가 준비되어 있었다. 머스크가 가장 좋아하는 팟캐스터 중 한 명인 렉스 프리드먼도 와 있었고, 애니메이션 TV 쇼 〈릭 앤드 모티〉의 저스틴 로일랜드도 함께했다. 삼총사 제임스, 앤드루, 로스는 초대받지 못했지만 뒷문을 통해 입장할 수 있었다.

머스크는 이 프레젠테이션을 통해 자신의 궁극적인 야망과 눈앞의 목표 둘 다를 보여주기 원했다. "뉴럴링크를 설립한 가장 큰 동기는 인간 두뇌의 모든 측면과 접속할 수 있는 범용 입출력 장치를 만들려는 것입니다." 그가 청중에게 말했다. 다시 말해서, 인간과 기계의 궁극적인 마음의 결합을 이뤄내 인공지능 기계가 미쳐 날뛰는 것을 방지하고자 한다는 것이었다. "설령 인공지능이 자비로운 존재라 하더라도 확실히 우리와 같은 방향을 향해 함께 나아가도록 만들어야 하지 않겠습니까?"

그런 다음 그는 뉴럴링크에서 설정한 새로운 단기 미션을 공개했다. "첫 번째는 시력 회복입니다." 그가 말했다. "우리는 시각 장애를 가지고 태어난 사람들도 볼 수 있게 할 수 있다고 믿습니다." 다음으로 그는 신체 마비에 대해 이야기했다. "기적처럼 들릴지 모르지만, 우리는 척수가 끊긴 사람도 전신의 기능을 회복시킬 수 있다고 확신합니다." 프레젠테이션은 3시간 동안 진행되었다. 그는 새벽 1시까지 남아 엔지니어들과 파티를 즐겼다. 그것은 트위터의 '불붙은 쓰레기통'에서 벗어난 반가운 휴식이었다고, 나중에 그가 말했다.

90장

트위터 파일

트위터, 2022년 12월

(위) 맷 타이비
(아래) 배리 와이스

폭로의 출발점

"저보고 대표님 자신의 회사에 대해 내부고발을 하라는 건가요?" 탐사보도 전문기자 맷 타이비가 머스크에게 다소 믿기지 않는다는 듯이 물었다.

"무엇이든 마음대로 하세요." 머스크가 답했다. "북한 가이드 투어에 초대한 게 아니에요. 원하는 곳은 어디든 갈 수 있지요."

지난 몇 년 동안 트위터의 콘텐츠 관리자들은 유해한 발언으로 간주되는 내용을 금지하는 데 점점 더 적극적으로 나섰다. 이는 바라보는 관점에 따라 세 가지로 해석할 수 있었다. (1) 의학적으로 위험하거나, 민주주의를 훼손하거나, 폭력을 유발하거나, 증오를 부추기거나, 사기에 이용될 수 있는 허위 정보의 확산을 막기 위한 칭찬할 만한 노력이다. (2) 원래 의도는 좋았지만 지금은 의학적, 정치적 통설에 반하거나 진보적으로 각성된 트위터 직원들을 자극하는 의견을 지나치게 억압하는 쪽으로 변질되었다. (3) 대형 IT 기업과 결탁한 '숨은 권력집단' 관계자들과 기존 미디어들 사이에서 자신들의 힘을 유지하기 위해 이루어진 은밀한 공동 모의다.

머스크의 해석은 대체로 중간에 속했지만, 점차 그를 세 번째 범주로 밀어넣는 어두운 의혹을 품게 되었다. "많은 것들이 은폐되어 있는 것 같아요." 그가 어느 날 동료 반각성주의 전사 데이비드 색스에게 말했다. "수상한 구석이 많아요."

색스는 〈롤링스톤〉과 몇몇 간행물에 글을 기고하던 맷 타이비를 만나 이야기를 나눠볼 것을 제안했다. 이념적으로 분류하기가 어려운 인물인 타이비는 기득권 엘리트층에 도전할 의지가 있었고, 실제로 열성적으로 그러고 있었다. 머스크는 그를 잘 몰랐지만, 어쨌든 11월 말 그를 트위터 본사로 초대했다. "사람들의 기분을 상하게 하는 것을 두려워하지 않는 사람처럼 보였어요." 머스크의 말이다. 이 말은 사람들 대부분의 경우와 달리 그 나름의 순수한 칭찬이었다. 머스크는 타이비에게 트위터 본사에서 시간을 보내며 콘텐츠 관리 문제와 씨름하던 직원들의 오래된 파일과 이메일, 슬랙 메시지 등을 뒤져보라고 했다.

이것이 '트위터 파일'로 알려지는 폭로의 시발점이었다. 그것은 미디어의 편향성과 콘텐츠 관리의 복잡성에 대한 신중한 성찰에 적합한 건전한 공개 토론 및 투명성 운동이 될 수 있었고, 그래야 마땅했다. 하지만 안타깝게도 오늘날 토크쇼나 소셜 미디어에서 사람들을 같은 부족의 벙커로 숨어들게 만드는 소용돌이에 휘말리고 말았다. 머스크는 팝콘 및 불꽃놀이 이모티콘으로 다가올 트위터 스레드를 예고하면서 흥분된 어조로 반응을 부추겼다. "이것은 문명의 미래를 위한 싸움입니다." 그가 트윗했다. "미국에서조차 언론의 자유가 사라진다면 폭정만이 앞에 놓이게 될 겁니다."

타이비가 첫 번째 보고서를 공개할 준비를 마친 12월 2일, 머스크는 에마뉘엘 마크롱 프랑스 대통령과 비밀리에 만나 아이러니하게도 트위터가 유럽의 혐오 발언 규정을 준수해야 할 필요성에 대해 논의하기 위해 뉴올리언스로 급히 이동했다. 타이비가 공표할 예정인 내용과 관련하여 막판에 법적 문제가 대두되었고, 그에 따라 머스크가 마크롱과의 만남을 마치고 변호사와 협의할 때까지 공개가 미뤄졌다.

타이비의 첫 37개 트윗 스레드는 트위터에서 어떤 식으로 정치인과 FBI, 정보기관이 삭제 대상 트윗에 대한 의견을 제시할 수 있는 특별 시스템을 구축했는지 보여주었다. 특히 여기에는 조 바이든의 아들 헌터가 버린 것으로 추정되던(나중에 사실로 판명된) 노트북에 대해 다룬 〈뉴욕포스트〉 기사의 링크를 차단할지 여부를 놓고 트위터의 요엘 로스와 기타 직원들이 토론을 벌였던 2020년의 메시지들이 포함되었다. 그것은 그들 중 상당수가 해킹된 자료의 사용을 금지하는 정책을 위반했다거나 러시아가 벌인 허위 정보 음모의 일부일 수 있다고 주장하는 등 해당 기사에 대한 언급을 금지할 근거를 찾기 위해 애썼다는 사실을 보여주었다. 그들의 주장은 트윗을 검열하기 위한 어설픈 구실에 불과했으며, 나중에 로스와 잭 도시 모두 자신들의 실수였다고 인정했다.

타이비의 이런 폭로는 폭스 뉴스와 같은 일부 대형 언론에서 다뤄지긴 했지만, 대부분의 기존 언론은 한 트위터 유저의 '#nothingburger'라는 해시태그처럼 그것을 '속 빈 강정'으로 치부했다. 조 바이든은 노트북 사건이 터졌을 당시 국가 공무원이 아니었기에 그들의 요청은 정부의 직접적인 검열이나 수정헌법 제1조에 대한 명백한 위반으로 간주될 수 없었다. 전직 배우 제임스 우즈가 올린, 헌터 바이든의 노트북에 있던 외설적인 셀카와 관련된 게시물을 삭제해달라고 요청한 것을 포함해 바이든 팀이 트위터의 상설 채널을 통해 요구한 사항 중 상당수는 타당한 것이었다. "트위터에 헌터 바이든의 성기 사진을 게시할 헌법적 권리는 누구에게도 없다." 〈불워크〉의 헤드라인이었다.

하지만 타이비의 스레드에는 더 중요한 사실이 폭로되어 있었다. 트위터가 사실상 FBI 및 여타 정부기관의 협력자가 되어 대량의 콘텐츠에 플래그를 지정하여 삭제를 제안할 수 있는 권한을 부여했다는 사실이다. "다수의 정부 집행기관이 트위터를 사실상 비자발적 계약자로 운용하게 되었다." 타이비는 이렇게 썼다.

하지만 나는 실제로는 약간 달랐던 것으로 생각한다. 트위터가 자발적인 계약자 역할을 하는 경우가 많았기 때문이다. 트위터의 경영진은 정부의 압력이 너무 심하다고 느껴질 때 고발로 대응하기보다는 오히려 그런 압력에 부응하려 애쓴 것으로 보인다. 타이비의 폭로는 트위터의 콘텐츠 관리자들이 트럼프에게 도움이 될 만한 이야기를 억압하는 쪽으로 편향되어 있었다는, 문제적이지만 놀랍지 않은 사실을 보여주었다. 트위터 직원들의 정치 후원금 가운데 98퍼센트 이상이 민주당으로 흘러들어갔다. FBI가 트럼프의 선거운동을 감시하고 염탐했다는 혐의와 관련된 한 가지 사례를 살펴보자. 주류 언론은 이러한 의혹이 러시아의 봇들과 트롤 농장에 의해 만들어졌다고 보도했다. 요엘 로스는 무대 뒤에서 트위터의 정직성을 대변하는 목소리였다. 그는 내부의 메모에 "방금 관련 계정들을 검토했습니다. 어떤 계정도 러시아와 연계된 흔적이 보이지 않습니다"라고 썼다. 그럼에도 불구하고 트위터 경영진은 '러시아 게이트'라는 주장에 이의를 제기하지 않는 쪽을 택했다.

참고로, 소셜 미디어가 어떻게 양극화될 수 있는지 보여주는 단편적 사례 하나를 짚고 넘어가자. 타이비는 정치적으로 독립적인 인습타파주의자다. 나는 트위터에서 그를 팔로우하면서 트위터의 알고리즘이 유저들을 극좌 또는 극우의 반향실로 보내는 이념적 분류를 어떻게 강화할 수 있는지 알게 되었다. 내 트위터의 '당신이 좋아할 만한 사람' 섹션에서 로저 스톤과 제임스 우즈, 로렌 보버트를 팔로우할 것을 즉시 제안한 것이다.

배리 와이스

12월 2일 저녁, 배리 와이스는 아내 넬리 볼스와 함께 로스앤젤레스에 있는 집에서 타이비가 공개한 트위터 파일을 읽고 있었다. 그녀는 질투심을 느꼈다. '이건 완벽히 우리가 다루어야 마땅한 이야기인데.' 이런 생각이 들었다고 그녀는 말한다. 그러던 중 머스크에게서 그날 밤 샌프란시스코로 올 수 있겠느냐는 뜻밖의 문자가 날아왔다.

와이스도 타이비처럼 이념적으로 분류하기 쉽지 않은 독립 언론인이었다. 두 사람 모두 머스크와 마찬가지로 특히 기성 언론과 엘리트 교육기관에서 검열적인 말소 문화를 만들어내는 진보적 각성주의에 반대하는, 언론 자유의 기치를 내걸고 있었다. 와이스는 자신을 "극좌파적 비평이 언론의 자유를 억압한다고 우려하는 합리적인 자유주의자"라고 칭했다. 〈월스트리트저널〉과 〈뉴욕타임스〉에서 논설기자로 일한 후, 그녀는 일단의 독립 언론인들을 모아 서브스택 플랫폼에서 구독 기반의 뉴스레터 〈더 프리프레스〉를 창간했다.

머스크는 몇 달 전 선밸리에서 열린 앨런 앤드 컴퍼니Allen & Company 컨퍼런스에서 오픈AI의 공동창업자인 샘 올트먼과 대담을 진행한 후 그녀를 잠깐 만난 적이 있었다. 그녀는 무대 뒤로 머스크를 찾아와 그의 트위터 인수 소식이 반갑다고 말했고, 두 사람은 몇 분 정도 대화를 나눴다. 12월 초 타이비가 트위터 파일의 공개를 준비하고 있을 때, 머스크는 한 명의 기자가 소화하기에는 자료가 너무 많다는 사실을 깨달았다. 머스크의 투자자이자 언론의 자유를 옹호하는 기술업계 동료인 마크 안드레센이 와이스에게 전화를 걸어보라고 제안했고, 그래서 12월 2일 저녁 마크롱 대통령과의 대화를 위해 뉴올리언스로 급히 갔다가 돌아오는 비행기에서 와이스에게 갑작스럽게 문자를 보낸 것이었다.

와이스와 볼스는 부랴부랴 서둘러 2시간 만에 생후 3개월 된 아기와 함께 샌프란시스코행 비행기에 몸을 실었다. 그들이 금요일 밤 11시에 트위터 본사 10층에 도착했을 때 머스크는 파란색 스타십 재킷 차림으로 커피 머신 옆에 서 있었다. 당시 들떠 있던 머스크는 그들을 데리고 건물 곳곳을 돌아다니며 '각성하라'라고 적힌 티셔츠 더미 등 옛 정권의 흔적들을 자랑하듯 보여주었다. "야만인들이 문을 부수고 들어와 물건을 약탈하고 있는 것 같지 않아요?" 그가 신난 얼굴로 말했다. 와이스는 마치 방금 사탕가게를 사놓고도 자신이 그 가게를 소유하고 있다는 사실을 믿을 수 없어 하는 어린아이 같다는 느낌이 들었다. 총사인 로스 노딘과 제임스 머스크는 와이스와 볼스에게 회사의 슬랙 아카이브를 조사할 수 있는 컴퓨터 도구를 보여주었다. 그들은 새벽 2시까지 그곳에 머물렀고, 이후 제임스가 그들을 예약된 숙소까지 태워주었다.

다음 날인 토요일 아침, 와이스와 볼스가 회사에 나왔을 때, 여전히 트위터 도서관의 소파에서 밤을 보내던 머스크는 어제처럼 커피 머신 옆에 서 있었다. 가서 보니 종이컵에 담긴 시리얼을 먹는 중이었다. 그들은 머스크의 회의실에 앉아 트위터에 대한 그의 비전을 중심으로 2시간 동안 대화를 나눴다. 왜 여기서 이러고 있느냐고 그들이 물었다. 처음에 그는 4월의 제안에 대해 다시 생각해보긴 했지만 어쩔 수 없이 회사를 인수하게 되었다고 대답했다. "정말 이 회사를 인수하고 싶은 건지 확신이 서질 않았어요. 그런데 변호사들이 어쨌든 이 헤어볼을 씹어 삼켜야 한다고 해서 이렇게 된 거지요."

하지만 곧 머스크는 언론의 자유에 기여하는 공론의 장을 만들고 싶다는 자신의 열망에 대해 진지하게 이야기하기 시작했다. 그는 '문명의 미래'가 위태로운 상태라고 말했다. "출산율은 급감하고 있고, 사상을 검열하는 경찰이 힘을 얻고 있어요." 그는 트위터가 특정 관점을 억압하는 바람에 국민의 절반으로부터 불신을 받게 되었다고 생각했다. 이를 되돌리려면 철저한 투명성이 필요했다. "현재 우리의 목표는 이전의 모든 잘못을 청산하고 깨끗한 백지 상태에서 앞으로 나아가는 것입니다. 내가 트위터 본사에서 잠을 자고 있는 데는 이유가 있는 겁니다. 지금이 코드 레드 상황이라는 뜻입니다."

"대체로 믿음이 가더군요." 와이스가 나중에 내게 말했다. 비꼬는 말이 아닌 진지한 평가였다.

그녀는 깊은 인상을 받았지만 독립 언론인다운 회의적인 태도를 유지했다. 2시간 동안 대화를 나누던 중에 그녀가 테슬라의 중국 사업과 관련된 이해관계가 머스크의 트위터 운영방식에 어떤 영향을 미칠 수 있는지 물었다. 머스크는 짜증을 냈다. 마땅히 나오리라고 생각한 주제가 아니었기 때문이다. 와이스는 계속 그에 대한 대답을 듣고자 했다. 머스크는 트위터가 중국에 대해 사용하는 단어에 정말로 주의해야 한다고 말했다. 테슬라의 비즈니스가 위협받을 수 있기 때문이었다. 그는 위구르인에 대한 중국의 탄압에 양면성이 있다고 말했다. 와이스는 몹시 불안한 표정을 지었다. 마침내 볼스가 긴장을 풀려고 끼어들어 몇 마디 농담을 던졌고, 그들은 다른 주제로 넘어갔다.

아이러니를 증가시킨 것, 혹은 적어도 복잡성을 늘린 것은 머스크가 워싱턴으로 가기 위해 면담을 끝내야 한다는 사실이었다. 스페이스X의 위성 발사와 관련된 극비 주제와 관련하여 정부 고위 관리들과의 회의가 그곳에 잡혀 있었기 때문이다.

와이스와 볼스는 사실 금요일 밤부터 트위터 파일에 대한 작업에 들어가려 했다. 하지만 트위터의 슬랙 메시지 및 이메일 아카이브에 액세스할 수 있는 도구를 얻지 못해 그럴 수가 없었다. 개인정보 보호 문제를 우려한 법무부서에서 그들이 직접 액세스하는 것을 차단하고 있었기 때문이다. 동에 번쩍 서에 번쩍하는 총사 노딘이 토요일에 자신의 노트북을 사용하여 이들을 도왔다. 하지만 다음 날이 되자 그는 지치고 배가 고팠고, 빨래도 해야 했기 때문에 출근하지 않기로 결정했다. 어쨌든 일요일 아니던가. 그래서 그는 샌프란시스코의 카스트로 지구가 내려다보이는 자신의 아파트로 와이스와 볼스를 초대했고, 그들은 그의 노트북을 이용해 트위터의 공공 슬랙 채널에서 메시지를 살펴봤다.

와이스가 트위터 법무부서에 더 많이 검색을 처리할 수 있게 해달라고 요청하자 회사의 법률고문으로부터 전화가 걸려왔다. 그는 자신의 이름이 짐이라고 했다. 그녀가 그의 성을 물었더니 '베이커'라고 답했다. "입이 떡 벌어졌습니다." 와이스의 회상이다. FBI의 법률고문을 역임한 짐 베이커는 여러 논란에 연루되어 일부 보수층에서 불신하던 인물이었다. "대체 뭡니까?" 그녀는 머스크에게 문자를 보냈다. "대표님은 지금 검색 대상이 되어야 할 사람에게 검색 권한을 맡겨 놓은 건가요? 이건 진짜 말이 안 돼요."

머스크도 흥분했다. "그가 그런 사람이에요? 그러면 마치 알 카포네에게 자신의 세금을 조사해달라고 한 셈이네요." 그가 말했다. 그는 베이커를 회의에 불렀고, 두 사람은 트위터와 연방거래위원회 사이에 부여된 동의 명령이 어떤 개인정보 보호책을 규정하는지를 두고 충돌했다. "그 동의 명령의 주요 원칙들이 어떤 것들인지 말해보세요." 머스크가 다그쳤다. "지금 그게 내 눈앞에 있거든요. 그 안에 어떤 내용이 있는지 말해보라고요!" 행복한 결말로 이어질 수 있는 토론이 아니었다. 베이커는 그 문제에 정통했지만, 머스크를 만족시킬 답변을 내놓을 방도가 없었고, 머스크는 곧바로 그를 해고했다.

언론 자유의 딜레마

타이비와 와이스는 몇 명의 동료에게 도움을 요청했고, 그들은 샤워를 하지 않은 총사들과 테이크아웃 태국 음식의 냄새가 늘 진동하는 창문 없는 핫박스에 자리를 잡았다. 그들이 디지털 검색 도구를 사용할 수 있도록 도와주던 제임스와 로스는 하루 20시간씩 일하다 보니 눈알이 곧 빠질 것처럼 보였다. 머스크는 밤 시간에 몇 차례 들러 남은 음식을 먹으며 긴 토론을 촉발하곤 했다.

트위터 직원들의 오래된 이메일과 슬랙 댓글을 뒤지던 중 와이스는 사람들이 자신의 오래된 사적인 대화를 읽으면 자신은 어떤 생각이 들지 궁금해졌다.

불쾌한 기분이 들었다. 로스 역시 마찬가지였다. "솔직히 말해서 저는 그들이 하는 일에서 가능한 한 멀리 떨어져 있고 싶었습니다. 돕고는 있었지만 너무 관여하고 싶지는 않았습니다. 저는 정치적인 성향이 강하지 않은데, 정치 성향에 따른 온갖 헛소리가 난무하는 것 같았거든요." 그의 말이다.

와이스와 그녀의 팀이 트위터 파일에 기초해 쓴 한 기사는 '가시성 필터링'이라고 알려진 관행, 즉 특정 트윗이나 유저를 검색 상위에 노출되지 않도록 하거나 인기 있는 것으로 선전되지 않도록 다루는 관행에 대해 설명했다. 극단적으로는 유저가 트윗을 게시하고 볼 수는 있지만 해당 트윗이 다른 유저들에게는 보이지 않게 만들고 그 사실을 당사자에게 결코 알리지 않는 '섀도 배닝'이라는 관행도 있었다.

엄밀히 따지자면 트위터는 섀도 배닝을 노골적으로 자행하지는 않았지만, 가시성 필터링은 실제로 사용했다. 머스크 본인도 로스와의 논의에서 전면적인 유저 차단에 대한 대안으로 이 아이디어를 받아들였으며, 몇 주 전에 이 정책을 공개적으로 선전한 바 있었다. "부정적/혐오 트윗은 최대한 노출이 제한되고 가치도 제거될 것입니다. 따라서 트위터에서 그와 관련된 광고 수익이나 기타 수익은 발생하지 않습니다. 그런 트윗은 유저가 특별히 찾지 않는 한 볼 수 없는 게 되는 겁니다."

문제는 가시성 필터링이 정치적 편향성을 가지고 이루어질 때 발생했다. 와이스는 트위터의 관리자들이 우익 성향의 트윗을 억제하는 데 더욱 적극적으로 임했다고 결론지었다. "트위터는 바람직하지 않다고 판단되는 계정이나 주제의 노출을 억제하는 임무를 맡은 일단의 직원들을 두고 비밀 블랙리스트까지 운용했다." 와이스와 그녀의 팀은 이렇게 썼다. 또한 트위터는 많은 미디어 및 교육기관과 마찬가지로 담론으로 받아들일 수 있는 것의 정의를 좁혀놓았다. "이러한 기관의 담당자들은 '폭력', '피해', '안전'과 같은 단어의 정의를 확대하여 새로운 기준을 적용했다."

코로나19는 흥미로운 사례였다. 물론 한쪽 극단에서는 돌팔이 치료법이나 사람을 죽일 수도 있는 치료법을 선전하는 등 의학적으로 명백히 해로운 잘못된 정보가 난무했다. 하지만 와이스는 트위터가 정부의 공식 발표에 부합하지 않는 게시물을 너무 적극적으로 억압하고 있다는 사실을 발견했다. 거기에는 예컨대 mRNA 백신이 심장 문제를 일으키는지, 마스크 착용 의무화가 효과가 있는지, 바이러스가 중국의 실험실에서 유출되었는지 등 논쟁의 여지가 있는 합법적인 주제에 대한 게시물도 포함되었다.

한 가지 구체적인 사례를 살펴보자. 트위터는 스탠퍼드대학교의 제이 바타차리아 교수를 트렌드 블랙리스트에 올려 그의 트윗의 가시성을 축소했다. 그는 봉쇄 및 휴교 조치가 도움이 되기보다는 해가 될 것이라고 주장하는 일부 과학자들을 규합해 선언문을 발표했는데, 이는 논란의 여지가 있지만 어느 정도는 타당성이 있는 것으로 밝혀졌다. 와이스가 트위터에서 바타차리아 교수를 탄압한 사실을 밝혀냈을 때 머스크는 그에게 문자를 보냈다. "이번 주말에 트위터 본사로 나오실 수 있는지요? 트위터 1.0이 선생님께 무슨 짓을 했는지 보여드리고 싶습니다." 코로나19 봉쇄에 대해 그와 비슷한 견해를 가지고 있던 머스크는 바타차리아와 거의 1시간 동안 대화를 나눴다.

트위터 파일은 지난 50년 동안 주류 저널리즘이 어떤 진화 과정을 거쳤는지 적나라하게 조명했다. 워터게이트 사건과 베트남 전쟁 당시 언론인들은 일반적으로 CIA나 군대, 정부 관료들을 의심하거나 적어도 건전한 회의적 시각으로 바라보았다. 그들 중 상당수는 데이비드 핼버스탐과 닐 시핸의 베트남전 보도, 밥 우드워드와 칼 번스타인의 워터게이트 보도에서 영감을 받아 언론계에 뛰어든 사람들이었다.

하지만 1990년대를 거치고 이후 9.11 테러를 경험하면서 기성 언론인들은 정부 및 정보기관의 고위 인사들과 정보를 공유하고 협력하는 것을 점점 더 편하게 생각하게 되었다. 이러한 사고방식은 트위터와 다른 기술기업들이 받은 모든 브리핑이 보여주듯이 소셜 미디어 기업들에 그대로 복제되었다. 타이비는 이렇게 썼다. "이들 기업은 글로벌 감시 및 정보 통제 기구의 핵심적인 일부로 흡수되는 과정에서 별다른 선택의 여지가 없었던 것으로 보인다. 하지만 이들 기업의 매국적 경영진은 대부분 그렇게 흡수되는 것에 매우 흡족해했다는 증거도 있다." 나는 타이비의 이 글에서 후반부가 앞부분보다 더욱 진실에 가깝다고 생각한다.

트위터 파일은 트위터가 어떻게 콘텐츠를 관리해왔는지 어느 정도 투명하게 보여주었지만, 동시에 이 작업이 얼마나 어려운 일인지도 드러냈다. 예를 들어, FBI는 코로나19 백신과 우크라이나에 대해 부정적인 트윗을 올리는 일부 계정이 러시아 정보국에 의해 비밀리에 운영되고 있다고 트위터에 알렸다. 이것이 사실이라면 트위터가 그러한 계정을 차단하는 것은 정당한 조치 아닌가? 타이비 본인도 이렇게 썼다. "이것은 언론 자유의 난해한 딜레마가 아닐 수 없다."

91장

언론과의 갈등

트위터, 2022년 12월

와이스의 퇴출

머스크의 변함없는 동반자이자 유쾌한 에너자이저인 두 살배기 아들 엑스에 대한 위협보다 더 머스크를 격분하게 만들 수 있는 것은 없다. 12월의 어느 화요일 밤, 트위터 파일이 공개되고 있던 중 머스크는 그러한 위협이 발생했음을 감지했고, 그 여파는 언론의 자유를 위해 싸우겠다는 그의 투쟁의 근간을 뒤흔들었다.

그라임스를 오랫동안 스토킹해온 한 남성이 어느 날 그라임스와 머스크가 머물던 로스앤젤레스 지역 주택의 주변 도로에서 하루 종일 잠복하고 있다가 어느 순간 엑스와 그의 보모를 인근 호텔로 데려다주던 머스크의 보안요원 중 한 명의 차를 뒤따랐다. 보안요원은 주유소에 차를 세우고 해당 운전자와 대치하면서 닌자 복장에 장갑과 마스크까지 착용한 그를 동영상으로 찍었다. 각자의 증언에 따르면, 이 남성은 차의 보닛에 뛰어올랐거나 혹은 차량이 자기를 구석으로 모는 바람에 보닛 위로 올라가려고 시도했다(서로의 증언에 차이가 있었다는 뜻이다). 경찰이 도착했지만, 그를 체포하지는 않았다. 〈워싱턴포스트〉는 머스크가 게시한 동영상을 토대로 이 남성을 추적했고, 그는 그라임스가 인스타그램 게시물을 통해 자신에게 암호화된 메시지를 보내고 있다고 믿는다고 기자에게 말했다. 머스크는 트위터에 이렇게 올렸다. "어젯밤 LA에서 어린 엑스가 탄 차를 미친 스토커가 (제가 탄 것으로 생각하고는) 뒤따라오더니 나중에는 차가 움직이지 못하게 막고 보닛 위로 올라탔습니다."

머스크는 스토커가 자신과 그라임스가 머물고 있는 곳을 찾을 수 있었던 것은 잭 스위니라는 학생이 이용하는 @elonjet이라는 트위터 계정이 공개 비행 정보를 기반으로 머스크 제트기의 실시간 이착륙 기록을 게시했기 때문이라고 생각했다. 사실 그 관련성은 분명하게 밝혀지지 않았다. 머스크는 하루 전에 로스앤젤레스에 도착했지만, 그라임스는 그 시점에 벌써 스토커의 차가 밖에 도사리고 있는 것을 알아차렸다고 말했다.

머스크는 사실 오래전부터 @elonjet 계정에 분노하고 있었다. 음흉한 의도로 자신을 은밀히 검색하고 추적해 위험에 빠뜨린다고 생각했기 때문이다. 트위터 인수를 처음 고려하던 지난 4월, 오스틴에서 가진 친구 및 가족들과의 저녁식사 자리에서도 그는 이 문제를 거론했다. 그라임스와 어머니는 그가 나서서 그 계정을 금지해야 한다고 강력하게 주장했다. 그는 이에 동의했지만, 트위터를 인수한 후에는 그렇게 하지 않기로 결정했다. 11월 초에 그는 이렇게 트윗을 올렸다. "언론의 자유에 대한 나의 신념은 개인의 안전에 직접적으로 위협이 됨에도 불구하고 내 비행기를 따라다니는 계정을 금지하지 않는 것까지 포함합니다."

이 트윗은 와이스에게 깊은 인상을 주었다. 하지만 그녀는 첫 번째 트위터 파일 스레드를 준비하던 중 이전 트위터 정권이 극우 성향의 일부 유저에게 했던 일을 머스크가 @elonjet에게 했다는 사실을 알게 되었다. 그 계정이 검색창에 뜨지 않도록 심각하게 '가시성 필터링'을 가하고 있었던 것이다. 그녀는 실망했다. 위선적으로 느껴졌기 때문이다. 그러던 중 엑스와 관련된 사건이 발생했고, 머스크는 @elonjet을 완전히 차단하는 일방적인 결정을 내렸다. 그는 트위터가 이제 사람들의 위치를 은밀히 추적하는 것을 금지하는 정책을 수립했다면서 이를 정당화했다.

더 심각한 것은, 특히 트위터를 언론의 자유를 위한 안식처로 만든다는 목표를 표방하던 머스크가 @elonjet 계정에 그가 취한 조치에 대해 글을 쓴 몇몇 언론인들의 계정을 자의적으로 정지시켰다는 사실이었다. 그가 내세운 표면적인 이유는 해당 기자들의 기사가 @elonjet 계정에 링크되어 있는 관계로 그들의 계정 역시 자신을 은밀히 추적하고 있는 것으로 볼 수밖에 없다는 것이었지만, 실제로 @elonjet 계정은 더 이상 사용할 수 없었고 링크는 단순히 "계정이 일시 정지되었습니다"라는 페이지로 연결될 뿐이었다. 결국 머스크는 부분적으로, 자신에게 비판적인 기사를 쓴 기자들에게 화가 나서 보복 조치를 취한 것으로 보였다. 여기에는 〈뉴욕타임스〉의 라이언 맥과 〈워싱턴포스트〉의 드루 하웰, 테일러 로렌츠 등 최소 열 명의 기자가 포함되었다.

트위터 파일과 관련하여 추가적인 기사를 쓰기 위해 여전히 핫 박스에서 고군분투하던 와이스는 자신이 곤란한 상황에 처했음을 깨달았다. "그는 자신이 경멸한다던 트위터의 예전 지배자들의 행태를 그대로 답습하고 있었습니다." 그녀는 말한다. "그가 쫓아낸 사람들 중 일부는 트위터에서 저를 가장 많이 괴롭히던 사람들이었습니다. 저는 그들 중 몇 명을 정말로 좋아하지 않습니다. 하지만 저는 머스크가 트위터에 대해 스스로 주장하고 있던 바를 스스로 저버리고 있다고 느꼈습니다. 어느 한쪽에 유리하도록 조작되지 않는 공론의 장이 되기를 원한다고 하지 않았습니까. 그리고 그의 조치는 순전히 전략적인 관점에서 볼 때도 적합하지 않았습니다. 많은 개자식들을 순교자로 만들고 있었으니까요."

와이스는 암호화 메시지 서비스인 시그널을 통해 머스크에게 비공개 메시지를 보냈다. "대체 여기서 무슨 일이 벌어지고 있는 거죠?"

"그들이 내 비행기를 추적했어요. 내 아들이 공격을 당했고요." 머스크가 대답했다.

와이스는 핫 박스에 있던 다른 기자들과 이 문제에 대해 논의했지만, 결국 나서서 이의를 제기하자고 주장하는 사람은 그녀뿐이었다. "트위터에서 쫓겨나는 기자들을 지켜보면서 아무 말도 하지 않는다면 그게 언론인입니까?" 그녀는 말한다. "원칙은 여전히 저에게 중요합니다." 그녀는 트위터 파일에 대한 보도 권한을 잃게 될 수도 있다는 것을 알고 있었다. 좌중을 한번 둘러본 그녀는 아내인 넬리 볼스에게 농담을 건넸다. "이제 머스크는 우리의 정자 기증자가 될 수 없겠네."

와이스는 기자들이 쫓겨난 다음 날인 12월 16일 오전에 이렇게 트윗했다. "트위터의 구정권은 자체의 변덕과 편견에 의해 지배되었는데, 신정권 역시 같은 문제를 안고 있는 것 같습니다. 저는 두 경우 모두에 반대합니다."

머스크도 트위터 답글로 대응했다. "엄격하게 진실을 추구하기보다는 양쪽 세계 모두에 발을 담그고 언론 엘리트들의 눈에 '훌륭하다'고 비치기 위해 미덕을 과시하고 있군요." 그러고는 트위터 파일에 대한 그녀의 액세스를 제한했다.

트위터 스페이스 폐쇄

"이건 미친 짓이에요." 제이슨 캘러커니스는 기자들을 퇴출한 머스크의 결정과 관련해 데이비드 색스에게 이렇게 문자를 보냈다. "트위터 파일에 대한 관심이 높아지고 있는 판국인데, 다 망쳐버리게 생겼습니다. 바로잡아야 합니다." 그래서 그들은 공동으로 머스크에게 문자를 보냈다. "그 사람들을 다시 복귀시켜야 해요." 머스크는 확답을 하지 않았다.

문자를 주고받던 중 캘러커니스는 유저가 오디오 토론방을 개설할 수 있는 트위터 스페이스에서 대규모 그룹이 이 문제에 대해 떠들고 있는 것을 발견했다. 계정 정지 처분을 받은 언론인 중 두 명인 〈워싱턴포스트〉의 드루 하웰과 〈매셔블〉의 맷 바인더도 그 토론에 참여하고 있었다. 그들이 트윗을 올리는 게 금지되었지만, 트위터의 소프트웨어가 오디오 대화에서는 이들을 차단하지 않았던 것이다. 캘러커니스는 머스크에게 이 사실을 알렸고, 머스크는 스페이스로 이동하여 매우 방어적이고 날카로운 목소리로 대화에 끼어들어 참가자들을 놀라게 했다. 소문은 빠르게 퍼져나갔고, 몇 분도 지나지 않아 3만 명의 유저가 대화를 듣고 있었다.

방장인 〈버즈피드〉의 케이티 노토풀로스 기자가 머스크에게 계정 정지에 대해 설명해달라고 요청하자, 머스크는 자신의 행적을 은밀히 추적하는 사이트와 연결되어 있기 때문이라고 답했다. "당신은 우리가 당신의 주소를 공유하고 있다고 시사하고 있는데, 그것은 사실이 아닙니다." 하웰이 말했다. "저는 당신의 주소를 게시한 적이 없습니다."

"당신이 주소에 대한 링크를 게시했습니다." 머스크가 반박했다.

"우리는 일론젯에 대한 링크를 게시했는데, 그것은 지금은 온라인 상태가 아닙니다." 하웰이 다시 응수했다. 그런 후 그는 머스크가 "〈뉴욕포스트〉의 헌터 바이든 기사와 관련해 비판한 것과 똑같은 링크 차단 기술을 사용하고 있다"라고 비난했다.

머스크는 화를 내고 토론방에서 사라졌다. 몇 분 후 트위터는 갑자기 토론방을 종료시켰다. 사실은 트위터가 스페이스 전체를 하루 동안 폐쇄한 것이었다. 계정이 정지된 유저가 대화에 참여할 수 없도록 조치하기 위해서였다. 스페이스 폐쇄에 대해 머스크는 트위터에 "축적 데이터의 버그를 수정하는 중입니다. 내일부터 정상 작동될 것입니다"라고 올렸다.

머스크는 곧 자신이 너무 멀리 나갔다는 것을 깨닫고 상황을 되돌릴 방법을 강구했다. 그는 유저들을 대상으로 정지된 기자들의 계정을 복원시켜야 하는지를 묻는 설문조사를 게시했다. 투표자 360만 명 중 58퍼센트 이상이 '예'라고 답했다. 계정들은 복원되었다.

음모론의 영향력

트위터와 관련해 이런저런 논란이 소용돌이치던 시기에 머스크는 분노와 농담을 넘나들었다. 어느 날 저녁, 와이스와 그녀의 동료 몇 명, 그리고 제임스와 함께 핫 박스에 앉은 머스크는 사람들이 스스로 선호하는 대명사를 게시하는 관행을 조롱하기 시작했다. 누군가가 머스크는 선호 대명사를 '기소/파우치'로 해야 한다고 농담을 던졌다. 몇몇이 불안한 웃음을 흘리는 가운데 머스크는 낄낄거리기 시작했다. 와이스는 그 순간 머스크에게 도전하고 싶지 않아서 그저 가만히 있었다. 그는 그 농담을 세 차례나 반복했다. 그리고 새벽 3시경, 그는 충동적으로 트위터에 글을 올렸다. "내 대명사는 기소/파우치입니다." 이 트윗은 말도 안 되고 재미도 없는데다가 단 몇 마디로 트랜스젠더를 조롱하는 셈이 되었을 뿐 아니라 여든한 살의 공중보건 관리자인 앤서니 파우치에 대한 음모론을 떠올리게 하며 더 많은 광고주를 겁주고 이제 테슬라는 절대 사지 않을 새로운 적을 만드는 데까지 일조했다.

그의 동생도 분노한 사람 중 한 명이었다. "도대체 뭐야, 형, 이 노인네는 그저 코로나 사태를 어떻게든 해결하려고 애쓴 사람이야." 킴벌이 형에게 말했다. "이러면 안 돼." 파우치 소장의 정책을 비판했다가 트위터에서 필터링 대상이 되었던 스탠퍼드대학교의 교수 제이 바타차리아도 이 트윗을 비판했다. "나는 파우치가 엄청난 실수를 저질렀다고 생각합니다. 하지만 올바른 시정은 그를 기소하는 것이 아니라 그가 그런 실수를 저질렀다는 것을 역사가 기억하게 하는 것입니다."

파우치 트윗은 머스크가 단순히 반각성 또는 우익 정서를 표출한 사례가 아니었다. 그는 때때로 사악한 글로벌 엘리트 세력에 관한 음모론의 가장자리를 휘젓고 다녔다. 이는 우리가 실제로 시뮬레이션 속에 살고 있을지도 모른다는 그의 장난스런 추정의 나쁜 측면이었다. 그는 어두운 기분에 빠지면 영화 〈매트릭스〉에서처럼 우리의 현실 뒤에 어두운 음모 세력이 있다는 생각을 품곤 했다. 비근한 예로, 그는 CIA가 자신의 삼촌인 케네디 대통령을 죽였다고 주장하는 열렬한 백신 반대론자 로버트 케네디 주니어의 발언을 리트윗하기도 했다. 머스크의 파우치 트윗 이후 케네디는 이렇게 글을 올렸다. "파우치는 연간 총 370억 달러의 연구 보조금으로 진 세계 바이러스 전문가들 사이에서 '침묵의 약속'을 구입했습니다. 그 물주가 사라지면 통설은 무너질 것입니다."

"맞습니다." 머스크가 화답했다. 머스크는 나중에 케네디가 바이든에 맞서 대통령 선거에 출마하기로 결정했을 때 트위터 스페이스에 그를 초대해 토론 방을 열었다.

종종 그렇듯이, 아버지의 불안한 메아리가 울렸다. 에롤은 2년 넘게 코로나19에 대한 음모론을 퍼뜨리고 있었다. "이 사람은 해고되어야 한다!" 그가 2020년 4월 앤서니 파우치에 대해 페이스북에 올린 글이다. 그해 말에는 빌 게이츠가 코로나19가 확산되기 6개월 전에 그것에 대해 알고 있었으며, 그 원인을 추적하기 위해 1,000억 달러 규모의 계약을 체결했다고 주장하기도 했다. 2021년 그는 코로나19 백신, 트럼프의 대선 패배, 9.11 테러 등을 전면적으로 부정하는 발언을 쏟아냈다. "모든 정보를 종합해 볼 때 9.11 테러는 고의로 계획된 것으로 보이며, 그에 대한 증거는 너무도 강력합니다." 그가 말했다. 일론이 트위터 파일 작업에 착수하기 불과 몇 주 전, 에롤은 코로나19가 거짓말이라는 나름의 호언장담을 페이스북에 올렸다. 그리고 백신과 관련해서는 "주사를 맞을 만큼 어리석다면, 특히 '부스터'를 맞았다면 곧 죽을 것"이라고 주장했다.

트위터 파일이 공개된 후 에롤은 아들에게 또 한 차례 청하지 않은 메시지를 보냈다. 그는 "좌파(즉 갱스터)를 막아야 한다. 문명이 위태로운 지경이야"라고 썼다. 또한 트럼프가 선거의 승리를 도둑맞았기 때문에 반드시 그를 다시 트위터에 복귀시켜야 한다고 했다. "그는 우리의 유일한 빛줄기야." 이어서 그는 아들에게 어렸을 때 남아공의 놀이터에서 배운 교훈을 기억하라고 조언했다. "갱스터들을 달래려고 노력하는 것은 부질없는 짓이다. 더 많이 노력할수록 그들은 너를 두려워하지도, 존중하지도 않게 되지. 그들을 세게 때리거나 아무라도 세게 한 대 패준다면 그들은 너를 존중하게 될 거야."

일론은 이 메시지를 결코 보지 못했다. 아버지의 악령을 몰아내기 위해 그는 이미 이메일 주소를 바꾸었고, 에롤에게 새 주소를 알려주지 않았다.

후유증

11월에 회사를 그만두었을 때, 로스의 가장 큰 걱정은 머스크가 자신을 상대로 트위터 폭도들의 공격을 유발해 안전을 위협받는 것이었다. 처음에는 그것이 기우에 불과한 것 같았다. 하지만 12월에 트위터 파일을 통해 그의 이메일과 슬랙 메시지가 공개되자 머스크는 그를 향해 화염방사기를 들이댔다.

트위터 파일에는 로스가 헌터 바이든 노트북 사건과 같은 문제를 어떻게 처리할지 논의하는 내용이 담겨 있었다. 그의 발언은 대부분 사려 깊은 것이었지만, 트위터에서는 여전히 격한 반응을 불러일으켰다. 한 유저는 "문제를 찾은 것 같다"라는 트윗을 올렸다. 이 트윗은 교사가 18세 학생과 성관계를 갖는 것이 잘못인지 묻는 저널 기사를 아무런 코멘트 없이 링크한, 2010년에 로스가 올린 게시물을 지적했다. 머스크는 "이것이 많은 것을 설명해주네요"라는 댓글을 달았다. 그런 다음 머스크는 직접 몽둥이를 들었다. 그는 로스가 작성한 〈게이 데이터〉라는 제목의 펜실베이니아대학교 박사학위 논문의 한 단락에 대한 스크린샷을 트위터에 올렸는데, 여기에는 '그라인더Grindr'와 같은 게이 연결 사이트가 18세 미만의 유저를 다룰 수 있는 방법과 관련하여 다양한 관점에 대한 논의가 언급되어 있었다. "로스가 성인용 인터넷 서비스에 아동이 접속할 수 있도록 하는 것에 찬성하는 입장인 것 같네요." 거기에 머스크가 붙인 코멘트였다.

로스는 소아성애와는 아무런 관련이 없었지만, 머스크가 암시한 내용은 트위터의 어두운 구석에 숨어 있던 피자게이트(워싱턴 DC의 한 피자 가게 지하실에서 힐러리 클린턴을 비롯한 민주당 고위 정치인들이 주기적으로 아동 학대 행위를 해왔다는 내용의 음모론으로, 2016년 대선 과정에서 도널드 트럼프를 지지하는 커뮤니티 사이에 퍼지며 큰 논란을 일으켰다 - 옮긴이) 유형의 음모론자들을 자극하여 동성애 혐오와 반유대주의 성격의 공격을 퍼붓게 만들었다. 이어서 한 타블로이드지가 로스의 집 주소를 공개했고, 그는 어쩔 수 없이 이사해 숨어 지내야 했다. "머스크는 제가 소아성애를 지지하거나 묵인한다는 명예훼손적인 주장을 공유하기로 결정했습니

일론 머스크

다." 로스가 나중에 말했다. "저는 황급히 집을 떠나야 했고, 집을 팔아야 했습니다. 그것이 바로 이런 유형의 온라인 괴롭힘과 발언이 불러오는 결과입니다."

파우치 트윗으로 세간의 분노를 불러일으킨 일요일, 머스크는 트위터의 핫 박스에 들러 그날 저녁 데이브 샤펠의 코미디 쇼 입장권을 총사들과 다른 직원들에게 나눠주었다. 각성주의에 반대하는 것으로 유명한 코미디언의 공연에 서조차도 머스크의 트윗이 그의 평판에 새로운 손상을 입혔음이 분명히 드러났다. 샤펠은 머스크를 무대로 초대하면서 "신사 숙녀 여러분, 세계에서 가장 부유한 사람을 큰 박수로 맞아주시기 바랍니다"라고 외쳤다. 박수도 나왔지만 긴 야유도 이어졌다. 샤펠은 "당신이 해고한 사람들 중 일부가 청중석에 있는 것 같네요"라고 말했다. 그는 야유가 주로 "끔찍한 좌석"에 앉은 사람들로부터 나온 것이라고 농담하며 머스크를 안심시키려 애썼다.

머스크의 변덕스러운 트윗은 광고주들과 트위터의 관계를 더욱 악화시켰다. 머스크는 워너브라더스 디스커버리Warner Bros. Discovery의 CEO인 데이비드 자슬라브에게 전화 통화를 하자고 요청했고, 두 사람은 1시간 넘게 이야기를 나눴다. 자슬라브는 그가 야심 찬 브랜드들이 매력을 느끼기 어렵게 만드는 자멸적인 일을 하고 있다고 말했다. 그러면서 그가 더 긴 동영상을 추가하고 광고의 효과를 높이는 등 상품의 개선책에 초점을 맞추어야 한다고 조언했다.

피해는 테슬라에도 미쳤다. 그가 트위터에 대한 관심을 처음 공표했을 때 340달러였던 주가가 주당 156달러까지 떨어졌다. 12월 14일 오스틴에서 열린 회의에서 평소 매우 순응적이던 테슬라 이사회는 머스크에게 트위터의 논란이 테슬라 브랜드에 타격을 주고 있다고 말했다. 머스크는 사람들이 그런 논란에 관심을 기울이지 않는 지역을 포함해 전 세계적으로 판매량이 부진했으며, 그것이 주로 거시경제적 요인에 기인한다고 반박했다. 하지만 킴벌과 이사회 의장인 로빈 덴홈은 그의 행동방식도 한 요인이라며 그를 계속 압박했다. "다들 알고 있으면서도 말하기 껄끄러웠던 사실은 그가 빌어먹을 바보처럼 행동하고 있다는 것이었어요." 킴벌의 말이다.

92장

크리스마스 소동

2022년 12월

(위) 새크라멘토에서 용역업체 직원들과 함께한 총사들
(아래) 서버 랙을 밀고 있는 제임스

서버 이동

"이 기간을 내가 받아들일 거라고 보나요?" 머스크가 물었다. "당연히 아니지요. 타임라인이 길면 그건 잘못된 거예요."

12월 22일 늦은 저녁, 머스크의 10층 트위터 회의실은 긴장감이 감돌았다. 머스크는 트위터의 인프라 관리자 두 명과 대화를 나누고 있었는데, 그들은 이전에 그를 상대해본 적이 별로 없는 사람들이었다. 실제로 기분이 좋지 않은 상태의 그를 상대하는 것은 처음이었다.

그중 한 명이 문제를 설명하려고 했다. 트위터의 서버 팜 중 하나가 세를 얻어 들어가 있는 새크라멘토의 데이터 서비스 회사에 관한 얘기였다. 트위터가 2023년에 질서정연하게 서버를 이전할 수 있도록 그 회사에서 임대 계약을 단기적으로 연장해주는 데 동의했다는 것이었다. "그런데 오늘 아침에 거기서 다시 연락이 왔습니다." 긴장한 관리자가 머스크에게 말했다. "이제는 그 계획도 더 이상 고려할 수 없다고 했습니다. 그들이 한 말을 그대로 말씀드리면, 우리가 재정적으로 살아남을 수 있다고 생각되지 않기 때문이랍니다."

트위터에서 새크라멘토 서버 팜에 지출하는 비용은 연간 1억 달러 이상이었다. 머스크는 그곳의 서버를 오리건 주 포틀랜드에 있는 트위터의 다른 시설 중 한 곳으로 이전하여 그 비용을 절감하고자 했다. 회의에 참석한 다른 관리자가 당장 그렇게 할 수는 없다고 말했다. "안전하게 이전하려면 6개월 내지 9개월은 필요합니다." 그녀는 사무적인 어조로 말했다. "트래픽을 고려하건대 새크라멘토 서버를 당장 움직이는 것은 위험합니다."

지난 세월 머스크는 자신이 필요하다고 생각하는 것과 다른 사람들이 가능하다고 말하는 것 사이에서 선택해야 하는 상황에 수없이 직면했다. 결과는 거의 항상 같았다. 그는 잠시 침묵을 지킨 후 단호하게 말했다. "90일 안에 끝내세요. 90일 안에 해내지 못하면 사직서를 수리하겠습니다."

관리자는 포틀랜드로 서버를 이전하는 데 따르는 몇 가지 장애에 대해 자세히 설명하기 시작했다. "랙의 밀도도 다르고, 전력의 밀도도 다릅니다." 그녀가 말했다. "그러므로 공간부터 업그레이드해야 합니다." 그녀는 더 상세한 부분을 설명하기 시작했지만, 머스크가 잠시 후 말을 끊었다.

"내 머리를 아프게 만들고 있군요." 그가 말했다.

"죄송합니다. 그런 의도는 아니었습니다." 그녀가 단조로운 목소리로 침착하게 말했다.

"머리 폭발 이모티콘 본 적 있어요?" 그가 그녀에게 물었다. "지금 내 머리가 딱 그런 느낌이에요. 말도 안 되는 헛소리 그만하세요. 젠장. 포틀랜드에는 공간이 엄청 많잖아요. 이건 그냥 서버를 한 곳에서 다른 곳으로 옮기는 사소한 일이라고요."

트위터 관리자들은 다시 그에 따르는 제약사항을 설명하려고 했다. 머스크가 또 말을 잘랐다. "포틀랜드 서버 센터들에 사람 좀 보내서 내부 영상을 찍어 보내라고 할 수 있죠?" 그가 물었다. 크리스마스를 사흘 앞두고 있었기에 관리자는 일주일 안에 동영상을 보내주겠다고 약속했다. "아니요, 내일." 머스크가 명령했다. "내가 직접 서버센터를 구축해봤기 때문에 서버를 더 넣을 수 있는지 없는지 보면 알 수 있어요. 그래서 내가 물어본 거예요. 이 시설들을 실제로 방문해봤냐는 말이에요. 가보지 않고 말하는 거라면 다 헛소리일 뿐이라고요."

스페이스X와 테슬라가 성공할 수 있었던 것은 머스크가 팀원들을 더 과감하고 민첩하게 움직이도록, 그리고 모든 장애물을 밀어내는 비상근무 방식의 서지에 돌입하도록 끊임없이 밀어붙였기 때문이다. 그렇게 그들은 프리몬트에서 천막을 치고 자동차 생산라인을 구축했고, 중고 부품을 이용해 텍사스 사막의 테스트 시설과 케이프커내버럴의 발사장을 만들 수 있었다. "망할 서버를 포틀랜드로 옮기기만 하면 되는 거예요." 그가 말했다. "만약 30일 이상 걸린다면 정말 미쳐버릴 것 같아요." 그는 잠시 멈추고 다시 계산했다. "이삿짐센터를 불러 컴퓨터를 옮기는 데 일주일, 설치하고 연결하는 데 또 일주일, 2주면 되겠네요. 그렇게 해야 해요." 모두 침묵했다. 하지만 머스크는 여전히 열을 올리고 있었다. "빌어먹을 유홀 트럭을 빌리면 혼자서도 할 수 있을 거요." 두 트위터 관리자는 머스크가 진심으로 하는 말은 아닐 거라고 믿고 싶은 표정이었다. 스티브 데이비스와 오미드 아프샤르도 테이블에 함께 있었다. 그들은 전에도 이런 모습을 여러 번 본 적이 있었기에 그가 진심일지도 모른다는 것을 알고 있었다.

새크라멘토 습격

"그럼, 지금 당장 하는 게 어떨까요?" 제임스 머스크가 물었다.

새크라멘토 시설에서 포틀랜드로 서버를 옮기는 일정에 관한 실망스러운 인프라 회의가 끝난 다음 날인 12월 23일 금요일 저녁, 제임스와 그의 동생 앤드루는 샌프란시스코에서 오스틴으로 일론과 함께 비행기를 타고 가고 있었다. 스키를 좋아하는 두 사람은 타호에 가서 크리스마스 휴일을 즐길 계획이었지만, 그날 일론이 오스틴에 같이 가자고 초대했다. 제임스는 사실 내키지 않았다. 정신적으로 지쳐 있던 터라 더 이상의 강렬함을 필요로 하지 않았다. 하지만 앤드루가 일론과 함께 가야 한다고 설득했고, 그렇게 해서 둘은 머스크, 그라임스, 엑스, 그리고 스티브 데이비스와 니콜 홀랜더 및 그들의 아기와 함께 비행기에 올라 서버 이전에 대한 일론의 불평에 귀를 기울이고 있었다.

제임스가 지금 당장 서버를 옮기자고 제안했을 때 그들은 라스베이거스 상공 어딘가를 날고 있었다. 머스크가 좋아하는 충동적이고 비실용적이며 서지 유형의 돌파를 암시하는 아이디어였다. 이미 늦은 저녁이었지만 머스크는 조종사에게 기수를 돌리라고 지시했고, 그들은 새크라멘토로 향했다.

새크라멘토에 착륙했을 때 그들이 구할 수 있는 렌터카는 도요타 코롤라 한 대뿐이었다. 머스크의 수석 보안요원이 운전하는 가운데 그라임스는 조수석에 앉은 일론의 무릎에, 다른 사람들은 뒷좌석에 끼어 앉았다. 밤늦은 시간이라 데이터센터에 들어갈 수 있을지조차 확신할 수 없었지만, 다행히 아직 퇴근하지 않고 있던 우즈베키스탄 출신의 알렉스라는 트위터 직원 한 명이 매우 놀란 표정으로 그들을 맞이했다. 그는 명랑하게 그들을 안으로 들이고 내부 곳곳을 안내했다.

다른 많은 회사의 서버도 보관하고 있던 이 시설은 보안이 매우 철저하여 각 보관실에 들어가려면 망막 스캔을 거쳐야 했다. 그들은 우즈베키스탄인 알렉스의 도움으로 트위터 서버 보관실에 들어섰는데, 그곳에는 각각 30대의 컴퓨터를 탑재한 냉장고 크기의 랙이 약 5,200대 놓여 있었다. "이것들을 옮기는 거라면 그렇게 어려워 보이지 않는데." 일론이 말했다. 각 랙의 무게가 약 2,500파운드(약 1,134킬로그램)에 높이는 8피트(약 2.4미터)나 되기 때문에 현실을 왜곡하는 주장이 아닐 수 없었다.

"바닥 패널을 들어내려면 용역업체를 불러야 합니다." 알렉스가 말했다. "흡착기로 들어 올려야 하거든요." 그런 다음에 또 다른 용역업체 직원들이 바닥 패널 아래로 들어가 전기 케이블과 지진 하중을 분리해야 한다고 그는 말했다.

머스크는 자신의 보안요원에게 고개를 돌려 주머니칼을 빌려달라고 했다. 그는 그것을 사용해 바닥에 있는 통기구 중 하나를 들어 올렸고, 이어서 바닥 패널도 열어젖혔다. 그런 후 그는 직접 서버 바닥의 아래로 기어 들어가 칼을 사용하여 전기 캐비닛을 비집어 열고 서버 플러그를 뽑은 다음 무슨 일이 일어날지 기다렸다. 아무것도 폭발하지 않았다. 그 서버는 이제 옮겨도 되는 상태가 된 것이다. "뭐 그렇게 엄청 어려운 일 같지는 않군." 우즈베키스탄인 알렉스와 나머지 일행이 쳐다보는 가운데 머스크가 말했다. 사실 그는 그 시점에서 완전한 흥분감에 휩싸였다. 마치 〈미션 임파서블〉의 새크라멘토 편을 찍은 것 같다며 큰 소리로 웃었다.

다음 날인 크리스마스이브에 머스크는 증강 병력을 소집했다. 로스 노딘이 샌프란시스코에서 차를 몰고 왔다. 그는 유니언스퀘어의 애플 스토어에 들러 서버의 이동경로를 추적할 수 있는 에어태그의 재고 2,000달러어치를 모두 구입한 다음, 홈디포에 들러 렌치, 볼트 커터, 헤드램프, 내진 볼트를 푸는 데 필요한 도구 등 2,500달러어치를 구매했다. 스티브 데이비스는 보링컴퍼니의 직원에게 대형 세마이트럭 한 대와 이삿짐 트럭 여러 대를 구해서 보내도록 지시했다. 다른 병력은 스페이스X에서 달려왔다.

서버 랙에 바퀴가 달려 있었기에 팀은 먼저 서버 랙 네 개를 분리하여 대기 중인 트럭으로 옮길 수 있었다. 그 과정에서 그들은 5,200여 개의 서버 랙 모두를 며칠 내에 옮길 수 있다는 것을 파악했다. "좋아, 아주 잘하고 있어!" 머스크는 기뻐했다.

시설의 다른 직원들은 놀라움과 공포가 뒤섞인 표정으로 이 광경을 지켜보았다. 머스크와 그의 레니게이드 팀은 서버를 상자에 넣거나 보호재로 감싸지 않고 그냥 밀어서 끌어내고는 상점에서 구입한 끈으로 트럭 상판에 고정시키고 있었다. "세마이트럭에 물건을 실어보는 건 처음이야." 제임스가 말했다. "난 겁이 나." 로스가 응수했다. 본질적으로 밀실을 비우는 것과 유사했지만, "그 안에 있는 물건들은 정말 중요했거든요." 로스의 말이다.

오후 3시, 서버 랙 네 대를 트럭에 실었을 때 데이터센터를 소유하고 관리하던 NTT의 최고경영진에게 이 소동에 관한 소식이 전해졌다. 그들은 머스크의 팀에 즉시 작업을 중단하라는 명령을 내렸다. 당시 머스크의 감정은 그의 광적인 서지에 종종 수반되던 환희와 분노가 뒤섞인 상태였다. 그는 보관부서의 책임자에게 전화를 걸었고, 책임자는 전문가들이 참여하지 않는 가운데 서버 랙을 옮기는 것은 불가능하다고 말했다. 머스크는 "말도 안 되는 소리 하지 말라"면서 설명했다. "우리가 이미 세마이트럭에 네 대를 실었어요." 그러자 책임자는 일부 바닥이 500파운드 이상의 압력을 견딜 수 없기 때문에 2,000파운드짜리 서버를 굴리면 파손될 수 있다고 말했다. 머스크는 서버에 바퀴가 네 개 달려 있어서 어느 한 지점에 가해지는 압력은 500파운드에 불과하다고 대답했다. "산수도 못하는 친구야." 머스크가 총사들에게 말했다.

NTT 경영진의 크리스마스이브를 망치고 1억 달러 이상의 잠재적 매출 손실을 안긴 머스크는 동정을 표하며 이틀 동안 서버 이동을 중단하겠다고 말했다. 하지만 크리스마스 다음 날 바로 재개할 것이니 그렇게 알라고 경고했다.

가족 크리스마스

크리스마스이브의 늦은 밤, 새크라멘토 데이터센터에 임시 휴전이 발효된 가운데 머스크는 스키 휴가 계획이 무산된 제임스와 앤드루에게 볼더로 이동하여 킴벌 및 그의 가족과 함께 크리스마스를 보내자고 했다. 크리스티아나는 예상치 못한 두 손님을 위해 선물과 양말을 사느라 분주히 움직였다. 킴벌은 로스트비프와 30센티미터 높이의 요크셔푸딩을 준비했다. 킴벌과 마찬가지로 요리에 관심이 많은 일론의 아들 데미안은 참마 요리를 만들었다. 엑스는 에어 펌프 로켓을 가지고 카운트다운을 외친 다음 발사 버튼을 발로 밟아 날리며 놀았다. 제임스와 앤드루는 온수 욕조에 몸을 담그고 긴장을 풀었다.

킴벌은 이번 방문을 트위터 인수 이후 통제불능 상태로 빠져든 일론과 진지한 대화를 나눌 기회로 삼았다. 1년 전만 해도 올해의 인물이자 세계 최고 부자였던 그는 이제 그 어느 쪽도 아니었다. 2018년에 일어났던 일과 비슷했고, 또 한 번의 '오픈루프' 경고가 필요한 시점이었다. 킴벌은 일론이 위험한 속도로, 그리고 위험한 수준으로 적을 만들고 있다고 말했다. "마치 맨날 싸움에 말려들던 고등학교 시절과 같은 느낌이야."

킴벌은 심지어 일론이 테슬라의 CEO로 남고 싶어 하는지에 대해서도 이야기를 꺼냈다. 테슬라가 심각한 상황인데, 일론은 그 문제에 집중하지 않고 있었다. "그냥 CEO직을 내려놓는 게 어때?" 킴벌이 물었다. 일론은 대답할 준비가 되어 있지 않았다.

그가 심야에 올리는 트윗 문제도 거론했다. 킴벌은 트위터에서 일론에 대한 팔로우를 중단한 상태였다. 너무 신경이 쓰였기 때문이다. 일론은 폴 펠로시에 대한 트윗이 실수였다고 인정했다. 온라인에서 본 남성 매춘부에 대한 이야기가 신뢰할 수 없는 사이트에서 나온 것임을 깨닫지 못했다고 했다. "바보야, 바보." 킴벌이 말했다.

"이상한 헛소리에 홀리면 안 돼." 그의 파우치 트윗도 마찬가지였다. "그건 옳지 않아. 재미도 없고. 그런 짓을 하면 안 돼." 킴벌은 또한 그를 부추긴 제임스와 앤드루에게도 설교했다. "이건 괜찮지 않아, 얘들아. 이런 내용은 허용되지 않아."

두 사람이 논의하지 않은 주제 중 하나는 트위터 자체에 관한 것이었다. 일론이 회사 얘기를 꺼내자 킴벌이 손을 내저었다. "난 트위터라는 회사에 전혀 관심이 없어." 그가 말했다. "트위터는 형이 세상에 영향을 미치기 위해 해야 하는 일과 동떨어진, 엉덩이에 난 뾰루지 같은 것이라고 생각해." 일론은 동의하지 않았지만, 그에 대해 논쟁하지는 않았다.

킴벌과 크리스티아나가 지키는 크리스마스 전통 중 하나는 모두에게 한 가지 질문을 던지는 것이었다. 올해의 질문은 "무엇을 후회합니까?"였다. 일론은 "가장 후회되는 것은 종종 포크로 내 허벅지를 찌르고 총으로 내 발을 쏘고 칼로 내 눈을 찌르는 것"이라고 대답했다.

크리스마스는 머스크가 트위터와 그의 트윗으로 인해 혼란을 겪는 가운데 잠시 멀어졌던 아들 그리핀, 데미안, 카이와 다시 이어질 수 있는 기회가 되었다. 아이들은 제임스와 앤드루처럼 수학과 과학에 탁월한 재능을 보였지만, 아버지와 할아버지의 악마적이고 거친 성격은 물려받지 않았다. 일론 머스크의 아들로 산다는 것은 쉽지 않은 일이었지만, 그들은 머스크의 표현 그대로 '자제력'이 강했다.

머스크는 당시 열여섯 살이던 카이와 고등학교를 그만두고 트위터에서 일하는 것에 대해 논의했다. "카이는 뛰어난 프로그래머이기 때문에 소프트웨어 작성 일을 하면서 고등학교는 온라인으로 마쳐도 된다고 생각했어요. 데미안도 그렇게 했거든요." 머스크는 말한다. "학교생활에는 사회적 요소가 있다는 것을 알기 때문에 강요하지는 않았지만, 카이는 고등학교를 다니기에는 너무 똑똑해요. 터무니없는 시간 낭비지요." 카이는 생각해보겠다고 답했다.

카이의 일란성 쌍둥이인 데미안 역시 머리가 비상했지만 관심 분야는 달랐다. 그는 1년 전부터 입자물리학자의 연구실에서 양자연산과 암호화를 연구하고 있었다. 온라인으로 고등학교 과정을 마친 후 미국 최고의 연구 대학 중 한 곳에 합격했지만, 머스크는 그곳에 학부생으로 다니는 것은 그에게 충분한 지적 도전이 되지 못할 수 있다고 생각했다. "그 아이는 이미 수학과 물리학에서 대학원 수준에 올라와 있거든요."

그리핀은 머스크 가족 중 가장 성격이 느긋하고 외향적이었다. 아이비리그 대학의 신입생이었던 그는 아버지를 향한 사람들의 적대감을 감당하고 있었다. 자신에 대해 이야기할 때 매우 공손하고 겸손한 태도를 보이던 그는 "약간 자랑처럼 들릴지 모르지만 저는 컴퓨터공학과 450명 중 1등을 했습니다"라고 거의 사과하듯이 말했다. 그는 십대 시절 아버지가 그랬던 것처럼 많은 시간을 비디오 게임을 프로그래밍하며 보냈다. 그가 가장 좋아하는 게임은 '엘든링'이었다.

물론, 한때 자비에였던 제나는 그 자리에 없었다. 하지만 크리스티아나는 제나에게 온 가족이 보고 싶어 한다면서 자신이 만든 크리스마스 양말을 보낼 거라는 문자 메시지를 보냈다. "고마워요. 제게 정말 큰 의미가 있는 선물이에요." 제나가 답장을 보냈다.

자폐증을 앓고 있는 색슨은 또 다시 나름의 지혜를 보여주었다. 가족들이 레스토랑을 예약할 때 가명을 사용해야 하는지에 대해 논의할 때였다. "오, 그래야 해요." 그가 말했다. "제가 일론 머스크의 아들이라는 사실을 알게 되면 사람들이 저한테 화를 낼 거예요. 일론이 트위터를 망치고 있다고 말이에요."

작업 재개

크리스마스가 지나고 앤드루와 제임스는 서버 이전을 돕기 위해 새크라멘토로 돌아갔다. 옷을 충분히 챙기지 않아서 그들은 월마트에 가서 청바지와 티셔츠를 샀다.

해당 시설을 운영하는 NTT 감독관들은 계속해서 작업을 방해했는데, 그 중 일부는 이해할 수 있는 것이었다. 예를 들어, 그들은 보관소 문을 버팀목으로 받친 채 열어놓는 것을 허용하지 않았다. 총사들과 작업자들이 들어갈 때마다 망막 보안 스캔을 통과해야 한다는 것이었다. 감독관 중 한 명이 내내 옆에 붙어서 그들을 지켜보았다. "그녀는 제가 함께 일해본 사람 중 가장 참을 수 없는 사람이었습니다. 하지만 공정하게 말하자면, 우리가 그녀의 휴가를 망치고 있었기 때문에 그녀가 그런 태도를 보인 것도 무리는 아니었습니다." 제임스의 말이다.

NTT가 이용하라고 권한 이사 용역업체는 시간당 200달러를 청구했다. 그래서 제임스는 옐프에 들어가 이삿짐센터를 검색했고, 그 10분의 1의 비용으로 일을 시킬 수 있는 엑스트라케어무버스Extra Care Movers라는 업체를 찾았다. 다양한 유형의 잡역부들이 일하는 이 회사는 허접함의 극한을 보여주었다. 회사의 주인은 한동안 거리에서 살다가 아이를 낳고 인생의 전환을 시도하고 있었다. 그는 은행 계좌가 없었기 때문에 제임스는 결국 페이팔로 돈을 지불해야 했다. 둘째 날, 작업자들은 현금을 원했고, 제임스는 은행에 달려가 개인 계좌에서 1만 3,000달러를 인출했다. 작업자 중 두 명은 신분증이 없었기에 시설에 등록하고 들어가는 데 어려움을 겪었다. 하지만 총사들은 기지를 발휘해 상황을 호전시켰다. 제임스는 "서버를 하나 더 옮길 때마다 1달러씩 팁을 주겠다"고 했다. 그 후로는 트럭에 새 서버를 실을 때마다 작업자들이 몇 대째인지 물어보곤 했다.

서버에는 유저 데이터가 저장되어 있었는데, 제임스는 처음에는 서버를 옮기기 전에 개인정보 보호를 위해 데이터를 깨끗이 지워야 한다는 사실을 알지 못했다. "그 사실을 알게 되었을 때는 이미 서버의 플러그를 뽑고 밖으로 내어놓은 상태였습니다. 서버를 다시 안으로 옮겨 플러그를 꽂은 다음 데이터를 지워야 한다는 건데, 그럴 순 없는 노릇이었죠." 그의 말이다. 게다가 자료를 지우는 소프트웨어도 작동하지 않았다. "젠장, 이제 어떡하죠?" 그가 물었다. 머스크는 트럭을 잠그고 추적할 것을 권했다. 제임스는 홈디포에 사람을 보내 커다란 번호키 자물쇠를 여러 개 사오게 했다. 그들은 자물쇠의 번호키들을 스프레드시트에 기록한 다음 포틀랜드로 보내 그곳에서 트럭의 문을 열 수 있게 했다. "그 방법이 통했다니 믿을 수가 없습니다." 제임스는 말한다. "모두 포틀랜드에 무사히 도착했습니다."

주말까지 그들은 새크라멘토에서 동원 가능한 모든 트럭을 이용했다. 비가 자주 내리는 지역이었음에도 3일 동안 700개가 넘는 랙을 옮겼다. 그 시설의 이전 기록은 한 달에 30대를 옮긴 것이었다. 여전히 많은 서버가 시설에 남아 있었지만, 총사들은 서버를 신속하게 옮길 수 있다는 것을 증명해 보였다. 나머지는 1월에 트위터 인프라 팀이 처리했다.

머스크는 사전에 제임스에게 연말까지 이전하는 서버에 대해 최대 100만 달러에 달하는 큰 보너스를 주겠다고 약속했다. 문서화한 약속은 아니었지만 제임스는 머스크의 말을 믿었다. 서버를 이전한 후 그는 버챌로부터 포틀랜드에 옮겨 가동시킨 서버에 한해서만 보너스가 적용된다는 말을 들었다. 전기를 새로 연결해야 했기에 그 숫자는 제로였다. 제임스는 일론에게 문자를 보냈고, 일론은 전원 연결 여부와 상관없이 포틀랜드에 안전하게 도착한 모든 서버에 대해 대당 1,000달러를 주겠다고 했다. 그렇게 계산하면 도합 70만 달러가 조금 넘었다. 일론은 또한 그가 트위터에 입사하면 받을 수 있는 스톡옵션 패키지도 제안했다. 제임스는 두 가지를 모두 수락했다.

제임스는 남아공에 있는 가족을 사랑했다. 가족과 함께 크리스마스를 보낼 기회를 놓친 그는 보너스의 일부로 비행기 티켓을 사 가족들을 봄에 미국으로 초대하기로 했다. 그는 또한 부모님에게 캘리포니아에 집을 사드리기 위해 저축하는 중이었다. "아버지는 목공 일을 좋아하시는데 얼마 전 사고로 손가락 일부가 잘리는 바람에 지금 힘든 시간을 보내고 계십니다." 제임스는 말한다. "저는 아버지와 사이가 아주 좋습니다."

모두 매우 흥미진진하고 고무적이지 않은가? 대담하면서도 기존의 체계를 완전히 벗어난 머스크의 접근방식을 보여주는 사례다! 하지만 머스크의 모든 일이 그렇듯, 아쉽게도 그렇게 간단하지 않았다. 이는 또한 그의 무모함, 반발에 대한 인내심 부족, 사람들을 겁박하는 방식이 그대로 드러난 사례이기도 했다. 트위터의 인프라 엔지니어들은 일주일 전 머리 폭발 이모티콘 회의에서 그에게 새크라멘토 센터의 급작스러운 폐쇄가 왜 문제가 될 수 있는지 설명하려 했지만, 그는 이를 일축했다. 그는 반대하는 사람들을 무시해야 할 때를 잘 알고 있었고, 또 그와 관련해서 훌륭한 기록도 가지고 있었다. 하지만 완벽한 것은 아니었다. 그 후 두 달 동안 트위터는 불안정한 양상을 보였다. 머스크가 대선 후보인 론 드산티스를 위해 트위터 스페이스 토론회를 주최했을 때를 포함해 서버 부족으로 인한 장애가 수차례 발생했다. "돌이켜보면 새크라멘토 센터의 전면적 폐쇄는 실수였어요." 2023년 3월, 머스크는 이렇게 인정했다. "데이터센터 전체에 걸쳐 불필요하게 중복된 부분이 있다는 보고를 받았거든요. 하지만 새크라멘토에 7만 개의 하드코딩된 레퍼런스를 두었다는 사실은 듣지 못했지요. 그 때문에 아직도 망가진 부분이 있을 정도예요."

테슬라와 스페이스X의 최측근 부하들은 머스크의 나쁜 아이디어를 보류시키고 그가 원치 않는 정보를 조금씩 제공하는 방식으로 그를 상대하는 방법을 익힌 상태였지만, 트위터의 기존 직원들은 그런 방법에 대해 전혀 알지 못했다. 그렇긴 하지만, 어쨌든 트위터는 살아남았다. 그리고 새크라멘토에서 발생한 이 사건은 트위터 직원들에게 한 가지 사실을 분명하게 보여주었다. 광적인 긴박감이 필요하다고 이야기할 때 그는 결코 농담하는 것이 아니라는 사실을 말이다.

새해 전야

머스크는 절실히 긴장을 풀 필요가 있었다. 휴가를 즐기는 편은 아니었지만, 트위터를 인수하기로 결정한 4월에 그랬던 것처럼 그는 매년 두어 차례 하와이 라나이 섬으로 2, 3일간 휴가를 떠나 멘토인 래리 엘리슨의 저택 중 한 군데에 머물곤 했다. 12월 말에 그는 그라임스, 엑스와 함께 그곳으로 갔다.

엘리슨은 최근 이 섬에 직경 1미터의 거울 망원경을 갖춘 돔형 천문대를 건설했다. 그 망원경은 무게가 3,000파운드(약 1,360킬로그램)나 나갔다. 머스크는 망원경이 화성을 향하게 해달라고 했다. 한참 동안 조용히 접안렌즈를 들여다보던 그는 엑스를 안아 세우며 말했다. "이것 좀 봐." 그가 말했다. "네가 언젠가 살게 될 곳이 바로 여기야."

그리고 그라임스, 엑스와 함께 멕시코의 카보산루카스로 날아가 킴벌 및 그의 가족들과 함께 격동의 2022년에 작별을 고하는 것을 축하했다. 일론의 큰 아이들 네 명도 그곳에 있었고, 킴벌의 가족 모두도 함께했다. "우리의 신경계 모두가 한자리에 모여서 좋았어요." 킴벌은 말한다. "우리는 매우 복잡한 가족이라 모두가 동시에 행복해하는 것은 정말 드문 일이지요."

트위터를 인수한 이후 머스크는 전쟁 모드에 돌입했고, 어린 시절부터 내면에 자리 잡은 피포위 심리가 꿈틀거릴 때마다 쉽사리 분노를 느끼곤 했다. 발걸음이 무거웠고, 몸짓은 사나웠으며, 자세에는 전투의 긴장감이 흘렀다. 하지만 그런 와중에도 몇 차례 가진 가족 모임은 가끔씩이나마 평온함을 안겨주었다. 카보에서의 첫날 저녁, 그는 킴벌, 카이, 안토니오 그라시아스와 함께 아주 조용한 레스토랑에서 저녁식사를 했다. 다음 날에는 보드게임을 하고 영화를 봤다. 머스크가 고른 영화는 1993년 개봉한 액션 드라마 〈데몰리션 맨〉으로, 실베스터 스탤론이 엄청난 부수적 피해를 일으키며 열정적으로 자신의 직무를 수행하는, 리스크를 사랑하는 경찰관 역을 맡았다. 그는 이 영화를 재밌게 봤다.

새해 전야를 축하하는 주민 파티가 열렸고, 전통적인 새해맞이 카운트다운으로 분위기는 절정을 이뤘다. 포옹과 불꽃놀이가 끝난 후 머스크는 공허한 표정으로 먼 곳을 응시하기 시작했다. 친구들은 그가 무아지경에 빠졌을 때 방해해서는 안 된다는 것을 알고 있었다. 하지만 마침내 크리스티아나가 그의 등에 손을 얹고 괜찮은지 물었다. 그는 1분 남짓 더 침묵했다. "스타십을 궤도에 올려야 해." 그가 마침내 말했다. "스타십, 궤도에 올려야 해."

93장

자동차를 위한 AI

테슬라, 2022-2023년

다발 슈로프와 그의 테슬라 책상

사람에게 배우는 자동차

"챗GPT와 비슷한데, 자동차를 위한 것입니다." 다발 슈로프가 머스크에게 말했다. 그는 머스크가 2015년 샘 올트먼과 공동 설립한 연구소인 오픈AI에서 막 출시한 인공지능 챗봇과 테슬라의 프로젝트를 비교하고 있었다. 거의 10년 동안 머스크는 자율주행 자동차와 옵티머스 로봇, 뉴럴링크의 뇌-기계 인터페이스 등 다양한 형태의 인공지능을 연구해왔다. 슈로프의 프로젝트는 머신러닝의 최신 영역과 관련된 것으로, 사람의 행동방식을 학습하는 자율주행 자동차 시스템을 고안하는 것이었다. "실제 사람이 복잡한 운전 상황에서 어떻게 행동했는지에 대한 방대한 양의 데이터를 처리한 다음 그것을 모방하도록 컴퓨터의 신경망을 훈련시키는 겁니다."

머스크가 때로 제임스, 앤드루, 로스와 더불어 4총사 역할을 하던 슈로프에게 만나자고 한 이유는 그에게 테슬라의 오토파일럿 팀을 떠나 트위터에서 일하라고 설득하기 위해서였다. 슈로프는 그러고 싶지 않았기에 자신이 진행 중인 프로젝트, 즉 '신경망 경로 플래너'라는 테슬라 자율주행 소프트웨어의 '인간에 대한 학습' 요소가 테슬라와 나아가 전 세계에 매우 중요하다는 점을 머스크에게 납득시키고 있었다.

두 사람의 미팅은 시나리오의 일부라고 해도 그다지 부자연스러워 보이지 않을 정도로 머스크의 일정이 빡빡이 들어차 있는 날에 마련되었다. 2022년 12월 2일 금요일, 맷 타이비가 트위터 파일의 첫 번째 세트를 게시할 예정이었다. 슈로프는 머스크의 요청에 따라 그날 아침 트위터 본사에 도착했지만, 네바다에서 사이버트럭을 공개하고 막 돌아온 머스크는 그를 보자마자 사과부터 했다. 뉴올리언스로 가서 마크롱 대통령을 만나 유럽의 콘텐츠 관리 규정에 대해 논의할 예정이었다는 사실을 잊고 그 시간에 그를 부른 것이었다. 그는 슈로프에게 그날 저녁에 다시 와달라고 부탁했다. 머스크는 마크롱을 기다리는 동안 슈로프에게 다시 약속을 미루자는 문자를 보냈다. "4시간 정도 늦어질 것 같네. 혹시 기다려 줄 수 있나?" 그는 또한 배리 와이스와 넬리 볼스에게 갑자기 문자를 보내 그날 밤 샌프란시스코로 와서 트위터 파일 관련 작업을 도와달라고 했다.

그날 밤늦게 샌프란시스코에 도착한 머스크는 마침내 슈로프와 마주 앉았고, 슈로프는 자신이 진행 중인 신경망 경로 플래너 프로젝트의 세부사항을 설명할 기회를 얻었다. "지금 하고 있는 일을 계속하는 것이 매우 중요하다고 생각합니다." 슈로프가 말했다. 그의 말을 들은 머스크는 해당 프로젝트에 다시 흥미를 느끼고 그의 말에 동의했다. 머스크는 앞으로 테슬라가 단순한 자동차 회사도 아닐 것이고, 단순한 청정에너지 회사도 아닐 것이라는 사실을 깨달았다. 테슬라는 완전 자율주행과 옵티머스 로봇, 머신러닝 슈퍼컴퓨터 도조를 갖추고 챗봇의 가상세계에서뿐만 아니라 공장과 도로의 현실세계에서도 영향력을 발휘하는 인공지능 회사가 될 터였다. 그는 이미 오픈AI와 경쟁할 수 있는 AI 전문가 그룹을 고용하는 것에 대해 생각하고 있었다. 그러면 테슬라의 신경망 기획 팀과 그들 간에 상호 보완적인 작업 관계가 형성될 터였다.

수년 동안 테슬라의 오토파일럿 시스템은 규칙 기반의 접근방식에 의존했다. 그것은 차량의 카메라에서 시각적 데이터를 가져와 차선 표시와 보행자, 차량, 교통신호 등 여덟 개의 카메라가 포착하는 범위 내에 있는 모든 대상을 식별했다. 그런 다음 소프트웨어는 다음과 같은 일련의 규칙을 적용했다. "신호등이 적색일 때는 정지한다, 녹색일 때는 주행한다, 양쪽 차선 표시의 중앙에 위치한다, 이중 노란색 차선의 반대편으로 넘어가지 않는다, 충돌할 만큼 빠르게 오는 차량이 없을 때만 교차로를 통과한다. …" 테슬라의 엔지니어들은 이러한 규칙을 복잡한 상황에 적용하기 위해 수십만 줄의 C++ 코드를 수작업으로 작성하고 업데이트했다.

슈로프가 작업하던 신경망 플래너 프로젝트에는 새로운 레이어가 추가되었다. "규칙에만 의존해 자동차의 적절한 경로를 결정하는 것이 아니라, 인간이 보여준 수백만 건의 사례를 학습하는 신경망에도 의존해서 적절한 경로를 결정하는 겁니다." 슈로프의 설명이다. 다시 말해, 인간을 모방한다는 것이다. 이 신경망은 특정한 상황에 직면하면 수천 개의 유사한 상황에서 인간이 수행한 작업을 기반으로 경로를 선택한다. 그것은 인간이 말하기, 운전하기, 체스 두기, 스파게티 먹기 등 거의 모든 것을 배우는 방식과 유사하다. 우리는 주어진 일련의 규칙을 따르기도 하지만 대체적으로 다른 사람들이 어떻게 하는지를 관찰하여 기술을 습득한다. 그것이 바로 앨런 튜링이 1950년 논문 〈컴퓨팅 기계와 지능〉에서 구상했던 머신러닝에 대한 접근방식이었다.

테슬라는 신경망을 훈련시킬 수 있는 세계 최대 규모의 슈퍼컴퓨터 중 하나를 보유하고 있었다. 이 슈퍼컴퓨터는 칩 제조업체인 엔비디아가 만든 그래픽 처리장치GPU로 구동되었다. 머스크의 2023년 목표는 테슬라가 자체적으로 구축한 슈퍼컴퓨터인 도조를 사용하는 것으로 전환해 비디오 데이터로 AI 시스템을 훈련시키는 것이었다. 테슬라의 AI 팀이 자체 설계한 칩과 인프라를 갖춘 이 컴퓨터는 거의 8엑사플롭(1엑사플롭은 초당 100경 회의 연산을 처리하는 능력을 말한다)의 처리능력을 갖추었으며, 그 용도로는 세계에서 가장 강력했다. 테슬라는 이 컴퓨터를 자율주행 소프트웨어와 옵티머스 로봇 모두를 위해 이용할 계획이었다. "그것들을 병합해서 작업하는 것은 흥미로운 일이지요." 머스크는 말한다. "둘 다 세상을 돌아다니려 노력하고 있는 겁니다."

2023년 초까지 신경망 플래너 프로젝트는 테슬라 고객의 차량에서 수집한 1,000만 프레임의 비디오를 분석했다. 그렇다면 그것은 인간 운전자의 평균 수준으로 운전을 잘할 수 있게 된다는 뜻인가? "아니요, 우리는 인간이 상황을 잘 처리한 경우의 데이터만 사용합니다." 슈로프의 설명이다. 그렇다면 데이터는 어떻게 선별하는 걸까? 테슬라는 뉴욕 주 버팔로 거주민을 중심으로 구성된 평가단을 운용하고 있었다. 그 평가단이 비디오를 평가하고 등급을 매겼다. 머스크는 이들에게 "별 다섯 개 등급의 우버 기사가 취했을 법한" 조치들을 찾으라고 말했고, 그렇게 선별한 비디오들을 컴퓨터를 훈련하는 데 사용하고 있었다.

머스크는 테슬라 팰로앨토 사옥의 오토파일럿 엔지니어들이 앉아서 일하는 개방형 작업 공간을 자주 거닐었고, 그들 옆에 무릎을 꿇고 앉아 즉석 토론을 벌이기도 했다. 어느 날 슈로프가 머스크에게 그들의 진척 사항을 보여주었다. 머스크는 감명을 받았지만 한 가지 의문이 들었다. 이 완전히 새로운 접근 방식이 정말로 필요한 걸까? 너무 과한 것은 아닐까? 그가 신봉하는 격언 중 하나는 파리 잡는 데 순항 미사일을 사용하지는 말자는 것이었다. 파리채면 충분하지 않은가. 신경망을 사용하여 경로를 계획하는 것 역시 발생 가능성이 매우 낮은 몇 가지 특이한 경우를 처리하기 위해 불필요하게 복잡한 방법을 동원하는 것은 아닐까?

슈로프는 신경망 플래너가 규칙 기반의 접근방식보다 더 효과적인 사례를 머스크에게 보여주었다. 슈로프가 준비한 데모 영상에는 쓰레기통과 쓰러진 트래픽콘, 이런저런 파편 등으로 뒤덮인 도로가 등장했다. 신경망 플래너의 안내를 받은 자동차는 그런 장애물을 피해 차선을 넘고 필요한 경우 몇 가지 규칙까지 어기며 주행했다. "이것이 바로 규칙 기반에서 네트워크 경로 기반으로 전환하는 경우 일어나는 상황입니다." 슈로프가 그에게 말했다. "이 기능을 작동하면 체계가 없는 환경에서도 차가 충돌하는 일은 절대 일어나지 않습니다." 머스크를 흥분시키는 것은 바로 이러한 유형의 미래로 도약하는 것이었다. "제임스 본드 영화 스타일의 시연까지 가보도록 해요." 머스크가 말했다. "사방에서 폭탄이 터지고 하늘에서 UFO가 떨어지는데 자동차가 그 어느 것에도 부딪히지 않고 속도를 내는 장면을 연출해야 해요."

머신러닝 시스템에는 일반적으로 스스로 학습할 때 지침이 되는 목표 또는 지표가 필요하다. 어떤 지표를 가장 중요하게 여겨야 하는지 결정하고 관리하는 것을 좋아하는 머스크는 그들이 지침으로 삼아야 할 이정표를 제시했다. 바로 "테슬라 완전 자율주행 기능을 갖춘 차량이 사람의 개입 없이 주행할 수 있는 거리"라는 지표였다. "앞으로 회의 때마다 사람이 개입할 때까지 주행한 평균 거리에 대한 최신 데이터를 첫 번째 슬라이드로 보기로 합시다." 그가 선언했다. "AI를 학습시키는 경우 무엇을 최대화해야 할까요? 정답은 사람이 개입할 때까지의 주행 거리를 늘리는 겁니다." 그는 직원들에게 매일 점수를 확인할 수 있는 비디오 게임처럼 만들라고 지시했다. "점수가 없는 비디오 게임은 지루하기 마련이지요. 개입 당 마일이 늘어나는 것을 날마다 보게 되면 동기 부여가 될 겁니다."

팀원들은 작업 공간에 85인치 대형 텔레비전 모니터를 설치하고 완전 자율주행 차량이 개입 없이 평균 몇 마일을 주행했는지 실시간으로 표시하기 시작했다. 차선을 변경하거나 복잡한 교차로에서 회전하는 동안 운전자가 핸들을 잡는 것과 같은 반복적인 유형의 개입이 발견될 때마다 그들은 규칙과 신경망 플래너를 모두 사용하여 수정을 가했다. 직원들은 작업 공간 한쪽에 징을 설치하고 개입을 유발하는 문제를 성공적으로 해결할 때마다 징을 울렸다.

AI 테스트 드라이브

2023년 4월 중순, 머스크가 이 새로운 신경망 네트워크 플래너를 시험해볼 때가 되었다. 머스크는 팰로앨토 일대를 주행할 자동차에 직접 탑승했다. 슈로프와 오토파일럿 팀이 구성해놓은, 인간 운전자를 모방하는 신경망에 의해 훈련된 소프트웨어에 의존하는 자동차였다. 이 소프트웨어에는 전통적인 규칙 기반 코드가 최소한으로 적용되었다.

머스크가 운전석에 탔고, 옆 조수석에 테슬라의 오토파일럿 소프트웨어 디렉터 아쇼크 엘루스와미가 앉았으며, 뒷좌석에는 슈로프와 다른 두 팀원 맷 바우치 및 크리스 페인이 올랐다. 뒷좌석의 세 사람은 지난 8년 간 테슬라에서 책상을 붙여놓고 일했으며, 모두 샌프란시스코에서 같은 동네에 살고 있었다. 대부분의 사람들이 가족사진을 올려놓는 책상 위에는 세 사람이 핼러윈 파티에서 함께 포즈를 취한 똑같은 사진이 각각 놓여 있었다. 제임스는 그 팀의 네 번째 멤버였지만, 머스크가 트위터를 인수하고 그곳으로 영입하는 바람에 팀에서 빠진 상태였다. 슈로프가 트위터로 옮기길 싫어했기 때문에 제임스가 재배치된 것으로 볼 수 있었다.

테슬라의 팰로앨토 오피스 단지 주차장에서 출발 준비를 하면서 머스크는 지도에서 차량이 갈 위치를 선택하고 완전 자율주행을 클릭한 다음 운전대에서 손을 뗐다. 차가 주요 도로에 진입했을 때 첫 번째 무서운 상황이 발생했다. 자전거 한 대가 다가오고 있었다. "자전거 탄 사람은 예측할 수 없는 대상에 속하기 때문에 모두 숨을 죽였습니다." 슈로프의 말이다. 하지만 머스크는 개의치 않았고, 핸들을 잡으려 하지도 않았다. 차가 알아서 양보했다. "인간 운전자가 하는 것과 똑같다는 느낌이 들었어요." 슈로프의 기억이다.

슈로프와 그의 두 팀원은 그들의 완전 자율주행 소프트웨어가 고객 차량의 카메라에서 수집한 수백만 개의 비디오 클립을 통해 어떻게 학습되었는지 자세히 설명했다. 그들의 작업 결과 사람이 코딩한 수천 개의 규칙에 기초한 기존 소프트웨어 스택보다 훨씬 간단한 소프트웨어 스택이 탄생했다. "이 스택은 10배 더 빠르게 실행되며 결국 30만 줄의 코드를 불필요하게 만듭니다." 슈로프가 말했다. 바우치는 AI 봇이 정말 지루한 비디오 게임을 계속 하는 것과 같다고 말했다. 머스크는 코웃음을 쳤다. 잠시 후 차가 스스로 교통체증을 뚫고 지나가자 그는 휴대전화를 꺼내 트윗을 날리기 시작했다.

차는 25분 동안 고속도로와 인근 도로를 주행하며 복잡한 회전을 처리하고 자전거, 보행자, 반려동물 등을 피했다. 머스크는 운전대에 전혀 손을 대지 않았다. 다만 교차로 정지신호에서 지나치게 지체하는 등 차량이 너무 조심스럽게 움직인다고 생각될 때 가속페달을 밟는 것으로 두어 차례 개입했을 뿐이다. 한번은 차가 같은 상황에서 자신보다 더 나은 조치를 취했다고 판단할 만한 기능을 수행했다. "와우!" 머스크가 감탄했다. "방금 내 인간 신경망조차도 따르지 못할 수준으로 움직였어." 그는 흡족한 나머지 모차르트의 세레나데 G 장조 〈소야곡〉을 휘파람으로 불기 시작했다.

"자네들, 정말 대단한 일을 해냈어." 머스크가 마지막에 말했다. "아주 인상적이야." 테스트 주행을 마친 후 그들은 모두 오토파일럿 팀의 주간회의에 참석했다. 대부분 검은색 티셔츠를 입은 20여 명의 직원들이 회의 테이블에 둘러앉아 평결을 기다렸다. 많은 사람들이 신경망 프로젝트가 성공할 것이라고 믿지 않고 있었다. 머스크는 이제 자신이 해당 프로젝트의 신봉자이며 이 프로젝트를 지속적으로 추진하기 위해 많은 자원을 투입할 것이라고 선언했다.

토론 중에 머스크는 팀이 발견한 중요한 사실에 주목했다. 신경망은 적어도 100만 개의 비디오 클립을 학습하기 전까지는 제대로 작동하지 않았고, 150만 개의 클립을 학습한 후에야 제대로 작동하기 시작했다는 사실이었다. 이것은 테슬라에 다른 자동차 및 AI 회사보다 훨씬 유리한 점을 안겨주는 사안이었다. 전 세계적으로 약 200만 대의 테슬라 차량이 매일 수십억 개의 비디오 프레임을 수집하고 있었기 때문이다. "우리는 독보적인 위치에서 이 일을 수행할 수 있습니다." 엘루스와미가 회의에서 말했다.

방대한 실시간 데이터를 수집해 분석하는 능력은 자율주행 자동차부터 옵티머스 로봇, 챗GPT 유형의 봇에 이르기까지 모든 형태의 AI에 필수적인 요소이다. 머스크는 이제 자율주행차에서 수집되는 영상과 매주 트위터에 올라오는 수십억 개의 게시물이라는 두 가지 강력한 실시간 데이터의 원천을 보유했다. 그는 오토파일럿 회의에서 트위터에서 사용할 GPU 데이터 처리 칩을 1만 개 더 구매했다고 말했고, 테슬라에서 설계 중인 잠재적으로 더 강력한 도조 칩에 대한 회의를 더 자주 열겠다고 발표했다. 아울러 크리스마스 시즌에 충동적으로 트위터의 새크라멘토 데이터센터를 폐쇄한 것이 실수였다고 후회하는 듯한 말투로 인정했다.

이 회의 자리에는 슈퍼스타급 AI 엔지니어 한 명도 참석해서 묵묵히 귀를 기울이고 있었다. 곧 출시할 새로운 비밀 프로젝트를 위해 머스크가 그 주에 고용한 인물이었다.

94장

인간을 위한 AI

엑스닷에이아이, 2023년

오스틴에서 시본 질리스, 그리고 그녀가 낳은 쌍둥이 스트라이더, 애저와 함께

위대한 레이스

　기술 혁명은 대개 팡파르가 거의 없이 시작된다. 1760년 어느 날 아침에 일어나서 "세상에, 산업혁명이 막 시작되었다!"라고 외친 사람은 아무도 없었다. 디지털 혁명도 세상이 근본적으로 변화하고 있다는 사실을 사람들이 알아차리기 전까지, 취미로 개인용 컴퓨터를 조립하여 홈브루 컴퓨터 클럽Homebrew Computer Club 같은 모임에서 과시하던 괴짜들과 더불어 뒷전에서 수년에 걸쳐 비교적 조용히 무르익었다. 하지만 인공지능 혁명은 달랐다. 2023년 봄, 불과 몇 주 만에 수백만 명의 기술 전문가와 일반인들이 일과 학습, 창의성, 일상 업무의 본질을 바꿀 변화가 놀라운 속도로 일어나고 있다는 사실을 알아차렸다.

　머스크는 지난 10년 동안 인공지능이 언젠가 고삐가 풀려, 즉 나름의 사고를 발전시켜 인류를 위협할지도 모른다는 위험성에 대해 걱정했다. 구글의 공동창업자 래리 페이지가 다른 형태의 지능보다 인간 종을 선호한다는 이유로 그를 '종차별주의자'라고 칭하며 그의 우려를 일축한 이후 두 사람의 우정에 금이 갔다. 머스크는 페이지와 구글이 인공지능 연구의 선구자 데미스 허사비스가 설립한 딥마인드를 인수하려 하자 그것을 막으려 노력했다. 이 시도가 실패로 돌아간 후 그는 2015년 샘 올트먼과 함께 비영리 공익 활동을 표방하는 오픈AI라는 경쟁 연구소를 설립했다.

　인간은 기계보다 까칠할 수 있는 법, 결국 머스크는 올트먼과 결별하고 오픈AI의 이사회를 떠났으며, 그곳의 유명 엔지니어 안드레이 카파시를 꾀어내 테슬라의 오토파일럿 팀을 이끌게 했다. 그러자 올트먼은 오픈AI에 영리 부문을 개설하고 마이크로소프트로부터 130억 달러의 투자를 받은 후 카파시를 다시 데려갔다.

　오픈AI가 개발한 대표적인 제품이 바로 대규모 인터넷 데이터 세트를 학습하여 유저의 질문에 대답하는 챗GPT라는 봇이었다. 올트먼과 그의 팀이 2022년 6월 빌 게이츠에게 초기 버전을 보여줬을 때, 그는 그 봇이 대학교 생물학개론 시험 정도를 통과할 수 있기 전까지는 관심을 갖지 않을 것이라고 말했다. "그러면 2, 3년 후에나 그들이 다시 찾아올 줄 알았어요." 게이츠의 말이다. 하지만 그들은 3개월 만에 돌아왔다. 올트먼과 마이크로소프트의 CEO 사티아 나델라, 그리고 몇몇이 함께 게이츠의 집에 저녁식사를 하러 와서 GPT-4라는 새 버전을 보여주었고, 게이츠는 생물학 문제로 질문 공세를 퍼부었다. "너무나 놀라웠어요." 게이츠는 말한다. 그런 다음 그는 '아픈 아이를 둔 아버지를 어떤 말로 위로하면 좋을지' 물었다. "인공지능은 방에 있던 우리 모두가 자신보다 더 훌륭하다고 여길 수밖에 없는, 매우 세심하고 탁월한 답변을 내놓았어요."

2023년 3월, 오픈AI는 GPT-4를 일반에 공개했다. 얼마 후 구글은 '바드 Bard'라는 이름의 라이벌 챗봇을 출시했다. 그렇게 인간과 자연스럽게 대화하고 텍스트 기반으로 다양한 지적 작업을 수행할 수 있는 제품을 위한, 오픈AI(마이크로소프트)와 딥마인드(구글) 간의 경쟁 무대가 마련되었다.

머스크는 이러한 챗봇과 AI 시스템이 특히 마이크로소프트와 구글의 손에 들어가면 정치적으로 세뇌될 수 있으며, 심지어 이른바 '각성 바이러스'에 감염될 수도 있다고 우려했다. 그는 또한 스스로 학습하는 AI 시스템이 인간에게 적대적으로 변할까 봐 두려웠다. 그리고 보다 즉각적인 차원에서는 허위 정보와 편향 보도, 금융사기가 트위터에 넘쳐나게 만들도록 챗봇이 훈련될 수 있다고 걱정했다. 물론 그러한 모든 일은 이미 사람들에 의해 진행되고 있었다. 하지만 무기화한 챗봇 수천 대가 배치된다면 문제는 20~30배 이상으로 악화될 터였다.

시급히 구조에 나서야 한다는 그의 강박이 발동했다. 머스크는 오픈AI와 구글의 양자 경쟁에 AI의 안전과 인간성 보존에 초점을 맞춘 제3의 검투사가 뛰어들 필요가 있다고 생각했다. 그는 자신이 오픈AI를 설립하고 자금을 지원했음에도 그 경쟁에서 소외된 것에 분개했다. AI라는 거대한 폭풍이 몰아치고 있었다. 그리고 머스크만큼 폭풍에 매료되는 사람은 없었다.

2023년 2월, 머스크는 샘 올트먼을 트위터 본사로 초대하면서('소환'이라는 표현이 더 적합할 듯하다) 오픈AI의 설립 문서를 가져와달라고 했다. 머스크는 기부금으로 운영되는 비영리단체를 어떻게 수백만 달러를 벌어들이는 영리단체로 전환할 수 있는지, 그 합법적 정당성을 설명해보라고 요구했다. 올트먼은 모든 것이 합법적임을 보여주려고 노력하며 자신은 개인적으로 주주도 아니거니와 현금을 챙기지도 않았다고 주장했다. 그는 또한 머스크에게 새로운 회사의 주식을 제공하겠다고 했지만, 머스크는 거부했다.

대신 머스크는 오픈AI와 올트먼에 대한 공격을 쏟아냈다. "오픈AI는 구글에 대항하기 위해 설립한 오픈소스(그래서 내가 '오픈'AI라고 이름 붙인 겁니다) 유형의 비영리회사였는데, 지금은 사실상 마이크로소프트가 통제하는 폐쇄소스 유형의 최대 영리회사가 되었습니다." 그가 말했다. "내가 1억 달러를 기부한 비영리조직이 어떻게 시가총액 300억 달러의 영리기업이 되었는지 여전히 혼란스럽습니다. 이것이 합법적이라면 왜 모두가 그렇게 하지 않는 걸까요?" 그는 AI를 "인류가 만든 가장 강력한 도구"라고 칭하면서 "이제 그것이 무자비한 기업 독점의 손아귀에 들어갔다"고 한탄했다.

올트먼은 괴로웠다. 그는 머스크와 달리 세심한데다가 맞서 싸우는 성격도 아니었다. 그는 오픈AI로 돈을 챙기고 있는 상황이 아니었으며, 머스크가 AI 안전 문제의 복잡성을 충분히 파고들지 않았다고 느꼈다. 하지만 머스크의 비판이 진정한 우려에서 나온 것이라고는 생각했다. 올트먼은 나중에 카라 스위셔에게 이렇게 말했다. "그는 얼간이입니다. 저는 결코 되고 싶지 않은 스타일의 사람입니다. 하지만 그는 정말 이 문제에 관심을 기울이고 있고, 인류의 미래에 대해 실로 많은 고민을 하고 있는 것 같습니다."

머스크의 데이터 스트림

AI의 연료는 데이터이다. 새로운 챗봇들은 인터넷의 수십억 페이지와 기타 문서 등 방대한 양의 정보를 토대로 훈련되고 있었다. 검색엔진과 클라우드 서비스, 이메일에 대한 액세스 권한을 가진 구글과 마이크로소프트는 이러한 시스템을 학습시키는 데 도움이 되는 엄청난 양의 데이터를 보유했다.

머스크는 이 파티에 무엇을 가져올 수 있었을까? 한 가지 자산은 수년 동안 매일 5억 개씩 추가되며 1조 개 이상 축적된, 트윗을 포함하는 트위터 피드였다. 트위터 피드는 실제 사람들의 실시간 대화와 뉴스, 관심사, 트렌드, 논쟁, 용어 등에 대한 세계에서 가장 시의적절한 데이터 세트이자 인류의 하이브마인드hive mind였다. 또한 실제 사람들이 챗봇의 응답에 어떻게 반응하는지 테스트할 수 있는, 챗봇의 훌륭한 훈련장이기도 했다. 이 데이터 피드의 가치는 머스크가 트위터를 인수할 때 고려하지 않은 부분이었다. "사실 데이터 피드는 인수 후에야 깨달은 부수적인 이점이었지요." 그의 말이다.

트위터는 다른 기업들이 이 데이터 스트림을 사용할 수 있도록 꽤 느슨하게 허용하고 있었다. 1월에 머스크는 트위터에서 수차례 심야 회의를 소집하여 그것을 유료화할 방안을 모색했다. 그는 엔지니어들에게 "이것은 수익 창출의 기회"라고 말했다. 또한 그것은 구글과 마이크로소프트가 AI 챗봇을 개선하기 위해 이 데이터를 사용하는 것을 제한할 수 있는 방법이기도 했다.

머스크가 보유한 또 다른 데이터의 보고寶庫는 테슬라가 차량에 장착된 카메라에서 수신하여 처리하는 일일 1,600억 프레임의 비디오였다. 이 데이터는 챗봇에 정보를 제공하는 텍스트 기반 문서와 달랐다. 실제 상황에서 사람이 운전하는 방식에 대한 비디오 데이터였다. 이 데이터는 텍스트 생성 챗봇뿐 아니라 실제 로봇을 위한 AI를 개발하는 데 도움이 될 수 있었다.

인공일반지능의 성배는 단순히 비실체적인 채팅으로 사람들을 놀라게 하는 것이 아니라 공장이나 사무실, 또는 화성 표면과 같은 물리적 공간에서 인간처럼 작동할 수 있는 기계를 만드는 것이었다. 테슬라와 트위터는 기계가 실제 공간을 탐색하도록 가르치는 것과 자연언어로 질문에 답하도록 가르치는 것, 그 두 가지에 필요한 데이터 세트와 처리 능력을 제공할 수 있었다.

"AI를 안전하게 만들기 위해 무엇을 할 수 있을까?" 머스크가 물었다. "나는 이 문제와 계속 씨름하고 있어. AI의 위험을 최소화하고 인간의 의식이 살아남을 수 있게 하려면 어떤 조치를 취해야 할까?"

그는 시본 질리스가 거주하는 오스틴 집의 풀사이드 파티오에 맨발로 양반다리를 하고 앉아 있었다. 질리스는 그의 두 아이의 엄마일 뿐 아니라 8년 전 오픈AI를 설립할 때부터 인공지능에 대한 그의 지적 동반자 역할을 해온 뉴럴링크의 임원이었다. 이제 생후 16개월 된 쌍둥이 스트라이더와 애저는 두 사람의 무릎 위에 각각 앉아 있었다. 머스크는 여전히 간헐적 단식을 하고 있었기에 늦은 브런치로 (규칙적으로 먹기 시작한) 도넛을 먹었다. 질리스는 커피를 탄 다음 그가 너무 빨리 마시지 않도록 전자레인지에 돌려 매우 뜨겁게 만들었다.

일주일 전, 머스크가 내게 문자를 보냈다. "몇 가지 중요한 얘기를 하고 싶어요. 직접 만나야만 할 수 있는 얘깁니다." 언제 어디서 만나고 싶으냐고 물었더니 "3월 15일, 오스틴에서"라고 답했다.

나는 영문을 알 수 없었고, 그래서 솔직히 조금 걱정도 되었다. 조심해야 하는 걸까? 알고 보니 그는 앞으로 직면하게 될 현안에 대해 이야기하고 싶은 것이었다. 그의 마음에 가장 먼저 떠오른 것은 AI였다. 우리는 밖에 앉아서 대화를 나누는 동안 휴대전화를 집 안에 두어야 했다. 누군가 우리의 휴대전화를 이용해 우리의 대화를 모니터링할 수도 있다고, 그가 말했기 때문이다. 하지만 그는 나중에 자신이 AI에 대해 말한 내용을 이 책에 써도 좋다고 했다.

그는 낮고 단조로운 어조로 얘기하면서 간간이 거의 미친 듯이 웃음을 터뜨리곤 했다. 사람들이 아이를 충분히 낳지 않아서 인간 지능의 양이 늘지 않고 있다고, 그는 지적했다. 한편 컴퓨터 지능의 양은 스테로이드를 맞은(즉 강화된) 무어의 법칙Moore's Law처럼 기하급수적으로 증가하고 있었다. 언젠가는 생물학적 두뇌 능력이 디지털 두뇌 능력에 비해 보잘것없어 보이게 될 것이 자명했다.

더욱이 새로운 AI 머신러닝 시스템은 스스로 정보를 수집할 수 있고, 결과물을 생성하는 방법을 스스로 학습할 수 있으며, 심지어 자체의 코드와 기능을 업그레이드할 수도 있었다. '특이점singularity'은 수학자 존 폰 노이만과 공상과학 작가 버너 빈지가 인공지능이 통제할 수 없는 속도로 발전하여 인간을 뛰어넘는 기점을 설명하기 위해 사용한 용어였다. 머스크는 낮고 불길한 어조로 "그런 일이 예상보다 빨리 일어날 수 있습니다"라고 말했다.

머스크의 설명을 들으면서 나는 그 장면의 기묘함에 생각이 미쳤다. 우리는 화창한 봄날 교외 주택의 고요한 뒷마당 수영장 옆 파티오에 앉아 있었다. 초롱초롱한 눈망울의 쌍둥이가 옆에서 걸음마를 배우는 동안 머스크는 침울한 표정으로 인공지능의 대재앙이 지구 문명을 파괴하기 전에 화성에 지속 가능한 인간 식민지를 건설할 기회에 대한 상념을 이어가고 있었다. 나는 샘 텔러가 했던 말이 떠올랐다. 머스크와 함께 일한 지 이틀째 되던 날 스페이스X 이사회에 참석한 후 그는 이렇게 말했다. "그들은 빙 둘러앉아 화성에 건설할 도시에 대한 계획과 그곳에서 사람들이 입을 옷에 대해 진지하게 논의했습니다. 모두들 그것이 완전히 정상적인 대화인 것처럼 처신하고 있었습니다."

머스크는 긴 침묵에 빠져들었다. 시본의 표현을 빌리자면 "일괄 처리"에 들어간 것이었다. 이는 여러 작업을 일정 기간 또는 일정 단위로 묶어두었다가 처리 능력이 충분할 때 순차적으로 처리하는 구식 컴퓨터의 방식이었다. "가만히 앉아서 아무것도 하지 않을 수는 없어요." 마침내 그가 부드럽게 말했다. "인공지능과 관련된 상황을 고려할 때 트위터에 대해 그렇게 많은 시간을 할애할 가치가 있는지 의문이 듭니다. 물론 트위터를 세계에서 가장 큰 금융기관으로 만들 수 있겠지요. 하지만 내 두뇌 활동의 주기와 하루의 시간은 한정되어 있잖아요. 더 부자나 뭐 그런 게 되어야 하는 것도 아니고요."

내가 입을 열려고 하자 그는 내가 무엇을 물어볼지 알고 있었다. "그럼 내 시간을 어디에 써야 하느냐고요?" 그가 물었다. "스타십을 발사하는 데요. 이제 화성에 가는 게 훨씬 더 긴급해진 셈이지요." 그는 다시 잠시 멈췄다가 덧붙였다. "그리고 AI를 안전하게 만드는 데 집중해야 해요. 그래서 내가 AI 회사를 출범시키는 겁니다."

엑스닷에이아이

　머스크는 새 회사의 이름을 엑스닷에이아이x.AI로 정하고 직접 나서서 구글 딥마인드 부서의 수석 AI 연구원 이고르 바부슈킨을 수석 엔지니어로 영입했다. 그는 처음에는 엑스닷에이아이에 트위터의 신입직원 중 일부를 배치할 계획이었다. 하지만 머스크는 뉴럴링크와 같은 독립 스타트업으로 전환할 필요가 있다고 판단했다. 해당 분야에 대한 새로운 열풍으로 인해 경험만 있으면 누구나 입사 보너스로 100만 달러 이상을 받을 수 있었기에 머스크는 AI 과학자를 채용하는 데 약간의 어려움을 겪고 있었다. "새로운 회사의 창업 멤버로 참여해 지분을 확보할 수 있게 해주면 사람들을 구하기가 더 쉬워질 겁니다." 그의 설명이다.

　내가 세어보니 그렇게 되면 여섯 개의 회사를 운영하게 되는 것이었다. 테슬라, 스페이스X 및 그것의 스타링크 사업부, 트위터, 보링컴퍼니, 뉴럴링크, 엑스닷에이아이. 이는 전성기 시절 스티브 잡스가 운영한 회사(애플과 픽사)의 3배에 달하는 숫자였다.

　그는 질문에 자연언어로 응답할 수 있는 챗봇을 만드는 측면에서 오픈AI보다 훨씬 늦게 시작하는 것임을 인정했다. 하지만 테슬라의 자율주행차와 옵티머스 로봇에 대한 연구는 실제 세계를 탐색하는 데 필요한 유형의 AI를 만든다는 측면에서 훨씬 앞서 있었다. 이는 그의 엔지니어들이 두 가지 능력을 모두 필요로 하는 본격적인 인공일반지능을 만드는 데 있어 사실상 오픈AI보다 앞서 있음을 의미했다. "테슬라의 실세계 AI가 과소평가되고 있어요." 그는 말한다. "테슬라와 오픈AI가 서로 업무를 바꿔야 한다고 상상해보세요. 저들은 자율주행차를 만들고 우리는 대규모 언어 모델 챗봇을 만들어야 한다면, 누가 이길까요? 우리가 이깁니다."

4월에 머스크는 바부슈킨과 그의 팀에 세 가지 주요 목표를 부여했다. 첫 번째는 컴퓨터 코드를 작성할 수 있는 AI 봇을 만드는 것이었다. 프로그래머가 특정 코딩 언어를 입력하기 시작하면 엑스닷에이아이 봇이 가장 가능성이 높은 작업을 추정해 자동으로 이어나가는 방식으로 코드를 작성하는 것이었다. 두 번째 목표는 정치적 중립성을 보장하는 알고리즘을 사용해 데이터 세트를 학습하는, 오픈AI의 GPT 시리즈에 대항하는 챗봇을 창출하는 것이었다.

머스크가 팀에 제시한 세 번째 목표는 훨씬 더 원대한 것이었다. 그의 가장 중요한 임무는 언제나 인간의 의식을 지속시키는 데 도움이 되는 방식으로 AI를 개발하는 것이었다. 머스크는 '추론'과 '사고'를 할 수 있고 '진리'를 기본 원칙으로 추구하는 형태의 인공일반지능을 만드는 것이 그 목적을 가장 잘 달성할 수 있는 방법이라고 생각했다. 그리고 그것에 '더 나은 로켓 엔진 만들기'와 같은 큰 과업을 부여할 수도 있어야 했다.

머스크는 그것이 언젠가는 더 거창하고 보다 실존적인 질문도 탐구할 수 있기를 바랐다. "진실을 추구하는 최고의 AI가 될 겁니다. 우주를 이해하는 데 관심을 갖게 될 것이고, 분명 그런 이해를 토대로 인류를 보존하고자 하게 될 겁니다. 인류는 우주의 흥미로운 일부니까요." 어디서 들어본 말처럼 들렸는데, 곧 그 이유를 깨달았다. 그는 어린 시절의 성장을 도운 (어쩌면 너무 큰 도움을 준) 자신만의 경전이자 청소년기의 실존적 우울에서 벗어나도록 해준 바로 그 책 《은하수를 여행하는 히치하이커를 위한 안내서》에 묘사된 것과 유사한 임무에 착수하고 있었다. 그 책에는 "생명과 우주, 그리고 모든 것에 대한 궁극적인 의문에 대한 답"을 구하도록 설계된 슈퍼컴퓨터가 등장했다.

95장

스타십 발사

스페이스X, 2023년 4월

(왼쪽 위) 보카치카의 한 하이베이 꼭대기에 오른 머스크와 준코사
(오른쪽 위) 관제실에서 스타십의 발사를 지켜보며
(왼쪽 아래) 관제실에서 그리핀, 엑스와 함께
(오른쪽 아래) 관제실 밖에서 그라임스, 타우와 함께

위험한 사업

"속이 계속 뒤틀리고 울렁거려." 머스크가 스타베이스의 한 하이베이 꼭대기 발코니에 서서 마크 준코사에게 말했다. 그 우주선 조립 건물은 높이가 265피트(약 81미터)였다. "큰 발사를 앞두면 늘 이래. 콰즈에서 처음 몇 번 실패를 겪으면서 외상후 스트레스 장애가 생긴 것 같아."

2023년 4월, 스타십의 실험 발사가 예정되어 있었다. 텍사스 남부에 도착한 머스크는 17년 전 첫 발사 이래로 주요한 로켓 발사 직전이면 종종 하던 일을 했다. 미래로 후퇴하는 것 말이다. 그는 준코사에게 스타베이스의 축구장 크기의 조립 텐트 네 동을 한 달에 한 개 이상의 속도로 로켓을 만들 수 있는 거대한 공장 건물로 대체하자는 아이디어를 제시하며 그와 관련된 몇 가지 지시를 했다. 당장 공장 건립에 착수하면서 근로자들을 위한 새로운 솔라루프 주택 단지도 조성해야 했다. 스타십과 같은 로켓을 만드는 것은 결코 쉽지 않은 일이었다. 하지만 더 중요한 단계는 로켓을 대량으로 생산할 수 있는 능력이라는 것을 그는 알고 있었다. 화성에 인간 식민지를 건설하고 존속시키려면 결국 수백 대의 로켓 선단이 필요했다. "내가 가장 염려하는 것은 우리 자신의 궤도야. 지금 우리는 과연 문명이 무너지기 전에 화성에 도달할 수 있는 궤도에 올라 있는 걸까?"

다른 엔지니어들이 합류하자 그들은 하이베이 꼭대기 층의 회의실로 들어가 3시간 동안의 발사 전 검토회의를 가졌다. 머스크는 직원들에게 격려의 말을 건넸다. "여러분이 그 모든 고난의 과정을 감내하면서 추진하고 있는 이 과업은 지구상에서 가장 멋진 일입니다. 늘 그 사실을 명심할 필요가 있습니다. 그 무엇보다도 훨씬 멋진 일입니다. 두 번째로 멋진 일은 무엇일까요? 한번 생각해보세요. 그게 무엇이든 이것과 비교나 되겠습니까?"

이어서 그들의 대화는 리스크라는 주제로 넘어갔다. 비행 테스트를 승인하는 10여 곳의 규제기관은 비행 테스트에 대한 머스크의 열정에 공감하지 않았다. 엔지니어들은 머스크에게 그들이 견뎌낸 모든 안전 검토와 요구사항에 대해 브리핑했다. "허가를 받아내는 것이 영혼을 갉아먹는 실존적 문제로 여겨졌을 정도입니다." 준코사가 말했다. 샤나 디에즈와 제이크 맥켄지가 자세한 설명을 덧붙였다. "염병할, 머리가 다 아플 지경이네." 머스크가 머리를 감싸 안으며 말했다. "그런 허튼소리가 난무하는 가운데 어떻게 인류를 화성에 데려갈 수 있을지 정말 고민 되는군. 잠깐 생각 좀 해보자고."

2분 동안 이어진 무아지경에서 깨어난 머스크는 다소 철학적인 견해를 피력했다. "이것이 문명이 쇠퇴하는 방식이에요. 더 이상 리스크를 감수하지 않는 거 말이에요. 그렇게 리스크 감수를 멈추면 동맥이 굳어지게 돼요. 매년 심판은 많아지고 행동하는 사람은 줄어드는 겁니다." 그래서 미국은 더 이상 고속철도나 달에 가는 로켓 같은 것을 만들 수 없게 되었다. "성공을 너무 오래 향유하면 리스크를 감수하려는 욕구를 상실하게 되지요."

"멋진 하루"

그 주 월요일의 카운트다운은 밸브에서 발생한 모종의 문제로 40초를 남기고 중단되었고, 발사는 3일 후인 4월 20일로 변경되었다. 의도적으로 4월 20일이라는 날짜를 잡은 것일까? 테슬라를 비공개로 전환하겠다는 420달러 제안과 트위터를 인수하겠다는 54.20달러 제안에 이어 또 한 번 마리화나에 대한 인터넷 은어를 관련시킨 것인가? 사실, 발사 일정은 주로 일기예보와 준비 기한에 따라 결정된 것이었다. 하지만 이미 몇 주 동안 4월 20일이라는 날짜가 '운명'이라고 말해온 머스크를 즐겁게 하기에 충분했다. 이 임무를 기록하던 영화감독 조나 놀란은 '가장 아이러니한 결과가 나올 가능성이 가장 높다'라는 격언을 언급했다. 머스크는 거기에 자신의 결론을 추가했다. "가장 재미난 결과가 나올 가능성이 가장 높지요."

머스크는 첫 번째 카운트다운이 중단된 후 마이애미로 날아가 광고업계 컨퍼런스에서 연설을 하며 자신의 트위터 계획과 관련해 관계자들을 안심시켰다. 시계침이 4월 19일에서 20일로 넘어간 직후 보카치카에 도착한 머스크는 3시간 동안 잠을 자고 레드불을 마신 후 발사 예정 4시간 전인 오전 4시 30분에 발사 관제실에 도착했다. 엔지니어와 비행 운영요원 40명이 그 열차폐 건물 안에 줄지어 설치된 콘솔에 앉아 습지대를 가로질러 6마일 떨어진 발사대를 바라보고 있었다. 그들 중 상당수가 "화성을 점령하라!"라는 문구가 적힌 티셔츠를 입고 있었다. 동틀 무렵이 되자 그라임스가 엑스와 와이, 그리고 그들의 새로운 아들인 테크노 메카니쿠스, 즉 타우를 데리고 도착했다.

발사 예정 30분 전, 준코사가 데크로 나와 센서 중 하나에서 감지된 문제에 대해 머스크에게 브리핑했다. 머스크는 몇 초 동안 그 문제를 머릿속으로 가늠한 후 "실질적 위험은 되지 않을 것 같다"라고 말했다. 준코사는 빠르게 지그춤 동작을 한 차례 취한 후 "완벽합니다!"라고 말하곤 다시 관제실로 달려갔다. 머스크는 곧 뒤따라 들어와 베토벤의 〈환희의 송가〉를 휘파람으로 불며 맨 앞줄의 콘솔에 앉았다.

T-40초에서 최종 확인을 위한 잠깐의 휴지 시간을 거친 후, 머스크는 고개를 끄덕였고 카운트다운이 재개되었다. 점화 순간 부스터에 장착된 33개의 랩터에서 뿜어져 나오는 화염이 관제실 창문 밖으로 보이는 동시에 10여 개의 모니터를 가득 채웠다. 로켓은 아주 천천히 이륙했다. "와우, 올라간다!" 머스크는 소리를 지르며 의자에서 벌떡 일어나 데크로 뛰쳐나갔다. 데크에 울려 퍼지는 이륙 과정의 깊은 굉음을 듣기 위해서였다. 로켓은 약 3분 동안 공중으로 솟구치다가 시야에서 사라졌다.

하지만 다시 안으로 들어온 머스크는 모니터를 통해 로켓이 흔들리는 것을 분명히 볼 수 있었다. 발사 몇 초 전에 엔진 두 개가 제대로 시동되지 않았고, 그래서 해당 엔진들에 대한 가동 중지 명령어가 원격으로 전달된 상태였다. 결과적으로 부스터에는 31개의 엔진이 남았지만, 임무를 완수하기에는 부족하지 않을 것으로 판단되었다. 그러나 이륙 30초 후 밸브 하나가 열리면서 연료가 새어나와 부스터 가장자리의 엔진 두 개가 추가로 폭발했고, 불길이 인접한 엔진 베이로 번지기 시작했다. 로켓은 계속 상승했지만 이제 궤도에는 진입하지 못할 것이 분명해졌다. 프로토콜에 따라 위험하지 않은 바다 위를 날고 있는 현 시점에서 의도적으로 로켓을 폭발시켜야 했다. 머스크는 발사 책임자에게 고개를 끄덕였고, 그는 발사 후 3분 10초가 지난 시점에 로켓에 '파괴 신호'를 보냈다. 48초 후 콰즈에서의 처음 세 차례 발사 때와 마찬가지로 로켓의 비디오 피드가 검은 색으로 변했다. 다시 한번, 팀은 "예정에 없던 빠른 분해"라는 다소 아이러니한 표현으로 상황을 설명해야 했다.

발사 영상을 다시 보니 랩터 엔진들의 배기가스로 발사대 바닥이 산산조각 나면서 거대한 콘크리트 덩어리가 공중으로 튀는 모습이 눈에 들어왔다. 그 파편이 일부 엔진에 부딪혔을 가능성이 있었다.

머스크는 평소와 마찬가지로 일부 리스크를 기꺼이 감수했다. 2020년에 그 발사대를 건설할 때 그는 발사대 아래에 엔진의 배기가스를 우회시킬 수 있는 화염 트렌치를 파지 않기로 결정했다. 대부분의 발사대가 갖추는 부분을 설치하지 않기로 했던 것이다. "이것은 실수로 판명날 수도 있어요." 당시 그 자신도 이렇게 말했다. 그뿐만이 아니었다. 2023년 초 발사대 팀은 발사대 기초 위에 올려놓을 대형 철판을 제작하기 시작했다. 물을 분출해 그 철판을 냉각시킬 요량이었다. 그러나 발사 시점까지 그것이 준비되지 않았고, 머스크는 정적 연소 테스트의 데이터를 바탕으로 고밀도 콘크리트가 견뎌낼 수 있을 것으로 계산했다.

초기 버전의 팰컨 1호에서 슬러싱 방지고리를 장착하지 않기로 했던 결정과 마찬가지로, 이러한 리스크를 감수한 것은 실수로 판명되었다. 안전을 중시하는 NASA나 보잉이라면 이런 결정을 내렸을 가능성이 거의 없었다. 하지만 머스크는 로켓 제작에서 "빨리 실패하는" 접근방식의 타당성을 믿었다. 리스크를 감수한다. 실패를 통해 배운다. 수정하고 반복한다. "우리는 모든 리스크를 제거하기 위한 설계에 매달리고 싶지 않습니다." 그가 말했다. "그러면 아무 데도 갈 수 없습니다."

그는 로켓이 발사대를 떠나 시야에서 사라질 정도로 높이 올라가 폭발하는 경우, 그리하여 유용한 새 정보와 데이터를 많이 확보하게 되는 경우, 실험 발사를 성공으로 간주하겠다고 미리 선언한 바 있었다. 스타십은 그러한 목표를 달성했다. 하지만 어쨌든 로켓은 폭발했다. 대부분의 대중은 그것을 폭발로 끝난 실패로 간주할 것이다. 모니터를 바라보던 머스크의 표정이 잠시 굳어지는 듯 보였다.

하지만 나머지 관제실 사람들은 박수를 치기 시작했다. 그들은 자신들이 성취한 것과 배운 것에 대해 기뻐했다. 머스크가 마침내 자리에서 일어나 두 손을 머리 위로 올리며 그들에게로 향했다. "잘했어요." 그가 말했다. "성공입니다. 우리의 목표는 로켓이 발사대를 떠나 눈에 안 보이는 곳에서 폭발하는 것이었고, 우리는 해냈습니다. 처음으로 궤도에 진입시키는 데에는 잘못될 수 있는 것들이 많이 따르기 마련이에요. 오늘은 정말 멋진 날입니다."

그날 저녁, 스타베이스의 티키 바에 100여 명의 스페이스X 직원과 친구들이 모여 새끼돼지 바비큐를 먹고 춤을 추면서 간단한 축하파티를 즐겼다. 밴드스탠드 뒤로 파티장의 불빛을 받아 반짝이는 스테인리스 스틸 재질의 오래된 스타십들이 보였고, 바로 위 밤하늘에는 밝고 붉은 화성이 마치 신호라도 받은 듯 떠오르고 있었다.

잔디밭 한쪽에서 귄 숏웰은 21년 전 머스크와 인사라도 나누라고 그녀를 데려왔던 스페이스X의 네 번째 직원 한스 쾨니스만과 이야기를 나누었다. 콰즈 시절의 베테랑인 쾨니스만은 이번 발사에 관중으로 참여하기 위해 혼자서 텍사스 남부로 날아왔다. 그는 자신이 회사를 떠나던 시기에 이루어진 2021년 인스피레이션 4 발사 이후 머스크를 만난 적이 없었다. 그는 머스크가 있는 쪽으로 가서 인사를 나눌까 생각하다가 그러지 않기로 했다. "일론은 과거를 돌아보고 감상에 젖고 그러는 사람이 아닙니다." 그가 말했다. "그런 종류의 공감에 능하지 않은 사람이지요."

머스크와 그라임스는 뉴욕에서 75세 생일파티를 마친 후 전날 밤 늦게 도착한 어머니 메이와 함께 피크닉 테이블 중 하나에 앉았다. 메이는 어린 시절 매년 부모님의 성화로 온 가족이 남아공의 칼라하리 사막을 탐험하기 위해 비행기를 몰아 날아갔던 추억을 회상했다. 일론이 외할아버지와 외할머니를 닮았으며, 위험을 무릅쓰고 모험을 즐기던 윗세대의 특성을 아랫세대에서 물려받은 것이라고, 그녀가 말했다.

엑스는 화덕 근처로 다가가다가 머스크가 부드럽게 끌어내리려고 하자 제지당한 게 싫은지 꿈틀거리며 비명을 질렀다. 머스크는 그를 놓아주었다. "어렸을 때 어느 날 부모님이 불장난을 하지 말라고 경고하셨어요." 그가 회상했다. "그래서 나무 뒤에 성냥상자를 숨겨놓고 몰래 불을 붙이곤 했지요."

"결점으로 주조된"

스타십의 폭발은 높은 목표를 세우고 충동적으로 행동하고 무모한 리스크를 감수하고 놀라운 일을 성취하려는 머스크의 억제하기 어려운 욕망을 상징하는 동시에, 무언가를 날려버리고 미친 듯이 낄낄거리며 연기 자욱한 잔해를 남기려는 그의 강박에 대한 적절한 은유가 되기도 한다. 그의 삶은 역사에 길이 남을 변혁적 업적과 더불어 심한 좌절과 약속 파기, 오만한 충동 등이 뒤섞인 채 이어졌다. 그의 업적과 실패는 모두 장대했다. 그로 인해 그는 팬들의 존경을 받기도 하고 비평가들의 매도를 받기도 했는데, 양쪽 모두에서 양극화한 트위터 시대의 광적인 열정이 그대로 드러났다.

어린 시절 이래로 악령과 극심한 강박에 시달려온 그는 선동적인 정치적 발언을 표출하고 불필요한 싸움을 자초함으로써 논란을 부추기곤 했다. 또한 때로는 무언가에 완전히 홀린 듯이 예지와 환상을 구분하는 모호한 경계인 광기의 카르만 라인까지 자신을 몰아붙이기도 했다. 그의 삶에는 불꽃을 우회하거나 그 방향을 바꿔주는 전환 장치가 너무 적었다.

그러한 점에서 이번 발사는 성숙한 업계나 신중한 CEO라면 거의 취하지 않을 유형의 리스크를 기꺼이 받아들이려는 의지로 가득 찬, 그의 전형적인 한 주의 일부였다.

- 그 주 테슬라의 실적 발표 전화 회담에서 그는 판매량을 늘리기 위한 가격 인하 전략을 더욱 강력히 추진하겠다고 했으며, 2016년부터 매년 그랬던 것처럼 1년 안에 완전 자율주행이 준비될 것이라고 예측했다.

- 그 주 마이애미에서 열린 광고업계 컨퍼런스에서 그를 무대로 초대해 인터뷰한 NBC 유니버설의 광고 책임자 린다 야카리노는 사적으로 깜짝 제안을 했다. 그가 트위터의 운영을 맡길 수 있는 적임자가 바로 본인이라는 것이었다. 두 사람은 한 번도 만난 적이 없었지만, 야카리노는 머스크가 트위터를 인수한 이후부터 그에게 문자와 전화로 거듭 연락을 취해 컨퍼런스에 참석하도록 설득했다. "우리는 트위터의 미래상에 대해 비슷한 비전을 가지고 있었고, 저는 그를 돕고 싶은 마음에 마이애미에서 인터뷰할 수 있게 해달라고 집요하게 졸랐습니다." 그녀의 말이다. 그녀는 그날 밤 그를 위해 최고의 광고주 10여 명이 참석하는 만찬을 주선했고, 그는 그 자리에 4시간 동안 머물렀다. 그는 그녀가 완벽한 업무 파트너가 될 수도 있겠다는 생각이 들었다. 놀라울 정도로 똑똑하고 일에 대한 열의가 강하며 광고 및 구독 수익에 대한 이해도가 높은데다가 스페이스X의 귄 숏웰처럼 관계를 원만하게 이끌어갈 수 있는 감각적이고 적절한 용기도 지닌 것으로 보였기 때문이다. 하지만 그는 너무 많은 통제권을 넘겨주고 싶지 않았다. "나는 여전히 트위터에서 일해야 합니다." 그가 그녀에게 말했다. 누구에게든 책임자 자리를 내어줄 마음이 없음을 정중히 밝힌 것이었다. 그러자 그녀는 릴레이 경주처럼 생각하자고 말했다. "대표님이 제품을 구상하시고 제게 바통을 넘기면 제가 그것을 실행하고 판매하는 겁니다." 결국 그는 그녀에게 트위터 CEO 자리를 넘기고 자신은 회장 겸 CTO로 남게 되었다.

- 발사 당일 아침, 그는 트위터에서 셀럽과 언론인, 기타 저명인사에게 부여하던 신원 보증용 블루 체크 표시를 없애겠다는 계획을 전격적

으로 발표했다. 구독료 지불에 동의하고 가입하는 사람들에게만 그것을 부여하겠다는 것이었다. 유저에게 가장 이로운 서비스가 무엇일지에 대한 신중한 고려라기보다는 도덕적 공정성에 대한 지나친 정의감에서 비롯된 행동이었으며, 트위터 유저들 사이에서 누가 체크 표시를 원하고 원하지 않는지, 누가 자격이 있고 없는지를 둘러싼 발작적인 논쟁과 혼란 및 분노를 불러일으켰다.

- 그 주에 뉴럴링크에서는 동물 실험의 마지막 단계를 완료하고 인간 피험자의 뇌에 칩을 이식하는 임상시험을 수행하기 위해 FDA의 승인을 받는 작업에 착수했다(그 승인은 약 4주 후에 떨어졌다). 머스크는 뉴럴링크 직원들에게 연구의 진척 상황에 대한 공개 시연회를 준비할 것을 촉구했다. "우리가 하는 모든 일에 대중을 참여시켜야 합니다." 그가 팀원들에게 말했다. "그래야 관심을 가질 것이고 또 우리를 지지할 겁니다. 그래서 폭발할 가능성이 높다는 것을 알면서도 스타십 발사를 생중계한 겁니다."

- 테슬라에서 또 한 차례 자율주행 차량의 시운전을 마친 후, 그는 이제 다발 슈로프와 그의 팀원들이 개발 중인 신경망 경로 플래너를 중심으로 AI에 올인해야 한다는 확신을 갖게 되었다고 선언했다. 그는 완전 자율주행을 위한 단일의 통합 신경망을 구축하라고 지시했다. 챗GPT가 대화에서 다음 단어를 예측할 수 있는 것처럼, 완전 자율주행의 AI 시스템은 자동차 카메라에서 이미지를 가져와 운전대와 페달을 위한 다음 동작을 예측할 수 있어야 했다.

- 스페이스X의 드래곤 캡슐이 국제우주정거장을 출발하여 플로리다 해안가에 무사히 낙하했다. 드래곤 캡슐은 여전히 우주정거장에 올라갔다가 돌아올 수 있는 미국의 유일한 우주선이었다. 이 우주선은 한 달 전에도 러시아와 일본의 우주비행사 각 한 명을 포함한 네 명의 우주비행사를 태우고 우주정거장에 올라갔고, 4주 후에도 다시 같은 임무를 수행하게 된다.

머스크로 하여금 장대한 위업에 도전하게 만드는 핵심적인 것은 무엇인가? 그의 대담성과 자만심이다. 그렇다면 그런 대담성과 자만심은 그의 나쁜 행동 방식과 냉담함, 무모함에 대한 변명이 될 수 있을까? 그리고 개자식처럼 구는 경우에 대한 변명까지 될 수 있을까? 물론 대답은 '아니오'이다. 누구든 사람의 좋은 특성은 존경하고 나쁜 특성은 매도할 수 있다. 하지만 그 가닥들이 어떻게 함께 엮여 있는지, 그리고 때로는 얼마나 단단히 엮여 있는지 이해하는 것 역시 중요하다. 천 전체의 실을 풀지 않고는 어두운 부분을 제거하는 것은 어려울 수 있다. 셰익스피어가 말했듯이, 모든 영웅은 결점을 가지고 있다. 어떤 결점은 비극을 낳고 어떤 결점은 극복된다. 우리가 악당으로 보는 인물도 복잡할 수 있다. 셰익스피어는 가장 훌륭한 사람조차도 "결점으로 주조된다"라고 썼다.

발사 주간 동안 안토니오 그라시아스와 몇몇 친구들은 머스크에게 성급하고 파괴적인 본능을 억누를 필요가 있다고 조언했다. 그들은 머스크가 우주 탐험의 새로운 시대를 이끌려면 정치적으로 더 높은 차원에, 논쟁에 직접적으로 연루되지 않는 수준에 올라서야 한다고 말했다. 그라시아스는 머스크의 휴대전화를 밤새 호텔 금고에 넣어놓게 한 적도 있었다. 그는 금고의 비밀번호를 설정하고 가르쳐주지 않았다. 머스크가 꼭두새벽에 트윗을 날리는 것을 막기 위해서였다. 머스크는 새벽 3시에 일어나 호텔 보안요원을 불러 금고를 열게 했다. 그들은 이 일을 회상하며 머스크에게 재차 주의를 주었다. 스타십의 테스트 발사가 실패로 돌아간 후 머스크는 자성하는 모습을 보이기도 했다. 그는 "너무 자주 내 손으로 내 발에 총을 쏴서 방탄 부츠를 사 신어야 할 지경"이라고 농담했다. 어쩌면 트위터에 충동조절용 지연 버튼이 있어야 하지 않을까? 그가 실제로 곰곰이 생각한 아이디어였다.

멋진 개념이었다. 머스크의 트윗뿐만 아니라 그의 행적에 흔적을 남기는 그 모든 어두운 충동적 행동과 악마 모드의 분출을 억제할 수 있는 충동조절 버튼이 있다면, 분명 좋은 일이 될 것이다. 하지만 과연 절제된 머스크가 구속되지 않은 머스크만큼 많은 것을 성취할 수 있을까? 여과되지 않고 얽매이지 않는 것이 머스크라는 인물의 본질에 필요불가결한 요소는 아닐까? 안정적이든 혼란스럽든 그의 모든 측면이 복합적으로 작용해 로켓을 궤도에 올릴 수 있고 전기자동차로의 전환을 이룰 수 있는 것은 아닐까? 때때로 위대한 혁신가들은 배변 훈련을 거부하고 리스크를 자청하는 어른아이일 수 있다. 무모하고, 사람을 당황하게 만들고, 때로는 해를 끼칠 수도 있다. 그리고 미치광이일 수도 있다. 자신이 세상을 바꿀 수 있다고 믿을 만큼 미친 사람 말이다.

스타십 발사 후 그라임스, 메이와 함께

감사의 말

일론 머스크는 2년 동안 내가 그를 그림자처럼 따라다니는 걸 허락해주었고, 회의에 초대해 주었으며, 수많은 인터뷰와 심야 대화를 흔쾌히 받아들였고, 이메일과 문자도 기꺼이 제공해주었다. 그리고 친구들과 동료, 가족, 적대자들, 전 부인들에게 나와 대화를 나누도록 권해주었다. 그는 이 책이 출판되기 전에 원고를 보여달라고 하지 않았고, 책에 대해 어떠한 통제권도 행사하지 않았다.

인터뷰에 응해준, 출처에 기록된 모든 분에게 감사드린다. 귀중한 도움과 사진, 조언을 제공한 분들을 특별히 언급하고 싶다. 메이 머스크, 에롤 머스크, 킴벌 머스크, 저스틴 머스크, 클레어 부셰(그라임스), 탈룰라 라일리, 시본 질리스, 샘 텔러, 오미드 아프샤르, 제임스 머스크, 앤드루 머스크, 로스 노딘, 다발 슈로프, 빌 라일리, 마크 준코사, 키코 돈체프, 존 발라자디아, 라스 모라비, 프란츠 폰 홀츠하우젠, 제러드 버챌, 안토니오 그라시아스 등이다.

크래리 풀렌은 내가 이전에 발표한 많은 책에도 참여한, 두려움을 모르는 사진 편집자이다. 이 책을 포함해 그 모든 책이 사이먼앤드슈스터에서 출판되었는데, 훌륭한 가치관과 팀을 보유한 그들에 대한 나의 충정은 영원히 변치 않을 것이다. 프리실라 페인턴, 조너선 카프, 하나 박, 스티븐 베드퍼드, 줄리아 프로서, 마리 플로리오, 재키 서우, 리사 리블린, 크리스 도일, 조너선 에번스, 아만다 멀홀랜드, 아이린 케라디, 폴 디폴리토, 베스 마글리오네, 그리고 앨리스 메이휴에게 감사드린다.

주디스 후버는 은퇴했음에도 나의 요청을 받아들여 다시 카피라이터로 활약해주었다. 에이전트인 아만다 어번과 그녀의 해외 동료인 헬렌 맨더스 및 페파 미그논, 그리고 툴레인 대학의 조교 린지 빌립스에게도 감사의 말을 전하고 싶다.

늘 그렇듯이, 캐시와 벳시에게 고마운 마음이다.

인터뷰한 사람들

아데오 레시(Adeo Ressi), 앨런 샐즈먼(Alan Salzman), 알렉스 스피로(Alex Spiro), 앰버 허드(Amber Heard), 아난드 스와미나탄(Anand Swaminathan), 앤드루 머스크(Andrew Musk), 앤디 크렙스(Andy Krebs), 안토니오 그라시아스(Antonio Gracias), 애리 이매뉴얼(Ari Emanuel), 아쇼크 엘루스와미(Ashok Elluswamy), 배리 와이스(Bari Weiss), 벤 로젠(Ben Rosen), 벤 샌 수시(Ben San Souci), 빌 게이츠(Bill Gates), 빌 거스텐마이어(Bill Gerstenmaier), 빌 리(Bill Lee), 빌 넬슨(Bill Nelson), 빌 라일리(Bill Riley), 블레어 에프론(Blair Effron), 브래드 셰프텔(Brad Sheftel), 브라이언 다우(Brian Dow), 크리스 페인(Chris Payne), 크리스티아나 머스크(Christiana Musk), 크리스토퍼 스탠리(Christopher Stanley), 클레어 부셰(Claire Boucher), 데이비드 모리스(Dave Morris), 데이비드 겔레스(David Gelles), 데이비드 색스(David Sacks), 데이비드 자슬라브(David Zaslav), 디팩 아후자(Deepak Ahuja), 데미스 허사비스(Demis Hassabis), 다발 슈로프(Dhaval Shroff), DJ 서(DJ Seo), 드루 배글리노(Drew Baglino), 엘리사 버터필드(Elissa Butterfield), 일론 머스크(Elon Musk), 에롤 머스크(Errol Musk), 에스더 크로퍼드(Esther Crawford), 프란츠 폰 홀츠하우젠(Franz von Holzhausen), 펠릭스 시굴라(Felix Sygulla), 게이지 코핀(Gage Coffin), 그리핀 머스크(Griffin Musk), 귄 숏웰(Gwynne Shotwell), 한스 쾨니스만(Hans Koenigsmann), 헨릭 피스커(Henrik Fisker), 이라 에렌프레이스(Ira Ehrenpreis), 제이콥 맥켄지(Jacob McKenzie), 제임스 머스크(James Musk), 재닛 페트로(Janet Petro), 제러드 버첼(Jared Birchall), 제러드 아이작먼(Jared Isaacman), 제이슨 캘러커니스(Jason Calacanis), JB 스트로벨(JB Straubel), 제프 베조스(Jeff Bezos), 젠 발라자디아(Jehn Balajadia), 제러미 바렌홀츠(Jeremy Barenholtz), 제시카 스위처(Jessica Switzer), 짐 보(Jim Vo), 조 파스(Joe Fath), 조 쿤(Joe Kuhn), 조 페트르젤카(Joe Petrzelka), 조 스카버러(Joe Scarborough), 존 도어(John Doerr), 존 맥닐(John McNeill), 줄리아나 글로버(Juleanna Glover), 저스틴 머스크(Justine Musk), 케이본 베익포어(Kayvon Beykpour), 켄 하워리(Ken Howery), 키코 돈체프(Kiko Dontchev), 킴벌 머스크(Kimbal Musk), 쿠날 지로트라(Kunal Girotra), 래리 데이비드(Larry David), 래리 엘리슨(Larry Ellison), 라스 모라비(Lars Moravy), 레슬리 벌랜드(Leslie Berland), 린다 야카리노(Linda Yaccarino), 로리 가버(Lori Garver), 루카스 휴스(Lucas Hughes), 루크 노섹(Luke Nosek), 마크 타페닝(Marc Tarpenning), 마크 준코사(Mark Juncosa), 마크 솔티스(Mark Soltys), 맥스 레브친(Max Levchin), 메이 머스크(Maye Musk),

마커스 뮬러(Marcus Muller), 마틴 에버하드(Martin Eberhard), 멜리사 반스(Melissa Barnes), 마이클 그라임스(Michael Grimes), 마이클 모리츠(Michael Moritz), 미키 드렉슬러(Mickey Drexler), 밀란 코박(Milan Kovac), 나베이드 패룩(Navaid Farooq), 넬리 볼스(Nellie Bowles), 닉 칼레이지언(Nick Kalayjian), 니야메 패룩(Nyame Farooq), 오미드 아프샤르(Omead Afshar), 파라그 아그라왈(Parag Agrawal), 피터 니콜슨(Peter Nicholson), 피터 리브(Peter Rive), 피터 틸(Peter Thiel), 필 두안(Phil Duan), 리드 호프먼(Reid Hoffman), 리치 모리스(Rich Morris), 리처드 브랜슨(Richard Branson), RJ 존슨(RJ Johnson), 로 칸나(Ro Khanna), 로빈 렌(Robin Ren), 로버트 스틸(Robert Steel), 로드니 웨스트모어랜드(Rodney Westmoreland), 로로프 보타(Roelof Botha), 로리 게이츠(Rory Gates), 로스 노딘(Ross Nordeen), 샘 올트먼(Sam Altman), 샘 파텔(Sam Patel), 샘 텔러(Sam Teller), 시본 질리스(Shivon Zilis), 스티브 데이비스(Steve Davis), 스티브 저벳슨(Steve Jurvetson), 탈룰라 라일리(Talulah Riley), 테자스 다람시(Tejas Dharamsi), 토머스 드미트릭(Thomas Dmytryk), 팀 부자(Tim Buzza), 팀 왓킨스(Tim Watkins), 팀 자만(Tim Zaman), 톰 뮬러(Tom Mueller), 토스카 머스크(Tosca Musk), 트립 해리스(Trip Harriss), 요엘 로스(Yoel Roth), 요니 라몬(Yoni Ramon)

참고문헌

Eric Berger, *Liftoff*. William Morrow, 2021.

Max Chafkin, *The Contrarian*. Penguin, 2021.

Christian Davenport, *The Space Barons*. Public Affairs, 2018.

Tim Fernholz, *Rocket Billionaires*. Houghton Mifflin Harcourt, 2018.

Lori Garver, *Space Pirates*. Diversion, 2022.

Tim Higgins, *Power Play*. Doubleday, 2021.

Hamish McKenzie, *Insane Mode*. Dutton, 2018.

Maye Musk, *A Woman Makes a Plan*. Penguin, 2019.

Edward Niedermeyer, *Ludicrous*. BenBella, 2019.

Jimmy Soni, *The Founders*. Simon & Schuster, 2022.

Ashlee Vance, *Elon Musk*. Ecco, 2015.

Ashlee Vance, *When the Heavens Went on Sale*. Ecco, 2023.

주석

프롤로그 장대한 퀘스트의 시작

Elon Musk, Kimbal Musk, Errol Musk, Maye Musk, Tosca Musk, Justine Musk, Talulah Riley, Claire Boucher (Grimes), Peter Thiel과의 인터뷰. Tom Junod, "Triumph of His Will," *Esquire,* Dec. 2012. (배꼽 관련 재담 포함)

1장 모험을 향한 열정

Elon Musk, Maye Musk, Kimbal Musk, Tosca Musk, Errol Musk, Jared Birchall과의 인터뷰. Joseph Keating and Scott Haldeman, "Joshua N. Hal-deman, DC: The Canadian Years," *Journal of the Canadian Chiropractic Association,* 1995; "Before Elon Musk Was Thinking about Mars," *Regina Leader-Post,* May 15, 2017; Joseph Keating, "Flying Chiros," *Dynamic Chiropractic,* Dec. 15, 2003; Nick Murray, "Elon Musk's Fascinating History with Moose Jaw," *Moose Jaw Independent,* Sept. 15, 2018; Joshua Haldeman, "We Fly Three Continents," *ICA International Review of Chiropractic,* Dec. 1954; Phillip de Wet, "Elon Musk's Family Once Owned an Emerald Mine in Zambia," *Business Insider,* Feb. 28, 2018; Phillip de Wet, "A Teenage Elon Musk Once Casually Sold His Father's Emeralds to Tiffany & Co.," *Business Insider,* Feb. 22, 2018; Jeremy Arnold, "Journalism and the Blood Emeralds Story," *Save Journalism,* Substack, Mar. 9, 2021; Vance, *Elon Musk;* Maye Musk, *A Woman.*

2장 트라우마

Maye Musk, Errol Musk, Elon Musk, Tosca Musk, Kimbal Musk와의 인터뷰. Neil Strauss, "The Architect of Tomorrow," *Rolling Stone,* Nov. 15, 2017; Elon Musk, TED Talk with Chris Anderson, Apr. 14, 2022; "Inter-galactic Family Feud," *Mail on Sunday,* Mar. 17, 2018; Vance, *Elon Musk;* Maye Musk, *A Woman.*

3장 아버지의 집으로

Maye Musk, Errol Musk, Elon Musk, Tosca Musk, Kimbal Musk, Peter Rive와의 인터뷰. Elon Musk report cards from Waterkloof House Preparatory School, Glenashley Senior Primary School, Bryanston High School, and Pretoria Boys High School; Neil Strauss, "The Architect of Tomorrow"; Emily Lane Fox, "How Elon Musk's Mom (and Her Twin Sister) Raised the First Family of Tech," *Vanity Fair*, Oct. 21, 2015; Andrew Smith, "Emissary of the Future," *The Telegraph* (London), Jan. 8, 2014.

4장 공상과학 소설과 비디오 게임

Elon Musk, Kimbal Musk, Maye Musk, Errol Musk, Peter Rive와의 인터뷰. Elon Musk, *The Babylon Bee* podcast, Dec. 21, 2021; Tad Friend, "Plugged In," *The New Yorker*, Aug. 17, 2009; Maureen Dowd, "Blasting Off in Domestic Bliss," *New York Times,* July 25, 2020; Neil Strauss, "The Architect of Tomorrow"; Elon Musk, interview at the National Academies of Science, Engineering, and Medicine, Nov. 15, 2021.

5장 탈출

Elon Musk, Errol Musk, Kimbal Musk, Tosca Musk, Peter Rive와의 인터뷰.

6장 캐나다로 향하다

Elon Musk, Maye Musk, Tosca Musk와의 인터뷰. Postmedia News, "Before Elon Musk Was Thinking About Mars, He Was Doing Chores on a Saskatchewan Farm," *Regina Leader-Post,* May 15, 2017; Haley Steinberg, "The Education of Elon Musk," *Toronto Life,* Jan, 2023; Raffaele Panizza, "Interview with Maye Musk," *Vogue*, Oct. 12, 2017; Vance, *Elon Musk.*

7장 퀸스대학교

Maye Musk, Tosca Musk, Kimbal Musk, Elon Musk, Navaid Farooq, Peter Nicholson과의 인터뷰. Robin Keats, "Rocket Man," *Queen's Alumni Review*, Vol. 1, 2013; Soni, *The Founders,* Vance, *Elon Musk.* 소니는 내게 자신의 메모와 여타 자료를 제공했다.

8장 펜실베이니아대학교

Elon Musk, Adeo Ressi, Robin Ren, Kimbal Musk, Maye Musk와의 인터뷰. Alaina Levine, "Entrepreneur Elon Musk Talks about His Background in Physics," *APS News*, Oct. 2013; Soni, *The Founders,* Vance, *Elon Musk.*

9장 서부로

Elon Musk, Kimbal Musk, Robin Ren, Peter Nicholson과의 인터뷰. Phil Leggiere, "From Zip to X," *University of Pennsylvania Gazette,* Nov. 1999; Jennifer Gwynne, rrauction.com의 경매 품목에 대한 기록, Aug. 2022.

10장 집투

Elon Musk, Kimbal Musk, Navaid Farooq, Nyame Farooq, Maye Musk, Errol Musk와의 인터뷰. Amit Katwala, "What's Driving Elon Musk?," *Wired UK,* Sept. 8, 2018; Elon Musk and Maurice J. Fitzgerald, "Interactive Network Directory Service with Integrated Maps and Directions," Patent US6148260A, filed on June 29, 1999; Max Chafkin, "Entrepreneur of the Year," *Inc.,* Dec. 1, 2007; Elon Musk, Stanford talk, Oct. 8 2003; Heidi Anderson, "Newspaperdom's New Superhero: Zip2," *Editor & Publisher,* Jan. 1996; Michael Gross, "Elon Musk 1.0," *Air Mail,* June 11, 2022; Maye Musk, *A Woman*; Vance, *Elon Musk;* Soni, *The Founders.*

11장 저스틴과의 만남

Justine Musk, Elon Musk, Maye Musk, Kimbal Musk, Navaid Farooq과의 인터뷰. Justine Musk, "I Was a Starter Wife," *Marie Claire,* Sept. 10, 2010.

12장 엑스닷컴

Elon Musk, Mike Moritz, Peter Thiel, Roelof Botha, Max Levchin, Reid Hoffman, Luke Nosek 과의 인터뷰. Mark Gimein, "Elon Musk Is Poised to Become Silicon Valley's Next Big Thing," *Salon,* Aug. 17, 1999; SrahLacy, "Interview with Elon Musk," *Pando,* Apr. 15, 2009; Eric Jackson, *The PayPal Wars* (World Ahead, 2003); Chafkin, *The Contrarian.*

13장 쿠데타

Elon Musk, Mike Moritz, Peter Thiel, Roelof Botha, Max Levchin, Reid Hoffman, Justine Musk, Kimbal Musk, Luke Nosek과의 인터뷰. Soni, *The Founders,* Vance, *Elon Musk*; Chafkin, *The Contrarian.*

14장 화성 탐사 계획

Elon Musk, Adeo Ressi, Navaid Farooq, Reid Hoffman과의 인터뷰. Dave Mosher, "Elon Musk Used to Fly a Russian Fighter Jet," *Business Insider,* Aug. 19, 2018; Elon Musk, "My Idea of Fun," *Fortune,* Oct. 6, 2003; M. G. Lord, "Rocket Man," *Los Angeles Magazine,* Oct. 1, 2007; Tom Junod, "Triumph of His Will," *Esquire,* Nov. 15, 2012; Richard Feloni, "Former SpaceX Exec Explains How Elon Musk Taught Himself Rocket Science," *Business Insider,* Oct. 23,

2014; Chris Anderson, "Elon Musk's Mission to Mars," *Wired,* Oct. 21, 2012; Elon Musk speech, Mars Society, Aug. 3, 2012; Elon Musk, "Risky Business," *IEEE Spectrum*, May 30, 2009; Max Chafkin, "Entrepreneur of the Year," *Inc.,* Dec. 2007; Elon Musk, TED Talk, Apr. 2017; Davenport, *Space Barons*; Berger, *Liftoff.*

15장 로켓맨

Elon Musk, Adeo Ressi와의 인터뷰. Amit Katwala, "What's Driving Elon Musk?," *Wired,* Sept. 8, 2018; Anderson, "Elon Musk's Mission to Mars"; Levine, "Entrepreneur Elon Musk Talks about His Background in Physics"; Junod, "Triumph of His Will."

16장 아버지와 아들

Elon Musk, Kimbal Musk, Justine Musk, Maye Musk와의 인터뷰. Justine Musk, "I Was a Starter Wife"; Junod, "Triumph of His Will"; Strauss, "The Architect of Tomorrow."

17장 도약

Tom Mueller, Elon Musk, Tim Buzza, Mark Juncosa와의 인터뷰. Jeremy Rosenberg, interview with Tom Mueller, KCET Public Radio, May 3, 2012; Michael Belfiore, "Behind the Scenes with the World's Most Ambitious Rocket Makers," *Popular Mechanics*, Sept. 1, 2009; Doug McInnis, "Rocket Man," *Loyola Marymount Alumni Magazine*, Aug. 31, 2011; Katwala, "What's Driving Elon Musk?"; Junod, "Triumph of His Will"; Davenport, *Space Barons*, Berger, *Liftoff*; Vance, *Elon Musk*

18장 로켓 제조 규칙

Tim Buzza, Tom Mueller, Elon Musk와의 인터뷰. Davenport, *Space Barons,* Berger, *Liftoff*; Vance, *Elon Musk.*

19장 워싱턴으로 가다

Gwynne Shotwell, Elon Musk, Tom Mueller, Hans Koenigsmann과의 인터뷰. Gwynne Shotwell의 노스웨스턴대학교 졸업식 연설, June 14, 2021; Chad Anderson, "Rethinking Public-Private Space Travel," *Space Policy*, Nov. 2013.

20장 창업자들

Martin Eberhard, Marc Tarpenning, Elon Musk, JB Straubel, Ben Rosen과의 인터뷰. Michael Copeland, "Tesla's Wild Ride," *Fortune,* July 9, 2008; Drake Baer, "The Making of Tesla," *Business Insider*, Nov. 12, 2014; Higgins, *Power Play*, Vance, *Elon Musk.*

21장 로드스터의 탄생

Elon Musk, Martin Eberhard, Marc Tarpenning, JB Straubel, Kimbal Musk, Michael Moritz, John Doerr, Alan Salzman, Jessica Switzer, Mickey Drexler와의 인터뷰. Baer, "The Making of Tesla"; Joshua Davis, "Batteries Included," *Wired*, Aug. 1, 2006; Matthew Wald, "Zero to 60 in 4 Seconds," *New York Times* July 19, 2006; Copeland, "Tesla's Wild Ride"; Elon Musk, "The Secret Tesla Motors Master Plan," Tesla blog, Aug. 2, 2006; interview with Martin Eberhard, *Watt It Takes* podcast, Sept. 2021; Higgins, *Power Play*, Vance, *Elon Musk;* Niedermeyer, *Ludicrous.*

22장 콰절레인

Elon Musk, Gwynne Shotwell, Hans Koenigsmann, Tim Buzza와의 인터뷰. Berger, *Liftoff.* 버거는 결함 있는 커패시터의 교체와 관련된 소동을 보도했다.

23장 발사 실패

Elon Musk, Kimbal Musk, Hans Koenigsmann, Tom Mueller, Tim Buzza와의 인터뷰. Kimbal Musk, "Kwajalein Atoll and Rockets," blog posts for Mar. 2006, http://kwajrockets.blogspot. com/; Carl Hoffman, "Elon Musk Is Betting His Fortune on a Mission beyond Earth's Orbit," *Wired,* May 22, 2007; Brian Berger, "Pad Processing Error Doomed Falcon 1," *SpaceNews*, Apr. 10, 2006; Berger, *Liftoff.*

24장 스와트 팀

Elon Musk, Martin Eberhard, JB Straubel, Antonio Gracias, Tim Watkins, Deepak Ahuja와의 인터뷰. Zak Edson, "Tesla Motors Case Study: Sotira Carbon Fiber Body Panel Ramp, May-Oct 2008," Valor Capital archives; Steven N. Kaplan et al., "Valor and Tesla Motors," Chicago Booth School of Business case study, 2017; Copeland, "Tesla's Wild Ride"; Baer, "The Making of Tesla"; Elon Musk interview, *Financial Times*, May 10, 2022; Higgins, *Power Play.*

25장 테슬라를 장악하다

Elon Musk, Antonio Gracias, Tim Watkins, Martin Eberhard, Marc Tarpenning, Michael Marks, Ira Ehrenpreis와의 인터뷰. Copeland, "Tesla's Wild Ride"; Gene Bylinksy, "Heroes of U.S. Manufacturing: Michael Marks," *Fortune*, Mar. 20, 2000; Higgins, *Power Play.*

26장 이혼

Justine Musk, Elon Musk, Maye Musk, Kimbal Musk, Antonio Gracias와의 인터뷰. Justine Musk, "I Was a Starter Wife"; Justine Musk, TEDx Talk, Jan. 26, 2016; Justine Musk, "From the Head of Justine Musk," blog, justinemusk.com; Junod, "Triumph of His Will."

27장 새로운 만남

Talulah Riley, Elon Musk, Bill Lee와의 인터뷰.

28장 세 번째 발사 실패

Tim Buzza, Hans Koenigsmann, Elon Musk, Tom Mueller와의 인터뷰. Berger, *Liftoff;* "SpaceX Stories," Elonx.net, Apr. 30, 2019; Elon Musk press phone call, Aug. 6, 2008; Carl Hoffman, "Now 0-for-3," *Wired*, Aug. 5, 2008. 그 발사는 콰즈 시간으로 2008년 8월 3일이었고, 캘리포니아 시간으로는 8월 2일이었다.

29장 일촉즉발

Elon Musk, Kimbal Musk, Maye Musk, Antonio Gracias, Tim Watkins, Talulah Riley, Bill Lee, Mark Juncosa, Jason Calacanis와의 인터뷰. "P1 Arriving Now!," Tesla blog, Feb. 6, 2008; Scott Pelley, Elon Musk interview, *60 Minutes,* CBS, May 22, 2012.

30장 네 번째 발사

Peter Thiel, Luke Nosek, David Sacks, Elon Musk, Tim Buzza, Tom Mueller, Kimbal Musk, Trip Harriss, Gwynne Shotwell과의 인터뷰. Ashlee Vance, *When the Heavens Went on Sale* (Ecco, 2023); Berger, *Liftoff;* Davenport, *Space Barons.*

31장 테슬라의 위기

Elon Musk, Alan Salzman, Kimbal Musk, Ira Ehrenpreis, Deepak Ahuja, Ari Emanuel과의 인터뷰.

32장 모델 S

Henrik Pfister, Elon Musk, JB Straubel, Martin Eberhard, Nick Kalayjian, Franz von Holzhausen, Dave Morris, Lars Moravy, Drew Baglino와의 인터뷰. John Markoff, "Tesla Motors Files Suit against Competitor over Design Ideas," *New York Times*, Apr. 15, 2008; Chris Anderson, "The Shared Genius of Elon Musk and Steve Jobs," *Fortune*, Nov. 27, 2013; Charles Duhigg, "Dr. Elon & Mr. Musk," *Wired,* Dec. 13, 2018; Chuck Squatriglia, "First Look at Tesla's Stunning Model S," *Wired,* Mar. 26, 2009; Dan Neil, "Tesla S: A Model Citizen," *Los Angeles Times*, Apr. 29, 2009; Dan Neil, "To Elon Musk and the Model S: Congratulations," *Wall Street Journal,* June 29, 2012; Higgins, *Power Play.*

33장 우주의 민영화

Elon Musk, Tom Mueller, Gwynne Shotwell, Tim Buzza, Lori Garver, Bill Nelson과의 인터뷰. Brian Mosdell, "Untold Stories from the Rocket Ranch," Kennedy Space Center archives, Mar. 5, 2015; Brian Mosdell, "SpaceX Stories: How SpaceX Built SLC-40 on a Shoestring Budget," *ElonX,* Apr. 15, 2019; Irene Klotz, "SpaceX Secret? Bash Bureaucracy, Simplify Technology," *Aviation Week & Space Technology,* June 15, 2009; Garver, *Space Pirates,* Berger, *Liftoff;* Davenport, *Space Barons.*

34장 팰컨 9호의 성공

Tim Buzza, Elon Musk, Lori Garver와의 인터뷰. Brian Vastag, "SpaceX's Dragon Capsule Docks with International Space Station," *Washington Post,* May 25, 2012; Garver, *Space Pirates,* Berger, *Liftoff;* Davenport, *Space Barons.*

35장 재혼

Talulah Riley, Elon Musk, Kimbal Musk, Bill Lee, Navaid Farooq과의 인터뷰. Hermione Eyre, "How to Marry a Billionaire," *The Evening Standard* (London), Apr. 10, 2012.

36장 프리몬트의 공장

Elon Musk, Larry Ellison, Franz von Holzhausen, Dave Morris, JB Straubel과의 인터뷰. Angus MacKenzie, "Shocking Winner: Proof Positive That America Can Still Make (Great) Things," *Motor Trend,* Dec. 10, 2012; Peter Elkind, "Panasonic's Power Play," *Fortune,* Mar. 6, 2015; Vance, *Elon Musk;* Higgins, *Power Play.*

37장 머스크 vs. 베조스

Jeff Bezos, Elon Musk, Bill Nelson, Tim Buzza와의 인터뷰. Dan Leone, "Musk Calls Out Blue Origin," *SpaceNews,* Sept. 25, 2013; Walter Isaacson, "In This Space Race, Elon Musk and Jeff Bezos Are Eager to Take You There," *New York Times,* Apr. 24, 2018; Jeff Bezos, *Invent and Wander* (Public Affairs/Harvard Business Review, 2021); Explorers Club 2014 dinner video, https://vimeo.com/119342003; Amanda Gordon, "Scene Last Night: Jeff Bezos Eats Gator, Elon Musk Space," *Bloomberg,* Mar. 17, 2014; Jeffrey P. Bezos, Gary Lai, and Sean R. Findlay, "Sea Landing of Space Launch Vehicles," Patent application US8678321B2, June 14, 2010; Trung Phan, Twitter thread, July 17, 2021; Davenport, *Space Barons;* Berger, *Liftoff;* Fernholz, *Rocket Billionaires.*

38장 팰컨의 착륙

Elon Musk, Sam Teller, Steve Jurvetson, Antonio Gracias, Mark Juncosa, Jeff Bezos, Kiko Dontchev와의 인터뷰. Calia Cofield, "Blue Origin Makes Historic Reusable Rocket Landing in Epic Test Flight," *Space.com,* Nov. 24, 2015; Davenport, *Space Barons.*

39장 두 번째 이혼

Talulah Riley, Elon Musk, Maye Musk, Kimbal Musk, Navaid Farooq, Bill Lee와의 인터뷰. Junod, "Force of His Will."

40장 인공지능

Sam Altman, Demis Hassabis, Elon Musk, Reid Hoffman, Luke Nosek, Shivon Zilis와의 인터뷰. Steven Levy, "How Elon Musk and Y Combinator Plan to Stop Computers from Taking Over," *Backchannel,* Dec. 11, 2015; Cade Metz, "Inside OpenAI, Elon Musk's Wild Plan to Set Artificial Intelligence Free," *Wired,* Apr. 27, 2016; Maureen Dowd, "Elon Musk's Billion-Dollar Crusade to Stop the A.I. Apocalypse," *Vanity Fair,* Apr. 2017; Elon Musk talk, MIT Aeronautics and Astronautics Department's Centennial Symposium, Oct. 24, 2014; Chris Anderson interview with Elon Musk, TED Conference, Apr. 14, 2022.

41장 오토파일럿

Drew Baglino, Elon Musk, Omead Afshar, Sam Altman, Sam Teller와의 인터뷰. Alan Ohnsman, "Tesla CEO Talking with Google about 'Autopilot' Systems," *Bloomberg,* May 7, 2013; Joseph B. White, "Tesla Aims to Leapfrog Rivals," *Wall Street Journal,* Oct. 10, 2014; Jordan Golson and Di-eter Bohn, "All New Tesla Cars Now Have Hardware for Full Self-Driving Capabilities' but Some Safety Features Will Be Disabled Initially," *The Verge*, Oct. 19, 2016; National Transportation Safety Board, "Collision between a Car Operating with Automated Vehicle Control Systems and a Tractor-Semitrailer Truck Near Williston, Florida on May 7, 2017," Sept. 12, 2017; Jack Stewart, "Elon Musk Says Every New Tesla Can Drive Itself," *Wired,* Oct. 19, 2016; Peter Valdes-Dapena, "You'll Be Able to Summon Your Driverless Tesla from Cross-country," CNN, Oct. 20, 2016; Niedermeyer, *Ludicrous.*

42장 솔라시티

Peter Rive, Elon Musk, Maye Musk, Errol Musk, Kimbal Musk, Drew Baglino, Sam Teller와의 인터뷰. Emily Jane Fox, "How Elon Musk's Mom (and Her Twin Sister) Raised the First Family of Tech," *Vanity Fair,* Oct. 21, 2015; Burt Helm, "Elon Musk, Lyndon Rive, and the Plan to Put Solar Panels on Every Roof in America," *Men's Journal,* July 2016 ; Eric Johnson, "From Santa

Cruz to Solar City," *Hilltromper*, Nov. 20, 2015; Ronald D. White, "SolarCity CEO Lyndon Rive Built on a Bright Idea," *Los Angeles Times*, Sept. 13, 2013; Max Chafkin, "Entrepreneur of the Year": Delaware Chancery Court, "Memorandum of opinion in re Tesla Motors stockholder litigation," C.A. No. 12711-VCS, Apr. 27, 2022; Austin Carr, "The Real Story behind Elon Musk's $2.6 Billion Acquisition of SolarCity," *Fast Company*, June 7, 2017; Austin Carr, "Inside Steel Pulse," *Fast Company*, June 9, 2017; Josh Dzieza, "Why Tesla's Battery for Your Home Should Terrify Utilities," *The Verge*, Feb. 13. 2015; Ivan Penn and Russ Mitchell, "Elon Musk Wants to Sell People Solar Roofs That Look Great," *Los Angeles Times*, Oct. 28, 2016.

43장 보링컴퍼니

Sam Teller, Steve Davis, Jon McNeil, Elon Musk, Joe Kuhn, Elissa Butterfield와의 인터뷰. Elon Musk, "Hyperloop Alpha," Tesla Blog, 2013; Max Chafkin, "Tunnel Vision," *Bloomberg*, Feb. 20, 2017.

44장 험난한 관계들

Elon Musk, Juleanna Glover, Sam Teller, Peter Thiel, Amber Heard, Kimbal Musk, Tosca Musk, Maye Musk, Antonio Gracias, Jared Birchall과의 인터뷰. Joe Kernen, Donald Trump interview, CNBC, Jan. 22, 2020; Barbara Jones, "Inter-galactic Family Feud," *Mail on Sunday*, Mar. 17, 2018; Rob Crilly, "Elon Musk's Estranged Father, 72, Calls His Newborn Baby with Stepdaughter 'God's Plan,'" *The National Post* (Canada), Mar. 25, 2018; Strauss, "The Architect of Tomorrow."

45장 어둠의 시간

Jon McNeill, Elon Musk, Kimbal Musk, Omead Afshar, Tim Watkins, Antonio Gracias, JB Straubel, Sam Teller, James Musk, Mark Juncosa, Jon McNeill, Gage Coffin과의 인터뷰. Duhigg, "Dr. Elon & Mr. Musk."

46장 위기의 프리몬트 공장

Elon Musk, Sam Teller, Omead Afshar, Nick Kalayjian, Tim Watkins, Antonio Gracias, JB Straubel, Mark Juncosa, Jon McNeill, Sam Teller, Lars Moravy, Kimbal Musk, Rodney Westmoreland와의 인터뷰. Musk email to SpaceX employees, Sept. 18, 2021; Neal Boudette, "Inside Tesla's Audacious Push to Reinvent the Way Cars Are Made," *New York Times*, June 30, 2018; Austin Carr, "The Real Story," *Fast Company*, June 7, 2017; Strauss, "The Architect of Tomorrow"; Lora Kolodny, "Tesla Employees Say They Took Shortcuts," CNBC, July 15, 2019; Andrew Ross Sorkin, "Tesla's Elon Musk May Have Boldest Pay Plan in Corporate

History," *New York Times*, Jan. 23, 2018; Tesla Schedule 14A, SEC filing, Jan. 21, 2018; Alex Adams, "Why Elon Musk's Compensation Plan Wouldn't Work for Most Executives," *Harvard Business Review*, Jan. 24, 2018; Ryan Kottenstette, "Elon Musk Wasn't Wrong about Automating the Model 3 Assembly Line, He Was Just Ahead of His Time," *TechCrunch*, Mar. 5, 2019, Elon Musk, TED Talk, Apr. 14, 2022; Alex Davies, "How Tesla Is Building Cars in Its Parking Lot," *Wired*, June 22, 2018; Boudette, "Inside Tesla's Audacious Push"; Higgins, *Power Play*. 머스크가 자신의 알고리즘을 설명하는 영상은 다음을 참조하라. Tim Dodd, "Starbase Tour," *Everyday Astronaut*, Aug. 2021.

47장 불안한 시기

Kimbal Musk, Deepak Ahuja, Antonio Gracias, Elon Musk, Sam Teller, Joe Fath와의 인터뷰. Matt Robinson and Zeke Faux, "When Elon Musk Tried to Destroy a Tesla Whistleblower," *Bloomberg*, Mar. 13, 2019; Elon Musk email to Richard Stanton and reply, July 8, 2018; *Vernon Unsworth v. Elon Musk*, U.S. District Court, Central District of California, case 2:18 cv 8048, Sept. 17, 2018; Ryan Mac et al., "In a New Email, Elon Musk Accused a Cave Rescuer of Being a 'Child Rapist,'" *BuzzFeed*, Sept. 4, 2018; documents in support of summary judgment, *In re Tesla Inc. Securities Litigation,* U.S. District Court, Northern District California, motion filed Apr. 22, 2022; David Gelles, James B. Stewart, Jessica Silver-Greenberg, and Kate Kelly, "Elon Musk Details 'Excruciating' Personal Toll of Tesla," *New York Times*, Aug. 16, 2018; Dana Hull, "Weak Sauce," Bloomberg, Apr. 24, 2022; Jim Cramer, *Squawk on the Street*, CNBC, Aug. 8, 2018; James B. Stewart, "A Question for Tesla's Board: What Was Elon Musk's Mental State?," *New York Times,* Aug. 15, 2018; Elon Musk interview with Chris Anderson, TED, Apr. 14, 2022; Higgins, *Power Play*, McKenzie, *Insane Mode.*

48장 후유증

Elon Musk, David Gelles, Juleanna Glover, Sam Teller, Gwynne Shotwell, Talulah Riley, JB Straubel, Jon McNeill, Kimbal Musk, Jared Birchall과의 인터뷰. *The Joe Rogan Experience* podcast, Sept. 7, 2018; David Gelles, "Interviewing Elon Musk," *New York Times*, Aug. 19, 2018.

49장 특이한 만남

Claire Boucher (Grimes), Elon Musk, Kimbal Musk, Maye Musk, Sam Teller와의 인터뷰. Azealia Banks, letter to Elon Musk, Aug. 19, 2018; Kate Taylor, "Azealia Banks Claims to Be at Elon Musk's House," *Business Insider*, Aug. 13, 2018; Maureen Dowd, "Elon Musk, Blasting Off in Domestic Bliss," *New York Times*, July 25, 2020.

50장 테슬라의 중국 공장

Robin Ren, Elon Musk와의 인터뷰.

51장 사이버트럭

Franz von Holzhausen, Elon Musk, Dave Morris와의 인터뷰. Stephanie Mlot, "Elon Musk Wants to Make Bond's Lotus Submarine Car a Reality," *PC Magazine*, Oct. 18, 2013.

52장 스타링크

Elon Musk, Mark Juncosa, Bill Riley, Sam Teller, Elissa Butterfield, Bill Gates와의 인터뷰.

53장 스타십

Elon Musk, Bill Riley, Sam Patel, Joe Petrzelka, Peter Nicholson, Elissa Butterfield, Jim Vo와 의 인터뷰. Ryan d'Agostino, "Elon Musk: Why I'm Building the Starship out of Stainless Steel," *Popular Mechanics,* Jan. 22, 2019.

54장 자율성의 날

Elon Musk, James Musk, Sam Teller, Franz von Holzhausen, Claire Boucher (Grimes), Omead Afshar, Shivon Zilis, Anand Swaminathan, Joe Fath와의 인터뷰.

55장 기가텍사스

Elon Musk, Omead Afshar, Lars Moravy와의 인터뷰.

56장 머스크의 아이들

Elon Musk, Claire Boucher (Grimes), Christiana Musk, Maye Musk, Kimbal Musk, Justine Musk, Ken Howery, Luke Nosek과의 인터뷰. Joe Rogan interview with Elon Musk, May 7, 2020; Rob Copeland, "Elon Musk Says He Lives in a $50,000 House," *Wall Street Journal,* Dec. 22, 2021.

57장 새로운 유인우주선의 시대

Elon Musk, Kiko Dontchev, Kimbal Musk, Luke Nosek, Bill Riley, Rich Morris, Hans Koenigsmann, Gwynne Shotwell과의 인터뷰. Lex Fridman, podcast interview with Elon Musk, Dec 28, 2021; Joey Roulette, "SpaceX Ignored Last Minute Warnings from the FAA before December Launch," *The Verge*, June 15, 2021.

58장 머스크 vs. 베조스, 2라운드

Jeff Bezos, Elon Musk, Richard Branson과의 인터뷰. Christian Davenport, "Elon Musk Is Dominating the Space Race," *Washington Post,* Sept. 10, 2021; Richard Waters, "Interview with FT's Person of the Year," *Financial Times,* Dec. 15, 2021; Kara Swisher interview with Elon Musk, Code Conference, Sept. 28, 2021.

59장 스타십의 무모한 도전

Bill Riley, Kiko Dontchev, Elon Musk, Sam Patel, Joe Petrzelka, Mark Juncosa, Gwynne Shotwell, Lucas Hughes, Sam Patel, Andy Krebs와의 인터뷰. Tim Dodd, "Starbase Tour," *Everyday Astronaut,* July 30, 2021.

60장 솔라루프 설치 프로젝트

Kunal Girotra, RJ Johnson, Brian Dow, Marcus Mueller, Elon Musk, Omead Afshar와의 인터뷰.

61장 셀럽들의 행사

Elon Musk, Maye Musk, Kimbal Musk, Tosca Musk, Claire Boucher (Grimes), Bill Lee, Antonio Gracias와의 인터뷰. Arden Fanning Andrews, "The Making of Grimes's 'Dune-esque' 2021 Met Gala Look," *Vogue,* Sept. 16, 2021.

62장 인스피레이션 4

Jared Isaacman, Elon Musk, Jehn Balajadia, Kiko Dontchev, Claire Boucher (Grimes), Bill Gerstenmaier, Hans Koenigsmann, Bill Nelson, Sam Patel과의 인터뷰.

63장 새로운 엔진의 개발

Elon Musk, Jacob McKenzie, Bill Riley, Joe Petrzelka, Lars Moravy, Jehn Balajadia와의 인터뷰.

64장 옵티머스의 탄생

Elon Musk, Franz von Holzhausen, Lars Moravy, Drew Baglino, Omead Afshar, Milan Kovac과의 인터뷰. Chris Anderson interview with Elon Musk, TED, Apr. 14, 2022.

65장 뉴럴링크

Elon Musk, Jon McNeill, Shivon Zilis, Sam Teller와의 인터뷰. Elon Musk, "An Integrated Brain-Machine Interface Platform with Thousands of Channels," *bioRxiv,* Aug. 2, 2019;

Jeremy Kahn and Jonathan Vanian, "Inside Neuralink," *Fortune,* Jan. 29, 2022.

66장 완전 자율주행의 조건

Elon Musk, Lars Moravy, Omead Afshar, Franz von Holzhausen, Drew Baglino, Phil Duan, Dhaval Shroff와의 인터뷰. Cade Metz and Neal Boudette, "Inside Tesla as Elon Musk Pushed an Unflinching Vision for Self-Driving Cars," *New York Times,* Dec. 6, 2021; Emma Schwartz, Cade Metz, and Neal Boudette, "Elon Musk's Crash Course," FX/New York Times documentary, May 16, 2022; Niedermeyer, *Ludicrous.*

67장 세계에서 가장 부유한 사람

Elon Musk, Jared Birchall, Kimbal Musk, Christiana Musk, Claire Boucher (Grimes)와의 인터뷰. Tesla Schedule 14A filing, Securities and Exchange Commission, Feb. 7, 2018; Kenrick Cai and Sergei Klebnikov, "Elon Musk Is Now the Richest Person in the World, Officially Surpassing Jeff Bezos," *Forbes,* Jan. 8, 2021. 나는 액면분할 이후의 수정 주가를 적용한다.

68장 올해의 아버지

Shivon Zilis, Claire Boucher (Grimes), Tosca Musk, Elon Musk, Kimbal Musk, Maye Musk, Christiana Musk와의 인터뷰. Elon Musk interview with NPQ, Winter 2014; Devin Gordon, "Infamy Is Kind of Fun," *Vanity Fair,* Mar. 10, 2022; Ed Felsenthal, Molly Ball, Jeff Kluger, Alejandro de la Garza, and Walter Isaacson, "Person of the Year," *Time,* Dec. 13, 2021; Richard Waters, "Person of the Year," *Financial Times,* Dec. 15, 2021.

69장 정치적 진화

Elon Musk, Kimbal Musk, Sam Teller, Jared Birchall, Claire Boucher (Grimes), Omead Afshar, Ken Howery, Luke Nosek, David Sacks와의 인터뷰. Dowd, "Elon Musk, Blasting Off in Domestic Bliss"; Strauss, "The Architect of Tomorrow"; Elon Musk interview with the *Babylon Bee,* Dec. 21, 2021; Rich McHugh, "A SpaceX Flight Attendant Said Elon Musk Exposed Himself and Propositioned Her for Sex," *Business Insider,* May 19, 2022; Dana Hull, "Biden's Praise for GM Overlooks Tesla's Actual EV Leadership," *Bloomberg,* Nov. 24, 2021; Dana Hull and Jennifer Jacobs, "Tesla, Who? Biden Can't Bring Himself to Say It," *Bloomberg,* Feb. 2, 2022; Ari Natter, Gabrielle Coppola, and Keith Laing, "Biden Snubs Tesla," *Bloomberg,* Aug. 5, 2021; Elon Musk interview with Kara Swisher, Code Conference, Sept. 28, 2021.

70장 우크라이나 전쟁

Elon Musk, Gwynne Shotwell, Jared Birchall과의 인터뷰. Emails by Lauren Dreyer and text messages by Mykhailo Fedorov provided by Elon Musk. Christopher Miller, Mark Scott, and Bryan Bender, "UkraineX: How Elon Musk's Space Satellites Changed the War on the Ground," *Politico*, June 8, 2022; Cristiano Lima, "U.S. Quietly Paying Millions to Send Starlink Terminals to Ukraine," *Washington Post,* Apr. 8, 2022; Yaroslav Trofimov, Micah Maidenberg, and Drew FitzGerald, "Ukraine Leans on Elon Musk's Starlink in Fight against Russia," *Wall Street Journal,* July 16, 2022; Mehul Srivastava et al., "Ukrainian Forces Report Starlink Outages During Push against Russia," *Financial Times*, Oct. 7, 2022; Volodymyr Verbyany and Daryna Krasnolutska, "Ukraine to Get Thousands More Starlink Antennas," *Bloomberg,* Dec. 20, 2022; Adam Satariano, "Elon Musk Doesn't Want His Satellites to Run Ukraine's Drones," *New York Times*, Feb. 9, 2023; Joey

Roulette, "SpaceX Curbed Ukraine's Use of Starlink," Reuters, Feb. 9, 2023.

71장 빌 게이츠

Bill Gates, Rory Gates, Elon Musk, Omead Afshar, Jared Birchall, Claire Boucher (Grimes), Kimbal Musk와의 인터뷰. Rob Copeland, "Elon Musk's Inner Circle Rocked by Fight over His $230 Billion Fortune," *Wall Street Journal,* July 16, 2022; Sophie Alexander, "Elon Musk Enlisted Poker Star before Making $5.7 Billion Mystery Gift," *Bloomberg,* Feb. 15, 2022; Nicholas Kulish, "How a Scottish Moral Philosopher Got Elon Musk's Number," *New York Times,* Oct. 8, 2022; Melody Y. Guan, "Elon Musk, Superintelligence, and Maximizing Social Good," *Huffington Post,* Aug. 3, 2015.

72장 새로운 투자

Elon Musk, Antonio Gracias, Omead Afshar, Kimbal Musk, Shivon Zilis, Bill Lee, Griffin Musk, Jared Birchall, Ken Howery, Luke Nosek과의 인터뷰. Tesla earnings call, Apr. 20, 2022; Matthew A. Winkler, "In Defense of Elon Musk's Managerial Excellence," *Bloomberg,* Apr. 18, 2022; text messages, https://www.documentcloud.org/documents/23112929-elon-musk-text-exhibits-twitter-v-musk; Lane Brown, "What Is Elon Musk?," *New York Magazine,* Aug. 8, 2022; Devin Gordon, "A Close Read of @elonmusk," *New York Magazine*, Aug. 12, 2022.

73장 트위터의 인수

Elon Musk, Kimbal Musk, Larry Ellison, Navaid Farooq, Jared Birchall, Claire Boucher (Grimes), Chris Anderson과의 인터뷰. Text messages, https://www.documentcloud.org/documents/23112929-elon-musk-text-exhibits-twitter-v-musk; Rob Copeland, Georgia Wells, Rebecca Elliott, and Liz Hoffman, "The Shadow Crew Who Encouraged Elon Musk's Twitter Take-over," *Wall Street Journal,* Apr. 29, 2022; Mike Isaac, Lauren Hirsch, and

Anupreeta Das, "Inside Elon Musk's Big Plans for Twitter," *New York Times,* May 6, 2022.

74장 열정과 냉정

Elon Musk, Larry Ellison, Kimbal Musk, Robert Steel, Leslie Berland, Jared Birchall과의 인터뷰. Liz Hoffman, "Sam Bankman-Fried, Elon Musk, and a Secret Text," *Semafor,* Nov. 23, 2022; Twitter town hall, June 16, 2022.

75장 아버지 날

Elon Musk, Maye Musk, Justine Musk, Kimbal Musk, Errol Musk, Jared Birchall, Talulah Riley, Griffin Musk, Christiana Musk, Claire Boucher (Grimes), Omead Afshar, Shivon Zilis와의 인터뷰. Roula Khalaf, "Aren't You Entertained?," *Financial Times,* Oct. 7, 2022; Julia Black, "Elon Musk Had Secret Twins in 2022," *Business Insider,* July 6, 2022; Emily Smith and Lee Brown, "Elon Musk Laughs Off Affair Rumors, Insists He Hasn't 'Had Sex in Ages,'" *New York Post*, July 25, 2022; Alex Diaz, "Musk Be Kidding," *The Sun*, July 13, 2022; Errol Musk, "Dad of a Genius," YouTube, 2022; Kirsten Grind and Emily Glazer, "Elon Musk's Friendship with Sergey Brin Ruptured by Alleged Affair," *Wall Street Journal,* July 24, 2022. 에롤 머스크는 자신이 아들에게 보낸 이메일의 사본을 종종 내게 보냈다.

76장 스타베이스의 개혁

Elon Musk, Sam Patel, Bill Riley, Andy Krebs, Jonah Nolan, Mark Juncosa, Omead Afshar, Jake McKenzie, Kiko Dontchev, Jared Isaacman, Sam Patel, Andy Krebs, Claire Boucher (Grimes), Gwynne Shotwell과의 인터뷰. Dinner with Janet Petro, Lisa Watson-Morgan, Vanessa Wyche.

77장 옵티머스 프라임

Elon Musk, Franz von Holzhausen, Lars Moravy와의 인터뷰.

78장 협상 조건

Elon Musk, Jared Birchall, Alex Spiro, Antonio Gracias, Robert Steel, Blair Effron, Ari Emanuel, Larry David, Joe Scar-borough와의 인터뷰.

79장 옵티머스 공개

Franz von Holzhausen, Elon Musk, Steve Davis, Lars Moravy, Anand Swaminathan, Milan Kovac, Phil Duan, Tim Zaman, Felix Sygulla, Anand Swaminathan, Ira Ehrenpreis, Jason Calacanis와의 인터뷰.

80장 로보택시

Elon Musk, Omead Afshar, Franz von Holz-hausen, Lars Moravy, Drew Baglino와의 인터뷰.

81장 문화 충돌

Elon Musk, Parag Agrawal, David Sacks, Ben San Souci, Yoni Ramon, Esther Crawford, Leslie Berland와의 인터뷰.

82장 교란 작전

Elon Musk, Jared Birchall, Alex Spiro, Michael Grimes, Antonio Gracias, Brad Sheftel, David Sacks, Parag Agrawal, Tejas Dharamsi, Ro Khanna와의 인터뷰.

83장 선봉장들

Elon Musk, James Musk, Andrew Musk, Dhaval Shroff, Ben San Souci, Chris Payne, Thomas Dmytryk, Yoni Ramon, Ross Nordeen, Kayvon Beykpour, Ben San Souci, Alex Spiro, Milan Kovac, Ashok Elluswamy, Tim Zaman, Phil Duan과의 인터뷰. Kate Conger, Mike Isaac, Ryan Mac, and Tiffany Hsu, "Two Weeks of Chaos," *New York Times,* Nov. 11, 2022.

84장 콘텐츠 검열 문제

Yoel Roth, David Sacks, Jason Calacanis, Elon Musk, Jared Birchall, Yoni Ramon과의 인터뷰. Cat Zakrzewski, Faiz Siddiqui, and Joseph Menn, "Musk's 'Free Speech' Agenda Dismantles Safety Work at Twitter," *Washington Post,* Nov. 22, 2022; Elon Musk, "Time 100: Kanye West," *Time*, Apr. 15, 2015; Steven Nelson and Natalie Musumeci, "Twitter Fact-Checker Has History of Politically Charged Posts," *New York Post*, May 27, 2020; Bari Weiss, "The Twitter Files Part Two," Twitter thread, Dec. 8, 2022.

85장 악마의 옹호자

Elon Musk, Maye Musk, Leslie Berland, Jason Calacanis, Yoel Roth와의 인터뷰.

86장 트위터 블루

Elon Musk, Yoel Roth, Alex Spiro, David Sacks, Jason Calacanis, Jared Birchall과의 인터뷰. Conger, Isaac, Mac, and Hsu, "Two Weeks of Chaos"; Zoë Schiffer, Casey Newton, and Alex Heath, "Extremely Hardcore," *The Verge* and *New York Magazine*, Jan. 17, 2023; Casey Newton and Zoë Schiffer, "Inside the Twitter Meltdown," *Platformer*, Nov. 10, 2022.

87장 올인

Elon Musk, Jared Birchall, Larry Ellison, Alex Spiro, James Musk, Andrew Musk, Ross Nordeen, Dhaval Shroff, David Sacks, Yoni Ramon과의 인터뷰. Gergely Orosz, "Twitter's Ongoing Cruel Treatment of Software Engineers," *Pragmatic Engineer,* Nov. 20, 2022; Alex Heath, "Elon Musk Says Twitter Is Done with Layoffs and Ready to Hire Again," *The Verge,* Nov. 21, 2022; Casey Newton and Zoë Schiffer, "The Only Constant at Elon Musk's Twitter Is Chaos," *The Verge,* Nov. 22, 2022; Schiffer, Newton, and Heath, "Extremely Hardcore."

88장 하드코어

Elon Musk, Jared Birchall, Alex Spiro, James Musk, Andrew Musk, Ross Nordeen, Dhaval Shroff, David Sacks, Yoni Ramon Larry Ellison, 애플 직원들과의 인터뷰. Schiffer, Newton, and Heath, "Extremely Hardcore."

89장 기적

Shivon Zilis, Jeremy Barenholtz, Elon Musk, DJ Sco, Ross Nordeen과의 인터뷰. Ashlee Vance, "Musk's Neuralink Hopes to Implant Computer in Human Brain in Six Months," *Bloomberg,* Nov. 30, 2022.

90장 트위터 파일

Elon Musk, Bari Weiss, Nellie Bowles, Alex Spiro, Ross Nordeen과의 인터뷰. Matt Taibbi, "Note from San Francisco," *TK News,* Substack, Dec. 29, 2022; Matt Taibbi, Twitter File threads, *TK News;* Matt Taibbi, "America Needs Truth and Reconciliation on Russiagate," *TK News,* Jan. 12, 2023; Matt Taibbi, Twitter threads, Dec. 2022–Jan. 2023; Cathy Young, "Are the Twitter Files a Nothingburger?," *The Bulwark,* Dec. 14, 2022; Tim Miller, "No, You Do Not Have a Constitutional Right to Post Hunter Biden's Dick Pic on Twitter," *The Bulwark,* Dec. 3, 2022; Bari Weiss, "Our Reporting at Twitter," *The Free Press,* Dec. 15, 2022; Bari Weiss, Abigail Shrier, Michael Shellenberger, and Nellie Bowles, "Twitter's Secret Blacklists," *The Free Press,* Dec. 15, 2022; David Zweig, "How Twitter Rigged the COVID Debate," *The Free Press,* Dec 26, 2022; Freddie Sayers and Jay Bhattacharya, "What I Discovered at Twitter HQ," *unherd.com,* Dec. 26, 2022.

91장 언론과의 갈등

Elon Musk, Claire Boucher (Grimes), Kimbal Musk, James Musk, Ross Nordeen, Bari Weiss, Nellie Bowle, Yoel Roth, David Zaslav와의 인터뷰. Drew Harwell and Taylor Lorenz, "Musk Blamed a Twitter Account for an Alleged Stalker," *Washington Post,* Dec. 18, 2022; Drew

Harwell, "QAnon, Adrift after Trump's Defeat, Finds New Life in Elon Musk's Twitter," *Washington Post,* Dec. 14, 2022; Yoel Roth, "Gay Data," University of Pennsylvania PhD dissertation, Nov. 30, 2016.

92장 크리스마스 소동

Elon Musk, James Musk, Ross Nordeen, Kimbal Musk, Christiana Musk, Griffin Musk, David Agus와의 인터뷰.

93장 자동차를 위한 AI

Dhaval Shroff, James Musk, Elon Musk, Milan Kovac과의 인터뷰.

94장 인간을 위한 AI

Elon Musk, Shivon Zilis, Bill Gates, Jared Birchall, Sam Altman, Demis Hassabis와의 인터뷰. Reed Albergotti, "The Secret History of Elon Musk, Sam Altman, and OpenAI," *Semafor*, Mar. 24, 2023; Kara Swisher, "Sam Altman on What Makes Him 'Super Nervous' about AI," *New York Magazine,* Mar. 23, 2023; Matt Taibbi, "Meet the Censored: Me?," Racket, Apr. 12, 2023; Tucker Carlson, interview with Elon Musk, Fox News, Apr. 17 and 18, 2023.

95장 스타십 발사

Elon Musk, Maye Musk, Claire Boucher (Grimes), Mark Juncosa, Bill Riley, Shana Diez, Mark Soltys, Antonio Gracias, Jason Calacanis, Gwynne Shotwell, Hans Koenigsmann, Linda Yaccarino와의 인터뷰. Tim Higgins, "In 24 Hours, Elon Musk Reignited His Reputation for Risk," *Wall Street Journal*, Apr. 22, 2023; Damon Beres, "Elon Musk's Disastrous Week," *The Atlantic,* Apr. 20, 2023; George Packer, Our Man (Knopf, 2019). 셰익스피어의《자에는 자로 》의 다음 구절에서 인용: "최상의 사람은 결점으로 주조된다고들 하지요 / 그리고 대부분의 경우 많을수록 더 나아진다지요 / 나빠질 게 별로 없으니까요."

사진 출처

Page 372 Courtesy of Robin Ren

Page 376 Courtesy of Sam Teller

Page 388 Courtesy of Bill Riley

Page 400 Courtesy of Omead Afrhar

Page 405 (위) Courtesy of Maye Musk | (아래) Martin Schoeller/August

Page 414 (위) Courtesy of SpaceX | (아래) Courtesy of Jehn Balajadia

Page 421 (왼쪽) Courtesy of Blue Origin | (오른쪽) Courtesy of Elon Musk

Page 427 (왼쪽 위) Courtesy of Andy Krebs | (왼쪽 아래) Courtesy of Lucas Hughes

(오른쪽) Nic Ansuini

Page 449 (왼쪽) 2022 Gotham via Getty Images | (오른쪽) Courtesy of Grimes

Page 456 (위) Courtesy of SpaceX | (아래) Courtesy of Kim Shiflett /NASA

Page 463 Nic Ansuini

Page 470 Courtesy of Tesla

Page 475 Courtesy of Neuralink

Page 520 Imagine China/AP

Page 526 (위) Kevin Dietsch via Getty Images

(아래) Andrew Harrer/Bloomberg via Getty Images

Page 558 Courtesy of Jared Birchall

Page 576 Courtesy of Tesla

Page 583 (위) The PhotOne/BACKGRID

(아래) Marlena Sloss/Bloomberg via Getty Images

Page 597 Courtesy of Milan Kovac

Page 598 Courtesy of Omead Afshar

Page 604 (위) Courtesy of Elon Musk/Twitter | (아래) Courtesy of Jehn Balajadia

Page 610 Courtesy of Jehn Balajadia

Page 624 (왼쪽 위) Elon Musk/Twitter | (오른쪽 위) Courtesy of Twitter

(왼쪽 아래) David Paul Morris/Bloomberg via Getty Images

(오른쪽 아래) Duffy-Marie Arnoult/WireImage via Getty Images

Page 635 (위) Courtesy of Elon Musk/Twitter | (아래) Courtesy of Maye Musk

Page 652 Courtesy of Christopher Stanley

Page 669 (위) Courtesy of Neuralink | (아래) Courtesy of Jeremy Barenholtz

Page 674 (위) Wikimedia Commons | (아래) Samantha Bloom

Page 694 Courtesy of James Musk

Page 707 Courtesy of Dhaval Shroff

KI신서 11086

일론 머스크 Elon Musk

1판 1쇄 발행 2023년 9월 13일
1판 2쇄 발행 2023년 9월 27일

지은이 월터 아이작슨
옮긴이 안진환
펴낸이 김영곤 **펴낸곳** ㈜북이십일 21세기북스

콘텐츠개발본부이사 정지은
정보개발팀장 이리현 **정보개발팀** 이수정 강문형 박종수
표지 디자인 이찬형 **본문 디자인** 푸른나무디자인
교정교열 오순아
출판마케팅영업본부장 한충희
마케팅팀 남정한 나은경 한경화 김신우 강효원 정유진 박보미 백다희 이민재
해외기획실 최연순
출판영업팀 최명열 김다운 김도연
제작팀 이영민 권경민

출판등록 2000년 5월 6일 제406-2003-061호
주소 (10881)경기도 파주시 회동길 201(문발동)
대표전화 031-955-2100 **팩스** 031-955-2151 **이메일** book21@book21.co.kr

㈜북이십일 경계를 허무는 콘텐츠 리더

21세기북스 채널에서 도서 정보와 다양한 영상자료, 이벤트를 만나세요!
페이스북 facebook.com/jiinpill21 **포스트** post.naver.com/21c_editors
인스타그램 instagram.com/jiinpill21 **홈페이지** www.book21.com
유튜브 youtube.com/book21pub

서울대 가지 않아도 들을 수 있는 **명강의!** 〈서가명강〉
유튜브, 네이버, 팟캐스트에서 '서가명강'을 검색해보세요!

ⓒ 월터 아이작슨, 2023

ISBN 979-11-7117-041-8 03320